ᐊᖕᒋᕐᕋᒧᑦ

RUOVTTU GUVLUI

TOWARDS HOME

Inuit & Sámi Placemaking

Canadian Centre for Architecture
Valiz
Mondo Books

ᓄᓇ ᐊᐱᕐᑯᑕᐅᕗᕐᑦ, ᓄᓇ ᑭᐅᔾᔪᑕᐅᕗᕐᑦ
ᐃᒪᕐᒥᒃ ᕐᑳᓗᓯᔪᕐᑦ ᑕᒫᓂ ᑰᖕᒥᑦ, ᓇᐱᓯᔪᕐᑦ
ᐃᕕᖕᓂᒃ
ᑕᒪᓐᓇ ᑰᒃ ᐊᕐᑯᑕᐅᓕ
ᓴᓗᒪᔪᕐᑦ ᐃᒪᕐᑦ, ᐃᖕᒋᐅᑕᐅᔪᕐᑦ
ᓴᐃᒻᒪᕐᑎᑕᐅᔪᕐᑦ
ᐱᓗᓯ ᐊᑐᕆᐊᕐᑲᕐᑕᔅᓯᓐᓂᒃ
ᑭᐅᔾᔪᑕᐅᔪᕐᑦ ᓄᓇ

ᓃᓚᔅ ᕼᐅᓪᒪᐳᒡ
ᑕᕝᕙᖕᒑᕐᑐᕐᑦ ᓄᓇᓕᕐᑯᑎᒋᔭᐅᔪᒥᒃ
ᑎᑎᕋᐅᔭᕐᑕᐅᓯᒪᔪᕐᑦ ᕋᔭᑯᓪᒪ -
ᑭᒡᓕᖕᒐᓂᖕᒑᕐᑐᒥᒃ ᑯᓂᒃᑕᐅᓯᒪᔪᕐᑦ
ᑎᑎᕋᐅᔭᕐᑎᐅᔪᑦ ᐅᑯᐊ ᓃᓚᔅ ᕼᐅᓪᒪᐳᒡ, ᔭᓂ
ᓚᐃᑎ ᐊᓪᒪᓗ ᐆᑎ ᐲᔅᑭ, 2017-2018

gažaldat eana, vástádus eana
álo álmmastit miehterávdnjái, mieh-
temurrii álo njáskat
johka ieš min šaldi
buhtes čáhci, sáivaluohti
leavvedolgi várjalussan
buressivdnádus
váldit dušše maid dárbbaša
vástádus eana

Niillas Holmberg
Rájácummá – Kiss from the Border
eatnamii vuođđuduvvon dáiddabarggus,
man Niillas Holmberg, Jenni Laiti ja
Outi Pieski leat luovvan, 2017–2018

land is the question, the answer is land
scoop the water along the stream,
cut the branches along the grain
let the river be the bridge
clean water, the sacred song
lucky feather as an amulet
blessing
only take what's needed
the answer is land

Niillas Holmberg
From the land-based community
artwork *Rájácummá – Kiss from the*
Border by Niillas Holmberg, Jenni Laiti,
and Outi Pieski, 2017–2018

Joar Nango, Taqralik Partridge, Jocelyn Piirainen, Rafico Ruiz

ᐃᓄᒃᑎᑐᑦ

ᓇᓗᓇᐃᔭᐅᑎᑦ

Sámegiella

ÁLGGAHUS

English

INTRODUCTION

ᐅᖃᓕᒫᒐᕐᒥᑦ ᐃᓄᒃᑎᑑᓕᖅᑎᑕᐅᓚᐅᖅᑐᖅ ᕿᑭᖅᑖᓘᑉ ᓂᒋᖅᐸᓯᐊᓂᕐᒥᐅᑕᒥᑦ ᐊᒻᒪᓗ ᓵᒥᒥᐅᑕᑦ ᐅᐊᖕᓇᖅᐸᓯᐊᓂᕐᒥᐅᑕᑎᑐᖅ, ᐊᒥᓯᓂᒃ ᓵᒥᒥᐅᑕᑦ ᐅᖃᐅᓯᖃᐅᓯᖃᕐᓂᖏᓐᓄᑦ. ᑕᒪᒃᑯᐊ ᐅᖃᐅᓰᑦ ᑖᒥᓃᑦᑐᑦ ᐅᖃᓕᒫᒐᕐᒥᑦ ᖃᐅᔨᒪᔭᐅᑦᑎᐊᕐᑯᔭᐅᕗᑦ ᑕᒪᒃᑯᓄᖕᒐ ᐃᓄᖕᓄᑦ ᐊᒻᒪᓗ ᓵᒥᒥᐅᑕᓄᑦ ᐅᖃᓕᒫᖅᐸᒃᑐᓄᑦ, ᐊᒻᒪᓗ ᐅᔾᔨᕆᔭᐅᑦᑎᐊᕐᑯᑦᓗᒍ ᐱᒻᒪᕆᐅᓂᖏᓐᓂᒃ ᐅᑭᐅᖅᑕᖅᑐᒥᐅᑕᑦ ᓄᓇᖃᖅᑳᖅᓯᒪᔪᑦ ᖃᐅᔨᒪᑦᑎᐊᕐᓂᖏᓐᓂᒃ ᐅᖃᓪᓚᖅᑎᑮᓕᕖᖕᒐᑕ ᐱᔪᑎᖃᖅᑐᑎᒃ ᐃᒡᓗᒃᓴᓂᒃ ᓴᓇᓕᕖᖕᒐᑕ. ᑕᐃᒪᓕ ᑎᑎᕋᖅᑕᐅᓯᒪᔪᑦ ᑕᑯᒃᓴᐅᑎᑕᐅᒐᓗᐊᖅᑐᑎᒃ, ᑖᒃᑯᐊ ᑲᓇᑕᒥ ᐃᒡᓗᒃᓴᓂᒃ ᓴᓇᔩᑦ ᐱᔪᒪᒐᓗᐊᖅᐳᑦ ᑐᑭᓕᐊᖑᓯᒪᔭᐅᔪᓂᒃ ᖃᕋᓴᐅᔭᑎᒎᑦ ᑕᑯᒃᓴᐅᑎᑦᑎᔪᒪᕗᑦ ᓯᕗᓂᒃᓴᐅᓂᐊᖅᑐᒥᒃ.

ᐃᓄᒃᑎᑑᓕᖅᑎᑎᔪᖅ:
ᐃᓕᓴᐱ ᖁᓚᐅᑦ

ᓵᒥᒥᐅᑎᑦᑎᔨᐅᔪᖅ:
ᒪᒍᓂ ᐅᕙ ᕚᓯ

Eanaš oassi dán girjji sisdoalus lea jorgaluvvon inuktitutgiela Mátta Baffin suopmanii ja davvisámegillii. Gielaid ovttasdoaibman olles dán girjji čađa lea oaivvilduvvon fálaldahkan veahkehit inuihta ja sámi lohkkiid, ja deattastit man deatalaš lea duvdit davviguovlluid eamiálbmogiid dieđuid ja máhtuid ovddabeallai, go huksejuvvon birrasis ságastallojuvvo. Vaikko guhkes esseijat ovdanbuktojuvvojit ovtta gillii, de lea CCA áigumuš almmuhit jorgaluvvon veršuvnnaid neahtas boahtteáiggis.

Inuktitutgiela jorgaleaddji:
Elizabeth Qulaut

Sámegiela jorgaleaddji:
Magne Ove Varsi

Much of the content presented in this book has been translated into the South Baffin dialect of Inuktitut and into North Sámi, one of the many Sámi languages. The interplay of these languages throughout the book is intended to offer a resource for Inuit and Sámi readers, and to emphasize the importance of foregrounding Northern Indigenous knowledges in conversations about the built environment. While long-form essays are presented monolingually, it is the CCA's intention to publish translated versions online in the future.

Inuktitut translation:
Elizabeth Qulaut

North Sámi translation:
Magne Ove Varsi

ᐱᒋᔭᐅᕗᒍᑦ ᑕᕙᓂ ᐃᓂᒋᔭᑦᑎᓐᓂ.

ᐊᖏᕐᕋᒧᑦ ᑕᐃᔭᕙᒃᑐᖅ ᐃᓄᒃᑎᑐᑦ ᐅᕙᓘᓐᓃᑦ ᐹᓗᐃ ᓵᒥᒥᐅᑦ ᐅᐊᖕᓇᖏᓂᕐᒥᐅᑎᑐᑦ "ᐊᖏᕐᕋᒧᑦ." ᐊᖏᕐᕋᒧᑦ ᖃᐅᔨᒪᔭᐅᔾᔪᑎᖃᖅᐳᖅ ᑕᒪᒃᑯᓇᖕᒍ ᓵᒥᒥᐅᑕᓄᑦ ᐊᒻᒪᓗ ᐃᓄᖕᓄᑦ ᖃᓄᖅ ᓇᓂᓯᔪᓐᓇᕐᓂᖏᓐᓂᒃ ᐊᖏᕐᕋᒥᓂᒃ, ᖃᓄᕐᓗ ᐃᓚᕐᑲᕐᓂᖏᓐᓂᒃ ᓄᓇᕐᑯᑎᒥᓂᒃ ᖃᓄᖅ ᑐᑭᕐᑲᖓᐊᒃᓴᖏᓐᓂᒃ, ᐊᒻᒪᓗ ᖃᓄᖅ ᐃᓚᕐᑲᒻᒪᖓᖕᓂᖏᓐᓂᒃ ᓯᕗᓂᒃᓴᒧᑦ ᐱᕙᓪᓕᐊᑎᓪᓗᒋᑦ.

ᐊᖏᕐᕋᒧᑦ / ᐹᑦᑐ ᒍᓗᐃ/ ᐊᖏᕐᕋᒧᑦ ᑐᑭᕐᑲᖅᐳᖅ ᐃᓚᒋᔭᐅᓂᖏᓐᓄᑦ ᓄᓇᓕᖏᓐᓄᑦ ᐃᓚᐅᑎᑕᐅᓂᖏᓐᓂ ᐅᑭᐅᖅᑕᖅᑑᑉ ᓄᓇᖑᓐᓂᕐᒥᐅᓄᑦ ᐊᒻᒪᓗ ᐃᒪᕐᑯᑎᖏᓐᓄᑦ. ᑕᐃᒪᓕ ᐃᓅᓪᓗᑕ, ᓵᒥᒥᐅᑕᐅᓪᓗᑕ, ᐊᒻᒪᓗ ᓄᓇᕐᑲᕐᑲᑕᐅᔪᓄᑦ ᐅᑭᐅᖅᑕᖅᑐᒥᑦ, ᖃᐅᔨᑎᑦᑎᓇᓱᒃᐳᑦ ᑖᔅᓯᒥᖕᖓ ᐱᓕᕆᐊᕆᔭᑦᑎᓐᓂᒃ - ᑲᑎᓯᒪᕙᓂᒃ ᑕᑯᔭᒃᓴᐅᕙᓂᒃ, ᐃᓕᓐᓂᐊᓯᓐᓈᖅ ᑲᑎᒪᓂᐅᕙᒥᒃ, ᑖᔅᓯᒥᖕᖓᓗᑦ ᐅᖃᓖᒐᕐᒥᒃ, ᐊᒻᒪᓗ ᐊᒥᓱᓂᒃ ᐅᖃᓪᓚᖃᑎᒌᒍᑎᒋᔭᑦᑎᓐᓂᒃ - ᖃᐅᔨᑎᑦᑎᓇᓱᒃᓗᑕ ᖃᓐᓄ ᓄᓇᓕᕐᑯᑎᒋᔭᕗᑦ ᐅᑭᐅᖅᑕᖅᑐᓕᒦᑦ ᐃᓂᕐᑲᕐᓂᖏᓐᓂᒃ ᐅᕙᑦᑎᓐᓂᒃ ᐱᔪᒪᓂᕐᑲᕐᓂᑎᓐᓂᒃ. ᓂᕆᐅᒋᔭᕐᑲᖅᐳᒍᑦ ᖃᓄᐃᓕᐅᕈᑎᒋᕙᑦᑕᑦᑎᓐᓂᒃ ᐊᒻᒪᓗ

Dát lea gullevašvuođa báiki.

ᐊᖏᕐᕋᒧᑦ (*angirramut*) inuktitutgillii dahje ruovttu guvlui davvisámegillii máksá "towards home" eŋgelasgillii. Ruovttu guvlui johtin dahká ahte olmmoš smiehttá gos sámit ja inuihtat gávdnet ruovttu, maid sin gullevašvuohta eatnamiiddáseaset mearkkaša ja makkárin dát oktavuođat sáhtášedje leat oaidnit go johtet boahtteáigái.

ᐊᖏᕐᕋᒧᑦ / *Ruovttu Guvlui / Towards Home* vuodduduvvá goriide mat čatnet oktii servodagaid miehtá davvi eatnamiid ja čáziid. Inuihta, sámi ja ođđaássi ovttasbargin mii álggaheimmet dán prošeavtta—mii sisdoallá čájáhusa, máŋggaid bargobájiid, dán girjji ja eatnat ságastallamiid—dainna ulbmiliin ahte áigut guorahallat mo servodagat miehtá cirkumpolára máilmmi davvin dahket iešmearrideami lanjaid. Mii doaivvuimet fátmmastit ovddeš, dáláš ja boahttevaš

This is a place of belonging.

ᐊᖏᕐᕋᒧᑦ (*angirramut*) in Inuktitut or *ruovttu guvlui* in North Sámi mean "towards home." To move towards home is to reflect on where Sámi people and Inuit find home, on what their connections to their lands mean, and on what these relationships could look like moving into the future.

ᐊᖏᕐᕋᒧᑦ / *Ruovttu Guvlui / Towards Home* is built on the relations that connect communities across Northern lands and waters. As Inuit, Sámi, and settler collaborators, we initiated this project—comprised of an exhibition, a workshop series, this book, and many conversations—with the intention of addressing how communities across the Circumpolar North are creating spaces of self-determination. We hoped to encompass experiences and understandings of past, present,

ᑐᑭᓯᐅᒪᖅᑲᓂᖅᑲᕈᒪᓪᓗᑕ ᐊᓂᒍᖅᓯᒪᓕᖅᑐᓂᒃ, ᒫᓇᐅᔪᕐᓗ ᐊᑐᖅᑕᑦᑎᓐᓂᒃ, ᐊᒻᒪᓗ ᐊᖕᒋᕐᕋᕆᔭᐅᓂᐊᖅᑐᓂᒃ ᓯᕗᓂᒃᓴᒥᑦ ᑕᒫᓂᓕᒫᖅ ᓄᓇᖅᑲᖅᑳᖅᓯᒪᔪᑦ ᓄᓇᖓᓂᒃ, ᑕᒃᑯᓇᖓᑦᓗ ᐃᓄᐃᑦ ᓄᓇᖓᓂᑦ ᐊᒻᒪᓗ ᓵᑉᒥᒥᐅᓂᑦ ᐊᒥᓱᓂᒃ ᑲᑐᔾᔨᖅᑲᑎᒌᒍᑕᐅᔪᓂᒃ ᓄᓇᖅᑲᖅᑳᖅᓯᒪᔪᓂᒃ ᖅᑲᑦᓗᓈᑦ ᓄᓇᖓᓂᕐᒥᐅᑕᐅᑕᖅᑐᓂᒃ ᑕᒃᑯᐊ ᓯᓕ ᐃᓚᖅᑲᒻᒪᕆᖕᒪᑕ ᐅᑭᐅᖅᑕᖅᑐᒥᑦ. ᑕᐃᒪᓇ ᐱᑦᓗᑕ, ᐊᖕᒋᖅᓯᒪᖕᒋᓚᒍᑦ ᖅᑲᑦᓗᓈᑦ ᐋᖅᑭᒃᓱᖅᑕᖕᒋᓐᓂᒃ. ᐱᔪᒪᓂᖅᓴᐅᕗᒍᑦᓚ ᑕᑯᖕᓂᖅᑲᖅᑯᑦᓗᒋᑦ ᐃᓂᒃᓴᕆᔭᐅᒋᐊᖅᑲᖅᑐᓂᒃ ᐊᒻᒪᓗ ᐃᒡᓗᒃᓴᓄᑦ ᐃᓂᒃᓴᕆᔭᐅᒋᐊᖅᑲᖅᑐᓂᒃ ᑐᑭᖅᑲᑦᑎᐊᖅᑐᓂᒃ ᐊᒻᒪᓗ ᐊᑯᓂᐊᓗᒃ ᖅᑲᐅᔨᒪᔭᐅᓂᐊᕐᒪᑕ ᓄᓇᖅᑲᖅᑳᖅᓯᒪᔪᓂᒃ ᐃᒡᓗᒃᓴᓂ ᐋᖅᑭᒃᓯᐃᔨᐅᓂᐊᖅᑐᓂᒃ, ᓴᓇᐅᒐᓕᐅᖅᑎᓂᒃ. ᐅᒃᐱᕈᓱᒃᐳᒍᑦ ᑕᒃᑯᐊ ᑲᓇᑕᒥᑦ ᐃᒡᓗᒃᓴᓂᒃ ᐋᖅᑭᒃᓯᐃᓂᖅ, ᑕᒪᓇ ᐱᓕᕆᐊᖕᒍᔪᖅ ᐱᒋᐊᖅᑎᑕᐅᓚᐅᖅᓯᒪᔪᖅ, ᑕᐃᒪᓇ ᐃᓚᒌᒍᑕᐅᔪᖅ ᐱᑕᖅᑲᐃᓐᓇᕐᓂᐊᕐᒪᑦ ᐊᒻᒪᓗ ᐅᖅᑲᓪᓚᖅᑲᑎᒌᖕᓂᒃᑯᑦ ᐃᑲᔪᕐᓂᖅᑲᕐᓂᐊᕐᒪᑦ ᓄᓇᖅᑲᖅᑳᖅᓯᒪᔪᓄᑦ ᐃᒡᓗᒃᓴᓂᒃ ᐋᖅᑭᒃᓯᐃᔨᐅᔪᓄᑦ ᑕᐅᑐᖕᓂᖅᑲᕐᓗᑎᒃ ᓯᕗᓂᒃᓴᒥᑦ.

ᖅᑲᐅᔨᒪᓕᖅᐳᒍᑦ ᑕᐅᑐᒃᓗᑕ ᐊᖕᒋᕐᕋᕆᔭᐅᓂᐊᖅᑐᓂᒃ ᓲᕐᓗ ᐃᓂᒃᓴᓕᐅᖅᓗᑕ - ᑕᐃᒪᓇ ᐃᒡᓗᒃᓴᓂᒃ ᐋᖅᑭᒃᓯᐃᒻᒪᕆᐅᔪᓄᑦ

ruovttuid vásihusaid ja áddejumiid miehtá álgoálbmogiid ruovttueatnamiid, inuihtaid rájes Nunangatas ja Sámis gitta máŋgga álgoálbmotfierpmádaga rádjai geat orrot máddin ja geat bisuhit čatnosiid davviguovlluide. Dáinna lágiin mii hilgguimet rámmemis kolonisttalaš rájáid veagas. Mii dáhtuimet baicca guovdilastit sadjedahkama ja báikedahkama dakkár geavadin, mat sáhttet ráhkadit jierpmálaš ja bistevaš ovttastusaid álgoálbmogiid arkiteavttaid, dáiddáriid ja designeriid gaskii. Mii jáhkkit ahte Kanáda guovddážis arkitektuvrra várás [Canadian Centre for Architecture, CCA], gos dát prošeakta álggahuvvui, lea potensiála ovddidit dáid ovttastusaid ja ságastallamiid mat dorjot álgoálbmogiid designeriid geat gehččet ovddos guvlui ja boahttevuhtii.

Mii leat oahppan ahte ruovttu guvlui geahččan lea báikedahkama dahku—dat deattasta buot persovnnalaččamus arkitektuvrra, dakkára man eatnamii vuođđuduvvan geavadat dávjá

and future homes across Indigenous homelands, from Inuit Nunangat and Sápmi to the many networks of Indigenous people living in the South who maintain ties to the North. In doing so, we rejected a framing based on colonial borders. We wanted instead to centre spacemaking and placemaking as practices that have the potential to create meaningful and long-lasting connections between Indigenous architects, artists, and designers. We believe that the Canadian Centre for Architecture, where this project was initiated, holds the potential to further these connections and conversations that will support Indigenous designers looking towards the future.

We have come to learn that looking towards home is an act of placemaking—it emphasizes the most personal form of architecture, one often sustained by land-based practices. Placemaking can be understood as a social practice

ᖃᐅᔨᔅᔪᑕᐅᔪᓐᓇᑦᑎᐊᕐᒪᑦ, ᐱᔅᔭᑎᖃᑐᐊᖅᓗᑎᒃ ᓄᓇᐅᑉ ᖃᓄᐃᓕᖓᓂᖓᓂᒃ ᑕᐅᑐᒃᓗᑎᒃ. ᐃᓂᒃᓴᓕᐅᕐᓂᖅ ᑐᑭᓯᔭᐅᔪᓐᓇᖅᐳᖅ ᐃᒪᓐᓇ ᐃᓄᖕᓄᑦ ᖃᓄᐃᓕᐅᕈᑎᒋᔭᐅᕙᒃᑐᓂᒃ ᐃᑲᔪᕐᓂᖃᕈᑕᐅᑦᑐᓂᑐ ᑭᒃᑰᓂᖕᒋᓇᓂᒃ ᖃᐅᔨᒪᔅᔪᑕᐅᑦᑐᓂ ᐊᒻᒪᓗ ᐱᒋᔭᐅᓂᖕᒋᓇᓂᒃ, ᑭᓯᐊᓂᑦᑕᐅᖅ ᐃᓂᒃᓴᓇᔭᐅᔪᖅ, ᑕᐃᒪᓐᓇᑐᑦ ᐃᓄᐃᑦ ᑲᑎᓯᒪᔪᑦ ᓰᕐᑐ ᐃᓂᒃᓴᓇᔭᐅᔪᓂ ᖃᐅᔨᒪᔅᔪᑕᐅᔪᓐᓇᕐᒥᖕᒪᑕ. ᐃᓂᒃᓴᓕᐅᕐᓂᖅ ᖃᐅᔨᔅᔪᑕᐅᔪᓐᓇᕐᒥᒻᒪᑕ ᖃᓄᖅ ᐃᓪᓗᒃᓴᐃᑦ ᖃᐅᔨᔅᔪᑕᐅᔪᓐᓇᕐᓂᖕᒋᓇᓂᒃ. ᑕᐃᒪᓐᓇ ᐱᓕᕆᐊᖑᔪᑦ, ᓄᓇᖃᖅᑳᖅᓯᒪᔪᑦ ᓄᓇᓕᕐᑯᑎᖕᒋᑦ ᓂᕈᐊᖅᓯᕈᓐᓇᕐᒪᑕ ᐊᐅᓚᑦᑎᑐᑎᓪᓗ ᖃᐃᕐᑯᔭᒥᓂᒃ ᑕᒫᓂ ᓄᓇᓕᕐᑯᑎᖕᒋᓇᓂᒃ. ᐅᑭᐅᖅᑕᖅᑐᒥᐅᑦ ᐃᓪᓗᒃᓴᓂᒃ ᐋᖅᑭᒃᓯᐃᔨᐅᔪᑦ ᖃᐅᔨᑦᑐᑎᒃ ᐃᓂᒃᓴᓇᔭᐅᓂᐊᖅᑐᓂᒃ ᐃᓪᓗᒃᓴᓂᒃ ᖃᐅᔨᒪᓕᕈᓐᓇᖅᐳᒍᑦ ᐊᑦᑕᓇᖅᑐᖅᑲᖕᒋᓇᓂᖕᒋᓇᓂᒃ ᐊᒻᒪᓗ ᐊᖕᒋᕐᕋᓇᓂᑦᑎᓇᓂᒃ ᐃᒃᐱᒍᓱᑦᑎᐊᕈᓐᓇᕐᕋᑦᑕ.

ᑖᓐᓇ ᐅᖃᓕᒫᒐᖅ ᐃᖅᑲᐅᒪᓂᑦᑎᓇᓂᒃ ᐱᔅᔭᑎᖃᑐᐊᖅᐳᖅ, ᐱᓕᕆᖃᑦᑕᕐᓂᑦᑎᓇᓂᒃ, ᐊᒻᒪᓗ ᓴᕿᑎᑕᑦᑎᓇᓂᒃ ᐃᓪᓗᓂᒃ ᖃᓄᖅ ᑕᒪᒃᑯᐊ ᐃᓪᓗᐃᑦ ᐃᓂᒋᔭᐅᓂᖕᒋᓇᓂᒃ ᐊᒻᒪᓗ ᐅᑭᐅᖅᑕᖅᑐᒥᐅᑦ ᓄᓇᓕᕐᑯᑎᖕᒋᑦ ᑕᑯᒃᓴᐅᑦᑎᐊᕐᓂᖕᒋᓇᓂᒃ. ᐊᐱᕐᑯᑕᐅᕐᑲᑦᑕᖅᑐᓂᒃ, ᒪᑯᓂᖓ ᖃᓄᖅ ᐅᑭᐅᖅᑕᖅᑐᒥᑦ ᓄᓇᖃᐃᓐᓇᕐᓂᑦᑎᓇᓂᒃ

seailluhit. Báikedahkama sáhttá áddet sosiála geavadin mii doarju identitehta ja gullevašvuođa, muhto dán doahpagis leat maiddái abstrákta ja fysihkalaš konnotašuvnnat [lassimearkkašumit]; dušše olmmošjoavku sáhttá leat báiki. Sadjedahkan mii doaibmá bálddalaga, vaikko vel dat designasurggiid siskkabealde dávjá leage eretčuoldi geavat, lea maiddái doaibmanfriddjavuođa geavat mii addá midjiide vejolašvuođaid leat mielde hábmemin máilmmi man siskkabealde mii johtit. Dáid buohtalas geavadiid bokte álgoálbmogiid servodagat nákcejit válljet ja hálddašit ja bovdet ja vealtat bovdemis jienaid geaiguin juogadit saji ja báikki. Davvi álgoálbmogiid arkitektuvragieđahallan sadjedahkan- ja báikedahkangeavada bokte diktá min dihtomielalaččat fátmmastit birzzehis jienaid ja ráhkadit dorvvolašvuođa ja searvadahttima—ruovttu dovddu.

Dát girji ovdanbuktá muittuid, vásihusaid ja einnostusaid main lea

that supports identity and belonging, but the term also carries both abstract and physical connotations; just a group of people can be a place. Operating in parallel, spacemaking, though often an exclusionary practice within design disciplines, is also a practice of exercising agency in that it enables us to partake in shaping the world we move within. Through these simultaneous practices, Indigenous communities are able to select and control and invite and uninvite voices to share space and place. Addressing Northern Indigenous architecture through practices of spacemaking and placemaking allows us to consciously include marginalized voices, and to create a feeling of safety and inclusion—a feeling of home.

This book presents memories, experiences, and projections that hold the potential to shape what home in and

ᐃᓅᖃᑦᑕᕐᓂᑦᑎᓐᓂᒃ ᐱᔾᔪᑎᖃᓗᐊᖅᐳᖅ. ᑕᒪᒃᑯᐊ ᐊᐱᖅᑯᑕᐅᕙᒃᑐᑦ ᐱᒋᐊᕈᑕᐅᔪᑦ ᐅᖃᓪᓚᖃᑎᒌᒋᐊᕐᓂᑦᑎᓐᓂᒃ ᐱᔾᔪᑎᖃᖅᑐᑕ ᐊᖏᕐᕋᕆᔭᑦᑎᓐᓂᒃ, ᓄᓇᒥᑐ, ᐊᒻᒪᑐ ᐃᓗᒃᓴᓂᒃ ᓴᓇᖃᑦᑕᕐᓂᑦᑎᓐᓂᒃ, ᑭᓯᐊᓂᑦᑕᐅᖅ ᑖᓐᓇ ᐅᖃᓕᒫᒐᖅ ᐱᖁᔨᒪᓇᒃᑭᕙᖅ ᑭᒃᑯᐃᓐᓇᕐᓄᑦ ᖃᓄᖅ ᐊᖏᕐᕋᕆᔭᐅᔪᑦ ᐱᔾᔪᑎᖃᕐᓂᖏᓐᓂᒃ ᐃᖕᒥᖕᓄᑦ. ᐱᖁᔨᒪᓇᒃᑭᕙᑦ ᐃᓱᒪᒃᓴᖅᓯᐅᖅᑯᔨᓪᓗᑎᒃ ᓄᓇᖅᑯᑎᒥᓂᒃ ᐊᒻᒪᑐ ᐃᓄᖏᓐᓂᑦ ᑕᒫᓂ ᓄᓇᖅᑯᑎᒋᔭᖏᓐᓃᑦᑐᓂᒃ.

ᐅᖃᓕᒫᒐᕐᒥᑦ ᐃᓄᒃᑎᑑᓕᖅᑎᑕᐅᓚᐅᖅᑐᖅ ᕿᑭᖅᑖᓄᑉ ᓂᒋᖅᐸᓯᐊᓂᕐᒥᐅᑕᒥᑦ ᐊᒻᒪᑐ ᓵᒥᒥᐅᑕᑦ ᐅᐊᖕᓇᖅᐸᓯᐊᓂᕐᒥᐅᑕᑎᑐᖅ, ᐊᒥᓯᓂᒃ ᓵᒥᒥᐅᑕᑦ ᐅᖃᐅᓯᖃᐅᓯᖅᓂᖏᓐᓄᑦ.

ᐊᖏᕐᕋᒧᑦ / ᐆᑦᑐ ᐳᓗᐃ / ᐊᖏᕐᕋᒧᑦ ᑕᑯᔭᒐᖅᕕᒃ ᓴᖅᑮᔭᖅᑎᑕᐅᕙᖅ ᑖᒃᑯᓇᖕᒐᑦ CCA-ᑯᓐᓂᑦ ᐱᒋᐊᖅᑐᑎᒃ ᔫᓇ 2022-ᒥᑦ-ᒫᕐᓯᒧᑦ 2023-ᒧᑦ. ᐅᖃᓕᒫᒐᖅ ᐱᓕᕆᐊᖑᑎᓪᓗᒍ, ᑕᑯᔭᖅᑐᖅᑎᑕᐅᓚᐅᖅᐳᑦ ᑐᕌᓅᕐ ᓯᓚᑦᑐᕐᕕᒡᔪᐊᖕᒐᓂᑦ ᑕᓂᐊᑦ [ᐅᑦᑐᖅ] ᐊᒻᒪᑐ WAG-ᖃᐅᒪᔪᖅ ᐱᒋᐊᖅᑐᓂ [ᐅᑦᑐᖅ˙. ᐱᓕᕆᐊᖑᔪᒥᒃ ᑎᑎᕋᖅᓯᒪᓂᖃᕆᕙᖅ ᓯᕗᓂᒃᓴᒥᑦ ᐱᓕᕆᓂᕐᒥᒃ: ᓄᓇᖃᖅᑳᖅᓯᒪᔪᓂᑦ ᐱᓕᕆᐊᖑᑦᑐᓂ ᐃᓗᒃᓴᓂᒃ ᐋᖅᑭᒃᓯᐃᓂᒃ ᐊᒻᒪᑐ ᐃᓕᓐᓂᐊᖅᑎᑦᑎᓂᕐᒥᑦ ᑲᑎᒪᓂᒃᑯᑦ,

potensiála hábmet dan mii ruoktu sáhttá leat davvi álgoálbmogiid servodagain ja servodagaide. Dat gieđahallá máŋga rabas ja boahtteáiggediđolaš áššši, ja suokkarda fuolaheami ja eallima eatnamis leahkinvuohkin. Dát áššit ja gažaldagat leat vuolggasadjin ságastallamiidda ovddos guvlui ruovttu, eatnama ja arkitektuvrra hárrái, muhto dat bovdejit maiddái juohkehačča gii lohká dán girjji, vuđolaččat jurddašit maid ruoktu mearkkaša sutnje. Dat ávžžuhit váldit vuhtii eatnama ja olbmuid geat ellet dan eatnamis.

Loahppameahttun gažademiid bokte dát girji ii govvit arkitektuvrra olggušteaddji geavadin, muhto dakkárin mii bovde searvat máŋggabealat perspektiivvaid ja vásihusaid, mat dávjá leat eretčuldojuvvon ságastallamiin ráhkaduvvon birrasa hárrái. Dat maiddái lahkana arkitektuvrii heivehusáššin ja giellaáššin—mii addá vejolašvuođa gieđahallat inuihta ja sámi báikedahkama ja sadjedahkama gea-

for Northern Indigenous communities can be. Proceeding through a series of open and future-oriented questions, it explores caring for and living on the land as a way of being. These questions are a starting point for further conversations about home, land, and architecture, but they are also an invitation to anyone who will read this book to think deeply about what home means to them. They are a call to consider the land and the people who live on it.

Through endless questioning, this book frames architecture not as an exclusionary practice, but as one that invites a diversity of perspectives and experiences often excluded from conversations about the built environment. It also approaches architecture as a matter of orientation and language—an opportunity to address Inuit and Sámi practices of placemaking and spacemaking in ways that

ᐱᑕᖅᑲᓚᐅᖅᐳᖅ 9-ᖑᔪᓂᒃ ᓄᓇᖃᖅᑳᖅᓯᒪᔪᓂᒃ ᐋᖅᑭᒃᓱᐃᔨᓂᒃ ᑕᒫᓂ ᐅᑭᐅᖅ 2022 ᐊᑐᖅᑎᓪᓗᒍ ᐱᔾᔪᑎᖅᑲᓗᐊᖅᑐᑎᒃ ᓯᕗᓂᒃᓴᒥᑦ ᓄᓇᖃᖅᑳᖅᓯᒪᔪᑦ ᐋᖅᑭᒃᓱᖅᑕᖏᓐᓂᒃ.

ᐊᐱᖅᑯᑕᐅᖏᓐᓇᖅᐸᒃᑐᓂᒃ, ᑖᓐᓇ ᐅᖃᓕᒫᒐᖅ ᐱᔾᔪᑎᖅᑲᓗᐊᖅᐳᖅ ᐃᒡᓗᒃᓴᓂᒃ ᐋᖅᑭᒃᓱᐃᔨᐅᔪᓂᒃ ᐱᓕᕆᐊᕆᕙᒃᑕᖏᓐᓂᒃ ᐃᓚᐅᑎᑦᑎᓪᓗᑎᒃ, ᑭᓯᐊᓂᑦᑕᐅᖅ ᐃᓚᐅᑎᑦᑎᓪᓗᑎᒃ ᐊᑐᖅᑲᑦᑕᖅᑕᖏᓐᓂᒃ, ᑕᒪᒃᑯᐊ ᐃᓚᐅᑎᑕᐅᕙᖏᑐᐊᖅᒪᑕ ᐅᖃᓪᓚᖃᑎᒌᓐᓂᐅᔪᓂᒃ ᐃᒡᓗᒃᓴᓂᒃ ᓴᓇᖅᑲᑦᑕᖅᑕᖏᓐᓂᒃ. ᐃᒡᓗᒃᓴᓂᒃ ᓴᓇᖅᑲᑦᑕᖅᓂᖅ ᐃᓚᐅᑎᑦᑎᒋᕗᖅ ᐅᖃᐅᓯᕆᔭᐅᔪᓂᒃ-ᖃᐅᔨᑎᑦᑎᓇᓱᒃᑐᑎᒃ ᑕᒪᒃᑯᓄᙵ ᐃᓄᖕᓄᑦ ᓵᒥᒥᐅᑕᓄᓪᓗ ᓴᓇᕙᒃᑕᖏᓐᓂᒃ ᐊᑐᖅᓂᖃᖅᑐᑎᒃ ᐃᓂᒃᓴᓕᐅᖅᓂᖅᒥᑦ ᐊᒻᒪᓗ ᖃᓄᖅ ᐃᒡᓗᒃᓴᓂᒃ ᓴᓇᕙᖕᓂᖏᓐᓂ ᑕᐃᒪᓐᓇ ᑐᑭᖃᑦᑎᐊᒻᒪᕆᖕᒪᑦ ᓄᓇᓕᖅᑯᑎᒋᔭᖏᓐᓂᒃ. Meahcci, paunnga, varra, ciqluaq, irinaliuti- ᑕᒪᒃᑯᐊ ᐅᖃᐅᓰᑦ ᐱᒻᒪᕆᒋᔭᐅᒋᕗᑦ, ᐱᕈᖅᐸᓪᓕᐊᓂᖅᒍᑦ ᓄᓇᖃᖅᑳᖅᓯᒪᔪᑦ ᐅᖃᐅᓯᖏᑦᑎᑐᑦ. ᑕᒪᒃᑯᐊ ᐅᖃᐅᓰᑦ ᐱᔾᔪᑕᐅᓪᓗᑎᒃ ᐃᒡᓗᒃᓴᓂᒃ ᓴᓇᔨᐅᔪᓄᑦ ᐱᒻᒪᕆᒋᔭᐅᓂᐊᖅᒪᑕ ᐃᓄᒃᓄᑦ ᐊᒻᒪᓗ ᓵᒥᒥᐅᑕᓄᑦ ᐋᖅᑭᒃᓱᐃᔨᓄᑦ ᐊᒻᒪᓗ ᓄᓇᓕᖅᑯᑎᖏᓐᓄᑦ ᐃᓚᒋᔭᐅᓂᖏᓐᓄᑦ.

vadiid dakkár vuogi mielde mat leat jierpmálaččat ovddimusat dáid servodagaide. *Meahcci, paunnga, varra, ciqlluaq, irinaliuti*—dát sánit leat maiddái gullevašvuođa báikkit, dakkárat maid álgoálbmogiid gielaid ahtanuššamat ja ealáskahttimat fállet. Dáid diehtuid ja máhtuid namaheapmi arkitektuvrras lea seammá go daid deaŧalašvuođa čuoččuheapmi inuihta ja sámi designeriidda ja servodatlahtuide.

Dat mii dán prošeavttas lea gárggiidan, lea ođđa fierpmádat mii njeaidá rájáid álgoálbmogiid geografiijaid gaskkas davvin, ja rájáid dáidaga, arkitektuvrra, muitima, fuolkevuođa ja eatnama gaskkas. Dát bargu lea dáhkon lohkameahttun iešguđetlágan ovttastusaid mat jotket ávdnedit, ja daid ávdnedeapmi lea fámolaš, dárbbašlaš dahku. Daid bokte álgoálbmogiid designerat, dáiddárat, studeanttat ja arkiteavttat sáhttet dahkat vuođuid iešstivrejupmái maid veagas ja siste sáhttet sárdnut. Dát girji, mii lea šad-

are meaningful first and foremost to those communities. *Meahcci, paunnga, varra, ciqlluaq, irinaliuti*—these words are also places of belonging, ones offered by the growth and revitalization of Indigenous languages. To name these knowledges in architecture is to assert their importance for Inuit and Sámi designers and community members.

What has come to unfold in the creation of this project is a new network that breaks down the borders between Indigenous geographies in the North, and those between art, architecture, memory, kinship, land. This work has forged a myriad of different connections that are continuing to form, and their formation is a powerful, necessary act. Through them, Indigenous designers, artists, students, and architects can create platforms of autonomy to speak from and within. This book, which has come alive through connection

ᑕᐃᒪᓕ ᑕᑯᒃᓴᐅᓂᖃᒻᒪᕆᒃᐳᖅ ᑕᒪᑐᒥᖓ ᐱᓕᕆᐊᖑᔪᒥᒃ ᓄᑖᕐᒥᒃ ᐱᓕᕆᔾᔪᑕᐅᕙᖕᓂᐊᖅᑐᒥᒃ ᐊᑐᕈᓐᓃᖅᑎᑦᑎᓂᕐᒥᒃ ᑕᒪᒃᑯᓂᖓ ᖃᑦᑐᓈᑦ ᐱᓕᕆᐊᕆᕙᒃᑕᖏᓐᓂᒃ ᐊᔾᔨᐅᖏᓗᐊᕐᓂᖏᓐᓄᑦ ᐅᑭᐅᖅᑕᖅᑐᒥᐅᑕᓄᒃ, ᐊᒻᒪᓗ ᑕᒪᒃᑯᓂᖓ ᐃᖅᑲᐅᒪᓂᕐᒥᒃ ᓴᓇᐅᒐᓂᒃ, ᐃᒡᓗᒃᓴᓂ ᐋᖅᑭᒃᓱᐃᔨᓂᒃ ᐃᓚᒌᑦᑎᐊᕈᑕᐅᔪᓂᒃ, ᓄᓇᒥᑦᑐ ᐃᓚᖃᕐᓂᕐᒥᒃ. ᑕᒪᓐᓇ ᐱᓕᕆᐊᖑᔪᖅ ᑕᑯᒃᓴᐅᓂᖃᒻᒪᕆᒃᐳᖅ ᐊᔾᔨᒌᖏᓐᓂᖓᓂᒃ ᖃᑦᑐᓈᑦ ᓴᓇᕙᒃᑕᖏᓐᓂᒃ, ᐊᒻᒪᓗ ᑕᑯᒃᓴᐅᓂᖃᕇᖅᓗᓂ ᓴᖏᓂᒻᒪᕆᐅᔪᒥᒃ, ᓴᓇᐅᒐᓕᐅᕐᓂᕐᒥ. ᑕᐃᒪᓕ ᑕᐃᒪᓐᓇ ᐱᔾᔪᑎᖃᖅᓗᑎᒃ, ᓄᓇᖃᖅᑳᖅᓯᒪᔪᑦ, ᓴᓇᐅᒐᓂᒃ ᐋᖅᑭᒃᓱᐃᔨᐅᔪᓂᑦ, ᓴᓇᐅᒐᓕᐅᖅᑎᓂᒡᓗ, ᐃᓕᓐᓂᐊᖅᑐᓂᒡᓗ ᐊᒻᒪᓗ ᐃᒡᓗᒃᓴᓂᒃ ᐋᖅᑭᒃᓱᐃᔨᐅᔪᓂᒃ ᐅᖃᑦᓚᒍᓐᓇᑦᑎᐊᓕᕈᓐᓇᕐᒪᑕ ᖃᓄᖅ ᐋᖅᑭᒃᑎᐊᖅᓯᒪᔪᓂᒃ ᐃᒡᓗᒃᓴᓂᒃ ᓴᓇᒋᐊᖃᕐᓂᖏᓐᓂᒃ. ᑖᓐᓇ ᐅᖃᓚᒫᒐᖅ, ᐋᖅᑭᒃᑕᐅᓚᐅᖅᐳᖅ ᐃᓚᐅᑎᑦᑎᑦᑐᑎᒃ ᐅᑭᐅᖅᑕᖅᑐᒥᐅᓂᒃ, ᓯᕗᑦᓕᖅᐹᒥᒃ ᓴᖏᓕᖅᑎᑦᑎᓂᕐᒥᒃ ᐅᑭᐅᖅᑕᖅᑐᒥᐅᓂᑦ ᓄᓇᖃᖅᑳᖅᓯᒪᔪᓂᒃ ᖃᓄᖅ ᓴᓇᒋᐊᖃᕐᓂᖏᓐᓂ ᐃᒡᓗᒃᓴᓂᒃ.

dan duohtan ja ollašuvvan ovttastusaid ja ovttasbargguid bokte, lea vuosttas lávki nannet davvi álgoálbmogiid doaibmama hábmet ja hukset min iehčamet ráhkadan birrasa.

and collaboration, is a first step in strengthening Northern Indigenous presence in the design and construction of our built environment.

ᓴᓇᕐᑭᑏᑦ ᑕᑯᒃᓴᐅᔪᑦ ᓄᓇᒥᑦ ᑖᔅᓯᒧᖓ ᐊᓯᓐᓇᔭᖅ ᐅᕐᑲᓪᒪᕐᑲᑎᕐᑲᖅᑎᓪᓗᒍ ᑎᕝᕙᓂ ᓵᒥᑦ, ᑕᑯᔭᒐᕐᑲᕐᕕᖕᒥᑦ ᐊᖏᕐᕋᒧᑦ / *Ruovttu Guvlui / Towards Home*, 2022

Oidnolat installašuvdnii *Nuna*, man asinnajaq lea dahkan iežas ja Tiffany Shaw ságastallama vuođul, čájáhussii ᐊᖏᕐᕋᒧᑦ / *Ruovttu Guvlui / Towards Home*, 2022

Installation view of *Nuna* by asinnajaq in conversation with Tiffany Shaw, in the exhibition ᐊᖏᕐᕋᒧᑦ / *Ruovttu Guvlui / Towards Home*, 2022

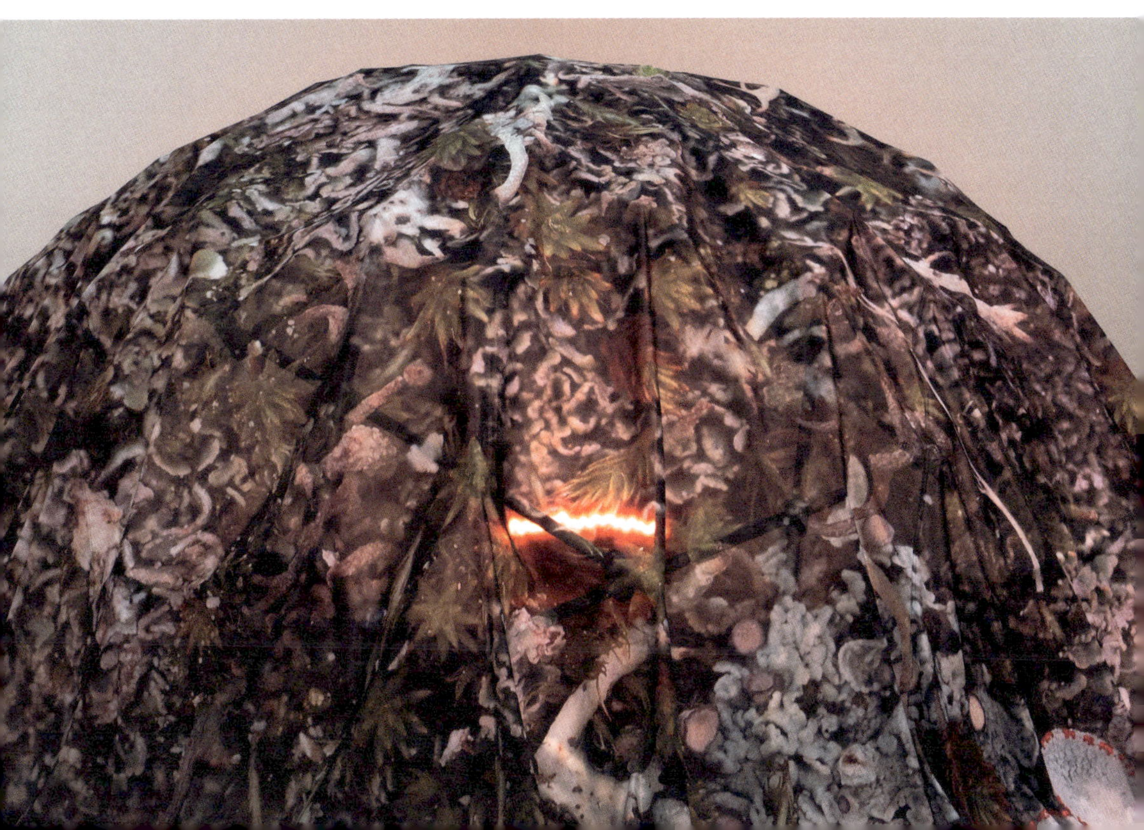

ᓇᐅᒃᑕᐃᒪ
ᐊᖏᕐᕋ?

GOS RUOKTU
LEA?

WHERE IS
HOME?

ᕿᕕᑯ ᕈᐃᔾ ᐊᒻᒪᓗ ᐃᓚ ᑎᓐ
ᐃᐊᔾ ᐅᖅᑲᓪᓚᖅᑲᑎᖅᑲᖅᒍᑎᒃ
ᑕᖅᕿᓕᒃ ᐹᑐᕆᔾᒥᑦ

ᑐᙵᓱᒋᔅᓯ ᐊᖏᖅᕌᓗᑦ

Sámegiella-24
English-34

ᑖᒃᑯᐊ ᐊᔾᔨᙳᐊᑦ ᑖᔅᓱᒪ ᑕᖅᕿᓕᒃ ᐹᑐᕆᑦᔨᐅᑉ ᑕᐃᔭᖏᑦ "ᐊᑦᑕᑯᐃᑦ", ᐅᑭᐅᓂᒃ ᐊᒥᓱᓂᒃ ᑕᐃᒪᔾᓐᓇ ᐱᔭᐅᓯᒪᓕᖅᑐᑦ, ᐃᖅᑲᓗᖕᓂᑦ, ᓄᓇᕗᒻᒥᑦ ᐊᒻᒪᓗ ᑑᕚᑦ, ᑯᐃᐯᒻᒥᑦ. ᑕᖅᕿᓕᒃ ᐹᑐᕆᔾ, ᐊᑯᓐᓂᖅ, 2020–2022

Dáid fotografiijaid, maid Taqralik Partridge gohčoda nammačállagiin "golahan- ja bálkestansajit", son govvii mángga jagi ollodahkii Iqaluit gávpogis, Nunavut territorias ja Dorval gávpogis, Québec provinssas. Taqralik Partridge, *akunniq*, 2020–2022

These photographs of what Taqralik Partridge calls "throwaway spaces" were taken over several years, in Iqaluit, Nunavut and Dorval, Québec. Taqralik Partridge, *akunniq*, 2020–2022

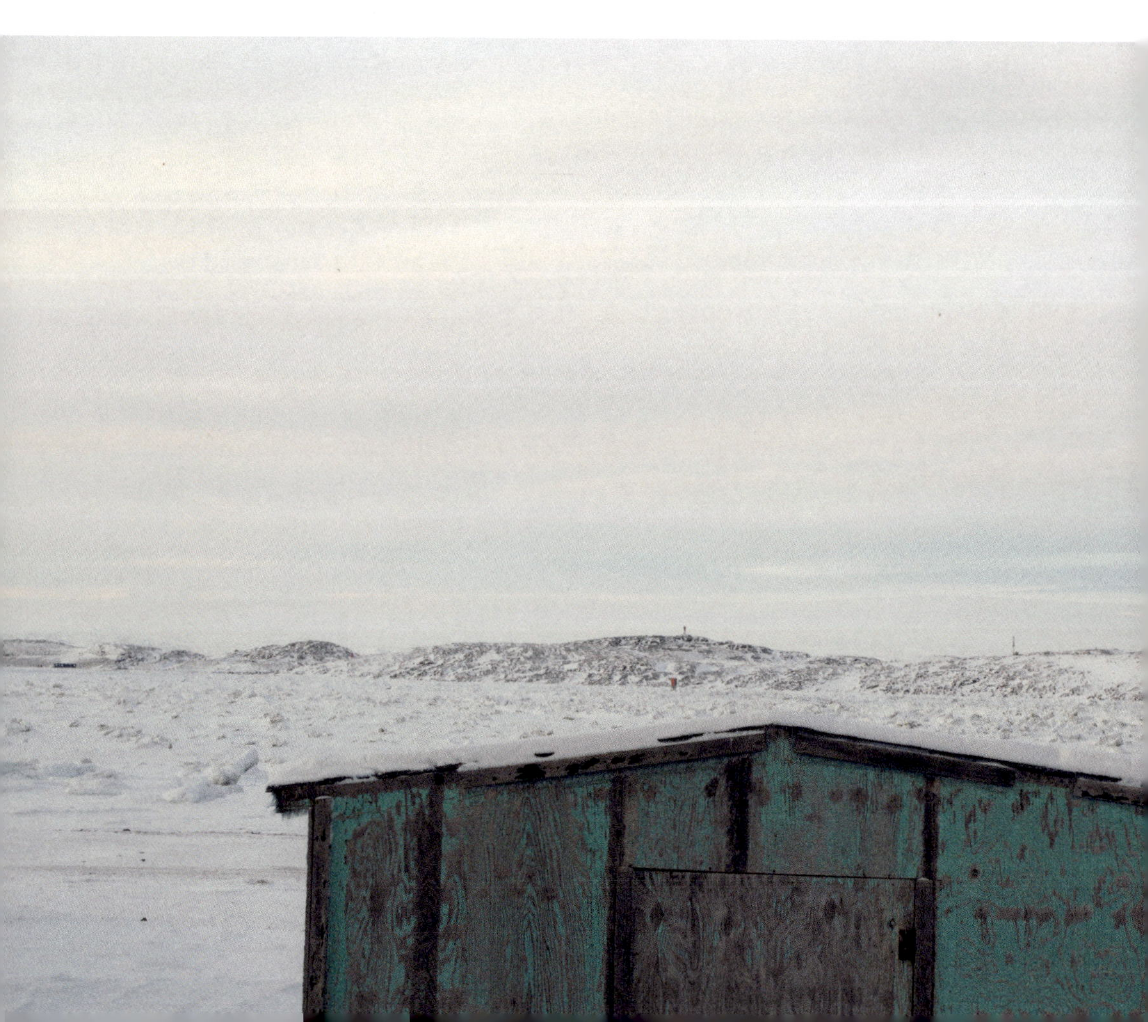

ᕋᕕᑦ ᕈᐃᔅ: ᐊᖏᕐᕋᒧᑦ ᐃᓕᖕᓄᑦ ᖃᓄᖅ ᑐᑭᖃᖅᐸ? ᐱᓕᕆᐊᕆᔭᑦᑎᓐᓄᑦ CCA-ᒧᑦ, ᑐᑭᓕᐅᖅᑲᑦᑕᖅᑕᕗᑦ ᐃᒪᓐᓇ "ᐊᖏᕐᕋᐅᓕᖅᑐᒍ," ᑐᑭᓕᐅᑦᑎᐊᖅᓯᒪᖅᑰᖏᑦᑑᕙᓗᐊᖅ, ᑕᐃᒪᓕ ᐱᓯᒪᒍᑦᑎᒍᑦ ᐃᓄᒃᑎᑐᑦ ᑕᐃᔭᐅᔾᔨᑎᖓ, ᖃᓄᕐᓕ ᐃᓕᖕᓄᑦ ᑐᑭᖃᖅᐸ?

ᑕᕐᕋᓕᒃ ᐹᑐᓇᑦᔅ: ᐄᓕᒃ, ᑐᑭᖃᖅᑐᖅ "ᐊᖏᕐᕋᐅᓕᖅᑐᒍᑦ," ᓲᕐᓗ ᐊᐱᕆᒍᕕᑦ ᐃᒪᓐᓇ ᓇᒧᖓᐅᕕᑦ, ᐊᖏᕐᕋᐅᓕᖅᑐᒍᑦ. ᑕᐃᒪᓐᓇ ᐅᖃᕈᓐᓇᖅᐳᑎᑦ. ᑕᐃᒪᓕ ᐅᕙᓐᓄᑦ ᖃᓄᖅ ᑐᑭᖃᖅᐸ? ᐅᖃᐅᓯᖅ ᐊᖏᕐᕋᒧᑦ ᑐᖓᓇᖅᑐᒻᒪᕆᐊᓘᕗᖅ. ᐃᓱᒪᒋᔭᐅᖏᓐᓇᐅᔭᓇᕗᖅ ᐃᓄᖕᓄᑦ ᐊᒻᒪᓗ ᓄᓇᖃᖅᑳᖅᓯᒪᔪᓄᑦ: ᖃᓄᕐᓕ ᐊᖏᕐᕋᖅ ᑐᑭᖃᖅᐸ ᐊᖏᕐᕋᕐᓃᑎᑦᑐᑎᑦ ᐊᒻᒪᓗ ᐊᒃᑐᖅᑕᐅᓯᒪᐃᓐᓇᐅᔭᓕᖅᓱᓂ ᖃᑦᑐᓈᓄᑦ ᓄᓇᑐᖃᓇᖏᑕᒥᓄᑦ ᓄᓇᑖᕆᔭᐅᕙᓪᓕᐊᑐᐃᓐᓇᓕᖅᓱᑎᒃ?

ᕋᕕᑦ ᕈᐃᔅ ᖃᓄᐃᒻᒪᑦᑕ ᐃᓕᖕᓄᑦ ᐱᒻᒪᕆᐅᖕᒪᑦ ᑖᓐᓇ ᓯᕗᓪᓕᖅ ᐃᓯᕐᕕᒋᔭᐃᑦ ᑐᖅᓲᒃ? ᓇᐃᒪᕕᑦ ᑭᓯᑐᐃᓐᓇᕐᒥᒃ ᐅᕙᓘᓐᓃᑦ ᐃᒃᐱᒋᔭᖃᖅᐱᑦ ᑖᓯᒧᖓ ᑐᖅᓲᖕᒧᑦ ᐃᕕᑦ ᐃᓯᒪᑎᓚᐅᖅᑕᕐᓅᑦ?

ᑕᕐᕋᓕᒃ ᐹᑐᓇᑦᔅ ᐅᕙᓐᓄᑦᑕ, ᑐᖅᓲᖅ ᐃᓄᖕᓄᑦ ᐃᓯᕐᕕᐅᖕᒪᑦ ᐅᕙᑦᑎᓐᓄᑦ - ᓄᓇᖃᖅᑳᖅᓯᒪᔪᑦ ᑲᒪᔨᐅᖅᑕᐅᔪᖅ ᑕᑯᔭᒐᖃᕐᕕᖕᒥᑦ ᐅᕙᑎᖓᑦ - ᑐᖓᓯᒃᑎᑕᐅᔪᑦ, ᐃᓯᖅᓱᑎᒃ ᑕᑯᔾᔭᕋᓯᒋᖏᑕᒥᓄᑦ ᐃᒡᓗᒥᑦ ᑖᔅᓯᒥᖓ ᑲᓇᑕᒥᑦ ᐃᒡᓗᒃᓴᓂ ᑎᑎᕋᐅᔭᖅᑎᓄᑦ.

ᐅᖃᕈᒪᖕᒥᔪᖓ ᑕᒪᒃᑯᐊ ᑐᖅᓲᑦ ᐱᒻᒪᕆᐊᓘᖕᒪᑕ ᐃᒡᓗᓄᑦ ᐅᑭᐅᖅᑕᖅᑐᒥᑦ. ᑕᒪᒃᑯᐊ ᐃᓄᐃᑦ ᐅᕙᒎᓐᓃᑦ ᓵᒦᑦ ᐃᒻᒥᓂᒃ ᐃᓕᑕᖅᓯᖁᑦᑐᑎᑦ ᑕᕙᓂ ᑐᖅᓲᖕᒥᑦ, ᑕᒪᒃᑯᓂᖓ ᐱᖁᑎᓂᒃ ᑐᖅᓲᓃᑦᑐᓂᒃ. ᑕᒪᕐᒥᑦᑎᐊᖅ ᑐᓲᓃᑦᑐᑦ ᐊᑐᖅᑐᒻᒪᕆᐊᓘᖕᒪᑕ, ᑭᓯᐊᓂᑦᑕᐅᖅ ᐃᖅᑲᐅᒪᓐᓇᕐᒪᑕ ᑕᒫᓃᑦᑐᖅ ᑐᖅᓲᒥᑦ: ᓇᑦᑏ ᕿᓯᖏᑦ ᓇᐃᒪᓪᓗᑎᑦ, ᑐᑦᑐᐃᓪᓗ ᐊᒥᖏᑦ, ᑐᖁᓐᓇᖅᑐᖅ - ᑭᓯᐊᓂᑦᑕᐅᖅ ᑕᐃᒪᓐᓇ ᓇᐃᒪᓐᓇᕐᒪᑦ. ᑕᐃᒪᓕ ᑭᓇᑐᐃᓐᓇᖅ ᐃᓯᕈᓂ ᓯᓚᒥᑦ ᐊᒻᒪᓗ ᓇᐃᒪᓐᓇᖅᓱᑎᒃ ᓯᑭᑑᒥᑦ, ᑕᐃᒪᓕ ᑕᐃᒪᓐᓇ ᓇᐃᒪᓪᓗᓂ ᐃᓱᑎᓐᓇᖅᑐᖅ. ᐊᖏᕐᕋᓇᒐᑦᑎᒍᑦ.

ᕋᕕᑦ ᕈᐃᔅ ᑕᐃᒪᓕ ᓴᓇᕙᓪᓕᐊᓪᓗᓯ ᑐᖅᓲᖕᒥᑦ, ᐅᖃᕈᓐᓇᖅᐲᑦ ᑲᒪᔨᐅᓪᓗᑎᑦ ᐱᓕᕆᐊᕆᖃᑦᑕᖅᑕᕐᓂᒃ ᑐᖅᓲᒥᑦ - ᐊᒻᒪᓗ ᐃᓂᒃᓴᓕᐅᖅᓱᑎᑦ, ᐱᒻᒪᕆᐊᓘᖕᒪᑦ ᐃᓕᖕᓄᑦ ᓴᓇᕙᒃᑕᑎᑦ?

ᑕᕐᕋᓕᒃ ᐹᑐᓇᑦᔅ ᓄᓇᖃᖅᑳᖅᓯᒪᔪᑦ ᓴᓇᐅᒐᓕᐅᖅᑏᑦ ᐊᒻᒪᓗ ᓄᓇᓕᖕᒥᐅᑕᐃᑦ ᑕᕗᖓᖁᕙᒃᑲ ᐱᐅᓯᕆᖏᑕᖏᑦᑎᑐᑦ ᐋᖅᑭᒃᑕᐅᓯᒪᔪᒥᒃ ᐅᕙᑦᑎᓐᓄ ᑐᖓᓇᖏᑦᑐᒻᒪᕆᐅᓚᐅᖅᓯᒪᔪᓂᒃ, ᐃᓯᖁᕙᒃᑲ ᐃᓄᐃᑦ ᐊᒻᒪᓗ ᐊᓯᖏᓐᓄᑦ ᓄᓇᖃᖅᑳᖅᓯᒪᔪᓄᑦ. ᑕᐃᒪᓕ ᐱᓕᕆᖃᑕᐅᖃᑦᑕᓕᖅᓱᖓ, ᐃᓄᐃᑦ ᐃᓚᐅᖁᖃᑦᑕᖅᐸᒃᑲ ᐊᒻᒪᓗ ᐱᓕᕆᐊᒃᓴᓂᒃ ᐱᓕᕆᖃᑕᐅᖁᓪᓗᒋᑦ ᑕᒪᒃᑯᐊ ᐃᓄᐃᑦ ᐊᓯᖏᑦ. ᐃᓅᖏᑦᑐᖑ: ᐊᒥᓱᑦ ᐃᓄᐃᑦ ᑕᐃᒪᓐᓇ ᐱᐅᓯᖃᕐᒪᑕ.

ᕋᕕᑦ ᕈᐃᔅ ᑖᓐᓇ ᐊᒥᓱᓂᒃ ᐱᔾᔪᑎᖃᓗᐊᕐᒪᑦ ᐅᖃᐅᓯᖃᖅᓱᑎᒃ ᐱᓪᓚᑦᑖᖑᔪᓂᒃ ᐃᒡᓗᓂᒃ: ᔮᕋᓂᒧ ᐃᓅᑎᐅᑉ ᐅᖃᐅᓯᕆᔭᖓ ᓲᕐᓗ ᐃᖅᑲᐅᒪᔭᖓᓂᒃ ᑎᑎᕋᐅᔭᖅᓱᓂᑎᓪᓗ ᐃᖃᓗᖕᓂ ᓄᑕᕋᐅᑎᓪᓗᒍ, ᐊᒻᒪᓗ ᐊᓯᓇᔭᐅᑉ ᐃᖅᑲᐅᒪᔭᖏᓐᓂᒃ ᑕᐃᔅᓱᒪᓂᑐᖅᑲᒃ ᑐᐱᖃᖃᑦᑕᖅᑎᓪᓗᑎᑦ ᓲᕐᓗ ᐃᓚᖃᖅᑐᑎᒃ ᓄᓇᒥᑦ. ᑕᐃᒪᓕ ᓴᓇᔨᐅᓂᕐᒥᑦ ᐱᓕᕆᐊᕆᖃᑦᑕᖅᑕᕐᓄᑦ ᐱᔾᔪᑎᖃᖅᑐᑎᑦ ᐅᖃᐅᓯᖃᖅᐲᑦ ᖃᓄᖅ ᑐᑭᖃᖅᒪᖔᑦ ᐃᓂᒃᓴᓕᐅᕐᓂᕐᒥᒃ?

ᑕᕐᕋᓕᒃ ᐹᑐᕆᔾ ᓱᕈᓪᓕᖅᐹᒥᒃ ᐅᐱᒋᑦᑎᐊᖅᑕᒃᑲ ᑳᒃᑯᐊ ᔩᕋᓂᒧᑦ ᐊᒻᒪ ᐊᓯᓐᓇᔪᖅ ᖃᐅᔨᒪᑦᑎᐊᖅᑐᖓ ᐅᖃᐅᓯᕆᔭᕆᓐᓂᒃ ᐱᔭᑎᒋᓪᓗᒍ ᐃᖃᓗᖕᓂᕐᒥᐅᑕᐅᓚᐅᖅᓯᒪᖕᒥᖓᒪ ᓄᑕᕋᐅᑎᓪᓗᖓ. ᑕᐃᒪᓐᓇᑦᑕᐅᖅ ᐃᒡᓗᖅᑲᖅᑕᐅᓚᐅᖅᓯᒪᖕᒥᖓᒪ ᐱᓪᓚᕆᐊᓘᓚᐅᖅᓯᒪᖕᒥᔪᖅ ᓄᑕᕋᐅᑎᓪᓗᖓ. ᑕᐃᒪᓐᓇ ᑕᑯᓪᓗᓂ ᐃᖅᑲᐃᒪᔪᓐᓂᒃ ᐱᐅᓪᓚᕆᒃᑐᖅ - ᐅᕙᓐᓄᑦᓕ, ᐋᓖᒃ, ᑕᐃᒪᐃᒋᐊᖅᑲᖅᑐᖅ. ᑕᐃᒪᓕ ᐃᓅᓯᕆᔭᕗᑦ ᐊᒻᒪᓗ ᓄᖃᖅᑯᑎᒋᔭᕗᑦ ᐱᐅᒋᔭᐅᑎᐊᖅᑐᖅ ᑕᐅᒃᑕᐅᒋᐊᖅᑲᖅᖢᓂᓗ.

ᕋᕕᑯ ᕈᐃᔅ ᐅᖃᐅᓯᖅᑲᖅᒥᒐᕕᑦ ᐊᔾᔨᒋᔭᐅᔪᒥᒃ ᑖᔅᓯᒨᖓ ᓛᑯᓗᒃ ᕕᓕᐊᒻᓴᓐ ᐸᑐᕆᒧᑦ. ᖃᓄᐃᓪᓕ ᐱᓪᓚᕆᐅᕙ ᐃᓕᖕᓄᑦ ᐅᖃᓪᓚᖅᑎᖅᑲᖅᖢᑎᑦ ᓛᑯᓗᖕᒧᑦ ᐊᒻᒪᓗ ᖃᓄᖅ ᐱᔪᒪᓚᐅᖅᐱᑦ ᐅᖃᓪᓚᖅᑎᒋᔭᒪᓪᓗᒍ ᑕᕙᓂ ᑕᑯᔪᖅᑲᖅᕕᖕᒥᑦ?

ᑕᕐᕋᓕᒃ ᐹᑐᕆᔾ ᑖᔅᓯᓕ ᓛᑯᓘᑉ ᐃᓯᒪᒋᓚᐅᖅᑕᖓ. ᑕᐃᒪᓕ ᐅᐸᓚᐅᖅᑕᕗᑦ ᓛᑯᓗᒃ ᑎᑎᕋᓚᐅᖅᑎᓪᓗᒍ ᐱᖑᐊᕈᑎᒋᓂᐊᖅᑕᒥᓂᒃ - ᐊᑕᐅᓯᕐᒧᑦ ᐃᓄᖕᒧᑦ ᑎᑎᕋᓚᐅᖅᑕᖓ ᐱᖑᐊᕈᑕᐅᓂᐊᖅᖢᓂ ᓄᕙᖕᓇᕐᔪᐊᖅᑕᕐᑲᖅᑎᓪᓗᒍ, ᐱᔭᑎᖅᑲᖅᖢᓂ ᐃᓄᐃᑦ ᐃᒡᓗᕐᔪᐊᖑᓐᓂᒃ ᐱᔭᑎᖅᑲᓗᐊᖅᖢᑎᒃ ᐃᒡᓗᕐᔪᐊᖅᑲᖑᓗᐊᕐᓂᖑᓐᓂᒃ ᐊᒻᒪᓗ ᐊᒃᑐᖅᑕᐅᓯᒪᖢᐊᕐᓂᖑᓐᓂᒃ ᓄᖃᖅᑲᖄᖅᓯᒪᖕᒋᑦᑐᓂᒃ ᖃᓪᓗᓅᓂᑦ. ᐅᖃᓪᓚᑎᒋᓪᓗᒍ ᖃᓄᐃᓐᓂᐊᕐᒪᖔᑦ, ᐃᓯᒪᒋᔭᖑᓂᒃ ᖃᐅᔨᑎᑕᐅᔭᓪᓗᖓ, ᐅᖃᓚᐅᖅᑐᖅ ᐅᕙᓐᓄᑦ ᐅᖃᕈᒪᓂᖅᓴᖅᓗᓂ. ᓛᑯᓗᒃ ᐱᓕᕆᖅᑦᑕᖅᑐᖅ ᐱᓕᕆᖅᑎᕌᖕᓂᕐᒥᑦ. ᐱᓕᕆᖅᑎᖃᐃᓐᓇᐅᔪᖅᑐᖅ ᐱᓕᕆᐊᒥᓂᒃ, ᐊᒻᒪᓗ ᓇᓗᓇᐃᑦᑎᐊᖅᓯᒪᐃᓐᓇᐅᔪᖅᖢᓂ, ᐊᒻᒪᓗ ᐱᓕᕆᖅᑎᒋᔪᖕᒋᑦ ᐊᑭᓕᖅᑕᐅᑎᐊᖅᑕᐅᖅᑯᓪᓗᓂᒋᑦ ᐱᓕᕆᐊᒥᓄᑦ. ᑐᓂᔫᓇᐅᔪᖅᑐᖅ ᐊᒻᒪᓗ ᐱᓕᕆᐊᒥᓂᒃ ᐱᓕᕆᖅᑎᖅᑎᐊᖅᐸᒃᖢᓂ. ᐃᒃᐱᒋᔪᖅᑲᖅᐸᒃᑐᖅ ᐱᓕᕆᐊᖓ ᑐᓐᓂᖅᑯᓯᐊᖑᔪᓂᖓᓂᒃ ᑕᐅᑉᐸᒃᑐᓂᒃ ᐱᖑᐊᖅᑎᓪᓗᒍ.

ᕋᕕᑯ ᕈᐃᔅ ᑕᐃᒪᓕ ᐱᓕᕆᐊᖅᑲᕐᓂᖅᐱᑦ ᑲᒪᔨᐅᓪᓗᑎᑦ ᐊᓯᐊᒍᑦ, ᐊᓂᔾᔨᖕᒍᐊᓂᒃ ᐱᓯᒪᖕᒥᒐᑦᑕ ᑕᕙᓃᑎᓪᓗᑎᑦ ᑕᑯᔪᖅᑲᖅᕕᖕᒥᑦ. ᖃᓄᑦᑕ ᐅᖃᐅᓯᕆᔭᓐᓇᖅᐱᐅᒃ ᐊᔾᔨᓕᐅᕆᔨᐅᓃᑦ, ᑕᒪᐃᓐᓂᒃ ᖃᓄᑐᐃᓐᓇᖅ ᐊᔾᔨᓕᐅᕆᖅᑦᑕᖅᑎᑦᑐᑎᑦ ᐊᒻᒪᓗ ᑖᓯᒨᖓ ᐱᓕᕆᐊᕆᔭᕐᓄᑦ?

ᑕᕐᕋᓕᒃ ᐹᑐᕆᔾ ᐅᒃᐱᕈᓱᒃᑐᖓ ᑕᒪᒃᑯᐊ ᐊᔾᔨᓕᐅᖅᐸᒃᑕᒃᑲ ᐅᑕᖅᑭᑐᐃᓐᓇᖅᑐᑦ ᓴᓇᐅᒐᓕᐅᖅᑎᓂᒃ ᐅᕙᓘᓐᓃᑦ ᐊᔾᔨᓕᐅᕆᔨᓂᒃ. ᐃᓄᐃᑦ ᓴᓇᖑᐊᖅᐲᑦ ᐅᖃᖅᐸᒃᑐᑦ ᐅᔭᕋᖃᕈᕕᑦ ᓴᓇᖑᐊᕐᓂᐊᖅᑕᕐᓂᒃ, ᖃᐅᔨᔭᓐᓇᖅᑐᑎ ᖃᓄᐃᑦᑐᒥᒃ ᑖᓐᓇ ᐅᔭᕋ ᑭᓯᖕᒍᐊᖕᒍᔭᒪᓂᖓᓂᒃ. ᓅᓕᑦᑎᐊᓇᐊᖅᑲᖅᑐᑎᑦ ᑖᓯᒨᖓ ᐅᔭᕋᒧᑦ. ᐅᖃᕈᒪᖕᒥᔪᖓ ᐱᔭᑎᒋᓪᓗᒍ ᐊᒥᓯᐊᓗᐃᑦ ᐃᓄᐃᑦ ᓴᓇᖑᐊᖅᑎᐅᔪᑦ ᐱᔭᑎᖅᑲᖅᐳᑦ ᑭᓇᑐᐃᓐᓇᖅ ᓴᓇᖑᐊᖅᑎᐅᔪᑦ ᓴᓇᑦᑎᐊᕈᓐᓇᖅᒪᑕ. ᑕᐃᒪᓐᓇ ᐃᓅᔭᑎᖅᑲᓰᖕᒍᓯᑦᑕ ᑕᒫᓂ ᐊᔭᕐᓇᕈᔭᒃᑐᒦᑦ ᓄᓇᖅᑲᖅᑎᓪᓗᑕ: ᐊᑐᓇᐊᖅᑲᖅᑕ ᑭᓯᑐᐃᓐᓇᕐᓂᒃ. ᑭᓯᐊᓂᑦᑕᐅᖅ ᐱᓪᓚᕆᒃᑐᖅ ᐃᓕᖅᑯᓯᑐᖅᑲᖅᐳᑦ ᐊᑐᖅᓱᕆᑦ.

ᐅᖃᓪᓚᖅᑎᖅᑲᓚᐅᖅᐳᖓ ᐃᓄᖕᒥᒃ ᖃᓄᖅ ᓄᖃᖅᑲᖄᖅᓯᒪᖕᒋᑦᑐᑦ ᓴᓇᐅᒐᓕᐅᖅᑎᐅᔪᑦ ᐅᖕᒐᓯᒃᓯᕙᓪᓕᐊᓇᓱᖕᓂᖕᒋᓐᓂᒃ ᐃᓂᖅᑎᑎᓂᐅᔪᒥᒃ ᐊᒻᒪᓗ - ᐅᖃᕈᒪᒋᓪᓗᖓ ᖃᓄᑐᐃᓐᓇᖅ ᐱᓕᕆᐊᕆᔭᑦᑎᓐᓂᒃ ᓄᓇᖅᑲᖄᖅᓯᒪᓪᓗᑕ ᓴᓇᖑᐊᖅᑎᐅᓪᓗᑕ ᐃᓄᓪᓗᑕᓐᓂᐅᓐᓃᑦ ᐱᔭᒪᓯᖕᒍᖕᒥᑦᑦ ᑭᑯᑐᐃᓐᓇᐃᑦ ᐱᓕᕆᐊᕆᔭᖕᓂᖕᓂᒃ ᐱᓕᕆᖅᑕᐅᔭᓪᓗᑕ - ᑕᐃᒪᓕ ᑕᒪᓐᓇ ᐱᖃᑦᑕᖅᑎᑦᑐᒍᑦ. ᐃᓯᒪᒋᓗᒍᓕ ᑖᓐᔭ ᑕᓘᖅ, ᖃᐅᔨᒪᔭᐅᑦᑎᐊᖅᑐᖅ ᑲᑕᔾᔭᖅᑎᐅᓪᓗᓂ, ᓴᓇᐅᒐᓕᐅᕐᕕᖕᒥᑦ ᐃᓕᓐᓂᐊᓚᐅᖅᓯᒪᔪᖅ, ᐊᒥᐊᕆᔅᑎᐊᕚᑰᖕᓇᓗᓂ. ᑎᑎᕋᕈᒪᓕᓚᐅᖅᓯᒪᔪᖅ

ᐅᓂᒃᑳᒥᒃ, ᓵᓚᒃᓴᓚᐅᖅᓯᒪᓪᓗᓂᓗ ᑎᑎᕋᖅᑕᒥᓄᑦ ᐅᓂᒃᑳᒥᒃ, ᐊᒻᒪᓗ ᐱᔾᔪᑎᒋᓪᓗᒍ ᓴᓇᔪᒪᓲᖑᓂᖓᓂᒃ; ᐱᖅᑲᑦᑕᖅᑐᖅ ᓴᓇᓯᒪᔭᖓᓂᒃ ᑕᑯᔭᐅᔪᓐᓇᕐᓂᐊᖅᑐᒥᒃ.

ᑎᑎᕋᖅᑲᑦᑕᓕᖅᑎᓪᓗᖓ ᑲᑎᒪᔾᔪᑕᐅᓂᐊᖅᑐᓂᒃ ᓯᕗᑦᓕᖅᐹᒥᒃ ᐅᖅᑲᓲᖑᔪᖓ ᐃᓄᖕᓄᑦ, “ᐱᔪᓐᓇᕐᑯᕙᔅᓯ ᑎᑎᕋᕈᓐᓇᕐᑯᓪᓗᓯ ᖃᓄᐃᓐᓇᖅ,” ᐱᔾᔪᑎᒋᓪᓗᒍ ᐃᑖᓐᓂᒃᑯᑦ ᐃᓄᐃᑦ ᑕᐃᒪᓐᓇ ᑐᓴᕈᒪᓲᖑᖕᒪᑕ. ᐱᔪᓐᓇᖅᑎᑕᐅᓲᖑᒻᒪᑕ ᓴᓇᔪᓐᓇᕐᓂᕐᒥᑦ. ᐱᐅᓂᖅᐹᒥᑦ ᓴᓇᔪᓐᓇᕆᐊᖅᑲᕋᑦᑕ; ᖃᐅᔨᒪᔭᓗᐊᕆᐊᖅᑲᖏᕐᓱᑎᒃᑐ. ᑕᐃᒪᓐᓇ ᐱᑐᐃᓐᓇᕆᐊᖅᑲᕋᑦᑕ.

ᕋᕕᑯ ᕈᐃᔾ ᑕᐃᒪᓕ ᓈᓚᒃᐸᒃᓱᓂ ᐊᔾᔨᓕᐅᕆᔨᐅᓪᓗᓂ ᐊᒃᓯᐊᓗᒃ ᐱᐅᒻᒪᕆᖕᒪᑦ ᐊᒻᒪᓗ ᓴᖏᓂᖅᑲᒻᒪᕆᒃᓱᓂ. ᐃᓯᒪᔪᖓᓕ ᖃᓄᖅ ᐃᓕᖕᓄᑦ ᑐᑭᖅᑲᕐᒪᖔᑦ ᓈᓚᒃᓱᑎᑦ ᑕᒪᒃᑯᓂᖓ “ᐃᒋᑕᐅᓲᖑᔪᓂᒃ” - ᐊᑐᕐᓂᐊᖅᓱᒋᓪᓗ - ᐱᓗᐊᖅᑐᒥᒃ, ᐊᒻᒪᓗ ᖃᓄᖅ ᓈᓚᒍᓐᓇᕐᓂᕐᓂᒃ.

ᑕᕐᕋᓕᒃ ᐹᑐᕆᑦᔾ ᐅᕙᓐᓄᑦᑕ, ᑐᑭᖅᑲᖅᐳᖅ ᑭᓯᑐᐃᓐᓇᕐᒥᒃ ᐱᓯᒪᒍᒪ ᓴᓇᔪᓐᓇᕋᒃᑯ. ᐃᓄᒻᒪᕆᐅᓂᕐᒥᒃ ᑕᐃᒪᓐᓇ ᐱᒻᒪᕆᐅᑎᒋᖕᒪᑦ, ᐊᑐᕆᐊᖅᑲᕋᑦᑕ ᐃᒋᑐᐃᓐᓇᖏᑦᑐᒋᑦ, ᐊᒻᒪᓗ ᑕᐃᒪ ᐃᓯᒪᔪᖓ ᐊᔾᔨᓕᐅᕆᔨᐅᓪᓗᖓ ᑕᐃᒪᓐᓇᑦᑕᐅᖅ ᐱᓯᒪᖕᒥᖕᒪᑦ. ᐊᑐᖅᐸᒃᑐᖓ ᐅᖅᑳᓚᐅᑎᕋᑖᓐᓂᒃ, ᐊᒻᒪᓗ ᑕᐃᒪ ᐊᓯᒃᑲ ᐊᔾᔨᓕᐅᕆᔨᐅᔪᑦ ᑕᐃᒪᓐᓇ ᐱᐅᒃᓴᕋᔭᖏᑦᑎᐊᖅᑐᑦ, ᑭᓯᐊᓂᓕ ᐅᕙᓐᓄᑦ ᖃᓄᐃᑦᑐᑐᐃᓐᓇᕐᓂᒃ ᐊᔾᔨᓕᐅᕈᑎᓂᒃ ᐱᓯᒪᒍᒪ ᐱᐅᒻᒪᕆᖕᒪᑦ. ᓴᓇᐅᒐᓕᐊᕐᓂᒃ ᐱᐅᒃᓴᑦᑎᐊᕋᒪ ᐊᒻᒪᓗ ᑮᓇᐅᔭᓂᒃ ᐊᑐᖏᒃᑲᓗᐊᕈᒪ ᑕᐃᒪᓐᓇ ᐱᔪᓐᓇᑦᑎᐊᕋᑦᑕ. ᐅᖅᑲᐅᓯᐅᔪᖅ, ᐱᐅᒋᒻᒪᕆᒃᑕᕋ ᑮᓇᐅᔭᓂᒃ ᐊᑐᕆᐊᖅᑲᖏᓐᓇᑦᑕ ᑕᐃᒪᓐᓇ ᐊᔾᔨᓕᐅᕆᓗᓂ. ᐊᑐᕆᐊᖅᑲᖏᒃᑭᕗᑎᑦ ᖃᕆᓴᐅᔭᓂ.

ᓯᕗᑦᓕᖅᐹᒥᒃ ᐅᖅᑲᐅᓯᕐᒥᒃ ᐊᑐᖅᑲᑦᑕᓕᓵᖅᓱᖓ, ᖁᕕᐊᓯᑦᑎᐊᓚᐅᖅᑐᖓ ᑎᑎᕋᕆᐊᖅᑲᓵᖓᒪ ᖃᐅᔨᓕᓚᐅᖅᑐᖓ ᑎᑎᕋᖅᑎᓪᓗᖓ ᐊᑐᕐᓂᓐᓂᒃ ᐊᓕᓚᔪᑐᐃᓐᓇᑯᓗᖕᓂᒃ. ᐅᕙᒎᓐᓃᑦ ᐅᐊᓴᖅᑎᓪᓗᖓ, ᐊᑐᓇᐊᖅᑲᖏᓗᖓ ᑎᑎᕋᐅᑎᓂᒃ. ᑕᐃᒪᑦᑕᐅᖅ ᓯᖓᐅᔭᐃᑦ ᐊᑐᖅᑕᐅᓲᖑᒋᕗᑦ. ᓴᓇᓚᐅᕆᕗᖓ ᑖᒃᑯᓄᖓ ᐱᓐᓇᑦ ᓯᑦᓂᒥᐅᑕᕐᓄᑦ ᐊᒻᒪᓗ ᑎᑎᕋᓚᐅᖅᐳᖓ ᖃᓄᐃᑦᑐᑐᐃᓐᓇᕐᓂᒃ ᐊᑐᖅᑲᑦᑕᖅᓱᖓ ᓴᓇᖅᑲᑦᑕᖅᑕᓐᓂᒃ, ᐃᓯᒪᖏᓱᖓᓗ ᖃᓄᖅ ᑕᐅᑐᒃᑐᑦ ᖃᑦᑐᓈᑦ ᐃᓯᒪᖅᑲᓇᐊᒃᓴᖏᓐᓂᒃ, ᑭᓯᐊᓂᓕ ᐃᓄᐃᑦ ᐊᓯᒃᑲ ᐃᓯᒪᕐᑯᑦᑐᒋᑦ ᑕᐅᕙᖓᕈᑎᒋᓚᐅᖅᑕᕋ ᐊᔾᑐᕋᐃᓕᒍᑦ ᓴᓇᓚᐅᖅᓯᒪᒐᒪ ᓯᖓᐅᔭᓂᒃ ᑭᒍᑎᒧᑦ ᑯᒃᑮᔭᐅᑎᒥᒃ ᐊᑐᖅᓱᖓ. ᑕᐃᒪᓕ ᑕᒪᓐᓇ ᐱᐅᒋᔭᐅᑦᑎᐊᓚᐅᖅᑐᖅ ᓴᓇᔭᕋ; ᐱᐅᒋᔭᐅᑦᑎᐊᖅᓱᓂ ᑕᑯᔭᒐᖅᑲᕐᕕᖕᒧᐊᖅᑕᐅᓚᐅᖅᑐᖅ.

ᐊᔾᔨᓕᐅᖅᑕᓐᓄᑦᑕ, ᐊᔾᔨᓕᐅᖅᑕᒃᑲ ᐱᐅᑦᑎᐊᖅᑲᑦᑕᕐᒪᑕ ᐱᐅᖏᑦᑑᒐᓗᐊᕐ

ᐊᔾᔨᓕᐅᖅᑕᓐᓄᑦᑕ, ᐊᔾᔨᓕᐅᖅᑕᒃᑲ ᐱᐅᑦᑎᐊᖅᑲᑦᑕᕐᒪᑕ ᐱᐅᖏᑦᑑᒐᓗᐊᕐᒦᑐᖓ. ᐃᓚᖏᑦ ᐊᔾᔨᓕᐅᖅᑕᒃᑲ ᐊᔾᔨᓕᐅᓚᐅᖅᑕᒃᑲ ᐃᓄᖕᓄᑦ ᐃᓚᖏᓐᓄᑦ ᐱᐅᒋᔭᐅᖏᑦᑐᒦᒃᑲᓗᐊᖅᑐᖓ.

ᕋᕕᑯ ᕈᐃᔾ ᖃᓄᕐᓕ ᐃᒋᑕᐅᓯᒪᔪᓂᒃ ᐅᖅᑲᐅᓯᖅᑲᕈᓐᓇᖅᐱᑦ?

ᑕᕐᕋᓕᒃ ᐹᑐᕆᑦᔾ ᓈᒻᒪᖏᑦᑑᒐᓗᐊᖅ, ᑭᓯᐊᓂᓕ ᐃᓄᐃᑦ ᐊᒥᓱᑦ ᐃᓯᒪᓲᖑᖕᒪᑕ ᐱᔾᔪᑎᖃᖅᓱᑎᑦ ᓄᓇᒥᒃ ᐃᒋᑕᐅᓯᒪᓂᖓᓂᒃ. ᐱᓯᒪᒋᐊᖅᑲᕋᑦᑎᒍᑦ ᐊᑐᕐᓗᑎᒍᓪᓗ. ᑕᒪᓐᓇ ᓯᓚᒻᒪᕆᒃᑐᖅ ᑕᐃᒪᓕ ᑕᒪᓐᓇ ᐃᓂᒋᔭᕗᑦ ᐱᐅᒐᓗᐊᖅᑎᓪᓗᒍ ᐊᒻᒪᓗ ᐊᓯᐅᑎᑦᑕᐃᓕᒪᒋᐊᖅᑲᕋᑦᑎᒍᑦ. ᐱᓯᒪᒋᐊᖅᑲᒻᒪᕆᒃᑲᑦᑎᒍᑦ ᑕᐅᑐᒃᑐᑎᒍᑦ, ᑕᐃᒪᓐᓇ ᑕᐅᑐᒋᐊᖅᑲᕋᑦᑎᒍᑦ ᐃᓕᑕᕆᖏᑦᑐᒍᓕ ᐱᕐᔪᐊᖑᓂᖓᓂᒃ, ᑭᓯᐊᓂᓕ ᐸᖅᑭᑦᑎᐊᕆᐊᖅᑲᕋᑦᑎᒍᑦ ᐊᒻᒪᓗ ᑲᒪᒋᑦᑎᐊᕐᓗᑎᒍᑦ. ᐃᒋᑕᐅᓯᒪᔪᑦ ᓲᕐᓗ ᑕᐅᑐᒃᑕᐅᓪᓗᓂ ᓯᓚᕐᔪᐊᕐᒥᐅᓄᑦ, ᐃᓂᒋᔭᕗᑦ ᓲᕐᓗ ᐱᒻᒪᕆᐅᖏᓐᓂᖏᓐᓂᒃ.

ᑕᐃᒪᓕ ᐱᒻᒪᕆᐅᓂᖏᓐᓂᒃ ᐱᓯᒪᑦᑎᐊᕆᐊᖃᕋᑦᑎᒍᑦ, ᑕᐃᒪᐃᖏᑉᐸᑦ ᐳᐃᒍᖅᑕᐅᑐᐃᓐᓇᕐᓂᐊᖅᑐᖅ. ᓱᕐᓗ ᒥᕐᖑᐃᖅᓯᕐᕕᒃ ᑕᐃᔭᐅᔾᔪᑎᖅᑲᖅᑐᒃᓴᐅᕗᖅ ᐊᓯᐊᓂᒃ - ᖃᓄᕐᓕ ᑕᐃᔭᐅᕙ? ᑕᐃᓐᓇ ᐊᒃᕗᐊᑕᒦᑦᑐᖅ?

ᕐᕕᑯ ᕈᐃᔅ ᑳᐸᑦ ᔅᑯᐃᕐᒥᑦ ᑕᐅᔭᐅᔪᖅ, ᐊᐃᑦᑖᖑᒐᓗᐊᖅ.

ᑕᕐᕋᓕᒃ ᐹᑐᕆᑦᔾ ᑳᐸᑦ ᔅᑯᐃᕐ. ᓱᖃᐃᒻᒪ ᐳᐃᒍᕋᖅᑯ. ᐅᑭᐅᓂᒃ ᐊᒥᓱᒻᒪᕆᐊᓗᖕᓂᑦ, ᑕᐃᓐᓇ ᒥᕐᖑᐃᖅᓯᕐᕕᒃ ᑭᓲᓚᐅᖏᑦᑐᖅ. ᓱᕐᓗ ᑐᖁᖓᓚᐅᖅᑐᖅ. ᒪᓐᑐᕆᐊᒥᑦ ᓄᓇᖃᓚᐅᖅᓯᒪᕗᖓ ᐅᑭᐅᓂᒃ ᐊᒥᓱᓂᒃ ᐊᒻᒪᓗ ᕿᑐᕐᖓᒃᑲ ᓄᑕᕋᕐᓄᑦ ᐊᓐᓂᐊᕐᕕᖕᒧᐊᕈᑎᕙᓚᐅᖅᓯᒪᕙᒃᑲ, ᐊᒻᒪᓗ ᓴᓇᕕᒐ ᕗᐃᔅᒪᐅᓐᑦᒦᑕᐅᖅᑐᖅ, ᐊᒻᒪᓗ ᑭᒃᑯᑐᐃᓐᓇᕐᓄᑦ ᑕᒪᓐᓇ ᓄᓇ ᓱᖁᑎᒋᔭᐅᓚᐅᖏᑦᑐᖅ. ᑕᐃᒪᓐᓇᑐᑦ ᑐᕐᕙᓪ ᔅᑯᐃ ᑕᒫᓃᑦᑐᖅ ᕿᑭᖅᑕᒦᑦᑐᑎᑐᑦ, ᐃᓂᒋᔭᐅᓚᐅᖅᑐᖅ ᐃᓄᖕᓄᑦ ᐃᖏᕐᓴᕕᐅᓪᓗᓂᓗ ᐅᑭᐅᖅᑕᖅᑐᒧᑦ ᑲᓇᖕᓇᒥᐅᓄᓪᓗ. ᑕᐃᒪᓕ ᖃᐅᔾᔨᒪᒃᑲᓐᓂᖅᐳᖓ ᖃᓄᐃᓪᒪᑦ ᐃᓄᖕᓄᑦ ᐃᓂᒋᔭᐅᓂᖓᓂᒃ.

ᐃᓚ ᑎᓐ ᐃᐊᑦᐳᓐ: ᑕᐅᑐᒃᓗᖓ ᓯᕗᓂᒃᓴᒧᑦ, ᖃᓄᐃᓪᒪᑦᑕ ᐳᑖᖅᑐᖅ ᐅᕙᒎᓐᓃᑦ ᑕᐅᑐᒋᐊᖅᑐᖅᓯᒪᔪᑦ ᑭᓯᒥᒃ ᐱᔪᒪᕙᑦ ᐅᕙᒎᓐᓃᑦ ᑭᓯᒥᒃ ᐊᑐᖅᓯᔪᒪᕙᑦ ᑕᕗᖓᖅᓗᑎᒃ ᑕᑯᔭᒐᖅᕕᖕᒧᑦ? ᑭᓲᕙᓕ ᐱᒻᒪᕆᐅᓂᖅᐸᖑᔪᖅ ᐱᔭᐅᔪᖅ?

ᑕᕐᕋᓕᒃ ᐹᑐᕆᑦᔾ ᐃᓄᖕᓄᑦᑕ ᐊᒻᒪᓗ ᓄᓇᖅᑲᖅᑳᖅᓯᒪᔪᓄᑦ ᐃᒃᐱᒋᖁᓭᒃᑭᑦ ᐃᒪᓐᓇ, “ᐊᖏᕐᓭᖅᓯᒪᓕᖅᐳᖓ” ᐊᒻᒪᓗ ᐃᒃᐱᒍᓱᓲᖑᕗᖓ ᐃᒃᐱᒋᔭᖏᓐᓂᒃ. ᐊᓯᖏᓐᓄᑦᑕ, ᐅᑎᓲᖑᕗᖓ ᐊᐱᖅᑯᑎᒋᔭᐅᓚᐅᖅᑐᒧᑦ ᑭᖑᓪᓕᕐᒧᑦ: ᑕᐃᒪᓕ ᑕᐅᑐᓲᖑᕗᖓ ᐊᒻᒪᓗ ᐃᓯᒋᒪᒋᕙᒃᓗᒋᑦ. ᐱᓕᕆᐊᓕᓖᓐᓄᑦᑕ, ᐅᖃᓪᓚᖃᑎᖃᕈᒪᓲᖑᕗᖓ. ᑭᓯᑐᐃᓐᓇᕐᓂᒃ ᐱᔾᔪᑎᖃᖅᓗᖓ. ᑕᐃᒪᓕ ᐊᔾᔨᓕᐅᖅᓯᒍᒪ ᓲᕐᓗ ᐊᖏᔾᔨᐊᓗᖕᒥ ᐊᐳᑎᒥᑦ, ᐅᕙᓐᓄᑦᑕ ᐱᐅᒐᓗᐊᖅᓗᓂ ᑭᓯᐊᓂᑦᑕ ᐊᖏᔾᔨᐊᓗᖕᒥᑦ ᐊᐳᑎᒥᑦ ᑕᒫᓂᒋᐊᖃᖏᑦᑐᖅ. ᑕᑯᔭᐅᔪᖃᕈᓐᓇᖏᑦᑐᖅ ᑕᒪᓂ ᓄᓇᒃᑰᕈᑎᓄᑦ ᐃᓂᒋᔭᐅᔪᒥᒃ ᐊᖏᔾᔨᐊᓗᖕᓂᒃ ᓲᕐᓗ ᐃᒡᓗᕐᔪᐊᑎᑐᑦ ᐊᒃᑎᒋᔭᓂᒃ. ᐃᓄᐃᑦᑕ ᑭᒃᑯᑐᐃᓐᓇᐃᑦ ᐃᒃᐱᒍᓯᖁᓯᓇᕙᒃᑲ ᑕᐃᒪᓐᓇ ᑕᕗᖓ ᐃᓯᖅᖓᑕ ᑕᑯᔭᒐᖅᕕᖕᒧᑦ. ᖃᐅᔨᒪᖅᖏᑦᑎᐊᕈᑎᒃ ᐅᑭᐅᖅᑕᖅᑐᒥᑦ, ᑕᒡᕙ ᐅᑭᐅᖅᑕᖅᑐᖅ, ᐅᕙᒎᓐᓃᑦ ᐃᓚᐃᓐᓇᖓ. ᑕᒡᕙ ᐅᑭᐅᖅᑕᖅᑐᒻᒪᕆᒃ.

ᐃᓚ ᑎᓐ ᐃᐊᑦᐳᓐ ᑕᐃᒪᓕ ᐱᓕᕆᐊᕆᔭᔅᓯᓐᓂᒃ, ᑕᐅᑐᖕᓂᖃᖅᐳᒍ ᐃᓂᒃᓴᓕᐅᕐᕕᐅᔪᓂᒃ ᐊᒻᒪᓗ ᐃᓂᒃᓴᐃᑦ ᐃᓕᐅᖅᑲᕐᕕᖏᓐᓂᒃ, ᒪᑯᓂᖓᐅᖏᑦᑐᕐᓕ ᓴᓇᔭᐅᓲᖑᔪᓂᒃ ᖃᓄᐃᑦᑐᑐᐃᓐᓇᕐᓂᒃ. ᖃᓄᕐᓕ ᑕᐅᑐᖕᓂᖃᖅᐱᑦ ᐊᔾᔨᒋᔭᐅᖏᑦᑐᓂᒃ ᐃᓄᐃᑦ ᑕᐅᑐᒃᑕᖏᓐᓂ?

ᑕᕐᕋᓕᒃ ᐹᑐᕆᑦᔾ ᑕᐅᑐᑦᑎᐊᖅᑕᕗᑦ ᓇᓂᑐᐃᓐᓇᖅ ᑕᑯᔪᓐᓇᖅᑕᕗᑦ - ᑕᐃᒪᓕ ᐱᔾᔪᑎᒋᔭᖅ ᒪᓐᑐᕆᐊ - ᐃᓄᐃᑦ ᐊᐅᓪᓚᖅᓯᒪᑎᓪᓗᒋᑦ ᓄᓇᑐᖃᕐᒥᓂᒃ, ᐱᓯᒪᓲᖑᕗᑦ ᑲᑎᓯᒪᑦᑎᐊᖅᓗᑎᒡᓗ. ᓇᓂᑐᐃᓐᓇᕐᒥᐅᑦ ᓄᓇᓕᕋᑖᖃᖅᑐᑦ ᑕᐃᒪᓐᓇ ᐱᓲᖑᕗᑦ, ᑭᓯᐊᓂᑦᑕᐅᖅ ᐃᓚᖏᑦ ᓂᕆᔭᖅᑐᕐᕕᑦ, ᐃᒥᐊᓗᒋᐊᖅᑐᕐᕕᓪᓗ, ᐃᓄᖕᓄᑦ ᐅᐸᒃᑕᐅᓲᖑᔪᑦ ᓇᓂᑐᐃᓐᓇᕐᒦᒃᑲᓗᐊᕈᑎᒃ ᖃᓪᓗᓈᑦ ᓄᓈᓃᑲᓗᐊᕈᑎᒡᓗᓐᓈᓃᑦ ᐅᕙᒎᓐᓈᑦ ᐳᑖᑐᐃᓐᓇᖅᓗᑎᒃ. ᓇᓂᑐᐃᓐᓇᑦ ᐃᓄᐃᑦ ᐅᐸᒃᐸᒃᑕᖏᓐᓂ ᐃᓗᐊᕆᔭᖏᓐᓂᑦ ᐊᑦᑕᓇᖏᑦᑑᒥᓐᓂᖏᓐᓂᒃ ᓲᕐᓗ ᐊᖏᕐᓭᒥᓃᓗᑎᒃ ᓄᓇᓕᖕᒥᓂᒃ ᐊᒻᒪᓗ ᐃᓚᒥᓂᓗᑎᒃ. ᑕᒪᔅᓴ ᐅᖃᐅᓯᕆᔭᒃᑲ ᑐᑭᖃᖅᓗᑎᒃ “ᐃᒋᑕᐅᓯᒪᔪᑦ ᐃᓂᒃᓴᐃᑦ” ᑕᐃᒪᓕ ᑕᒫᓂᓗᐊᖃᑦᑕᖅᑐᒃᓴᐅᖏᓐᓇᑦᑕ, ᑭᓯᐊᓂᓕ ᐃᓄᐃᑦ ᓄᓇᓕᑦᑎᓐᓂᕐᒥᐅᑦ, ᑕᐃᒪᓐᓇ ᐱᓲᖑᕗᑦ ᖃᓂᒌᒃᐸᒃᓗᑕ.

ᐅᑭᐅᖅᑕᖅᑐᒥᑦᑕᐅᖅ, ᐃᓂᒃᓴᓕᐅᕐᓂᖅ - ᐅᕙᓐᓄᑦ, ᐱᔾᔪᑎᖃᖅᑐᐊᖅᐳᑦ ᐃᓄᐃᑦ ᐃᓂᒃᓴᓕᐅᕐᓂᖏᓐᓂᒃ. ᐱᒻᒪᕆᐊᓘᕗᖅ ᐃᓄᖕᓄᑦ ᐃᒻᒥᓂᒃ ᐱᓇᓱᒃᑯᑎᒃ, ᒐᕙᒪᓕᕆᑐᐃᓐᓇᖏᕈᑎᑐ, ᑭᓯᐊᓂᓕ ᖃᐅᑕᒫᑦ ᐃᓅᓂᕆᔭᖏᓐᓂᒃ, ᐃᓕᒋᖕᒍᔪᑦᑐ, ᐱᓕᕆᕕᖕᒋᓐᓂᒃ. ᑕᒪᒃᑯᐊ ᐃᓂᒋᔭᐅᔪᑦ ᐃᓄᖕᓄᑦ ᑕᐃᒪᐃᑦᑑᕗᑦ, ᖃᓄᐃᑦᑐᑐᐃᓐᓇᐃᑦ, ᐃᓄᖕᓄᑦ ᐱᒋᔭᐅᖕᒪᑕ. ᐊᒥᓱᐊᓗᐃᑦ ᐃᓄᐃᑦ ᑕᐃᒪᓐᓇ ᐃᓕᖅᑯᓯᖃᖅᑐᑦ.

ᐃᒋᑕᐅᓯᒪᔪᑦ ᐃᖃᓗᖕᓂᑦ, ᓄᓇᕗᑦ. ᑕᖅᕋᓕᒃ ᐹᑐᕆᔾ, ᐊᑯᓐᓂᖅ, 2020–2022

Golahan- ja bálkestansadji Iqaluit:s, Nunavutas. Taqralik Partridge, *akunniq*, 2020–2022

A throwaway space in Iqaluit, Nunavut. Taqralik Partridge, *akunniq*, 2020–2022

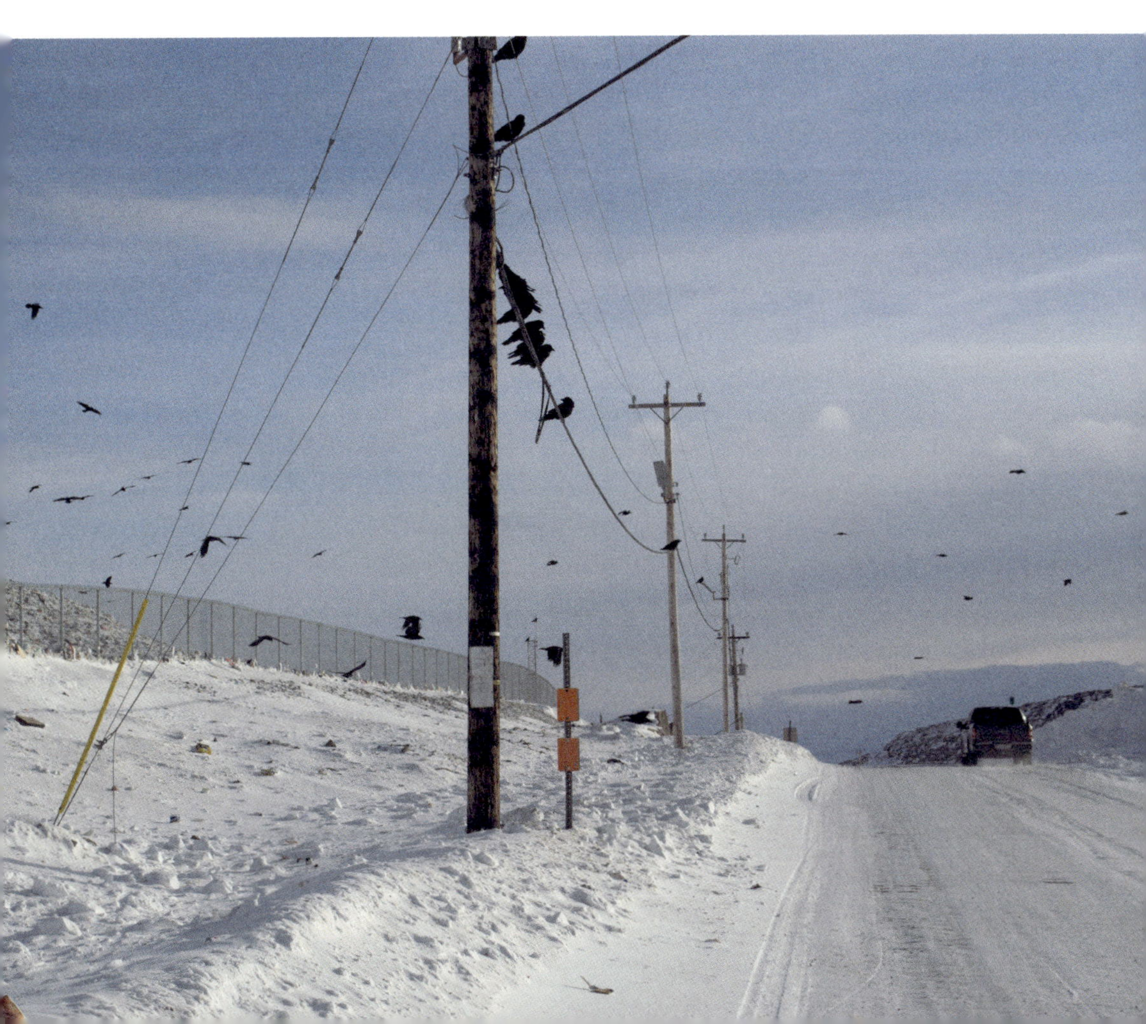

Rafico Ruiz ja Ella den Elzen ságastallamin Taqralik Partridge:in

BURES BOAHTIN RUOKTOT

ᐃᓄᒃᑎᑐᑦ-18
English-34

ᐃᒋᑕᐅᓯᒪᔪᑦ ᐃᖃᓗᖕᓂᑦ, ᓄᓇᕗᑦ. ᑕᖅᕋᓕᒃ ᐹᑐᕆᔅ, ᐊᑯᓐᓂᖅ, 2020–2022

Golahan- ja bálkestansadji Iqaluit:s, Nunavutas. Taqralik Partridge, *akunniq*, 2020–2022

A throwaway space in Iqaluit, Nunavut. Taqralik Partridge, *akunniq*, 2020–2022

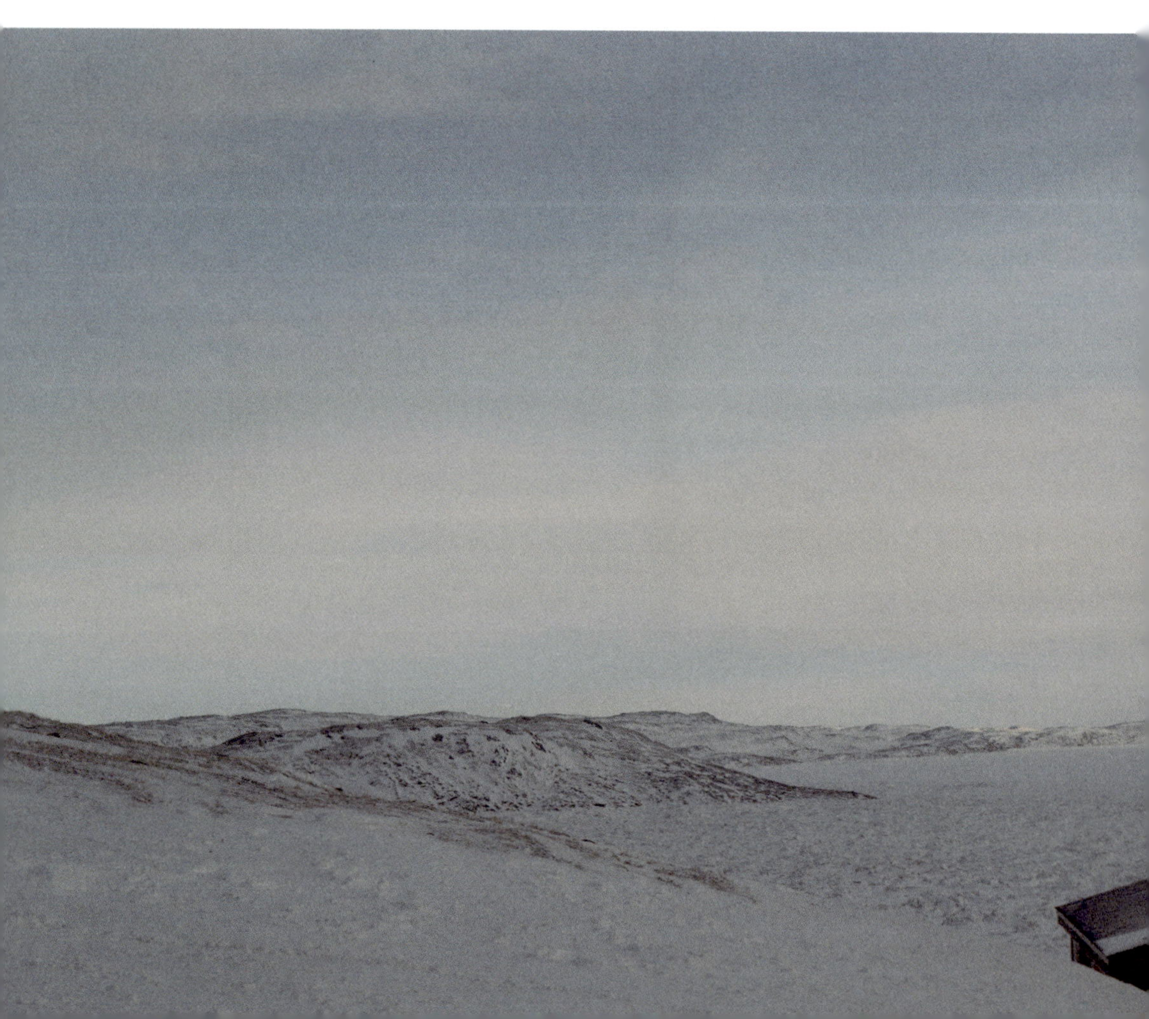

Rafico Ruiz: Maid *angirramut* mearkkaša dutnje? CCA [Kanáda guovddáš arkitektuvrra várás] prošeavttas mii jorgalit dan "ruovttu guvlui," muhto dat ii dáidde leamen áibbas rivttes jorgalus, ja juos moai bisuhetne dan inuktitut giela mearkkašumi, maid dat mearkkaša dutnje?

Taqralik Partridge: Na, dat mearkkaša "ruovttu guvlui," juos dus jearrá gosa don leat mannamin, de leat mannamin *ruovttu guvlui* dahje ruoktot. Don sáhtát nie dadjat. Muhto maid dat munnje mearkkaša? Angirramut leat hui liekkus sátni. Dat ovddasta maiddái juoga man, mii dávjá lea inuihtaid ja eamiolbmuid jurdagis: Maid mearkkaša ruoktu, go don ealát ruovttueatnamis, mii ain lea koloniserema váikkuhusaid vuollásaš?

RR Manne lea deatalaš, ahte vuosttas sadji čájáhusas lea olgofeaskkir? Leago earenoamáš hádja dahje dovdu, maid don dovddat olgofeaskára dáfus, maid don jurddašit?

TP Mu mielas lea olgofeaskkir dakkár, mii bovde olbmuid čákŋalit min máilmmiide – álgoálbmogiid mieldekuráhtoriid máilmmiide – mii dahká ahte olbmot dovdet, ahte sii leat bures boahtimat, ahte sii čákŋalit sadjái dahje latnjii mii lea earálágan go dat maid sii vuorddášedje oaidnit visttis mii lea dego Canadian Centre for Architecture [Kanáda guovddáš arkitektuvrra várás] .

Mun maiddái háliidan čujuhit, ahte olgofeaskkir, dahje veránda maid, lea deatalaš latnja davvin. Háliidan ahte inuihtat ja sámit galget dovdat oahpisvuođa dán lanjas, dain biergasiin mat leat lanjas. Juohke áhta olgofeaskáris lea aitosaččat anolaš, muhto dáin sajiin leat maiddái muittut: Njuorjjonáhkkehádja, duolljehádja, beanahádja ja velá boares gápmagiid hádja. Doppe hakso muohtaskuhteriid boaldámušseaguhus. Go soamis boahtá olgun buollašis ja sis hakso eksoshádja, de lea das juoga mii jeđđeda. Dat lea ruoktu.

RR Olgofeaskára gárgedeami dáfus jurddašalan, sáhtášitgo muitalit iežat kuráhtorlaš barggu birra, mas don bajidat ovdan báikeja sadje- dahje latnjaráhkadeami, mat leat guokte deatalaš vuogi loktet inuihta ja sámi dáiddáriid barggu dán prošeavttas? Mo leat dát ráhkadeami olit deatalaččat dutnje?

TP Háliidan buktit álgoálbmogiid dáiddáriid ja servodatlahtuid sajiide dahje lanjaide, mat eai leat eaige leat historjjálaččat leamaš liggosat midjiide, háliidan dahkat daid beasatlažžan inuihtaide ja eará eamiolbmuide. Juohke háve go oaččun liibba searvat juoga masa, de háliidan váldit olbmuid mielddán ja veahkehit juogadit vejolašvuođaid eará olbmuiguin. Ja in mun leat okto dás, eatnat eará olbmuin leat dákkáraš lágan miellaguottut.

RR Dán čájáhusas leat nu olu installašuvnnat, mat kommenterejit duohta, fysihkalaš lanjaid eará sajiin: Geronimo Inutiq installašuvdna lea muhtin lágan muitoeanadat, mii boktá muittuid duohta báikkiin Iqaluit báikegottis maid son vásihii mánnán, ja asinnajaq installašuvdna lea nomádatealtá, mii dovddaha earenoamáš oktavuođa eatnamii. Leaigo kuráhtorlaš barggus, man don dahket dáppe, sáhka bovdet deike installašuvnnaid, mat kommenterejit maid dat mearkkaša ráhkadit saji?

TP Mun anán árvvus sihke Geronimo ja asinnajaq dáiddárin, ja eahcán sudno barggu. Mii guoská Geronimoi, de mun duođaid anán oahpisin maid son muitala, dannego munhan maid lean mánnán ássan Iqaluit báikkis. Ássen dan seamma ásodatprošeavttas, man son govvida muhtin su iežas bargguin, ja vázzen doppe skuvlla. Dát leai hui deaŧalaš oassi mu mánnávuođas maid. Go beasan oaidnit, ahte dakkár muittut leat ovddastuvvon stuorra čájáhusas – mu mielas, na, dat galgá leat dáppe. Galggašii leat nu, ahte dát eallin ja dát báikegotti ovddasteapmi lea doarvái bures adnojuvvon árvvus, ahte sáhttá čájehuvvot stuorra čájáhusas. Asinnajaq ođđa bargu čájáhusa várás lea boahtteáiggediđolaš, ja mu mielas lea deaŧalaš ahte min inuihtaid ja álgoálbmogiid jurdagat min iehčamet boahtteáiggi(id) hárrái oidojuvvojit, dannego mii eat gal áiggo gosage jávkat.

RR Don leat maid huṭkan installašuvnna ovttas Laakkuluk Williamson Bathory:in dán čájáhussii. Manne leai deaŧalaš du mielas háleštit njuolga Laakkulukain, ja mo doai mearrideidde dán ráhkkanusa bidjat galleriijalatnjii?

TP Dát gal leai Laakkuluk fuomášupmi. Mii jearaimet sus álggos dannego son leai čállán teáhterbihtá, ovtta olbmo bihtá man leai čállán giddema áigge gaskalanjaid birra, inuihtaid birra geat ráhkadedje boddosaš ruovttuid, mat galge čoavdit ásodatváilli ja main leai kolonialisttalaš váikkuhus. Go suinna háleštin das maid su siđašeimmet dahkat, ja adden sutnje vuogasvuođa buktit makkár fal jurdagiid, de son beanta nággii ahte háliidii dahkat juoidá muinna gulahallamiin. Laakkuluk geavadis lea duođaidge sáhka ovttas-barggus. Son bargá álo ovttas geainna nu juohke barggus maid dahká, ja son dáhttu čielgasit fuolahit, ahte su ovttasbargit maid ožžot dievas gutni barggu ovddas. Son lea hui árvvas olmmožin ja maiddái njuolggguslaš bargguinis. Orru dego atnimin barggus attáldahkan iežas gehččiide dahje geasa ihkinassii gii vásiha dan.

RR Lassin du rollii kuráhtorin ja dán installašuvnnas, leat mis maiddái muhtin du fotografiijat galleriijas. Makkárin don válddahalašit iežat barggu fotográfan, sihke oppalohkái ja dáid bargguid gorrái?

TP Mun jáhkán, ahte govat vurdet dáiddára dahje govvejeaddji. Nu lea buot mediaid dáfus. Inuihta govvačuollit ja govvavuoladeaddjit bájuhuvvojit dávjá dadjamin, ahte go sis lea geađgegáhppálat, de sii dušše almmostahttet makkárin geađgi dáhtui šaddat. Don galggat guldalit geađggi. Ja dat guoská juohke hutkkálaš geavadii ja munnje maid. Mun liikon dadjat, ahte mis leat nu olu inuihta dáiddárat, dannego mis lea dakkár kultuvra, mii vuordá juohkehačča dahkat hutkkálaš barggu. Dat lea oassi birgemis birrasis, gos leat uhccán valljodagat, olmmoš ferte juohke diŋggas divdna atnit ávkki. Muhto dát lea maiddái árvu, man mii gudnejahttit.

Gieskat háleštin soapmásiin das, mo eanetlohkoálbmoga dáiddárat geahččalit gáidat eret fágalaš siloin, ja – ii danne ahte buot maid mii dahkat eamidáiddárin dahje -olmmožin dárbbaš leat vuostálaga dainna maid buohkat earát dahket – mii eat leat goassege aitosaččat čákŋan daidda siloide. Mii leat álelassii cakkástallan coggojuvvomis daid sisa. Jurddaš mat Tanya Tagaq, ovdamearkka dihtii: Son lea dovddus ja geahččaladdi čottalávlu, son váccii dáiddaskuvlla, son njuohtá čáppa málagovaid. Son mearrida čállit girjji, šaddá stuorra bálkkašumiid vuoiti girječállin, ja dát buot bohtet das go sus lea hutkkálaš vuoibmi, son diktá iežas hutkat juos guđe medias mii bođeš sutnje.

Go doalan hutkkálaš čállinbargobájiid, de álggahan dábálaččat dainna, ahte cealkkán olbmuide, "mun divttán din čállit juoidá", dannego muhtimin olbmot dárbbašit dušše gullat dan. Ahte sis lea lohpi hutkat. It don dárbbaš leat buot buoremus, it don dárbbaš leat buot dovdoseamos. Galggat dušše dahkat dan.

RR Dát geavat man mielde govvejeaddji guldala, lea hirbmat miellagiddevaš ja áhpálaš. Imaštalan maid dat mearkkašii dutnje guldalit dáid "golahanja bálkestansajiid" – go du dajaldaga geavaha – earenoamážit, ja mo daid aistton sáhttet gullat.

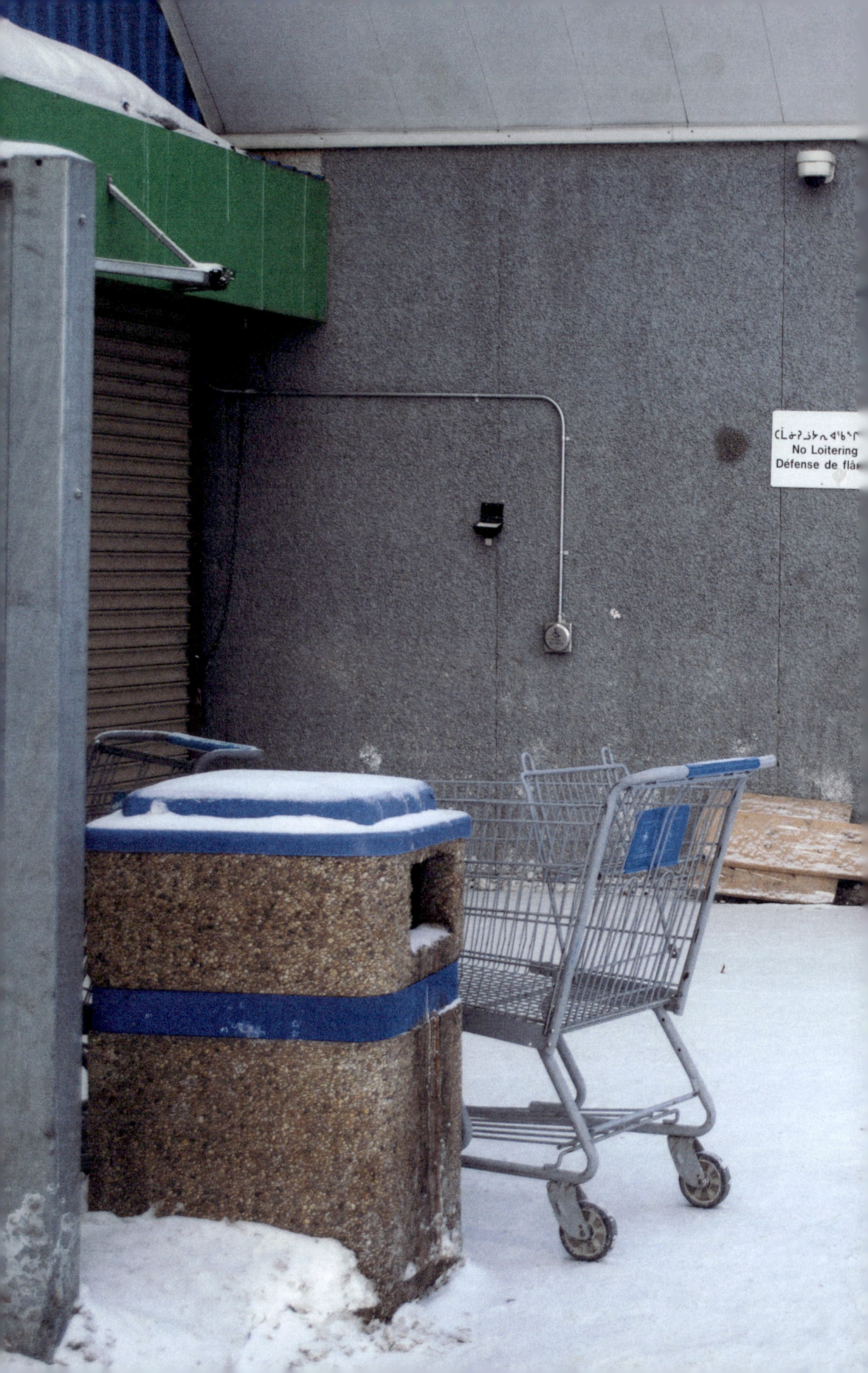
No Loitering
Défense de

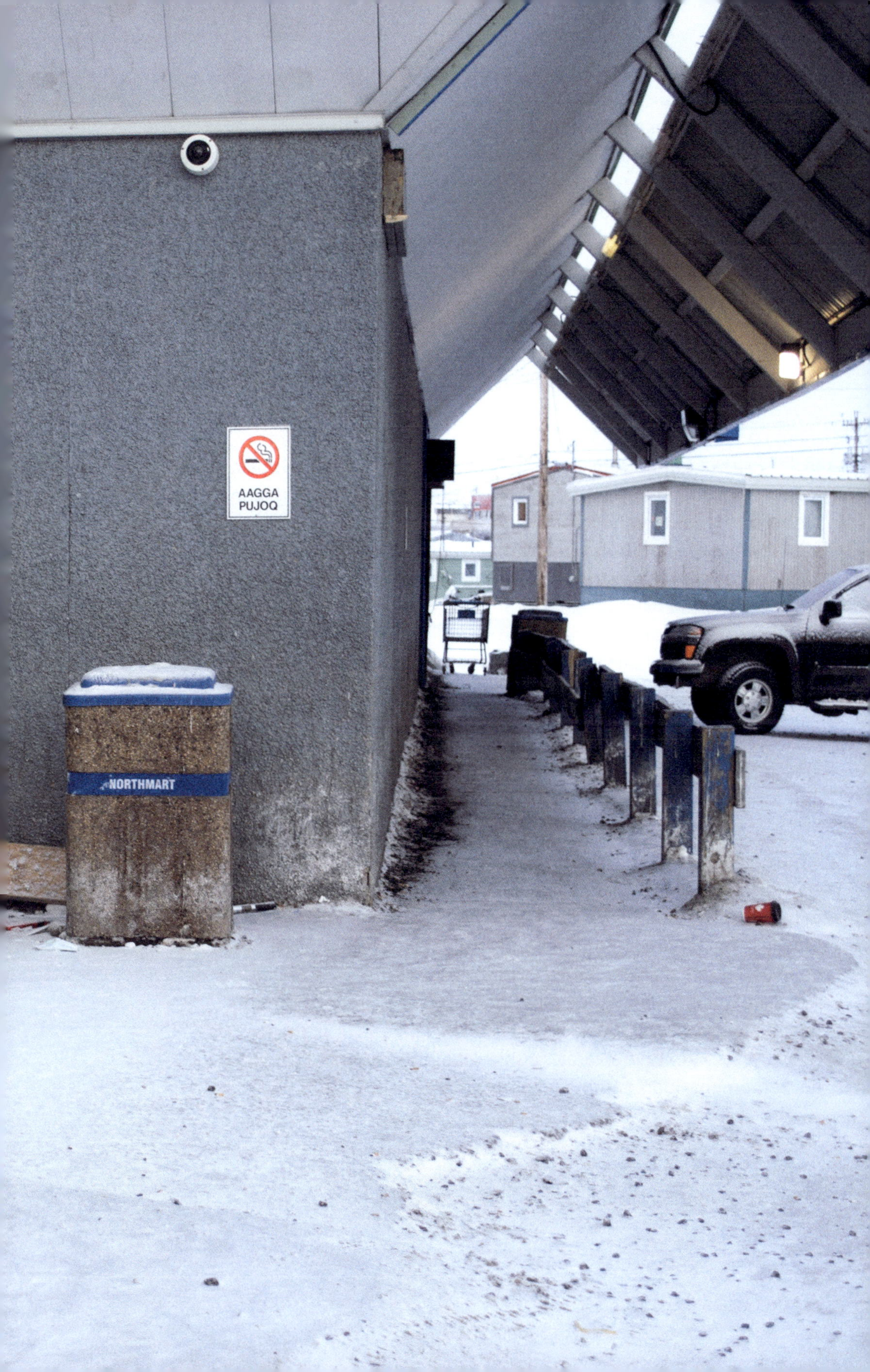
AAGGA
PUJOQ
NORTHMART

TP Mu mielas lea sáhka das, go biergasiid galgá ráhkadit, ahte geavaha juos guđe lágan ávdnasiid mat leat gieđa lahka. Ja dát lea hui sakka inuhkaid árvu, geavahit divdna mii ihkinassii dus leaš iige golahit duššás, ja jáhkán mu miellaguoddi govvema dáfus lea seammalágan. Mun geavahan iehčan mobiilatelefovnna, ovdamearkka dihtii, ja dovddan vaikko man olu eará fotográfaid, geat bilkidivčče dán, muhto munnje lea juos guđe kámera mii mus lea gieđas buot buoremus kámera. Mun liikon dáidagii, man olmmoš sáhttá ráhkadit almmá ruđaid haga. Sárdnojuvvon sátni, njálmmálaš poesiija, ovdamearkka dihtii – mun eahcán dan dannego olmmoš ii dárbbaš ruđa dan ovdanbuktimii. Ii dárbbaš oppa dihtorage atnit.

Go álggos álgen njálmmálaš poesiijain hommát, de ledjen nu movttiidan čállit, ahte čállen vel njálbmeliinniidege. Dahje riššus maid basadettiin, almmá peanna haga. Ja de leat bearalčiŋat, ovdamearkka dihtii. Dahken barggu Biennale of Sydney ovddas, ja ledjen hui dárkil guldalit buot ávdnasiid maid geavahin, in dannego beroštin maid geahččit oaivvildedje, muhto dannego háliidin eará inuihtaid oaidnit ahte dát dávvir man ráhkadin ja mii mátkkoštii gitta Austráliai, leai ráhkaduvvon bátneárppuin. Ja ahte das ainge leai iežas árvu, ahte leai doarvái veara leat mielde čájáhusas.

Fotografiijaid dáfus liikon oaidnit, mii lea čáppat romis báikkiin, gosa mun šattan. Muhtin buoremus govat leat govvejuvvon báikkiin, mat eai dárbbaš adnojuvvot čáppisin.

RR Mo don meroštalat ovttagearddesaji?

TP Máŋgga olbmos lea dakkár miellaguoddu eatnama dáfus, ahte eana lea ovttageardeatnui. Ahte eana lea golahusa várás ja ahte golahus lea eatnama áidna doaibma. Dát guoská vel guovlluide, maid mii atnit čáppisin ja suodjalan vearan. Dát lea golahusoaidnu, geahččat sajiid ja guovlluid dán vuogi mielde dan sajis go dohkkehit eatnama árvvolažžan, ahte juohke sivdnádus eatnamis ferte várjaluvvot ja fuolahuvvot. Golahan- ja bálkestansajit, dán lágan máilmmioainnu mielde, leat sajit mat eai leat doarvái deaŧalaččat doalahuvvot dihto dásis čáppisvuođa dáfus. Daid áidna doaibma lea laktit deaŧalaččat sajiid oktii, muđui dat vajálduvvet. Nugo Atwater Park dakko lahka CCA [Kanáda guovddáš arkitektuvrra várás], dahje manin dal dán párkka gohčodežžet – miibat dan namma leage? Dat mii lea Atwateris?

RR Cabot Square, dađibahábut.

TP Cabot Square. Oavdu mun in muitán dan nama. Máŋggaid jagiid dát párka ii lean mange veara. Dat leai nu jámas. Mun ássen Montréalas máŋga jagi, ja lávejin váldit mánáidan mielde gávpoga mánáidbuohccevissui, ja gos mu bargu lávii lean Westmountas, ja ii oktage beroštan dán lágan ártegis sajis. Muhto aiddo seamma láhkai go Dorval Circle-ge West Island:s, de leai dát báiki gos inuihtat gaskkohagaid orostalle jođidettiin davil máttás. Ja mun beroštuvan das, mo inuihtat orostallet dáin gaskasajiin.

Ella den Elzen: Go geahčat ovddos guvlui, maid háliidat gallestalliid dahje gehččiid váldit mielddiset dán máilmmis dahje vásihusas, gosa sii leat čákŋaleamen dán čájáhusas? Mii lea buot deaŧalaččamus, maid galggašedje váldit mielddiset?

TP Na, inuihtaid ja dasto eará eamiolbmuid gal sávašin atnit dán oahpisin, "Vuoi, mun lean ruovttus," ja dovdat maid háliidežžet. Earáid dáfus, oaivvildan, ahte máhcan fas iehčan vástádussii maŋimuš gažaldahkii: Mun orun dego álo livččen geahččamin dávviriidda imaštallandovdduin. Buot iehčan bargguin háliidan čájehit muhtin lágan gudnebalu juoga mas. Juos govven issoras stuorra muohtaskálvvi, de dat lea munnje aivve nu issoras, go dát stuorra muohtaskálvi lea dás ja mii muđui ii livčče das. Ii leat mihkkege eará ávdnasiid, man oainnát fáhkkestaga dieviheamen guhpan biilabisánansadjái ja mii lea stuoris dego visti. Mus lea dakkár imaš dovdu geahčadettiin dasa. Mun háliidivččen, ahte olbmuin maid badjánivččii dakkár dovdu go čákŋalit čájáhussii. Juos eai leačča goassege deaividan duohta davi ovdal, de dál de, dahjege goit muhtin osiid das. Dát lea duohta davvi.

EDE Dán prošeavtta álggu rájes leat mii hui olu rámmen barggu dakkár jurdaga sisa, ahte das lea sáhka sadjeráhkadeamis ja báikeráhkadeamis, ovdaliigo arkitektuvrra fágasuorggis. Makkárin oainnát dan erohusa inuihta geahččanguovllus?

TP Albmoneapmi mii dáhpáhuvvá juohke sajis – mu čujuhusčuokkis lea Montréal – go inuihtat leat eret ruovttubáikegottiineaset, de čoahkkanit ja bisuhit lagas oktavuođaid. Juohke lágan servošat dahket diehttalasat dan, muhto doppe leat dihto boradansajit, dihto bárat, dihto sajit gos inuihtat joreštit, orožit dal máddin bissovaččat, vai ležžetgo dušše finadeamen. Sajit gos ihkinassii olbmuin lea doarvái vuogas dovdu dahje doarvái oadjebasvuohta nu ahte sáhttit nannet ja doallat iehčamet báikegottiid ja bearrašiid oktavuođaid. Dát leat oasit "golahan- ja bálkestansajiin." Mielaeavttus eai soaitte golladit nu olu áiggi dáin báikkiin, muhto olbmot geat bohtet min báikegottiin, singuin mii doppe oaidnalit dávjá, ja dát doallá min čoahkis.

Sadjeráhkadeami maiddái mu mielas meroštallet davvin dakkár sajit, maid inuihtat hovdejit. Inuihtaide lea hui deaŧalaš, ahte sis lea iešmearrideapmi, ii dušše politihkalaš ipmárdusa mielde, muhto maiddái árgabeaivvi eallimis, bearrašis, bargosajis. Dat báikkit gos inuihtat sáhttet mearridit mii lea mii, juohke dásis, leat dat báikkit mat leat jáhkihahtti ja autenttalaš inuhka báikkit, ja maid mun ávaštan ovdánit. Leat vaikko man olu inuihtat, geat láidejit dán ovdáneapmái.

ᐃᒋᑕᐅᓯᒪᔪᑦ ᑑᕙᓪ, ᑯᐸᐃᒃ. ᑕᖅᕋᓕᒃ ᐹᑐᕆᒡ, ᐊᑯᓐᓂᖅ, 2020–2022

Golahan- ja bálkestansajit Dorval:s, Québecas. Taqralik Partridge, *akunniq*, 2020–2022

Throwaway spaces in Dorval, Québec. Taqralik Partridge, *akunniq*, 2020–2022

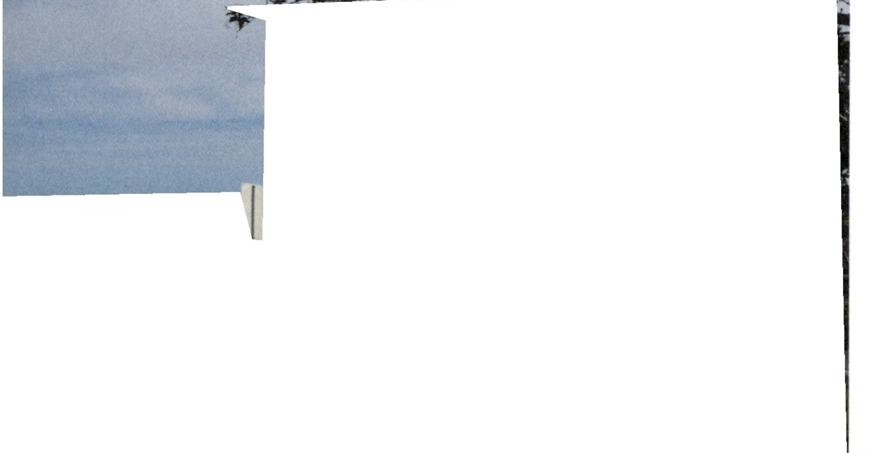

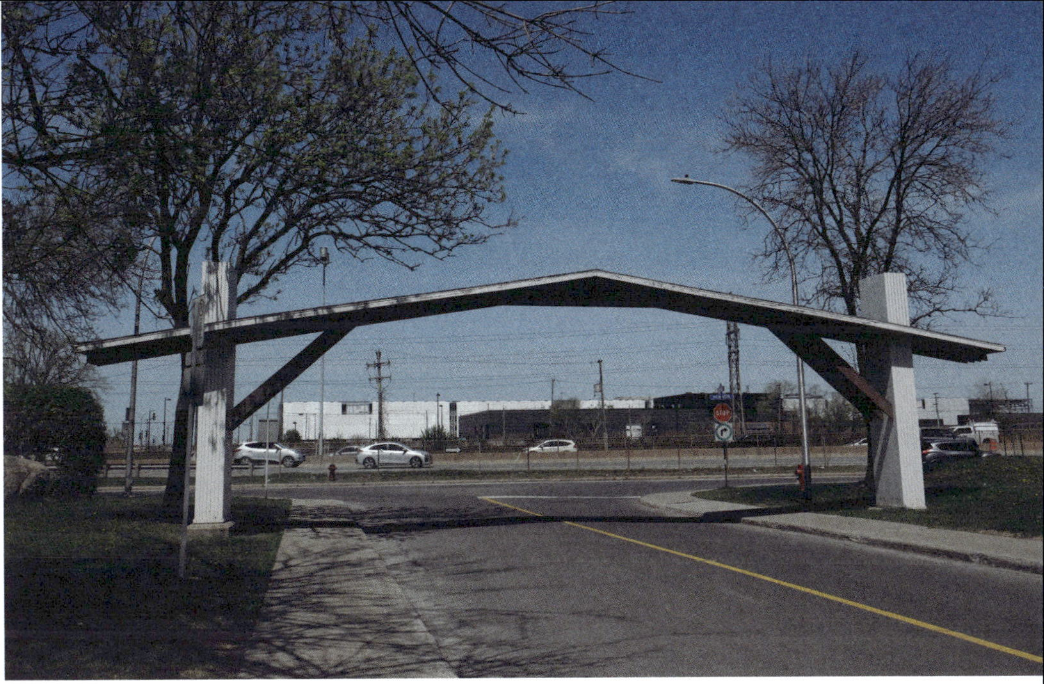

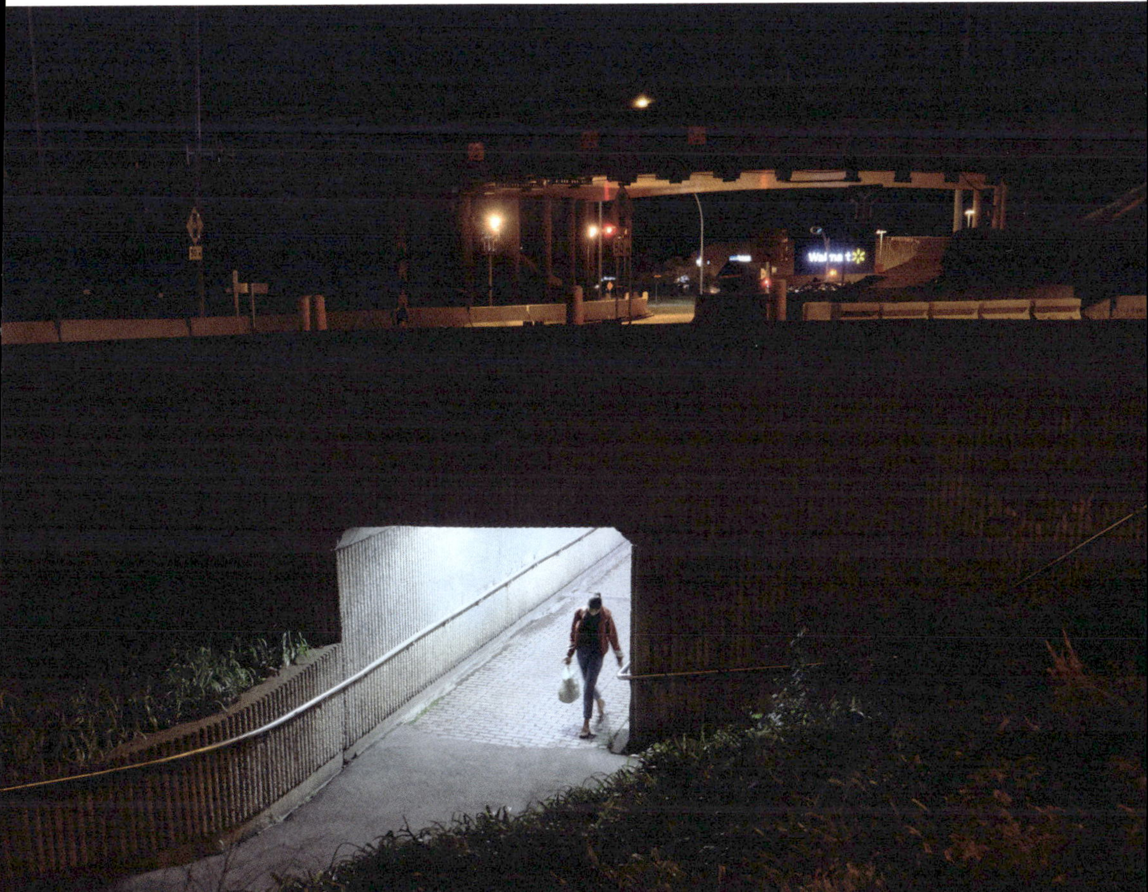

Rafico Ruiz and
Ella den Elzen in
conversation with
Taqralik Partridge

WELCOME HOME

ᐃᓄᒃᑎᑐᑦ-18
Sámegiella-24

ᐃᒋᑕᐅᓯᒪᔪᑦ ᑑᕚᑦ, ᑯᐸᐃᒃ. ᑕᖅᕋᓕᒃ
ᐹᑐᕆᔅ, ᐊᑯᓐᓂᖅ, 2020–2022

Golahan- ja bálkestansajit Dorval:s,
Québecas. Taqralik Partridge,
akunniq, 2020–2022

Throwaway spaces in Dorval,
Québec. Taqralik Partridge,
akunniq, 2020–2022

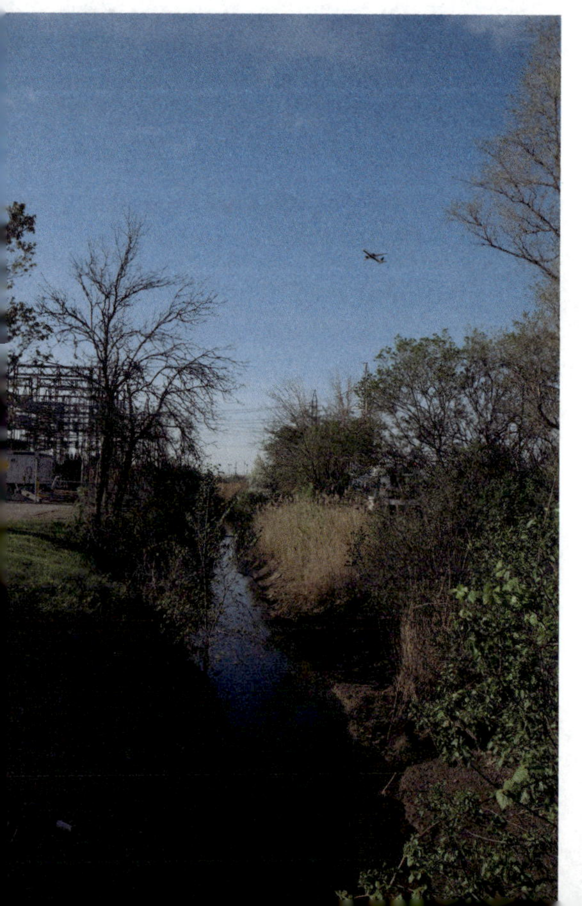

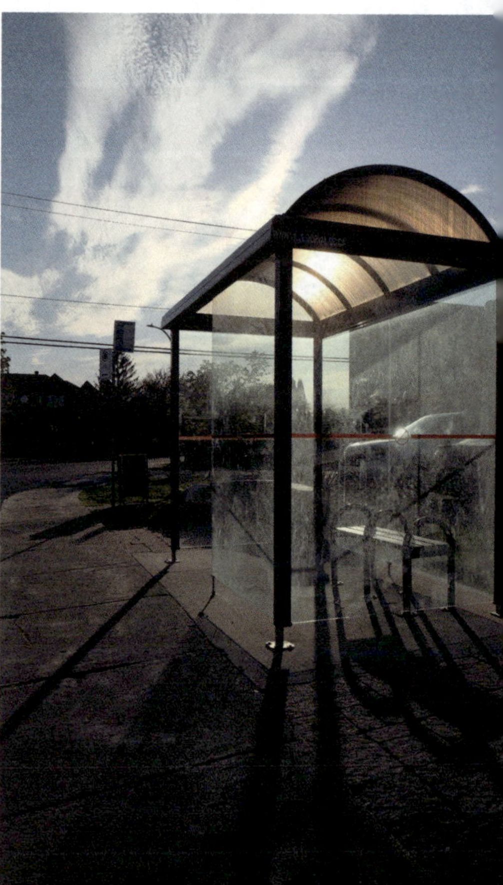

Rafico Ruiz: What does *angirramut* (ᐊᖏᕐᕋᒧᑦ) mean for you? For this project, we translate it as "towards home," but that's probably not a perfect translation. If we retain its meaning in Inuktitut, what does it mean to you?

Taqralik Partridge: Yeah, it means "towards home," like if you ask where you're going, you're going *towards home*. You can say that. But what does it mean to me? Angirramut is a very welcoming word. It also represents something that's often on the minds of Inuit and of Indigenous people: What does home mean when you live in a homeland that continues to be affected by colonization?

RR Why is it important for you that the first space in the exhibition is a porch? Is there a particular kind of smell or emotional feel to the porch that you were thinking of?

TP For me, the porch is about having people enter our worlds—the Indigenous co-curators' worlds—to feel welcome, to feel like they're entering a space different from what they would expect of a building that looks like the Canadian Centre for Architecture.

I also want to make a point that the porch is an important space in homes in the North. I want Inuit or Sámi to recognize themselves in this space, in the things that are here. Everything in the porch is actually useful, but there are also memories in these spaces: the smells of sealskin, of caribou hide, of dog, or even of old footwear. There's the smell of the fuel mix for snowmobiles. When somebody comes in from the cold and they smell like the exhaust from a snowmobile, there's something comforting about it. That's home.

RR In relation to the development of the porch, I wonder if you could talk about your own curatorial work that foregrounds place- and spacemaking, the two important ways for highlighting the work of Inuit and Sámi artists in the project. How are these dimensions of making important for you?

TP I want to bring Indigenous artists and community members into spaces that are not and have historically not been welcoming to us, to make them accessible for Inuit and other Indigenous people. Whenever I get a chance to be involved in something, I like to bring people along and help share opportunities with other people. And I'm not alone in this: lots of people have this kind of attitude.

RR This show in particular has so many installations that comment on actual, physical spaces elsewhere: Geronimo Inutiq's installation is a sort of memory-scape, drawing on the actual locations in Iqaluit he experienced as a kid, and asinnajaq's installation is a nomadic tent that implies a particular relationship to land. Was the curatorial work you undertook here about inviting installations that comment on what it means to make space?

TP I respect both Geronimo and asinnajaq as artists and I love their work. For Geronimo, I really identify with what he's talking about because I also lived in Iqaluit as a child. I lived in the same housing project that he features in some of his work, and I went to a school there; it was an important part of my childhood too. To see that kind of memory represented in a major show—for me, yeah, it should be there. It should be that this life and this representation of a community is valued enough that it can be shown in a major show. asinnajaq's new work for the show is future-oriented and I think it's essential that Inuit and Indigenous ideas about our future(s) be privileged because we are not going away.

RR You've also conceived an installation together with Laakkuluk Williamson Bathory for the show. Why was it important for you to speak directly to Laakkuluk and how did you decide on this sort of arrangement in the gallery space?

TP It was really Laakkuluk's idea. We first approached her because of a play that she had written—a one-person play she had written for performance during lockdown, which was about in-between spaces, about Inuit building makeshift homes to deal with the housing shortage and with the effects of colonialism. When I was talking to her about what she would like to do, leaving it open to whatever ideas she might come up with, she insisted that she wanted to do something in conversation with me. Laakkuluk's practice is really about collaboration. She's always collaborating on every work that she does, and she's always very clear about making sure that her collaborators also receive full credit for the work. She's very generous as an individual and in her work directly, as well. It's like she views her work kind of as a gift to her audience or whoever's experiencing it.

RR Beyond your role as a curator and in this installation, we also have some photographs of yours in the gallery. How would describe your work as a photographer, both in general and in relation to these works?

TP I believe that images are waiting for the artist or the photographer. It's the same in any medium. Inuit carvers have often been quoted saying that when you have a piece of stone, you are just revealing what the stone wanted to be. You have to listen to the stone. And that extends to any creative practice for me. I like to say that the reason that there are so many Inuit artists is because we have a culture that expects that everybody will do creative work. It's part of surviving in an environment where there are limited resources: you have to use everything. But it's also a value we cultivate.

I was speaking with someone recently about how non-Indigenous artists are trying to move away from disciplinary silos but—not to say that everything we do as Indigenous artists or people needs to be in contrast to what everybody else is doing—we were never actually in those silos. We've always resisted being put into them. Think about Tanya Tagaq, for example: She's a famous and experimental throat singer, she went to art school, she's a beautiful painter. She decides to write a book, becomes a big prize-winning author, and it's all because she has that creative force; she gives herself permission to create in whatever medium comes to her.

When I give creative writing workshops, I usually start off by saying to people, "I'm giving you permission to write something," because sometimes people just need to hear that. That they have permission to create. You don't have to be the best; you don't have to be famous. You just do it.

RR This practice of listening as a photographer is super interesting and powerful. I wonder what it meant for you to listen to these "throwaway spaces"—to use your term—in particular, and how you could sort of hear them.

TP For me, making things is about using whatever materials you have at hand. And this is a very Inuk value, to use up whatever one has and not waste, and I think my attitude towards photography is similar. I use my cellphone, for example, and I know lots of other photographers would be very scornful of that, but for me, whatever camera you have at hand is the best camera. I like art you can do without any money. Spoken word, for example—I love it because you don't need any money to do it. You don't even need a computer.

When I first started doing spoken word, I was so inspired to write things that I was even writing on napkins. Or in the shower, without any pen even. There's also beadwork, for example. I did some work for the Biennale of Sydney and I was very particular about listing all the materials that I had used, not because I really cared what the audience there thought, but because I wanted other Inuit to see that this object that I made that went to Australia was made with dental floss. And that it still has value; that it's still valuable enough to be in an exhibition.

With photos, I like to see what is beautiful in ugly places or in places where I end up. Some of the best photos are from places that are not necessarily considered beautiful.

RR How do you define a throwaway space?

TP Many people's attitude towards land is that it's throwaway. It's there for consumption and that's its only function. This is true even of the spaces we deem beautiful and worthy of preserving. It's a consumptive view, to see spaces this way instead of recognizing that land is precious, that all of it needs to be protected and cared for. Throwaway spaces, in this kind of worldview, are spaces that are not important enough to be kept to some level of beauty. Their only function is to connect more important spaces; otherwise, they're forgotten about. Like Atwater Park right near the CCA, or whatever the park is called—what is it called? The one at Atwater?

RR Cabot Square, unfortunately.

TP Cabot Square. No wonder I forgot it. For many years, that park was just nothing. It was so dead. I lived in Montréal for many years and I used to take my kids to the Children's Hospital there, and my work used to be in Westmount, and nobody really cared about this kind of weird space. But just like Dorval Circle in the West Island, it was this temporal space that Inuit occupy in the corridor of travel from North to South. And I'm interested in how Inuit occupy these interstitial spaces.

Ella den Elzen: Looking forward, what do you want visitors or audiences to take away from this world or experience that they're entering in the exhibition? What's the most important takeaway?

TP Well, for Inuit and then other Indigenous people, I want them to feel like, "Oh, I'm home," and I feel like they will. For others, I mean, I go back to my answer to the last question: I feel like I'm always looking at things with a sense of wonder. In all my work, I want to communicate some sort of awe over something. If I take a photo of a giant snow mound, to me, it's just so awesome that there's this huge thing of snow that wouldn't otherwise be there. There's no other substance that you see suddenly piled up in a parking lot that's the size of a building. I just have this sense of wonder looking at that. I want people to have that feeling when they come into this exhibition too. If they've never encountered the true North before, this is it, or some parts of it anyway. This is the true North.

EDE From the outset of this project, we've very much framed the work as being about spacemaking and placemaking, rather than about the discipline of architecture as such. How do you see that difference from an Inuit perspective?

TP There's a phenomenon that happens all over the place—my reference point is Montréal—in which, when Inuit are away from their home communities, they congregate and maintain close connections. All kinds of communities do this of course, but there are certain restaurants, certain bars, certain places Inuit tend to go to whether they live in the South permanently or are just visiting. Wherever people end up feeling comfortable enough or safe enough to fortify and exercise our community and familial connections. These are part of what I mean by "throwaway spaces." Maybe we don't intentionally spend a lot of time in those places, but people from our communities, we traverse them often, and that keeps us together.

In the North too, spacemaking—for me, it's really defined by Inuit-led spaces. It's so important for Inuit to have self-determination, not just in the political sense, but in everyday life, in the family, in the workplace. Those places where Inuit are able to determine what's what, at all levels, are the places that are authentically Inuk and that I feel are destined to thrive. There are lots of Inuit leading the way in that.

ᐃᓂᒃᓴᓚᐅᕐᓂᕐᒧᑦ ᑕᑯᒃᓴᐅᑎᑕᐅᔪᖅ: ᐃᓂᒃᓴᓚᐅᖅᑐᖅ ᑖᑯᓗᒃ ᕗᓚᐊᒻᓴᓐ ᐸᑐᕆ ᐊᒻᒪᓗ ᑕᕐᕋᓚᒃ ᐹᑐᕆᑦᔾ, ᑕᕙᓂ ᑕᑯᕙᐅᔪᓐᓇᖅᑐᖅ ᐊᖏᕐᕋᒧᑦᓯᒥᑦ ᑕᑯᔭᖕᒐᖅᑲᕐᕕᖕᒥᑦ ᑕᕙᓂ ᑲᓇᑕᒥ ᐃᒡᓗᒃᓴᓚᐅᕐᓂᕐᒧᑦ ᐃᒡᓗᑎᓯᐅᔪᒥᑦ, 2022. ᐊᔾᔨᓕᐅᖅᑕᐅᔪᖅ ᓵᓐᑐᕋ ᓚᕈᓯᐊᓪᒧᑦ

Oidnolat installašuvdnii *Inissaliortut: Making room [Inissaliortut: Čáhkadeapmi]* man dahkkit leaba Laakkuluk Williamson Bathory ja Taqralik Partridge, ᐊᖏᕐᕋᒧᑦ / *Ruovttu Guvlui / Towards Home*, 2022. Fotografiija Sandra Larochelle Photographe bokte

Installation view of *Inissaliortut: Making room* by Laakkuluk Williamson Bathory and Taqralik Partridge, in the ᐊᖏᕐᕋᒧᑦ / *Ruovttu Guvlui / Towards Home* exhibition, 2022. Photograph by Sandra Larochelle Photographe

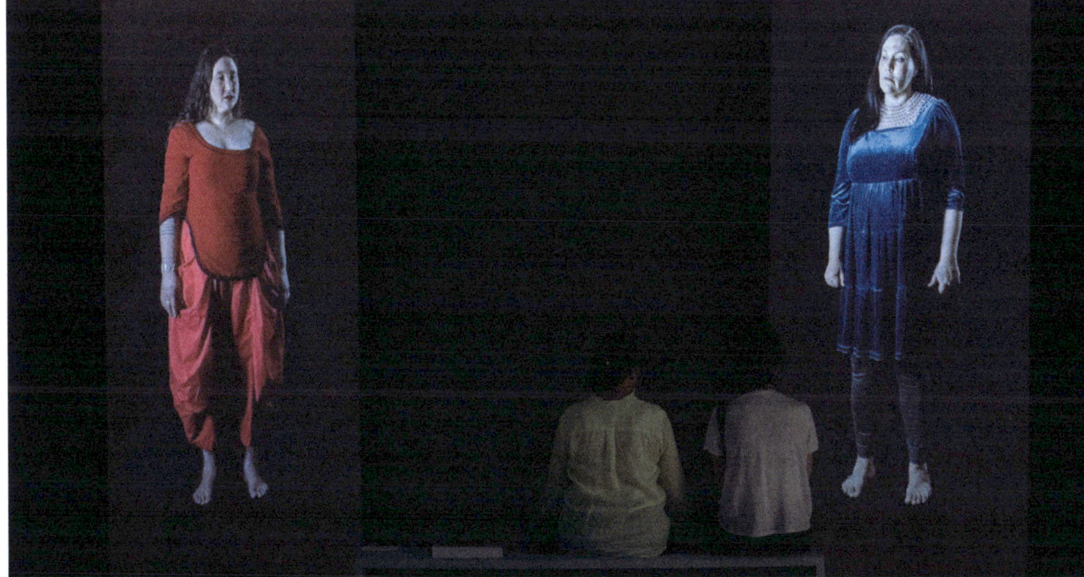

Jen Rose Smith

ᐃᓄᒃᑎᑐᑦ

ᐃᖅᑲᓘᑉ ᓱᐴᖕᒋᓐᓂᒃ ᓂᕆᔪᒪᓗᐊᕐᑐᑦ

Sámegiella

MEAĐĐEMIID BORASTUHKES

English

GREEDY FOR FISHEGGS

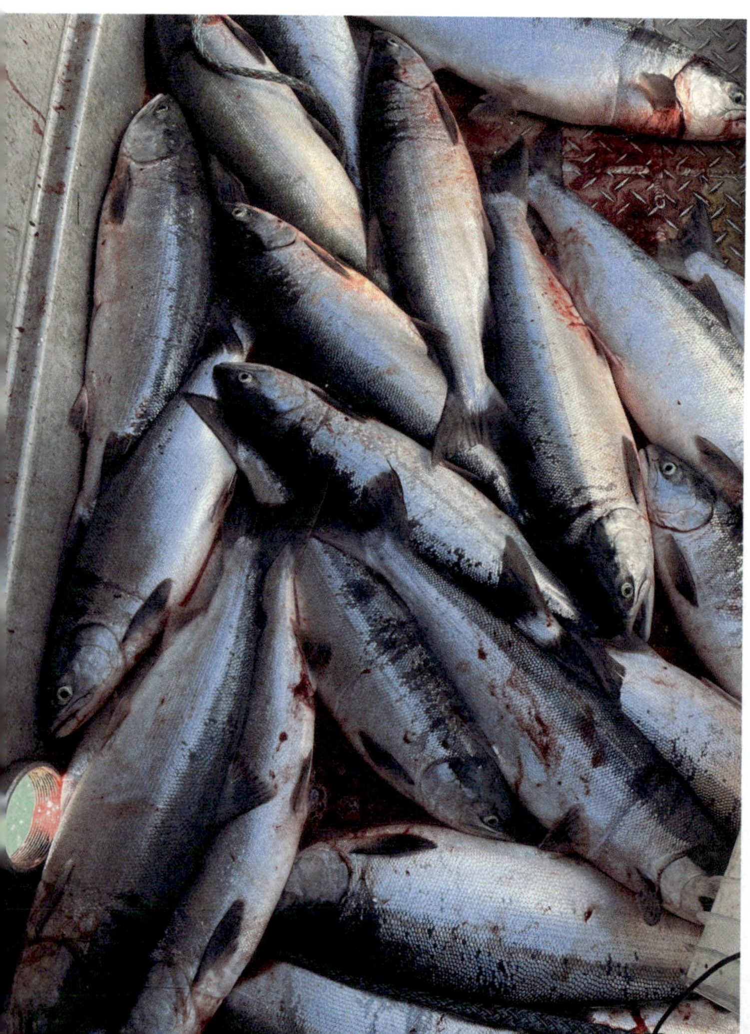

ᐱᔭᐅᔫᖅᑐᖅ ᐃᖅᑲᓗᒃ ᐊᖏᖅᕋᐅᔾᔭᐅᔪᖅ.
ᐊᔾᔨᓕᐅᖅᑕᐅᔪᖅ ᔭᓐ ᕈᔅ ᔅᒥᑦᑐᑦᒪᑦ

Gonagasluossa (chinookluossa) rukseslouosaid gaskkas čollenláhkai. Govvejeaddji lea Jen Rose Smith.

Freshly caught red salmon brought aboard. Photograph by Jen Rose Smith

ᐊᓈᓇᒐᓗ ᑭᐴᑉ ᖃᓂᒌᔭᓂᑦ ᓇᖏᖅᐳᒍᒃ ᑕᒪᓐᓄᓪᓗ ᑎᒍᒥᐊᖅᑐᓄᒃ ᓴᕕᖕᒥᑦ. ᐅᕙᖓᓗ ᐊᑐᖅᑐᒐ ᓵᓚᓴᕐᒥᑦ ᐃᔅᓴᔭᖏᑦᑑᓪᓗᓂ ᐊᒻᒪᓗ ᑲᒫᓗᒃᓯᒪᓪᓗᖓ, ᑕᒪᕐᒥᒡᓗ ᑖᒃᑯᐊ ᐊᑐᖅᑕᒃᑲ ᐃᖃᓘᑉ ᑲᕕᓯᖏᓐᓂᒃ ᐱᑕᖃᖅᑐᑎᒃ. ᐃᓯᒐᑦᑕᓗ ᖃᓂᒌᔭᓂᑦ ᓯᓪᓗᑕᒃᑕᖃᖅᑐᓂ ᐃᒪᕐᒥᒃ ᑯᕕᓪᓗᓂ, ᑕᒫᓂᓗ ᐊᔭᐅᖅᑕᐅᔪᖃᖅᑐᓂ ᐅᓯᓪᓗᓂᓗ ᓂᓚᖕᓂᒃ ᐊᒻᒪᓗ ᐃᖃᓗᖕᓂᒃ. ᑕᐃᒪᓕ ᑕᒪᒃᑯᐊ ᐃᖃᓗᐃᑦ ᐃᖏᕐᕋᖃᑦᑕᖅᐳᑦ ᑕᒪᐅᓇ ᑰᒃᑯᑦ ᐅᑎᖅᑕᕋᐅᔭᖅᑐᑎᒃ ᐊᒻᒪᓗ ᐅᑎᖅᐸᒃᑐᑎᒃ ᓱᕙᐃᔭᕐᕕᖕᒥᓄᑦ ᐊᒻᒪᓗ ᓯᕗᓪᓕᖅᐹᒥᒃ ᓱᕙᐃᔭᖅᑕᐅᒫᖓᑕ ᐃᓅᓕᓲᖑᔪᑦ ᐊᐅᐸᖅᑐᑯᓗᑐᐃᓐᓇᐅᓪᓗᑎᒃ. ᑕᐃᔅᓯᒪᓂᑦᑎᐊᖅ ᐊᓈᓇᒐ ᐳᔪᕐᒧᑦ ᐆᑦᑎᕙᓚᐅᖅᐳᖅ ᐊᖏᓂᖅᓴᓂᒃ ᐃᖃᓗᖕᓂᒃ ᐅᕿᖏᓐᓂᖃᖅᑐᑎᒃ 40 ᐊᐅᓐᓴᓂᒃ. ᐆᑦᑎᕙᓚᐅᖏᑦᑐᕐᓕ ᒥᑭᓐᓂᖅᓴᓂᒃ ᐃᖃᓗᖕᓂᒃ, ᑕᑯᕙᓚᐅᖏᑦᑐᒍᓪᓕ ᒪᕐᕈᒃ ᐅᖓᑖᓃᑦᑐᓂᒃ ᐃᖃᓗᖕᓂᒃ.

ᐊᓈᓇᒪ ᐃᓕᓐᓂᐊᖅᑎᓚᐅᖅᓯᒪᔮᖓ ᐃᖃᓗᖕᓂᒃ ᐱᓚᒃᑐᐃᑎᐊᒃᓴᖅ, ᑭᓯᐊᓂᓕ ᐊᔪᓚᐅᖅᓯᒪᔪᖓ ᖃᓄᖅ ᓴᕕᖕᒧᑦ ᐱᓚᒋᐊᒃᓴᖅ, ᐊᓈᓇᒪ ᐅᖃᐅᑎᓚᐅᖅᓯᒪᔮᖓ, “ᐊᖏᓂᖅᓴᓂᒃ ᐃᖃᓗᖕᓂᒃ ᐱᒋᐊᖃᖅᑐᑎᑦ ᐊᔪᕐᓇᖏᓐᓂᖅᓴᐅᖕᒪᑕ ᐊᖏᓂᖅᓴᐃᑦ, ᐊᒻᒪᓗ ᒪᒪᕐᓂᖅᓴᐅᓪᓗᑎᒃ ᐱᐅᒐᓗᐊᖅᐸᑕ

Moai Etniinan letne čuožžumin guhkes muorrabeavddi guoras, goappásge niibi gieđas. Mus lea assás vinylafirkkal badjelis ja gummestevvelat juolggis, goappašat čuomasnaga. Njoarri čáhcešláŋŋa golggaha čázi munno julggiid vuole, ja meattá gálvojorri mas leat dievva jieŋat ja dusega ruksesluosa. Daid eallingeardi, áigi man golladedje jogaid goargŋut bajás ja luoitit vuolás boahtin dihtii gođđosajiide, gos sin eallin unna rukses goaikkanasažin vulggii, lea fargga nohkan. Ii leat nu guhkes áigi das rájes gollan, go mu Eadni ii livčče beroštan suovasuhttit eará go dušše gonagasluosa, mii dettii uhcimustá gávccinuppelogi kilo. Son ii livčče beroštan dáin smávva ruksesluosain. Muhto dál mii oaidnit hárve eambbo go moadde gonagasluosa bivdosiid oahppamis, eanaš árrat bivdoáigodagas.

Go Eadnán mu álggos oahpahii čálahiid čállit, in ožžohan čállit gonagasluosa. Don galggašit oahpahallat stuorra guliiguin, dat lea geahppaset,

My Mom and I are standing at a long wooden table, each holding knives. I am wearing a thick vinyl apron and rubber boots, both covered in fish scales. A running hose moves water at our feet, passing a cart filled with ice and a dozen sockeye salmon. Their run, that time spent travelling up and down rivers to arrive at the spawning beds where they first began life as little red blobs, is almost over. Not too long ago my Mom would only smoke king salmon that weighed at least forty pounds. She wouldn't bother with these smaller sockeyes, but we rarely see more than a couple of kings a fishing closure now, with most early in the season.

When my Mom first taught me to fillet, I couldn't bring myself to cut into a king salmon. You should learn on the big fish, it's easier, she told me, and will taste good whether it's pretty or not. But I wanted my cuts to be exacting, a pre-

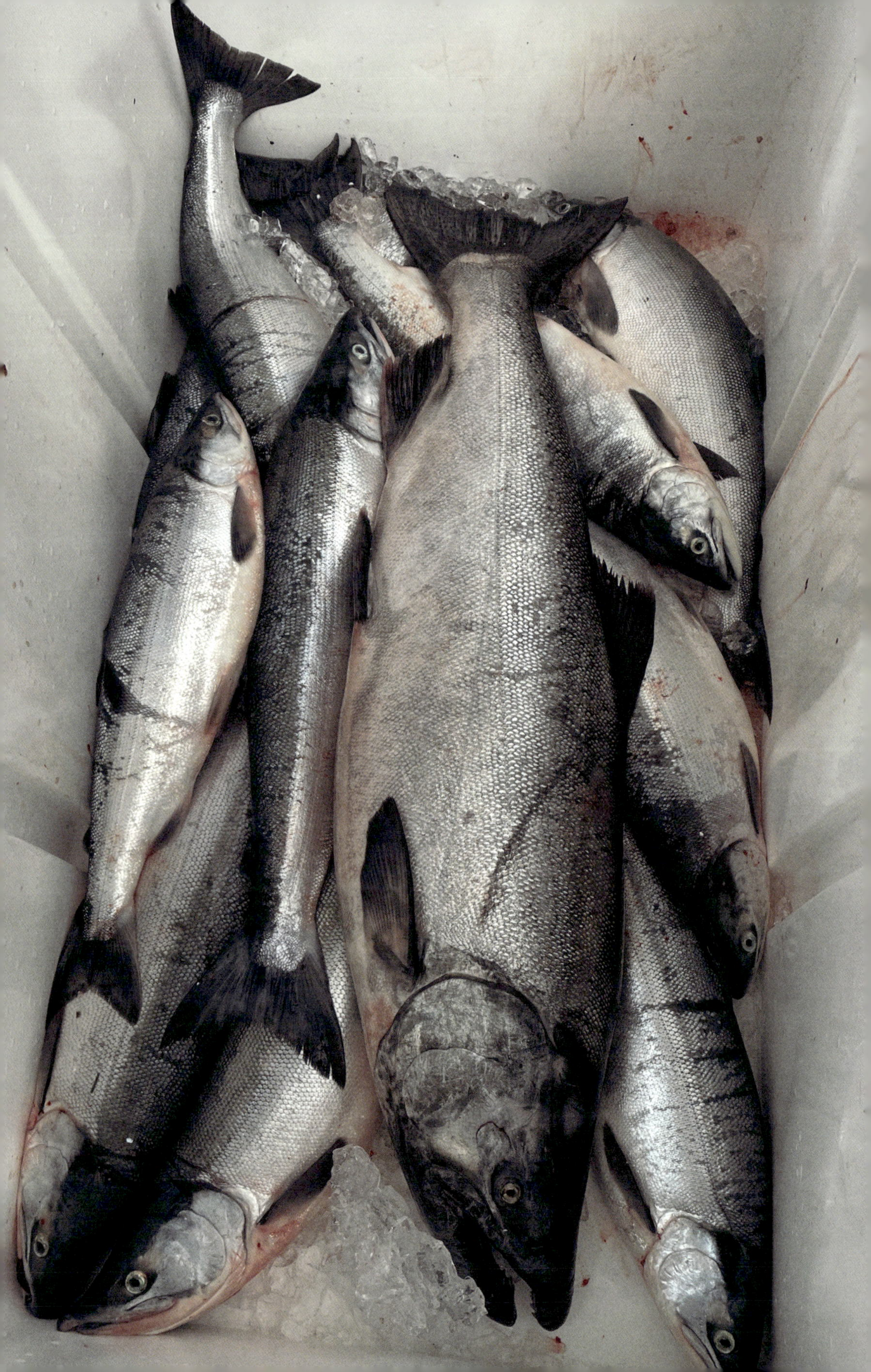

ᐱᐅᖏᒃᑲᓗᐊᖅᐸᑕᓘᓐᓃᑦ." ᑭᓯᐊᓂᓕ ᐱᓚᒃᑕᒃᑲ ᐱᑦᑎᐊᕈᒪᕕᒡᔪᐊᖅᐸᒃᑕᒃᑲ ᑐᑭᓕᐊᑦᑎᐊᕈᒪᓪᓗᒋᓪᓗ ᐱᓚᒃᑕᒃᑲ. ᑕᐃᒪᓕ ᐱᓚᒃᓯᑎᓪᓗᒍ ᐃᖃᓗᖕᓂᒃ ᑕᐅᑐᓚᐅᖅᑕᕋ. ᓯᕗᓪᓕᖅᐹᒥᒃ ᐱᓚᒃᓯᓇᓯᓕᖅᑎᓪᓗᖓ ᑐᑭᓯᓕᓚᐅᖅᓯᒪᕗᖓ, ᐊᔪᕐᓇᖏᓐᓂᖅᓴᐅᓐᓂᕐᒪᑦ ᐱᓚᒃᓯᓪᓗᓂ ᐊᖏᓂᖅᓴᓂᒃ ᐃᖃᓗᖕᓂᒃ. ᑕᒪᒃᑯᐊ ᐃᖃᓗᐃᑦ ᐱᓚᒃᖢᒋᑦ ᐊᒡᒐᒧᑦ ᑎᒍᒥᐊᖅᖢᒋᑦ ᐃᒃᐱᖕᓇᕐᒪᑕ ᐅᕿᖏᓐᓂᖏᓐᓂᒃ.

ᑲᕕᓯᓚᐅᖅᖢᖓ ᐃᖃᓗᖕᓂᒃ, ᐃᕐᕈᖅᑐᕐᓗᒋᓪᓗ ᓱᓪᓗᑕᖕᒧᑦ ᐃᒪᕐᒥᑦ ᑯᕕᓯᕕᑕᖕᒥᑦ ᐊᒻᒪᓗ ᓴᕕᖓ ᐃᐱᒃᓴᖅᖢᒍ. ᐃᖃᓗᒃ ᐱᓚᓕᖅᐸᕋ ᑕᒪᐅᓇ ᓴᖅᐱᐅᔭᖓᑕ ᕿᑎᐊᓄᑦ ᓈᖓᓃᑦᑐᒥᒃ. ᐊᓯᐃᓖᒃ ᐱᓚᓕᖅᖢᒍ ᑕᒪᐅᓇ ᓈᖓᑎᒍᑦ ᐊᒻᒪᓗ ᑕᑯᓕᖅᖢᖓ ᓱᕙᖏᓐᓂᒃ ᑕᒫᓃᑦᑐᑦ ᐅᖅᓯᖏᑦᑕ, ᓈᖓᑕᓗ ᐊᒻᒪᓗ ᓯᖓᖓᑕ ᖃᓂᒋᔮᓃᖢᓂ. ᓱᕙᐃᑦ! ᕿᐊᓕᖅᐳᖓ ᑯᕕᐊᓱᑐᐊᕐᓂᑯᒧᑦ ᐊᒻᒪᓗ ᐲᖅᖢᒋᑦ ᓱᕋᒃᑕᐃᓕᒪᓪᓗᒋᓪᓗ ᐴᖏᓐᓂᒃ. ᓱᕙᐃᑦ ᒪᒪᓇᓂᖅᐹᒃᑲ. ᐃᓯᒪᓕᖅᐳᖓᓗ ᐆᓐᓂᐊᓕᕋᒃᑭᑦ ᐆᔪᓕᐊᓇᓗᒋᑦ ᐊᓂᐊᓂᒡᓗ ᐳᑕᐃᑦᑐᓂᒡᓗ ᐃᓚᖃᖅᖢᒋᑦ.

ᑐᓵᓕᖅᐳᖓ ᑐᒥᓂᒃ ᒪᓂᕋᒃᑯᑦ ᐱᓯᒃᑐᒥᑦ ᖃᐃᓪᓗᓂᓗ. ᐊᓈᓇᒐ ᕿᕕᐊᖅᐳᖅ, ᓴᕕᓂᓗ ᐃᓕᓪᓗᓂᐅᒃ, ᐊᒻᒪᓗ ᑖᓐᓇ ᖃᐃᔪᖅ ᑐᖓᓱᒃᑎᑦᑎᐊᖅᖢᓂᐅᒃ. ᑖᓐᓇ ᐊᖑᑎ ᖃᐃᓵᖅᑐᖅ ᖁᒃᓴᓪᓕᖅᑰᓯᓪᓗᓂ ᐊᓈᓇᓐᓂᒃ

son muitalii, ja njaddá njálggisin leažžá dal čábbát čállojuvvon dahje ii. Muhto mun háliidin ahte mu niibečálastagat galge lean gáibidahkkásat, dárkilis buhtes vilges guoledákteráidu mas ii vuhtto oahpakeahtes giehta. De son čálii čálahiid gonagasluosas dan botta go mun gehččen. Maŋŋilgo loahpas ieš geahččalin čállit, de áddejin maid son oaivvildii, ahte lea olu álkit čállit čálahiid stuorra guolis. Don dovddat dalánaga juos niibeávju čállá dakko gokko ii galggašii. Lea olu álkit guorrat luosadávttiid go dat oahpistit du niibbi luosa raddevuovdageavlli mielde vuolás, ja čielgedáktelađđasiid mielde vuolás. Lossa čálahat leabbanit du giehtaváimmu vuostá, giessasit bajás guvlui ja botnjasit eret luosa čielgadávttis.

Maŋŋilgo lean čuomastan ja faskon njivlliid guolis, de doiddán dan šláŋŋačáziin ja saján iehčan niibbi. Čálistan niibbiin guoli čoallegeaži mii lea vuollevevssiid gaskkas čoavjje vuolde. Čálán niibbiin bajás čoavjji

cise row of clean white ribs bearing no trace of an unskilled hand. So, she filleted the king salmon while I watched. After eventually attempting a cut myself, I understood what she meant, that it was much easier to fillet a big fish. You can feel so immediately the blade of your knife cut where it shouldn't. It's much easier to follow the bones of the salmon as they guide your knife down the arch of its ribcage, down the bump-bump-bump of the vertebrae. The heavy fillets unfurl against your palm, curling open and twisting away from the backbone of the salmon.

After scaling and sliming my fish, I rinse it with hose water and sharpen my knife. I make a cut into the fish's vent between the two fins on its lower belly. I carve a line with my knife up to its stomach and find a sac of eggs tucked between the swim bladder, stomach, liver, and spleen. Eggs!

ᐃᖃᓗᒃ ᐃᖃᓗᐃᓪᓗ ᓴᓗᒻᒪᖅᓴᖅᑕᐅᓂᐊᖅᑐᑦ. ᐊᔾᔨᓕᐅᖅᑕᐅᔪᖅ ᔭᓐ ᕈᔅ ᔅᒥᑦᑐᑦᒪᑦ

Rukseslluossasálaš aiddo gessojuvvon fatnasii. Govvejeaddji lea Jen Rose Smith

A king salmon among red salmon ready to be processed. Photograph by Jen Rose Smith

ᑕᑯᒐᒥ. ᑭᓯᐊᓂᓕ ᑖᓐᓇ ᐊᖑᑦ ᕿᓃᓐᓇᐅᔭᖅᑐᖅ "ᐱᑕᖃᒃᑲᓐᓂᖅᐱᓰ" ᐃᖃᓗᕕᓂᖅᑕᖃᕆᐊᒃᓴᖅ. ᑕᑯᓕᖅᐸᕋ ᑕᑯᓇᓯᒃᑐᖅ ᑕᕗᖓ ᐊᔭᐅᖃᑦᑖᕐᒧᑦ ᐃᖃᓗᖕᓂᒃ ᐃᓗᓕᓕᖕᒧᑦ, ᓇᐃᔭᖅᓱᓂᒋᑦᑐ. Hᐋᓘᓪᓗᒍ ᓂᐱᑭᓱᖕᒐ ᐃᖃᓗᓕᕆᔭᓐᓄᓪᓗ ᐱᓕᕆᓕᖅᓱᖕᒐ. ᐊᓈᓇᒐ ᐊᐱᕆᓕᖅᐳᖅ ᑖᔅᓯᒧᖕᒐ ᐊᖑᒻᒧᑦ "ᐊᐅᔭᖃᑦᑎᐊᓚᐅᕋᓗᐊᖅᐲᑦ ᐊᒻᒪᓗ ᓯᓚᕐᑎᐊᕙᐅᖃᑦᑕᕐᓂᖕᒐ ᖁᕕᐊᕆᑦᑎᐊᓚᐅᕋᓗᐊᖅᐱᐅᒃ?" ᐅᖃᖅᓱᓂᓗ "ᓯᓚᕐᑎᐊᕙᐅᖃᑦᑕᕐᓂᖕᒐ ᖁᕕᐊᕆᑦᑎᐊᖅᑕᖃ" ᐅᖃᕆᓪᓗᓂᓗ ᖃᐅᔨᒪᓚᐅᕈᓂ ᐊᓛᔅᑲ ᑕᐃᒪᓐᓇᑎᒋ ᐅᖅᑰᖃᑦᑕᖅᐸᑦ ᑕᐃᒃᑯᖕᒐᕋᔭᕐᓂᕋᐃᓪᓗᓂ ᐅᑭᐅᑦ ᐊᒥᓯᑦ ᖄᖏᖅᓯᒪᓕᖅᑎᓪᓗᒋᑦ. ᐃᔩᒃᑲᓗ ᖁᒻᒧᒃᑎᓱᒋᑦ ᐅᒃᐱᕈᓯᖕᒋᓱᐊᒧᑦ. ᐊᐱᕆᓕᖅᓱᓂᓗ, "ᖁᕕᐊᓯᒃᑐᒃᓴᐅᕗᑎᑦ ᐊᓯᔾᔨᖅᓯᒪᓕᕋᕕᑦ ᐅᖅᑰᔨᒦᓕᖅᓱᑎᑦ, Hᐃᓛᒃ? ᐊᓈᓇᒐ ᑭᐅᓕᖅᐳᖅ, "ᐃᒃᐹᖑᓂᖅᓴᒥᒡᓕ ᐱᐅᒃᓴᖅᑐᖕᒐ, ᒪᖁᒃᐸᒃᓱᓂᓗ ᐅᓪᓗᐃᑦ, - ᐱᐅᓂᖅᓴᐅᖕᒪᑦ ᐃᖃᓗᖕᓄᑦ". ᑐᑭᓯᖅᑰᔨᖕᒋᓱᓂ ᑖᓐᓇ ᐊᖑᑦ ᑭᐅᓕᖅᓱᓂᓗ: "ᑕᐃᒪᓐᓇ ᑕᒪᒃᑯᐊ ᐃᖃᓗᐃᑦ ᐳᔪᕐᒧᑦ ᐆᖃᑦᑕᖅᑕᑎᑦ ᒪᒪᓗᐊᖃᑦᑕᐹᑦ? ᑕᒪᐅᖕᒐᕈᑎᒋᖅᑲᐅᔭᕋᓕ, ᐊᐱᕆᔪᒪᓪᓗᑎᑦ ᖃᓄᖅ ᐊᑯᓂᐅᑎᒋᔪᖅ ᐆᖅᑎᖃᑦᑕᕋᕕᑦ ᐃᖃᓗᖕᓂᒃ?

ᑕᐃᒪᓐᓇ ᐊᐱᕆᔭᐅᒐᔪᒃᑐᖅ ᐊᓈᓇᒐ, ᐊᓯᖕᒋᓐᓂᓪᓗ ᐊᐱᕆᔭᐅᒐᔪᒃᑐᖅ, ᔩᕐᓗ ᐃᒪᐃᑦᑐᓂᒃ:

rádjai, gos gávnnan meađđemiid mat leat čiehkádan bieggaseahka, čoavjji, vuoivasa ja dáđvvi gaskii. Meađđemat! Mun čurven ilus ja luvvedan váraid meađđemiid amaset meađđenčalm-mit cuovkanit. Meađđemat leat mu herskot. Mun lean juo govahallamin go vuoššan daid gásterolas oktan lávkkii-guin ja buđehiiguin.

Gulan lávkkiid čievrra alde go gii nu lahkana. Mu eadni jorggiha, bidjala niibbi eret ja dearvvaha guossi liggosit. Guossi vástida dego livččii hirpmástuv-van oaidnit su, muhto dát olmmái haksá álelassii "liige" guolečaskáid. Oainnán su guovlamin jorrái gos guolit leat, ja gulan su lohkamin gallego doppe leat. Mun rávkkan jaskadit buore beaivvi, ja jorgalan fas guliid guvlui. Eadni jearrá mo su gesiin manná, ja liikogo liegga dálkkiide mat leat. Guossi muitala ahte son gal návddaša liegga dálkki, ja ahte juos livččii diehtán ahte Alaska lea ná liekkas, de livččii máŋga jagi áigi juo fárren deike. Mun jorg-

I cry gleefully and detach them delicately so that the egg sac doesn't break. Eggs are my favorite. I'm already imagin-ing boiling them in a pot with onions and potatoes.

I hear footsteps on gravel as someone approaches. My Mom turns, puts down her knife, and extends a warm greet-ing to the visitor. He responds like he is surprised to see her, but this guy is always sniffing around for "extra" fish parts. I see him peer into the cart of fish, making a not-so-discrete tally. I say a quiet hello and turn back to my fish. She asks him how his summer is going, and if he's enjoying all the warm weather. He shares that he loves the weather and that if he knew Alaska was this warm, he would have moved here years ago. My eyes roll upward. He asks, it must be a nice change for you, right? She responds that she prefers very cold, rainy days—it's better for the fish. He looks puzzled and

“ᖃᓄᕐᓕ ᐊᖏᑎᒋᔭᒥᒃ ᑕᓇᐅᓕᓲᖑᕙᑦ ᖃᔪᕐᒧᑦ ᐆᑦᑎᓂᐊᖅᑎᓪᓗᑎᑦ? ᐊᑐᖃᑦᑕᓇᕙᑦ ᓱᑲᕐᒦᑦ? ᖃᓇᐃᑦᑐᓂᒡᑕ ᕿᔪᖕᓂᒃ ᐊᑐᓲᖑᕙᑦ? ᐅᕙᓘᓐᓃᑦ ᐊᐱᖁᑎᒋᔭᐅᒐᔪᒃᑐᖅ ᑑᔅᖃᑦᑕᖅᑕᕋ ᐃᒪᐃᑑᕗᖅ: “ᖃᓇᐃᑦᑐᒥᒡᓕ ᐃᓚᓲᖑᕙᑦ ᐃᖃᓗᖕᒧᑦ ᒪᒪᖅᑎᓐᓂᐊᖅᓗᒍ? ᐊᓈᓇᒐ

ᖁᕕᐊᓱᒃᐸᒃᑐᖅ ᑕᐃᒪᐃᑦᑐᓂᒃ ᐊᐱᕆᔭᐅᒑᖕᒐᒥ ᐃᓄᐃᑦ ᐊᐱᕆᔪᑦ ᑭᐅᔭᐅᔪᒪᕙᖕᒪᑕ ᓲᕐᓗ ᐃᒪᐃᑦᑑᓂᒃ: ᐅᓇ ᐃᒪᐅᔫᖅᑐᖅ ᐸᔪᖅ ᑕᑯᕙᒃᑕᕋ ᐅᕙᓃ... ᐅᕙᓘᓐᓃᑦ, ᐅᓇ ᐅᐊᔭᓅᖅᑐᖅ ᐸᔪᖅ ᓲᕐᓗ ᖃᓇᓴᐅᔭᑎᑐᑦ ᐊᒃᑐᑐᐃᓐᓇᖅᓗᒍ ᐃᑭᓲᖑᔫᖅ... ᑐᓂᓂᐊᖅᐸᒋᑦ ᖃᓇᓴᐅᔭᑎᒍᑦ ᖃᓄᖅ ᐅᔫᓕᐅᖃᑦᑕᕐᓂᓐᓂᒃ.

ᐊᓈᓇᒐ ᑭᐅᕙᒃᑐᖅ ᐃᑲᔪᕈᒪᓪᓗᓂ ᖃᓄᖅ ᐆᔪᓕᐅᖃᑦᑕᕐᓂᕐᒥᓂᒃ ᑕᒪᒃᑯᓂᖓ ᐃᖃᓗᖕᓂᒃ 19 ᒥᓂᑦᓯᑐᐃᓐᓇᕐᒥᒃ ᐆᑦᑎᓲᖑᔪᖓ ᐊᒻᒪᓗ ᐊᖏᓂᖅᓴᓂᒃ ᐃᖃᓗᖕᓂᒃ ᐆᑎᓲᖑᔪᖓ 27 ᒥᓂᑦᔅᑐᐃᓐᓇᕐᓂᒃ 100 ᐸᓴᓐᑎᒥᑦ ᖃᔪᕐᒦᓗᒍ. ᑕᓇᐅᕐᒥᑦ ᐃᓚᓗᒍ ᑭᓯᐊᓂᓕ ᐸᑕᐃᑦᑐᐃᑦ ᐸᑦᑕᑖᓕᕌᖓᑕ. ᐃᓪᓚᑐᐃᓐᓇᖃᑦᑕᖅᑐᖅ ᑖᓐᓇ ᐊᖏᑦ ᐅᒃᐱᓇᖏᓗᓂᐅᒃ ᐃᓱᖅᓯᓯᒪᓇᓱᒋᓪᓗᓂᐅᒃ ᖃᓄᖅ ᐆᔪᓕᐅᖃᑦᑕᕐᓂᕐᒥᓂᒃ. ᐊᓈᓇᒪᓕ ᓯᖁᑎᕆᖃᑦᑕᖏᑕᖓ ᐃᓪᓚᕿᓗᐊᖅᑎᓪᓗᒍ. ᓈᓴᐅᑎᓂᒡᓕ ᐊᓯᔾᔩᕙᒃᑐᖅ ᐃᖃᔫᑉ ᑕᖅᓴᖏᓐᓂᒃ ᖃᓄᕐᓗ ᓂᕿᖓ ᐃᒃᐱᒋᓯᐅᓂᖓᓂᒃ

gun čalmmiid. Son jearrá eatnis, dáidá sutnje maid leamen vuogas nuppástus, iigo leatge? Eadni vástida, ahte son gal baicca dáhtošii hui čoaska, arvás beivviid, dat leat buoret guollái. Guossi orru imašteamen ja vástida: Ojá, dannego du suovasluossa šaddá nu njálggisin? Mun bohtenge duohta deike jearrat dus, man guhká don divttát luosa orrut vuorddas?

Eatnis dávjá jerret dán gažaldaga, olu earáge gažaldagaid gaskkas, nugo: Man olu sálttiid don lávet bidjat iežat vurdii? Anátgo ruškes sohkkariid? Makkár muoraid don boalddát suovasdolas? Dahjege gažaldaga, man lean gullan dusega gearddi: Maid don bijat iežat lussii go dasa šaddá nu njálgga njaddi? Mu Eadni atná dán gažaldaga buorremielalažžan, dannego son diehtá olbmuid háliidit vástádusaid mat čudjet dego: Dat lea golgi suovva man gávdnen doppe... dahje, dat lea elektrovnnalaš suovasráhkkanus mas lea Bluetooth lavtta ja man sáhttá cahk-

responds: Oh, is that why your smoked salmon turns out so good? The reason I came over here, actually, was to ask you how long you brine your salmon.

She often receives this question, among many others, such as: How much salt do you use in your brine? Do you use any brown sugar? What kind of wood do you burn? Or the question I have heard dozens of times: What do you add to your salmon to make it taste so good? My Mom finds this question endearing because she knows people want an answer that sounds like: it's this liquid smoke I found at...or, it's this electronic smoker that has a Bluetooth connection so you can turn it on and off from your couch...I'll send you a link.

My Mom responds helpfully that she brines red salmon for nineteen minutes and she brines kings for twenty-seven minutes in 100% brine. Add salt until the potato floats. She

ᒪᓕᖕᓂᖃᓲᖑᔪᖅ. ᑕᒪᒃᑯᐊ ᐅᖃᐅᓯᓇᔭᖏᑦ, ᐱᔾᔪᑎᖃᖅᐸᒃᑐᑦ ᖃᓄᖅ ᐊᑯᓂᐅᑎᒋᔪᖅ ᑕᕆᐅᕐᒦᖃᑦᑕᕐᓂᖏᓐᓂᒃ, ᑕᐃᒪᓕ ᑕᕆᐅᓕᖅᑐᒍ ᐊᒻᒪᓗ ᐳᔾᕐᒍᑦ ᐆᓐᓂᐊᖅᑐᖑ ᐱᓲᖑᔪᖅ.

ᑕᐃᒪᓕ ᐅᖃᑦᓚᖃᑎᑮᒃᑎᑦᓗᒋᑦ, ᐅᕙᖓ ᐃᖃᓗᒃ ᐱᓕᕆᐊᕆᔭᕋ ᓂᐊᖁᐃᖅᐸᕋ, ᐃᕐᕋᕕᖏᑦᑐ ᐲᖅᑐᒋᑦ ᐊᒻᒪᓗ ᐊᐅᖏᑦ ᐲᔭᖅᑐᒋᑦ ᐊᓘᑎᒍᑦ. ᓱᕈᑦᓕᖅᐹᖅ ᐃᖃᓗᒃ ᐱᓚᓕᖅᑐᒍ, ᑐᓴᓕᖅᑐᖓᓗ ᐊᖑᑦ ᐊᐱᕆᔪᖅ ᐊᓈᓇᓐᓄᑦ, "ᖃᓄᕐᓕ ᐳᔾᕐᒍᑦ ᐆᑦᑎᓲᖑᕕ ᐃᖃᓗᖕᓂᒃ?" ᐅᕙᖓᓕ ᖁᒃᓴᑦᓚᖅᑰᔨᕈᖓ ᑕᐃᒪᓐᓇ ᐊᐱᕆᓚᐅᕐᓂᖓᓂᒃ ᓱᕈᑦᓕᕐᒥᑦ. ᑑᓴᓚᐅᖏᓚᖃᐃᑦ ᐊᓈᓇᓐᓂᒃ ᐅᖃᐅᑎᓚᐅᕐᓴᓗᐊᕐᒪᒍ ᐱᔾᔪᑎᖃᑦᑎᐊᖅᑐᓂ ᐃᖃᓗᖕᒥ?

ᐱᓚᒃᑐᒍ ᑕᒪᐅᓇ ᐃᖃᑰᑉ ᑐᓄᐊᒍᑦ ᓂᐊᖁᐊᓂᑦ ᐱᒋᐊᖅᑐᒍ ᓴᖅᐱᐅᔭᖓᓄᑦ ᑎᑭᑐᒍ. ᓴᖅᐱᐅᔭᖓᓄᑦ ᑎᑭᓐᓇᒪ ᑕᒪᐅᓇ ᓈᖓᓄᑦ ᐱᓚᓕᖅᑐᒍ. ᐊᓯᐃᑖᒃ ᐃᖃᓗᒃ ᑐᓄᐊᓄᑦ ᓵᑎᒍᑦ ᓂᐊᖁᐊ ᐅᕙᓂᒡᑐ ᑐᓄᒻᒧᑦ ᓵᖓᓕᖅᑐᓂ ᐊᒻᒪᓗ ᐱᓚᒃᑲᓐᓂᓕᖅᑐᒍ, ᑖᓐᓇ ᓴᕕᒃ ᐅᕙᓐᓄᑦ ᓵᖓᑦᑐᓂ ᓱᒃᑲᐃᑐᖓ ᐱᓚᓕᖅᐸᕋ. ᓴᕕᖓ ᑕᐅᓄᖓ ᐊᔭᒃᑲᓐᓂᖅᑐᒍ ᐃᒃᐱᕆᓕᖅᑐᒍᑐ ᕿᒥᖅᑐᐊ. ᓴᕕᖓ ᑕᒪᐅᓇ ᑐᓄᐊᒍᑦ ᐱᓚᓕᖅᑐᒍ ᑕᐅᓄᖓ ᓴᖅᐱᐅᔭᖓᓄᑦ ᑎᑭᑐᒍ. ᐊᓯᐊᓄᑦ ᓵᑎᒍᑦ ᓴᕕᖓ, ᑕᒪᓐᓇᑐ ᑐᓕᒫᖓ ᐱᓚᒃᑐᒍ. ᑕᐃᒪᓕ ᑕᒪᐅᓇ

kehit ja jáddadit iežas soffás... gal mun sádden dutnje liŋkka.

Mu Eadni vástida hui buorredáhtolaččat, ahte son diktá ruksesluosa orrut vuorddas ovccinuppelogi minuhta, ja son diktá gonagasluosa orrut guoktelogičieža minuhta 100 proseantta vuorddas. Bija sálttiid dassážiigo buđet govddodišgoahtá. Son lasiha, ahte dát logut rivdet dálkki mielde. Son boagusta vástádussan, go galgá geahččalit čiegadit veahás gávpesuollemasvuođa. Son ii daga gullinge, maid guossi dadjá, ja joatká: Logut leat sorjavaččat luosa ivnnis ja makkárin cuohppa dovdo. Dát bienat, ja man guhká luossa lea leamaš eret mearračázis, mearrida mo sálti ja suovva váikkuha guollái.

Dán muttus sudno sártnodeamis lean čuohpastan oaivvi earet guolis, čollen dan ja faskon das buot varaid basttiin. Go čálligoađán vuosttas čálaha, gulan olbmá jearramin mu Eatnis, man guhkágo son suovastuhttá guoli? Hirpmástuvan dán gažaldaga dihtii, go

adds, these numbers change with the weather. He laughs a response as if she must be trying to hide some trade secret. She ignores his comment and continues, the numbers depend upon its colour and how the flesh feels. These details, along with how long it has been out of the ocean, determine how the fish will respond to salt and smoke.

By this point in their conversation, I have taken the head off my fish, removed its guts, and scraped out its bloodline with a spoon. As I start the first fillet, I hear the man ask her, how long do you smoke your fish? I am surprised by his question that sounds just like the first. Did he not hear her first response that was, essentially, to consult the fish?

I make a long, shallow cut just above the backbone from head to tail. I follow with a square cut at the tail and continue cutting down to the vent where I opened its stom-

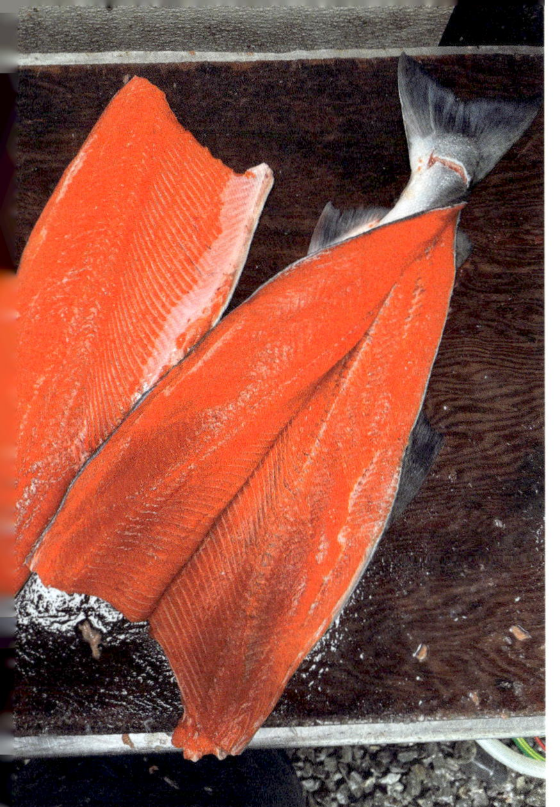

ᐊᐅᐸᖅᑐᖅ ᐃᖅᑲᓗᒃ ᐱᓚᒃᑕᐅᓯᒪᓕᖅᑐᖅ.
ᐊᔾᔨᓕᐅᖅᑕᐅᔪᖅ ᔭᓐ ᕉᔅ ᔅᒥᑦᑐᑦᒪᑦ

Ruksesluossa luddejuvvon fileterema várás. Govvejeaddji lea Jen Rose Smith

A red salmon partially filleted.
Photograph by Jen Rose Smith

lea aiddo seammalágan go vuosttas gažaldat. Iigo gullange Eatni vuosttas vástádusa, mii leai ahte galgá ráđđádallat guliin?

Čálistan guhkes, coages čálastaga čielgedávtti mielde oaivvis beahcehii. Dasto čálistan beanta rastá beahceha ovddabealde, ja joatkkán čállit vuolil gitta čoallegeahčái, gos rahpen dan čoavjji. Jorahan guoli dássážiigo dan oaivi geaigá mus nuppe guvlui, ja čálán niibbiin gulul iehčan guvlui. Deaddilan niibbi vuolás, ja dan ávju čállása cuohpa čađa dassážiigo guoská čielgedáktái. Niibedearri laktá olles čielgedávtti guoli beahcehii. Molssun niibbi háltti, čálán alddán nuppe guvlui ja guoran raddevuovdda. Dá lea oassi, mas mun ovdal medden. Guora aivve dávttiid, mu Eadni čilgii. Dakkaviđe go oskkildin guoli goruda oahpistit mu niibbi, de orui dego ieš alddes čállimin.

Eadni vástida arvvohala iežas guossái, gii lea boahtán suinna háleštit, iige dan hearddohis nieidasis, gii lea

ach. I turn my fish until its head is pointing away from me and make a deeper cut, pulling the knife towards me slowly. I push my knife down and its sharpness moves through the meat until I feel it touch the vertebrae. The blade connects down the full backbone of the fish to its tail. I switch the direction of my knife, pushing it away from me and follow the curve of the ribcage. This is the part where my main errors occurred early on. Just follow the bones, my Mom explained. Once I trusted the body of the fish to guide my knife, it seemed to move on its own accord.

She responds cheerfully to her visitor, there to chat with her and not the prickly daughter lost in her thoughts: Depending on the stage of the season and the run, they could be in the smokehouse for only a day and night or up to two days and nights. Take little pieces out and cook

ᐱᓚᒃᑲᒃᑯ ᑕᒻᒪᕐᓂᖕᓂᒃ ᖃᐅᔨᓕᖅᐸᖓ. ᑕᒪᓐᓇ ᓴᐅᓂᖓ ᒪᓕᑐᐃᓐᓇᕐᓗᒍ ᐊᓈᓇᒪ ᐅᖃᐅᑎᕚᖓ. ᐊᓯᐃᓛᒃ ᓴᕕᒐ ᓴᐅᓂᖏᑦᑎᒍᑦ ᒪᓕᒃᑎᓕᖅᑯ ᐊᔪᕐᓇᕈᓐᓃᑦᑎᐊᖅᑐᓂ.

ᐊᓈᓇᒐ ᑭᐅᑦᑎᐊᑲᑐᐃᓐᓇᖅᑐᓂ ᐅᒡᓚᖅᑎᒥᓄᑦ, ᐅᖃᑦᓚᖃᑎᒋᑦᑐᓂᐅᒃ ᐸᓂᐊᓕ ᐃᒻᒥᓂᒃ ᐱᓕᕆᐃᓐᓇᓕᖅᑐᓂ. ᑕᐃᒪᓕ ᑕᒪᓐᓇ ᐊᕐᕈᒍ ᒪᓕᒃᑐᒍ ᐊᒻᒪᓗ ᑎᓯᕗᑦᓕᐊᓕᖅᑎᑦᑐᒋᑦ ᑕᕆᐅᕐᒧᑦ, ᐸᔪᕐᒧᑦ ᐆᑎᕆᓂᖅ ᐅᑦᑐᕐᒧᑦ ᐅᓐᓄᒃᑰᑦᑑᓐᓃᑦ ᐊᑕᐅᓰᕐᓯᑐᐃᓐᓇᖅᑐᒍ ᐱᕗᒃᐸᑦ ᐅᕗᑑᓐᓃᑦ ᐅᑦᑐᓄᑦ ᒫᕈᖕᓄᑦ ᐱᕗᒃᐸ. ᒥᑭᑦᑐᒥᒃ ᐃᖅᑲᑑᑉ ᓂᕿᖓᓂᒃ ᐱᑐᑎᑦ ᐊᒻᒪᓗ ᐆᑦᑐᒍ ᑕᐃᒪ ᖃᐅᔨᓂᐊᖅᐸᑎᒃ ᖃᓄᖅ ᒪᒪᖅᑎᒋᖕᒪᖔᑦ. ᑕᐃᒪᓕ ᓯᓚ ᐅᖅᑰᒃᐸᑦ ᐅᑦᑐᒥᑐᕐ, ᐃᖅᑲᑐᐃᑦ ᐸᔪᕐᒧᑦ ᕿᓚᒥᑯᑉ ᐆᓐᓂᐊᖅᑐᑦ ᐊᒻᒪᓗ ᐸᓂᖅᑎᓯᒪᓕᕐᑐᑎᒃ. ᑕᐃᒪᓕ ᓯᓚ ᐃᒃᑮᖑᒃᐸᑦ ᒪᕐᑯᒃᐸᑦᑑᓐᓃᑦ ᐱᐅᓂᖅᐹᒥᒃ ᐸᔪᕐᒧᑦ ᐆᑦᑎᔅᐃᑦ ᒪᒪᕐᓂᖅᐹᖑᓂᐊᖅᑐᖅ, ᑕᐃᒪᓕ ᑖᓐᓇ ᐸᔪᕐᒧᑦ ᐆᑦᑎᔾᔪᑎᒋᕗᒃᑕᐃᑦ ᐸᓂᖅᑎᓯᒪᐃᓐᓇᓇᐊᖅᑲᕐᓂᐊᖅᑕᕐ, ᐅᕗᑑᓐᓃᑦ ᐃᖅᑲᑐᒃ ᐅᕐᑯᒃᑎᓐᓂᐊᖅᑕᑦ ᖃᐅᓯᓕᖀᖓ ᑖᓐᓇ ᐸᔪᕐᒧᑦ ᐆᑦᑎᔾᔪᑎᒋᕗᒃᑕᕐ.

ᐊᓯᐃᓛᒃ ᐃᖅᑲᑐᒃ ᐆᑕᕋ ᐃᒡᓗᐊᓄᑦ ᓵᑎᑉᐸᕋ ᐊᒻᒪᓗ ᐃᒡᓗᐊ ᐆᑦᑎᓕᕋᒃᑯ ᐊᔪᕐᓇᕈᔪᖕᓂᖅᓴᐅᓰᖅ ᑕᒪᓐᓇ ᐊᒥᕋᖓ ᑐᑭᓕᐊᑦᑎᐊᖅᓯᒪᖏᓕᕐᒪᕐ, ᑕᐃᒪᓕ ᓴᕕᖑᑦ ᑭᓯᐊᓂ ᑐᑭᓕᐊᖅᑎᑦᑎᐊᕋᓯᒃᑯᖑ

láhppon jurdagiiddis sisa: Lea sorjavaš jahkodagas ja goas luossa lea johkii gorgŋen, de sáhttá leat suovvasis birranbeaivvi dahje guokte birranbeaivvi. Vajas smávva bihtáid ja vuoššas daid, de don dieđát leatgo doarvái suovastuvvan. Juos lea báhkka olgun, nugo odne, de guolli suovastuvvá johtilit ja sáhttá goikat. Juos lea čoaskkis ja arvi, de oaččut buoremus suova, muhto fuolat fal ahte suovasvisti lea goikkis, muđui gal guolli sáhttá guohpput.

Mun jorgalan guoli, ja čálligoađán nuppi čálaha, mii lea veaháš váddáset dannego ii leat duolbbas vuolil, ja niibbi ferten nuppe gežiid duvdit go vuosttas čálaha čáledettiin. Čálán guoli seamma láhkai oaivvis beahcehii, ja beahcehis čoallegeahčái. Dán vuoro duvddán niibbi aivve alldán eret, muhto čielgedávtti ja raddevuovdda guoran seamma láhkai go vuosttas čálaha čáledettiin. Rukses cuohppa davrá, go mun deaddilan niibbi dávttiid vuostá. Mottiin johtilis čálistemiin rohtten nuppi čálaha luovus

them up—you'll know. If it's hot out, like today, the fish will smoke quickly and will probably be dry. When it's cold and rainy you'll get the best smoke, but make sure that your smokehouse stays dry, or your fish could mould.

I flip the fish and start on the second fillet which is a little bit trickier because it's not lying as flat, and the knife must be manoeuvred in the opposite motion from the first fillet. I make the same incision around the fish from head to tail, tail to vent. This time I push the knife away from me for all the cuts, but the vertebrae and rib cage guidance remain the same. The red meat curls as I hug the knife to the bones. In a few quick gliding motions, I pull the second fillet away from all that remains: the backbone and the tail. I place my second fillet next to the first and they are a perfect pair.

ᐱᓲᖑᔪᖑᑦ. ᐊᓯᐃᓛᒃ ᓴᕕᖓ ᐲᖅᑎᑉᐸᕋ, ᑭᓯᐊᓂᓪ ᑕᒪᓐᓇ ᖁᑭᒥᖁᐊ ᐊᒻᒪ ᑐᓪᓛᖓ ᓱᖁᓯᖏᑦᑐᑦ. ᐊᓯᐃᓛᒃ ᐃᖅᑲᓘᑉ ᐱᖅᑳ ᐆᑦᑎᓂᐊᓪᓇᕙᕋ ᑕᐃᒪᓐᓇᑐᑦ ᓯᕗᓪᓕᖅᑎᑐᑦ ᐱᓪᓗᒍ ᐊᔾᔨᒌᑦᑎᐊᖅᓱᑎᒡᓗ.

ᑕᐃᒪᓪᓕ ᐃᑯᒪ ᐊᖏᓂᖅᓴᐅᒃᐸᑦ ᖄᓪᓕᒥᐅᓂᖅᓴᖅ ᐱᔪᖅᑐᑦ ᐆᓐᓂᐊᖅᐹ? ᐅᓪᓚᖅᓯᒪᔪᖅ ᐊᐱᕆᕗᖅ ᐊᓈᓇᒥᑦ, ᐅᕙᖓᓗ ᐃᒡᓛᖅᔪᒃᑐᖓ ᐃᓯᒪᒋᒐᒃᑯ ᐊᓕᓚᔪᖅᑐᑦ ᔫᖅᑲᐃᓂᐊᕋᓯᒋᒐᒃᑯᑦ ᐃᖅᑲᑐᕕᓂᐅᑉ ᐃᓚᖏᓐᓂᒃ. ᐋᒃᑲ, ᐊᓈᓇᖓ ᑭᐅᓪᓗᓂ, ᐃᑯᒪ ᐆᑦᑎᖅᑯᖏᓐᓇᒃᑯ ᐃᖅᑲᓗᖕᒥᑦ. ᑭᓯᐊᓂᓪ ᖁᔭᖕᓂᒃ ᐱᖓᓱᓂᒃ ᑎᓴᒪᓂᓘᓐᓃᑦ ᐱᕆᐊᖅᑲᖅᑐᖅ ᐊᖏᓗᐊᖏᑦᑐᒥᒃ ᐃᑯᒪᖅᑲᖅᑯᒃᑯᑦ. ᑭᐅᑎᓪᓗᒍ, ᑕᓖᓃᑦᑐᑉ ᒃ ᓂᕖᖓᔪᒥᒃ ᓂᐅᕕᐊᒃᓴᖅᑳᐅᑎᒥᒃ ᑎᒍᓯᑦᑐᓂ ᐊᒻᒪᓗ ᐃᖅᑲᓘᑉ ᓂᐅᖅᑯᖏᓐᓂᒃ ᔫᖅᓯᑦᑐᓂ ᑕᕗᖓ ᓂᐅᕕᐊᒃᓴᖅᑳᐅᑎᒧᑦ ᐊᒻᒪᓗ ᐃᖅᑲᓗᖕᒥᒃ ᔫᖅᓯᕆᑦᑐᓂ. ᑕᐃᒪᓪᓕ ᑖᔅᓯᒪ ᐊᖑᑎᐅᑉ ᐊᐱᖅᑯᑎᕆᖅᑲᐅᔭᖕᒐᑎᑐᑦ ᐅᐊᔾᔫᖅᑐᒧᑦ ᐆᑦᑎᒍᓂ ᖃᓄᓪᓕᑭᐊ ᐱᓇᔭᖅᐸ ᐃᖅᑲᓗᒃ ᐆᑕᖓ. ᐊᓯᐃᓛᒃ ᐊᓈᓇᒐ ᑎᒍᓯᑦᑐᓂ ᓯᕚᖕᓂᒃ ᐃᓚᓕᐅᑎᑦᑐᓂᑭᑦᑐ ᓂᐊᖅᑯᖁᑦ ᐊᒻᒪᓗ ᐃᖅᑲᓗᖕᒧᑦ ᔫᖅᓯᑦᑐᓂ. ᐊᓯᐃᓛᒃ ᑐᓂᑦᑐᓂᑭᑦᑐ ᑖᔅᓯᒧᖓ ᐊᖑᑎᒧᑦ ᐅᖅᑲᖅᑐᓂᑐ ᐃᑲᔪᕈᓐᓇᖏᓐᓇᒃᑭᑦ.

buot bázahasain, nappo čielgedávttis ja beahcehis. Bijan nuppi čálaha vuosttas čálaha báldii, ja dat leat ollislaš párra.

Nu ahte, mađe stuorát dolla, dađe johtileappot guolli suovastuvvá? Guossi jearaha mu eatnis, ja mun mojohalan govahaladettiin su coggamin dusega aviisabáberrullaid iežas beare báhkka dollii. Ii fal nu, eadni vástida, it don goit dáhto dola bassit guoli. Galggat coggat dollii dušše golbma dahje njeallje hálggu háválassii. Seammás go vástida, son dohppe plástagávpeseahka lagas roahkis ja coggá dan sisa guoleoaivvi ja nuppi čálaha, man mun aiddo gergen čállimis. Na, juos mun geavahan elektrihkalaš suovastuhttinráhkkanusa, olmmái jearrá, man lieggaceahkkái don evttohat dan divvut? Eadni faŋuha mu badjel, dohppe meađđemiid, ja vaikko mun šuohkihan, son goitge várrugasat bidjá daid sehkkii, gos lea juo čálat ja oaivi. Son moddje ja fállá olbmái plástaseahka guliin ja dadjá, "in máhte du dainna gal veahkehit".

So, the bigger the fire the quicker it will smoke? The visitor asks my mother, and I smirk as I imagine him shoving dozens of rolled up newspapers into his too-hot fire. No, she replies, you don't want the fire to cook your fish. You want a fire with no more than three or four small logs at a time. While she responds, she grabs a plastic grocery bag from a nearby hook and places the fish head and one of the fillets I just completed inside. So, if I use an electric smoker, he asks, what setting would you suggest? She leans across me, grabs the eggs, and despite my small gasp, she carefully adds them in with the fillet and head. She smiles and offers the plastic bag of fish to him saying, I can't help you there.

Jen Rose Smith is dAXunhyuu/Eyak from Eyak, Alaska

Liisa-Rávná Finbog

IN THE LAND OF YELLOW AND RED: LAND, PEOPLE, AND KINSHIP IN THE SÁMI SIIDA

Before it was named, Sápmi was a land covered in snow and ice. Much of the year, our land mirrors this time. Photograph of Bissojohka (Pyssyjoki/Børselv) by Elisabeth Stubberud

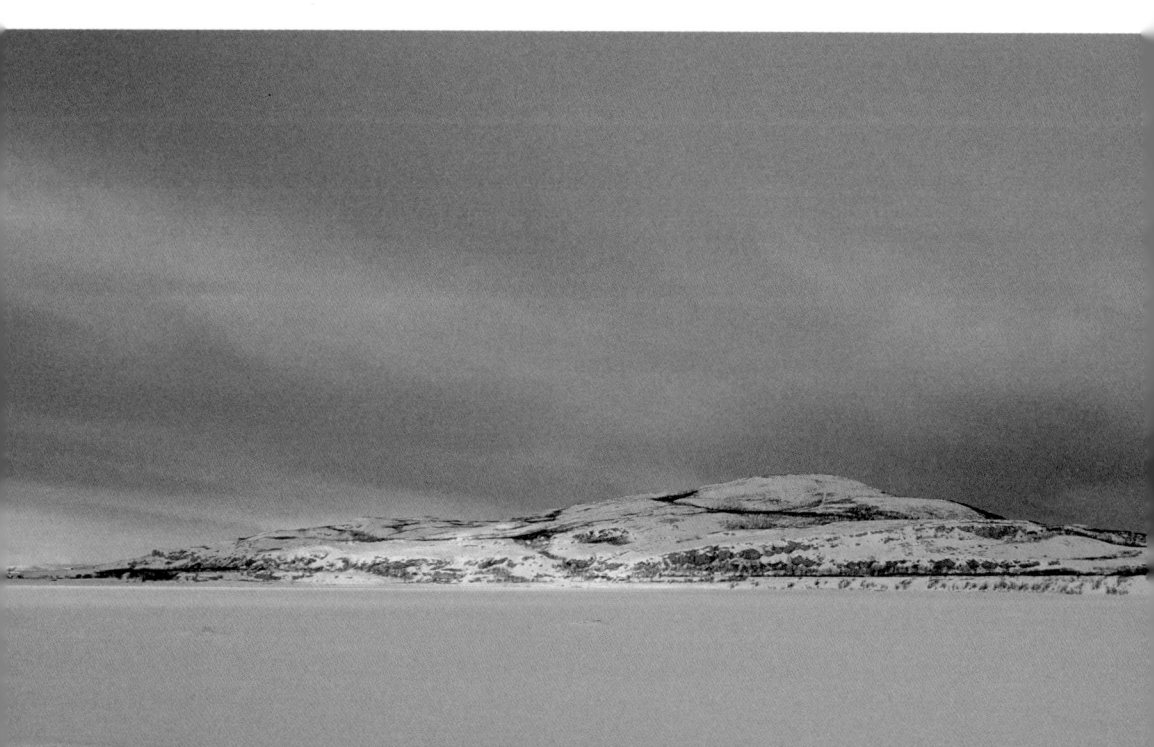

1. *Varra* is "blood" in North Sámi.

Vaja dreams.

Varra, varra, varra.[1]

It is said that when the Creator gave shape to the land, they called for the Sacred reindeer doe, Vaja. From her body, the world was made anew.

The rocks and boulders and the peaks and mountain ridges are formed from her bones. Her flesh is the fertile soil on which the forests, fashioned by Vaja's hair, grow.

The sky above was set with her skull and her eyes are the morning and evening stars that guide our song-makers and our dreamers.

Her heart was placed in the centre of the Earth and its beat is our beat.

Vaja dreams.

Varra, varra, varra.

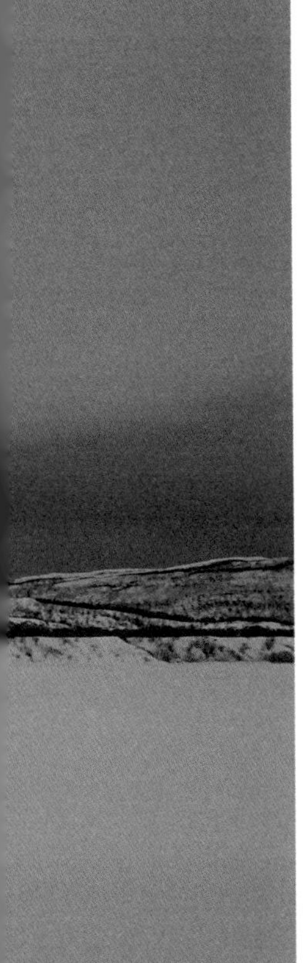

It is said that when the Creator gave shape to the land, they called for the Sacred reindeer doe, Vaja. From her body, the world was made anew.

Of her blood and the veins in which it flows they shaped the waterways, the rivers flowing abundantly, nourishing the land, crossing Vaja and joining all of Beaiváš's children to one another.

Vaja dreams.

Varra, varra, varra.

It is said that when the Creator gave shape to the land, they called for the Sacred reindeer doe, Vaja. From her body, the world was made anew.

So delighted was the Creator with this wonderous new

world that they gave shape to other beings to live in it and tasked their beloved son, Beaiváš, who is also the Sun, to keep them warm.

Beaiváš came to love these beings, and he guarded them from Evil and Harm.

From them, with the nourishment of Beaiváš's tears, the first Sámi were born.

And in Beaiváš we see our Father, and Eana, the Earth that is of Vaja, is our Mother.

The coastal areas of Sápmi have always been bountiful, which is why they were targeted first and hardest by colonial interest. As a result, the Sámi histories of these places have often been erased. This image shows Finnbogen, which is part of my maternal clan's territory. Photograph by Birger Nymo

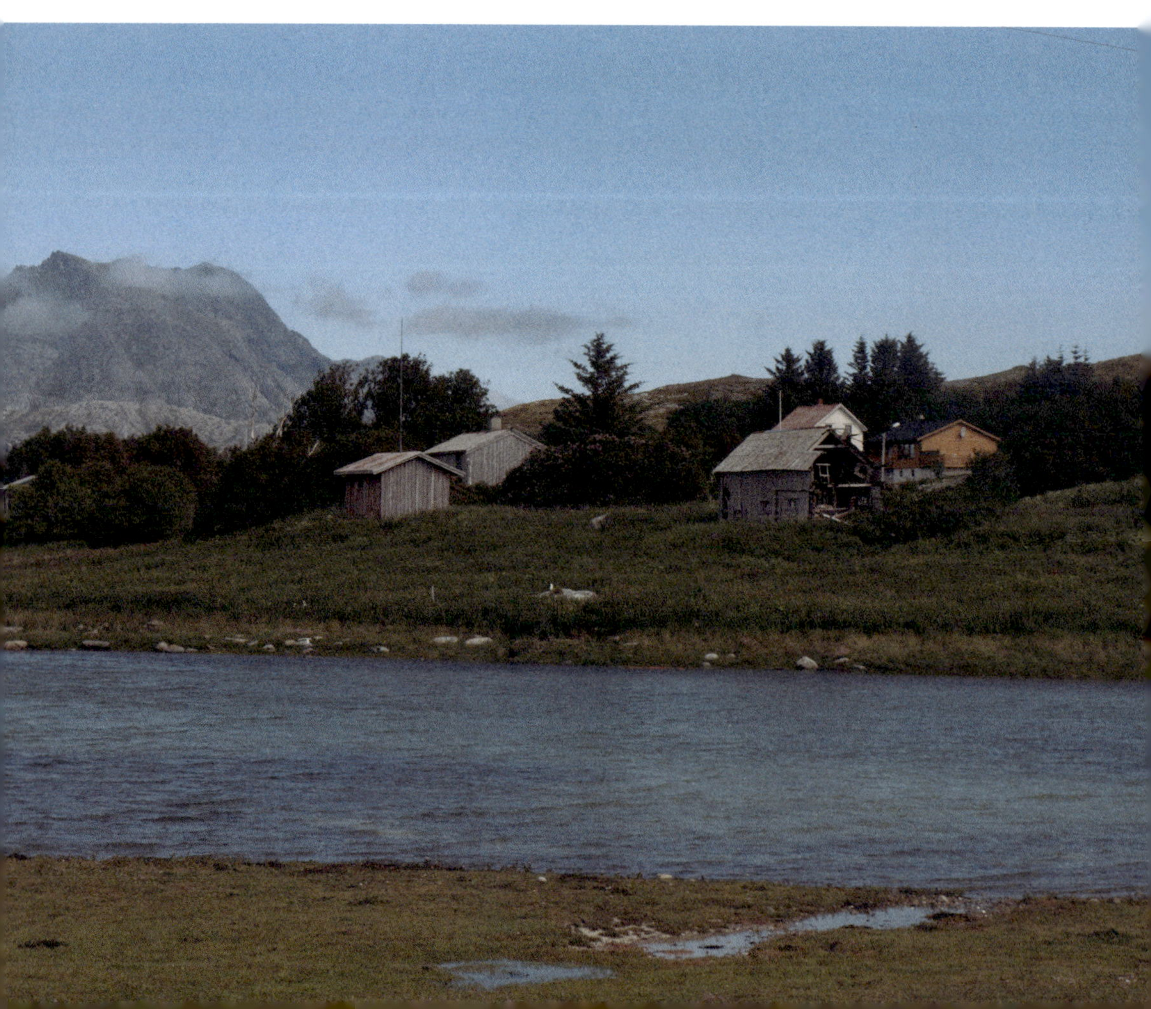

Beaiváš's Light and Vaja's Blood: From the First Story

From the first story comes the spoken word.

In North Sámi, the Sámi language of my father, the word for story is *muitalus*.[2] This word grows from an act of remembrance: to *muitit* is to draw up a memory. When framed in the context of a Sámi ontological understanding, to tell a story is therefore to share a memory, one embedded in the connections and relations of the community where the muitalus was conceived.[3] By sharing the story of Vaja, I am thus sharing how we, the Sámi people, remember our emergence onto the land crafted by the Creator.

For a long time, the land called forth by the Creator, which would come to be known as Sápmi, lay covered in white. Beautiful, but cold; glorious with its halls of mirrors and ice, but not yet habitable—to humans at least. (Even today, we hold the colour of snow sacred).[4] Still, there was life on the snow-covered Vaja. The ice sheets' boundaries created shores that saw a wealth of wildlife in both the sky and the sea. Visitors came from afar, fishermen crossing the wide expanse of Doggerland, the sunken continent that is now the ocean floor of the North Sea.[5] Hunters traversed the wide expanse of Sápmi's icy boundaries to the north, rich in game and fowl. The land was young then, unnamed by her people, her colours yet to be revealed.

In these early days, Vaja, dreaming of what was to come, dwelled in the *Niehkomáilbmi*, the world of dreams. Here, time was meaningless: there was, and still is, no beginning and no end.[6] From the world of dreams, accompanied by those that have been and are yet to come, Vaja looked into her past and saw herself grazing on *Bassevárri*, the holy mountain. Gazing into the many possible futures she saw the coming of *Beaivvi mánát*, the Sámi, and she felt great joy at our coming and becoming, together with her.

When the ice receded, more than ten thousand years ago, a bountiful land of plenty arose in its place, revealing Vaja in all her splendour.[7] And Beaiváš's children were finally called home.

This bountiful land of plenty is the land of my ancestors. By inheritance, it is also the land that I cleave to. Made yellow by Beaiváš's light and dyed red by Vaja's blood, this is the land of yellow and red.[8]

2. I make this distinction because there are eleven Sámi languages. Sámi scholar and elder Harald Gaski distinguishes between *muitalus*, a "true story," and *máinnas*, or fairy tale, a "made-up story." See Harald Gaski, "Indigenous Elders' Perspective and Position," *Scandinavian Studies* 91, no. 1–2 (Spring/Summer 2019): 263.

3. Harald Gaski, "More than Meets the Eye: The Indigeneity of Johan Turi's Writing and Artwork," *Scandinavian Studies* 83, no. 4 (Winter 2011): 594.

4. More to the point, the colour white is sacred when seen on reindeer.

5. Doggerland is the name given to the continent, now sunken, that was populated by Mesolithic hunter-gatherers who migrated with the seasons prior to the receding of ice at the end of the Pleistocene epoch. It is generally agreed that the edges of the ice sheet covering Scandinavia were known to the Ahrensburg culture on the continent before the ice withdrew and that scouts and hunters from Ahrensburg would generally hunt and fish the rich sea and bird life on the edges of the ice.

6. Nils Aslak Valkeapää, interviewed by Elina Helander and Kaarina Kailo, *Ei Alkua Ei Loppua: Saamelaisten Puheenvuoro* (Helsinki: Like, 1999), 119.

7. More specifically, this occurred 11,700 years ago, when the last ice age ended and the Nordic Stone Age began.

8. The colour yellow has longstanding connections with Beaiváš, and it is a long-lived *tiida*, a spiritual ritual, to wear small amounts of yellow in our dress to honour him. When our religion was banned in the seventeenth century, church officials made its use forbidden. See Liisa-Rávná Finbog, *It Speaks to You: Making Kin of People, Duodji and Stories in Sámi Museum* (New York: Dio Press 2022), 132.

Growing up, I was taught that yellow and red shape our being, just as they shape our land (though we are equally hers). It is this land that is spoken into being in the *gákti* that we wear, our shields of sovereignty; in the *deavddagahpir* we crown ourselves with, the emblems of our inauguration; and in the *avvi* we bind ourselves in, which forge our kinship to and with Vaja.[9]

Herein lies the foundation of our Indigenous Sámi worlds, and thus, of our home.[10]

My mother's clan is from a coastal community, so I have always felt at home in the waters, surrounded by Vaja's vitality. The waters of Sápmi serve as paths of contact connecting all things under the Creator; both the Sámi people, but through water we also connect with the other worlds of existence. This image is taken from the waters of Ánddásoulu/Andøya. Photograph by Linda Sandvik

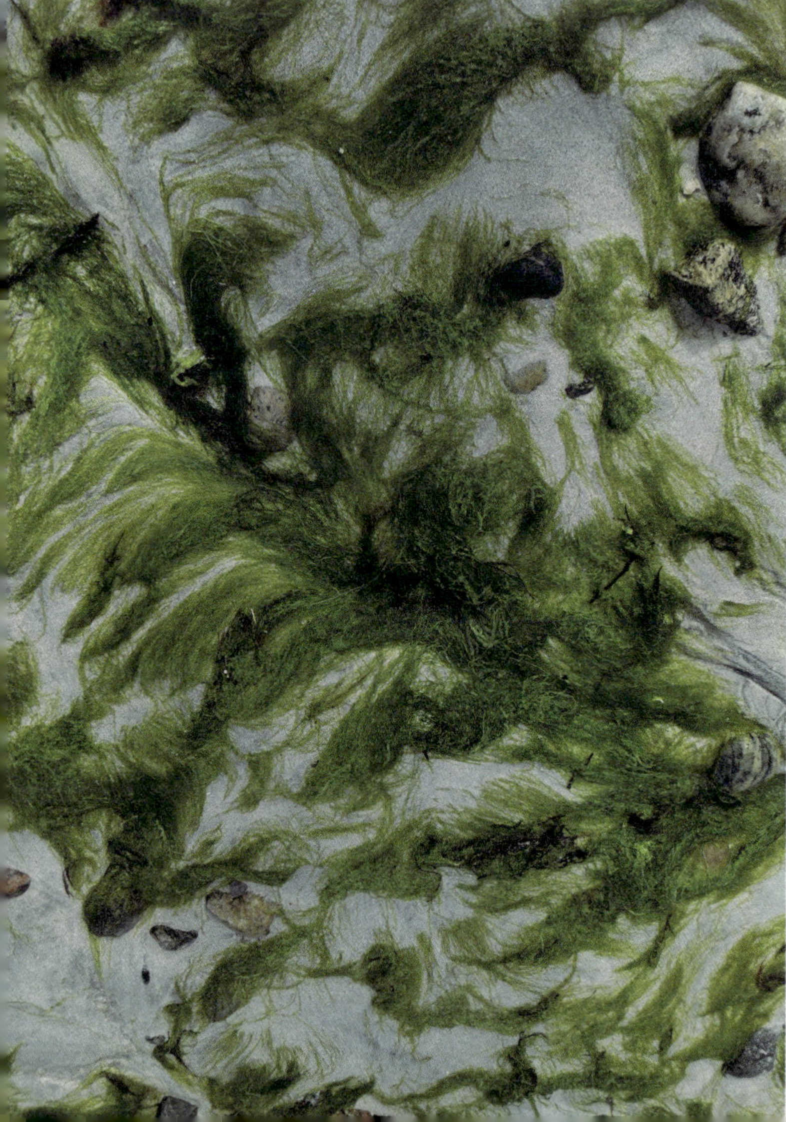

9. Though many would refer to our *gákti* as Sámi regalia, it is easier understood as a piece of clothing that has been collectively developed over generations and that is deeply embedded in Sámi cultural values and meanings. Each *siida*, or community, has their own version of the gákti. *Deavddagahpir* is a hat used by females in my father's siida, and *avvi* is the belt, either woven or made of cloth and skin, that we wear with our gákti.

10. From an ontological perspective, most Indigenous worldviews believe in the plurality of time and space in the sense that time is a stream with many currents, and each current is also connected to place. This gives rise to a multitude, or more to the point, to a multiverse as well as the Native slipstream. If I narrow it down to a Sámi context, there are three worlds of existence, and each world is populated with various beings. Time moves very fluidly between and across the worlds, but without passing as one linear timeline or ordering events in a chronological time frame. That is to say, time exists as a nexus connecting people, beings, and worlds, but this connection is both across, beyond, and moving, all at the same time.

The Dissonance of Home

All too often, our modes of living and our notions of home appear alien to the dominant settler narrations of both time and space—which differ from Sámi conceptions in that time is understood as fundamentally linear and space as humanocentric occupation—causing them to appear dissonant to Western normative frameworks.[11] The following is my attempt at exploring such dissonance, enlarging it, amplifying it, and finally, embracing it. In this I take a page from the colonizers' book; it is, after all, the settler colonial rendering of the "Indigenous problem" that created such dissonance to begin with, and that upheld the ideological structure used to *deal with Indigenous peoples*, that is, to make us go away.[12] Clothed in the colours of my people—in yellow and red—this text uses said dissonance to dismiss the perversion wrought on our homes by colonization and to re-imagine (or *re*-member) our *siiddat*, the communities that we call home. Embodying this apparent dissonance, formed by the incongruities between Sámi and Western ontologies, I thus engage in the challenge that this dissonance provides to the established structures of the colonizing West, attempting to reconcile the notion of home as *siida* from a place of emergence, and drawing my inspiration from the quiet sovereignty of yellow and red and of the space and place from whence the first story is told.

As with most of our *muitalusat*, the first story reflects the Sámi understanding of time as multiple and simultaneous, never fixed but fluid, moving across, between, and beyond spaces of meanings and meetings, and traversing our pasts, our presents, and our futures.[13] The *muitaleaddjit*, or storytellers, of our siiddat—our song-makers and dreamers—serve as conduits: guided by Vaja's sight, they build bridges that both connect with and disseminate the worldviews and histories embedded in our ontological experience of the worlds.[14] The first story is also a memory and, nourished by the red of Vaja and warmed by the yellow of Beaivváš, it tells of home not only as a geographical location, but as siida, a sphere of existence that we share with all to come (our decendants) and all who have already been (our ancestors). Siida also includes beings that do not speak as well as beings that do not breathe.[15] In our language,

11. Mark Rifkin, *Beyond Settler Time: Temporal Sovereignty and Indigenous Self-Determination* (Durham London: Duke University Press, 2017), 26.

12. Linda Tuhiwai Smith, *Decolonizing Methodologies: Research and Indigenous Peoples*, third edition (London: Zed, 2021), 104.

13. Tuija Hautala-Hirvioja, "An Indigenous Research Perspective on Sámi Visual Artist Nils-Aslak Valkeapää," *Dutkansearvvi Dieđalaš* Áigečála 3, no. 2 (2019): 100; Harald Gaski, *Sami Culture: The Norwegian Sami Experience* (Kárásjohka, Norway: Davvi Girji, 1997), 199.

14. Harald Gaski, "Indigenism and Cosmopolitanism: A Pan-Sami View of the Indigenous Perspective in Sami Culture and Research," *AlterNative: An International Journal of Indigenous Peoples* 9, no. 2 (2013): 116–18; Harald Gaski, "Indigenous Aesthetics: Add Context to Context," in *Sámi Art and Aesthetics: Contemporary Perspectives* (Denmark: Aarhus University Press, 2017), 187.

15. Mikkel Nils Sara, "Siida and Traditional Sami Reindeer Herding Knowledge," *The Northern Review (Whitehorse)* 30 (2009): 40.

we distinguish between the former, *luondu* (animals) and the latter, such as *jávri* (lake) or *Eana* (the Earth). Whether these beings are luondu, jávri, or Eana, they are still morally sensible and capable of subjective will.[16]

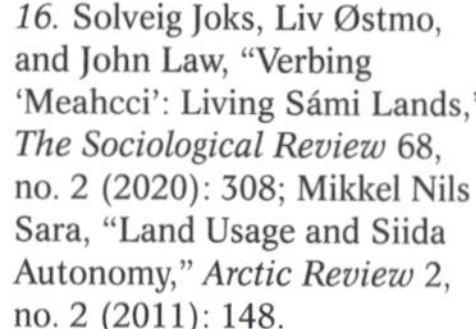
16. Solveig Joks, Liv Østmo, and John Law, “Verbing ‘Meahcci’: Living Sámi Lands,” *The Sociological Review* 68, no. 2 (2020): 308; Mikkel Nils Sara, “Land Usage and Siida Autonomy,” *Arctic Review* 2, no. 2 (2011): 148.

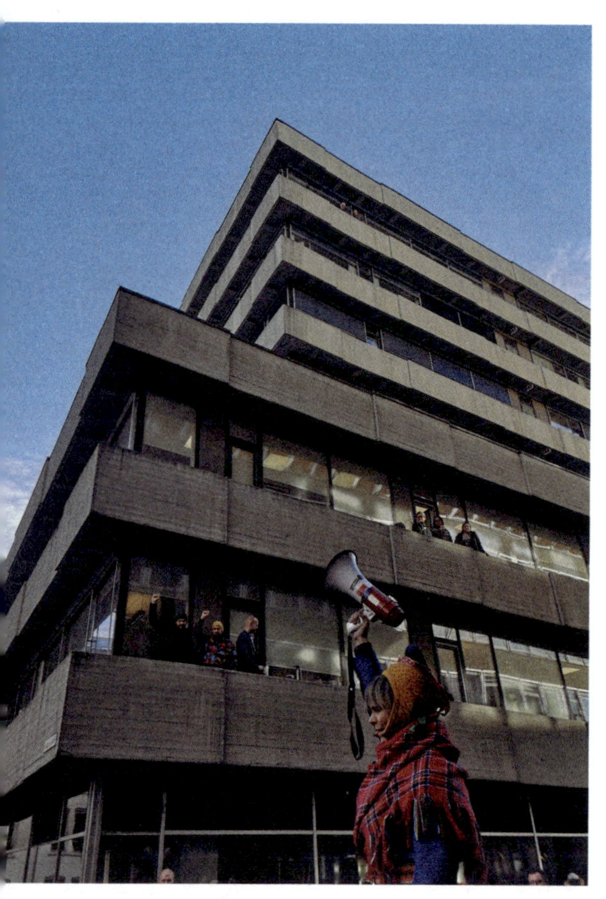

←Our hats are our pride. They celebrate our strength, our power, and our sovereignty. In many Sámi communities wearing our hats of pride was banned, but today we are regaining this pride. This image shows Sámi yoiker and artis Sara Marielle Gaup Beaska during a prc test against the Norwegian government' ongoing breach of Sámi human rights. Photograph by Regina Bergman

↓In the land of yellow and red, at twilight Photograph of Bissojohka (Pyssyjoki/ Børselv) by Elisabeth Stubberud

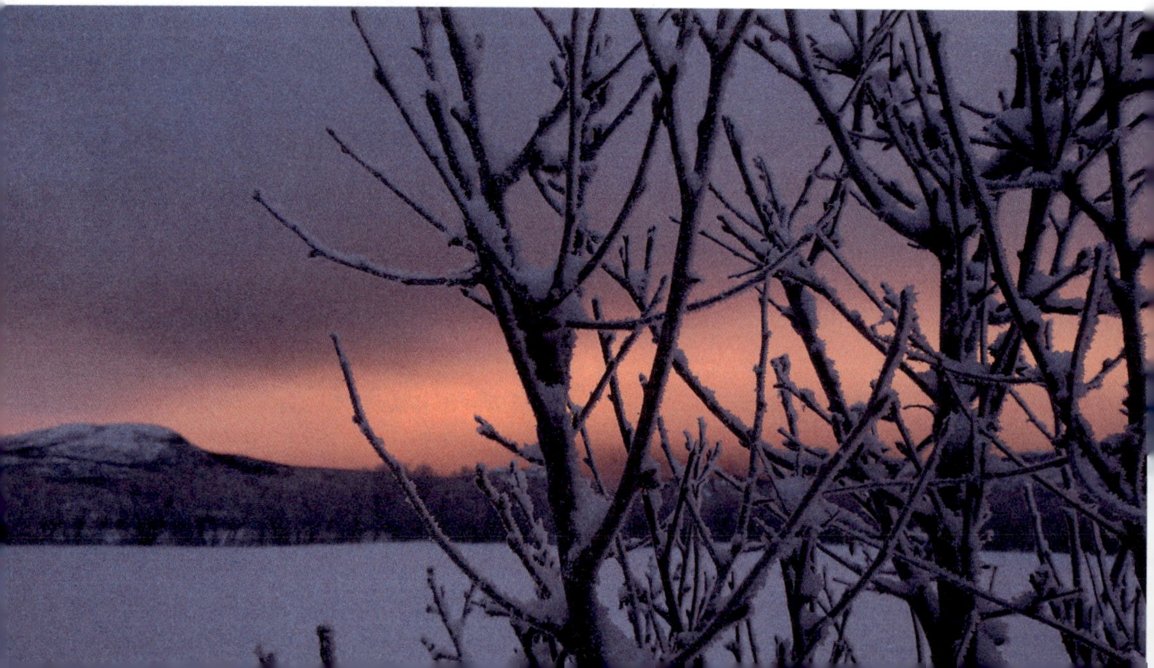

Siida: A Sámi System of Kinship

Through the embodied presence of Vaja in the land, we have come to understand that everything on Eana is connected. Without Vaja, there would be no Eana, and without Eana, there would be no Sámi. The muitalus of our emergence thus teaches us to consider and understand the importance of relationality in our engagements with our surroundings.

As with most Indigenous worldviews, at the core of the Sámi worldview is a deep connection between the land and its people.[17] This bond of kinship is deeply, intimately rooted in and facilitated by our cultural practices, our languages, our knowledge systems, and our spiritual beliefs.[18] Our languages hold many concepts that embody this interaction between people, lands, and entities. Among them, we find *meahcci*, used to designate areas within the siida. There is no sufficient translation of this term in English (though this is also the case for most colonial languages), but in short a meahcci is "a creative collection of practical places and relations—a set of activity spaces."[19] These spaces are vital for maintaining what we term *birgejupmi*, that is, the good life, defined in terms of social, economic, spiritual, and bodily health.[20] It is our engagement with our relations within the meahcci that ensures this good life.[21] In this sense, meahcci is also about engagements, including encounters with people of the past, present, and future, but also other-than-human beings and land.[22]

Throughout the continuous presence of the Sámi people, who have dwelled (and still dwell) on the living Eana, we become, with the land and the waters and all other entities, "landed" beings. As beings of the land, we are landed.[23] Constituted through multiple and complex practices of *siiddastallan*, or siida-making, we "make kin" to relate.[24] Equally so, we are made into kin because despite what normative frameworks tell us, becoming kin is not reserved for humanity alone: we are, as Indigenous philosopher Ailton Krenak warns, "not the salt of the Earth."[25] How then do we structure our continued entanglement within the world, ensuring an ethical interaction with other humans, lands, waters, non-human beings, and other entities? The answer remains deeply embedded in a system of kinship that ensures "the interdependence of all things."[26] Without this kinship, there would be no siida.[27]

17. Kristin Jernsletten, "The hidden children of Eve: Sámi poetics guovtti ilmmi gaskkas," (PhD diss., University of Tromsø, 2011), 43; Estelle Barrett, "Materiality, Language and the Production of Knowledge: Art, Subjectivity and Indigenous Ontology," *Cultural Studies Review* 21, no. 2 (2015): 112.

18. Pirjo Kristiina Virtanen and Irja Seurujärvi-Kari, "Introduction: Theorizing Indigenous Knowledge(s)," *Dutkansearvvi Dieđalaš* Áigečála 3, no. 2 (2019): 1–19; Aura Mari Pieski, "Gulahallat eatnamiin ja čáziin: Muitalusat eamiálbmot oahppan- ja gulahallanvugiin Deanuleagis," (Master's thesis, Sámi allaskuvla/Sámi University of Applied Sciences, 2019).

19. Joks, Østmo, and Law, "Verbing 'Meahcci'," 307–8.

20. Siss Heidi Hansen, "Meahcci - Identitehta, Kultuvrra Ja Birgejumi Vuođđun: Raporta Sámedikki Meahccebargojoavkkus, Guovvamánu," (report by Sámi Parliament, Norway, 2016), 8; Jelena Porsanger, "Indigenous Sámi Religion: General Considerations about Relationship," (workshop proceedings, Finland, 2010), *DELOS Initiative*, 2012.

21. Finbog, *It Speaks to You*, 38.

22. Joks, Østmo, and Law, "Verbing 'Meahcci'," 310.

23. My use of the word "landed" here reflects the tendency of Sámi languages to emphasize verbs and actions over nouns. See Joks, Østmo, and Law, 310.

24. Kim Tallbear, "The US-Dakota War and Failed Settler Kinship," *Anthropology News* 57, no. 9 (2016); Rauna Kuokkanen, "The Logic of the Gift: Reclaiming Indigenous Peoples' Philosophies," in *Re-Ethnicizing the Minds? Cultural Revival in Contemporary Thought*, ed. Thorsten Botz-Bornstein (Amsterdam: Rodopi, 2006), 260; Sara, "Land Usage and Siida Autonomy," 149.

25. Ailton Krenak, *Ideer for å utsette verdens undergang: essays* (Gressvik: Camino, 2021), 5.

Western philosophy, however, teaches a very different framework of engagement. In typical Western stories, the only protagonists that matter (or better yet, the only protagonists at all) are those of human origin, which places agency firmly on the side of humanity.[28] This divide is not recent, nor is it a given. Rather, separating humanity into a category superior to all others is in truth a discursive (and colonial) construction "ruled by the Subject and the Object."[29] From a Sámi (and most Indigenous) point of view, this binary construction is difficult to grasp.[30] The very notion of the subject-object divide implies the existence of a predetermined schematic capable of encoding and imposing "real" categories onto the world. But as sociologist John Law reminds us, "reality is not destiny."[31] There is nothing in our worlds inherently defined as either subject or object—on the contrary, these human-made categories are beholden to their function as a binary, where subject and object exist only in opposition to one another.[32] Despite having been revealed as a construed (and colonial) system of organizing the world, this binary maintains a narrative grip on the shaping of the world and the way it is viewed.

This system undoubtedly initiated the Western and so-called "modern" tendency towards subjectivism and its synonym, individualism.[33] The consequence of this is that "the subject," meaning the human, "becomes the center, and the subject as the first true being, has priority over all other things."[34] This creates what we who are Indigenous could understand, in the words of Indigenous philosopher Anne Waters, as a "dualist binary ontology,"[35] a worldview that exists around oppositional pairs, extracted from a single reality and dependent on being "entangled within social relations and indeed within our own humanity."[36] Not surprisingly, in this "single-reality doctrine" the subjective will of non-humans, and of land and waters, is denied, and the subjectivity of these entities erased.[37]

In the ontological encounters between the West and (most) Indigenous communities then, the former comes off as ideologically poor in comparison—at least from our perspective. Where the former ideates a single reality, the latter understands that there are multiple realities that are enacted in practices and created by the interrelational quality

26. K. Jernsletten, "The hidden children of Eve," 123.

27. Jorunn L. Jernsletten, "Dovletje Jirreden: Kontekstuell Verdiformidling i et Sørsamisk Miljø," (Master's thesis, Universitetet i Tromsø, 2000), 123.

28. See Jerry Lee Rosiek, Jimmy Snyder, and Scott L. Pratt, "The New Materialisms and Indigenous Theories of Non-Human Agency: Making the Case for Respectful Anti-Colonial Engagement," *Qualitative Inquiry* 26, no. 3–4 (2020): 331–46. It should be said that following postmodern theories and frameworks, agency is now believed to also be held by other-than-human beings. This agency is nonetheless implicated in humanity as only through their engagement in a human realm do they have agency. As such, the agency of spirits and other beings are excluded, removing important realms of influence from involvement in—or action independent of—human interaction.

29. Donna Jeanne Haraway, "Chapter 18: The Promises of Monsters: A Regenerative Politics for Inappropriate/d Others," in *Cultural Studies* edited by Lawrence Grossber, Cary Nelson, Paula Treicher, New York: Routledge, 296–366, 328.

30. Nils Oskal, "Muhtin dieđafilosofalaš vättisvuođat vuođđudit earenoamáš álgoálbmotmetodologiija," *Sámi dieđalaš áigečála* 1, no. 2 (2007): 161–80.

31. John Law, "What's Wrong with a One-World World?," *Distinktion: Journal of Social Theory* 16, no. 1 (2015): 129.

32. Haraway, "The Promises of Monsters," 330.

33. The term "modern" is itself inherently problematic. What counts as modern is defined in binary opposition to "tradition." Typically, the West has categorized itself as necessarily modern, assuming tradition as descriptive of Indigenous. Sámi scholar Rauna Kuokkanen has argued that this division has resulted in the belief that Indigeneity belongs to a premodern and traditional period and therefore cannot be connected to modernity. See Rauna Kuokkanen, "Boaris dego eana: Eamilbmogiid diehtu, filosofijat ja dutkan," *SÁMIacademia Kárášjohka: ČállidLágádus* 2 (2009): 168.

34. A. Kadir Çüçen, "Heidegger's Reading of Descartes' Dualism," *The Paideia Archive: Twentieth World Congress of Philosophy* 6 (1998): 57–64.

35. Anne Waters, *Language Matters: Nondiscrete Nonbinary Dualism* (Malden: Blackwell, 2004), 97.

36. Haidy Geismar, "'Material Culture Studies' and Other Ways to Theorize Objects: A Primer to a Regional Debate," *Comparative Studies in Society and History* 53, no. 1 (2011): 213; There are some (seemingly) exceptions to this rule, and both Bruno Latour and Annemarie Mol argue that there are multiple ontologies contained within our everyday practice. But the keyword here is "our" in that they too limit the creation of these ontologies to human interference only.

37. Law, "What's Wrong with a One-World World?," 126–39.

Lufuohttá (Lofoten) is an archipelago on the Norwegian coastline. An outlier to the central South, this grouping has nonetheless been celebrated nationally for its rich Norse history as it serves as the location for the largest Norse chieftain farm in Norway. And yet, there is an equally long and important Sámi history, one that often survives in our memories alone, as home. This image shows Guratinden as seen from the small community of Ballstad. Photograph by Marte Klausen Engan

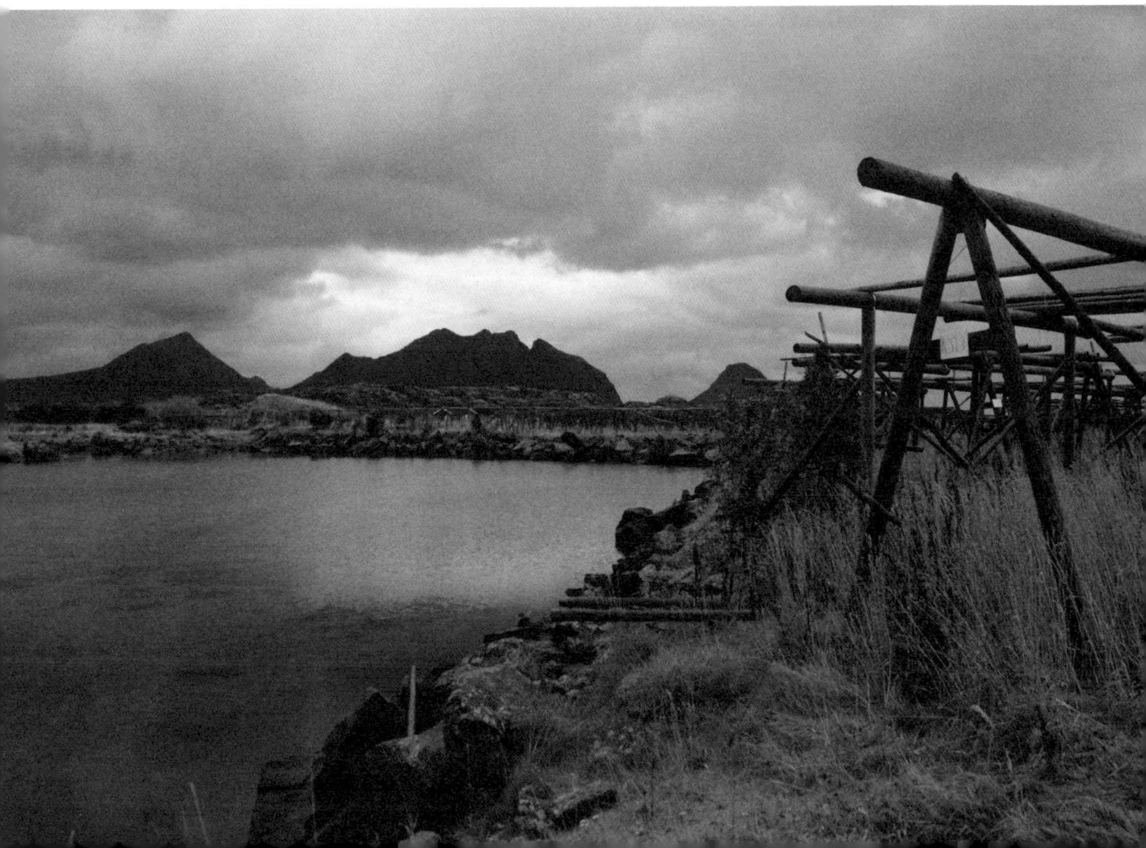

of our worlds of relations.[38] These relations form through a movement between and throughout "an infinite web of relationships," forging bonds of kinship that apply to and between everyone and everything, making kin of us all.[39] And, as we are all kin—or at least, we could be—subjective will is afforded to all: to the land, the waterways, and to animals and other creatures and beings. Within this system of kinship, which governs the structures of our Indigenous worlds, the hegemony of humanity is not recognized, nor is the monolithic experience framed by the singularity of a Western ontology celebrated.

How we Indigenous view home is as such very different from the colonial understanding of the concept, where home is singular and made by people. Our homes, our siiddat, emerge not only as places: home is also metaphorical, embedded in the nexus of our relations, or more to the point, entangled in the many relations of our worlds. Even in diaspora, our home as such remains our home. In other words, "Place makes us who we are because we are, in fact, produced by its complex networks of relationships within which we are situated."[40] In this process of becoming, in how we experience Eana and how we build our kinships—not only with her, but with everything that resides within her—we collectively make siida. Just as there would be no Sámi if there was no Vaja, there would be no home if there was no kinship. In this sense, we are also performing our homelands into being.

When the beautiful colours of our nations, the land of yellow and red, are viewed by the colourblind, the complexity and wealth of our worlds are in danger of being ill-used, subsumed by the poverty-stricken, but nonetheless powerful, monochromatic West. Sámi weaver of words Timimie Gassko Maräk, writing to the colonizers of our land, declares: "You build roads and refuse us our ways."[41] For, make no mistake: as is the case with all colonized territories, this is a "territory that has been marked by and through violence and race."[42] Enforcing what might be termed a "one-world metaphysic" onto Indigenous worlds has catastrophic consequences: it reduces differences, attempting to fit the singular (and colonial) world and everything in it into small and labelled boxes of "true" and "real."[43] That which lies outside of these boxes—

38. Shawn Wilson, *Research is Ceremony: Indigenous Research Methods* (Black Point, Nova Scotia: Fernwood Publishing, 2008), 73; Porsanger, "Indigenous Sámi Religion."

39. Kuokkanen, "The Logic of the Gift," 260.

40. Kikki Jernsletten and Troy Storfjell, "Re-Reading Knut Hamsun in Collaboration with Place in Lule Sámi Nordlándda," in *Arctic Environmental Modernities*, ed. Lill-Ann Körber, Scott MacKenzie, and Anna Westerståhl Stenport (Cham: Springer International Publishing, 2017), 87.

41. Timimie Gassko Maräk, "Sipping Coffee," in *Čatnosat: The Sámi Pavilion, Indigenous Art, Knowledge and Sovereignty*, ed. Liisa-Rávná Finbog, Katya Garcia-Ánton, and Beaska Niillas (Amsterdam: Valiz; Norway: Office for Contemporary Art, 2022), 31.

42. Aileen Moreton-Robinson, *The White Possessive: Property, Power, and Indigenous Sovereignty* (Minneapolis: University of Minnesota Press, 2015), xiii.

including our Indigenous worlds of multiplicities and the kinships that create siiddat—is reduced to fit the colonial gaze (which is all-consuming and always belittles). As such, the processes and practices that we perform to create our siiddat are forcefully divided from geographical space. The bonds of kinship are severed, our roots dissolved, and our seedlings destroyed.

This is an epistemic injustice inflicting great harm on Indigenous peoples on account of foreign and colonial, but "domestic," justice systems, where colonial values are made the norm by which the colonized are judged.[44] Our ways are denied, subsumed by the roads of the colonizers, and our meahcci and our siida are removed from their ontologies. Instead, they are poorly (or very cleverly) translated to mean "uncultivated" land—another phrase for "wilderness"—a delineation that also means "empty of human presence."[45] This, then, is a territory influenced by the violences of colonialism—a muddled territory, where the guidance from our ancestors and the land is (officially) denied from us, and where faceless agents once more become the *stálut* of colonial rule.

The *stállu* is a prominent figure of cruelty and disharmony in our muitalusat (which are also our memories). The elders of our siiddat say that stállu is the name we originally gave to the colonial tax collectors who brutally raided our Sámi dwellings.[46] In this guise, they warn, the stálut are cunning, and today they appear before us as "meddling state regulations and racist policies and authorities."[47] So now, not only do they collect tax on the living lands that one cannot own without great injustice being committed, they have also become the cartographers of landscape and mindscape, building colonial structures that we are forcefully tethered to.[48] In so doing, stálut lay claim to everything—even our philosophies, perverting them for their own benefit—often with devastating consequences.[49]

The Sámi ceremony of gift-giving is one such example of a practice warped by colonial violence. As with many Indigenous peoples, we that are Sámi have long manifested the system of kinship in ceremonies of gift-giving. The intent, despite colonial claims, is not the reception of a counter-gift, even if the gift does imply a response-ability.[50] On the contrary, the gift is always meant to honour and acknowledge our

43. Law, "What's Wrong with a One-World World?," 134.

44. Rebecca Tsosie, "Indigenous Peoples and Epistemic Injustice: Science, Ethics, and Human Rights," *Washington Law Review* 87, no. 4 (2012): 1136.

45. Joks, Østmo, and Law, "Verbing 'Meahcci'," 309.

46. Anders Larsen, *Mærrasámiid Birra* (Tromsø: Tromsø museum, 1979), 40.

47. Troy Storfjell, "Dancing with the Stállu of Diversity: A Sámi Perspective," in *New Dimensions of Diversity in the Nordic Region*, ed. Jenny Björklund and Ursula Lindqvist (Newcastle-upon-Tyne: Cambridge Scholars Publisher, 2016), 115.

48. Brenda Germain, *Behind the Colonial Wall: The Chains That Bind Resistance* (Victoria: University of Victoria, 2014).

49. See Amiria J. M. Henare, *Museums, Anthropology and Imperial Exchange* (Cambridge: Cambridge University Press, 2005), 1.

kinship with our surroundings.[51] This acknowledgement is one way of ensuring a harmonious coexistence, the good life of birgejupmi, with all our relations, which in turn maintains our siiddat. In the wake of "first contact" it is very likely that our ancestors implemented this philosophy in their dealings with their new neighbours. However, the Norse and Slavic recipients of these gifts, having no concept of the philosophy, understood them to be tributes.[52] Over time, the "tribute" was officially institutionalized as tax.[53] Those who were once invited to become kin thus became the stálut, the colonizers that stole the living land and bound her, Eana, in bonds of slavery. And just like that, our philosophy was perverted and turned against us.[54] Siida became simple geography, and eventually, even that was taken away.

Siidii: Home Again[55]

If we look to the foundation of Western ontology and epistemology, we find the notion of a great chain of being: a structure organizing all matter and life in a hierarchy that places humans above and before everything else, sundering the world of human culture from the rest of the living world defined as nature. The "chain of being leading from 'lower' to 'higher' life forms has played a crucial part in the discursive construction of race,"[56] and often distinguished between perceived "races" in a descending (or ascending) order where Indigenous people were categorized as the lowest of low, and biologically inferior. Said inferiority was in large part achieved by aligning "primitive" Indigenous peoples with "nature" as opposed to the domain of culture where, predictably, the "civilized" colonizer rules.

The imbalanced power relations created by this artificial divide justified colonizers' subjugation of "nature" and thus the colonization of both lands and people, who by default of Western categorization, were *of* nature.[57] This divide—which persists, even today—centres everything that we are, as well as our siiddat, within an understanding that is born from the West and from colonial strategies that initially created nature and culture as oppositional concepts.

In the Sámi languages, nature does not exist; there is no word that is equivalent to the constructed Western concept.[58]

50. As in Marcel Mauss, *The Gift: The Form and Reason for Exchange in Archaic Societies* (London: Routledge, 2004), 4.

51. Rauna Kuokkanen, *Reshaping the University: Responsibility, Indigenous Epistemes, and the Logic of the Gift* (Vancouver: UBC Press, 2007), 65; Olof Petter Pettersson and Kristoffer Sjulsson, *Kristoffer Sjulssons Minnen: Om Vapstenlapparna i Början Af 1800-Talet / Upptecknade Af O. P. Pettersson* (Stockholm: Nordiska Museet, 1979), 134.

52. Lars Ivar Hansen and Björnar Olsen, *Samenes Historie: Fram Til 1750* (Oslo: Cappelen akademisk forl, 2004), 66.

53. Lars Ivar Hansen, "Norwegian, Swedish and Russian 'Tax Lands' in the North," in *Taxes, Tributes and Tributary Lands in the Making of Scandinavian Kingdoms in the Middle Ages*, ed. Steinar Imsen (Norway: Tapir Academic Press, 2011), 298–9.

54. Kuokkanen, *Reshaping the University*, 66.

55. Siidii is the noun siida in locative—a case indicating movement to something—meaning "to home."

56. Haraway, "The Promises of Monsters," 308; Ulrika Kjellman, "A Whiter Shade of Pale: Visuality and Race in the Work of the Swedish State Institute for Race Biology," *Scandinavian Journal of History* 38, no. 2 (2013): 190.

57. Tony Bennett, *Pasts beyond Memory: Evolution, Museums, Colonialism* (London, New York: Routledge), 59; Henare, *Museums, Anthropology and Imperial Exchange*, 70.

58. Porsanger, "Indigenous Sámi Religion," 38.

59. Sara, "Land Usage and Siida Autonomy," 148.

60. Eeva-Kristiina Harlin and Outi Pieski, *Ládjogahpir – Máttaráhkuid Gábagahpir: The Ládjogahpir – The Foremothers' Hat of Pride* (Kárášjohka: Davvi Girji, 2020), 143.

It is not in our understanding of the worlds we live in to subjugate our kin.[59] And just as the Creator once shaped a new world together with Vaja, so too does our system of kinship collectively make meahcci and siida, relational collections of timeless time, where kin move across, between, and beyond spaces of meaning and meetings. The epistemic injustice forced upon us—in truth, a colonial violence—alienates siida and meahcci from their people and kin.[60]

Here then, is the birth of the dissonance of *home*, which we know as siida. Here is the creation of the "Indigenous problem." By creating nature and baptizing our homes as "wilderness," "nobody's land" was made of Eana, who is a living being. Judged by foreign values, our siiddat were renamed the most dreaded and hateful word, *terra nullius*. This is how stálut justified (and continue to justify) their subjugation of Eana, the living land created from Vaja.

Nevertheless, we who are Sámi and who once learned to listen to Vaja's heartbeat know that siida is not "nature" because it is never empty.

Siida is not a space of dissonance; it is where we come together as kin.

Siida is where Vaja's heart continues to beat, if only we are willing (and able) to listen. With every beat, Vaja is calling us home to find siida.

Because siida is the land of yellow and red—where Vaja still dreams.

Varra, varra, varra.

Ellen Marie Jensen

ᐃᓄᒃᑎᑐᑦ

ᕿᓂᕐᓂᖅ ᒍᐊᑎᒥᒃ ᐊᒻᒪᓗ ᕿᒪᐃᕕᐅᓂᑯᓐᓄᑦ ᐃᖅᑲᐅᒪᓂᖅ

Sámegiella

GOAĐI JA IEHČAN ÁRBEN MUITTUID OHCAMIN

English

IN SEARCH OF THE GOAHTI AND MY INHERITED MEMORIES

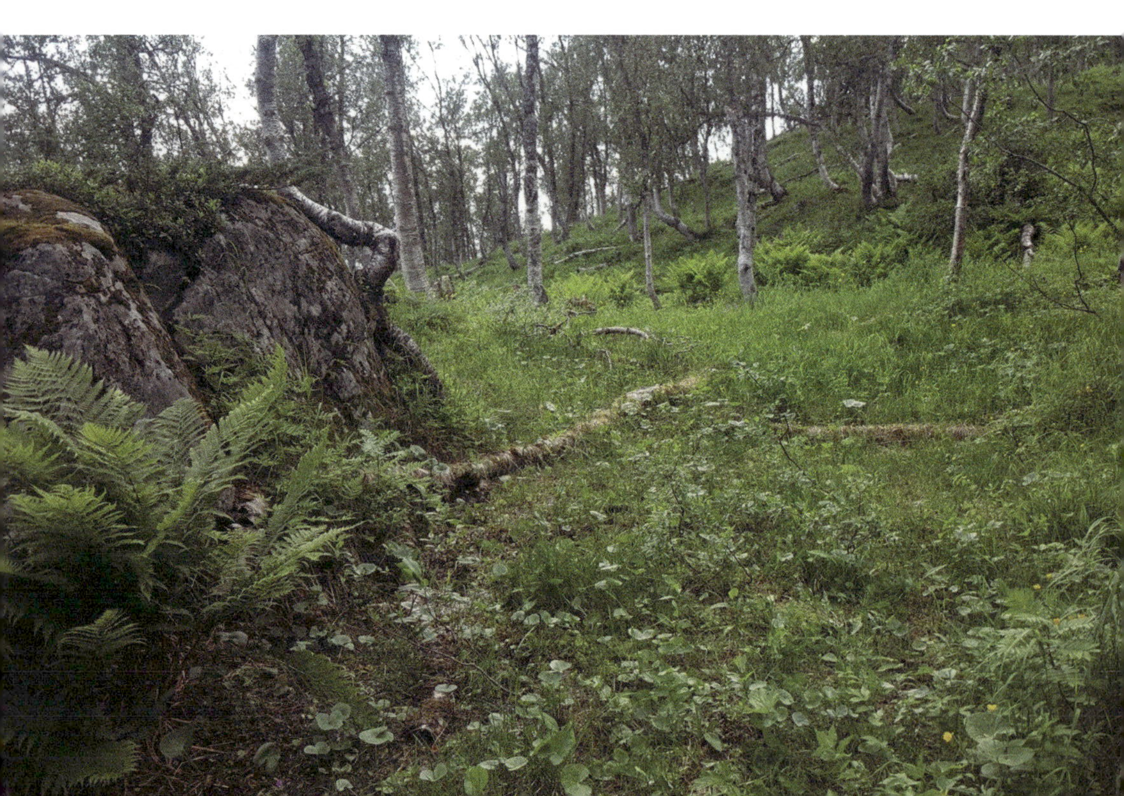

ᐃᖅᑲᐃᒪᐃᓐᓇᐅᔭᖅᑕᕋ ᖃᐅᔨᒪᔪᖕᒐ ᐃᔨᖅᓯᒪᕕᐅᔪᒥᒃ - ᔪᐊᑎ ᖃᖅᑲᒦᑦᑐᖅ ᐃᓚᒃᑲ ᖀᒦᑦ ᐃᔨᖅᓯᒪᕕᕕᓂᖕᒐ ᑖᒃᑯᓄᖕᒐ ᓅᔨᔅᓂᒃ ᐅᑭᐅᖑᑎᑦᑐᒍ 1944-ᒥᑦ. ᖃᐅᔨᓚᐅᖅᓯᒪᔭᕋ ᐃᔨᖅᓯᒪᕕᕕᓂᖅ ᐅᓂᒃᑳᖅᕕᐅᖅᑲᑦᑕᖅᑯᖕᒐ ᐊᑖᑕᓐᓄᑦ ᓄᑕᕋᐅᑎᑦᑐᖕᒐ. ᐅᓂᒃᑳᖕᒋᑦ ᓲᖅᑐ ᐊᓯᔅᓯᐊᖅᔭᖅᑲᑦᑕᖅᑐᖅ - ᓲᖅᑐ ᐃᒪᓐᓇ, ᓯᖅᑭᓂᖅ ᑕᓕᖅᑲᑦᑕᕈᓐᓃᖅᑎᑦᑐᒍ ᐅᓐᓄᐊᑯᑦ, ᑖᖕᒋᓐᓇᖅᑲᑦᑕᓕᖅᑎᑦᑐᒍ, ᐸᐅᖅᖕᒐᓂᒃ ᐊᕙᖅᑲᑦᑕᓕᖅᑎᑦᑐᒋᑦ. ᑕᐃᒪᓕ ᐅᓂᒃᑳᖕᒋᑦ ᐱᔅᔭᑎᖅᑲᕈᐊᖅᑲᑦᑕᓚᐅᖅᐳᑦ ᐆᒥᖕᒐ, “ᐅᓇᑕᖅᓂᖅᔭᐊᖅᑲᓚᐅᖕᒋᑎᑦᑐᒍ” ᐊᒻᒪᓗ “ᐅᓇᑕᖅᓂᖅᔭᐊᖅ ᐃᓯᓕᓯᒪᓕᖅᑎᑦᑐᒍ”

ᐱᔭᒪᖕᒋᒃᑲᓗᐊᖅᑎᑦᑐᒋ ᓅᑕᐅᓂᓇᓚᐅᖅᑕᖕᒋᑦ ᑕᒪᓂᖅᒥᐅᑕᑦ ᓯᓪᔭᖅᒥᐅᑕᑦ ᓄᓇᓖᑦ ᐊᒻᒪᓗ ᓄᓇᖅᑯᑎᖕᒐᑦ ᓱᖅᑕᐅᓯᒪᓪᒪᓇᒃᑎᑦᑐᒍ ᑖᒃᑯᓄᖕᒐ ᓅᑦᔨᔅᓄᑦ ᑕᒪᓂᖅᒥᐅᒃ ᕕᓐᓛᓐ ᐊᒻᒪᓗ ᐅᐊᖕᓇᖅᒥᐅᑦ ᑐᖂᓪᔅ. ᑕᒪᒃᑯᐊ ᐊᑐᖅᑕᐅᓚᐅᖅᓯᒪᔪᑦ ᐃᓚᓐᓄᑦ ᐅᓂᒃᑳᑦ ᐊᒃᓱᕈᖅᓇᓚᐅᖅᐳᑦ, ᑭᓯᐊᓂᑦᑕᐅᖅ ᐃᓛᒌᑦ ᑖᓂᖅᒥᐅᑦ ᐅᓂᒃᑲᐅᓯᖅᑲᓇᕗᑦ ᐅᓇᑕᖅᓂᖅᔭᐊᖑᓚᐅᖅᑐᒥᒃ. ᑐᖀᑦᑐᓂ ᑕᒪᒃᑯᓂᖕᒐ ᐅᓂᒃᑳᓂᒃ ᓄᑕᕋᐅᑎᑦᑐᖕᒐ ᐅᕚᓐᓄᓕ ᖃᐅᔨᒪᓚᐅᖅᑭᓚᒃᑲ, ᐱᕈᖅᓴᓚᐅᖅᓯᒪᒐᒪ ᒥᓂᓲᑕᒥᑦ. ᐅᖕᒐᓯᒃᑐᓪᒪᓇᐊᓗᖕᒥᐅᑕᐅᑦᑐᖕᒐ ᖀᒥᒥᐅᑕᖅᓂᒃ

Nu guhká go máhtán muitit, de lean diehtán čiehkádanbáikki birra – *goahti* mii leai váris gos mu sámi bearaš čiehkádattai nazisttain 1944 dálvvi. Mun ohppen čiehkádanbáikki birra ovtta dan máŋgga muitalusa bokte, man mu áhčči muitalattai munnje mánnán. Su muitalusat ledje čielga áigerámaide hábmejuvvon – gaskaijabeaivváža áigi, skábmaáigi ja murjenáiggit. Muhto áigerámma buot dramáhtalaččamus erohus leai “ovdal soađi” ja “maŋŋil soađi” gaskkas.

Riddobáikegottiid olbmuid bággodeporteremiin ja eatnamaboaldintaktihkain, maid okkuperejeaddji nazisttat geavahedje, guđđe nazisttat eanaš oasi Finnmárkkus ja Davvi-Romssas billin maŋisteaset. Dát dáhpáhusat leat cieggan čielgasit mu bearraša muitalusaide, muhto juohke bearrašis dan guovllus lea uhcimustá okta muitalus soađi birra. Munnje soittii leamen eará dilli gullat dáid muitalusaid. Maŋŋilgo ledjen bajásšaddan Minnesotas, de ledjen guhkkin eret sámi fulkkiin, geat

For as long as I can remember I knew about the hiding place—the *goahti* up in the mountains where my Sámi family hid from the Nazis in the winter of 1944. I learned about the hiding place from one of the many stories my father told me as a child. His stories were shaped by distinct timeframes—the time of the midnight sun, the time of the dark period, the berry-picking times. But the most dramatic distinction in timeframes was the time “before the war” and the time “after the war.”

The forced deportation of the coastal communities and subsequent scorched earth tactics employed by the occupying Nazis left much of Finnmark and North Troms in ruins. These events figure prominently in my family stories, but every family in the region has at least one story about the war. Hearing these stories as a child was perhaps different

ᓚᑯᕗᑦᓇ (ᓚᖕᕗᖅᑦ),
ᕕᓐᒦᖅ ᓄᓇᖅᑯᑖᓂᑦ, 2019.
ᐊᔅᔨᓕᐅᖅᑕᐅᔪᖅ ᐃᓕᓐ ᒪᕆ ᔨᓐᓴᓐᔪᑦ

Lákkovuonas
Finnmárkkus, 2019.
Govvejeaddji lea Ellen Marie Jensen

Lákkovuotna (Langfjord),
Finnmark Province, 2019.
Photograph by Ellen Marie Jensen

ᑖᒃᑯᐊ ᐅᓂᒃᑲᐅᓯᖏᑦ ᑕᐃᔅᓱᒪᓂᑲᓪᓚᒃ ᐊᒻᒪᓗ ᑲᑉᐱᐊᓱᖕᓂᕆᕙᓚᐅᖅᑕᖏᑦ ᖃᐅᔨᒪᓚᐅᖏᑕᒃᑲ.

ᐅᓂᒃᑳᖅᑕᐅᖃᑦᑕᓚᐅᖅᑐᑦ ᐃᓚᖓ ᑐᓴᓚᐅᖅᑕᕋ ᐃᓚᒃᑲ ᓚᑯᕘᑦᓐᓇᒥᐅᑕᑦ ᐱᔪᒪᓚᐅᖅᓯᒪᖏᑦᑐᑦ ᓈᑦᔨᒥᐅᑕᑦ ᓅᕐᑯᔨᑎᑦᑐᒋᑦ ᓄᓇᖓᓂᑦ. ᑕᐃᒪᓐᓇᑐᑦ ᓵᒥᒥᐅᑕᑎᑐᑦ, ᖃᖅᑲᒧᖓᐅᓚᐅᖅᓯᒪᔪᑦ ᒍᐊᑎᒧᑦ ᑕᕙᓂᓗ ᐃᔨᖅᓯᒪᖃᑦᑕᓚᐅᖅᓯᒪᔪᑦ ᐊᒻᒪᓗ "ᐅᑕᕿᑦᑐᑎᒃ ᐅᓇᑕᕐᓂᕐᔪᐊᖅ ᐊᓂᒍᕐᓂᐊᕐᓂᖓᓂᒃ." ᐃᓕᖅᑯᓯᕆᔭᒥᑎᒍᑦ ᖃᐅᔨᒪᔭᖏᑦᑎᒍᑦ ᐊᒻᒪᓗ ᐅᒃᐱᕐᓂᕐᒥᑎᒍᑦ, ᖃᐅᔨᒪᓚᐅᖅᑐᑦ ᐊᓂᒍᑦᑎᐊᕐᓂᐊᕐᓂᕐᒥᓂᒃ. ᑭᓯᐊᓂᓕ ᐅᕙᖓ ᐃᓚᒃᑲ, ᓅᕕᔭᓐ ᓈᑦᔨᔅᓄᑦ ᐃᓚᒋᔭᐅᔪᖅ ᖃᐅᔨᓐᓂᕋᒥ ᐃᓚᓐᓂᒃ ᐅᖃᐅᓯᕆᔭᕕᓂᖏᑦ ᓈᑦᔨᔅᓄᑦ ᐊᒻᒪᓗ ᖁᑭᐅᑎᒧᑦ ᑐᓵᖅᑎᕐᕕᐅᑦᑐᑎᒃ ᑲᑎᖅᓱᖅᑕᐅᔪᕕᓃᑦ. ᐊᕐᓇᐃᑦ, ᓄᑕᕋᐃᑦ, ᐊᒻᒪᓗ ᐃᓐᓇᕐᑯᑎᒋᔭᐅᔪᑦ ᐊᐅᓪᓚᖅᑎᑕᐅᔪᕕᓃᑦ ᓴᑖᓐᔨᒧᑦ ᕼᐊᒫᕐᑉ ᖃᓂᒌᔭᓄᑦ ᑕᐃᑲᓂ ᐊᓯᖏᓐᓂᒃᑕᐅᖅ ᓵᒥᒥᐅᑕᑦ ᑕᕙᓂ ᓛᑯᕗᑦᓇᒥᐅᑕᐅᖕᒥᔪᑦ ᑲᑎᑕᐅᑦᑐᑎᒃ. ᐊᒃᑲᒃᑲ - ᐊᑖᑕᑦᑎᐊᕆᔭᐅᖕᒥᔪᖅ ᓵᒥᒥᐅᑕᓄᑦ - ᐸᓴᒋᔭᐅᓚᐅᕐᒥᔪᑦ ᓈᑦᔨᔅᓄᑦ ᐃᓚᒋᔭᐅᓇᓱᒋᔭᐅᑦᑐᓂ ᑖᒃᑯᖓ ᓵᒥᒥᐅᑕᓄᑦ ᐊᓄᓪᓚᒃᓯᕕᒧᐊᖅᑕᐃᓕᓂᕐᒧᑦ ᑕᒡᕙᓂ ᒍᕆᓂᒥᑦ ᐋᔅᓘᑉ ᖃᓂᒌᔭᓂᑦᑐᒧᑦ ᓄᓇᒧᑦ.

ᐅᑭᐅᖃᓚᐅᖅᐳᖓ 4-ᓂᒃ ᓯᕗᓪᓕᖅᐹᒥᑦ ᐊᑖᑕᒪ ᐅᓂᒃᑲᐅᑎᑦᑐᓂᖓ ᑕᒪᒃᑯᓂᖓ

livčče sáhttán leat mielde nagadeamen gieđahallat dáinna oktasaš historjjáin ja árbejuvvon traumain.

Okta máŋgga muitalusas, maid lean gullan jagiid ollodahkii, leai go mu bearaš Lákkovuonas vuosttaldii nazisttaid deporterengohččuma. Nugo máŋga earáge sápmelačča, sii báhtaredje várrái iežaset goahtái, gos sáhtte čiehkádaddat ja "vuordit dassážiigo soahti nohká". Sii dihte, ahte árbevirolaš dieđuset ja máhtuset veagas sii gal birgejedje. Muhto de bođii báikkálaš dáža nazistagiehtagohčostat diehtit, gos mu bearaš leai, ja albmadii sin nazistaokkuperejeddjiide, geat dakkaviđe vearjovuohkadeami veagas válde sin gitta. Nissonat, mánát ja vuorrasat sáddejuvvojedje Stangii Hamara lahka, gosa sii šadde eará lákkovuotnalaš eksiillaid searvái. Mu váhnemiid ednot, eagit ja čeazit – geat maiddái adnojuvvojit áddján sámi fuolkevuođa vieru mielde – várohuvvojedje leamašan mielde vuosttaldanlihkadu-

for me; having grown up in Minnesota, I was far away from Sámi kin who could share in coping with this collective history and inherited trauma.

One of many war stories I have heard over the years was when my family from Lákkovuotna resisted the Nazi deportation order. Like many other Sámi people, they went up into the mountains to their goahti where they could hide and "wait out the war." With their traditional knowledge and faith, they knew they would get by. But in the case of my family, a local Norwegian Nazi collaborator caught wind of their whereabouts and reported them to the Nazi occupiers who promptly rounded them up at gunpoint. The women, children, and elders were sent to Stange near Hamar where they joined other exiles from Lákkovuotna. My great uncles—who would also be considered grandfathers in the Sámi relational

ᐅᓇᑕᕐᓂᕐᔪᐊᖑᑎᓪᓗᒍ. ᐅᓪᓗᒥᒧᑦ ᑎᑭᐅᑎᓪᓗᒍ, ᐅᓂᒃᑳᖅᑕᐅᕐᑲᑦᑕᓚᐅᖅᑐᖅ ᓯᓕ ᓯᕐᑯᓯᖏᑦᑐᖅ ᐃᖅᑲᐅᒪᐃᓐᓇᐅᔭᖅᑕᕋ ᐊᑖᑕᒐ. ᑕᒪᒃᑯᐊ ᐊᒻᒪᓗ ᐊᓯᖏᑦ ᐅᓂᒃᑳᑦ ᐅᕙᓐᓄᑦ ᓲᕐᓗ ᐃᓕᔾᔪᓯᒪᓕᖅᐳᖅ ᖅᑭᒪᐃᕕᐅᓯᒪᓕᖅᓱᖓ ᐃᓚᒃᑲ ᐅᓇᑕᕐᓂᕐᔪᐊᕐᒥᓚᐅᖅᓯᒪᖕᒪᑕ. ᐅᑭᐅᑦ 46 ᐊᓂᒍᖅᓯᒪᓕᖅᐳᑦ ᐅᓂᑳᕐᕕᐅᓚᐅᖅᓯᒪᓪᓗᖓ ᓯᕗᓪᓕᖅᐹᒥᒃ, ᐅᓂᒃᑲᐅᓯᐅᖏᓐᓇᖅᑲᑦᑕᖅᓱᑎᒡᓗ. ᑕᐃᒪᓕ ᑕᐃᒪᐃᑦᑐᓂᒃ ᐅᓂᒃᑳᖅᑐᖅᑲᓕᖀᖓᑦ, ᓄᑖᓂᒃ ᑐᓴᓚᐅᖅᓯᒪᖏᑕᓐᓂᒃ ᓴᖅᑭᑦᑐᖅᑲᐃᓐᓇᐅᔭᖅᑐᖅ. ᑕᐃᒪᓕ ᐅᓂᒃᑳᖅᑐᖅᑲᓕᖀᖓ ᑕᐃᔅᓯᒪᓂ ᐅᓇᑕᕐᓂᕐᔪᐊᑕᖅᑎᓪᓗᒍ ᐅᕙᖓᑦᑕᐅᖅ ᐃᓚᓯᕐᑰᖅᑲᑦᑕᕐᒥᔪᖓ ᐅᓂᒃᑳᒥᒃ.

ᐊᓄᑦᓚᒃᓯᖅᑕᐅᓚᐅᖅᓱᑎᒃ ᐊᒃᑲᒃᑯᒃᑲ/ ᓵᒥᒥᐅᑦ ᐊᑖᑦᑎᐊᖏᑦ ᐅᑎᖅᑎᑕᐅᓚᐅᖅᑐᑦ ᐃᓚᖏᓐᓄᒃ, ᐅᒥᐊᕐᔪᐊᒃᑯᑦ ᑕᕗᖓ ᓄᓇᑐᖅᑲᕐᒥᓄᐊᖅᑕᐅᓪᓗᑎᒃ ᓛᒃᑯᕘᑦᓇᒧᑦ ᑭᓯᖅᑲᖏᑦᑎᐊᖅᓱᑎᒡᓗ, ᑭᓯᐊᓂ “ᓴᕕᖅᑲᖅᓱᑎᒃ, ᐅᓚᒪᐅᑎᖅᑲᖅᓱᑎᒃ, ᐊᒻᒪᓗ ᑭᓱᑐᐃᓐᓇᖅᒥ ᐴᕈᓐᓇᖅᑕᒥᓂᒃ ᐃᒃᐱᐊᕐᔪᖕᒥᓄᑦ. ᐃᒡᓗᖅᑲᕈᓐᓃᖅᓱᑎᒡᓗ, ᓂᕐᔪᑎᕐᑯᑎᖏᓐᓄᒡᓗ ᐃᒡᓗᖅᑲᕈᓐᓃᖅᓱᑎᒃ, ᐅᒥᐊᖅᑲᕈᓐᓃᖅᓱᑎᒡᓗ, ᐊᒻᒪᓗ ᑭᓯᑐᐃᓐᓇᖅᓂᒃ ᐱᖅᑯᑎᖅᑲᕈᓐᓃᖅᓱᑎᒃ. ᑭᓯᐊᓂᓕ ᐃᓚᒃᑲ ᒍᐊᑎᖓ ᑕᐹᓂ ᖅᑲᖅᑲᒦᑦᑐᖅ

sas, ja sáddejuvvojedje konsentrašuvdnaleirii Grinii oaivegávpoga Oslo lahka.

Mun ledjen njealji jahkásaš vuosttas geardde, go áhčči muitalii munnje dán fearana. Otná dan beaivvi rádjai lea dát muitalus báhcán vuosttas muitun, mii mus lea áhčis. Dát ja eará báikkálaš muitalusat dahket oasi árbejuvvon muittuin, maid mu bearaš muitalattai ja fievrridii munnje. Njealljelogiguhtta jagi ollodahkii, mat leat gollan das rájes, fearán lea muitaluvvon lohkameahttun gerddiid. Juohke háve go dakkár muitalus muitaluvvo ođđasis, ođđa bienat sáhttet das ihtit. Mun soaittán muitalettiin duohta lasihan iehčan hervemiid dán muitalussii.

Okta dán muitalusa máŋgga bájuheamis, leai maŋŋilgo mu sámi ádját, geaid nazisttat ledje váldán gitta, fas ovttastuvve, ja sii buohkat suvdojuvvojedje skiippain fas Lákkovutnii, “dušše niibi, ákšu ja dárbbašbihtát maid goastadedje lávkkas”. Ii oktage ruoktu, návet, návstu iige ávnnaslaš kulturdávvir lean

framework—were suspected of being part of the resistance movement and sent to the concentration camp at Grini near the capital in Oslo.

I was four years old the first time my father told me this story. To this day, that storytelling event remains the first memory I have of him. This and other local stories form part of a repertoire of inherited memories my family imparted to me. Over the forty-six years since that first telling, it has been retold countless times. Each time such a story is retold, new details can emerge. In fact, I may have added my own embellishments when retelling this story.

One of the many renderings of this story was that after my imprisoned uncles/Sámi grandfathers were reunited with their families, they were all shipped back to Lákkovuotna with “nothing but a knife, an ax, and whatever they could

ᑕᐃᒪᑐᐊᖑᓚᐅᖅᑐᖅ ᐱᔭᐅᖏᓗᓂ. ᑕᐃᒪᓕ ᐅᓇᑕᕐᓂᕐᔪᐊᖅ ᐊᓂᒍᖅᓯᒪᓕᖅᑎᑦᑐᒍ ᐃᓚᒃᑲ ᒍᐊᑎᒥᓄᑦ ᐅᑎᓚᐅᖅᑐᑦ ᐊᒻᒪ ᐆᒪᔪᐃᓐᓇᐅᑦᑐᑎᒃ ᐃᓚᒃᑲ ᑭᓱᖃᕈᓐᓃᕋᓗᐊᖅᓗᑎᒃ ᑭᓯᐊᓂᓕ “ᓴᕕᖃᖅᓗᑎᒃ, ᐅᓚᒪᐅᑎᖃᖅᓗᑎᒃ, ᐊᒻᒪ ᑭᓱᑐᐃᓐᓇᕐᒥᒃ ᐴᕈᓐᓇᖅᑕᒥᓂ ᐃᒃᐱᐊᕐᔪᒥᓄᑦ” ᐊᔪᓚᐅᖏᑦᑐᑦ ᓄᓇᒦᓐᓂᕐᒥᓂᒃ ᐊᒻᒪ ᐊᓯᖏᓐᓂᒃ ᓄᓇᒥᐅᑕᕐᓂᒃ ᐊᔪᓚᐅᖏᒻᒥᔪᑦ. ᑕᐃᒪᓕ ᓄᓇ ᓲᕐᓗ ᑐᙵᓱᒃᑎᑦᑎᓚᐅᖅᑐᑦ ᐃᓚᓐᓂᒃ ᐊᖏᕐᕋᕐᒪᑕ.

ᐊᐅᔭᐃᑦ ᐅᓄᓗᐊᖏᑦᑐᑦ ᐊᓂᒍᖅᓯᒪᓕᖅᑎᑦᑐᒋᑦ ᓵᒥᒥᐅᑕᑦ ᐃᓚᒃᑲ ᐊᒻᒪ ᐅᕙᖓ ᐱᓱᔪᓚᐅᖅᐳᒍᑦ ᑕᐸᐅᖓ ᖃᖅᑲᒧᑦ ᑕᕗᖓ ᐃᓚᒃᑲ ᐃᔨᖅᓯᒪᕕᒋᓚᐅᖅᑕᖓᓄᑦ. ᑐᓴᐅᒪᖃᑦᑕᖅᑕᑦᑎᓐᓄ ᐊᒥᓱᐃᖅᓱᒻᒪᕆᐊᓗᒃᓗᑕ ᑕᕗᖓᓚᐅᖅᐳᒍ. ᐅᕙᓐᓄᑦᓕ ᓲᕐᓗ ᐃᓚᕕᓂᖅᐳᑦ ᐱᑕᖃᕈᓐᓃᖅᑐᑦ ᑕᑯᓂᐊᕋᓱᒋᓚᐅᖅᑕᒃᑲ ᑕᒫᓂ ᓄᓇᒥᑦ. ᓲᕐᓗ ᐃᓚᕕᓂᖅᐳᑦ ᑕᑯᓂᐊᕋᓱᒋᓚᐅᖅᑕᒃᑲ ᐅᑎᖅᓯᒪᓕᖅᑎᑦᑐᒋ ᐅᓇᑕᕕᒡᔪᐊᖅ ᐊᓂᒍᖅᓯᒪᓕᖅᑎᑦᑐᒍ ᑕᐃᔅᓯᒪᓂ ᐅᑭᐅᖅ 1945 ᐊᑐᖅᑎᑦᑐᒍ. ᑭᓯᐊᓂᓕ ᐱᒻᒪᕆᐅᓂᖅᐹᖑᓚᐅᖅᑐᖅ ᑕᐅᕗᖓᐅᑦᑐᑕ ᖃᖅᑲᒧᑦ ᐅᕙᑦᑎᓐᓄᑦ ᐊᖏᕐᕋᓚᐅᖅᐳᒍ, ᐊᖏᕐᕋᖅᑯᔨᓚᐅᖅᐳᖓ ᐅᑎᖅᑎᑦᑐᖓ ᑕᒡᕗᖓ ᓵᑉᒥᒧᑦ ᐃᓚᒃᑲ ᐱᖃᑎᒋᓕᖅᓗᒋᑦ.

seilon boaldimiin. Muhto mu bearraša goahti váris gal leai seilon. Dan goahtái mu bearaš máhcai soađi maŋŋil, ja doppe sii cevze heakkas, “dušše niibi, ákšu ja dárbbašbihtát maid goastadedje lávkkas”. Sii dihte mo galge eatnamis eallit ja eatnamiin eallit. Duođaid, eana leai sávvan sidjiide buresboahtima ruoktot.

Moadde geasi dás ovdal vázzen fárrolaga muhtin fulkkiidanguin várrái, gos min máttut ledje čiehkádaddan vašálaččas. Leai bassivádjolus báikái, mas ledjen gullan nu eatnat gerddiid. Munnje dovdui dego livččiimet gávnnadeamen iehčamet máttuiguin eatnamis. Leai dego galggaimet deaividit mu máttuid daid dáhpáhusbáikkiin, gosa máhcce ruoktot jagi 1945, dáhpáhussii mii lea jorran dego filbma mu jurddagovvidusas nu eatnat jagiid. Muhto buot eanemus dát bassivádjolus leai fas ođđa ruoktotmáhccan munnje, okta máŋgga dakkár ruoktotmáhccamiin das rájes go bohten ruovttoluotta fas Sápmái eallit iehčan olbmuid luhtte.

carry in a sack.” No homes, barns, boathouses, nor material cultural items remained. But my family’s goahti up in the mountains remained. It must have remained. It was to that goahti that my family returned after the war and where they survived with “nothing but a knife, an ax, and whatever else they could carry in a sack.” They knew how to live on the land and live with the land. Indeed, the land had welcomed them home.

A few summers ago, some of my Sámi kin and I hiked up to the place in the mountains where our ancestors had hidden. It was a pilgrimage to that place we had heard about so many times. For me, it felt as if we were going to meet our ancestors on the land. It was like we were going to be confronted with the scene of my ancestors from their return in 1945, the scene which has played out in my cine-

ᑖᓐᓇ ᐱᓯᖕᓂᑕᓚᐅᖅᑕᕗᑦ ᓵᕐᓗ ᖃᐅᑕᒫᖅᑎᑐᑦ ᐱᓚᐅᖅᑕᕗᑦ, ᐃᓚᒌᖕᒍᑦᓗᑕ ᐃᒡᓚᒪᔭᒃᑐᑕᓗ. ᑕᐃᓐᓇ ᒍᐊᑎᖅᑲᕐᓂᕋᖅᑕᐅᓚᐅᖅᑐᖅ ᕿᓂᓚᐅᖅᑕᕗᑦ ᐊᒃᓯᕈᒻᒪᑎᒃᓱᑕ, ᐃᓯᒪᓚᐅᖅᑐᒍᑦ ᐃᔨᖅᓯᒪᕕᐅᓚᐅᕐᒪᖅᑲᐃ ᓇᓂᔪᓐᓇᖕᒋᑕᕗᑦ. ᐅᖅᑲᓗᒻᒪᕆᓚᐅᖅᑐᒍᑦ ᐃᓚᑦᑕ ᐃᓚᖕᒐᓐᓄᑦ ᓇᓃᒻᒪᖕᒌᑦ. ᑕᐃᒪᓕ, ᓄᖅᑲᕋᑦᑕ ᐃᓯᒪᓚᐅᖅᑐᒍᑦ ᑕᕙᓕᖅᑲᐃ ᓄᖅᑲᖅᕕᒋᔭᐅᕗᑦ. ᑕᒪᐅᖕᒐ ᖃᐅᓯᖅᑐᒧᐊᖅᑐᑕ ᐅᔭᕋᓯᒡᔫᑉ ᖃᓂᒋᔮᓄᑦ, ᑳᐱᑐᓕᖅᑐᑕᓗ, ᐊᔾᔨᓕᐅᕆᑦᑐᑕᓗ, ᐊᒻᒪᓗ ᑕᐃᒫᖅᑐᑕ.

ᑕᐃᒪᓕ ᒍᐊᑎ ᐃᓯᒪᒋᔭᒃᑯᑦ ᐱᑕᖃᓚᐅᖕᒋᑦᑐᖅ. ᑖᓐᓇ ᒍᐊᑎ ᓵᕐᓗ ᓯᓚᑎᑐᑦ ᑕᑯᒃᓴᐅᖕᒋᑦᑐᖅ ᐊᒻᒪᓗ ᐱᑕᖃᐃᓐᓇᔾᔫᖕᒋᑦᑐᓂ. ᐅᑎᖅᑐᖅ ᓄᓇᕐᔪᐊᕐᒧᑦ.

ᑭᖑᓂᐊᒍᑦᓕ, ᐱᓯᖕᓂᑕᓚᐅᖅᑕᕗᑦ ᐊᒻᒪᓗ ᐅᓂᒃᑳᓇᔭᐅᔪᑦ ᐅᓂᒃᑳᖅᑕᐅᖕᒋᓐᓇᓕᖅᑐᑎᒃ, ᐃᓚᒌᖕᓂᖅᐳᑦ, ᓄᓇ, ᐊᒻᒪᓗ ᐃᖅᑲᐅᒪᐃᓐᓇᐅᔭᕐᓂᐊᖅᑕᕗᑦ. ᐃᓯᓕᕙᐊᓄᑦᓕ, ᓇᓂᓚᐅᖕᒋᑕᕗᑦ ᑕᐃᓐᓇ ᒍᐊᑎᖅᑲᖅᑐᖅ, ᑕᐃᓐᓇ ᐃᔨᖅᓯᒪᕕᐅᖅᑲᑦᑕᓚᐅᖅᑐᖅ ᐊᒻᒪᓗ ᐅᕙᒍᑦ ᐃᓅᓂᕆᔭᕗᑦ. ᑭᓯᐊᓂᓕ ᐱᑕᖅᑲᒻᒪᕆᒃᐳᖅ ᐃᖅᑲᐅᒪᓂᒃᑯᑦ ᕿᒪᐃᕙᐅᓂᕆᔭᕗᑦ ᐊᒻᒪᓗ ᒫᓐᓇ ᐸᓂᖕᓄᐊᖅᑐᓂ, ᑕᐃᔫᓐᒧᑦ ("ᓂᓂ") ᔭᓐᓴᓐ-

Vázzin geavai juohkebeaivválaš vuogi mielde, leikošemiin ja boagustemiin, nugo bearašlahtut lávejitge. Mii ozaimet ja ohcamiin ozaimet báikki, man *jáhkiimet* čiehkádansadjin. Oktii fertiimet vel riŋget muhtin eará fuolkái, ja dáhttut su válddahallat gos báiki lea. Loahpas orusteimmet ovtta sadjái ja mearrideimmet, ahte dá dat ferte leamen dat báiki. Luoitádeimmet čohkut njuoska suinniid ala, mieiggasteimmet bávtti vuostá, káfestalaimet, govvedeimmet ja válddiimet eahkeda.

Dieđusge ii lean seilon dat goahti, man ledjen nu guhká jurdagis govahallan. Goađi aitosaš luondu lea dakkár, ahte dat ii leat oaivvilduvvon seailut agibeaivái. Dat galgá šaddá fas eanan.

Maŋŋil smiehtadin dán bassivádjolusa birra ja muitalusa, fuolkevuođa, eatnama ja muittu joatkašuvvama birra. Loahpalaččat eat soaitte datte gávdnan báikki, gos goahti leai leamaš, dat čiehkádanbáiki ja báiki gos mii beasaimet heggii. Muhto dat bissu mu árben muitt-

matic imagination for so many years. But most of all, this pilgrimage was yet another homecoming for me, one of many such homecomings since I returned to Sápmi to live among my people.

This hike transpired in an everyday way, with familial banter and laughter. We looked and looked for the place we *thought* could be the hiding place. At one point we even had to call another relative for directions. Finally, we settled on a spot and decided that *this must be the place*. We plunked ourselves down on the wet grass, leaned up against the boulder, had a cup of coffee, took some photos, and called it a day.

Of course, the goahti of my imagination had not remained. The very nature of a goahti is that it is not meant to remain for all time. It returns to earth.

ᑯᓂᐊᑦ - ᑭᓯᐊᓂᑦᑕᐅᖅ ᓲᕐᓗ ᐅᕙᑦᑎᓐᓄᑦ ᐊᖏᕐᕋᕐᓂᕆᔭᕗᑦ.

ᓇᓗᓇᐃᖅᓯᔪᒪᕗᖓ ᐃᓚᓐᓂᒃ ᑕᕙᓂ ᐅᓂᒃᑳᒥᑦᑐᑦ: ᐊᑖᑕᒐ, Hᐊᕈᑦ H. ᔭᓐᓴᓐ, ᐃᓅᓯᓕᒫᒥᓂᒃ ᐅᓂᒃᑳᖅᐸᓚᐅᖅᑐᖅ; ᐸᓂᒐ, ᑕᐃᔭᓐ (ᓂᓂ) ᔭᓐᓴᓐ-ᑯᓂᐊᑦ, ᐊᔾᔨᓕᐅᓚᐅᖅᑕᖏᑦ ᑕᑯᒃᓴᐅᑎᒻᒪᕆᑦ ᐊᒻᒪᓗ ᑎᑎᕋᖅᑕᓐᓂ ᐋᖅᑭᒃᓱᐃᓚᐅᕐᒪᑦ, ᐊᒻᒪᓗ ᑕᐃᓐᓇ ᐃᓚᒋᔭᕋ ᓵᒥ, ᓕᓂ, ᔅᑕᐃᓐ, ᐊᒻᒪᓗ ᐅᑦᕙᕐ, ᕈᑦᒪᐃᕐ ᐅᕙᓐᓂᒃ ᐃᓚᐅᓚᐅᕐᒪᑦ ᐱᓯᒃᑎᓪᓗᑕ.

ᓇᓗᓇᐃᖅᓯᔪᒪᕗᖓ ᐃᓚᓐᓂᒃ ᑕᕙᓂ ᐅᓂᒃᑳᒥᑦᑐᑦ: ᐊᑖᑕᒐ, Hᐊᕈᑦ H. ᔭᓐᓴᓐ, ᐃᓅᓯᓕᒫᒥᓂᒃ ᐅᓂᒃᑳᖅᐸᓚᐅᖅᑐᖅ; ᐸᓂᒐ, ᑕᐃᔭᓐ (ᓂᓂ) ᔭᓐᓴᓐ-ᑯᓂᐊᑦ, ᐊᔾᔨᓕᐅᓚᐅᖅᑕᖏᑦ ᑕᑯᒃᓴᐅᑎᒻᒪᕆᑦ ᐊᒻᒪᓗ ᑎᑎᕋᖅᑕᓐᓂ ᐋᖅᑭᒃᓱᐃᓚᐅᕐᒪᑦ, ᐊᒻᒪᓗ ᑕᐃᓐᓇ ᐃᓚᒋᔭᕋ ᓵᒥ, ᓕᓂ, ᔅᑕᐃᓐ, ᐊᒻᒪᓗ ᐅᑦᕙᕐ, ᕈᑦᒪᐃᕐ ᐅᕙᓐᓂᒃ ᐃᓚᐅᓚᐅᕐᒪᑦ ᐱᓯᒃᑎᓪᓗᑕ.

uid jurddagovvidusas ja dál mu nieidda, Diane ("Nini") Jensen-Connel's digitála govvidusas – mii lea min bearraša ruoktotmáhccama fas ođđa bájuhus.

Háliidan gudnejahttit čuovvovaš fulkkiid sin oasis dán muitalusas: Áhččán, Harald H. Jensen, eallinagi muitalusain ja dán fearána ipmárdusas, iehčan nieidda, Diane (Nini) Jensen-Connel, govas ja doaimmahuslaš máhcahagain, ja mearragátteful-kkiidan, Lene, Stine ja Oddvar Rødmyr, geat mieđuštedje mu njuorasmahtti ja ilolaš bassivádjolusas.

Later, I reflected on this pilgrimage and the continuance of story, kinship, land, and memory. In the end, we may not have found the place where the goahti had been, that hiding place and our place of survival. But it remains in the imagination of my inherited memories and now in my daughter's digital creation—yet another rendering of our familial homecoming.

I would like to acknowledge the following kin for their part in this story: my father, Harald H. Jensen, for a lifetime of stories and insight on this story; my daughter, Diane (Nini) Jensen-Connel, for the image and editorial feedback; and my coastal Sámi kin, Lene, Stine, and Oddvar Rødmyr for joining me on this poignant and joyous pilgrimage.

ᑕᐃᔭᓐ ("ᓂᓂ") ᔭᓐᓴᓐ-ᑯᓂᐊᑦ,
ᖃᕆᓴᐅᔭᑎᒍᑦ ᑎᑎᕋᐅᔭᖅᑕᖓ, 2022

Diane ("Nini") Jensen-Connel,
digitála sárggus, 2022

Diane ("Nini") Jensen-Connel,
digital drawing, 2022

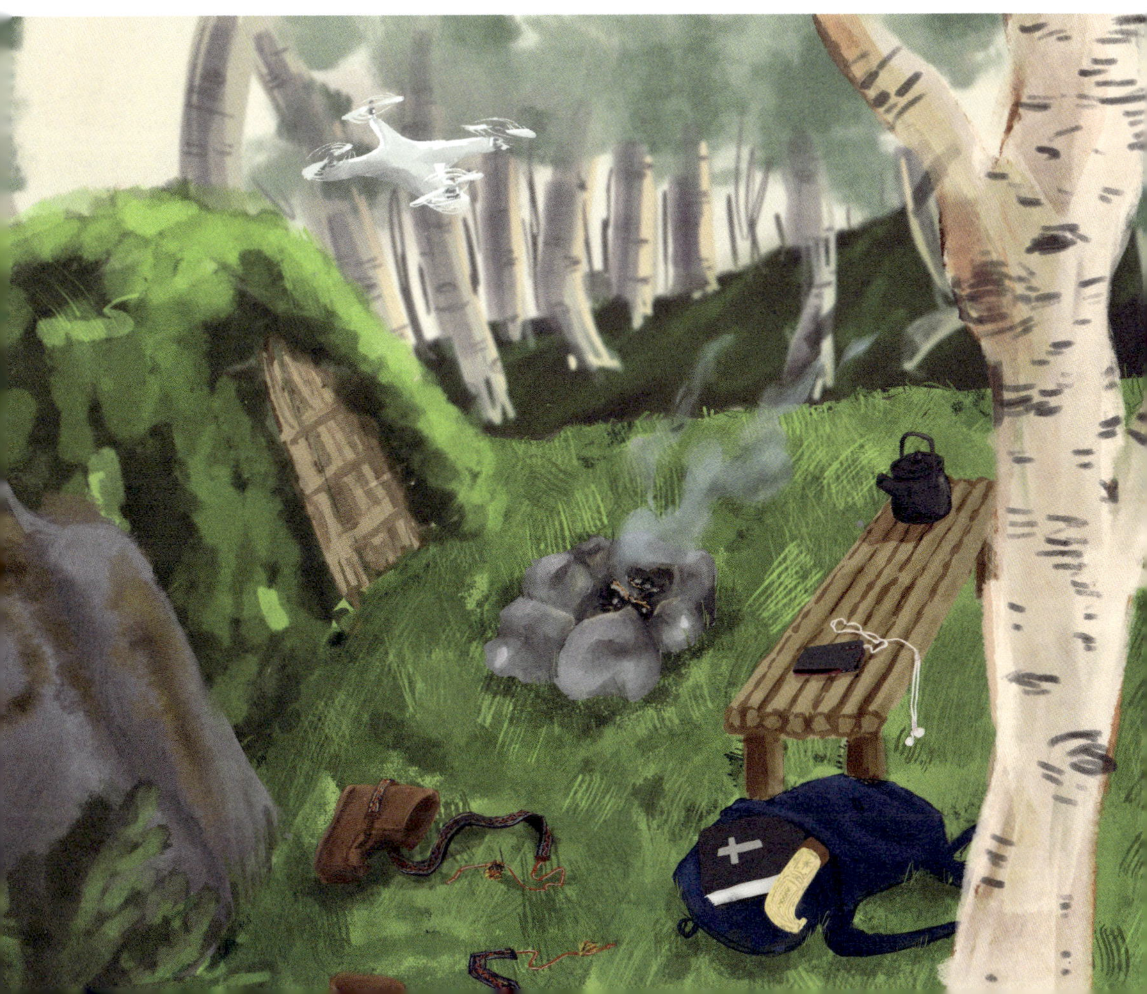

ᕋᕕᑯ ᕈᐃᔅ
ᐅᖅᑲᓪᓚᖅᑲᑎᖅᑲᖅᑐᑎᒃ
ᔫᖄᒥᓄ ᐃᓅᑎᖅ

ᐅᖅᑳᓚᓂᖅ ᐊᖏᕋᒧᑦ

Sámegiella-80
English-86

ᐊᔾᔨᓕᐅᖅᑕᐅᓯᒪᔪᑦ ᔩᕌᓂᒧ ᐃᓄᑎᐅᑉ ᓴᓇᔭᖏᑦ ᐊᖏᕐᕋᓐᓄᑦ ᐅᖅᑳᓚᕗᖓ, ᑕᑯᔭᒐᖅᑲᖅᕕᖕᒥᑦ ᐊᖏᕐᕋᒧᑦ / *Ruovttu Guvlui / Towards Home*, 2022

Polaroidagovva biddjojuvon Geronimo Inutiq dahkan installašuvdnii *Riŋgemin ruoktot* čájáhusas ᐊᖏᕐᕋᒧᑦ / *Ruovttu Guvlui / Towards Home*, 2022

Polaroid included in Geronimo Inutiq's installation *I'm Calling Home* in the exhibition ᐊᖏᕐᕋᒧᑦ / *Ruovttu Guvlui / Towards Home*, 2022

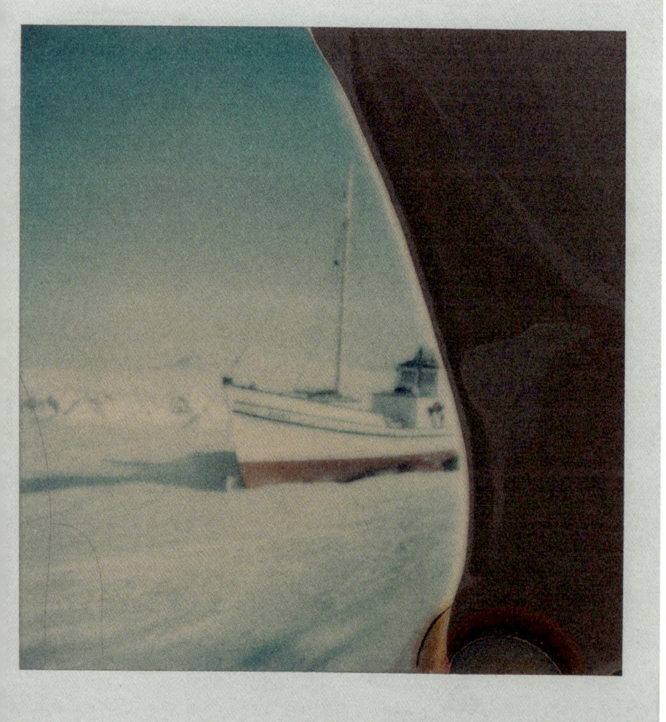

ᕋᕕᑯ ᕈᐃᔅ: ᖃᓄᖅ ᐊᖏᕋᒧᑦ ᐅᕝᕙᒍᓐᓃᑦ ᑐᕌᖅᑐᖅ ᐊᖏᕋᒧᑦ ᑐᑭᓯᓇᖅᑎᑎᑦᑎᓗᑕ ᐅᕙᓂ, ᑐᑭᖃᖅᑲ ᐃᓕᓐᓄᑦ?

ᔪᕌᒥᓄ ᐃᓅᑎᖅ: ᐅᕙᓐᓄᑦ, ᑐᕌᖅᑐᑦ ᐊᖏᕋᒧᑦ, ᑕᑯᔅᓴᐅᑎᑦᑎᓂᐅᔪᖅ, ᐊᔾᔨᒌᖏᑦᑐᓂ ᐃᓄᓐᓂᑦ, ᐊᔾᔨᒌᖏᑦᑑᑎᓂᑦ ᐅᑭᐅᑕᖅᑐᒥ ᓄᓇᓕᓐᓂᑦ ᖃᓄᑐᐃᓐᓇᖅ ᐊᔾᔨᒌᓐᓂᖃᖅᑐᑦ ᐃᓱᒪᒋᔭᐅᓂᖓ ᐊᖏᕋᖅ, ᓇᓗᓇᐃᖅᑕᐅᓯᒪᔪᒥᑦ ᐃᓱᒪᒋᔭᐅᔪᒥᑦ. ᑭᓯᐊᓂᓕ ᑭᓱᒥᑦ ᐃᓱᒪᒋᔭᐅᔪᒥᑦ? ᖃᑦᓗᓈᑦ ᓄᓇᖓᓐᓃᑦᑐᒍᑦ ᑲᓇᑕᒥ, ᐃᓄᒋᐊᑦᑐᓂᑦ ᐊᒻᒪ ᑕᑯᓂᐊᖅᑕᕗᑦ ᐃᓱᒪᒋᔭᕗᑦ ᐊᖏᕋᖅ ᐱᑕᖃᖅᑐᖅ ᓯᓚᑖᓂ ᖃᑦᓗᓈᑦ ᓄᓇᖓᓐᓂ ᐊᕙᑎᖓᓂ, ᐅᑭᐅᑕᖅᑐᒥ, ᓄᓇᕗᒻᒥᐅᒐᓗᐊᕈᓂ, ᓄᓇᕕᒃ ᐅᕝᕙᒍᓐᓃᑦ ᐊᑯᑭᑦᑐᑦ, ᐅᕝᕙᒍᓐᓃᑦ ᓵᒥ ᓄᓇᖏᑦ ᓄᐊᕙᐃᒥ. ᓇᓗᓇᐃᕈᑎᐅᔪᖅ ᖃᐅᔨᑎᑦᑎᓂᕐᒧᑦ.

ᕋᕕᑯ ᕈᐃᔅ ᓇᓗᓇᐃᔭᐃᓂᖅ ᑕᑯᔅᓴᐅᑎᑕᐅᓂᕐᒨᖅᑕᐅᓂᕆᔭᐃᑦ, ᐊᑐᖅᑲᐅᔭᐃᑦ ᐅᖃᐅᓯᖅ *memoryscape*. ᐅᕙᓐᓄᑦ, ᑕᒪᓐ ᐊᓯᐊᒍᑦ ᐅᖃᐅᓯᖃᖅᑐᖅ ᐱᔾᔪᑎᖃᖅᑐᒥᑦ ᑐᕌᖅᑐᑦ ᐊᖏᕋᒧᑦ ᐅᖃᖅᓗᒍ “ ᐃᓗᐊᓅᖅᕕᒋᓗᒍ memoryscape.” ᐃᓱᒪᔪᖓ ᑕᑯᔅᓴᐅᑎᑕᐅᓂᕆᔭᐃᑦ ᐱᔾᔪᑎᖃᖅᑐᖅ ᐃᓯᓂᕐᒧᑦ ᐊᖏᕋᐸᓗᒻᒥᑦ, ᐅᕙᓐᓄᑦ ᐊᖏᑦᓚᒋᐊᖅᓯᒪᔪᖅ ᐊᖏᕋᖅ?

ᔪᕌᒥᓄ ᐃᓅᑎᖅ ᓴᓇᔭᐅᒃᑲᓂᕐᓂᖏᑦ ᐃᒻᒥᒍᑦ ᐃᓱᒪᒋᔭᒃᑲ ᐊᖏᕋᒥᑦ - ᑐᓐᖓᓂᖃᕈᓐᓇᖅᑐᖅ ᐊᒻᒪ ᐱᑕᖃᖅᑐᓂ ᐅᕙᖓ ᑕᕐᓂᖓᓂ - ᐊᓯᔾᔨᐸᑦᓕᐊᔪᖅ. ᑭᓯᐊᓂ ᐅᕙᖓ ᐊᑐᖅᓯᒪᔭᖓᓂ ᐳᓛᕆᐊᖅᑐᒋᑦ ᐊᓯᖏᑦ ᐃᓄᐃᑦ ᐊᖏᕋᖏᑦ, ᑐᑭᓯᒍᓐᓇᖅᓯᓯᒪᔪᖓ ᐊᒥᓱᓂᑦ ᐊᔾᔨᒌᓐᓂᖅᑲᐅᖅᑐᑦ ᑭᓰᒻᒪᖔᖅ ᐊᖏᕋᖅ. ᐊᖏᕋᖅ ᑲᑎᑦᑐᖅᑕᐅᓯᒪᔪᑦ ᐱᔪᒪᓂᕆᔭᐅᔪᑦ, ᐃᖅᑲᐅᒪᓂᐅᔪᓂᑦ, ᐊᒻᒪ ᖃᖓᒃᑯᓂᖏᓐᓄᑦ: ᐃᖅᑲᐅᒪᔭᕗᑦ ᒫᓐᓇᐅᕋᑖᖅᓯᒪᔪᑐᐊᓄᑦ, ᐅᖓᓯᓐᓂᖅᓴᒧᑦ ᐅᐊᑦᑎᐊᕈᒧᑦ, ᒫᓐᓇᒧᑦ ᐊᒪ ᓯᕗᓂᔅᓴᒧᑦ. ᖃᓄᐃᓕᐅᕋᓯᐊᖅᑲᑦᑕᖅᑕᕋ, ᐅᑭᐅᑕᖅᑐᒥᐅᑕᐅᓯᒪᑦᓗᖓ ᐊᒻᒪ ᓄᓇᓕᒻᒦᖔᖅᑐᖓ ᓄᓇᐃᓐᓇᕐᒥ ᓄᓇᖃᓚᐅᖅᑐᑦ ᐊᕐᕌᒍ ᐃᓗᐊᓂ ᓇᓗᓇᐃᖅᓯᒪᔪᓂᑦ, ᑐᓴᐅᒪᔾᔪᑎᒋᓗᒍ ᑖᓐᓇ ᐊᔾᔨᐅᖏᓐᓂᖓᓄ ᐊᕙᑎᖓ ᖃᑦᓗᓈᓄᑦ ᐳᓚᕋᖅᑎᓄᑦ ᑭᑉᐸᕆᑦᑐᒥ ᑕᑯᔅᓴᐅᑎᑦᑎᕕᒻᒥ ᐃᓂᖓ.

ᕋᕕᑯ ᕈᐃᔅ ᐊᒥᓲᔪᑦ ᐃᓗᓕᖏᑦ ᐃᕝᕕᑦ ᐋᖅᑭᑦᑕᐅᓂᖓᓄᑦ, ᑭᓯᐊᓂ ᐱᔪᒪᓂᖃᓗᐊᖅᑐᖓ ᓈᓚᐅᑎᓕᕆᓂᕐᒥᑦ. ᓇᓗᓇᐃᖅᓯᒍᓐᓇᖅᑭᑦ ᖃᓄᐃᒍᓯᓂᕆᔭᖓᓄ ᓈᓚᐅᑏᑦ ᐅᑭᐅᑕᖅᑐᒥ ᐊᒻᒪ ᖃᓄᖅ ᑕᑯᔅᓴᐅᑎᑦᑎᕕᒃᑰᓂᐊᖅᖓᑦ ᐃᓂᖓᓄᑦ?

ᔪᕌᒥᓄ ᐃᓅᑎᖅ ᓄᓇᓕᒻᒥ ᑐᓴᖅᑕᐅᑎᑦᑎᓂᖅ ᐱᒻᒪᕆᐅᔪᒥᑦ ᐱᓕᕆᓂᖃᖅᑐᖅ ᐅᑭᐅᑕᖅᑐᒥ ᓄᓇᓕᑦᑎᓐᓂ. ᑐᓴᐅᒪᑎᑎᔾᔪᑎᐅᔪᖅ ᐃᓅᖅᑲᑎᒋᓐᓂᕐᒧᑦ ᐱᑦᓚᕆᐅᔪᓂᑦ, ᐱᖅᑯᓯᓄᑦ ᐆᒪᓂᖏᓐᓄᑦ, ᐊᒻᒪ ᑐᓂᓯᖅᑲᑦᑕᐅᑎᑦᓗᑎ ᑐᑭᓯᒋᐊᕈᑎᓂᑦ. ᐊᑕᐊᐅᓯᕐᒧᑦ ᑐᕌᑐᐃᓐᓇᖏᑦᑐᖅ, ᓈᓚᐅᑎᒃᑰᖅᑐᖅ ᑐᓂᓯᖅᑲᑦᑕᖅᑐᖅ ᑐᑭᓯᒋᐊᕈᑎᓂᑦ. ᐃᓄᐃᑦ ᐊᑐᖅᑕᖅᑐᑦ ᓈᓚᐅᑎᓂᑦ ᐅᖃᓚᑦᓗᑎ ᐊᒻᒪ ᐅᓂᒃᑳᖅᑲᑦᑕᖅᑐᑎᑦ ᐊᑐᖅᑲᑦᑕᖅᓯᒪᔭᖏᓐᓂ. ᑐᓴᖅᑎᑦᑎᓂᖃᕈᓐᓇᖅᑐᑦ ᓂᐅᕕᕋᖅᑐᓂᑦ. ᑭᒃᑯᓕᒫᑦ ᓈᓚᐅᑎᖃᖅᑐᑦ ᐊᖏᕋᖏᓐᓂ. ᐱᔭᐅᕙᑦᑐᑦ ᓯᓚᖓᓄᑦ, ᐅᓚᓐᓂᖓᓄᑦ ᑐᑭᓯᒋᐊᕈᑏᑦ - ᖃᓄᐃᑦᑐᑐᐃᓐᓇᕈᓵᔭᐃᑦ ᐊᑑᑎᖃᖅᑐᑦ ᑐᑭᓯᒋᐊᕈᑏᑦ ᖃᐅᑕᒫᑦ ᐃᓅᓂᕐᒧᑦ ᐅᑭᐅᑕᖅᑐᒥ. ᓈᓚᐅᑏᑦ ᐃᑲᔪᖅᑲᑦᑕᖅᑐᑦ ᐊᑐᖅᑕᐅᒐᔪᑦᑐᓂᑦ ᐊᒻᒪ ᑐᓴᐅᒪᑎᑦᑎᑦᓗᑎ ᓄᓇᓕᒻᒥᐅᑕᓂᑦ.

ᐱᕈᖅᑲᑎᒋᓚᐅᖅᑕᕋ ᐊᓈᓇᒐ ᓇᔅᓴᖅᑲᑦᑕᖅᑐᓂᖓ ᐃᖅᑲᓇᐃᔭᕝᕕᖓᓄᑦ. ᑐᓴᖅᑕᐅᑎᑦᑎᕙᑦᑐᓂ ᑲᓐᓇᓇᖓᓂ ᐅᑭᐅᑕᖅᑐᒥ ᐱᕙᑦᓕᐊᔪᓂᑦ ᐃᓄᒃᑎᑐᑦ

ᓯᐱᓯ ᐃᑦᑐᖓᓂ. ᐱᕆᐊᓕᕋᑖᖅᑎᑦᑐᒍᓘᓐᓃᑦ, ᖃᐅᔨᓚᐅᖅᑐᖓ ᖃᓄᑎᕆ ᐊᑦᑐᐃᓂᖅᑲᕈᓐᓇᕐᓂᖓ ᓈᓚᐅᑎᒃᑰᕐᓂᖅ, ᐱᑐᐊᖅᑐᒥ ᑐᓴᕈᓐᓇᕋᐃᒐᒃᑯ ᐊᓯᖏᓐᓂ ᐊᖏᕋᓇᔭᖏᓐᓂ. ᐃᒪᕆᓚᐅᖅᑕᕋ ᐊᑐᕋᓯᓯᑎᐊᕙᐅᑦᑐᓂ: ᓄᓇᓕᒻᒥᑦ ᑐᓴᖅᑕᐅᑎᑦᑎᓂᖅ ᓴᖅᑭᑎᑦᑎᑐᓂ ᐅᑭᐅᑕᖅᑐᒥ ᓄᓇᓕᒻᒥᑦ. ᐊᐱᖅᑯᑎᕆᓚᐅᖅᑕᕋ ᐅᕙᓐᓄᑦ ᖃᓄᖅ ᑖᓐᓇ ᓇᑐᓇᐃᖅᓯᒪᓂᖓ ᐅᑭᐅᑕᖅᑐᒥ ᐃᓚᓕᐅᑎᑐᒍ ᖃᑦᑐᓈᓂ ᓴᓇᐅᒐᕐᓂᑦ ᑕᑯᔭᒐᖅᑲᖅᕕᒻᒥ

ᐅᕝᕙᓘᓐᓃᑦ ᑕᑯᔭᒐᖅᑲᖅᕕᒻᒥ ᐅᕝᕙᓘᓐᓃᑦ ᐱᖅᑯᓯᓕᓐᕕᒻᒧᑦ, ᐊᒻᒪ ᖃᓄᖅ ᓴᖅᑭᑎᑦᑎᑐᓂ ᓈᓚᐅᑎᒃᑰᕈᑎᐅᔪᒥᑦ ᐊᒻᒪ ᐳᓛᖅᑎᖅᑲᖅᑲᑦᑕᕐᑐᓂ. ᐃᓚᖓᑦ ᐊᔅᓯᕈᕈᑎᐅᓛᖑᔪᖅ, ᖃᐅᔨᔭᕋ, ᑭᓇᑐᐃᓐᓇᖅ ᓇᑐᓇᐃᖅᑐᓂ ᐃᓚᕆᔭᐅᑦᑐᓂ ᐱᖅᑯᓯᖓᓄ ᓄᓇᓕᒻᒥᑦ ᐅᕝᕙᓘᓐᓃᑦ ᐃᓅᖅᑎᕇᑦᑐᓄ ᓄᓇᓕᒻᒥ ᐅᕝᕙᓘᓐᓃᑦ ᐅᕕᓂᐅᖅᑎᕆᖏᑕᖏᓐᓂ ᐅᕝᕙᓘᓐᓃᑦ ᑭᓯᑐᐃᓐᓇᕐᒥᑦ ᑕᐃᔭᒪᔭᕐᓂᑦ—ᐃᓚᕆᔭᐅᔭᖓ ᐃᓄᐃᑦ ᓄᓇᓕᖓᓐᓂ - ᐃᑉᐱᒍᓯᒐᔪᑦᑐᖓ ᐃᓕᖓᓂ ᐅᖓᓯᑦᑐᒦᓐᓂᕐᒥᑦ ᐱᔾᔪᑎᕆᑦᑐᒍ ᐱᖅᑯᓯᖅᑲᑎᕇᖏᑦᑐᓂᑦ ᐃᓄᖏᐊᑦᑐᒥᐅᑕᐅᑦᑐᖓ. ᓯᓚᕐᔪᐊᒥᐅᑕᐅᔪᖓ ᐊᒻᒪ ᑲᓇᑕᒥ ᐊᒻᒪ ᐃᓯᒪᕆᔭᖅᑲᑐᐊᖏᑦᑐᑦ ᓴᓇᓯᒪᓂᖅ ᐃᓄᐃᑦ ᓇᑐᓇᐃᒃᑯᑕᖓ, ᐅᕙᖓ ᐱᑕᖅᑲᕐᓂᕆᔭᖓᓄᑦ ᓇᒥᒥᐅᑕᐅᓂᓐᓄᑦ, ᕗᐃᓂᐸᐃᒡᒥᑦ. ᓈᓚᐅᑏᑦ, ᐅᕙᓐᓄᑦ ᖃᑦᑐᓈᓂᑦ, ᐱᖅᑯᓯᓄᑦ ᓇᑐᓇᐃᒃᑯᑕᕈᓕᓚᐅᖅᑐᖅ ᐃᓄᐃᑦ ᓄᓇᓕᖓᓂ, ᒪᑐᐃᖓᓂᐅᔪᖅ ᐊᒻᒪ ᑐᓴᐅᒪᔾᔪᑎᓕᕆᔾᔪᑎᐅᑦᑐᓂ ᐃᓄᐃᑦ ᐃᓅᖅᑎᕇᓐᓂᕐᒧᑦ ᐱᑦᑕᓇᐅᔭᓂᑦ, ᐱᖅᑯᓯᖅ ᐆᒪᓃᓐᓇᕐᑐᒍ, ᐊᒻᒪ ᑐᓂᓯᑐᑎ ᖃᓄᐃᑦᑐᑐᐃᓐᓇᕐᓂᑦ ᑐᑭᓯᒋᐊᕈᑎᓂᑦ ᐱᔾᔪᑎᖅᑲᖅᑐᓂᑦ ᓯᓚᕐᔪᐊᒥᑦ ᐱᕙᓪᓕᐊᔪᑦ, ᓂᕈᐊᖅᑕᐅᓯᒪᔪᑦ, ᐅᕝᕙᓘᓐᓃᑦ ᖃᐅᑕᒫᑦ ᖃᓄᐃᓘᖅᑲᑦᑕᐅᑎᓂᐅᕝᕙᑦᑐᑦ ᐃᓄᓐᓄᑦ. ᐱᑕᖅᑲᑎᐊᒻᒪᕆᑦᑐᖅ ᐊᒻᒪ ᓯᐊᒻᒪᖅᓯᒪᓪᓗᓂ ᐊᖅᑯᑎᖓ ᕿᓂᕐᓂᒧᑦ ᐅᖅᑲᖅᑲᑎᕇᓐᓂᕐᒧᑦ ᓄᓇᓕᐅᑉ ᒥᔅᓵᓄᑦ.

ᕐᕕᑯ ᕈᐃᔅ ᖃᓄᖅ ᓂᕈᐊᓚᐅᖅᑭᑦ ᐊᔾᔨᕆᖏᑕᖓᓂ ᖃᐃᖅᑯᔭᐅᔪᒥᑦ ᓴᖅᑭᔭᖅᑐᒥᑦ ᑕᑯᔅᓴᐅᑎᑦᑎᓂᐅᔪᒥᑦ? ᖃᐅᔨᒪᔪᖓ ᐱᔾᔪᑎᕆᓇᓯᐊᖅᓯᒪᔭᐃᑦ ᐱᑦᑕᓇᐅᖏᑦᑐᑦ ᓈᓚᐅᑎᖅᑲᖅᕕᒃ, ᑭᓯᐊᓂᓕ ᑕᕝᕙᓂᔅᓴᐃᓐᓇᖅ, ᐅᓂᒃᑳᑦᑕᓇᑦᑕᖅᑲᖅᑐᑦ - ᐃᓚᕆᔭᐅᑎᑦᑎᓂᖅᑲᖅᑐᑎᑦ ᐅᖅᑲᖅᑎᕇᓐᓂᑦᑕᓇᐅᔪᓂᑦ ᐊᔾᔨᕇᖏᑦᑐᓂᑦ ᓈᓚᐅᑎᒃᑰᖅᑐᓂᑦ ᖃᐃᖅᑯᔭᐅᓯᒪᔪᑦ.

ᔪᕌᒥᓄ ᐃᓅᑎᖅ ᐄ, ᓈᓚᐅᑎᖅᑲᖅᕕᒃ ᐃᑐᓕᖅᑲᖅᕕᐅᓕᓚᐅᖅᑐᖅ ᓴᖅᑭᑎᑦᑎᑐᓂ ᓂᐱᓂᑦ. ᐊᒻᒪ ᓈᓚᐅᑎᒃᑰᖅᑐᓄᑦ, ᐊᐅᑦᓚᕈᓐᓇᖅᓯᒪᔪᖓ ᐱᔾᔪᑎᕆᑦᑐᒍ ᐃᖅᑲᓇᐃᔭᕆ ᓂᔾᔭᐅᓯᔭᖅᑎᓯᐅᑦᑐᖓ - ᖃᐃᖅᑯᔭᐅᓯᒪᔪᖓ ᐃᓕᓐᓂᐊᓯᓐᓈᑎᑦᑎᓯᓐᓈᖅᑐᖓ ᐅᑭᐅᑕᖅᑐᒥ ᓄᓇᓕᓐᓂ, ᐆᑦᑑᑎᕆᑐᒍ, ᓂᔾᔭᐅᓯᔭᖅᑐᖓ - ᖃᐅᔨᕆᐊᖅᕕᖅᑲᓚᐅᖅᑐᖓ ᐃᓄᓐᓂᑦ ᑲᑎᓚᐅᖅᑐᖓ ᑐᓂᓯᒍᓐᓇᖅᑐᕆᔭᕐᓂᑦ ᐅᓂᒃᑳᓂᑦ ᐅᕝᕙᓘᓐᓃᑦ ᐃᑲᔪᕐᑐᑎ ᓴᖅᑭᑎᑦᑎᑐᑎ ᐱᔾᔪᑎᖅᑲᖅᑐᒥᑦ. ᓄᓇᓕᒻᒥ ᓈᓚᐅᑎᒃᑯᑎᑦᑎᓂᖅ ᐱᔾᔪᑎᖓ - ᓂᔾᔭᐅᓯᔭᖅᑐᑦ ᐊᒻᒪ ᐱᕙᓪᓕᐊᔪᑦ, ᐆᑦᑑᑎᕆᑐᒍ - ᐊᒻᒪ ᐊᔾᔨᕇᖏᑦᑐᓂ ᐱᓕᕆᐊᓕᐅᕋᔅᓴᐅᑦᑐᑎ. ᑕᐃᒪᐃᓐᓂᖓᓄᑦ, ᐅᖅᑲᐅᓯᕆᑦᑐᒍ ᑕᕐᓴᓕᒃᒧᑦ (ᐹᑐᕆᔅ), ᐃᓯᒪᓚᐅᖅᑐᖓ ᓈᓚᐅᑎᒃᑯᕐᑐᑎ ᐱᔾᔪᑎᖅᑐᒥ ᓄᓇᓕᒻᒥᑦ ᑐᓴᖅᑎᑦᑎᓂᕐᒥᑦ. ᖃᐅᔨᕆᐊᕐᕕᕆᖅᑲᑦᑕᓚᐅᖅᑕᒃᑲ ᐃᓄᐃᑦ ᐅᕙᖓ ᖃᔨᒪᔭᖏᓐᓂ ᐱᔪᒥᓇᖅᑐᓂᑦ ᑕᑯᓐᓇᕐᓂᖅᓯᒪᖓᑕ, ᑭᓯᐊᓂᓕᑦᑕᐅᖅ ᑭᒡᒐᖅᑐᐃᓂᖅᑲᕈᒪᓚᐅᖅᑐᒧᑦ ᐊᔾᔨᕆᖏᑦᑐᓂᑦ ᐃᓄᓐᓂᑦ ᓄᓇᓕᓐᓂᑦ. ᐃᓄᕆᐊᑦᑐᓂᑦ ᓄᓇᖅᑲᖅᑳᖅᓯᒪᔪᖓ ᐃᓅᑦᑐᖓ ᐊᒻᒪ ᓇᑐᓇᐃᖅᑕᐅᓯᒪᔪᖓ ᐃᓄᐃᑦ ᓄᓇᓕᖓᓂ ᑲᖏᖅᑐᒡᒑᐱᒃ ᐱᑐᐊᖅᑐᒥᑦ, ᑭᓯᐊᓂᓕ ᐱᖃᓐᓇᖅᑲᖅᑐᖓ ᑯᐸᐃᒃ ᑕᓯᖓᓂ, ᐱᖃᓐᓇᖅᑲᖅᑐᖓ ᐊᔾᔨᕆᖏᑦᑐᓂᑦ

ᓇᑭᑐᐃᓈᖅᑐᓂᑦ ᐊᔾᔨᖏᖏᑕᖏᓐᓂ ᐅᖃᑦᓚᐅᓯᖃᖅᑐᓂᑦ ᐃᓄᒃᑎᑐᑦ ᐊᒻᒪ ᓄᓇᖃᖅᑐᑦ ᐊᔾᔨᖏᖏᑕᖓᓂ ᐊᕙᑎᖓᓂ ᐅᕝᕙᖓ ᐃᓱᒪᒋᔭᖓᓂ ᐅᑭᐅᑕᖅᑐᖅ ᐊᕙᑎ. ᓚᓂᕋᖅᑐᒦᖔᔭᓐᓇᖅᑐᑎᑦ, ᐅᕝᕙᓘᓐᓃᑦ ᐃᓐᓈᔭᖅᑐᓃᖔᔭᓐᓇᖅᑐᑎᑦ, ᑭᓯᐊᓂ ᑕᒪᒃᑭ ᐅᑭᐅᑕᖅᑐᒥ, ᐆᑦᑑᑎᒋᓗᒍ. ᐃᓚᖏᑦ ᐃᓄᐃᑦ ᓄᓇᓕᖏᑦ ᓇᐹᖅᑐᓖᑦ.

ᖃᐃᖅᑯᖅᑯᓚᐅᒻᒥᔭᒃᑲ ᓄᓇᓕᒻᒥᐅᑕᐃᑦ ᐊᓯᖏᓐᓂ ᐅᑭᐅᑕᖅᑐᒥ ᓄᓇᓕᓐᓂᑦ ᐃᓚᐅᖃᑕᐅᓗᑎ ᑕᕝᕙᓂ ᐅᖃᖃᑎᒌᓐᓂᐅᔪᒥᑦ. ᐊᑎᖓ ᐅᖄᓚᔪᖓ ᐊᖏᕋᒧᑦ ᑭᓯᒨᒻᒪᖔᖅ ᑖᓐᓇ ᓈᓚᐅᑎᒃᑰᕐᓂᐅᔪᖅ, ᐱᔪᓐᓇᕐᓂᖓ ᓴᖅᑭᑎᑦᑎᓗᓂ ᐅᖃᖃᑎᒌᓐᓂᕐᒥᑦ ᐃᓄᓐᓂᑦ, ᖃᓄᖅ ᐅᖃᐅᓯᐅᔭᓐᓇᕐᓂᖓᓄᑦ ᐊᖏᕋᒧᑦ ᐊᒻᒪ ᐃᓱᒪᒋᔭᐅᓂᖓ ᐊᖏᕋᖅ. ᐊᖏᕋᑐᐃᓐᓇᐅᖏᑦᑐᒥ ᐃᑦᑑᑉ ᐃᓗᐊᓂ, ᑭᓯᐊᓂ ᓄᓇᒥᑦᑕᐅᖅ, ᐱᔾᔪᑎᒋᓪᓗᒍ ᐃᓄᐃᑦ ᐊᒻᒪ ᐊᓯᖏᑦ ᐅᑭᐅᑕᖅᑐᒥ ᓄᓇᓖᑦ ᓄᓇᒋᓪᓚᕆᑦᑕᖏᓐᓂ. ᑖᕝᕙᓂ, ᐊᒥᓱᓄᑦ ᐅᕝᕙᑦᑎᓐᓄᑦ, ᐃᑉᐱᓐᓂᐊᓂᕗᑦ ᐊᖏᕋᒥ. ᐅᖄᓚᓂᖅ ᐊᖏᕋᒧᑦ, ᐊᑐᕐᓂᖃᖅᑐᒍᑦ ᐃᓱᒪᒋᔭᐅᔪᒥᑦ ᑭᓰᒻᒪᖔᖅ ᐊᖏᕋᐅᑦᑐᓂ ᐅᑭᐅᑕᖅᑐᖅ, ᐊᒥᓱᒐᓚᓐᓄᑦ ᖁᕝᕙᓯᓐᓂᖃᖅᑐᓄᑦ.

ᓈᓚᐅᑎᒃᑰᔭᑎᐅᔪᑦ ᐱᑕᖃᖅᑐᑦ ᐅᑭᐅᑕᖅᑐᒥ ᐃᑦᑐᒥ, ᕿᔪᐃᑦ ᒥᑭᔪᑦ ᐃᑦᑐᐃᑦ, ᕿᑎᑦᑐᐊᑕᕆᔭᖓ ᐅᖄᓚᔪᖓ ᐊᖏᕋᒧᑦ ᐋᖅᑭᑦᑕᐅᓂᖓ. ᕿᔪᐃᑦ ᒥᑭᔪᑦ ᐃᓗᐃᑦ ᓇᓗᓇᐃᖅᓯᒪᔪᖅ ᖃᓄᐃᑦᑑᓂᖓ ᓴᓇᔭᐅᓯᒪᓂᖓ ᐱᒋᐊᖅᑎᑕᐅᓚᐅᖅᓯᒪᔪᑦ ᐅᑭᐅᑕᖅᑐᒥ ᐱᒋᐊᖅᑐᑎᑦ 1950ᖏᓐᓂ, ᐊᔾᔩᖏᓐᓇᐃᑦ ᐃᑦᑐᐃᑦ. ᐃᑯᒪᓄᑦ ᐆᖑᔫᖅᑐᑦ ᖃᓄᐃᓕᖓᓂᖓ, ᐊᒻᒪ ᓇᐸᕈᑕᖏᑦ ᐱᔾᔪᑎᒋᓪᓗᒍ ᑭᓯᓚᒫᑦ ᓄᓇᐅᑉ ᖃᖓᓃᑦᑐᑦ, ᖁᐊᖑᐃᓐᓇᖅᑐᒥᑦ. ᐊᒻᒪ ᐃᓗᐃᑦ ᐱᑕᖃᖅᑐᑦ ᐅᑭᐅᑕᖅᑐᒥ ᐊᕙᑎᖓᓂ ᐊᒻᒪ ᓄᓇᓕᓐᓂᑦ, ᐊᒻᒪ ᓄᓇᓕᐅᔪᖅ.

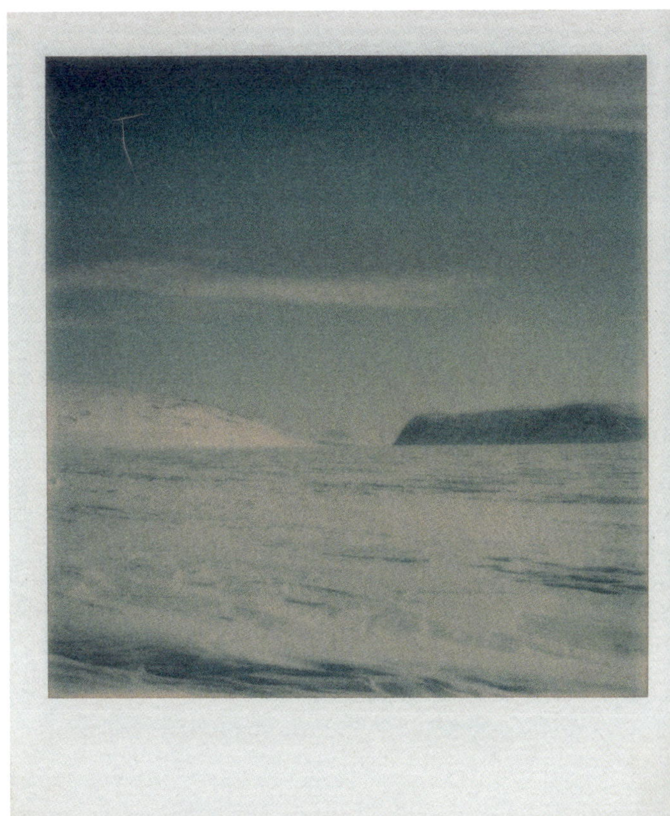

ᐊᔾᔨᓕᐅᖅᑕᐅᓯᒪᔪᑦ ᔩᕌᓂᒧ ᐃᓄᑎᐅᑉ ᓴᓇᔭᖏᑦ ᐊᖏᕐᕋᓐᓄᑦ ᐅᖄᓚᕗᖓ, ᑕᑯᔭᒐᖃᖅᕕᖕᒥᑦ ᐊᖏᕐᕋᒧᑦ / Ruovttu Guvlui / Towards Home, 2022

Polaroidagovva biddjojuvon Geronimo Inutiq dahkan installašuvdnii *Riŋgemin ruoktot* čájáhusas ᐊᖏᕐᕋᒧᑦ / *Ruovttu Guvlui* / *Towards Home*, 2022

Polaroid included in Geronimo Inutiq's installation *I'm Calling Home* in the exhibition ᐊᖏᕐᕋᒧᑦ / *Ruovttu Guvlui* / *Towards Home*, 2022

ᕴᕕᑯ ᕈᐃᔅ ᖃᐅᔨᔪᒥᓇᕐᑎᐊᖅᑐᖅ. ᐅᕙᓐᓂᑦ ᐃᑲᔪᕐᓂᖅᑲᖅᑐᖅ ᑕᑯᓪᓗᑎ ᐋᖅᑭᑦᑕᐅᓂᖑᔭᐃᑦ ᐊᔾᔨᒋᖕᒋᑕᖕᒐᒍᑦ. ᖁᓕᓈᓐᓂᖅᑲᖅᑐᑦ ᓈᓚᐅᑎᑦ ᓯᓚᒃᑰᖅᑐᑎᑦ ᑭᓯᓕᒫᑦ ᑲᑎᙵᒐᑦᑐᑎ. ᓇᒍᓇᐃᔭᐃᖅᑲᐅᒻᒥᒐᕕᑦ ᐊᓯᐊᓅᖅᑐᓂ ᐃᓂᖕᒋᑦ ᑐᐲᑦ ᐊᑐᖅᑕᖕᒋᓐᓂ. ᐃᓚᒋᔭᖕᒐ ᓇᒍᓇᐃᖅᓯᑎᐊᖅᑐᖅ ᐃᓂᒋᔭᖕᒐ ᑰᖕᒐ. ᑐᑭᒧᐊᖅᑎᓚᐅᖅᑭᕖᑦ ᐳᓖᖅᑐᑦ ᑐᕌᖅᑐᑎᑦ ᑰᒻᒨᑎᑦᑐᑎᑦ?

ᔪᕌᒥᓄ ᐃᓅᑎᖅ ᐱᑎᐊᕐᓂᖕᒐᓂ, ᐃᓱᒪᑎᓚᐅᖅᑕᕋ ᐋᖅᑭᑦᑕᐅᓂᖕᒐᓄᑦ ᓈᓚᐅᑎᒃᑰᕐᓂᖅ, ᐊᒻᒪ ᑐᑭᖅᑲᓚᐅᖅᑐᖅ ᐃᓪᓗᒥ ᐱᙳᐊᕐᓗᓂ. ᑕᐃᑲᙵᑦ ᐃᓪᓗᒥᑦ ᐃᒐᓛᒃᑯᑦ ᐃᑦᑐᐊᕋᕈᓐᓇᖅᑐᑎᑦ ᐊᒻᒪ ᑕᑯᓗᒍ ᐅᑭᐅᑕᖅᑐᖅ ᓄᓇᖕᒐ. ᐊᒻᒪ ᑕᐃᒪ ᐅᖕᒐᓯᓐᓂᖅᓴᒧᑦ ᑕᑯᓪᓗᓂ ᐅᑭᐅᑕᖅᑐᒧᑦ ᐊᖕᒋᔪᒧᑦ ᐅᖕᒐᑖᓅᖅᐸᓪᓕᐊᓕᓚᐅᖅᑐᑦ ᓯᓚᑖᓄᑦ ᐊᑲᐅᒋᔭᖕᒐᓄ ᐊᖕᒋᔭᖕᒐᓂ ᐃᓪᓗᒥ. ᐱᕈᖅᐸᓕᐊᓪᓗᖕᒐ, ᐃᓚᒃᑲ ᐅᐱᕐᖕᒋᓴᖅᑐᖅᐸᓚᐅᖅᑐᑦ ᐊᐅᔭᒃᑯᑦ. ᓯᕗᓪᓕᖅᐹᖕᒋᓐᓂ ᐊᕐᕋᒍᓂ ᐅᕙᖕᒐ ᐃᓅᓯᖕᒐᓂ. ᑐᐱᕐᒥᖅᑲᑦᑕᖅᓯᒪᔪᖕᒐ ᐊᐅᔭᒃᑯᑦ, ᐊᒻᒪ ᑕᒪᓐᓇ ᐊᓂᒍᑐᐊᕐᖕᒐᑦ, ᒥᑭᔪᓂᑦ ᕿᔪᓐᓂᑦ ᐃᑦᑐᒥᐅᑕᐅᓚᐅᖅᑐᒍᑦ, ᐊᖕᒋᓴᖅ ᐅᕙᓐᓄᑦ.ᐅᖕᒐᑕᐅᔾᔨᔪᑦ ᐃᑦᑐᒥᑦ. ᐊᒻᒪ ᒫᓂᑦᑎᐊᖅᑐᖅ ᑰᖕᒍᔪᖅ. ᐅᕙᓐᓄᑦ ᓄᓇᒥ ᓇᒍᓇᐃᒃᑯᑕᐅᓚᐅᖅᑐᖅ - ᓇᒍᓇᐃᖅᓯᒪᓂᖅᑲᑦᑎᐊᖅᑐᖅ ᓄᓇᖕᒐ, ᑭᒃᑲᖅᑐᐃᓂᖕᒐᓄᑦ ᐊᒥᓱᒐᓚᓐᓂᑦ ᐃᒪᐅᐃᔪᓂᑦ: ᓯᑯᐃᑦ, ᑰᒐᓖᑦ, ᑰᓖᑦ ᐃᑳᖅᑲᑦᑕᓚᐅᖅᑕᒃᑲ ᐃᓕᓐᓂᐊᕕᒻᒧᖅᑐᖕᒐ, ᐃᒪᐅᔪᑦ ᐃᓚᑎᔭᕐᓄᑦ ᐃᖃᓗᒐᓯᐊᕐᕕᖕᒋᑦ. ᐃᒪᐅᔪᑦ ᐱᒻᒪᕆᐅᔪᑦ ᓇᒍᓇᐃᖅᑕᐅᑎᐊᕐᓂᖕᒋᓐᓄᑦ ᐊᒻᒪ ᓇᒍᓇᐃᖅᑕᐅᓂᖕᒐᓄᑦ ᓄᓇᓕᐅᔪᖅ. ᐊᒻᒪ ᑕᐃᒪᐃᒃᑲᓗᐊᖅᑎᓪᓗᒍ, ᐃᓱᒪᒋᔭᐅᓂᖕᒐ ᐅᖄᓚᔪᖕᒐ ᐊᖕᒋᔭᒧᑦ ᓴᖅᑭᑦᑎᑲᓐᓂᓂᕐᒥᑐᐃᓐᓇᐅᖕᒋᑦᑐᖅ ᓈᓚᐅᑎᒃᑯᓂᕐᒥᑦ, ᑭᓯᐊᓂ ᓴᖅᑭᑎᒃᑲᓂᕐᓗᒍ ᓄᓇᓕᐅᔪᖅ ᑖᓇ ᓈᓚᐅᑎᖅᑲᕐᕕᒃ ᐱᑕᖃᖅᕕᖕᒐᓄᑦ, ᐅᖕᒐᑕᐅᔨᑎᓪᓗᒍ ᐃᓱᒪᒋᔭᐅᓂᖕᒐ , ᐊᖕᒋᓴᐅᓂᓴᖅᑕᖅ ᓄᓇᒥ ᐊᒻᒪ ᐊᑐᕈᓐᓇᖅᑕᓴ ᐊᒻᒪ ᐊᒥᓱᓄᑦ ᐃᓄᓐᓄᑦ ᑕᑯᓂᐊᕐᓗᑎ ᐃᒪᕐᒧᑦ.

ᕴᕕᑯ ᕈᐃᔅ ᖃᓄᖅ ᐊᑐᕐᓂᖅᑲᖅᑐᑭᕕᐅᒃ ᑕᑯᒐᔭᖅᑲᕐᕕᒻᒥ ᐃᔅᓯᕚᖅᑐᑎᑦ ᒥᑭᔪᒥ ᕿᔪᓐᓂ ᐃᓪᓗᒥᑦ ᐊᒻᒪ ᓅᒍᓐᓇᕐᓇᑎ, ᓈᓚᑦᑐᑎ ᓈᓚᐅᑎᒥᑦ, ᐃᑦᑐᐊᓴᖅᑐᓂ ᐃᒐᓛᒃᑯᑦ?

ᔪᕌᒥᓄ ᐃᓅᑎᖅ ᐳᓚᓴᖅᑎ ᑕᕝᕗᖕᒐ ᑕᑯᔅᓴᐅᑎᑦᑎᓂᐅᔪᒧᑦ ᐃᓯᖅᑐᖅ ᐃᑦᑐᒧᑦ - ᐱᙳᐊᖅᑐᓄᑦ ᑭᒃᑲᖅᑐᐃᔪᖅ, ᑭᓯᐊᓂᓕ - ᐊᑦᑕᓇᖕᒋᑦᑐᖅ ᐃᓂᐅᔪᖅ, ᓇᒦᓐᓂᐅᔪᖅ ᐃᖅᑲᐅᒪᓂᖅᑲᖅᑎᑦᑎᔪᖅ, ᐊᒻᒪ ᑕᑯᓪᓗᑎ ᐃᒐᓛᕐᒧᑦ, ᖃᓄᐃᓘᕈᑕᐅᒻᒥᔪᖅ, ᐃᖅᑲᐅᒪᓇᖅᑐᖅ. ᑐᓵᒐᓇᔭᓴᑦ ᓴᖅᑭᑎᑦᑎᓗᖕᒐ ᐃᒻᒥᓂᒃ ᖃᐅᔨᓪᓗᑎ ᐊᓯᓃᑦᑑᔭᓂᖅᑐᑎ, ᖃᓂᓐᓂᖅᓴᖅ ᓄᓇᒧᑦ, ᑭᓯᐊᓂᓕ ᐃᑉᐱᓐᓂᐊᓂᖕᒐ ᐊᔾᔨᒌᑎᖕᒋᓗᒍ ᐃᒐᓛᒃᑯᑦ ᐃᑦᑐᐊᓴᓂᒃᑯᑦ. ᐃᓱᒪᒋᒍᓐᓇᖅᑕᐃ ᖃᓄᐃᑦᑑᓂᖕᒐ ᐃᒐᓛᒃᑯᑦ ᐃᑦᑐᐊᓴᕐᓗᓂ ᒫᓐᑐᓇᐊᒥ, ᑕᑯᔪᓐᓇᖅᑐᑎᑦ ᓇᐹᖅᑐᒥᑦ, ᐊᕙᓗᒥ ᑕᑯᔪᓐᓇᖅᑐᑎᑦ. ᐅᕙᓂ ᐊᐃᓴᒧᑦ ᐅᖄᓚᔪ ᑕᑯᓐᓇᖅᑐᑦ ᐅᑭᐅᑕᖅᑐᒥᑦ ᑕᑯᓐᓇᖅᑕᐅᒐᔭᖅᑐᓂᑦ, ᓇᒍᓇᐃᖅᓯᒪᔪᑦ ᓇᒍᓇᐃᕈᑏᑦ ᐊᔾᔨᐅᖕᒋᑦᑐᑦ ᐅᑭᐅᑕᖅᑐᒥᑦ. ᐳᓚᓴᖅᑎᒥᑦ ᐃᓱᒪᖁᔨᔪᖕᒐ ᐱᔾᔪᑎᖃᖅᑐᒥ ᐊᒻᒪ ᐊᑐᖅᑕᐅᔪᓂᑦ ᐅᑭᐅᑕᖅᑐᒥ ᓄᓇᖕᒐᓂ ᐅᕝᕙᓘᓐᓃᑦ ᐃᓄᐃᑦ ᓄᓇᓕᖕᒐ, ᐃᒐᓛᖅ ᐅᕙᓐᓄᑦ ᓴᖅᑭᑎᑦᑎᑲᓐᓂᕐᓗᓂ ᐱᒻᒪᕆᐅᔪᓂ ᐊᖕᒋᓴᒥ ᐅᑭᐅᑕᖅᑐᒥ ᐊᒻᒪ ᑖᒃᑯᓇᓃᓪᓗᓂ ᐃᓱᒪᒋᒋᔭᐅᔪᓂᑦ, ᓯᓚᑖᓂ, ᐊᖕᒋᓴᐅᑎᑦᑎᔪᖅ ᐊᖕᒋᓴᒥᑦ.

ᕴᕕᑯ ᕈᐃᔅ ᑐᓵᓪᓗᑎᑦ ᓇᒍᓇᐃᓴᖅᑐᒍ ᐃᒐᓛᖅ ᐊᒻᒪ ᒥᑭᔪᖅ ᕿᔪᒃ ᐃᑦᑐᖅ, ᖃᐅᔨᔪᖕᒐ ᐊᒥᓱᒐᓚᐅᔪᑦ

ᐱᑕᖃᓪᓚᑎᑦᑐᑦ ᓴᓇᓯᒪᓂᖕᒐᓄᑦ ᐃᖅᑲᓇᐃᔮᖕᒍᖕᒍᔪᖅ.
ᑕᒪᓐᓇ ᐅᖃᐅᓯᕆᒃᑲᓐᓂᕈᓐᓇᖅᑭᐅᒃ ᑐᕌᖅᑕᖕᒐ
ᓄᓇᖕᒍᐊᖅ, ᐊᔾᔨᒋᖕᒋᑕᖕᒐᓂ ᖃᓄᐃᓕᖕᒐᓂᖃᖅᑐᑦ, ᐊᒻᒪ
ᓱᒻᒪᑦ ᐃᓚᓐᓄᑦ ᐱᒻᒪᕆᐅᕙᑦ ᐃᓗᓕᖕᒐ ᐃᑕᖃᕐᑐᓂ?

ᔪᕌᒥᓄ ᐃᓅᑎᖅ ᓴᖅᑭᑎᑦᑎᑲᓐᓂᕈᒪᓚᐅᖅᑐᖕᒐ ᐊᒥᓯᒐᓚᓐᓂᑦ ᐊᔾᔨᒌᖕᒋᑦᑐᓂ ᐊᕙᑎᖕᒋᓐᓂ ᐋᖅᑭᑦᑕᐅᓂᖕᒐᓄᑦ. ᐃᓚᒋᓚᐅᖅᑕᖕᒐ ᐃᓗᐊᓂ ᐊᖕᒋᕋᒥ, ᐃᔅᓯᕙᐅᑕᖃᕐᑐᓂ, ᓂᕐᕆᕕᒃ, ᓈᓚᐅᑏᑦ, ᐃᒐᓛᑦ, ᐃᒻᒪᖃ ᑎᓚᐅᕈᑎ - ᐊᖕᒋᕋᒥ ᐃᑉᐱᒍᓱᓐᓇᐅᑦ. ᐊᐃᑉᐸᑎᓚᐅᖅᑕᖕᒐ ᓄᓇᒥ, ᑐᐱᕐᓂᑦ ᐊᒻᒪ ᑰᓐᓂᑦ. ᐅᖃᖅᑲᐅᒐᒪᐃᓛᒃ, ᐊᖕᒋᕋᕆᔭᐃᑦ ᓄᓇᓕᐅᔪᖅ ᐊᑯᓐᓂᖕᒋᓐᓃᑉᐸᑦ ᑳᒃᑯᓇᓂ ᐃᓪᓗᓂᑦ, ᑳᒃᑯᐊᑕᐅᖅ; ᐃᓪᓗᐃᑦ ᐱᑕᖃᖅᑐᖅ ᐊᓯᖕᒋᓐᓂᑦ ᐃᓪᓗᓂᑦ. ᕿᒥᕐᕈᓯᒪᔪᖕᒐ ᐊᔾᔨᖖᒍᐊᓂᑦ ᐊᔾᔨᐅᖕᒋᑦᑐᓂᑦ ᓇᑐᓇᐃᔭᖅᓯᒪᑦᑎᐊᖅᑐᓂ ᐅᑭᐅᑕᖅᑐᒥ ᐊᖕᒋᕋᓂᑦ, ᑐᓂᔪᒪᔭᒃᑲ ᐳᓚᕋᖅᑎᑦ ᐃᓂᖕᒐᓃᑲᐃᓐᓇᕐᓗᑎ ᐅᑭᐅᑕᖅᑐᒥ ᓄᓇᓕᒻᒥᑕᕆ.

ᐊᒻᒪᓗᑦᑕᐅᖅ, ᐱᐅᒋᔭᒃᑲ ᓇᓗᓇᐃᔭᖅᓯᒪᓂᖕᒋᓐᓄᑦ ᐊᔅᓯᕈᕈᑎᐅᔪᑦ, ᐊᒻᒪ ᐱᖃᓯᐅᔾᔨᔪᖕᒐ ᑐᓴᐅᒪᔾᔪᑎᓕᕆᓂᕐᒧᑦ. ᓂᔾᔭᐅᓯᔭᖅᑎᐅᔪᖕᒐ, ᑐᓐᖕᒐᕕᒋᑦᑐᓂᒋᑦ ᐊᑐᖅᑲᑦᑕᖅᑕᖕᒋᓐᓂ ᓂᐱᖃᖅᑐᖕᒐ, ᓂᔾᔭᐅᓯᔭᓚᐅᖅᑐᖕᒐ, ᑕᑯᕋᓐᓈᕐᓂᕐᒧᑦ ᓂᐱᖃᖅᑐᖕᒐ. ᖃᓄᐃᓘᖃᑦᑕᑕᑕᒃᑲ ᑐᓐᖕᒐᓂᖃᖅᑐᑦ ᖃᐅᔨᓴᓂᕐᒥᑦ, ᑲᑎᖅᓯᕆᓂᕐᒥᑦ, ᐱᑦᑐᓂ ᓇᑭᑐᐃᓐᓇᖅ ᑭᓯᓚᑎᔾᔪᑎᓂᑦ ᐊᒻᒪ ᐃᓗᓕᖕᒋᑦ ᐊᓯᔾᔨᕐᓂᖃᖅᑎᑦᑐᒋᑦ, ᓄᑖᒥᑦ ᖃᓄᐃᓘᕈᑎᒋᑦᑐᒋᑦ ᓲᕐᓗ Hᐃᑉ Hᐊᑉ ᓂᔾᔭᐅᓯᔭᖅᑎ ᑕᐃᒪᐃᓘᕋᔭᖅᑕᖕᒐᓄᑦ ᔮᔅ ᓂᐹᕈᑎᓄᑦ. ᑕᒪᓐᓇ ᐱᖅᑯᓯᐅᔪᖅ ᐃᓯᒪᒋᓚᐅᖅᑕᕋ ᓂᔾᔭᐅᓯᔭᖅᑎᐅᓚᐅᖅᑐᖕᒐ, ᖃᐅᔨᓴᖅᑐᒋᑦ Hᐃᑉ Hᐊᑉ ᐊᒻᒪ ᑖᓂᓯᕈᑎᓄᑦ ᑎᐊᒃᓄ ᓂᔾᔭᐅᓯᔭᕐᓂᖅ ᐊᒻᒪ ᑭᖕᒍᐊᒍᑦ ᖃᐃᖅᑯᔭᐅᓚᐅᖅᑐᖕᒐ ᐆᑦᑐᕐᓗᖕᒐ ᐃᓄᐃᑦ ᑲᑕᔾᔭᓂᕐᒥᑦ, ᐊᒻᒪ ᕿᓚᐅᑦ ᐃᓄᓐᓄᑦ ᐊᑐᖅᑲᑦᑕᖅᑕᖕᒐ. ᑕᐃᒪᓐᓇ ᐃᓯᒪᓚᐅᖅᓯᒪᖕᒋᑦᑐᖕᒐ ᖃᐅᔨᓴᓂᕐᒥᑦ ᑭᓯᐊᓂ ᓄᓇᓕᒻᒥᐅᑕᐅᔪᖅ ᖃᐃᖅᑯᒻᒫᖕᒐ ᑕᐃᒪᐃᓕᐅᕐᑐᖕᒐ, ᐊᒻᒪ ᐊᑐᕈᓐᓇᖅᓯᑐᐃᓐᓇᓚᐅᖅᑕᕋ ᐅᕙᓄᑦ ᐅᖃᕈᓐᓇᕐᓂᕋ ᐱᐅᓯᑎᒋᐊᖅᑐᒍ, ᐱᖅᑯᓯᓄᑦ ᓇᑐᓇᐃᕈᑎᖃᖅᑐᓂᑦ ᑳᒃᑯᓇᓂᑐᑦ.

ᓂᔾᔭᐅᓯᔭᕐᓂᕋ ᐊᓯᔾᔨᖅᑐᖅ ᐊᑯᓂᐅᓂᖕᒐᓄᑦ ᑭᓯᐊᓂ ᐊᑐᓕᕋᒪ ᑕᕐᕆᔭᓕᐅᓂᕐᒥᑦ ᐊᔾᔭᖕᒐᑎᑐᑦ - ᑭᓯᖃᖅᑎᑦᑎᓂᕐᒧᑦ ᑐᖅᑯᖅᑕᐅᓯᒪᔪᑦ, ᓇᒻᒥᓂᖅᑕᐅᖅ ᐅᕙᓐᓃᖕᒐᔪᓂᑦ, ᐊᒻᒪ ᐱᐅᓯᑎᒋᐊᒃᑲᓂᖅᑐᒋᑦ ᑳᒃᑯᐊ ᐊᒻᒪ ᑲᑎᑦᑎᑦᑐᒋᑦ ᐱᐅᔪᒥᑦ ᑕᑯᕋᓐᓈᑎᑦᑎᓂᕐᒥᑦ, ᑕᐃᒪᐃᓐᓂᖃᖅᑎᑦᑐᒍ, ᐱᒋᐊᖅᑎᓕᓚᐅᖅᑕᒃᑲ ᑳᒃᑯᐊ ᑕᕐᕆᔭᐃᑦ ᐊᒻᒪ ᓂᐱᓕᐅᖅᓯᒪᔪᑦ ᓴᓇᔭᐅᓯᒪᔪᓂᑦ ᑕᑯᔭᒐᖃᕐᕕᓐᓂ ᐊᒻᒪ ᐋᖅᑭᑦᑕᐅᓂᖕᒋᓐᓄᑦ ᐃᖅᑲᓇᐃᔭᒃᑲᓂᖅᑐᖕᒐ.

ᑐᕌᖅᑕᖕᒐᓄ ᓄᓇᖕᒍᐊᓕᐅᕐᓂᖅ ᐱᔪᒪᓂᖃᕐᕕᒋᔭᕋ ᐊᒥᓯᒐᓚᐅᓕᖅᑐᓂᑦ ᐊᕐᕌᒍᓂᑦ. ᐃᓚᒍᑕᒋᔭᖕᒐ VJ, ᐅᕚᕙᓘᓐᓃᑦ ᑕᑯᔅᓴᐅᓂᒃᑯᑦ ᑕᑯᕋᓐᓈᑎᑦᑎᓂᖅ, ᐃᖅᑲᓇᐃᔮᑎᓯᒪᔭᕋ, ᐃᓚᒍᑕᒋᔭᖕᒐ ᐅᕙᖕᒐ ᓂᔾᔭᐅᓯᔭᓂᕐᒧᑦ ᐃᖅᑲᓇᐃᔭᓂᕐᒧᑦ. ᐱᐅᓯᒋᓚᐅᕋᒃᑯ ᕿᒥᕐᕈᓗᒋᑦ ᐊᓯᖕᒋᑦ ᑕᑯᔅᓴᐅᔪᑦ ᐃᓪᓗᓂᑦ ᐱᑕᖃᖅᑐᓂᑦ ᓯᓚᑖᓂ ᑳᒃᑯᓇᓂ ᓇᑐᓇᐃᖅᓯᒪᑦᑎᐊᓂᖅᓴᓂᑦ ᐃᒐᓛᑦ ᑭᓪᓚᖕᒋᑦ ᐊᒻᒪ ᑰᖕᒋᑦ, ᐊᒻᒪ ᑖᓐᓇ ᑕᑯᔅᓴᐅᑎᑦᑎᓂᐅᔪᖅ ᐊᔾᔨᒌᖕᒋᑦᑐᓂᑦ ᐊᔾᔨᖖᒍᐊᓂᑦ ᑕᑯᔅᓴᐅᑎᑦᑎᓚᐅᖅᑐᑦ ᓄᓇᓕᒻᒥ ᐊᔾᔨᒌᖕᒋᓐᓂᖕᒋᑦ ᐊᒻᒪ ᑕᕝᕙᓂᔅᓴᐃᓐᓇᖅ ᐅᕙᓐᓄᑦ ᓇᑐᓇᐃᔭᖅᓯᒪᓂᖕᒋᓐᓄᑦ ᐊᔅᓯᕈᕈᑎᖃᕐᓗᖕᒐ ᐊᔭᐅᕆᐊᕐᓗᖕᒐ ᐱᓚᕆᓂᕆᔭᕋ ᓂᔾᔭᐅᓯᔭᖅᑎᐅᓂᕐᒧᑦ ᓯᕗᒧᒋᐊᕐᓗᒍ.

ᐊᔾᔨᓕᐅᖅᑕᐅᓯᒪᔪᑦ ᔨᕌᓂᒧ ᐃᓄᑎᐅᑉ ᓴᓇᔭᖕᒋᑦ ᐊᖕᒋᕐᕋᓐᓄᑦ ᐅᖅᑳᓚᒍᖕᒐ, ᑕᑯᔭᒐᖅᑲᖅᕕᖕᒥᑦ ᐊᖕᒋᕐᕋᒧᑦ / *Ruovttu Guvlui / Towards Home*, 2022

Polaroidagovva biddjojuvon Geronimo Inutiq dahkan installašuvdnii *Riŋgemin ruoktot* čájáhusas ᐊᖕᒋᕐᕋᒧᑦ / *Ruovttu Guvlui / Towards Home*, 2022

Polaroid included in Geronimo Inutiq's installation *I'm Calling Home* in the exhibition ᐊᖕᒋᕐᕋᒧᑦ / *Ruovttu Guvlui / Towards Home*, 2022

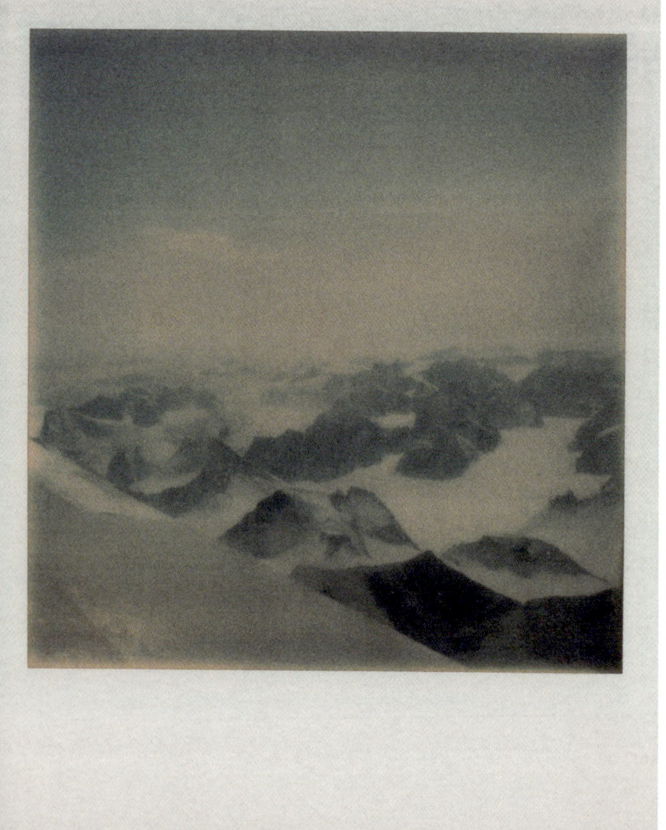

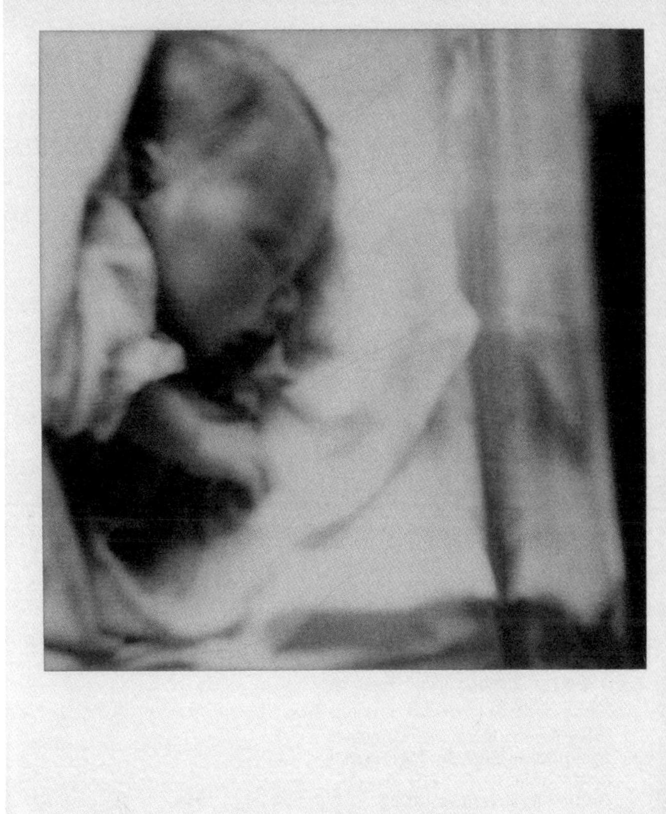

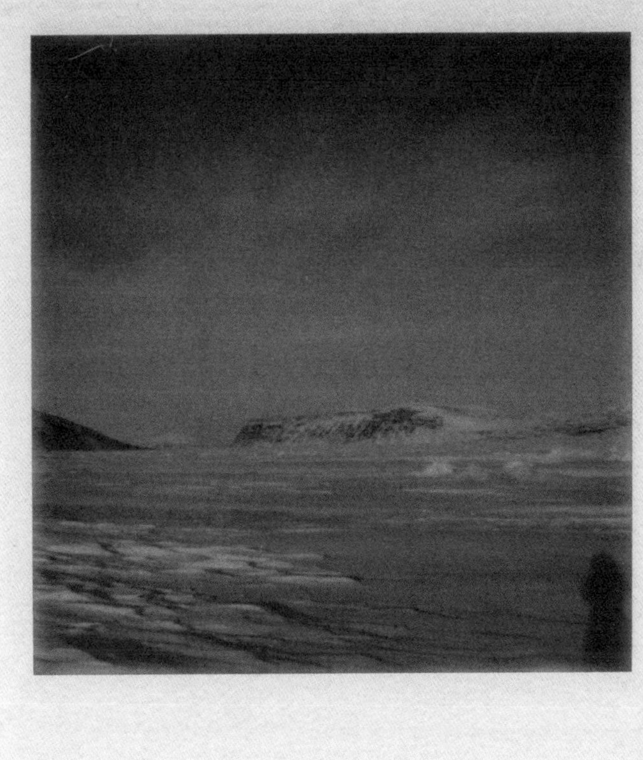

Rafico Ruiz
ságastallamin
Geronimo Inutiq:in

RIŊGEMIN RUOKTOT

ᐊᔾᔨᓕᐅᖅᑕᐅᓯᒪᔪᑦ ᔩᕋᓂᒧ ᐃᓄᑎᐅᑉ ᓴᓇᔭᖏᑦ ᐊᖏᕐᕋᓐᓄᑦ ᐅᖄᓚᒍᖕᒐ, ᑕᑯᔭᒐᖅᑲᕕᖕᒥᑦ ᐊᖏᕐᕋᒧᑦ / *Ruovttu Guvlui / Towards Home*, 2022

Polaroidagovva biddjojuvon Geronimo Inutiq dahkan installašuvdnii *Riŋgemin ruoktot* čájáhusas ᐊᖏᕐᕋᒧᑦ / *Ruovttu Guvlui / Towards Home*, 2022

Polaroid included in Geronimo Inutiq's installation *I'm Calling Home* in the exhibition ᐊᖏᕐᕋᒧᑦ / *Ruovttu Guvlui / Towards Home*, 2022

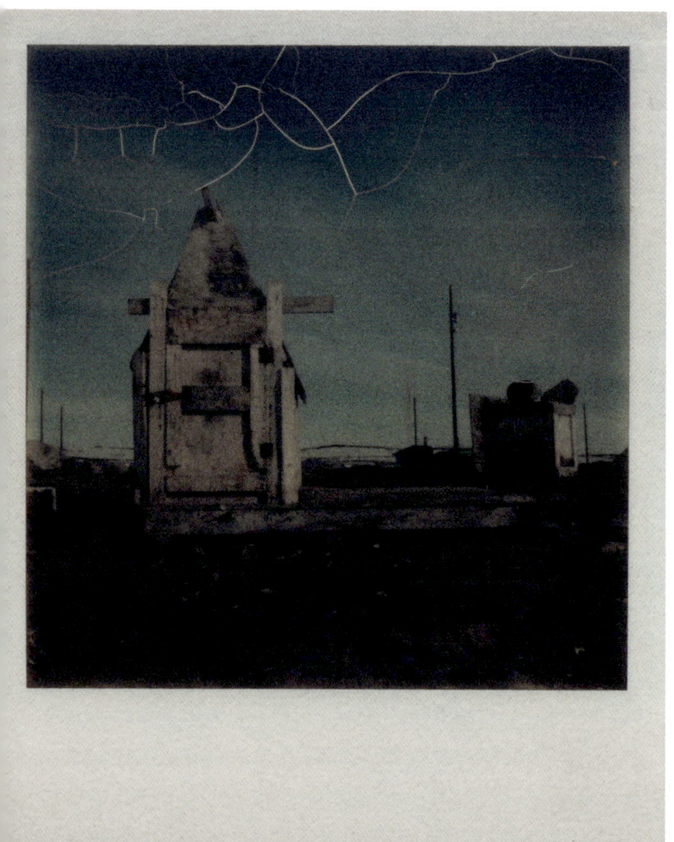

Rafico Ruiz: Maid mearkkaša dutnje *angirramut,* dahje *ruovttu guvlui* dahje *towards home*, nugo mii jorgalit dan dáppe?

Geronimo Inutiq: Munnje lea dát čájáhus, *ruovttu guvlui*, kollektiiva čájáhus, mas leat iešguđetge ovttaskas dáiddárat iešguđetge árktalaš servodagain, geain leat olu oktasaš vuogit geahččat idea dahje jurdaga ruovttu birra, dihto geahččanguovllus. Muhto makkár geahččanguovllus? Mii leat máddin Kanádas, urbána oktavuođas, ja mii geahččat iehčamet ruovttu ideaid guvlui, mat leat olggobealde dán mátta birrasa, Árktisis, juogo Nunavutas, Nunavikas, dahje Ruonáeatnamis, dahjege Sámi ruovttueatnamiin Norggas. Dá lea vihttá, dahje dádjadanmearka.

RR Go don válddahalat iežat installašuvnna mii lea čájáhusas, de geavahat sáni *memoryscape,* muitoeanadat. Mu mielas dat lea eará vuohki hállat johtimis *ruovttu guvlui*, go dadjá ahte "mii mannat dán muitoeanadahkii". Mun jurddašalan, anátgo iežat installašuvnna dego dakkárin masa leat čákŋaleamen muhtin lágan ruktui, dahje viiddiduvvon ruktui?

GI Go ođđasis ráhkadan iehčan persovnnalaš idea ruovttu birra – mii lea juoga subjektiivvalaš ja mu sielu siste – dat lea duođaid hástaleaddji. Muhto mu vásihus lea, ahte go gallestalan eará olbmuid ruovttuid, de áddegoađán ahte leat olu áššit mat leat dábálaččat dan dáfus mii ruoktu lea. Ruoktu lea seaguhus mas leat idealat, muittut, áigerámmat: Min muittut leat báhkkejuvvon aiddo vássán viđá sisa, dolá vássán viđá sisa, dáláža ja boahtteváčča sisa. Maid mun geahččalan bargat, go lean eallán davvin ja go boađán servodagas gos mii oaččuimet eallámuša eatnamis dihto áiggiid jagis, lea govvidit ja gulahit dán sakkarat earálágan birrasa máddin ássi oahppaladdiide doasas mii lea galleriijasajis.

RR Du installašuvnnas leat eatnat elemeanttat, muhto mun beroštuvan earenoamážit rádio oasis. Sáhtášitgo muitalit rolla birra, mii rádiosáddagiin lea davvin, ja mo dat sáhtášedje gullot galleriijasajis?

GI Báikkálaš rádiosáddagiin lea hui deaŧalaš doaibma árktalaš servodagas. Dat lea gaskaoapmi mainna gulahallat sosiála duođalašvuođaid birra ja kultuvrralaš seailumis, ja mainna juohkit diehtuid. Ja dat ii mana duššе ovtta guvlui, mas lea gulaheaddji gii addá diehtuid. Olbmot geavahit rádio riŋget studioi ja muitalit rádios muitalusaideaset dahje vásihusaideaset. Sis soaitá dieđáhus man háliidit gulahit garášagávppi birra. Juohkehaččas lea rádio ruovttus. Dan bokte gulat dálkedieđáhusaid, dieđuid ahcci čáziid birra, juohke lágan hui anolaš dieđuid beaivvis beaivái eallimis davvin. Rádio veahkeha beaivválaš vieruid rámmet sisa ja geahpida gulahallama báikegotti lahtuid gaskkas.

Mun bajáššadden eatni luhtte, gii válddii mu mielddis iežas bargosadjái. Son sáddii *Eastern Arctic News* [nuorta árktalaš ođđasiid] inuktitut gillii CBC [Kanáda sáddehatkompaniija] visttis. Árrat juo bessen oaidnit, man stuorra váikkuhus rádiosáddagis sáhttá leat, earenoamážit go gullen dan eará olbmuid geahčen. Jurddašin rádio miellagiddevaš giktan: Báikkálaš sáddehat mii gilvá ja šaddada davvi servodaga. Gažaldat munnje leai dat, mo dán dihto davvi biergasa sáhtán sajustit mátta dáiddagalleriija dahje musea dahje kulturguovddáža oktavuhtii, ja mo buvttadit čájáhusa ja oažžut velá gussiid muitalit dan birra.

Okta váddáseamos hástalusain munnje – gii anán ja identifiseren iehčan kultuvrralaš searvevuođa ja čearddalaš searvevuođa lahttun dahje nálle lahttun dahje manin don de háliideaččat gohčodit dan, mun lean oainnat oassi inuihta servodagas – lea ahte mun dávjá dovddan veaháš errejumi dahje sierraneami, dannego lean maiddái máŋggakultuvrralaš urbána borgár. Mun lean máilmmi ja Kanáda borgár, ja mun lean abstraherejuvvon konstrukšuvnnas mii inuihta identitehta lea, goitge iehčan beaivvis beaivái eallimis gos dál ásan, Winnipeg gávpogis. Nu ahte rádio munnje máddin šattai inuihta servodaga kultuvrralaš symbolan, márkanin ja gaskaoapmin gulahit inuihta sosiála duođalašvuođaid birra, bisuhit kultuvrra eallin ja juohkit buot lágan dieđuid mat gusket máilmmi ođđasiidda, politihkkii dahje beaivvis beaivái olbmuid gaskasaš áššiid. Dat leai duođaid valjálaš ja viidát leavvan gaskkusteaddji geahččaladdan dihtii vuorroságastallama servodaga birra.

RR Mo don barget, go galget válljet daid gussiid, geat leat mielde čájáhusas? Mun dieđán, ahte áigumuš lea čájehit mahkáš rádiostašuvnna, muhto seammás leat das duohta muitalusat, don oassálasttát buiga ságastallamiidda iešguđetge gussiiguin.

GI Nu fal, rádiostašuvdna šattai muhtin lágan doassan, mainna buvttada jietnabihtá. Ja mii guoská gussiide, de lean beassan mátkkoštit barggu dihtii go lean musihkar. Mun bovdejuvvojin doallat bargobájiid báikegottiin davvin, ovdamearkka dihtii, ja čuojahit musihka. Dan geažil bessen váldit oktavuođa ovttaskas olbmuiguin, geaid ledjen mátkkoštettiinan deaivan, ja geaid jurddašin máhttit muitalit muitalusaid dahje veahkehit mu buvttadit bihtá. Báikkálaš rádiosáddagiin leat iešguđetge oasit, musihkka ja ođđasat ovdamearkka dihtii, ja dat lágiduvvojit iešguđetge láhkai. Go ságastallen dán birra Taqralik:in [Partridge], de jurddašin ahte moai sáhtášeimme ráhkadit oasi báikegotti diehtáhusaid birra. Mun váldigohten oktavuođa olbmuiguin geat leat mu iehčan birrasis, ja geain dáidet leamen miellagiddevaš oainnut, muhto geat maid háliidedje ovddastit inuihta servodaga girjáivuođa. Mun lean urbána eamiolmmoš ja mun identifiseren iehčan earenoamážit Clyde River inuihta báikegottiin, muhto mus leat ustibat davvi Quebecas. Dát leat ustibat, geat bohtet iešguhtege guovllus ja hállet iešguhtege inuktitut suopmana, ja vižžet eallámuša ja birgejumi iešguđetge birrasiin go dain maid mun anán árktalaš birasin. Nubbi sáhttá boahtit hui jalges báikkis, ja nubbi sáhttá boahtit hui gáisás guovllus, muhto goappašagat boahtiba árktalaš guovllus, ovdamearkka dihtii. Muhtin inuihta báikegottiin šaddet muorat.

Háliidin bovdet maiddái eará árktalaš servodagaid lahtuid oassálastit dán vuorroságastallamii. Namma *I'm Calling Home (Lean riŋgemin ruoktot)* muitala lavtta birra mii rádios lea, dan doaibmanávccaid birra ráhkadit vuorroságastallama ovttaskas olbmuid gaskii, vuogi birra mo dat sáhttá geavahuvvot hállat ruoktot ja ruovttu jurdagii. Ja iige dás leat sáhka dušše ruovttus viesu siste, muhto eatnamis maiddái, dannego doppehan inuihtat ja eará árktalaš álbmogat duođaid ellet. Doppe lea, olugiidda mis, gos min ruovttu dovdu lea. Riŋgemin ruoktot, mii leat vásiheamen jurdaga, idea, mii árktalaš ruoktu lea, máŋgga dásis.

Rádioprográmma lea viesus davvin, riššadoassaviesu siste, mii lea *I'm Calling Home (Lean riŋgemin ruoktot)* installašuvnna guovddážis. Riššadoassaviessu lea vissis ráhkadustiipa, man mielde ceggejuvvojedje viesut árktalaš guvlui 1950 logu rájes, ja mii lea generálaš viessomálle. Viesu hápmi sulastahttá riššadoasa, ja dat ceaggá čuolddaid alde, dannego visot lea eatnama bajábealde, agibeaiduolu alde. Ja viessu lea árktalaš birrasis ja báikegottis, ja dát báikegoddi ollá viessogaskkaide.

RR Diet lea hirbmat miellagiddevaš. Veahkeha duođaid mu oaidnit du installašuvnna eará čuovggas. Rádio lea ráhkaduvvon ladnjes vuogi mielde jietnabáruin, mat čatnet buot oktii. Don maiddái čilget tealttá uksanjálmmi ja saji man dat atná. Okta elemeanta mii duođaid meroštallá saji lea johka. Ledjetgo láidemin oahppaladdiid man nu guvlui, go bidjet joga dakko?

GI Álgoálggus leai mu jurdda, ahte installašuvdna leai rádioprográmma, ja dat leai oaivvilduvvon čuodjat viesu siste. Dan viesus galge sáhttit geahččat lássaráigge olggos ja oaidnit árktalaš eanadaga. Ja de dát jurdda, mas galggai geahččat vel siskelebbui davvi ruktui, viidánišgođii velá olggobeallai viesu liegga ja sulolašvuođa dovdduid. Dallego mun bajáššadden, de lávii mu bearaš goađástallat geasset meahcis. Vuosttas jagiid eallimisttán orron tealttás geasi áigge, ja dakkaviđe go geassi nogai, de ásaimet riššadoassaviesus. Mu ruoktu ollá guhkkelii go dušše vissui. Ja johka dakko lahka, dat šattai dihto eanamearkan, hui earenoamáš eanamearkan, dannego dat ovddasta máŋga čáhcemássá: Áhttáma, jogažiid, joga man šattan rasttidit go skuvlii lean mannamin, čáziid gos mu bearaš bivddii guoli. Čázit leat deaŧalaččat, dannego dat ráddjejit ja meroštallet báikegotti. Na, mo juo ihkinassii leažžá, jurdda *I'm Calling Home (Lean ruoktot riŋgemin)* installašuvnnain ii leat dušše ođđasis ráhkadit ja bájuhit rádioprográmma, muhto ođđasis ráhkadit báikegotti gos dát rádio doaibmá, viiddidit ruovttu jurdaga olggos eatnamii ja tealttá sisa. Doppe lea min máŋgasa ruoktu, olgun eatnamis. Ja okta vuohki mo mun ja máŋga inuihta smiehttat, lea go geahččat čáhcái.

RR Makkárin jáhkát vásihusa leamen galleriijas, go don čohkohalat riššadoassaviesus ja leat jaskat, guldalat rádioprográmma, guovllat olggos lássaráigge?

GI Dán čájáhusa gallestallit čákŋalit vissui mii lea faksimiila – viesu teáhterlaš ovddastus – muhto muhtin láhkai dorvvolaš sadji, dakkár sadji mii fállá liibba smiehttat, ja sii gehččet lássii, mii maid, dieđusge, lea faksimiila. Mu ulbmil leai ráhkadit botta, mas sii dovdet ahte sii leat aitosaččat gos nu eará sajis, lagabus eanadaga, muhto maiddái dahkat dan nu, ahte dovdo dego eará veršuvdna lássaráigge olggos geahččamis. Dus lea du iežat jurdda mii oidno go geahčat lássaráigge olggos Montréalas: Soaittát oaidnit muora, soaittát oaidnit áiddi. *I'm Calling Home (Lean riŋgemin ruoktot)* installašuvnnas, jurddalaččat don oainnát dakkáriid maid oainnášit Árktisis, earenoamáš mearkkaid mat leat áidnalunddogat Árktisii. Mun háliidan gallestalli jurddašit ja vásihit davvi eanadaga dahje inuihta gili. Lássa leai mu gaskaoapmi ođđasis ráhkadit davvi ruovttu intiimavuođa ja čatnat sisa dáid eará beliid, mat leat olggobealde, mat dahket ruovttu ruoktun.

RR Go gulan du válddahallamin lása ja riššadoassaviesu, de fuopmášan ahte dán barggus leat máŋga fysihkalaš rámma. Sáhtášitgo muitalit veaháš biggohanlása projekšuvnna birra ja dan birra mo dat govvida johtti áhttáma? Manne leai dutnje deaŧalaš bidjat dan elemeantta maid dasa?

GI Háliidin ođđasis ráhkadit moadde iešguđetlágan birrasa installašuvdnii. Nubbi leai ruovttu siskkabealde, gos lea stuollu, beavdi, rádio, lássa, soitet teajastallanbiergasat, eaŋkalis ja liekkus dovdu. Nubbi leai doppe olgun eatnamis, gos lea tealtásadji ja johka. Nugo dadjen, mu ruovttu báikegoddi lea sadji mii lea viesuid gaskkas, maiddái: Mu viessu lea nuppiid viesuid gaskkas. Mun lean čoaggán govaid árktalaš ruovttuid áidnalunddogis sierravuođain, ja háliidin daid čájehit vuohkin sajustit gallestalli davvi gilážii.

Liikon maid teknihkalaš hástalusaide, ja ovttastahttit mediaid. Mun lean mediadáiddár, nu ahte iehčan geavada vuođus barggan jienain, barggan musihkain, barggan jietnadáidagiin. Olu das maid ráhkadan, vuođđuduvvá sámplemii, mun mollen, válddán iešgudet gálduid ja bijan daid ođđa oktavuođaide, dagan juoidá ođđasa daiguin, sullii dego hip hop artisttat dahket jazzskearruiguin. Dat lea árbevierru, man bokte mun álgen mediadáidagiin bargat, sámplejin hip hop skearruid ja ráhkadin dain teknomusihka, ja maŋŋil bovdejuvvojin sámplet inuihta čottalávluma ja sierranas rumbbu mainna inuihtat čuojahit. In lean goassege jurdilan sámplemis dáinna lágiin, ovdalgo muhtin báikegotti lahttu bovdii mu dan dahkat. Ja dalle šattai munnje hui lunddolažžan lasihit iehčan sátneriggodahkii dákkár kultuvrralaš namahusaid.

Mu geavat gárggiidii dassážiigo geavahišgohten video mealgadii seamma láhkai, namalassii ohcen arkiivvain, ja maiddái ráhkadin iehčan arkiivvaid, ja dasto viidáseappot gieđahallen ja bidjen daid ođđa vugiid mielde oktii čájálmassan. Loahpaloahpas bidjagohten dáid video- ja audioráhkadusaid dáiddagalleriijaide, ja dahkagohten eambbo installašuvnnaide vuođđuduvvan bargguid.

Projekšuvdnakárten lea juoga, mas lean beroštuvvan vássán moadde jagi. Dat lea VJ, dahje visuála performance viiddideapmi, mainna lean bargan, ja mii iešalddes viiddida mu musihkkabarggu. Jurddašin ahte livččii buorre suokkardit eará beliid viesuin, mat leat lása ja joga eambbo meroštallojuvvon rámaid olggobealde, ja danne čuovgagovvačájáhus mas leat iešguđetlágan govat, lea vuohki čájehit báikegotti soddjileappot ja seammás addit alccen teknihkalaš hástalusa, mainna duvddášin iehčan geavada mediadáiddárin ovddos guvlui.

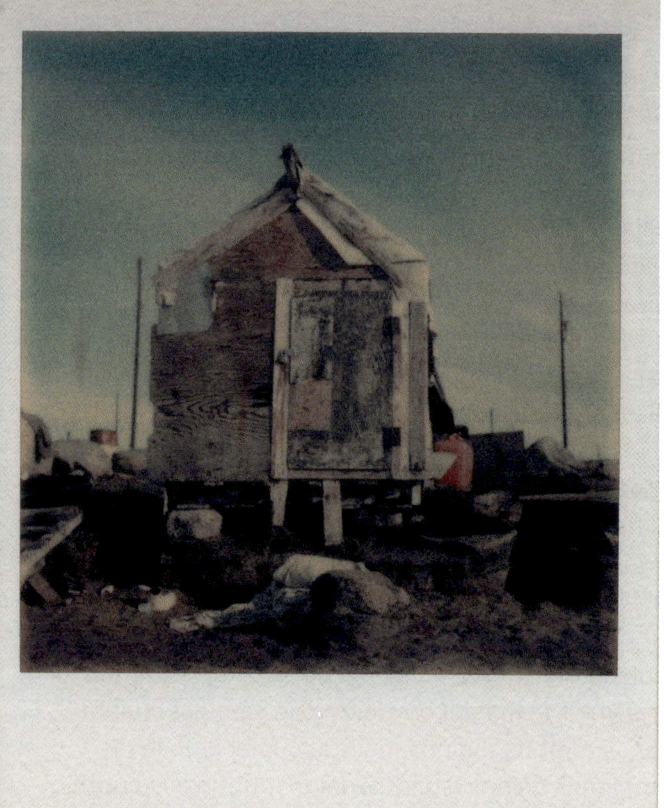

Rafico Ruiz
in conversation
with Geronimo Inutiq

CALLING HOME

ᐃᓄᒃᑎᑐᑦ-72
Sámegiella-80

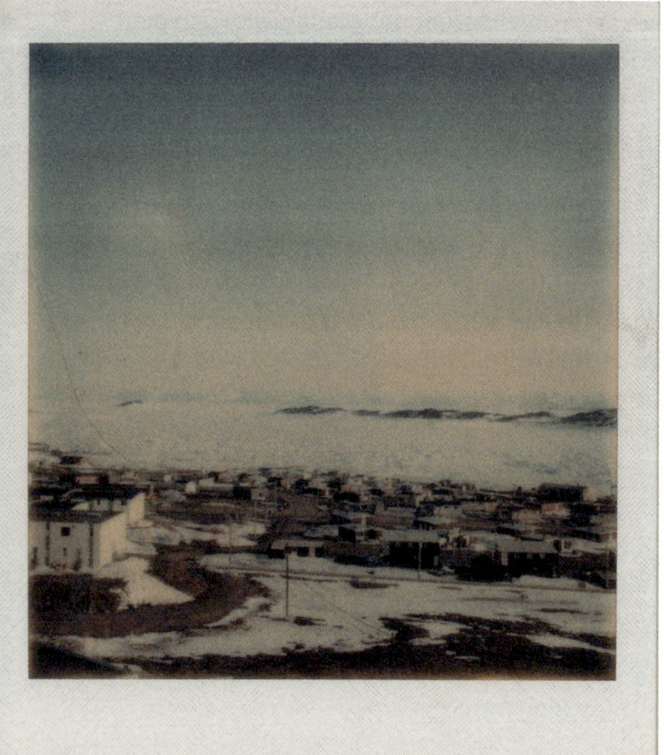

ᐊᔾᔨᓕᐅᖅᑕᐅᓯᒪᔪᑦ ᔨᕌᓂᒧ ᐃᓄᑎᐅᑉ ᓴᓇᔭᖏᑦ ᐊᖏᕐᕋᓐᓄᑦ ᐅᕐᑳᓚᒍᖕᒐ, ᑕᑯᔭᒐᖅᑲᖅᐱᖕᒥᑦ ᐊᖏᕐᕋᒧᑦ / Ruovttu Guvlui / Towards Home, 2022

Polaroidagovva biddjojuvon Geronimo Inutiq dahkan installašuvdnii *Riŋgemin ruoktot* čájáhusas *ᐊᖏᕐᕋᒧᑦ / Ruovttu Guvlui / Towards Home*, 2022

Polaroids included in Geronimo Inutiq's installation *I'm Calling Home* in the exhibition *ᐊᖏᕐᕋᒧᑦ / Ruovttu Guvlui / Towards Home*, 2022

Rafico Ruiz: What does *angirramut (ᐊᖏᕐᕋᒧᑦ),* or *towards home* as we translate it here, mean to you?

Geronimo Inutiq: To me, *Towards Home*, the project, is a collective project, with different individuals from different Arctic communities who have a lot of things in common looking towards an idea of home, from a certain perspective. But from what perspective? We're in southern Canada, in an urban context, and we're looking towards our ideas of home that exist outside of this southern environment, in the Arctic, whether in Nunavut, Nunavik, or Greenland, or in Sámi homelands. It's a point of orientation.

RR Describing your installation in the show, you use the word *memoryscape*. To me, that's another way of talking about going *towards home*, to say we "enter this memoryscape." I wonder if you see your installation as about entering a sort of home, or an expanded home?

GI Recreating my personal idea of home—which is something subjective and which exists within my psyche—is really challenging. But in my experience visiting other people's homes, I've come to understand that there are a lot of commonalities as to what home is. Home is an amalgamation of ideals, memories, and timeframes: our memories are wrapped into the immediate past, into the more distant past, into the present and future. What I try to do, having lived in the North and being from a community in which we lived out on the land certain times of the year, is to communicate this rather different environment to Southern visitors in the box of the gallery space.

RR There are many elements in your installation, but I'm specifically interested in the radio component. Could you reflect on the role that broadcast radio plays in the North and how that might come through in your work?

GI Community broadcasting plays such a pivotal role in our Arctic community. It's a means to communicate social realities, cultural survival, and to share information. And it's not just one-way, with an announcer giving information. People use the radio to call in and share their stories or their experiences. They might have an announcement to make about a garage sale. Everyone has a radio in their home. It's how you get the weather, information on the tides—all kinds of very helpful information for day-to-day living in the North. Radio helps frame routines and facilitates communication among community members.

I grew up with my mother bringing me to her workplace. She broadcast the *Eastern Arctic News* in Inuktitut at the CBC building. Even early on, I could see how much impact a radio show can have, especially when I would hear it in other people's homes. I thought of it as an interesting vector: community broadcasting as a way to create a Northern community. The question for me was about how to place this specific thing from the North in the context of a Southern art gallery or museum or cultural centre, and how to produce a show and to have guests share as well.

One of the hardest challenges, I find, as someone who identifies as a member of a cultural community or an ethnic community or a race or whatever you want to call it—I'm part of the Inuit community—is that I often feel some isolation because I'm also a multicultural urban citizen. I'm a citizen of the world and of Canada and I'm abstracted from the construct of what the Inuit identity is, at least in my day-to-day existence where I live now, in Winnipeg. So radio, for me in the South, became a kind of cultural symbol of the Inuit community, an outlet and a means to communicate Inuit social realities, to keep the culture alive, and to share any kind of information that pertains to world news, politics, or day-to-day interpersonal stuff. It was just a really rich and rife vector for exploring dialogue about community.

RR How did you go about choosing the guests that would appear on the show? I know you had this intent of it being a fictional radio station, but at the same time, there are real stories—you're engaging in real conversations with different guests.

GI Right, the radio station became a container to produce an audio piece. And as for the guests, I've had an opportunity to travel because of my work as a musician—I've been invited to lead workshops in Northern communities, for example, and to perform music—and so I reached out to individuals that I've met along the way who I thought could contribute some kind of story or help me produce a segment. A community radio show has different segments—music and news, for example—and there are different ways to program it. So, discussing this with Taqralik [Partridge], I thought maybe we could do a segment about community announcements. I started reaching out to individuals in my circle who might have interesting viewpoints, but also wanted to represent the diversity of the Inuit community. I'm an urban Indigenous person and I identify with the Inuit community of Clyde River specifically, but I have friends from northern Quebec, friends from different areas who speak different dialects of Inuktitut and who live in different environments than my perception of the Arctic environment. You could come from a very flat place, or you could come from a very mountainous area, but they're both Arctic regions, for example. Some Inuit communities have trees.

I also wanted to invite community members from other Arctic communities to participate in this dialogue. The name *I'm Calling Home* is about this interface that radio has, its capacity to create a dialogue between individuals, the way it can be used to talk to home and to the idea of home. And not just home inside the house, but out on the land as well, because that's where Inuit and other Arctic communities truly live. That's where, for many of us, our sense of home is. Calling home, we're experiencing an idea of what the Arctic home is, on multiple levels.

The radio show exists in a Northern house, a matchbox house, which is the centre of the *I'm Calling Home* installation. The matchbox house is a specific type of a construction that was deployed in the Arctic region starting in the 1950s, a kind of generic model of a house. It looks like a matchbox in its shape, and it's on pylons because everything is above the ground, on permafrost. And the house exists within the Arctic environment and in a community, and that community extends into the liminal area between houses.

RR That's super interesting. It really helps me actually see your installation in a different light. There's a layered way in which radio is made up of waves that tie everything together. One of the elements that really defines the space of the gallery is the river that you demarcated on the floor. Were you leading visitors towards something in placing the river there?

GI Initially, my idea for the installation was a radio show, and it was meant to play inside of a house. From that house you could look out of a window and see the Arctic landscape. And then the idea of looking further into the Northern home began to extend outside of the comforts of the cocoon of the house. Growing up, my family would go camping in the summer. For the first years of my life, I lived in a tent in the summertime, and once that was over, we lived in the matchbox house. Home for me extends beyond the house itself. And that river nearby, it became kind of a landmark—a very specific landmark, because it represents multiple bodies of water: sea ice, streams, the creek I would cross to go to school, bodies of water where my family would fish. Bodies of water are important in delineating and defining community. And so anyway, the idea of *I'm Calling Home* is not just to recreate a radio show, but to recreate the community in which this radio exists, to extend that idea of a home out on the land and into the tent. That's where home is for many of us, on the land. And one way for me and for many Inuit to reflect is to look at the water.

RR What do you think the experience is like in the gallery when you're sitting in the matchbox house and you're stationary, listening to the radio show, looking out the window?

GI A visitor to this exhibition enters a facsimile of a house—a theatrical representation of a house, anyway—but a kind of a safe space, somewhere that offers a moment of reflection, and they look at the window, which is also, of course, a facsimile. The goal for me was to create a moment where they find themselves virtually somewhere else, closer to the landscape, but also to make it feel like a different version of looking out the window. You have your idea of what it looks like out the window in Montréal: you might see a tree, you might see a fence. In *I'm Calling Home*, ideally you see the things that you would see in the Arctic, specific signifiers that are unique to the Arctic. I want the visitor to think about and experience a Northern landscape or an Inuit community village; the window was a means for me to recreate the intimacy of a home up North and to tie in these other aspects, outside, that make a home a home.

RR Hearing you describe the window and the matchbox house, I notice there are a number of physical frames in the work. Could you talk a bit around the porthole projection and its depiction of mobile sea ice? Why was it important for you to have that element there as well?

GI I wanted to recreate a few different environments in the installation. One of them was inside the home, with a chair, table, radio, window, maybe the accouterments for tea—a sense of homeliness. The other was out on the land, with a tent area and river. As I said, your home community is that space between the houses, too; your house exists among other houses. I've amassed some pictures of the very unique specificities of Arctic homes, and I wanted to share these as a way to situate the visitor once more within a Northern village.

Also, I do like a technical challenge, and combining media. I'm a media artist, so at the base of my practice I do sound, I do music, I do sound art. A lot of what I do is based in sampling, mashing up, taking disparate sources and recontextualizing them, doing something new with them, kind of like what hip-hop artists would do with jazz records. That's the tradition I came up into in media art, sampling hip-hop records and then making techno music, and later I was invited to sample Inuit throat singing and the particular drum Inuit use. I had never thought of sampling this way until a community member invited me to do it, and then it became very natural for me to extend my vocabulary, with cultural signifiers like these.

My practice evolved until I was using video in much in the same way—sourcing archives, also making my own archives, and then further treating these and putting them together in novel ways for performances. Eventually, I started deploying these video and audio compositions in art galleries and doing more installation-based work.

Projection mapping is something I've been interested in for the past few years. It's an extension of the VJ, or visual performance, work I've been doing, which itself is an extension of my music work. I thought it could be neat to explore other facets of houses that exist outside these more defined frames of the window and river, and so this slideshow of different pictures was a way to present the community dynamically and at the same time give myself a technical challenge to push my practice as a media artist forward.

ᐊᔾᔨᓕᐅᖅᑕᐅᓯᒪᔪᑦ ᔩᕋᓂᒧ ᐃᓄᑎᐅᑉ ᓴᓇᔭᖕᒋᑦ ᐊᖕᒋᕐᕋᓐᓄᑦ ᐅᖅᑳᓚᕗᖕᒐ, ᑕᑯᔭᒐᖅᑲᖅᐱᖕᒥᑦ ᐊᖕᒋᕐᕋᒧᑦ / *Ruovttu Guvlui / Towards Home*, 2022

Polaroidagovva biddjojuvon Geronimo Inutiq dahkan installašuvdnii *Riŋgemin ruoktot* čájáhusas ᐊᖕᒋᕐᕋᒧᑦ / *Ruovttu Guvlui / Towards Home*, 2022

Polaroid included in Geronimo Inutiq's installation *I'm Calling Home* in the exhibition ᐊᖕᒋᕐᕋᒧᑦ / *Ruovttu Guvlui / Towards Home*, 2022

Elin Kristine Haugdal

HOME: LEARNING FROM SÁPMI

Interpretive plan sketch by Joar Nango of Lásságámmi, Valkeapää's home in Ivgobahta (Skibotn), based on the plan by architect Eino Jokinen

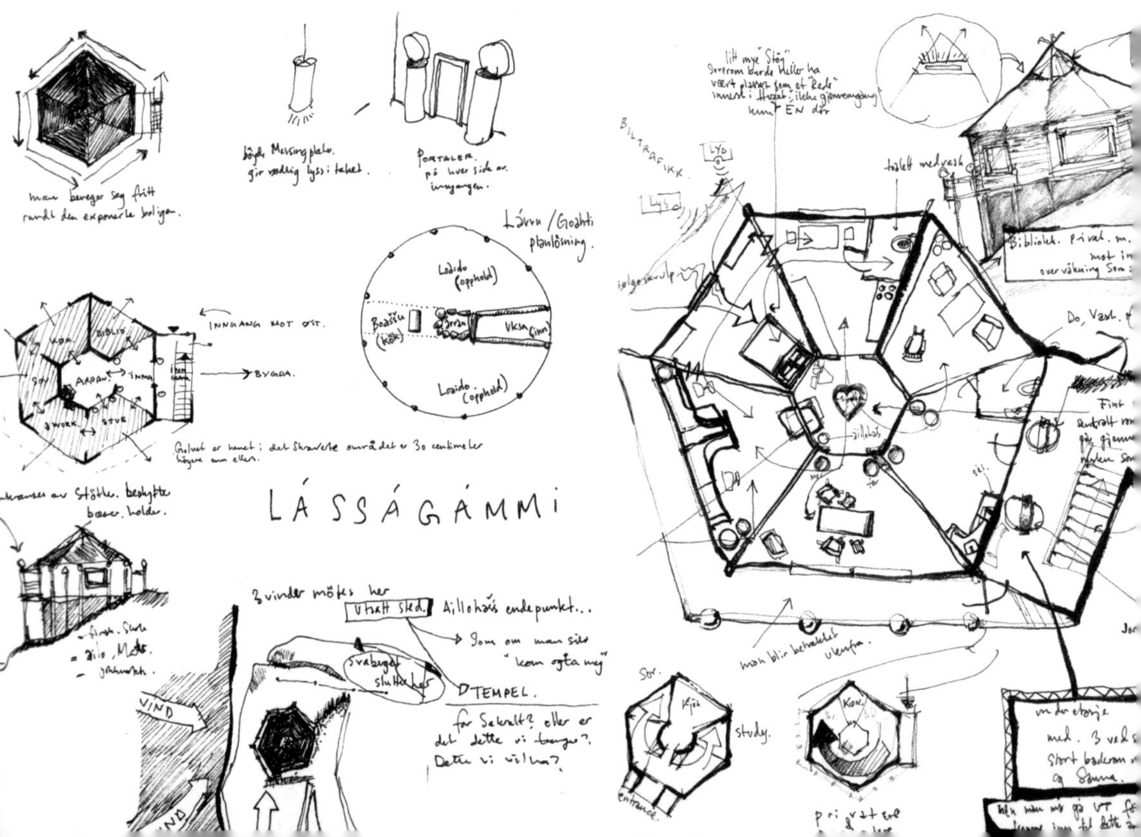

"Mu ruoktu lea mu váimmus, ja dat johtá mu mielde," (My home is in my heart, and it travels with me) wrote the Sámi poet Nils-Aslak Valkeapää in the mid-1980s.[1] In his poem, Valkeapää described the nomadic way of life of reindeer herders: following the seasons, the sun, and the wind, and returning to the same places full of memories and promises. He embraced a joyful and holistic relation to nature and to all living creatures, and celebrated the way that Indigenous peoples have used the landscape of the tundra, with its fjords and rivers. Thus, the heart in Valkeapää's poems and pictures gives life to the concept of home and creates "a widened understanding of what home may be."[2]

Valkeapää, also known as Áillohaš, was a multidisciplinary artist and a revitalizer of Sámi culture as well as of Indigenous culture globally, acknowledged as "the voice that represented us all with precision, knowledge and wisdom," in the words of contemporary Sámi author Sigbjørn Skåden.[3] Valkeapää's generation underwent the loss of nomadic and seminomadic life, and with it the transition to fixed residential houses unadapted to the traditional Sámi way of life.[4] Though his widened understanding of home sprung out of an Indigenous lifeworld that is in many ways lost, he showed through his poetic and political life that it is also vital and renewable. In this context Valkeapää represents the elders and serves as a symbol of the changes undergone by Sámi communities. Skåden, on the other hand, represents the next generation and the manifold and mandatory inheritance of the Sámi communities in the North and the South, in the rural areas and in the cities, and in the future—adding to his acknowledgement of Valkeapää that "No single voice can represent us all."[5] As these figures represent, Sámi conceptions of home—layered with history, tradition, the realities of contemporary life, and future speculations—are in a constant state of pressure and change. The Sámi home is a lesson in loss, adaptation, and ingenuity.

Finding Home and the Unhomely

How is the Indigenous home manifested when not only in the heart or in a poem, but in built form? One entrance to this question can be found in Välkeapää's private house, Lásságámmi, designed in the 1990s by his friend, the Finn-

1. Nils-Aslak Valkeapää, *Ruoktu Váimmus*, translated to *Trekways of the Wind* (1985). This poem is probably Valkeapää's most widely known work.

2. Harald Gaski, "Nils-Aslak Valkeapää: Indigenous Voice and Multimedia Artist," *Alternative* 2 (2008): 161. For Lásságámmi, see Matti Aiko, "Eino Jokinen telling about Lásságámmi," 2021, video interview, www.lassagammi.no/cppage.6406677-562573.html.

3. Sigbjørn Skåden, "In the Pendulum's Embrace," in *Nils-Aslak Valkeapää / Áillohaš*, eds. Geir Tore Holm and Lars Mørch Finborud (Norway: Henie Onstad Kunstsenter and Nord-Norsk kunstmuseum, 2020), 51.

4. The Valkeapää family migrated with their reindeer, but the German army destroyed their permanent house in Aatsa, where they spent summers.

5. Skåden, "In the Pendulum's Embrace," 51.

ish architect Eino Jokinen. Situated on a seafront cliff in Ivgobahta (Skibotn) in Northern Norway—near the borders between Norway, Sweden, and Finland which physically and symbolically divide the land of the Indigenous peoples of the Nordic North—the house represents *home* in a broadened and Indigenous sense.[6] In the centre of Lásságámmi's hexagonal floorplan and conical form is *árran*, the hearth, connecting earth and heaven through a smoke vent and a glassed opening. This centre—marked with a symbolic *váimmoš* (heart) on Jokinen's sketch—corresponds with the spatial pattern in the traditional Sámi *goahti*.[7] The goahti was his childhood home and, as in many archetypical patterns, was seen as a reflection of the cosmos.[8] The inspiration from the Sámi building traditions in Lásságámmi can also be found in the use of natural materials like timber and stone, while the large window openings to all directions give a broad horizontal view and bring nature inside through sight and sun.

What can we learn from Lásságámmi? At the same time as it is indeed a unique building, it also conveys profound values of Sámi home and belonging, both looking back in history and forward towards new and sustainable ways of living. The house is simultaneously self-determined and referential,

6. Harald Gaski, "Hjemme i hjertet," 2014, www.lassagammi.custompublish.com/hjemme-i-hjertet.5533420-315479.html.

7. The *goahti* is defined by its construction, and is a Sámi hut or tent covered with either peat moss/turf, timber, or fabric. The fabric-covered goahti is bigger than the more mobile tent, the *lávvu*.

8. Astrid Fadnes and Joar Nango, "Lásságámmi," in *Nils-Aslak Valkeapää / Áillohaš*, eds. Geir Tore Holm and Lars Mørch Finborud (Norway: Henie Onstad Kunstsenter and Nord-Norsk kunstmuseum, 2020), 221–231; Randi Sjølie, "Fra gamme til trehus," in *Arkitektur i Nord- Norge*, eds. Ingebjørg Hage, Elin Haugdal, Bodil Ruud, and Sveinulf Hegstad (Bergen: Fagbokforlaget, 2007), 203–35.

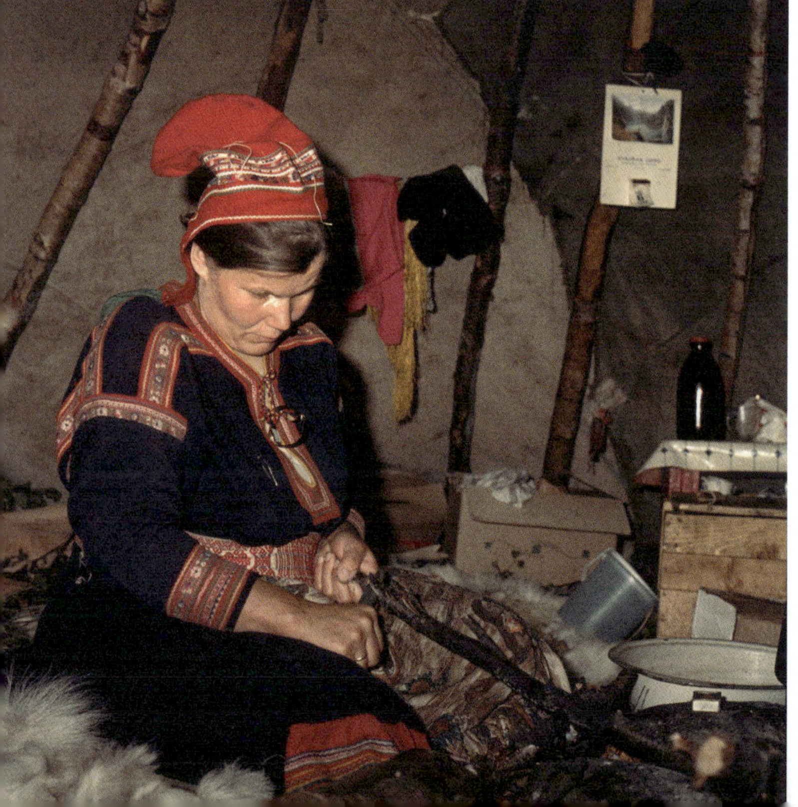

Inside the summer tent in Guovdageaidnu (Kautokeino) in the 1960s, making a fire in *árran*. Photograph by Valerie Stalder

specific to site and related to tradition. It is built with care and sustainable materials, has user-oriented design, and is filled with artwork, music, and people. Though Valkeapää only lived in his house for half a year, Lásságámmi's current use as a residence for artists and researchers is a further reason for seeing it as a pivotal point for reflection on Indigenous notions of home.

For this context, I have chosen a dozen homes in Sápmi that are imagined, sketched, planned, remembered, or realized, ranging in time from the reconstruction era after the Second World War to the present day. Most notably, these homes may all be regarded as initiated and defined from within in an attempt to create self-determined Sámi spaces for individuals, families, or the larger community.

To learn from Sápmi, however, implies to take into consideration complexity and contradictions of places and experiences—even the unhomely.[9] This is often addressed in artistic experiments, like the *Golden Ája Lapland Casino & Motel* which materialized for a short period in 2015. On Sámi land in Balsfjord in Troms, Sigbjørn Skåden, artist-architect Joar Nango, and artist Tanya Busse, together with a group of actors, transformed an abandoned chapel into a casino with tacky signs in English and Sámi and wrapped it all in a fictional story. On the inside they installed a bar and a gambling table in Sámi patterns and colours, and guests were served birch-juice cocktails and invited to take part in "Indigenous gaming." The casino is not a common typology in Sápmi, but has a double-edged presence in Indian reservations in the United States and Indigenous territories across Canada that the project in Sápmi wanted to evoke, reappropriate, and question. This unhomely, temporary casino was a strong reminder of the state of Indigenous peoples' ever ongoing fight for their land and the rights to their resources.[10] The unhomely can be understood "as an experience of liminality that unsettles national borders by highlighting the existence of 'the minority, the exilic, the marginal and emergent,' who gather 'on the edge of 'foreign' cultures'," as critical theorist Homi K. Bhabha puts it.[11] The unhomely is also a reminder of the unstable conditions of home, and a method to understand home in a broad and vulnerable way.

9. My reference here alludes to Robert Venturi, Denise Scott-Brown, and Steven Izenour, *Learning from Las Vegas* (Cambridge: MIT Press, 1972).

10. "Bygger kasino i sameland," *NRK*, April 23, 2015, www.nrk.no/tromsogfinnmark/bygger-kasino-i-sameland-1.12325394.

11. Claudette Lauzon, *The Unmaking of Home in Contemporary Art* (Toronto: University of Toronto Press, 2017), 70, quoting Homi K. Bhabha, "DissemiNation: Time, Narrative and the Margins of the Modern Nation," in *The Location of Culture* (London and New York: Routledge, 1994), 149, 39.

Loss and Reconstruction

The Sámi home can be understood through an existential lens as being strongly connected to belonging and identity in space and to longing, loss, and remembrance in time. These dynamics are apparent everywhere in the world, but deeply felt in Indigenous cultures. The loss of home experienced by Sámi populations is closely related to the causal complex of the modernization of the dwelling, the division between life and work, and the devaluation of tradition. In Sápmi this situation was strengthened by the Norwegian State's colonization and assimilation policy ("Norwegianization," ca. 1850–1950), followed by the destructions and displacements during the Second World War, and the subsequent long reconstruction era that in some regions lasted until the end of the 1970s. These cultural and ideological shifts emerged above all for the reindeer herding families as they were forced to transition from nomadic life to permanent housing.

Most of the houses from the reconstruction era were built according to standardized blueprints based on efficiency and practicality, with those in Sámi areas being built

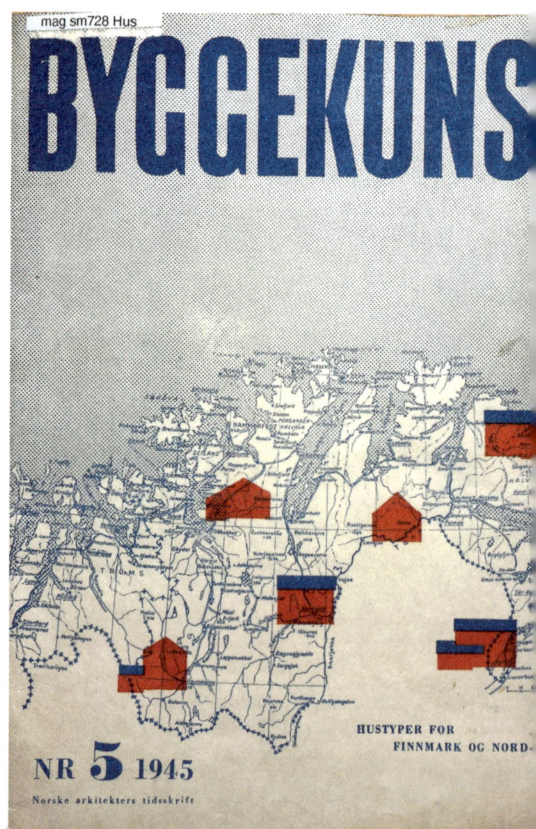

→ Front page of the Norwegian architecture review, *Byggekunst* 5, 1945, illustrating the reconstruction of Northern Norway after the Second World War

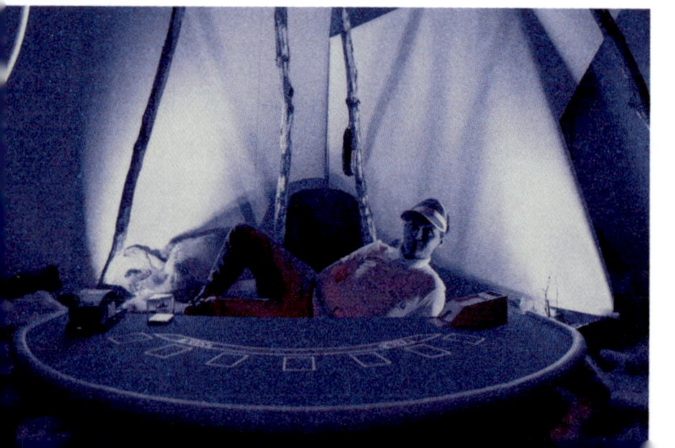

↓ Inside the Golden Ája Casino, 2015. Photograph by Camilla Jensen

12. Ingebjørg Hage, *Som fugl Føniks av asken. Gjenreisningshus i Nord-Troms og Finnmark* (Oslo: Gyldendal, 1999); Sunniva Skålnes, "Bustad og Beiteland," (Dr.Ing. diss., NTNU, 2003), 42.

13. See among others, Sunniva Skålnes, "Statleg bustadreising i Indre Finnmark," *Plan* 2 (2006): 24–29. For the situation in Finland, see Veli-Pekka Lehtola, "Second world war as trigger for transcultural changes among Sámi people in Finland," *Acta Borealia* 32, no. 2 (2015): 125–147.

14. Peter Butenschøn, "Byggeskikk på vidda," *Byggekunst* 5 (1980): 221. Translation by the author.

15. Skålnes, "Statleg bustadreising i Indre Finnmark"; Sunniva Skålnes, "Ein plass for alle meahcce-tinga," in *Hager mot nord – nytte og nytelse gjennom tre århundrer*, eds. Ingebjørg Hage, Elin Haugdal, and Sveinulf Hegstad (Norway: Orkana Akademisk, 2015), 349–383.

even smaller and with lower construction standards.[12] Two small house types were developed especially for the reindeer Sámi: one of them, the "Klemet" type, was developed by a local municipal worker in Guovdageaidno (Kautokeino) and slightly more suited to the Sámi lifestyle. It was a single-storey 8x7 metre floor plan, divided into entrance, bedroom, a kitchen larger than the living room, and a centrally placed hearth. Even though the reconstruction era was intended to raise basic living conditions for most people, the spatial pattern of these standardized houses was not well-suited to the lifestyle of the semi-nomadic reindeer Sámi population. The houses were designed for rest and for social life more than for food production and craft and they were not flexible enough to accommodate the Sámi family structure, thus forcing families to adopt another way of living.[13] As noted by architect Peter Butenschøn, "The improvement of housing standards in the 1970s is strikingly similar to what the authorities around the world practice towards ethnic minorities, with unnecessary centralization of settlement and little understanding of the traditional culture."[14]

In the 1980s, new types of standardized houses were developed for Sámi settlements in these reindeer herding regions, designed by local architects and produced by local carpentry companies. Sunniva Skålnes has examined these houses and describes them as larger and better suited to a variety of family situations, to work and production, and to the climate.[15] One of these new types was the "Joatka house," designed by the councillor in Guovdageaidno, architect Gunnar Stumo. The typical single-storey plan was extended to give space for separated utility rooms for preparing food, drying wet clothes and doing laundry, and storing outdoor equipment. Stumo's sketch also visualized possible ways of utilizing the exterior of the house, thus giving seasonal life to what architects usually consider as a fixed facade. On the gable walls there were drying racks of wood and reindeer skins, and on the roof there was a cage for storing food, similar to the way the traditional Sámi storehouse, the *njalla*, was elevated. Even if the Joatka house did not become very popular, the architect's sketch in fact demonstrates how the Sámi population has customized standardized and prefabricated homes to fit their practical needs.

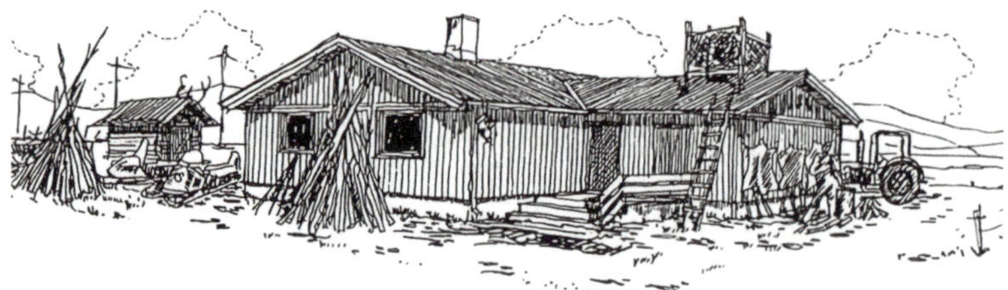

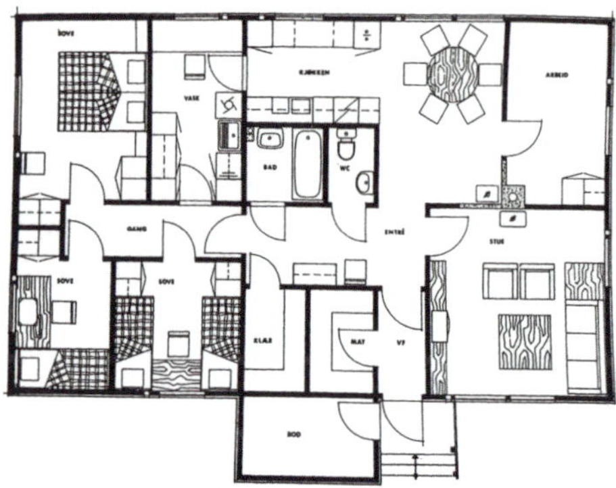

←The "Joatka" standard house designed by architect Gunnar Stumo, perspective drawing and plan, 1980

↓ One of the standardized and prefabricated houses erected in Gouvdageaidnu in Sis-Finnmárku, adapted to the Sámi way of life. Photograph by Ingrid Fadnes

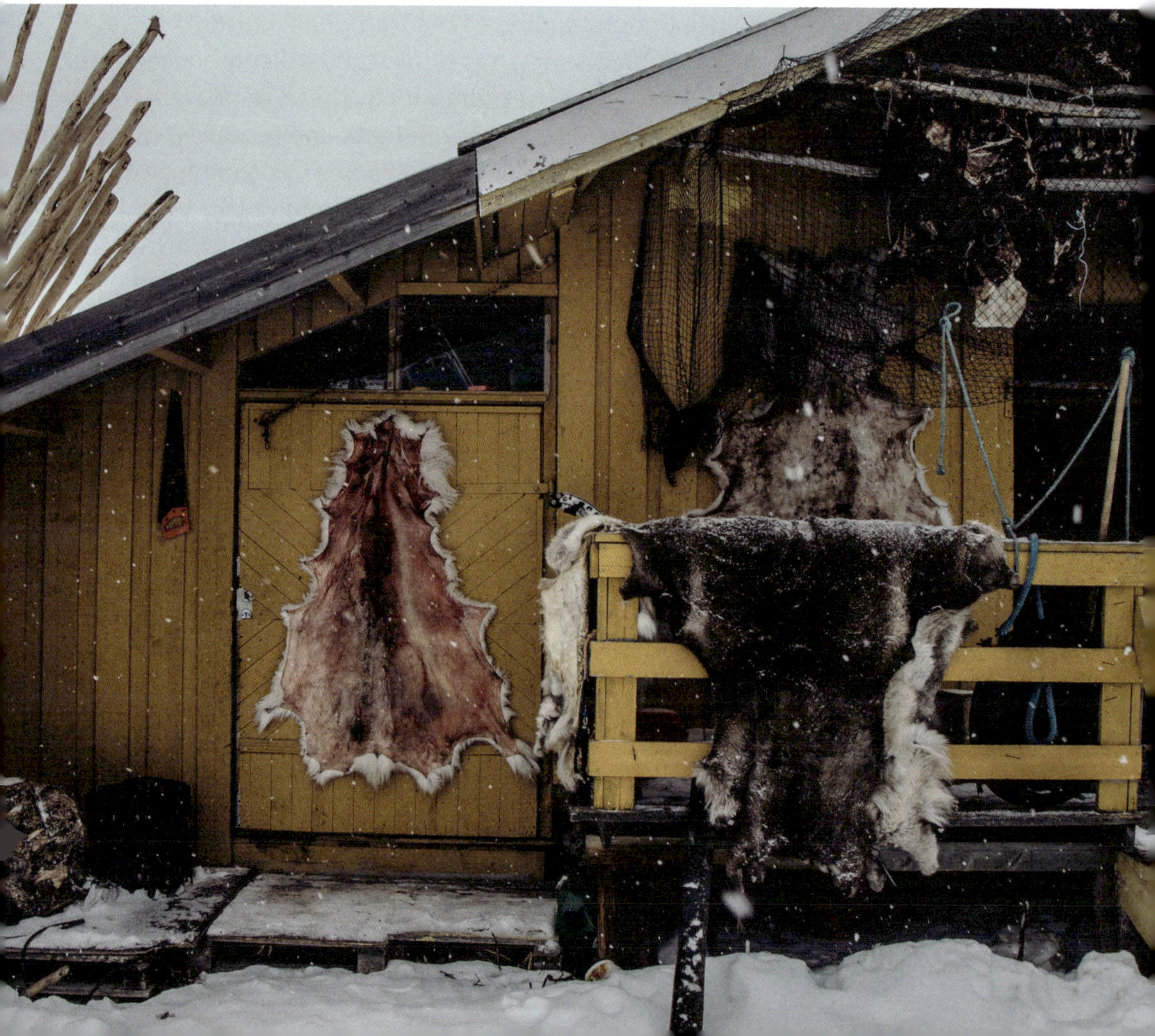

Siida and the Collective Home

The rich Sámi languages offer many variants of the word for "home." The most common in North Sámi is *ruoktu*, which refers to the place where one lives, but which also appears in various combinations meaning "going back to" or "returning to," thus adding movement and direction to the understanding of home.[16] The word implies a close connection to the activities outside of the house and the use of *meahcci*, the nearby outback, from where to return. Further, the nomadic movement following the reindeer herd also implies having several homes which are used in limited periods of the year, as places to return to.

This extended concept of home overlaps with another word meaning home, *siida*. Today siida juridically refers to the territorial and economic organization of the reindeer herding, but historically it had a far more complex meaning. In this context, siida describes both home and community, and embraces the complexity of family and kin, reindeer and natural resources, nomadic movements and seasonal settlements in smaller villages. Thus, the Sámi home conceptualized as siida is not a physical boundary, but rather a belonging to a collective home of shared work, land, and resources.

In the 1970s the concept of siida was used in the cultural revitalization of Sápmi and directly related to the invention and design of new collective building types in the modern Sámi society. Public architecture was sparse until then, and basically limited to churches and boarding schools, many of them with references to the oppressive national states. Further, the typological models of the Sámi goahti offered limited opportunities to articulate new forms

16. Words in this family are ruoktu, ruovttọ-, ruovttọt, ruovttuheapmẹ, ruovttūiduvvat, according to Kotus, www.kotus.fi/en.

Plan and section for SIIDA in Guovdageaidnu (Kautokeino), as presented in the architectural review *Byggekunst* 2, 1972. The SIIDA was never realized

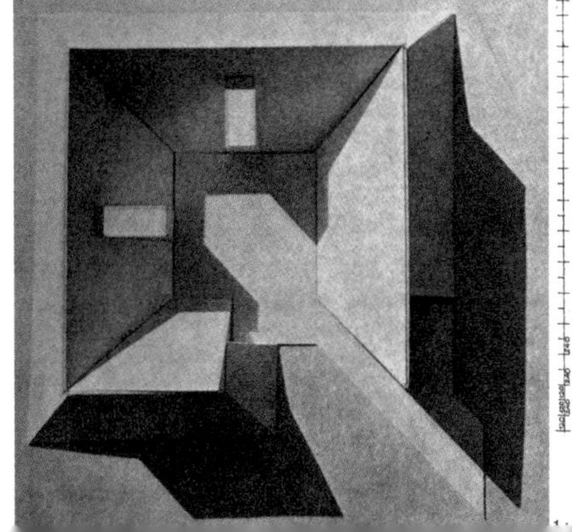

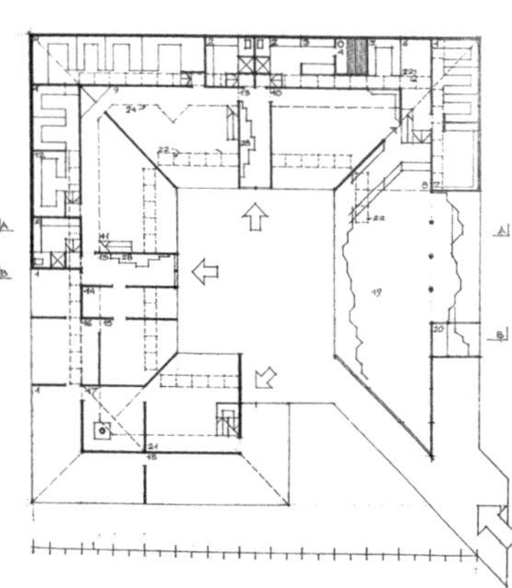

and spaces for the municipality or buildings for work and commerce communities. One significant case experimenting with a collective type is the unrealized Centre for Sámi Handicraft and Applied Art in Guovdageaidnu, significantly titled SIIDA (1972). The Centre was developed by Sámi artists and *duojárat*, among them artist and *duojar* Iver Jåks, in cooperation with local social workers. Jåks engaged his architect friends Vidar Corn Jessen and Magda Eide Jessen to design the Centre. The square plan of the building is oriented towards an outdoor atrium encircled by large spaces for gathering and craft exhibition and smaller rooms for a diversity of functions, including a kitchen and sauna. The inclusion of varied spaces for work and craft production were an intentional effort to make the building contribute to a "renaissance and expansion of Sámi craft."[17] In other words, this SIIDA had the potential to be a semi-social working place for the local population, and a hub for *duodji* and knowledge transfer between generations.

Even though the SIIDA was never built, its design evidently served as a model for the Kultuvraviesso Guovdageaidnu, the first Sámi cultural house, opened in 1981. During the 1980s and 1990s more handicraft centres were established, some of them primarily related to tourism and commerce, like the Sámiland Centre in Kárášjohka (Karasjok) built in 1989–90 in connection with the Karasjok Hotel and Inn.

In 1993, though, the intentions of the SIIDA handicraft centre were realized in a collective duodji centre, Samisk Slöydkollektiv, on the Swedish side of Sápmi, in the region Gabna Siida not far from the city of Giron (Kiruna). The centre was dually named Máttaráhkká after the Sámi goddess Mother Earth. The architect Lars Sundström's humble design emphasizes the creative and social use of the building with the intention to revive and empower some of the original social patterns of the Sámi community.[18] Three main volumes with half-floor attics are connected in a crescent embracing the entrance area and opening towards a sloped terrain to the south. Though the craft community in this house has dissolved over the past ten years, Máttaráhkká still operates in connection with the cosmos, so to speak, as a northern lights lodge for tourists. Gathering in a semi-public work col-

17. Per Mathiesen, *Boligreisning og nasjonal tilpasning hos den samiske minoritetsgruppe* (Oslo: INAS, 1970). The architect's drawings and model for the SIIDA were presented in 1972 in the Norwegian architectural review *Byggekunst*.

18. Lasse Sundström, "Slöjdkollektivet Máttaráhkká, Kiruna," *Arkitektur* 1 (Stockholm, 1994), 26–29.

lective also remains vital in defining a cultural Sámi home. However, this home does not have to exist only within a designated building. Sámi artists have shown the power of virtual communities, amongst them the artist-curator Carola Grahn whose digital platform Sami Girl Gang (@samigirlgang) occasionally materializes in different ways and at difference places, for instance as a handicraft collective, to which I will return.

On a larger scale, a concept of the pan-Sámi home was introduced and debated at Sámi conferences around 1980. The intention was to build a Nordic Sámi House that celebrated the arts and culture of the Sámi people in Finland, Sweden, and Norway, and to make clear that the culture exists across borders and "belongs first and foremost to the Sámi people."[19] Architectural concepts for this house were presented some years later in the *Finnish Architectural Review* (*Arkkitehti*) under the heading "Dávvi Latnja," literally translated to "Northern Room."[20] Even if an institutional pan-Sámi house was never realized, its conception led to discussions and different architectural interpretations over the years which empowered Sámi identity and belonging.[21] This search for common Indigenous buildings is still central to the Sámi population, wherever situated.

To discuss centres such as SIIDA or Máttaráhkká and cultural buildings such as Kultuvraviesso Guovdageaidnu or Dávvi Latnja as *home* makes two important points clear: Firstly, home is not to be reduced to an individual's shelter or formed within the frames of the nuclear family. Rather Indigenous society's togetherness through work, craft, nomadism, market, and culture offers a diversity of relations, and the possibility of making kin across families and generations. Secondly, the meaning of home is vital to cultural identity and belonging, especially in times of oppression, when the need for revitalization is clear. Home is gathering, working, and sharing, not closure and exclusion.

19. The Sámi artist Synnøve Persen in *Sami Aigi*, October 9, 1981. Thanks to Katrine Rugeldal for reference. See also Nordic Sami Council, "Samernas X konferens, Arjeplog 20–22.6.," 1978.

20. See *Arkkitehti* 6 (1986).

21. The idea of an Inter Nordic Sámi cultural house obviously made an impact, and in 2021 the Sámi artist Hans Ragnar Mathisen recorded his memories in sketches for this cultural home. The main building's plan form is drawn as the back of an old Sámi drum, and it is covered by a vault open to the sky like a smoke hole. A secondary volume on the site has the form of the drum hammer.

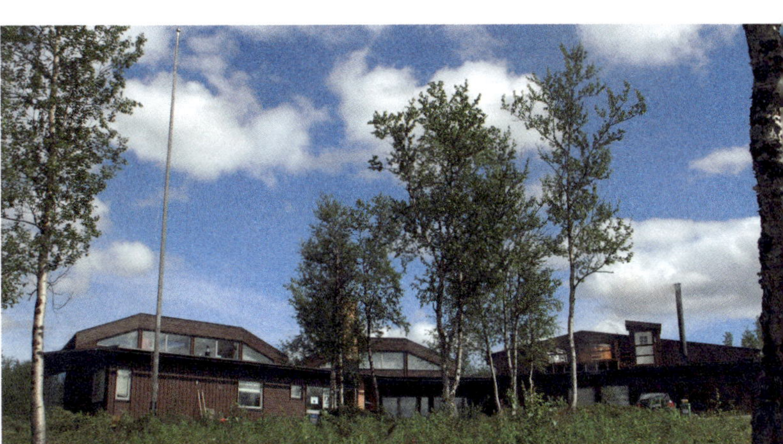

Samisk Slöydkollektiv (Centre for Sámi duojarat), also known as Máttáráhkka. Photograph by Elin Haugdal, 2011

Modern Residency

One important aspect of living in the Arctic is dealing with the shifting seasons and cold climate. The Indigenous populations of the North have acquired knowledge of building their homes in accordance with wind and snow and in general living close to nature. The cold climate is *the* common experience and challenge across the circumpolar North, even if built solutions differ across regions as a result of material conditions and traditions.[22] From the late 1950s onwards, dwelling in this Northern climate has attracted avantgarde engineers and architects from the South who have been inspired by the knowledge on building and climate, but who have also sought to spread the ideals of modernism. The Arctic became a laboratory for smart shelters and ecological experimentation in architecture, as in the utopic visions of Buckminster Fuller and Frei Otto, who proposed survival under technologically advanced glass domes.[23] These speculative ideas on Arctic territory were born out of the time's concern about the ecological future combined with the promise of a better tomorrow. And still today, with rapidly changing climate conditions, architects and planners are looking to the North to try out solutions. Despite their problem-solving intentions, many of these idealistic projects do not take into account traditional relationships that Arctic Indigenous communities have to the land and their way of living with the climate.

22. Julie Decker, *Modern North: Architecture on the Frozen Edge* (New York: Princeton Architectural Press, 2010), 8–11.

23. Frei Otto's proposal for the city in the Arctic Circle was to house 40,000 people under a 2 km dome, as a closed system. In an architectural competition in Rovaniemi in 1969, the third prize was won by a proposal by architects Kari Hyvärinen and Matti Porkka, which presented buildings under large domes.

Ralph Erskine lecturing at CIAM in Otterlo, the Netherlands, 1959

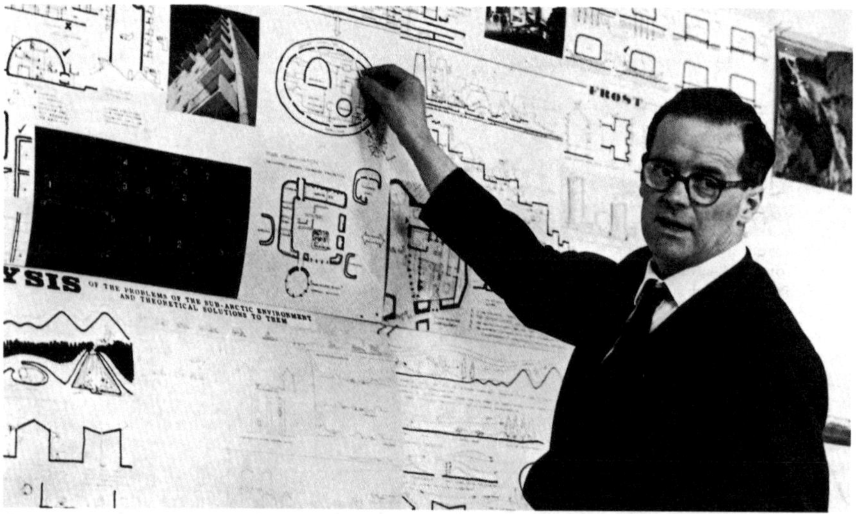

24. Ralph Erskine, "Architecture and town planning in the north," *Polar Record* 89 (1968): 165. See also Ralph Erskine, "Indigenous Architecture: Architecture in the Subarctic Region," *Perspecta* 8 (1963): 59–62.

Some architects sought practical insight into Indigenous building, like the so-called "Arctic architect" Ralph Erskine, who has had an immense impact on conceptions of an Arctic home in the circumpolar North since the 1960s. Though originally from England, his cooperation with Indigenous people in the subarctic areas was productive. The vernacular architecture of Sámi turf huts and Inuit igloos were important for developing dwellings for modern Indigenous peoples in both urban settings and remote places. His ideal plan for a climate-adapted city in the North, which he had outlined in 1958 under the title "An Ecological Arctic Town," was characterized by both ecological and social concerns. This ideal city's physical structure was to follow the topography to protect against cold winds and to provide a good outdoor environment and social neighbourhood.

However, when looking to some of the ideas that Erskine realized in the 1960s through residential buildings in Giron and Savappavaara in Swedish Sápmi, it is obvious that his idea of home did not originate inside Indigenous lifeworlds but rather in the idea of colonial modernity. The large blocks with rounded corners, varied heights, and warm colours were atypical when contrasted with the Sámi population's small traditional dwellings, and they notably required large parts of earlier wooden settlements in Giron to be demolished. In Svappavaara, a small town which was expanding with the mining industry in the 1960s, a two-hundred-metre-long apartment block called "Ormen långe" was built in the upper hill to protect the planned lower settlement against northern winds. In this block, the miners and their families were promised a good and varied life with private apartments, semi-social zones, and community life. But this compact residential area and the new, modern way of living was not successful. The scale, shape, and use of materials in the apartment block completely broke away from the existing building traditions that existed in Svappavaara. Critical Sámi voices asked how it was possible to build a concrete bunker with room for five hundred people in such open areas. Despite his best intentions to adapt to the site and cold climate, and to improve social life for the mixed population, "the Arctic architect" acknowledged that *people* were the most difficult factor to design for: "When considering the problems of building in the north, to talk of an architecture of climate would be to tell only half of the story. It is people in the climate, the cities and the landscape, in families or crowds that count."[24]

Transcending Home

In 2004, the city of Giron decided to relocate—it's ground was deemed unstable after over a hundred years of excavation by the mining company in the area. Since then, many homes have moved while others are slated for demolition, among them the residential blocks designed by Erskine. Retrospectively, those once new and unfamiliar building blocks came to be inhabited by a variety of people. They had been accepted and nicknamed, and over the years they became part of the inhabitants' identities and memories. In response to the still ongoing relocation, and in addressing the notion that the experience of home is more dependent on the users than on the producers, Sámi artist and filmmaker Liselotte Wajstedt began a film project that lingers on the loss of Giron, and more specifically the loss of her childhood home that is set to be demolished.[25] The film shows how home represents conflicting memories and identity for the artist, with her oppressed Sámi identity during the 1970s

25. The film *Kvarteret Ortdrivaren* ("the Drift block") "reflects on the meaning of home, on the histories of embodied experiences in lived-in spaces, and what losing one's home may ultimately do to individuals and communities." Liselotte Wajstedt, www.liselottewajstedt.com/kiruna-ortdrivaren/.

→Liselotte Wajstedt, stills from *Kvarteret Ortdrivaren* ("the Drift block"), 2020, of the residential quarter in Giron (Kiruna) designed by Erskine

↓ Sketch from the Arctic City project designed by Ralph Erskine

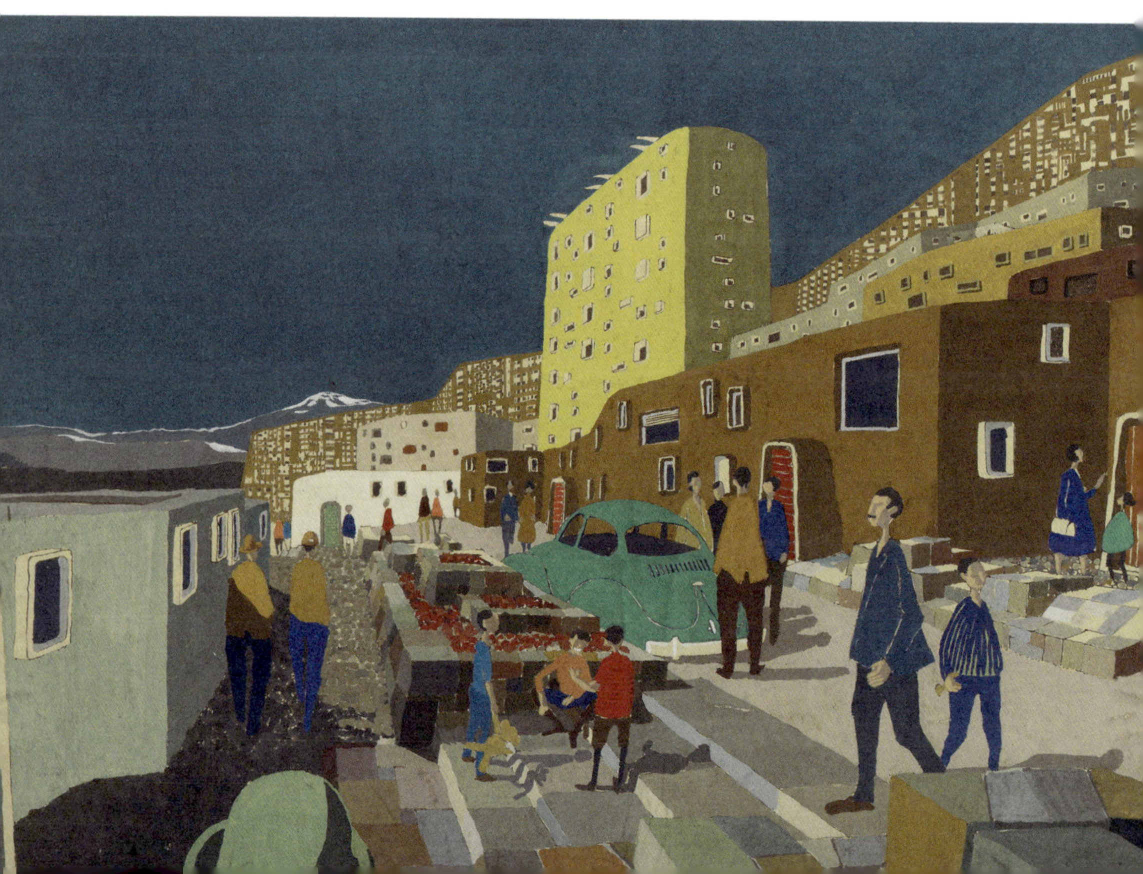

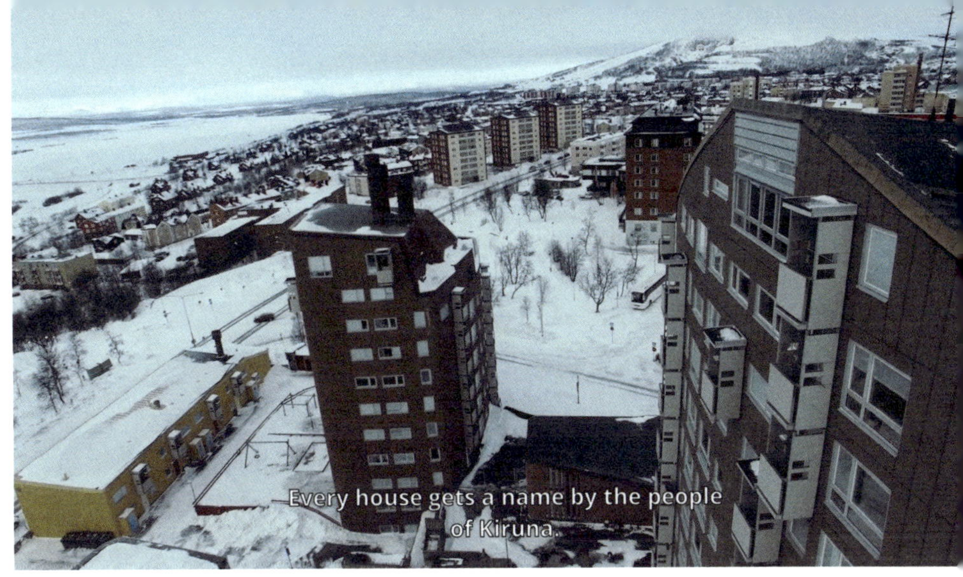
Every house gets a name by the people
of Kiruna.

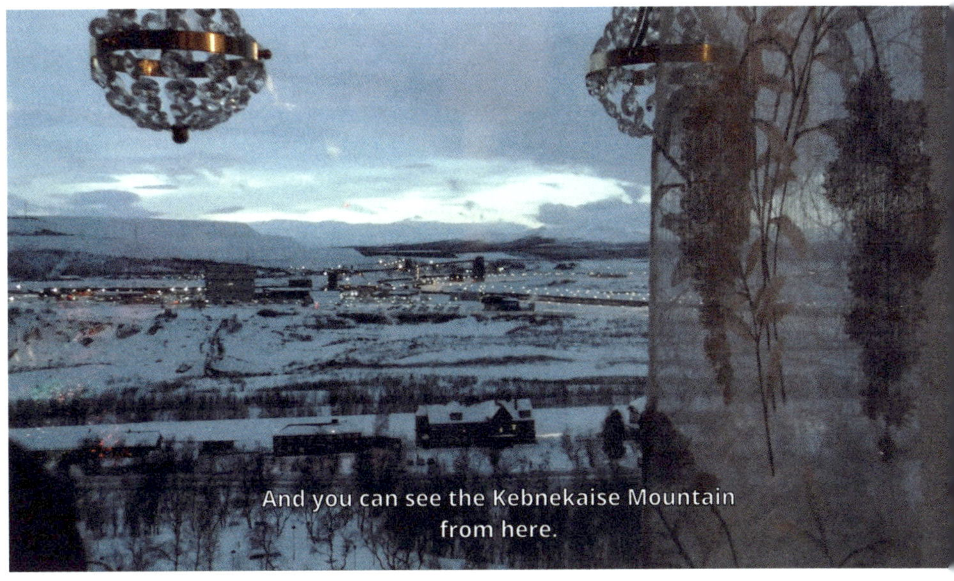
And you can see the Kebnekaise Mountain
from here.

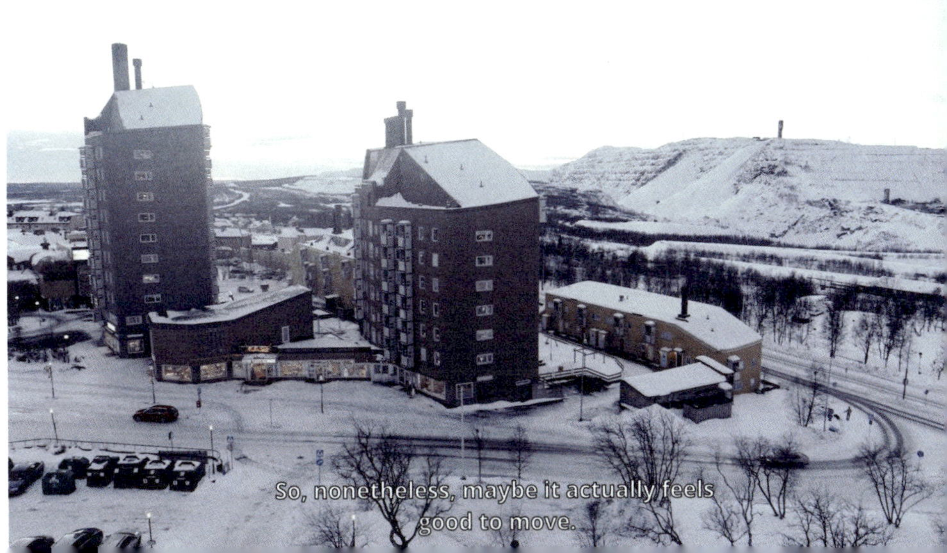
So, nonetheless, maybe it actually feels
good to move.

and 1980s serving as a central topic. Thus there is a double mourning, both personal and on behalf of the area's Indigenous population. However, in accepting the impermanence of any home and any homeplace, Wajstedt uses the possibility of keeping her home alive through cinematic narrative as an act of remembrance.

More than half of the Sámi people now live in cities outside the Sámi homeland. In cities such as Romsa (Tromsø), Oslo, Giron, or Helsinki, the houses and neighbourhoods are already there as a standardized and strictly regulated space. The threatening disappearance of the Sámi language and culture in the face of a globalized society is always present, yet there is an ever-increasing materializing of Sámi identities in the city, both privately and in public.

As one of the few Sámi architects by profession, Ole Henrik Einejord has worked to bring indigeneity to the city since early in his career. One of his strategies is to surround himself with useful, memorable objects, which he elaborates as "Sámi luxury."[26] In an early "ethno futurist" sketch for his ideal apartment, a "Sámi City House," Einejord gathers objects from the traditional Sámi culture: the reindeer skin, the *gákti* (the traditional costume), the *njalla* (storage shed on poles to protect supplies from animals), the *lávvu* (a Sámi tent), and the central fireplace. These objects are combined with the necessary equipment for modern life that serve personal needs and preferences, like Einejord's wish for an "Italian kitchen." In this case, the architect shows the possibility of indigenizing standardized urban homes by adding layers of personal satisfaction and cultural significance.

The appreciation of materials, crafts, and building methods in Sámi architecture is particularly evident in the projects initiated by Joar Nango. In his nomadic art practice, he carries with him elements from the vernacular building culture of the North, like his self-crafted *bealjit*, the curved wooden beams used for the main construction in the traditional Sámi goahti (either the turf hut or the larger tent). This beam has a specific Sámi history, and thus becomes a strong object of memory, identity, and belonging. Nango puts this element in a variety of new constellations, thus perceived more as a material statement than a constructive entity. He often combines the *beallji* with orange ratchet

26. Ole Henrik Einejord, "Unna vieljjaš don leat mannan amas olbmuid balvalit" / "Eit samisk hus i byen," in *Sámi jienat / Samiske røyster*, eds. Vivian Aira and Kristin Jernsletten (Tromsø: Nival forlag, 2001), 7–11. Einejord is one of few Sámi architects and comes from the Marka-Sámi area.

"Unna vieljjaš don leat mannan amas olbmuid balvalit" (Sámi City House), drawing by architect Ole Henrik Einejord

Unna vieljjaš don leat mannan amas olbmuid balvalit

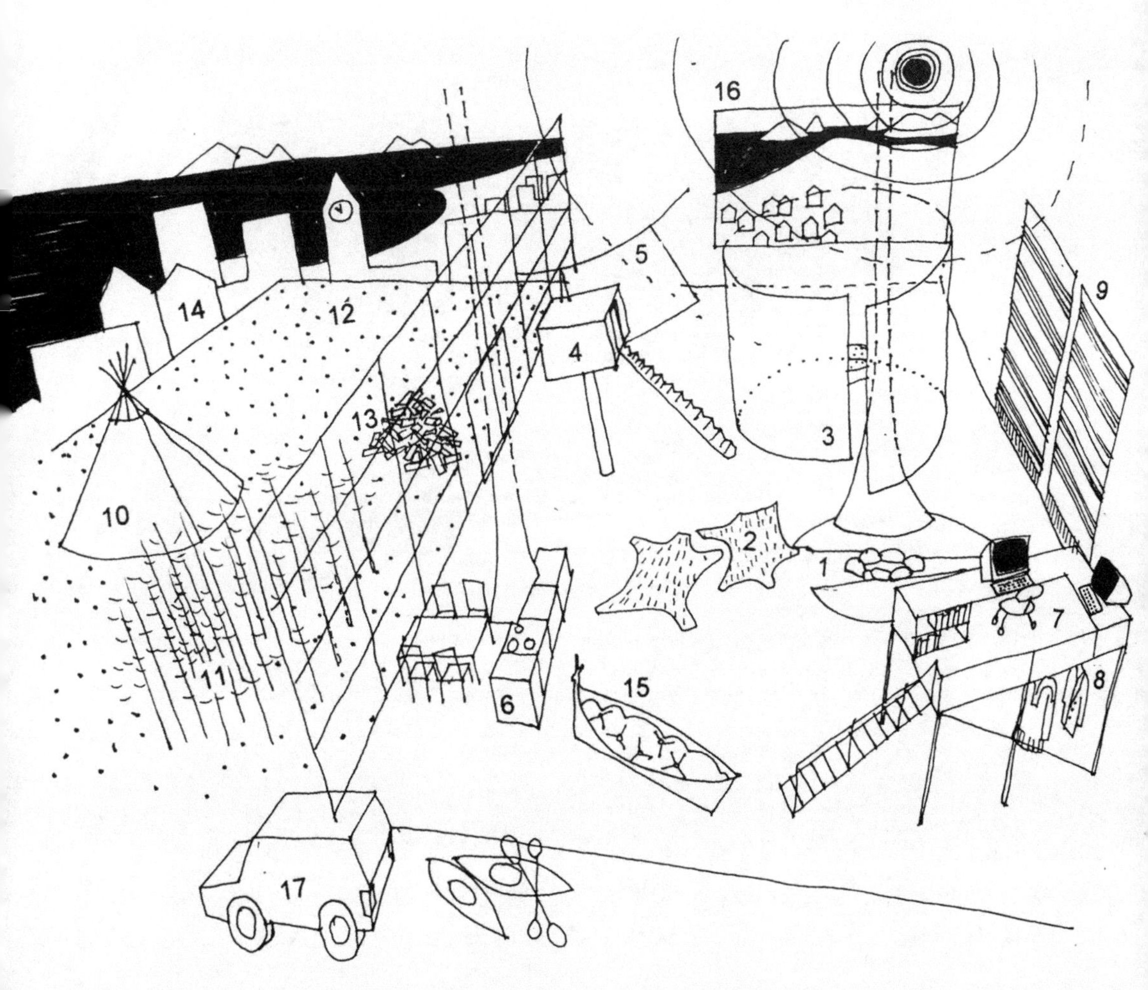

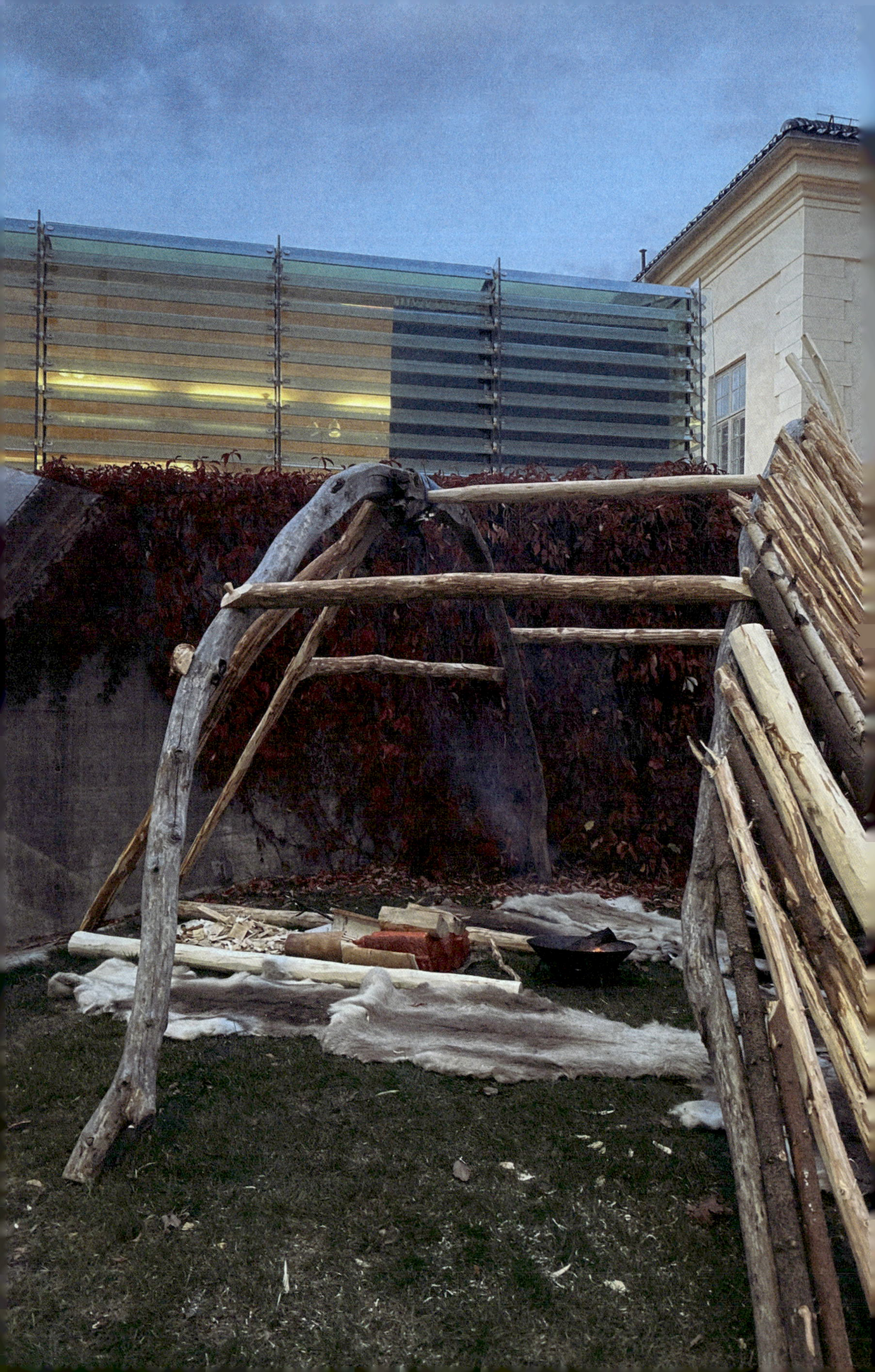

27. Marion Bouvier, "Shelters of Hope in Global Storm," Hakapik 2019, www.hakapik.no/home/2019/7/31/shelters-of-hope-in-the-global-storm.

straps, birch bark, green tarps, and other things that come to hand in the process.

The bealljі is also present as a main element in Nango's ongoing project *Girjegumpi,* the *Sámi Architectural Library—girji* meaning books, and *gumpi* meaning a small movable hut on a ski-like device, used in connection with seasonal harvesting or reindeer herding. This library is to be considered a nomadic home for books, and more generally for knowledge on Indigenous architecture, as it travels to various exhibitions around the world. Yet nomadism is not solely about relocation; rather, it is a way to gain knowledge of a landscape, of good places to stay, and of where to find resources. In 2021 *Girjegumpi* was installed at the The National Museum in Oslo and transformed Sverre Fehn's exhibition pavilion to a place of indigeneity. Books, photos, drawings, crafted objects, reindeer skins, sitting places, and people were all organized around the central gumpi. This experience was again recreated at the Canadian Centre for Architecture in 2022, giving strength to the concept of keeping knowledge accessible and sharing and circulating it widely. Nango's work investigates the nomadic conception of home, focusing on materiality, movement, and place. From this abundant and generative exhibition, visitors are invited to imagine and rethink the Indigenous home.

Besides Nango's insistence on materiality and bodily presence, Indigenous architects, designers, and artists also create communities and belonging that span physical boundaries and geographic distances. Sámi artists Carola Grahn and Silje Figenschou Thoresen have initiated the Sámi Girl Gang, which operates in both physical and digital space to promote collectivity, feminism, Indigenous experience, and knowledge. At the physical exhibition *Native@ Home* in Hárstták (Harstad) in 2019, curated by Grahn, young people, engaged with the ideas of Sámi feminist creative cooperation, installed drawing tables and sewing machines for making artwork. Aware of their given role as performers, they showcased their practices and invited visitors to design their own clothing. For a short time they made the gallery into a semi-public "home for their nomadic hearts."[27] The rest of the gallery was furnished with paintings, prints, sculptures, and videoworks by Indigenous artists across

Joar Nango, *Girjegumpi (Sámi Architectural Library)* in Oslo, 2021. Photograph by Elin Haugdal

nations and generations, and with objects like Wess Harman's "Potlatch punk" jackets and pages from Sigbjørn Skåden's science fiction novel *Fugl* (Bird) mounted on the wall. The novel is about a small group of humans who have fled Earth and are living in a transparent dome on an alien and barren planet they call "Heim" (Home), dependent on each other and on technology to survive. Though dystopian, Skåden's imagining of a future home frames *Native@Home* by raising questions of migration and colonialism, of loss and belonging, and of the importance of transfering Indigenous knowledge and building future alliances.

Towards Coexistence

Traditional building types like the goahti have been of importance for identifying a material culture that is "essentially Sámi," and for the experience of belonging in Sámi culture. Different aspects of these building types are carried on in contemporary buildings through adaptation of either the circular space, the enclosed walls, the constructive beams, or the central hearth. Amongst others, the social anthropologist Tim Ingold believes that the essential elements of the goahti have the capacity to transcend geography and time and can be emphasized as the origin of Indigenous dwelling.[28] The tension between traditional typology and ingenuity continually empowers concepts of Indigenous homes.

On the other hand, the rupture of continuity in the way of living and building for most Northern Indigenous people across generations has resulted in hard-earned insight into an even more profound understanding of home and land. Architects and planners are thus looking to Indigenous knowledge of the North to learn how to respond to environmental changes, get guidance into more-than-human life, build communities across the fixed structures of Western society, and nurture the indigenizing of urban life. Home is the constantly ongoing learning process towards coexistence. As Sámi scholar Harald Gaski aptly articulates: in "The sequence 'My Home Is in My Heart' (...), the classic Western notions of property and ownership are juxtaposed with a Sámi understanding of 'home' built upon an awareness of one's relationship to

28. Tim Ingold, "The Conical Lodge at the Centre of the Earth-Sky World," in *About the Hearth: Perspectives on the Home, Hearth and Household in the Circumpolar North*, eds. David G. Anderson, Robert P. Wishart, and Virgine Vaté (New York/Oxford: Berghahn, 2013), 28.

29. Harald Gaski, "Indigenous Aesthetics: Add Context to Context," in *Sámi Art and Aesthetics: Contemporary Perspectives*, eds. Svein Aamold, Elin Haugdal, and Ulla Angkjær Jørgensen (Aarhus: Aarhus University Press, 2017), 191.

the environment and its specific locales. It is a poem that enunciates an Indigenous respect for nature and a thankfulness for the gifts, as well as the challenges, that the earth presents to us."[29] Ultimately, however, home is not only poetically conveyed. Learning from Sápmi demands an acknowledgement of the ordinary and the necessary, and requires bringing awareness of the conflicting and unhomely to the fore in order to adapt to challenges and making them liveable.

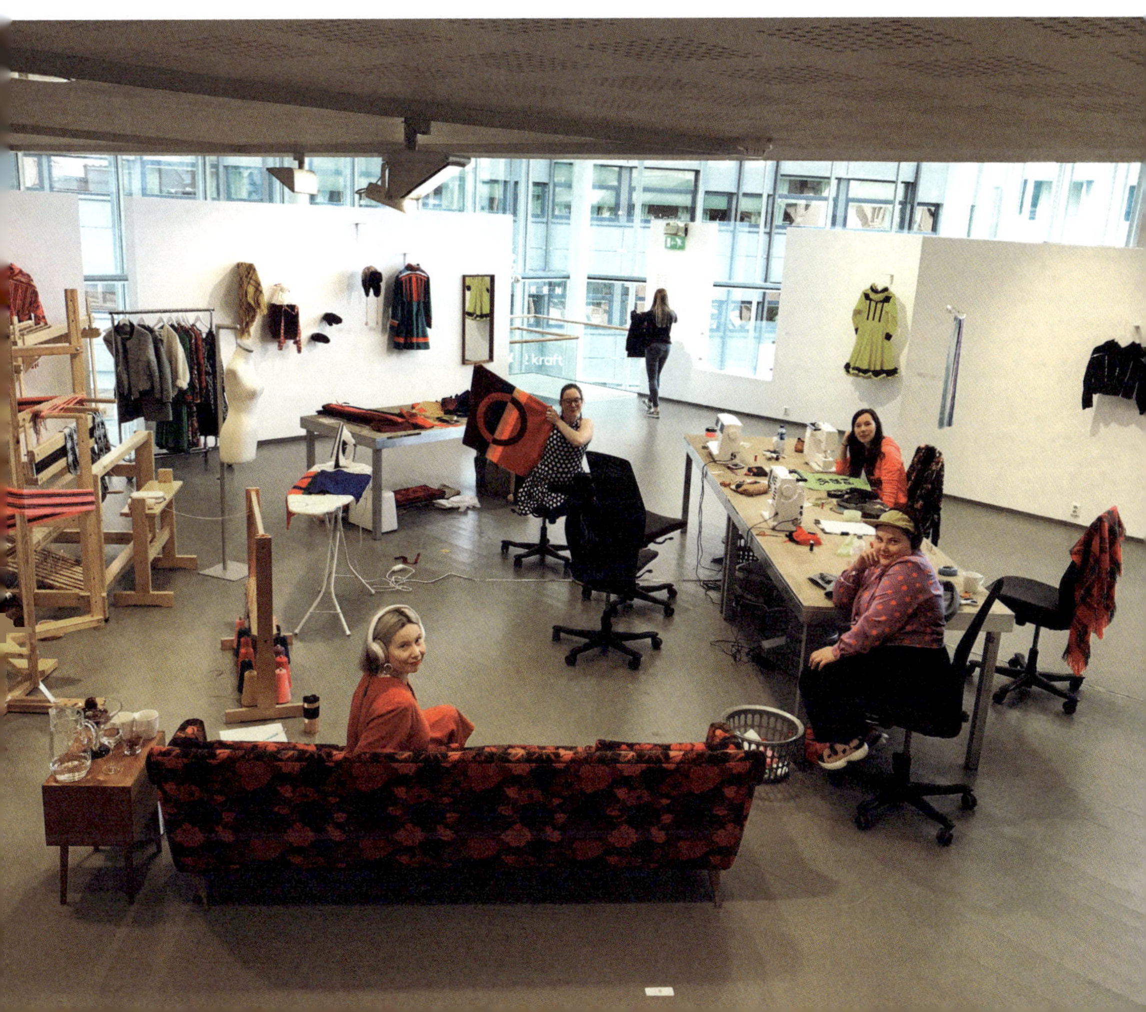

View of the Native@Home exhibition at the Arctic Arts Festival in Hárstták (Harstad), Northern Norway, June 2019. Photograph by Naomi Aira, posted to the Instagram profile @samigirlgang

Reanna Merasty

ᐃᓄᐦᑎᑐᐟ
ᓂᕼᐃᑕᒥᐅᓄᐟ
ᐱᕈᕽᑎᑕᐅᓂᕽ

Sámegiella
NIHITHA
BAJÁSGEASSIN

English
A NIHITHAW
UPBRINGING

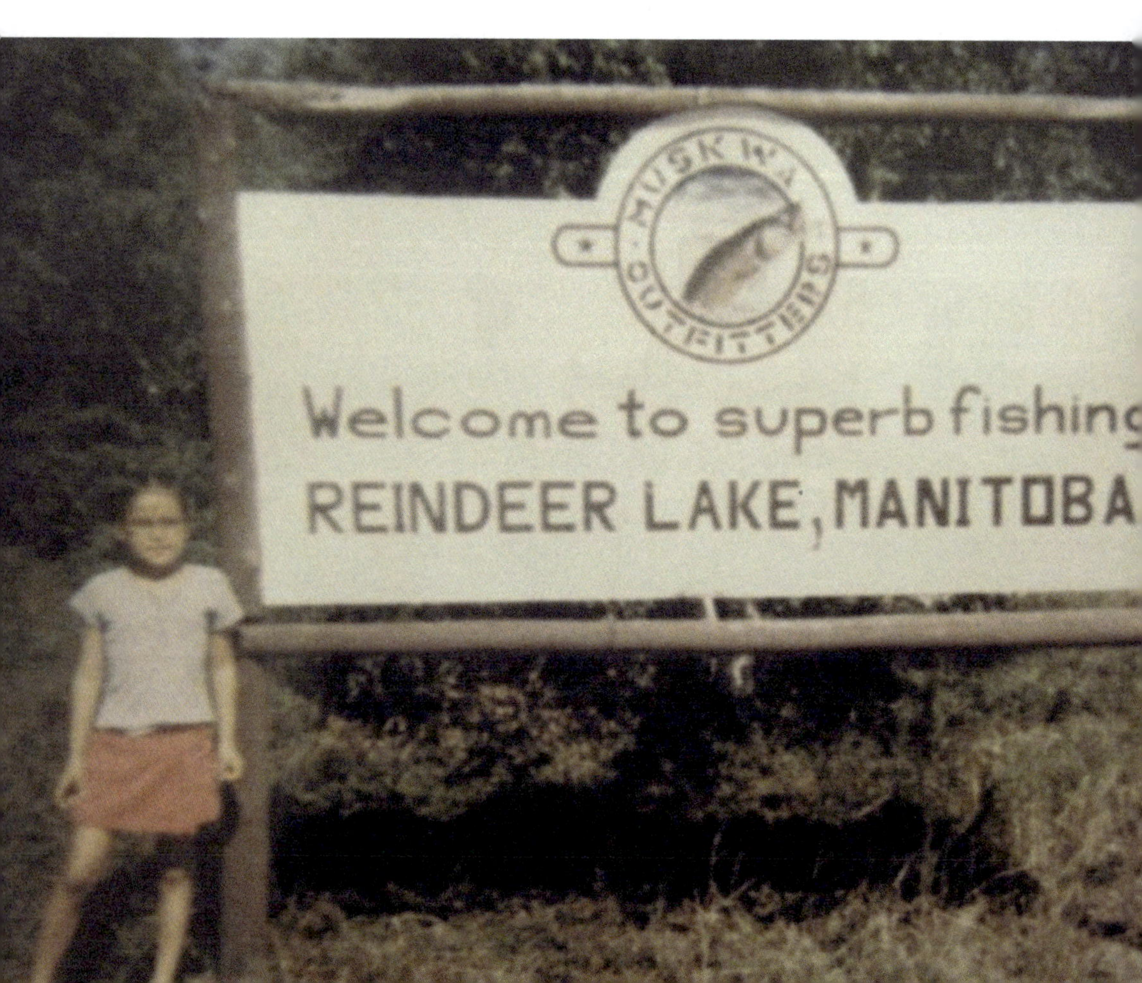

ᖁᕕᐊᒋᓂᖅᐹᓇᔭᕋᓕ ᐃᖅᑲᐅᒪᔭᓐᓂᒃ ᐊᖏᕐᕋᓐᓂᒃ ᐅᕙᖓ ᓇᖏᖅᑐᖓ ᑐᓚᒃᑕᕐᕕᖕᒥᑦ, ᕿᑭᖅᑕᕐᒥᒃ ᐃᓚᒪ ᐊᖏᕐᕋᓇᔭᖓᓂᒃ ᑕᒫᓂ ᓈᓐᑎᐊᕐ ᑕᓯᕐᒥᑦ ᒪᓂᑑᐸᐅᑉ ᐅᐊᖕᓇᖓᓂᑦ. ᑖᓐᓇ ᑐᓚᒃᑕᕐᕕᒃ ᓴᓇᔭᐅᓯᒪᔫᖅ ᑏᖓᑦ ᓇᐹᖅᑐᓂᒃ, ᐅᔭᖅᑲᓂᒃ, ᐊᒻᒪᓗ ᐊᒃᑯᓇᐅᔭᕐᒥᒃ, ᐃᒪᐅᑉ ᖄᖓᓃᓗᓂ, ᐅᑕᖅᑭᔪᖅ ᐅᒥᐊᓂᒃ ᑎᑭᓐᓂᐊᖅᑐᓂᒃ. ᑕᐅᑦᓱᖓ ᑕᐅᕈᖓ ᑭᒡᓕᖓᓃᕐᓱᖓ, ᐃᓯᒐᒃᑲ ᖃᐅᓯᖅᓱᑎᒃ, ᐃᒪᕐᒥᒃ ᑕᑯᓕᖅᐳᖓ ᐊᐅᓚᓂᖓ ᖃᖓᒍᖅᓱᓂ ᐃᒪᐅᑉ. ᑑᓴᑐᐊᕋᓕ ᐊᓄᕆ, ᓇᐹᖅᑐᐃᑦᑐ ᐃᒪᐅᑉ ᓯᒡᔭᖓᓃᑦᑐᑦ ᐊᐅᓚᓂᖏᑦ ᑐᓴᖅᓴᐅᑦᑐᑎᒃ, ᐊᒻᒪᓗ ᑐᓴᖅᓴᐅᕌᕗᒃᑐᓂ ᐅᒥᐊᑉ ᐊᐅᓚᐅᑎᖓᑦ ᐅᖓᓯᒃᐸᓪᓕᑎᑦᑐᓂᑐ. ᐊᓯᐃᓛᑦ ᐊᐅᓚᐅᑎᑦ ᓂᐱᖅᑯᒃᑐᓯᕙᓪᓕᐊᑦᑐᓂ ᑐᓴᖅᓴᐅᒃᑲᓐᓂᓕᖅᐳᖅ, ᑑᓴᓕᖅᐳᖓ ᐅᒥᐊᖅ ᐃᒪᕐᒧᑦ ᐊᒃᑐᖅᓯᑲᑕᒃᑐᓂ ᑑᓴᓕᖅᐳᖓ. ᐊᓯᐃᓛᒃ ᓯᒡᔭᒧᑦ ᖃᒡᓕᓕᕋᒥ ᓇᐹᖅᑐᐃᑦᑐ ᖃᒡᓕᓕᖅᑐᓂᑎᑦ ᓯᒃᑲᐃᒡᓕᕙᓪᓕᐊᓕᖅᐳᖅ. ᑕᑯᓕᖅᐳᖓ ᐊᕐᑯᑦᑐᒥᒃ ᓯᓇᐅᕙ ᐊᑖᑕᒐ (ᐊᑖᑕᑦᑎᐊᖅ), ᓇᓴᖅᓯᒪᑦᑐᓂᑐ ᑐᖑᑦᑐᕆᒃᑐᒥ, ᐅᒥᖏᑦᑐ ᑕᑭᔫᑦᑐᑎᒃ, ᐊᒻᒪᓗ ᐃᖅᑲᓅᓴᖅᑕᖓ ᐃᓯᒐᖏᑦᑕ ᖃᓂᖏᓵᓂᓗᓂ. ᐅᒥᐊᑉ ᕿᑎᐊᓃᑦᑐᖅ (ᐊᓈᓇᑦᑎᐊᕋ) ᑰᑯᒻᓂᑦ ᑕᐃᕙᒃᑕᕋ, ᕿᐱᖕᒥᒡᓗ ᐅᓕᒃᓯᒪᑦᑐᓂ ᐊᒻᒪᓗ ᑐᖑᔫᖅᑐᒥᒃ ᐅᓕᒃᓯᒪᓕᑦᑐᓂ, ᓇᓴᖅᓯᒪᑦᑐᓂᑐ

Mu buoremus muitu iehčan ruovttus lea go čuoččun rukku alde, iehčan fuolkki áidanas sullos guovdu Reindeer Lake nammasaš jávrri Davvi Manitobas. Ruggu lea eaŋkal, muhto čábbát ráhkaduvvon báikkálaš hirssain, geđggiin ja doavas, ja dat govddoda čázis ja vuordá fatnasa boahtit. Go geahčan vuolás ravdda badjel ja iehčan njuoskan sáttonaga julggiid meaddel, de oainnán čielga čázi ja láđis biegganárvviid lihkadeamen čáhceoaivvis. Áidna man gulan lea láfu biegga, mii lihkada oktanaga čáziin, muoraid mat eallasit šávvet jávregáttis ja vuollegis mohtorjura mii gullostallá guhkkin. Dađistaga go mohtorjurra lahkana ja gullo jitnoseappot, de gulan fatnasa stuhčamin bárrogierragiidda fávllis gos leat alla bárut. Fanas dasto gávvá gátti guvlui garra báruin eret, ja meattilda muorralinnjá, ja njoahcudišgoahtá leavttu. Fatnasa maŋŋegeahčen lea mu papa (áddjá), stivrranis, ja sus lea ruoná suodjeivnnat snuibagahpir oaivvis, guhkes ruškes

My fondest recollection of my home involves standing on a dock at my kin's remote island in the middle of Reindeer Lake in Northern Manitoba. The dock is a simple but elegant construction created from local lumber, stones, and rope, hovering over the water, waiting for a boat to arrive. As I look down over the edge, beyond my wet sand-ridden feet, I witness the clear water as gentle ripples move across its surface. The only thing I hear is the soft wind interacting with the water, the trees bustling along the shore, and the faint sounds of a motor in the distance. As the motor gets louder, I hear the boat begin to crash against the peaks of the rough open water. It then clears the threshold between rough and calm, passing the tree line, and begins to slow down. At the back steering the boat is my papa (grandpa), with a green camouflage cap, long brown beard, and

ᐱᓕᓇᐊᖂᔪᖅ ᓴᓇᔭᐅᓂᖃᓄᑦ ᑕᐃᔭᐅᓯᒪᓪᓗᓂ "ᕗᐊᑯᑕᐅᕕᓐ: ᐃᑦᑕᕐᓂᑕᓕᕆᔾᔪᑎᒋᔭᕗᑦ ᐃᓚᑦᑎᓐᓄᑦ," 2021. ᑎᑎᕋᐅᔭᖅᑕᐅᔪᖅ ᕆᐊᓇ ᒥᕋᔅᑎᒧᑦ

Persovnnalaš designaproseassa, Designa bargobihttá 2021, "wahkohtowin: wahkohtowin: arkitektuvra min fulkkiid várás"

Personal process for design thesis entitled "wahkohtowin: architecture for our kin," 2021. Drawing by Reanna Merasty

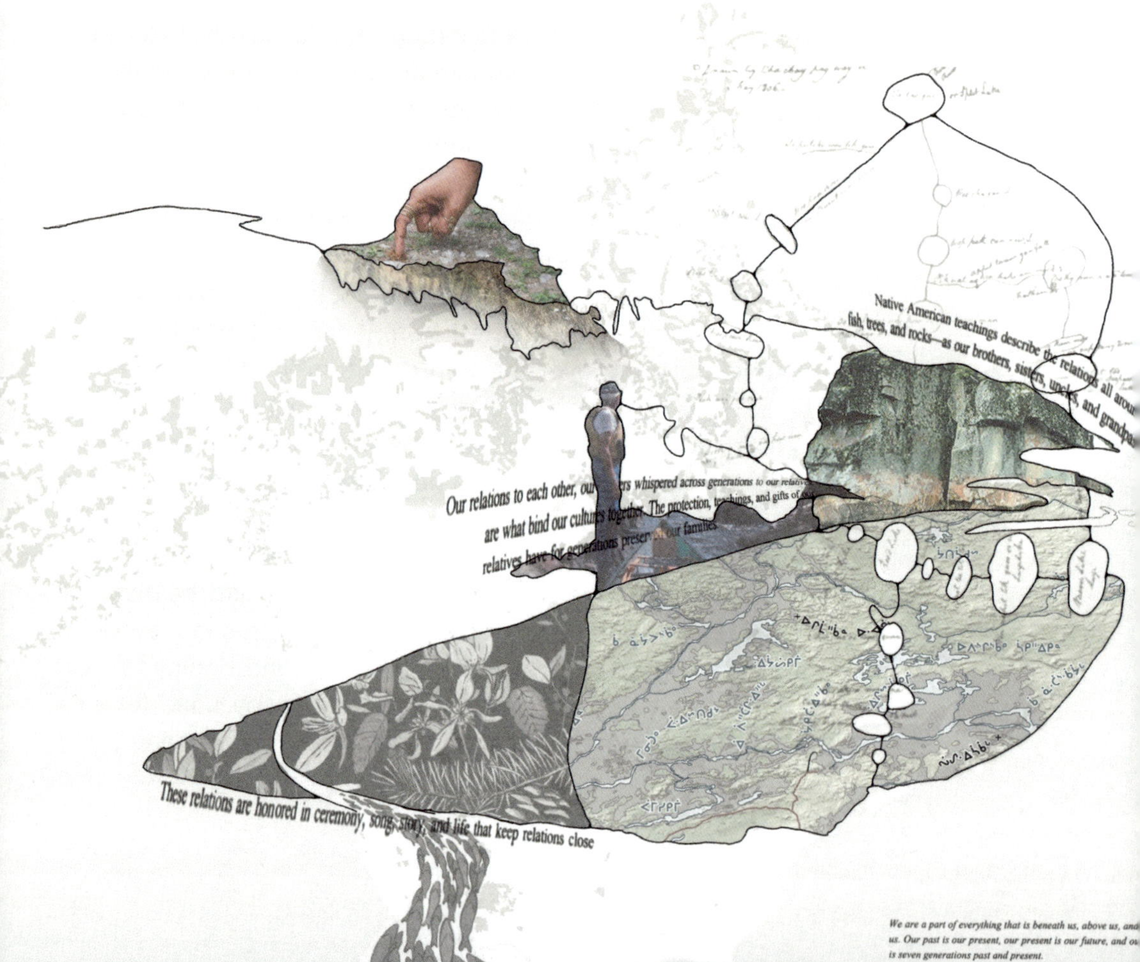

ᓄᔭᖅᑎᑦᑐ ᓇᐃᖅᑰᑦᑐᑎᒃ ᑕᑯᒃᓴᐅᕌᖅᖃᒃᑐᓂ. ᑕᒪᖅᒥᒃᑐ ᖁᖓᑦᑐᐃᓐᓇᐅᑦᑐᑎᒃ ᐅᕙᓐᓂᒃ ᑕᑯᒐᒥᒃ. ᑎᑭᒻᒪᑕ ᑐᓚᒃᑕᖅᕕᖕᒧᑦ, ᐃᒃᓯᕚᓕᖅᐳᒃ ᑐᓄᐊᓂᑦᑐ ᓯᖅᑯᓂᖅ ᑕᓕᑉᐸᑦᓕᐊᓕᖅᑎᑦᑐᒍ ᑕᒪᓐᓇᑐ ᓯᓚ ᐊᐅᐹᔭᓕᖅᑐᓂ ᐊᒻᒪᓗ ᐊᐅᐸᖐᒃᑑᓕᖅᑐᓂ ᑐᙵᓯᒃᑎᑦᑎᓂᐊᓕᖅᑐᑎᒡᑐ ᐊᒻᒪᓗ ᑕᒪᒃᑯᐊ ᐊᖅᒃᓴᖅᓃᑦ ᑕᑯᒃᓴᐅᓕᖅᑐᑎᒃ.

ᑕᒪᒃᑯᐊ ᐊᑐᖅᐸᓚᐅᖅᑕᒃᑲ ᐅᕙᓐᓄᑦ ᐱᕈᖅᓴᑎᑕᐅᑎᑦᑐᖓ ᐃᒃᐱᒌᓐᓇᐅᔭᖅᑕᒃᑲ ᓲᕐᑐ, ᓂHᐃᑕ ᐃᔅᒃᑿ (ᓇᐹᖅᑐᓕᖅᒥᐅᑕᖅ ᑯᓃ ᐊᕐᓇᖅ). ᑕᒪᒃᑯᐊ ᐅᑎᖅᑕᐃᓐᓇᐅᔭᖅᑐᑦ ᐅᓂᒃᑳᑦ ᐱᕈᖅᕕᒋᕙᓚᐅᖅᓯᒪᔭᒃᑲ ᐊᒻᒪᓗ ᐅᕙᖓ ᐃᓕᖅᑯᓯᕆᓕᖅᑐᖑ ᓯᓚᕐᔪᐊᕐᒥᐅᓄᑦ ᐊᒻᒪᓗ ᐊᖏᕐᕋᓐᓂᒃ ᑭᒡᒐᖅᑐᐃᑦᑐᖓ.

ᐊᖏᕐᕋᕋ, ᓴᓇᔭᐅᓯᒪᕙᒃᐳᖅ, ᑕᒫᖓᑦ ᓯᓚᒥᐅᑕᓂᒃ ᐊᑐᖅᑐᑎᒃ. ᖃᓄᐃᓐᓇᕐᑐ ᐃᓅᓯᕐᒥᒃ ᐱᓯᒪᑦᑐᓂ, ᐊᖏᕐᕋᖅ ᐃᓄᐃᓐᓇᕐᓄᑦ ᐱᓯᒪᖏᓚᖅ ᑭᓯᐊᓂᓕ ᑭᓯᑐᐃᓐᓇᕐᓄᑦ ᓴᓇᔭᐅᓯᒪᔪᓄᑦ ᐱᓯᒪᕗᖅ. ᐃᓚᖅᑲᕆᑦᑐᑎᒃ ᓂᕐᔪᑎᓂᒃ ᑕᒫᓂ ᓯᓚᕐᑲᑎᒋᔭᖅᑎᓐᓂᕐᒥᐅᑕᐅᑦᑐᑎᒃ, ᓄᓇᑐ ᑐᑎᕙᒃᑕᕗᑦ, ᐱᕈᖅᓯᒪᔪᑦᑐ ᑕᒫᓃᕐᑐᑎᒃ ᓯᓚᑎᑦᑎᓐᓂᒃ ᐅᕙᑦᑎᓐᓂᒃ ᐊᕙᑐᓯᒪᑦᑐᑎᒃ. ᐊᖏᕐᕋᖅ ᐱᓯᒪᕗᖅ ᐊᑐᖅᓯᒪᔪᑦᑎᓐᓂᒃ ᖃᓄᐃᑦᑐᐃᓐᓇᕐᓂᖓᑐ ᐆᒪᔪᓂᒃ, ᐊᒻᒪᓗ ᐆᒪᔪᓚᐃᑦ ᐱᑎᑦᑏᓐᓇᐅᔭᖅᐳᑦ ᐅᕙᑦᑎᓐᓂᒃ ᐃᓅᔪᑎᒍᑦ

skávžá, ja varas jávredápmot bánccarda su julggiid lahka. Gasku fatnasa lea mu *kookum* (áhkku), geas leat ránut ja alit guđju olggiid badjel, ja su oanehis čurges vuovttat vel guovlladit olggos gahpira vuolde. Goappašagat seavviba oktanaga ja moddjába liggosit munnje. Go olleba ruggui, de leaba čohkkámin čuvgesrukses ja oránša ivdnesojuid siste, go beaivváš lahkana ravdda gokko čáhci ja albmi gávnnadit, ja ráhkkana dearvvahit čiekŋalis áibmogearddi ja guovssahasaid vuoiŋŋaid.

Dát dovdagat ja oainnáhusat leat dat, mat meroštallet mu bajásgeassima *nihithaw iskwew*, vuovdeeatnamiid cree nissonolmmožin. Dát leat muittut, mat máhccet ohpihii mu millii, ja váikkuhit dan vuohkái, mo mun ovttasdoaimman máilmmiin, ja mo mun ovddastan iehčan ruovttu.

Ruoktu, iige dušše huksehus, lea olles biras. Ruoktu fátmmasta buot lágan eallimiid, ruoktu lea eambbo go dušše okta olmmoš, ja fátmmasta buot

a fresh lake trout at his feet. At the centre is my *kookum* (grandma), sheltered with a layer of blankets and blue tarp, with her short grey hair peeking out of a toque. Both give a simultaneous wave and warm smile to me. When they arrive at the dock, they are sitting amongst a backdrop of pink and orange hues as the sun nears the line where the water meets the sky, getting ready to welcome the deep atmosphere and the northern lights' spirits.

These senses and sights are what defined my upbringing as a *nihithaw iskwew* (Woodlands Cree woman). They are recurring recollections that influence the way that I interact with the world, and how I represent my home.

Home, not merely a building, is an entire environment. Encompassing all forms of life, home is more than a person and includes all of creation. It includes the animals that live

ᐱᕈᖅᐸᑦᓚᐊᖏᓐᓇᖅᑐᑎᒡᑐ, ᑕᒪᒃᑯᐊᓕᒫᖅ ᑕᑯᒃᓴᐅᓂᖅᑲᖅᐳᑦ ᓇᒡᓚᒋᔭᐅᒐᑦᑕ ᓄᓇᒥᑦ.

ᓄᑕᕋᐅᑎᑦᑐᖕᒐ ᐱᕈᖅᐸᑦᓚᐊᑎᑦᑐᖕᒐ ᓄᓇᒧᑦᑐ ᐃᓚᒋᔭᐅᑦᑐᖕᒐ ᓯᓚ ᒫᓇ ᐅᕙᓐᓃᑉᐳᖅ, ᐊᒻᒪ ᐅᕙᓐᓂᒃ ᐋᖅᑭᒃᓯᓯᒪᑦᑐᓂ ᐃᓅᓯᕆᔭᓐᓂᒃ ᐊᓐᓂᕆᔭᓐᓂᒃ. ᑕᒪᓐᓇ ᐊᓐᓂᕆᓂᖅ ᑐᖕᒐᓂᖅᑲᖅᐳᑦ ᐱᓚᕆᖅᑲᑎᑮᒋᐊᖅᑲᕋᑦᑕ ᓂᑲᒍᓯᑦᑎᐊᕐᑐᑕ, ᐃᒪᓐᓇᐅᖏᑦᑐᕐᓚ ᐊᑭᕋᖅᑐᖏᑦᑐᑕ, ᓄᓇᒥᑦ - ᑖᓐᓇ ᐅᕐᑲᐅᓯᐅᓚᐅᖅᓯᒪᕗᖅ ᑖᔅᓯᔪᖕᒐ ᑕᐃᕕᑦ ᐊᐸᕌᒻᒧᑦ:

> ᖃᖕᒐᒃᑰᓂᖕᒐᓂᒃ ᑭᓯᑐᐃᓐᓇᐃᑦᑐ ᐃᓄᐃᑦ ᑕᐃᒪᐃᑦᑑᓂᖏᓐᓂᒃ, ᐅᕙᖑᓐᓃᑦ ᐃᓄᐃᑦ ᓲᕐᑐ ᓂᕐᔪᑎᐅᑎᑦᑐᑎᑦ ᐊᒻᒪ ᐱᕈᖅᓯᐊᖕᒍᑎᑦᑐᑎᑦ, ᑕᒪᒃᑯᐊ ᐅᓂᒃᑳᑦ ᐃᓄᖕᓂᒃ ᐃᓚᕐᑲᒻᒪᕆᒃᐳᑦ ᐊᒥᓯᒻᒪᕆᐊᑐᖕᓂᒃ ᓯᓚᖅᑲᑎᒋᔭᖏᓐᓂᕐᒥᐅᓂᒃ. ᐃᒃᐱᒍᓯᑦᑎᐊᖅᐳᑦ ᑭᓯᑐᐃᓐᓇᕐᓂᒃ ᐆᒪᔪᓕᒫᓂᒃ ᓯᓚᖅᑲᑎᒋᔭᖏᓐᓃᑦᑐᓂᒡᑰᓐᓃᑦ, ᑕᐃᒪᓐᓇ ᐱᒋᐊᖅᑲᒻᒪᕆᒃᐳᑦ ᓂᕐᔪᑎᓂᒡᑰᓐᓃᑦ, ᐱᕈᖅᓯᐊᓂᒡᑰᓐᓃᑦ, ᐊᒻᒪ ᓄᓇᒥᑦ, ᑕᐃᒪᓐᓇ ᐃᓅᖅᑲᑎᖏᓐᓂᒃ ᖃᐅᔨᓴᑦᑎᐊᕐᓂᐊᕐᒪᑕ ᖃᓄᐃᖏᑦᑎᐊᕐᑯᑦᑐᑎᑦ ᐊᒻᒪ

mii lea sivdniduvvon. Dat fátmmasta ealibiid, mat ellet min bálddas, eatnama mii lea min vuolde, ja šattuid mat šaddet min birra. Ruoktu lea dovddavásihusaid gierdu, mii laktása buot ealli sivdnádusaide mat leat báikkis, ja ealli sivdnádusaide mat bisuhit ja addet valji láhjiid min eallimiidda olmmožin, geat buohkat leat ovdamearkkat dan ráhkisvuođas, maid eana midjiide addá.

Láđis ja čiekŋalit ruohtasmuvvan oktavuohta eatnamii mu mánnávuođas lea cieggan mu varrii, ja dat lea hábmen mu árvvuid. Dát árvvut vuođđuduvvet vuođđojurdagii, man mielde mii buohkat galggašeimmet bargat ovttas lotnolassii, eatge vuostálaga eatnamiin – prinsihppa man David Abram lea nu sánálaččat čilgen:

> Go čujuha ollái dahjege áigái, dallego buot ovttadagat ledje olbmo hámis, dahje dallego olbmot ledje eará ealibiid ja šattuid hámis, de duođaštit dát muitalusat olb-

alongside us, the soil that is beneath us, and the plant life that surrounds us. Home is the range of sensorial experiences tied to all living beings in a place, and to the living beings that sustain and provide abundance for our lives as humans, all of which are examples of the love that the earth provides us.

The gentle and deep-rooted connection to the earth from my childhood is still instilled within me, and it has shaped my values. These values are based on the principle that we should be working together in reciprocity for, rather than against, the earth—a principle so eloquently explained by David Abram:

> By invoking a dimension or time when all entities were in human form, or when humans were in the shape of

ᖃᓄᐃᖕᒋᑦᑎᐊᕐᑯᑦᓗᒋᑦᑕᐅᖅ ᐃᓄᖕᓂᒃ
ᓄᓇᖅᑲᖅᑲᑎᒌᖕᒍᔪᓂᒃ.

ᒫᓇᓕ ᓴᓇᖃᑕᐅᖃᑦᑕᓕᖅᐳᖓ ᑕᒪᒃᑯᓂᖓ ᐃᒡᓗᒃᓴᓂᒃ ᓴᓇᔭᐅᓂᐊᖅᑐᓂᒃ ᐋᖅᑭᒃᓱᐃᔨᓂᒃ, ᐊᒻᒪᓗ ᐃᓱᒪᒋᕙᒃᑕᒃᑲ ᓲᕐᓗ ᕿᒪᐃᕕᐅᓂᖓᓄᑦ ᐱᕙᒃᑐᖓ, ᐊᑐᖅᓯᒪᓂᑯᒃᑲ ᐊᔾᔨᒋᔭᐅᖕᒋᓚᑦ ᑕᒪᒃᑯᓄᖓ ᐃᓄᖕᓄᑦ ᐊᓯᖓᓄᑦ ᑕᕙᓂ ᓴᓇᔪᓄᑦ. ᑕᒪᕐᒥᑲᓴᑦᑎᐊᕐᓕ ᑕᒪᒃᑯᐊ ᐃᓄᐃᑦ ᐃᓅᓚᐅᖅᓯᒪᖕᒪᑕ ᓄᓇᒥᐅᑕᕐᓂᒃ ᐃᓚᖃᖕᒋᑦᑎᐊᖅᑐᑎᒃ, ᐊᒻᒪᓗ ᐃᓚᖃᖕᒋᑦᑎᐊᖅᑐᑎᒃ ᓄᓇᒥᑦ. ᐅᒃᐱᕈᓱᒃᐳᖓᓕ ᐃᓄᐃᑦ ᑐᑭᓯᓕᕐᓂᐊᕐᒪᑕ ᐱᒻᒪᕆᐅᓂᖓᓂᒃ ᓄᓇ ᐱᕙᓪᓕᐊᖕᒋᓇᐅᓯᕐᓂᖓᓂᒃ, ᐱᓕᕆᑦᑎᐊᕈᓇᖅᓯᓂᐊᕐᒪᑕ ᐃᒡᓗᒃᓴᓂᒃ ᓴᓇᔭᐅᓂᐊᖅᑐᓂᒃ ᐋᖅᑭᒃᓱᐃᓂᕐᒥᒃ ᓴᐳᒻᒥᔭᐅᑦᑎᐊᖅᓯᒪᓗᑎᒡᓗ, ᐅᐱᒋᔭᐅᑦᑎᐊᖅᓯᒪᓗᑎᒡᓗ, ᐊᒻᒪᓗ ᐃᖅᑲᒍᓯᑦᑎᐊᕐᓗᑎᒃ ᓄᓇᒥᑦ. ᑕᐃᒪᓕ ᑖᓇ ᕵᐱᓐ ᕗᐊᑦ ᑭᒻᒥᕈᕐ ᐅᖃᓚᐅᖅᓯᒪᕗᖅ, "ᖃᐅᔨᒪᔭᐅᑎᐊᖃᕋᕕᑦ ᓇᒡᓕᒍᓯᒃᑲᕕᒃ ᓄᓇ ᐃᓕᖕᓂᒃ ᐊᓯᔾᔩᖅᑲᑦᑕᕐᒪᑦ, ᐱᑎᐊᖅᑎᑦᑎᔭᓇᖅᑐᓂᓗ ᐃᓕᖕᓂᒃ ᓴᐳᑎᓯᒪᓂᐊᕋᕕᑦ ᐊᒻᒪᓗ ᓴᐳᔾᔨᓯᒪᔭᓇᕐᓂᐊᕋᕕᑦ ᐊᒻᒪᓗ ᑯᕕᐊᓲᑎᑎᓗᖕᒋᑦ. ᑕᐃᒪᓕ ᐃᒃᐱᒍᓯᓕᕈᕕᑦ

mo sogalašvuođa daidda eatnat hámiide, mat leat biraseanadagas. Dat nappo geažuhit árvvusadni, lotnolas gaskavuođaid, mat fertejit seailluhuvvot lunddolaš albmonemiiguin, lotnolasvuođa mii ferte geavahuvvot eará ealibiid, šattuid ja eatnama iežas gorrái, váfistan dihtii iežas dearvvasvuođa ja gáhttet olmmošlaš searvevuođa buresveadjima.[1]

Dál mun barggan arkitektuvrra suorggis, ja vaikko mus lea riegádusas juo leamaš jurddaproseassa, de ii leat mu vásihus seamma lágan go dán fidnosuorggi eanaš olbmuid vásihus. Eatnašat sis leat eallán almmá beasatlašvuođa haga eatnamii, ja váilevaš čiekŋalis oktavuođa haga eatnamii. Mun jáhkán, ahte dalánaga go dát oktavuohta lea fámus, ja earát áddejit dan mearkkašumi birgejupmái, de máhttájit bargat arkitektuvrra guvlui, mii suodjala, gudnejahttá ja árvvusatná eatna-

other animals and plants, these stories affirm human kinship with the multiple forms of the surrounding terrain. They thus indicate the respectful, mutual relations that must be maintained with natural phenomena, the reciprocity that must be practiced in relation to other animals, plants, and the land itself, in order to ensure one's own health and to preserve the well-being of the human community.[1]

I now work in the field of architecture, and although my thought process has been inherent, my experience is not similar to that of most people in the profession. For most, they have lived without access to land, and lack an in-depth relationship to it. I believe once that relationship has been enacted and others understand the notion of its importance

ᓄᓇ ᐃᓕᖕᓂᒃ ᓇᒡᓕᒍᓯᖕᓂᖕᒐᓂᒃ ᓲᕐᓗ ᐅᑎᖅᑎᓯᒪᓪᓗᓂ, ᑖᓐᓇ ᐃᒃᐱᒋᔭᑦ ᐃᓚᒌᖕᓂᖕᒍᓲᖕᒍᕗᖅ ᓲᕐᓗ ᐊᖅᑯᑎᒥᑦ ᐅᒃᐱᕐᓂᒻᒪᕆᐅᔪᒧᑦ."

ᐃᑲᔪᕈᑎᒋᔪᒪᓪᓗᒍ ᑖᓐᓇ ᐃᖅᑲᐅᒪᓂᐅᔪᖅ ᐋᖅᑭᒃᓯᐃᓂᕐᒧᑦ, ᐋᖅᑭᒃᓯᐃᓚᐅᖅᐳᖕᒐ 7-ᖑᔪᓂᒃ ᒪᓕᒃᑕᐅᑎᐊᓕᖕᓂᒃ ᐱᔾᔪᑎᖃᓗᐊᖅᑐᑎᒃ ᐱᕈᖅᓴᑎᑕᐅᓚᐅᖅᓯᒪᓂᓐᓄᑦ:

ᐅᐱᒋᓗᒍ ᓄᓇ, ᑐᑭᓯᐅᒪᓗᒍ ᑭᓯᑕᖅᑲᕐᓂᖕᒐᓂᒃ ᐊᒻᒪᓗ ᑐᓂᓯᔪᓐᓇᕐᓂᖕᒐᓂᒃ

ᐊᔪᕈᓐᓃᖅᓴᖅᐸᒃᓗᑎᑦ ᐱᐅᓯᒋᖕᒋᓐᓂᕐᒥᒃ, ᖃᐅᔨᒪᓗᑎᑦ ᓄᓇ ᐅᖁᑎᓐᓂᒃ ᐊᔪᖕᒋᓐᓂᖅᓴᒻᒪᕆᐅᖕᒪᑦ

ᐊᓯᔾᔨᖅᐸᑦᑕᐊᓂᑦ ᓄᓇᒥᑦ, ᖃᐅᔨᓴᑦᑎᐊᕐᓗᒍ ᓄᓇᒋᔭᕐᓂᑦ ᖃᓄᐃᑦᑑᓂᖕᒋᓐᓂᒃ, ᓯᓚ ᐊᓯᔾᔨᖅᐸᑦᑕᐊᓂᖕᒐ, ᐊᒻᒪᓗ ᐊᕙᑎᕗᑦ

ᐱᓯᒃᕕᒋᔭᑦ ᖃᐅᔨᓴᑦᑎᐊᕐᓗᒍ, ᐱᐅᔪᒥᒃ ᐊᑐᕐᓂᖅᑲᑦᑎᐊᕐᓗᑎᑦ, ᐊᒻᒪᓗ ᐃᒃᐱᒍᓯᑦᑎᐊᕐᓗᑎᑦ

ma. Nugo Robin Wall Kimmerer cealká, "go diehđát ahte ráhkistat eatnama, dat rievdada du, bidjá du bealuštit ja suodjalit ja ávvudit. Muhto go don dovddat, ahte eana ráhkista fas du, dat dovdu nuppástuhttá gaskavuođa ovttaguvllotgáhtas bassi báddin."[2]

Veahkehan dihtii dán designeriid jurddanuppástuhttimii lean gárgedan čieža rávvejeaddji prinsihpa, maid mu bajásgeassin lea oaivadan:

Gudnejahte eatnama, ádde mii das lea addámuššan

Hárjehala vuollegašvuođa, fihtte ahte eana leat stuorát go mii

Guorahala báikki buot, suokkardala báikkálaš dilálašvuođaid, dálkkádaga ja birrasa

Duolmma geahppasit, váikkut positiivvalaččat ja leage dovddolaš

in sustenance, they will be able to work towards architecture that protects, honours, and respects the land. As Robin Wall Kimmerer states, "knowing that you love the earth changes you, activates you to defend and protect and celebrate. But when you feel that the earth loves you in return, that feeling transforms the relationship from a one-way street into a sacred bond."[2]

To assist in this thought transformation in designers, I have developed seven guiding design principles inspired by my upbringing:

Honour the land, understand what is there and what it has to offer

Practice humility, realize that the land is greater than us

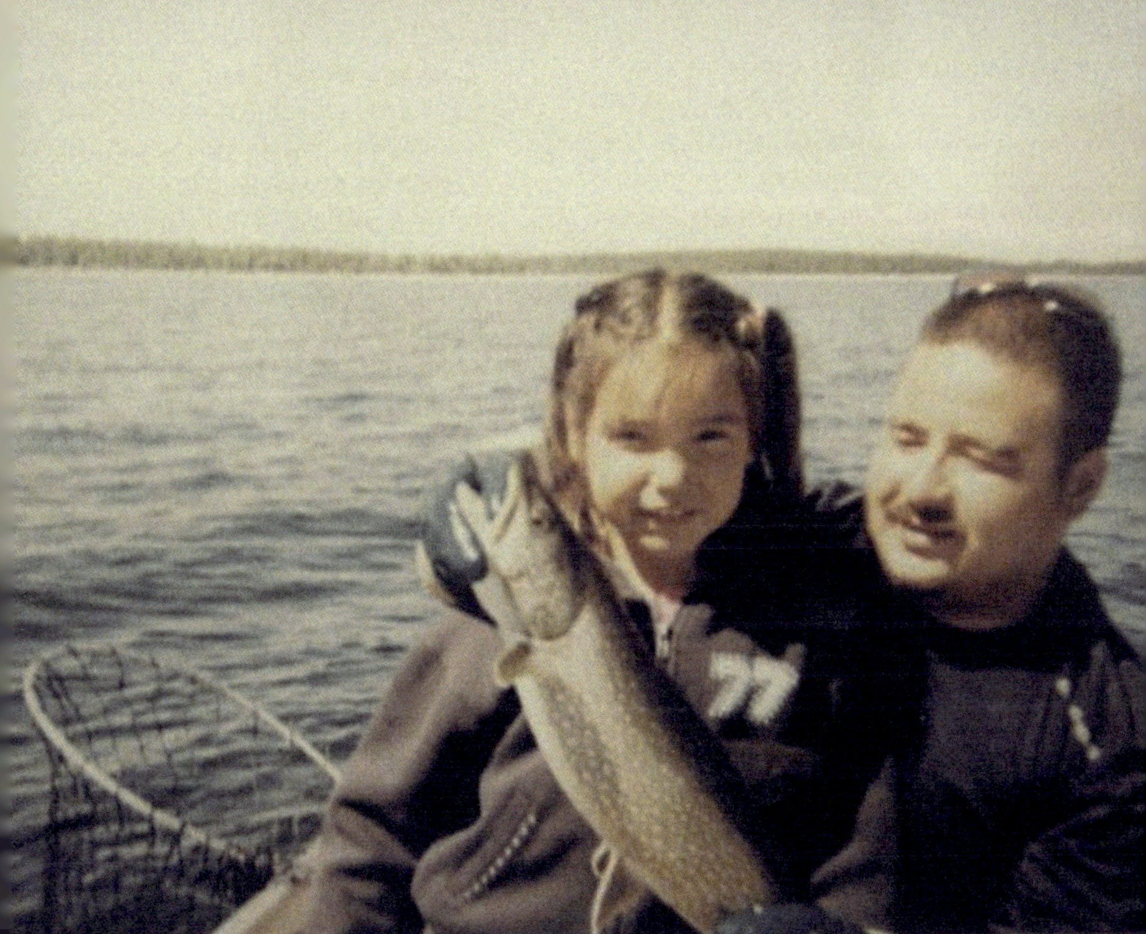

ᓄᑕᕋᐅᑎᑦᑐᖅᒐ ᓈᓐᑎᐊᕐ ᑕᓯᕐᒥᒃ

Mánnávuohta Reindeer Lake jávrris

Childhood on Reindeer Lake

Cross-process with place, research the local conditions, the climate, and the environment

Tread lightly, have a positive impact and be sensitive

Light for energies, ask how all living beings in a place are interconnected, and how we can showcase these relationships

Foster reciprocal actions, follow the rule of giving back ten times more than you take

Prioritize heart-work, work with kind heart, mind, body, and spirit

ᐆᒻᒪᓇᑦᑎᐊᕐᓂᖅ, ᐊᐱᓇᕙᒃᑐᑎᑦ ᖃᓄᖅ
ᐆᒪᔪᓕᒫᑦ ᑲᑎᓯᒪᓂᖃᐅᕐᒪᑕ, ᐊᒻᒪ ᖃᓄᖅ
ᐃᓚᒌᖕᓂᕗᑦ ᑕᑯᒃᓴᐅᑎᑦᑐᓐᓇᕋᑦᑎᒍᑦ

ᐃᒃᐱᒋᑦᑎᐊᕐᑐᖕᒋᑦ ᐱᓕᕆᐊᖑᕙᒃᑐᑦ,
ᒪᓕᑦᑎᐊᕐᑐᒋᑦ ᒪᓕᒐᕆᔭᐅᔪᑦ ᐊᒻᒪ
ᐅᑎᖅᑎᑦᑐᒋᑦ ᖁᑖᖅᓯᕐᑐᒋᑦ

ᓯᕗᓪᓕᐅᑎᕙᒃᑐᒋᑦ
ᐱᓕᕆᐊᖑᕙᑦᑎᐊᖅᑐᑦ,
ᐱᓕᖃᑎᖃᖅᐸᒃᑐᑎᑦ ᐃᒃᐱᒍᓯᑦᑎᐊᒃᑐᑎᑦ,
ᐃᓱᒪᒃᑯᑦ, ᑎᒥᒃᑯᑦ, ᐊᒻᒪ ᑕᕐᓂᒃᑯᑦ

Čuovgga alvvaid, jeara mo buot ealli sivdnádusat ovtta báikkis leat oktiigullevaččat, ja mo mii sáhttit čájehit dáid oktavuođaid

Ovddit lotnolas daguid, čuovo njuolggadusa man mielde galggat addit ruovttoluotta logi gearddi eambbo go maid válddát

Vuorut váibmobargguid, barg-ga buriin váimmuin, mielain, rupmašiin ja vuoiŋŋain

ᑕᒪᒃᑯᐊ ᒪᓕᒃᑕᐅᒋᐊᒑᑦ ᓴᖅᑭᑕᐅᓚᐅᖅᐳᑦ ᐃᓕᑕᕆᔭᐅᖁᔭᐅᓪᓗᑕ ᐱᐅᓯᕆᖕᒋᓐᓂᑦᑎᓐᓂᒃ, ᐃᓚᐅᑎᑦᑎᕙᖕᓂᑦᑎᓐᓂᒡᓗ ᐊᓯᖕᒋᓐᓂᒃ ᐆᒪᔪᓂᒃ ᑕᒫᓃᑦᑐᓂᒃ ᓄᓇᒥᑦ ᐋᖅᑭᒃᑐᐃᑎᓪᓗᑕ ᐃᒡᓗᒃᓴᓂ ᓴᓇᔭᐅᓂᐊᖅᑐᒃ, ᐊᒻᒪ ᐱᓕᖃᑎᖃᑦᑎᐊᕐᑐᑕ ᐊᕙᑎᑦᑎᓐᓂᒃ. ᑕᒪᒃᑯᐊ ᒪᓕᒃᑕᐅᒋᐊᒑᑦ ᖃᐅᔨᑎᑦᑎᓂᐊᕐᒪᑕ ᐋᖅᑭᒃᓯᐃᔨᓂᒃ ᐅᔾᔨᕈᓯᑦᑎᐊᕐᓂᐊᕐᒪᑕ ᐊᓐᓂᕐᓇᖅᑐᓂᒃ ᐊᒻᒪ ᖃᐅᔨᒪᑦᑎᐊᕐᓂᕐᒥᒃ ᐅᕙᑦᑎᓐᓂᒃ ᓄᓇᖃᖅᑳᖅᓯᒪᔪᓂᒃ ᐅᖃᐅᓯᓈᓐᓇᐅᔭᖅᑕᑦᑎᓐᓂᒃ, ᐊᒻᒪ ᐊᑐᖅᓯᒪᔭᕕᓂᑦᑎᓐᓂᒃ ᓄᓇᒥᒎᖅᑐᓂᒃ ᐊᒻᒪ ᓴᐳᑎᓯᒪᔭᑦᑎᓐᓂᒃ.

Dát prinsihpat leat gárgeduvvon proseassan, mii galgá dovdát min vuollegašvuođa, searvadit eará ealli sivdnádusaid eatnama alde iehčamet designaprosessii, ja kollektiivvalaččat bargat birrasiin, mii min birastahttá. Dát prinsihpat diktet designeriid šad-dat diđolažžan árvvuid ja dieđu ja máh-tu hárrái, maid mii álgoálbmogat leat báhkkodan, ja vásihusaid hárrái eatna-mis, maid mii leat bargamin suodjalit.

These principles are created as a process to recognize our humility, to include other living beings on this earth in our design processes, and to collectively work with the environment that surrounds us. These principles will allow designers to become aware of the values and knowledge that we Indigenous peoples have been voicing, and the experiences from the land that we are working to protect.

Go experience the love of all forms of life that surround you,
Listen to words that the wind speaks,
Feel Mother Earth breathing beneath you,
And all the energies that she creates,
Allow the stories of the land to influence and guide,
Create with kindness and warmth of the heart,
Forward to another.

ᐊᑐᖅᓯᒪᓂᖃᓚᕆᑦ ᓇᒡᓚᖕᓂᕐᒥᒃ ᑭᓱᐃᓐᓇᕐᓂᒃ
ᑕᒫᓃᑦᑐᓂᒃ ᐊᕙᑎᑦᑎᓐᓂᒃ,
ᑐᓵᔪᑎᑦ ᐅᖃᐅᓯᕐᓂᒃ ᓯᓚᐅᑉ
ᐅᖃᐅᓯᕆᔭᖕᒋᓐᓂᒃ,
ᐃᒃᐱᒋᔪᒍ ᓄᓇᑉ ᐊᓂᖅᓵᖅᑐᕐᓂᖕᒐ
ᐊᒻᒪᓗ ᐆᒪᑦᑎᐊᕐᓂᕗᑦ ᑖᓯᒪ
ᐋᖅᑭᓚᐅᖅᑕᖕᒐ,
ᐅᓂᒃᑳ ᐱᔾᔪᑎᖃᖅᑐᑦ ᓄᓇᒥᑦ
ᐃᓚᖕᓂᒃ ᐊᒃᑐᐃᑎᑦᑎᓯᒪᓕᕐᓗᑎᒃ
ᐊᒻᒪᓗ ᖃᐅᔨᒪᔾᔪᑎᑦᑎᓯᒪᓕᕐᓗᑎᒃ
ᐱᐅᔪᒃᑯᑦ ᐋᖅᑭᒃᓯᐊᕙᒃᓗᑎᑦ
ᐊᒻᒪᓗ ᐆᒻᒪᑎᒃᑯᑦ
ᓇᒡᓚᖕᓂᖃᖅᑐᒥᑦ
ᓯᕗᓂᒃᓴᒧᑦ ᐊᒻᒪ ᐊᓯᐊᓄᑦ.

ᐋᖅᑭᒃᓯᐃᕗᖕᒐᓚ ᐃᒃᐱᓴᖕᒋᓐᓂᒃ ᐊᒻᒪᓗ ᑕᑯᖅᑦᑕᖅᑕᓐᓂᒃ ᐱᕈᖅᓴᑎᑦᓗᖕᒐ, ᕿᑐᖖᒐᒃᑲ, ᐊᒻᒪᓗ ᑭᖕᒍᕚᕆᓂᐊᖅᑕᕗᑦ, ᑕᑯᔪᓐᓇᕐᓂᐊᕐᒪᑕ ᐊᑐᖅᓯᒪᓗᑎᒡᓗ ᐱᐅᔪᒻᒪᕆᖕᒥᑦ ᓄᓇᒋᔭᖕᒐᓂᒃ. ᑳᒃᑯᓄᖕᒐᓗ ᑰᑯᓪᓄᑦ ᐊᑖᑕᑦᑎᐊᓐᓄᑦᓗ, ᐃᓚᒋᔭᖕᒋᑦᓗ ᐱᓱᓐᓇᕐᓂᐊᕐᒪᑕ ᑕᒪᐅᓇ ᐃᒪᐅᑉ ᖃᓂᒋᔭᖕᒐᒍᑦ ᐊᒻᒪᓗ ᓴᐸᑎᓯᒪᓗᒍ ᓄᓇᕗᑦ.

Mana vásihit ráhkisvuođa buot lágan
heakkaide mat leat du birra,
Guldal sániid maid biegga sárdnu,
Dovdda Eatnama Min
Eatni vuoigŋamin
iežat vuolde,
Ja buot alvvaid maid son sivdnida,
Divtte eatnama muitalusaid
váikkuhit ja oahpistit,
Duddjo váimmu
buorrevuođain ja
lieggavuođain,
Atte viidáseappot nubbái.

Mun designen iehčan bajásgeassima dovdagiid ja oainnáhusaid nammii, váfistan dihtii ahte mu mánát, ja máŋggaid boahttevaš buolvvaid mánát, besset vásihit iežaset territoria čáppa áidanasvuođa. Iehčan kookum ja papa nammii, geaid fuolkkit vádjoledje dáid čáziid gáttiid mielde ja suodjaledje dáid eatnamiid.

I am designing for the senses and sights of my upbringing, to ensure that my children, and the children of many generations to come, can experience the beautiful remoteness of their home territory. For my kookum and papa, whose relatives walked along these waters and protected these lands.

1. ᑕᐃᕕᑦ ᐋᐳᕌᒻ, ᐊᖕᒐᒃᑰᖅᑕᐅᔪᖅ ᓯᓐᓰᔅ: ᑐᓵᓂᖅ ᐊᒻᒪᓗ ᐅᖃᐅᓰᑦ ᐃᓄᐃᖅ ᐅᖕᒐᑖᓄᑦ (ᓂᐅ ᔫᒃ: Pantheon ᐅᖃᓕᒫᒐᕐ, 1996), 121.

2. ᕌᐱᓐ ᕗᐊᓪ ᑭᒻᒧᕈᕐ, ᐱᕐᕋᐃᔭᖅ ᓄᓇᒥᒃ: ᓄᓇᖃᖅᑳᖅᓯᒪᔪᑦ ᖃᐅᔨᒪᑦᑎᐊᕐᓂᖕᒐ, ᖃᐅᔨᓴᖅᑐᓕᕆᔩᒃᑯᑦ ᖃᐅᔨᒪᓂᖕᒋᑦ, ᐊᒻᒪᓗ ᐃᓕᓐᓂᐊᖅᑎᑦᑎᔪᑦ ᐱᕈᖅᑐᑦ (ᒥᓂᐊᐳᓚᔅ: ᒥᓚᒃᕗᐃᑦ ᐅᖃᓕᒫᒐᖅ, 2013), 124.

1. David Abram, *The Spell of the Sensuous: Perception and Language in a More-Than-Human World [Dovddalačča mielastupmi: Ipmárdus ja giella eambbo-go-olbmo máilmmis]* (New York: Pantheon Books, 1996), 121.

2. Robin Wall Kimmerer, *Braiding Sweetgrass: Indigenous Wisdom, Scientific Knowledge, and the Teachings of Plants [Njálggaháisuinniid bárgideapmi: Eamiálbmogiid viisodat, diehtalaš diehtu ja máhttu ja šattuid oahpahus]* (Minneapolis: Milkweed Editions, 2013), 124.

1. David Abram, *The Spell of the Sensuous: Perception and Language in a More-Than-Human World* (New York: Pantheon Books, 1996), 121.

2. Robin Wall Kimmerer, *Braiding Sweetgrass: Indigenous Wisdom, Scientific Knowledge, and the Teachings of Plants* (Minneapolis: Milkweed Editions, 2013), 124.

ᓇᒥᓕ ᐱᑎᐊᓲᖑᒻᒪᑦ ᓄᓇ?

GOS EANA ÁLGÁ?

WHERE DOES LAND BEGIN?

ᕿᕕᑯ ᕈᐃᔾ
ᐅᖅᑲᓪᓚᖅᑲᑎᖅᑲᖅᔪᑎᒃ
ᔪᐊᕐ ᓈᖑ

ᐱᑕᖅᑲᖅᓂᖏᑦ ᓵᒥ
ᖅᑲᐅᔨᒪᔭᑐᖅᑲᖏᑦ

Sámegiella-132
English-140

ᔪᐊᕐ ᓇᖑᒎᑉ ᒍᔾᖑᒻᐱ (ᓵᒥᒥᐅᑕᑎᑐᑦ
ᐃᒡᓗᓕᐅᕐᓂᖑᑦ ᐅᖅᑲᓕᒫᒐᖅᑲᕕᒃ) ᑕᕙᓂ ᔪᒃᑯᒃ-ᒥᑦ,
ᓱᕖᑕᓐᒥᑦ, 2018. ᐊᔾᔨᓕᐅᖅᑕᐅᔪᖅ ᐆᒧᖓ
ᐃᖕᒍᕆᑦ ᕙᑦᓂᔅᑯᑦ

Joar Nango *Girjegumpi (Sámi Arkitektu-vrralaš Bibliotehka)* Johkamohkis, Ruoŧas, 2018. Fotografiija Ingrid Fadnes bokte

Joar Nango's *Girjegumpi (Sámi Architectural Library)* in Jokkmokk, Sweden, 2018. Photograph by Ingrid Fadnes

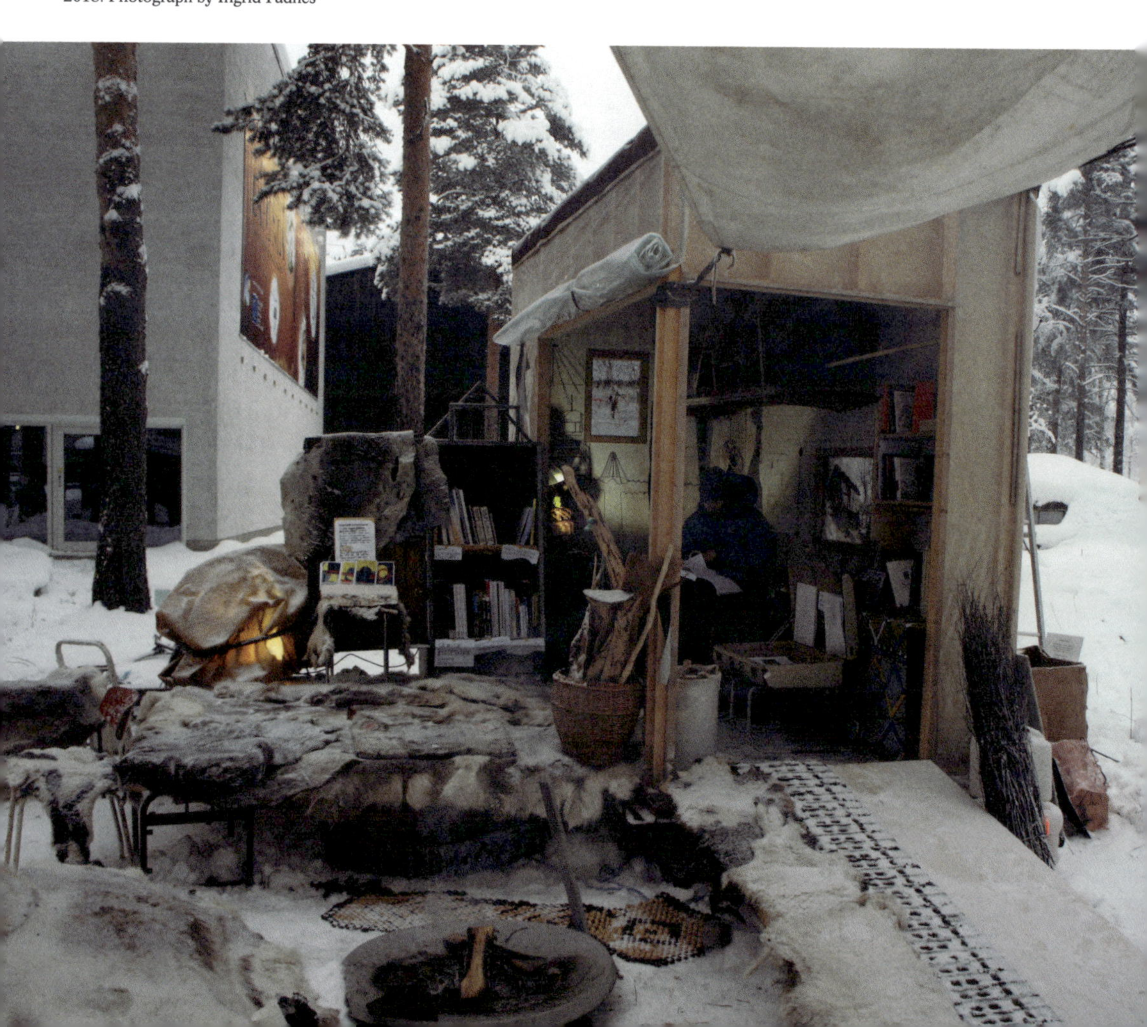

ᖀᕕᑯ ᕈᐃᔾ: ᖃᓄᖅ ᕈᕝᑐ ᒍᕝᓗᐃ ᐃᓕᓐᓄᑦ ᑐᑭᖃᖅᐸ?

ᔪᐊᕐ ᓈᖑ: ᐃᓱᒪᒋᓕᕋᐃᒐᒃᑯ ᓵᒥᐅᓂᖓ ᐃᓗᓐᓂ – ᑕᑯᓐᓇᖅᑐᒍ, ᐅᖃᕐᓗᓂ, ᓄᐊᐅᐃᔨᐊᓐ ᐅᕝᕙᓘᓐᓃᑦ ᔪᐅᕈᐲᐊᓐ ᐅᕝᕙᓘᓐᓃᑦ ᓄᓇᕐᔪᐊᕐᒥᐅᑦ ᐅᕝᕙᓘᓐᓃᑦ ᓴᓇᖕᖑᐊᖅᑎ ᐅᕝᕙᓘᓐᓃᑦ ᓱᓇᑦᓴᓂᑦ ᓴᓇᔨ – ᐃᖅᑲᐃᕙᑦᑐᖓ ᐊᖏᕐᕋᒥᒃ ᐊᒻᒪ ᓄᓇᒥᒃ ᐊᒻᒪ ᐱᖅᑯᓯᑐᖃᕐᒥᒃ ᐊᒻᒪ ᐃᓕᖅᑯᓯᕐᒥᒃ ᐱᑕᖃᓪᓚᕆᓐᓂᖏᓐᓂ. ᑕᒪᒃᑯᐊ ᓄᓇᑎᒍᑦ ᐊᕙᑎᐅᔪᑦ ᐃᓚᒋᔭᒪ ᐊᒻᒪ ᐊᑖᑕᒪ ᐃᓚᒋᔭᖏᑕ ᐊᒻᒪ ᐊᑖᑕᑦᓯᐊᒪ ᐃᓅᕕᒋᓯᒪᔭᖏᑦ ᐃᓅᓯᓕᒫᖏᓐᓂ – ᑕᒪᒃᑯᐊ ᐃᓄᖅᑲᑦᑎᐊᐸᖖᒋᑦᑐᑦ, ᐅᔭᖅᑲᓕᒫᑦ ᐊᒻᒪ ᕿᑭᖅᑕᓕᒫᑦ ᐊᒻᒪ ᓄᓇᓕᒫᑦ ᐋᖅᑭᑦᓯᒪᕕᖏᑦ, ᑕᑯᕙᑦᑕᑎᑦ ᐱᑐᖅᑳᓗᓂ 100-ᓂᑦ ᐊᕐᕌᒍᓕᓐᓂ ᐊᔾᔨᖖᒍᐊᑐᖃᕐᓂ, ᐊᒻᒪ ᑐᓵᕙᑦᑕᑎᑦ ᐅᓂᒃᑳᖅᑐᐊᖑᑎᑦᑐᒋᑦ – ᐅᕙᖓ ᐃᓗᐊᓃᑦᑐᑦ ᑕᐃᒃᑯᐊ ᓄᓇᐃᑦ.

ᐊᑦᑐᐊᓂᖏᒃ ᐊᖏᕐᕋᐅᑉ ᐊᒻᒪ ᓄᓇᐅᑉ ᐅᕙᓐᓄᑦ ᓵᒥᐅᓗᖓ ᐱᑕᖃᓪᓚᕆᑦᑐᖅ ᐊᒻᒪ ᐱᖅᑯᓯᑐᖃᐅᑐᓂ ᐊᒻᒪ ᐃᑉᐱᒋᔭᒻᒪᕆᐅᑐᓂ ᐊᒻᒪ ᐅᖃᐅᓯᐅᕙᑦᑐᓂ. ᓯᓇᐅᔪᖅ ᐃᓕᓐᓂᒃ ᒪᓕᑦᑎᑦᑎᔨᐅᔪᖅ, ᐋᖅᑭᑦᓯᐃᔨᐅᔪᖅ ᐃᓕᓐᓂᒃ ᑕᒻᒪᕐᓂᕈᕕᑦ, ᓯᓇᐅᔪᖅ ᐃᓕᓐᓂᒃ ᐃᑉᐱᒍᓱᑦᑎᑦᑎᕙᑦᑐᖅ ᖃᓄᖅ ᐃᓱᒪᒍᓐᓇᓂᕐᓂᒃ, ᐅᖃᓕᒪᒍᓐᓇᓂᕐᓂᒃ, ᐊᒻᒪ ᖃᓄᖅ ᐊᑦᑐᐊᓂᖃᕐᓂᕐᓂᒃ. ᐊᒻᒪ ᑕᐃᒪᐃᓚᐅᖅᑐᖅ ᐃᓗᓐᓇᖏᓐᓄᑦ ᐃᓅᓚᐅᖅᑐᓄᑦ ᓯᕗᓪᓕᐅᓚᐅᖅᑐᓂ ᐅᕙᓐᓂᒃ. ᐅᑉᐱᕆᖖᒐ, ᖁᕕᐊᓇᖕᖏᒍᓐᓇᕐᒥᔪᖅ ᐊᒻᒪ ᐃᓛᓐᓂᒃᑯᑦ ᐃᐱᓂᐊᕐᓇᒐᓚᑦᑐᓂᑦ – ᐱᖅᑯᓯᐅᔪᑦ ᐱᐅᓂᖅᑲᕈᓐᓇᖅᑐᑦ ᐊᒻᒪ ᐱᐅᖏᓐᓂᖅᑲᕈᓐᓇᖅᑐᑎᑦᑐ – ᑭᓯᐊᓂ ᐊᑐᖅᑕᐅᕙᑦᑐᑦ ᐃᑉᐱᒍᓲᑎᐅᔪᑦ ᐊᓯᑦᑎᓐᓂᒃ ᐊᒻᒪ ᖃᐅᔨᒪᓂᒃᑯᑦ ᐊᒻᒪ ᐅᖃᐅᓯᒃᑯᑦ ᐊᒻᒪ ᐱᐅᓯᒃᑯᑦ ᓄᓇ ᐱᑦᑐᒍ, ᐅᕙᓐᓄᑦᑕ, ᑕᐃᒎᓯᖓᓃᑦᑐᖅ ᑕᑯᑦᓴᐅᑎᑦᑎᓂᐅᑉ, ᕈᕝᑐ ᒍᕝᓗᐃ, ᑐᕌᕐᓂᖅ ᐊᖏᕐᕋᒧᑦ. ᓄᓇᑦᑕᖓ ᑎᒍᒥᐊᖅᑐᖅ ᐅᑦᑐᕐᓱᐅᑎᖒᖓᔪᒥᑦ ᐅᖓᑖᓅᖓᔪᓂᑦ ᐃᓄᑐᐃᓐᓇᐃᑦ ᓄᓇᕐᔪᐊᕐᒥᐅᑕᐃᑦ; ᐊᓈᓇᒦᖕᒫᖅᒎᔨᖅᑐᒥᑦ ᐆᒻᒪᖅᑯᑎᖃᖅᑐᖅ ᐊᒻᒪ ᐅᖃᐅᓯᖃᖅᑐᓂ ᐃᖕᒥᓅᖓᔪᓂᑦ. ᐃᓕᖅᑯᓯᐅᔪᖅ ᐊᖏᕐᕋᒥ ᐱᔾᔪᑎᖃᓗᐊᖅᑐᖅ ᐊᑐᕆᐊᖃᕐᓂᕐᒥᑦ ᐊᓯᖃᖏᒻᒪᑦ ᐆᒻᒪᖅᑯᑎᐅᔪᖅ.

ᖀᕕᑯ ᕈᐃᔾ ᖃᑦᑐᓈᑎᑐᑦᑕ, ᐅᕙᖓ ᑐᑭᓕᐊᕈᓯᖓᒍᑦ ᑐᕌᕐᓂᖅ ᐊᖏᕐᕋᒧᑦ, ᐅᖃᐅᓯᕐᒥ ᑐᕌᕐᓂᖅ ᑐᑭᓕᐊᖅᒎᔾᔪᕐᓇᕐᒪᑦ, ᐱᔾᔪᑎᖃᖅᒎᔾᔪᖅᑐᓂ ᓯᕗᓂᕐᒎᐸᓪᓕᐊᓂᕐᒥᑦ. ᑭᓯᐊᓂ ᐃᓕᓐᓄᑦ, ᐃᓱᒪᔪᖓ: ᕈᕝᑐ ᒍᕝᓗᐃ ᐃᓗᓕᖃᖅᐸ ᑕᐃᑦᓱᒥᖓᑦᓴᐃᓐᓇᖅ ᓯᕗᓂᑦᑎᓐᓃᑦᑐᒥᑦ, ᐅᕝᕙᓘᓐᓃᑦ ᐊᓯᐊᒍᑦ ᐊᑐᕐᓇᖅᐸ ᐅᑦᑐᕐᓱᐅᑎᒥᑦ ᐃᓗᐊᓂ?

ᔪᐊᕐ ᓈᖑ ᐊᑲᐅᒍᓐᓃᒐᓚᑉᐸᑦᑐᖓ ᐃᓗᒃᑯᑦ ᑐᓴᕋᐃᒐᒪ ᐊᒥᓱᓄᑦ ᐃᓱᒪᓂᐅᔪᓂᑦ ᐃᓱᒪᒋᓪᓗᒍ ᑐᑭᓕᐊᖅᑐᒥᑦ ᐃᓱᒪᓂᕐᒥᑦ. ᐆᑦᑑᑎᐅᔫᖅᑐᖅ ᐊᑭᕋᓈᑦᑐᑎᒃ; ᐊᕕᑦᑐᐃᔫᔾᔭᖅᑐᖅ. ᐅᑉᐱᕈᓱᒃᑲᒪᑕ ᐃᓗᓐᓇᑕ – ᐊᔾᔨᒌᖏᑦᑐᓂ ᐃᓕᖅᑯᓯᓕᓐᓂ, ᖃᓄᐃᓐᓇᑦᑎᐊᖅ – ᐃᓚᒋᔭᐅᑐᑕ ᑖᑦᓱᒧᖓᑦᓯᐃᓐᓇᖅ ᓄᓇᕐᔪᐊᖃᕐᕕᒻᒧᑦ, ᐊᔾᔨᒌᖏᑦᑐᑎᑦ ᐱᕈᕐᕕᖃᕐᓂᕋᓗᐊᕈᑦᑕ ᐃᓃᓯᒃᑯᑦ.

ᑕᒪᓐᓇ ᐅᖃᖅᑐᒍ, ᑐᑭᓯᑦᑎᐊᕐᒥᔪᖓ ᐃᓱᒪᓂᕐᒧᑦ ᐊᔾᔨᒌᖏᑦᑐᓂᑦ ᖃᐅᔨᓴᐅᑎᖃᕐᓂᑎᓐᓂᑦ ᐃᓄᐃᑦ ᐃᓂᒋᔭᖓᓐᓂᑦ ᓄᓇᕐᔪᐊᕐᒥ. ᐊᒥᓱᐊᓗᐃᑦ ᑕᒪᒃᑯᐊ ᐱᖅᑯᓯᓕᕆᔨᖏᓐᓂ ᓵᒥ ᓄᓇᕐᔪᐊᖃᕐᕕᖏᓐᓂ ᑐᖖᒐᓂᖅᑎᐊᓚᓐᓂᒪᑕ ᓴᓇᖕᖑᐊᕐᓂᕐᒥ ᐅᖖᒍᓐᓃᑦ ᑐᑦᑐᖖᖏᓐᓂ ᑲᑎᕐᓱᐃᓂᒃᑯᑦ ᐅᖖᒍᓐᓃᑦ ᐅᖃᐅᓯᖏᓐᓂ. ᑕᒪᒃᑯᐊ ᑕᖖ ᐃᓕᖅᑯᓯᓕᕆᓂᒃᑯᑦ ᓴᖅᑭᓐᓂᐊᕐᓂᐊᖖᓴ. ᑕᒪᒃᑯᐊ ᑕᑯᓐᓇᖅᑐᑎᑦ ᓴᓂᐊᓂ ᓯᓇᓂᑦ ᓄᓇᕐᔪᐊᕐᒥᐅ, ᓇᖕᒥᓂᖅᑲᖅᐲᑦ ᐱᓚᐅᔪᓯᐅᔪᑦ ᓯᓇᓂᑦ ᐅᖃᐅᓯᖅᓯᒪᖕᓗᖅ, ᑐᒌᖖᒐᐃᓐᓇᖅᑐᓂ ᓄᐊᑦᑎᓂᕐᒥᑦ ᐊᒻᒪ ᐱᕈᖅᐸᓪᓕᐊᓂᕐᒥᑦ ᐊᒻᒪ ᖃᐅᑕᒫᑦ ᐊᑐᖅᑕᐅᓂᕐᒥᑦ, ᐱᑕᖅᑲᐅᖅᑐᖅ ᐅᑉᐱᓴᔨᐅᔪᓂᑦ ᐊᑭᖅᑐᑎᔪᒻᒪᕆᐅᔪᓂᑦ.

ᓴᖅᑭᕋᓱᒍᒪᒐᓗᐊᕋᒃᑭᑦ ᑕᒪᒃᑯᐊ ᓵᒥ ᓄᓇᕐᔪᐊᖏᑦ ᓄᓇᕐᔪᐊᕐᒥᐅᑕᓄᑦ, ᐅᖃᐅᓯᕆᓕᕋᐃᒍᑦᑎᒍ ᐊᒻᒪ ᐱᓕᕆᔾᔪᑎᒋᓗᒋᑦ ᑕᑯᓐᓇᖅᑐᒋᑦ ᐅᕝᕙᓘᓐᓃᑦ ᐃᓗᐊᓃᑦᑎᓪᓗᒋᑦ ᓱᓇᐃᑦ ᑕᐃᒪᐃᑉᐸᒃᑲᒪ, ᐱᖅᑲᓯᐅᔾᔨᐸᑦᑐᒍᑦ ᓱᓇᑐᐃᓐᓇᕐᓂᑦ ᐅᖓᑖᓅᖓᔪᓂᑦ ᓄᓇᖅᑲᑎᒌᑦ ᑭᓪᓚᖏᓐᓂᑦ. ᓱᓇᑐᐃᓐᓇᐅᔪᓐᓇᖅᑐᑦ ᒪᒃᑯᑦᑐᓄᑦ ᐱᕈᖅᐸᓪᓚᐊᔪᓄᑦ ᓄᓇᓕᐸᐅᔭᒥ ᐃᓕᑦᑐᕈᓐᓇᖅᑕᖏᑦ ᐊᒻᒪ ᐊᑐᕈᒪᓕᕈᑎᒋᓗᒋᑦ ᓱᓇᓂᑦ ᐊᒻᒪ ᐃᓚᒋᔭᐅᕙᓪᓚᕐᓗᑎᒃ, ᐄᓛᒃ? ᑕᒪᓐᓇ ᐱᓪᒪᕆᐅᔪᖅ ᐅᕙᓐᓄᑦ. ᐱᑦᑐᐊᑕᓂᑦ ᐱᓕᕆᔾᔪᓯᖅᑲᐅᕐᒪᑕ ᑭᓇᑐᐃᓐᓇᑦᑎᐊᖅ ᓄᓇᕐᔪᐊᒥᐅᑕᖅ ᐃᓗᐊᓃᓐᓂᕐᓴᐅᔪᓂᑦ ᐃᓅᓯᖏᓐᓂ ᐊᒻᒪ ᖃᓄᖅ ᑕᑯᓐᓇᕐᓂᖏᑦ ᓄᓇᕐᔪᐊᕐᒥᑦ ᐱᑦᑐᒋᑦ ᐊᑑᑎᒋᕙᑦᑐᒋᑦ. ᓈᓚᓐᓂᖅ, ᔩᕐᓗ, ᐃᓚᒋᔭᐅᔪᖅ ᑖᒃᑯᓄᖓ – ᐊᑦᓯᕉᑎᒋᓪᓗᒍ ᑖᓐᓇ ᐊᑐᕈᒥᓇᑐᐃᓐᓇᖅᑐᖅ ᐊᐅᓚᑦᓯᓂᐅᔪᖅ ᓱᓇᑐᐃᓐᓇᕐᓂᒃ ᐅᐸᓗᖓᐃᔭᐅᑎᓂᑦ ᐊᒻᒪ ᑮᓇᐅᔭᓕᐅᕈᓯᐅᔪᖅ ᐊᒻᒪ ᓇᒧᖔᓂᖏᑦ ᐃᑲᔫᑎᐅᕙᑦᑐᑦ ᓱᓇᑐᐃᓐᓇᕐᓂᒃ.

ᑎᒍᓯᕗᑦᓴᐅᒻᒪᑦ ᐊᖏᔪᒥᑦ ᐅᖃᖃᑎᖃᑐᐃᓐᓇᐸᑦᑐᓂ ᐊᔾᔨᒌᖏᑦᑐᓂᑦ ᓄᓇᕐᔪᐊᓂᑦ. ᓇᓂᓯᕗᑦᓴᐅᔪᖅ ᐊᒥᓱᐊᓗᓐᓂᑦ ᐊᑑᑎᖅᑲᑦᑎᐊᖅᑐᓂᑦ ᐱᖅᑯᓯᐅᔪᓂᑦ ᓄᓇᖅᑲᖅᑳᕐᓯᒪᔪᑦ ᐃᓕᖅᑯᓯᖏᓐᓂ ᓇᓗᓇᐃᔭᐃᒍᓐᓇᓯᐊᖅᑐᓂᑦ ᖃᓄᓂᖅ ᐃᓱᒪᒍᓐᓇᓂᕐᒥᑦ ᐊᔾᔨᒌᖏᑐᒃᑯᑦ, ᖃᓄᖅ ᓇᓂᔪᓐᓇᓂᕐᒥᑦ ᐱᑐᖅᑲᓗᓐᓂᑦ ᖃᐅᔨᒪᔭᑐᖃᕐᓂᒃ – ᓯᓚ ᐊᑐᖅᑐᒻᒪᕆᐅᔪᑦ ᐅᓪᓗᒥᐅᓕᖅᑐᖅ – ᓱᓇᒃᑯᑦ ᒪᒥᓴᐅᑎᓂᑦ ᐅᕝᕙᓘᓐᓃᑦ ᓄᓇᒥ ᐅᕝᕙᓘᓐᓃᑦ ᓄᓇᒥ ᓂᕿᓂᑦ ᐱᕈᕐᓴᐃᓂᕐᒥᑦ.

ᕐᕕᑯ ᕈᐃᔾ ᓱᒻᒪᓪᓚ ᐃᓱᒪᕙᑉᐱᑦ ᒫᓐᓇᓂᓴᐃᑦ
ᐃᓄᐃᑦ ᐊᒻᒪ ᓵᒥ ᓴᓇᖕᖑᐊᖅᑏᑦ ᐊᑦᓯᐊᓘᖅᑐᒥᑦ
ᐊᑦᑐᐃᓂᖅᑲᕐᓯᕆᕕᒋᑦ ᐃᓂᓕᐅᕐᓂᕐᒥᑦ ᐊᒻᒪ ᖃᓄᖅ
ᓴᓇᔭᐅᓯᒪᒍᓐᓇᕐᒪᖔᑦ ᓱᓇᑐᐃᓐᓇᐃᑦ ᓴᓇᕗᓂ?

ᔭᐊᕐ ᓈᖑ ᐊᑦᑐᐊᓪᓚᕆᑦᑐᖅ ᐅᖃᐅᓯᕆᓴᑖᖅᑕᑎᓐᓄᑦ. ᑐᓴᕈᒪᑐᐃᓐᓇᓯᐊᖅᑐᖓ ᐃᓱᒪᓕᐅᕈᑎᐅᔪᒥᑦ ᐱᖅᑯᓯᕐᓂᑦ ᐊᒻᒪ ᐊᐱᕆᓂᕐᒥᑦ ᓱᓇᑦ, ᐄᓛᒃ, ᓇᓗᓇᐃᔭᐃᒻᒪᖔᑕ ᐱᖅᑯᓯᕐᒥᑦ, ᐊᒻᒪ ᖃᓄᖅ ᐱᖅᑯᓯᐅᔪᑦ ᐆᒪᕉᓐᓇᕐᓴᐅᒻᒪᖔᑕ. ᐊᒥᓱᐊᓘᒻᒪᑕ ᐱᑐᖅᑲᒻᒪᕆᐅᔪᑦ ᐱᐅᓯᐅᔪᑦ ᐊᒻᒪ ᐱᖅᑯᓯᐅᔪᑦ ᐃᒪᐃᒍᓐᓇᖅᑐᑦ – ᐅᕝᕙᓘᓐᓃᑦ ᑕᑯᑦᓴᐅᔪᓐᓇᖅᑐᑦ – ᐱᓯᒪᔭᐅᖏᓐᓇᖅᑑᔭᖅᑐᑦ, ᐄᓛᒃ? ᐱᓕᕆᐊᓕᑦᑎᑦ ᐃᒫᒃ ᐅᐱᓐᓇᕋᓂ ᑕᐃᒫᒃ ᐊᑐᐃᓐᓇᐸᑦᑕᕗᑦ. ᓯᒻᒫᕐᓯᒪᓪᓗᑎᑦ ᐊᐱᕆᔪᒪᒐᓗᐊᖅᑐᓂ, ᑭᐅᔭᐅᖏᓐᓇᕈᓐᓇᐸᓪᓚᐃᖏᑦᑐᑎᑦ.

ᓱᓇᑐᐃᓐᓇᕐᓂᒃ ᑐᑭᓯᒍᒪᑐᐃᓐᓇᖅᑐᒥᑦ ᐃᓱᒪᖃᕈᕕᑦ, ᐊᒻᒪ ᖃᓪᓗᓈᓄᑦ ᐃᓕᓐᓂᐊᕐᕕᒻᒦᒃᑯᕕ, ᖃᐅᑕᒫᕈᔪᑦ ᐊᑦᓯᕉᓴᐃᓐᓇᖅᑐᑎᑦ ᐊᒻᒪ ᐊᔭᐅᖅᑕᐅᕙᑦᑐᑎᑦ ᐊᒻᒪ ᐊᐱᖅᑯᑎᖅᑲᖅᑯᔭᐅᕙᑦᑐᑎᒃ ᑕᒪᒃᑯᓂᖓ ᐃᓱᒪᒍᓱᕐᓂᒃ, ᐊᒻᒪ ᐃᓱᒪᒋᔭᕋᓚ ᐊᑦᓯᕉᑎᐅᒻᒪᕆᐅᓪᓚᓐᓂᖕᒐᓂᑦ ᐊᒥᓱᓄᑦ ᖃᓪᓗᓈᕐᔪᐊᓄᑦ. ᐊᒥᓲᓗᐊᖅᑐᓂᑦ ᖁᔭᓈᕐᓯᕕᑦᓴᐅᖏᒻᒪᑦ, ᐅᐱᓐᓇᕋᓂ ᖁᔭᓈᕐᓯᓯᒪᓗᓂ ᐃᓕᓐᓂᒃ ᐊᔭᐅᕐᓯᔾᔪᑎᐅᔪᓐᓇᕐᒥᔪᖅ ᓯᓚᑖᓂ ᓄᓇᓕᕕᑦ. ᐱᖅᑯᓯᑕᖅᑲᐅᕐᒪᑕ ᐊᔾᔨᒌᒐᓚᓐᓂᑦ ᐃᓘᓐᓇᖏᓐᓂ ᐊᑐᖅᐸᑦᑕᖏᓐᓂ ᓄᓇᖅᑲᖅᑳᕐᓯᒪᔪᑦ ᓄᓇᓕᖏᓐᓂ – ᐊᒻᒪ ᓄᓇᖅᑲᖅᑳᕐᓯᒪᔪᑦ ᐃᓪᓗᓕᐅᕈᓯᖏᓐᓂ, ᐊᒻᒪᑦᑕᐅᖅ. ᐱᖅᑯᓯᒃᑯᑦ ᐃᓪᓗᓕᐅᕈᓯᖅᑲᖅᑐᓯ ᐅᑯᓇᓂ, ᔩᕐᓗ, ᓄᐊᐅᐋᔨᐊᓐ ᐃᓪᓗᓕᐅᕈᓯᒃᑯᑦ ᐊᑐᕐᓯᒪᔭᖏᓐᓂᒃ ᑕᐃᒪᖓᓂᒃ, ᑭᓯᐊᓂ ᐊᐅᓚᑕᐅᕙᑦᑐᖅ ᐊᔾᔨᒌᖏᑐᒃᑯᑦ ᐊᒻᒪ ᐅᖅᑲᐅᓯᐅᓪᓗᓂ ᐊᔾᔨᒌᖏᑐᒃᑯᑦ – ᒫᓐᓇᐅᓚᖅᑐᖅ ᐊᑦᑐᐊᖅᑐᓂᑦ ᐱᑕᓪᓚᕆᐅᒻᒪᑦ ᓄᐊᐅᐋᔨᐊᓐ ᐃᓪᓗᓕᐅᕈᓯᖏᓐᓂ. ᓄᓇᖅᑲᖅᑳᕐᓯᒪᔪᑦ ᐱᖅᑯᓯᖏᓐᓂ, ᐊᔾᔨᖏᑕᖏᓐᓂᑦ ᐊᕕᑦᓯᒪᐅᑎᖃᖅᑐᑦ ᐊᑯᓐᓂᖏᒍᑦ ᐃᓕᖅᑯᓯᐅᔪᑦ ᐊᒻᒪ ᒫᓇᓂᓴᐅᔪᑦ. ᐱᓯᒪᑦᑏᓐᓇᓴᓂᕐᒥᑦ ᓱᓇᓂᑦ ᐃᓱᒪᐅᑎᖅᑲᓴᑦᑕ: ᓄᐊᐅᐃᔾᔭᒥᐅᑕᐃᑦ ᑕᑯᒍᑎᒃ ᐱᑐᖅᑲᕐᒥᒃ ᓵᒥ ᒍᐊᑎ ᐊᒻᒪ ᐃᓱᒪᒋᑦᑐᓂᐅᒃ ᐱᑐᖅᑲᒻᒪᕆᐅᓂᖓᓂᑦ,

ᑕᑯᔭᒐᖅᑲᕐᕕᐅᓂᖕᒐᓂᑦ, ᑭᓯᐊᓂ ᐊᒥᓱᓄᑦ ᓵᒥᓄᑦ, ᐃᒪᐃᑦᑐᖅ, “ᐋ, ᓵᒥᔭ.” ᐄᖕ, ᐱᑐᖅᑲᐅᔪᖅ ᐊᒻᒪ ᐱᖅᑯᓯᒃᑯᑦ ᐃᑦᑑᑦᑐᓂ, ᑭᓯᐊᓂ ᐃᓯᒪᑎᕝᖕᑎᑕᕗᑦ ᓱᓇᐅᓂᖕᒐᓂᑦ ᑐᖁᖕᒐᑦᑐᓂ ᐊᒻᒪ ᐊᑐᖅᑕᐅᕝᕙᓚᐅᖅᑐᓂ ᐃᓅᓯᒃᑯᑦ ᐱᑕᖅᑲᐳᓐᓃᖅᑐᒥ.

ᕿᕙᑯ ᐹᐃᔾ ᑭᖕᒍᑦᓕᖁᑦ ᐊᐱᖅᑯᑎᑦᓴᓅᖅᑑᔭᕋᕕᑦ – ᐊᒻᒪ ᐃᓯᒪᕐᓯᓯᐊᖅᑐᑎᑦ ᐋᖅᑭᑎᐊᐳᒪᒍᕕᒃ – ᖃᓄᖅ ᑐᑭᓕᐅᐳᑎᑎᔪᓐᓇᕐᒪᖕᖔᖅᐱᒃ ᐅᕝᕙᓘᓐᓃᑦ ᑐᑭᓯᒻᒪᖕᖔᖅᐱᒃ ᐱᓕᕆᔾᔪᑎᐅᔪᖅ ᐃᑦᑐᑦᓴᓂᑦ ᑎᑎᖅᑐᒐᕐᓂᖅ. ᖃᓄᖅ ᑕᑯᓐᓇᖅᐱᒃ ᐱᓕᕆᔾᔪᑎᓐᓂ? ᑕᑯᓐᓇᖅᐱᒃ ᐃᓗᐊᓃᑦᑐᓂ ᓵᒥ ᓄᓇᓕᖕᑎᓐᓂ? ᓄᓇᓕᓐᓃᑐᐃᓐᓇᖅᐸ ᐅᕝᕙᓘᓐᓃᑦ ᓄᓇᕐᔪᐊᕐᒦᐸᑦ? ᓇᒥᓕ ᑕᑯᕕᒃ ᐅᓂᑦᓯᒪᑎᑦᑐᒍ, ᐅᓂᑦᓯᒪᒍᓂ?

ᔪᐊᕐ ᓈᖑ ᑐᑭᓕᐅᕐᓱᐊᖅᐸᖕᑎᑕᕐ. ᐃᓂᕐᑲᐃᓐᓇᓂᐊᖅᑐᖅ ᖃᓄᐃᓐᓇᑦᑎᐊᖅ ᐊᔾᔨᖕᑎᑐᒃᑯᑦ ᐱᓕᕆᔾᔪᑎᐅᑎᑦᑐᒍ ᐃᓗᐊᓂ – ᐊᒻᒪ ᑕᒪᓐᓇ ᐱᐅᓂᕆᔭᖕᒐ, ᐄᓛᒃ? ᐃᑦᑐᓂᑦ ᑎᑎᖅᑐᒐᕐᓂᕐᒥ ᐃᓂᕐᑲᐃᓐᓇᓂᐊᖅᑐᖅ ᑐᑭᓯᔭᐅᓂᖕᒐᒍᑦ ᑭᓇᒨᑦ, ᐃᖕᒎᖕᒐᔪᒥᑦ, ᐊᒻᒪ ᐃᖕᒥᓃᖕᓚᕐᓯᒪᔪᓄᑦ ᐅᕐᑲᐅᓯᐅᔪᓐᓇᖅᑐᓂ ᐃᓗᐊᓂ ᐱᓕᕆᕙᐅᑉ, ᐊᒻᒪ ᑕᒪᓐᓇ ᐱᐅᔪᐊᓗᒃ.

ᐱᐳᖅᑐᓂ ᓵᒥᐅᓗᓂ ᑕᒪᒃᑯᐊ ᐱᑕᖅᑲᖅᑎᑦᑐᕆᑦ ᐊᐱᖅᑯᑎᐅᔪᖅ, ᓵᖕᒐᔭᐅᖕᑎᓐᓇᓇᖅᑐᖅ ᐃᓯᒪᓂᕐᒥᑦ ᓴᙱᑎᓂᓐᓄᑦ ᓇᑉᐸᖅᑕᐅᔪᓂᑦ ᐊᒻᒪ ᐊᖕᑎᔪᖅᑲᐅᑎᓂᑦ ᐊᒻᒪ ᑭᒃᑯᑦ ᐋᖅᑭᑦᓯᐃᔮᐅᓂᐊᕐᒪᖕᖔᑕ ᖃᓄᐃᑦᑐᓂᑦ ᐃᓗᖕᑎᓐᓂ ᐃᑦᑐᑕᐊᖑᔪᑦ. ᓄᑉᐱᐊᖑᓂᕐᓂᒃ, ᐊᐱᖅᑯᑎᖅᑲᖅᑎᑕᐅᑕᕐᓯᒪᔪᑎᑦ ᑖᑦᓯᒥᖕᒐ ᐱᓕᕆᔾᔪᑎᒥᑦ. ᐊᐱᖅᑯᑎᖅᑲᓇᐊᖅᑲᕋᕕᑦ ᓈᒻᒪᖕᑎᑦᑐᓂᑦ ᑕᐃᑦᓯᒥᖕᒐ ᓴᖕᑎᓂᐅᔪᒥᑦ ᐃᓅᓯᒪᒍᕕᑦ ᓄᓇᖅᑲᖅᑳᕐᓯᒪᓂᕐᒥᑦ ᓇᑐᓇᐃᔭᐃᑎᖅᑲᖅᑐᑎᑦ. ᑕᑯᓐᓇᖅᑕᑎᑦ ᐊᒥᓱᐊᑐᐃᑦ ᐱᑦᑎᐊᖕᑎᔾᔪᑎᐅᓯᒪᔪᑦ, ᐄᓛᒃ? ᖃᓄᖅ ᐊᑖᑕᐅ ᓄᑉᐱᐊᖕᒍᑦᑐᓂ ᐊᐅᓚᑕᐅᕝᓚᐅᕐᒪᖕᖔᖅ, ᓄᓇᓕᖅᑲᕐᕕᐅᐸ ᓈᒻᒪᓴᖕᑎᔾᔪᑎᖕᑎᑦ ᐅᕙᓂᖅᑲᑎᖕᑎᑕᖕᑎᓐᓂᑦ ᐋᖅᑭᑦᑕᐅᓯᒪᓂᖕᑎᑦ. ᐊᐱᖅᑯᑎᖅᑲᓕᐳᓐᓇᖅᑐᑎᑦ ᓈᒻᒪᖕᑎᑦᑐᓂᑦ, ᐊᒻᒪ ᐃᑦᑐᑦᓴᓂᑦ ᑎᑎᖅᑐᒐᖅᑎᐳᐳᕕᑦ, ᑕᒪᓐᓇ ᑎᒍᒥᐊᖅᐸᑦᑕᐃᑦ ᐃᓗᓐᓂ. ᐃᓕᓐᓂᐊᑎᑦᑐᖕᒐ ᐅᕐᑲᐅᓯᖅ ᓴᖅᑭᓚᐅᕐᓯᒪᒐᒃᑯ ᓵᒥ ᓵᖕᒐᓂ ᐃᑦᑐᓕᐊᖕᒎᔪᐸ, ᐊᒻᒪ ᓱᓇᑐᐃᓐᓇᑦᑎᐊᑦ ᖃᓄᐃᓕᐅᖅᑕᒃᑲ ᓂᒐᕚᔾᔭᓚᐅᕐᓯᒪᔫᔭᖅᑐᑦ ᑕᐃᑦᓯᒪᓂᓂᒃ.

ᓇᓗᓇᖕᑎᑦᑐᖅ, ᓴᖕᑎᓂᖅᑲᓗᐊᖕᑎᓐᓇᒪ ᐃᓅᑑᓗᖕᒐ ᓴᓇᔭᓇᐊᑦᓴᖅ ᐃᓄᑎᐊᓄᑦ ᐅᕝᕙᓚᑎᕙᑦᓴᓂᑦ ᐃᑦᑐᓂᑦ, ᑕᐃᒪᐃᒻᒪᑦ ᐊᑐᓇᐊᖅᑲᐸᑉᑲ ᐱᓕᕆᔾᔪᑎᐅᕐᑯᔭᐅᓯᒪᔪᑦ ᐊᑐᐃᓐᓇᐅᔪᑦ ᐅᕝᕙᓄᑦ; ᐱᓕᕆᖅᑎᖅᑲᕐᓯᒪᓕᖅᑐᖕᒐ ᐊᒥᓱᑲᓪᓚᓐᓂᒃ ᑕᑯᑦᓴᓂᑦ ᓴᓇᖕᖑᐊᖅᑎᓂᑦ ᒥᑭᓂᕐᓴᓂᑦ, ᐊᑐᑲᐃᓐᓇᑐᐃᓐᓇᓂᐊᖅᑐᓂᑦ, ᐊᓯᐅᕆᖅᐸᑦᑐᓂᑦ ᓇᑉᐸᐅᕐᓂᒃ ᐅᕝᕙᓘᓐᓃᑦ ᐸᐃᑉᐹᑎᒍᑦ ᐱᓕᓇᐊᓂᑦ. ᐃᓯᒪᑐᐃᓐᓇᖅᑐᓂᑦ ᐊᒻᒪ ᑎᑎᕋᖅᐸᑦᑐᓂ ᐊᒻᒪ ᑕᑯᓐᓇᖕᖑᐊᖅᐸᑦᑐᓂ ᓄᑖᓂᑦ ᐃᑦᑐᓕᐊᑦᓴᓂᑦ, ᐊᒻᒪ ᑕᒪᒃᑯᓇᓂ ᐅᐸᓗᖕᒐᐃᔭᐅᑎᓖᒪᓂ, ᓵᖕᒐᑎᑕᐅᖕᑎᓐᓇᖅᑐᖕᒐ ᑭᑦᓕᖕᑎᓐᓂᑦ ᐅᕝᕙᑦ ᐊᑐᐳᒪᔭᑦᑎᓐᓂᒃ ᐱᔪᓐᓇᐅᑎᑦᑕ. ᑕᒪᒃᑯᓂᖕᒐ ᓵᖕᒐᐃᓐᓇᓇᖅᑐᖅ, ᑭᓯᐊᓂ ᐱᓕᓇᐊᓇᔪᒥᓇᓕᑦᑐᓂ ᖃᓄᐃᓐᓇᑦᑎᐊᖅ ᐊᔾᔨᖕᑎᑐᒃᑯᑦ, ᐊᒻᒪ ᑕᑦᓴᐅᑎᑕᕗᑦ, ᐅᕝᕙᓄᑦᓚ, ᐃᓚᕆᔭᐅᔪᖅ ᐱᓕᓇᐊᑦᓴᑦᓯᐊᕝᕗᓐᓄᑦ ᐃᓚᕆᔭᐅᔪᖅ ᐱᓕᓇᖅᑕᐅᔾᔪᑎᕆᓯᒪᔾᔪᓐᓄᑦ. ᑲᑐᔾᔨᖅᑲᑎᕆᑦᑐᓂ ᐱᓕᓇᖅᑲᑎᕆᓐᓂᒃᑯᑦ ᑖᒃᑯᓂᖕᒐᑦᓴᐃᓐᓇᖅ ᐊᐱᖅᑯᑎᓕᓐᓂᑦ ᑭᓯᐊᓂ ᓄᓇᕐᔪᐊᒥᐅᑕᑎᒍᑦ ᓄᓇᖅᑲᖅᑳᕐᓯᒪᓂᒃᑯᖅᑐᒍ, ᑲᑎᒪᖅᑲᑎᕆᑦᑎᑦᑐᕆᑦ ᓵᒥ ᐊᒻᒪ ᐃᓄᐃᑦ, ᐊᑐᖅᑐᕆᑦ ᐃᓕᖅᑯᓯᒃᑯᑦ ᑭᓇᐅᓂᕗᑦ ᐊᒻᒪ ᐱᓕᓇᐊᑦᓴᕗᑦ ᐊᒻᒪ ᐊᑐᐳᒪᔭᕗᑦ.

ᐃᓯᒪᔪᖕᒐᓕ ᐊᑐᐳᒪᕝᕙᓚᐃᑦᑐᕆᑦ ᐃᒻᒪᖅᑲ ᐃᓂᓚᐅᕐᓂᕐᒥᑦ ᐃᑦᑐᑦᓴᓂᑦ ᑎᑎᖅᑐᒐᕐᓂᐅᖕᑎᑦᑐᒥᑦ, ᑐᖅᑲᓇᓂᕐᓴᓇᑦᑐᒍ ᖃᓄᖅ ᓴᓇᔭᐅᒐᔭᕐᓂᖕᒐᓂᑦ ᓇᑉᐸᖅᑕᐅᓂᐊᖅᑐᖅ. ᑭᓯᐊᓂ ᑕᒪᒃᑯᐊ ᐊᔾᔨᖅᑲᑎᕆᔭᖕᑎᑦ, ᐅᕝᕙᓄᑦᓚ,

ᓴᓇᔾᔪᑎᐅᓇᓱᐊᖅᑐᐃᓐᓇᐅᓂᖏᑦ ᓵᒥᔭᓂᑦ, ᓄᓇᖃᖅᑳᕐᓯᒪᔪᓃᖕᖔᖅᑐᓂᑦ, ᐃᓕᓯᒪᑦᑎᐊᖅᑐᓂᑦ ᐊᑦᑕᓇᖏᑦᑐᓂᑦ ᐃᓂᓂᒃ – ᑐᑭᖃᖏᑦᑐᖅ ᐱᑕᖃᓇᐊᖃᖏᒻᒪᑦ ᓵᒥᔭᐅᖏᑦᑐᓂᑦ ᐅᕝᕙᓘᓐᓃᑦ ᖃᑦᑐᓈᔭᐅᖏᑦᑐᓂᑦ ᐅᕝᕙᓘᓐᓃᑦ ᓄᓇᑖᕋᓯᑦᑐᓄᑦ ᓂᐱᐅᔪᓂᑦ ᐃᓗᐊᓂ ᐅᖃᓕᒪᐅᑎᐅᑉ, ᑭᓯᐊᓂᓕ ᐅᖃᐅᓯᐅᔪᑦ ᐃᓂᒦᒋᐊᖃᖅᑐᑦ ᐲᕐᕕᒋᒐᔭᖅᑕᑎᓐᓂᑦ ᐅᕙᑦᑎᓐᓂᑦ ᕿᒥᑕᐅᔾᔭᕐᓂᕐᒥᑦ ᐊᒻᒪ ᐊᐅᓚᑕᐅᓂᕐᒥᑦ ᓴᖏᓂᖃᖅᑐᓄᑦ ᓴᓇᓯᒪᔪᓄᑦ ᓇᖕᒥᓂᖃᖅᑐᓄᑦ ᓄᓇᓕᖃᕐᕕᓐᓄᑦ ᓴᖅᑭᖅᑎᑕᐅᕙᑦᑐᓂᑦ ᐱᓕᕆᔾᔪᑎᖃᕋᐃᒻᒪᑕ ᐃᑦᑐᑦᓴᓕᕆᓂᕐᒥᑦ.

ᕖᑯ ᕈᐃᔅ ᑭᓇᓕ ᐃᓯᒪᒋᕕᐅᒃ ᑎᒍᒥᐊᒍᓐᓇᖅᑐᑦ ᐅᕝᕙᓘᓐᓃᑦ ᑎᒍᒥᐊᓇᐊᖃᕐᓂᖏᓐᓂᑦ ᓄᓇᒦᖔᖅᑐᓂᑦ ᖃᐅᔨᒪᔭᐅᔪᓂᑦ, ᐱᑐᐊᖅᑐᒥ ᐃᓯᒪᑦᓴᕐᓯᐅᕈᑎᖃᖅᑐᓂ ᖃᓄᖅ ᐱᓕᕆᔾᔪᓯᖓ ᐃᑦᑐᑦᓴᓂᑦ ᑎᑎᖅᑐᒐᕐᓂᐅᑉ "ᓈᓚᒍᓐᓇᕐᒪᖔᖅ" ᓄᓇᓄᑦ ᐱᒻᒪᕆᐅᓂᕐᓴᒃᑯᑦ?

ᔪᐊᔅ ᓈᖑ ᐊᐱᖅᑯᑎᒥ ᓇᓗᓇᐃᑎᖃᖅᑑᔮᖅᑐᖅ ᖃᓄᑭᐊᖅ. ᐃᖕᒥᓂᒃ ᐅᔾᔨᕆᔪᐹᓗᕙᑦᑐᖓ ᐅᖃᓕᒪᐅᑎᖃᓕᕋᐃᒐᒪ ᓄᓇᖃᖅᑳᕐᓯᒪᔪᓄᑦ ᐱᔾᔪᑎᐅᔪᓂᑦ ᐅᕝᕙᓘᓐᓃᑦ ᐃᓚᒋᔭᐅᑎᓕᕋᐃᒐᒪ ᐃᓗᖏᓐᓂ ᓄᓇᖃᖅᑳᕐᓯᒪᔪᑦ ᒐᕙᒪᓕᕆᓂᕐᒥᑦ ᐅᖃᓕᒪᐅᑎᖃᖅᑎᑦᑐᒋᑦ – ᐅᖃᐅᓯᖃᖅᑎᑦᑐᒋᑦ ᐊᕕᑦᓯᓂᕐᒥᑦ ᒐᕙᒪᓕᕆᔾᔪᑎᓂᑦ, ᓖᕐᓗ – ᐅᐱᓐᓇᕋᓂ, ᐃᓚᖓᒍᑦ, ᒐᕙᒪᓕᕆᔨᐅᖏᑦᑎᐊᕋᒪ, ᐱᐅᓯᒃᑯᓐᓂ: ᐃᓵᓐᓂᐅᓴᑐᐃᓐᓇᖅᑐᒋᑦ ᓇᓗᓇᐅᑎᒋᔭᖏᑦ ᐊᐱᖅᑯᑎᐅᔪᑦ, ᐊᒻᒪ ᓱᓇᑐᐃᓐᓇᕐᓂᑦ ᖃᓄᑐᐃᓐᓇᖅ ᐃᓯᒪᒋᔭᖃᓗᐊᕈᓐᓇᖏᑦᑐᖓᖃᐃ, ᐊᒻᒪ ᐊᓯᐃᑦᑖᒃ ᒐᕙᒪᓕᕆᔨᒃᒪᐅᔪᖓ, ᐄᑖᒃ? ᖃᓄᐃᓕᒍᓐᓇᕐᓯᓚᐅᖅᑎᓐᓇᖓᓘᓐᓃᑦ, ᐅᕙᓐᓂᒃ ᖁᓚᓇᓚᓈᖅᑐᖓ ᐊᒻᒪ ᐃᓯᒪᒋᔭᕐᓂᒃ.

ᐊᓯᐃᑦᑖᒃ, ᐱᑦᑐᐊᑕᒥᑦ ᓇᓗᓇᐅᑎᖃᖅᑐᖅ ᖃᓄᖅ ᑭᐅᔪᓐᓇᕋᔭᕐᒪᖔᕐᒪᑦ ᑕᐃᒪᐃᑦᑐᒥᑦ. ᑭᓇᓕ ᐱᓕᕆᔪᓐᓇᕐᒪᑦ ᓄᓇᒦᖔᕐᓯᒪᔪᓂᑦ ᐱᓕᕆᔾᔪᑎᓂᑦ? ᐊᒥᓱᐊᓗᒃᑯᑦ, ᐃᓯᒪᒋᔭᒃᑲᓕ ᑭᒃᑯᓕᒫᑦ ᐃᓅᕙᒻᒪᑕ ᐊᑦᑐᐊᓂᖃᖅᑐᑎᒃ ᓄᓇᒥᑦ ᐊᒻᒪ ᐊᕙᑎᒥᑦ ᐊᒻᒪ ᐃᓂᐅᔪᒥᑦ ᐊᔾᔨᒌᒃᑯᑦ. ᓯᑖᑖᒃ, ᐅᖃᑐᐃᓐᓇᕈᓐᓇᖏᑦᑐᑎᑦ ᑕᒪᑦᓯᒥᖓ ᐊᒻᒪ ᕿᒪᑐᐃᓐᓇᕐᓗᒍ ᐅᖃᐅᓯᐅᔪᖅ ᑕᐃᒃᑯᖓ, ᐅᐱᓐᓇᕋᓂ ᐊᒥᓱᐊᓘᔪᑦ ᓇᓗᓇᐅᑎᖃᖅᑐᑦ ᖃᓄᖅ ᐅᕙᑦᓯᐊᕈᐊᓗᓂᑦ ᐊᑐᖅᑕᐅᓯᒪᔪᑦ ᓂᒐᕚᔾᔭᕐᓯᒪᒻᒪᖔᑕ. ᒐᕙᒪᓕᕆᔨᐅᓗᓂ ᐊᒻᒪ ᐅᖃᐅᓯᖃᖅᑐᓂ ᒐᕙᒪᓕᕆᔾᔪᑎᓂᑦ ᐊᑐᕈᒪᖏᓂᕐᒥᑦ ᐊᒻᒪ ᓄᓇᖃᖅᑳᕐᓯᒪᔪᓄᑦ ᐱᔾᔪᑎᓕᓐᓂᑦ, ᐃᓯᒫᑐᑎᖃᒻᒪᕆᑉᐸᑦᑐᖓ ᖁᕕᐊᓱᒍᓐᓃᑎᑦᑎᒋᐊᑦᓴᖅ ᐱᐅᖏᑐᒃᑯᑦ, ᓄᓇᑖᕋᓯᑦᑐᓂᑦ, ᓖᕐᓗ ᐱᖃᑎᒃᑲᓂᑦ ᐊᒻᒪ ᓄᓕᐊᕋᓂᑦ ᐊᒻᒪ ᐃᓅᓐᓇᖏᓐᓂᑦ ᑭᒃᑯᑐᐃᓐᓇᑦᑎᐊᓂᑦ ᐃᓅᓯᕐᓃᑦᑐᓂᑦ ᑎᒍᒥᐊᖅᑐᓂᑦ ᐊᔾᔩᖏᓯᐊᖅᑐᓂᑦ ᐃᓕᖅᑯᓯᖅᑯᑦ ᐃᓯᒪᐅᑎᓂᑦ ᐅᕙᖓ ᐃᓯᒪᒋᔭᖏᓐᓂᑦ.

ᐊᑕᐅᑦᑎᒃᑯᑦ, ᐃᓯᒪᒋᔭᖃᕐᒥᔪᖓ ᓴᖏᓂᖃᑦᑎᐊᖅᑐᓂ ᖁᕝᕙᐃᒋᐊᕈᒪᓂᐅᔪᖅ ᓵᒥ ᐃᓯᒪᒋᔭᖏᓐᓂᑦ, ᐅᐱᓐᓇᕋᓂ ᐱᓯᒪᔭᕗᑦ ᓱᓕ ᑕᒪᒃᑯᐊᓕᒫᑦ ᐱᖅᑯᓯᒃᑯᑦ, ᓄᓇᒦᖔᕐᓯᒪᔪᑦ ᖃᐅᔨᒪᔭᐅᔪᑦ ᐱᓕᕆᔾᔪᑎᐅᔪᑦ. ᔫᓕᖅᑐᑦ, ᐊᒻᒪ ᓴᓇᕙᑦᑕᐊᑐᐃᓐᓇᕈᑦᑎᒍ ᑕᒪᒃᑯᐊ ᓄᓇᒥᑦ ᐊᑐᑦᑎᐊᖅᑐᓂ ᑮᓇᐅᔭᓕᐅᕈᑏᑦ ᐱᓕᕆᐊᑦᓴᐃᑦ – ᓄᓇᑦᑕ ᖃᓄᐃᑦᑑᓂᖓ ᓴᓇᕙᑦᑐᒍ – ᓂᕆᔫᔭᑐᐃᓐᓇᓕᖅᑕᕗᑦ ᓄᓇ ᐊᒻᒪ ᓂᕆᔫᔭᖅᑐᒋᑦ ᐃᓂᐅᔪᑦ ᐊᑐᓇᐊᖃᖅᑕᕗᑦ ᐃᓕᖅᑯᓯᕗᑦ ᐃᓯᒪᒋᑦᑐᒍ ᐊᒻᒪ ᓄᓇᒥᐅᑕᐃᑦ ᐱᓕᕆᒃᑎᒋᐊᑦᑕᕗᑦ ᐱᑕᖃᖁᑦᑐᒋᑦ. ᓴᓇᒋᐊᖃᕐᒥᔪᒍᑦᑕᐅᖅ ᓄᖅᑲᖓᒍᑎᑦᓴᓂᑦ.

ᕖᑯ ᕈᐃᔅ ᑕᑯᔭᒐᖃᕐᕕᒻᒥ ᑕᑯᓯᒪᔭᕋ ᐃᓚᖓᑦ ᐱᑦᑐᐊᑕᐅᔪᖅ ᐊᑐᖅᑕᐅᔪᖅ ᓴᖏᓂᖃᑦᑎᐊᖅᑐᓂᑦ ᑐᓂᕐᕈᑎᖃᕈᒪᕙᓐᓂᖏᑦ ᐊᒻᒪ ᐃᑉᐱᒍᓱᓐᓂᐅᔪᖅ ᐃᓅᓐᓇᖏᓐᓂᑦ ᑐᓂᕐᕈᑎᖃᖅᐸᑦᑐᓂᑦ. ᓴᓇᓯᒪᔪᑎᑦ ᑕᑯᑦᓴᓂ ᑕᑯᔭᒐᖃᕐᕕᒻᒦᑦᑐᖅ ᓇᓗᓇᐃᕐᓯᒪᔪᑦᑎᓐᓂᑦ

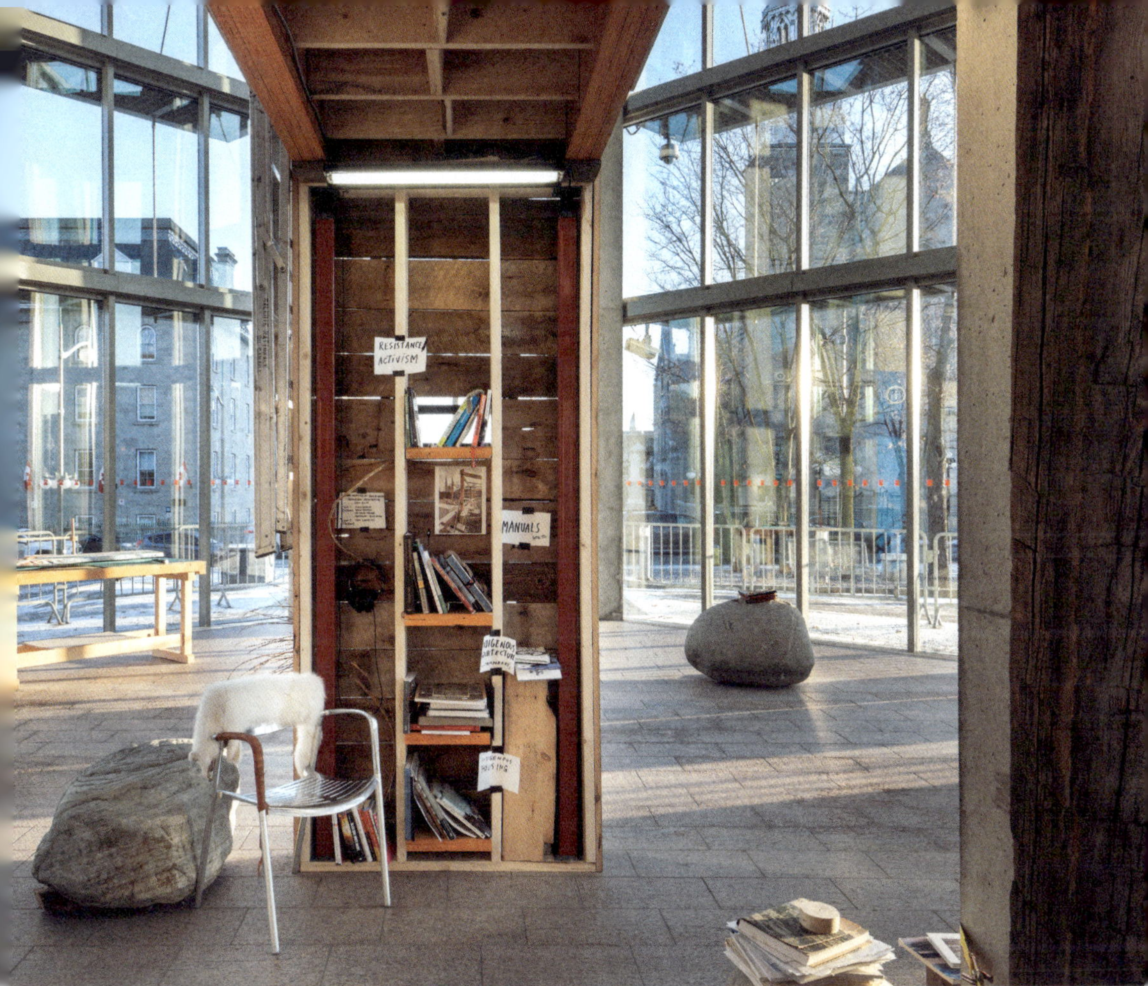

ᔪᐊᕐ ᓇᖑᕐ ᒍᔾᖑᒻᐱ (ᓴᒥᒥᐅᑕᑎᑐᑦ ᐃᒡᓗᓕᐅᕐᓂᖑᑦ ᐅᖅᑲᓕᒫᒐᖅᑲᖅᕕᒃ) (ᐃᓗᓕᖕᒋᑦ), ᑕᑯᒃᓴᐅᑎᑕᐅᔪᖅ ᐅᕙᓂ ᑲᓇᑕᒥ ᐳᓛᖅᕕᖕᒥᑦ, 2019

Joar Nango *Girjegumpi (Sámi Arkitektuvrralaš Bibliotehka)* (detállja), installerejuvvon National Gallery of Canada čájáhusbáikái, jagi 2019

Joar Nango's *Girjegumpi (Sámi Architectural Library)* (detail), installed at the National Gallery of Canada, 2019

ᐊᐱᖅᑯᑎᒍᑦ "ᓇᑭᑦ ᓄᓇ ᐱᑎᐊᕐᓯᒪᒻᒪᑦ?" ᐃᓘᓐᓇᖏᒍᑦ ᐃᓕᓐᓂᐊᕈᑎᖏᒍᑦ ᑕᑯᑦᓱᐅᑎᑦᑎᓂᐅᑉ, ᐃᓱᒪᓇᖅᑐᖅᑕᓕᒃ ᑐᙵᒐᓇᕆᐊᖃᕋᑦᑕ, ᑐᙵᒐᓇᕆᐊᖃᕋᑦᑕ, ᐊᐱᖅᑯᑎᐅᑉ ᐃᓗᐊᓂ: ᑐᖖᒐᓯᑦᑎᑦᑎᔪᖅ ᐊᒥᓯᓂᑦ ᓄᓇᓕᐅᔪᓂᑦ ᑐᑭᓯᖁᓪᓗᒋᑦ ᖃᓄᖅ ᑐᑭᓕᐅᕈᑎᖃᖅᐸᒻᒪᖔᑦᓯ ᐊᖏᕐᕋᒥᑦ ᐊᑦᑐᐊᓂᖃᖅᑎᓪᓗᒍ ᓄᓇᒥᑦ, ᖃᓄᖅ ᑭᒃᑯᑐᐃᓐᓇᐃᑦ ᑕᐃᒪᐃᑦᑐᖃᕐᓂᖅᑭᓐᓂᑦ ᐊᑦᑐᐊᓂᖃᕐᓂᕐᒥᑦ ᐊᑐᐃᓐᓇᕈᔭᖅᑭᓐᓂᑦ.

ᔭᐊᕐ ᓈᖑ ᑐᙵᒐᓇᕆᐊᖃᕋᑦᑕ, ᑭᓱᐊᓂᑦᑕᐅᖅ ᐅᑐᕆᐊᓇᖅᑐᖅᑲᖏᑦᑐᑦ ᐃᓂᐅᔪᑦ – ᑭᓯᐊᓂ ᑭᓇᒥᑦ ᐃᓚᐃᓐᓈᖏᓪᓗᓂ, ᑭᓯᐊᓂᑦᑕᐅᖅ ᐊᑦᑕᓇᖅᑐᖅᑲᖏᓪᓗᓂ, ᐃᓚᐃᓐᓈᕐᓂᖅ ᐱᑦᖃᕐᓂᐅᓴᓗᓂᓗ ᐊᑦᑕᓇᖅᑐᖅᑲᖏᑦᑐᓂᑦ ᐃᓂᓕᐅᕐᓂᒃᑯᑦ. ᑐᖖᒐᓇᕐᓂᐅᔪᖅ ᐊᒻᒪ ᐊᑭᕋᖕᒐ, ᐃᓚᐃᓐᓈᕐᓂᖅ, ᒪᕐᕈᐃᖑᒻᒪᑎᒃ ᐊᔾᔨᒌᒐᑎᒃ ᒪᓖᓐᓇᓂᐊᖅᑐᓂ ᐆᒥᖕᒐ ᐅᖃᒪᔭᐅᑎᒥᑦ; ᐱᒻᒪᕆᐅᔪᖅ ᓇᓪᓕᑭᑕᖅᑐᓂ ᑖᒃᑯᓂᖕᒐ ᒪᕐᕉᓐᓂᒃ ᐱᐅᓯᐅᔫᓐᓂᒃ ᐃᓱᒪᒋᔮᓐᓂᒃ ᐅᖃᒪᔭᐅᑎᖅᑲᕐᓂᐊᕐᓗᓂ. ᐃᓱᒪᔪᖕᒐᓕ ᓯᕗᓂᑦᑎᓐᓂ, ᐃᓂᖅᑳᕈᒪᓪᓗᖕᒐ ᐃᓘᓐᓇᑕ ᐃᓂᐅᔪᒥ ᐃᓚᐃᓐᓈᓗᐊᖅᐸᖏᓪᓗᑕ, ᐊᔾᔫᖏᑦᑐᓂᑦ ᐃᓕᖅᑯᓯᖃᐅᖅᑐᓂᑦ ᐃᓚᓕᐅᔾᔨᓯᒪᕙᓪᓗᑕ ᖃᓄᐃᑦᑐᑐᐃᓐᓇᕐᓂ ᖃᐅᔨᓴᐅᑎᓂ ᐊᒻᒪ ᐅᖃᒪᔭᐅᑎᓂ ᐃᓗᐊᓃᑦᑐᓂᑦ ᑕᑯᔭᒐᖃᕐᕕᐅᑉ. ᓇᓂᓯᔪᓐᓇᕈᒪᓪᓗᖕᒐ ᐃᓘᓐᓇᑕ ᐱᓕᕆᐊᕆᔪᓐᓇᖅᑕᑎᓐᓂᒃ, ᐱᓕᕆᐊᑦᓴᓕᐅᕐᓂᒃᑯᓪᓗ ᐅᓇᑎᒍᑦ ᑕᑯᔭᒐᖃᕐᕕᑎᒍᑦ, ᑖᑦᓯᒥᖕᒐᑦᓴᐃᓐᓇᖅ ᐅᖃᐅᓯᖅᑲᔭᔪᑦᑕ ᖃᐅᔨᒪᔭᐅᕆᐊᓕᓐᓂᑦ ᖃᐅᔨᒪᔭᑦᑎᓐᓂᑦ. ᐃᓱᒪᒋᒐᒃᑯ ᑕᕝᕙᖕᒐᑦ ᐱᑎᐊᕈᑎᖃᕐᓂᖕᒐᓂᑦ: ᖃᐅᔨᒪᓂᖅ.

ᐊᐱᖅᑯᑎᒋᒋᐊᖃᕋᑦᑎᒍ ᑖᓐᓇ ᐊᐱᖅᑯᑎᐅᔪᖅ ᐊᑕᐅᓯᐊᑐᐃᓐᓇᖏᑦᑐᑕ ᐊᖀᒍᐃᑦ ᖁᓕᑦ ᐊᓂᒍᕋᐃᑉᐸᑕ ᐃᓄᑭᐊᓄᑦ ᐱᓕᕆᐊᕕᒻᒥ ᔫᕐᓗ ᓯᓯᐊᐃᒃᑯᑎᒍᑦ. ᐱᓕᕆᐊᕖᑦ ᔫᕐᓗ ᓯᓯᐊᐃᒃᑯᑎᒍᑦ ᐊᐅᓚᔪᑦ ᑕᒪᒃᑯᓂᖕᒐ ᑎᒍᒥᐊᕆᐊᖅᐸᑦᑑᒐᓗᐊᑦ ᖃᐅᔨᒪᓂᐅᔪᓂᒃ, ᐊᒻᒪ ᐃᓱᒪᒋᔭᒃᑲ ᐊᑐᐃᓐᓇᐅᖏᓐᓇᕆᐊᖃᕐᓂᖏᓐᓂᑦ, ᐊᒻᒪ ᓇᓗᓇᐃᕐᓯᒪᕙᓪᓗᑎᒃ ᖃᐅᔨᒪᑎᐊᖅᑲᓂᖏᓐᓂᑦ ᖃᐅᔨᒪᖁᓪᓗᑕ ᑕᒪᒃᑯᐊ ᐱᓪᓗᒋᑦ. ᖃᐅᔨᒪᓕᕈᑦᑎᒍ, ᐱᑎᐊᕈᓐᓇᕐᓯᒐᔭᖅᑐᒍᑦ ᓄᑖᑦᑎᐊᒥᑦ ᐱᓕᕆᔾᔪᑎᑦᓴᒥᑦ ᐅᖃᒪᔭᐅᑎᑦᓴᑎᓐᓂᑦ. ᐃᓵᒍᓐᓇᖅᑐᒍᑦ ᐊᕗᖕᒐᐅᓂᕐᓴᖅ ᐊᒻᒪ ᐃᑎᓂᕐᓴᒍᑦ ᐊᒻᒪ ᑲᑐᔾᔨᖃᑎᒌᓂᒃᑯᑦ ᓯᕗᓂᑦᑎᓐᓄᑦ ᖃᐅᔨᒪᔪᐃᓐᓇᐅᒍᑦᑕ ᑖᑦᓯᒥᖕᒐᑦᓴᐃᓐᓇᖅ ᖃᐅᔨᒪᓂᕐᒥᑦ.

ᐊᒻᒪ ᑕᒪᓐᓇ ᖃᐅᔨᒪᓂᐅᔪᖅ ᐊᓯᑦᑎᓐᓄᑦ ᐅᖃᐅᓯᕆᓇᑐᐃᓐᓇᖏᑦᑐᒍ ᐱᑎᐊᓕᒃ, ᑭᓯᐊᓂᑦᑕᐅᖅ ᓴᓇᔭᐅᕙᓪᓗᓂ, ᐊᒻᒪ ᑲᑐᔾᔭᐅᓗᓂ ᓴᓇᔭᐅᑎᐊᖅᑐᓂᓗ. ᓵᒥ ᓴᓇᔭᐅᓯᒪᔪᖅ ᐅᖃᓕᒫᒐᖃᕐᕕᖕᒐᑦ, ᐅᕙᓐᓄᑦᑕ, ᖃᓄᖅ ᐱᕈᕐᓯᒪᓂᖕᒐ ᐋᑐᕚᒥ ᓯᕗᑦᑕᖅᐹᖕᒐᓂᑦ ᑕᑯᑦᓱᐅᑎᑦᑎᓚᐅᕐᓯᒪᒐᒪ ᑕᑯᔭᒐᖃᕐᕕᔾᔪᐊᖕᒐᓂ, ᖃᓄᖅᑑᕈᑎᐅᓇᓯᐊᖅᐸᓕᖅᑐᖅ ᓴᓇᒍᓯᕆᐊᑦᓱᖅ ᑕᐃᒪᐃᑦᑐᒥᑦ ᐱᓕᕆᔾᔪᑎᒥᑦ ᖃᐅᔨᒪᓕᖁᑦᓗᒋᑦ ᑭᒃᑯᑐᐃᓐᓇᐃᑦ ᖃᐅᔨᒪᔭᐅᕆᐊᓕᓐᓂᑦ. ᐃᓂᐅᔪᖅ ᐊᐅᓚᔾᔭᐃᒍᑎᐅᓗᓂ ᐊᒻᒪ ᑲᑐᔾᔨᖃᑎᒌᓐᓂᒃᑯᑦ ᓴᓇᕕᐅᓗᓂ ᐊᒻᒪ ᓴᓇᕕᐅᕙᓪᓗᓂ ᒪᑐᐃᖕᒐᑦᑎᐊᖅᑐᒥᑦ ᑭᒃᑯᑐᐃᓐᓇᕐᓄᑦ ᖃᐅᔨᒪᓂᐅᔪᒥᑦ ᐱᑦᑐᒋᑦ ᓄᓇᖃᖅᑳᕐᓯᒪᔪᓄᑦ ᐃᑦᑐᓕᐅᕈᓯᐅᔪᑦ ᐱᑕᖃᓇᐊᖅᑲᒪᓇᑦᑐᑎᒃ ᐃᓱᒪᒋᔭᒃᑯᑦᓕ. ᑕᐃᒪᐃᑦᑐᒥᑦ ᓇᒧᑐᐃᓐᓇᖅ ᑐᓂᓯᔪᒪᓂᐅᔪᖅ – ᖃᐅᔨᒪᓂᒃᑯᑦ ᐊᒻᒪ ᓴᓇᔭᐅᔾᔪᑎᖏᒍᑦ – ᐱᒻᒪᕆᐅᒻᒥᔪᖅ.

ᐃᓕᓐᓂᐊᓯᓐᓈᑦ ᑲᑎᒪᓂᖅ ᑕᕙᓂ ᑲᓇᑕᒥ ᐳᓛᕐᕕᐅᑉ ᓯᓚᑖᓂᑦ ᐃᓚᒋᔭᐅᑦᑐᓂ ᑖᓯᒪ ᔭᐊᕐ ᓈᖑᑉ ᐱᓕᕆᐊᖏᓐᓂ ᓵᒥᒥᐅᑕᑎᒍᑦ ᐃᒡᓗᓕᐅᕐᓂᕐᒧᑦ ᐅᖃᓕᒫᒐᖃᕐᕕᐊᓂᑦ, 2019. ᐊᔾᔨᓕᐅᖅᑕᐅᔪᖅ ᐆᒧᖕᒐ ᔭᐊᕐ ᓈᖑᕐᒧᑦ

Bargobádji olggobealde Kanáda našuvnnalaš galleriija [National Gallery of Canada] oassin Joar Nango *Girjegumpis (Sámi Arkitektuvrralaš Bibliotehka)*, 2019. Fotografiija Joar Nango bokte

Workshop outside of the National Gallery of Canada as part of Joar Nango's *Girjegumpi (Sámi Architectural Library)*, 2019. Photograph by Joar Nango

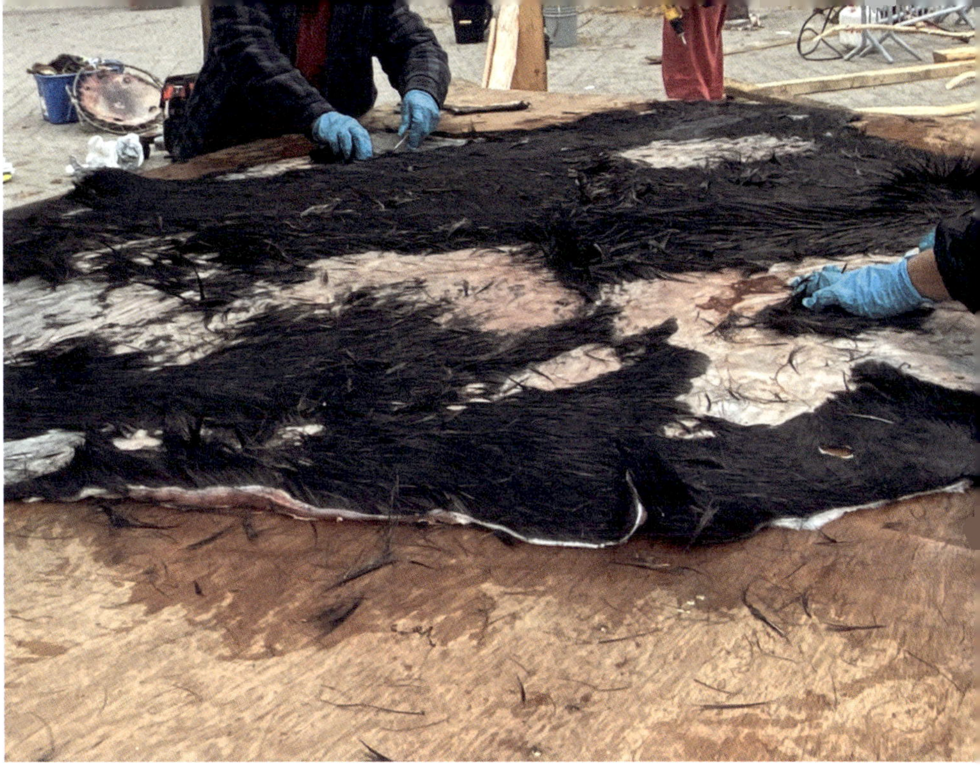

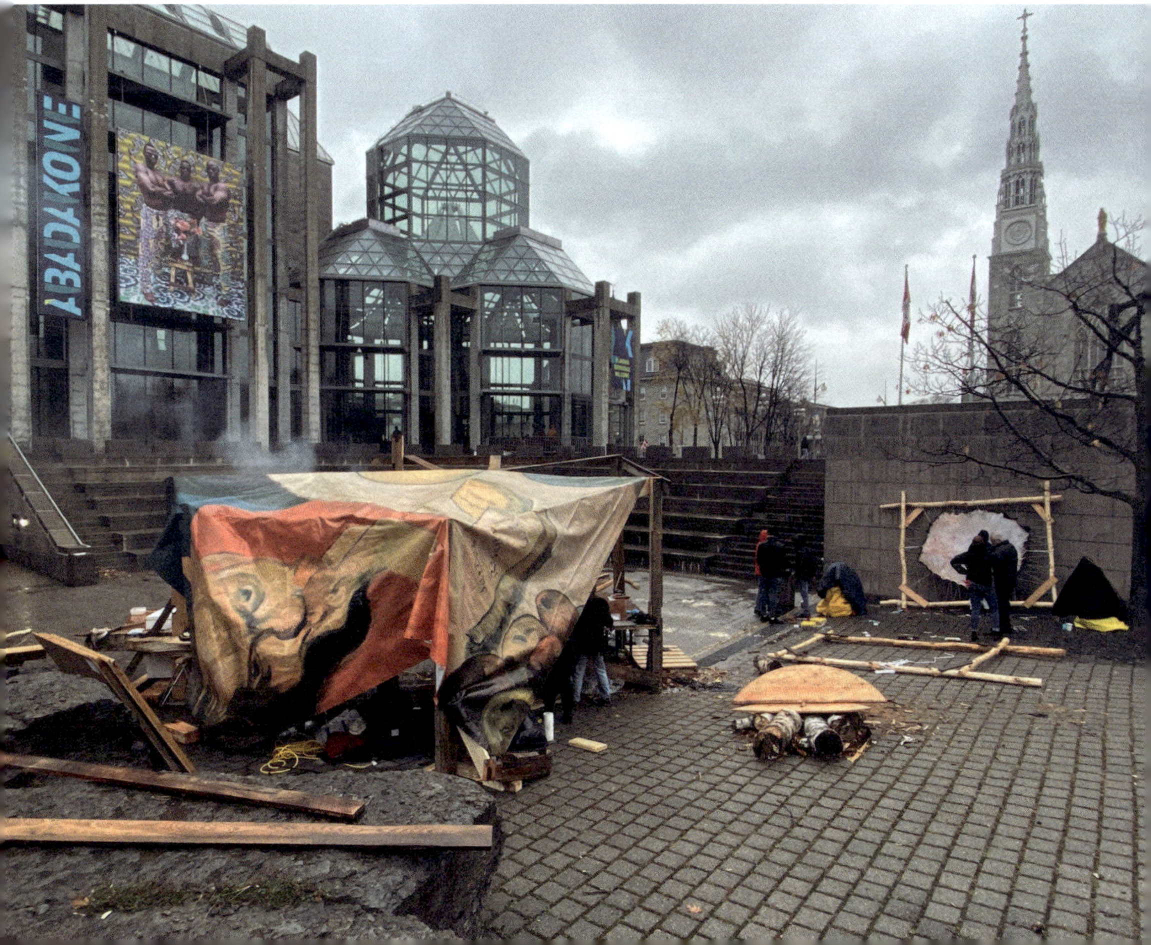

Rafico Ruiz
ságastallamin
Joar Nango:in

SÁMI DIEĐUT JA MÁHTUT LEAT LEAHKIMIN

ᐃᓄᒃᑎᑐᑦ-124
English-140

ᑕᑯᒃᓴᐅᔪᖅ ᑕᕙᓂ ᒍᕐᔪᒃᐱᒥᑦ (ᓵᒥᒥᐅᑕᑎᑐᑦ ᐃᒡᓗᓕᐅᕐᓂᕐᒧᑦ ᐅᖃᓕᒫᒐᖃᕐᕕᐊᓂᑦ) ᐊᔾᔨᓕᐅᖅᑕᐅᔪᖅ ᐅᑯᓇᖓ ᔪᐊᕐ ᓇᖑᕐᒧᑦ ᐊᒻᒪᓗ ᐃᓚᒋᔭᖏᓐᓄᑦ, ᓄᐊᑎᒃᒥᐅᑦ ᓄᓇᖓᓐᓂᒃ ᐃᓂᒋᓯᐅᔪᖅ, 18-ᒋᔭᖓᓂᒃ ᓯᓚᕐᔪᐊᕐᒥᐅᑦ ᑲᑎᒪᑎᓪᓗᑎᑦ ᕕᓂᔅᒥᑦ ᐃᒡᓗᓕᐅᕐᓂᕐᒧᑦ, 2023. ᐊᔾᔨᓕᐅᖅᑕᐅᔪᖅ ᐆᒧᖓ ᓚᐅᕆᐊᓐ ᔨᓂᑐ

Govva Oidnolat *Girjegumpái (Sámi Arkitektuvrralaš Bibliotehkii)*, man dahkkit leat Joar Nango ja su ovttasbargit, Davviriikkaid Paviljoŋŋas, 18. Internašuvnnalaš Venezia Arkitektuvrralaš Biennálas, jagi 2023. Fotografiija Laurian Ghinițoiu bokte

View of *Girjegumpi (Sámi Architectural Library)* by Joar Nango and collaborators, Nordic Pavilion, 18th International Venice Architecture Biennale, 2023. Photograph by Laurian Ghinițoiu

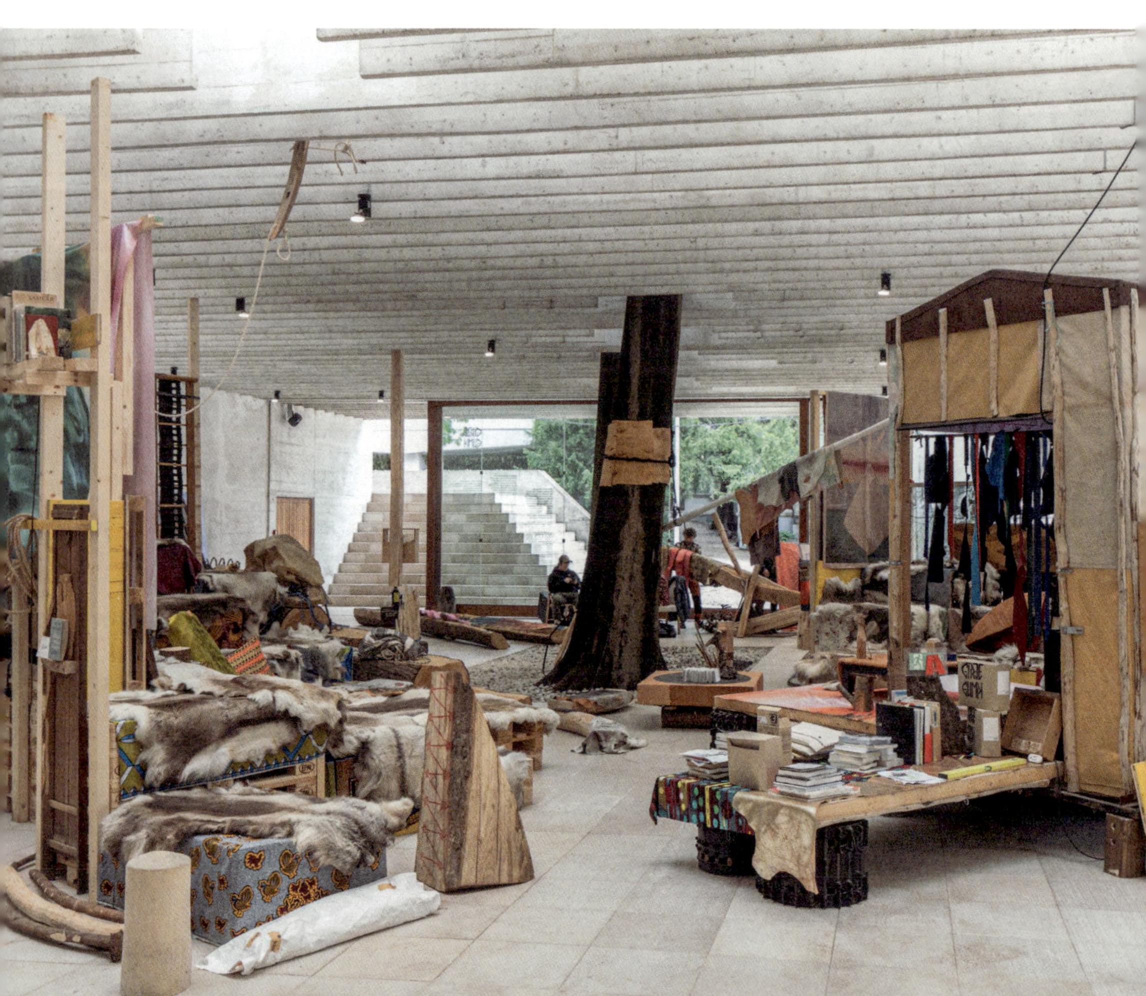

Rafico Ruiz: Maid mearkkaša *ruovttu guvlui* dutnje?

Joar Nango: Go jurddašan iežan sámevuođa birra—ja veardálan dáža dahje eurohpálačča dahje internašuvnnalačča dahje dáiddára dahje arkiteavtta ektui—de jurddašan ruovttu ja eatnama ja árbevieru ja kultuvrra juonin mii čađat čuvoda mu. Dát eanaguovllut gos mu bearaš ja mu áhči bearaš ja mu áddjá ja áhkku leat eallinagi eallán—dát hui boaittobealguovllut, gos buot geađggit ja sullot ja geografiija leat nu bissovaččat, ahte daid sáhtát oaidnit čuođijagi boares govain, ja gullat muitalusaid daid birra—dan geografiijas lea juoga mii lea mu siste ja mii čuovvu mu.

Ruovttu ja eatnama oktavuohta lea juoga mii mu ja min sápmelaččaid čađat čuovvu ja mii lea árbevirolaš ja juoga mii adnojuvvo árvvus ja man birra ságastallojuvvo gutnálaččat. Dat lea juoga mii oahpista min, juoga mii bagada min juos dahkat vearrut, juoga mii bágge min gudnejahttit dihto vuogi jurddašit, hupmat ja láhttet dainna. Ja nu lea leamaš buot buolvvaide mu ovdal. Oaččut jáhkkit, dat sáhttá maid duššástuhttit ja measta hávkadit muhtimin—árbevieruin leat sihke burorit ja bahát—muhto dát vuogádagat árvvusatnima ja dieđu ja máhtu ja gielaid ja láhttema várás eatnama dáfus, leat munnje dan maid čájáhusa namahus, *ruovttu guvlui*, sisdoallá. Eatnamis lea áigelinnjá mii ollá sakka guhkibui ja bistá sakka guhkibut go ovttage olbmo eallingeardi ja mahtodat, das leat eatnálaš alvvat ja su iežas giella. Kultuvrras doppe ruovttus lea duođaid sáhka atnimis vuollegašvuođa eatnama alvvaide.

RR Eŋgelasgillii, nu mo mun dulkon *ruovttu guvlui*, dán *guvlui*-sánis lea juogalágan lineára mearkkašupmi, dego livččii sáhka johtimis ovddos guvlui boahtteáigái. Muhto dutnje, mun smiehtadan: Sisdoallágo *ruovttu guvlui* seamma boahttevaš oli, vai leago das eará áiggi vásihus?

JN Mun álo unohastalan veahάš go gulan holisttalaš jurddašanvuogi birra mii livččii vuostálasvuohtan lineára jurddašanvuohkái. Orru leamen dego dikotomalaš modealla, dat lea hui polariserejeaddji. Mun jáhkán ahte mii lea buohkat—iešguđet kultuvrrain, máŋgga dáfus—oassi ovtta kosmologiijas, vaikko vel boahtitge iešguđetge duogážiin.

Go dat lea daddjojuvvon, de mun gal maid jurddašan ahte mis leat iešguđetge vuogit árvvoštallat olbmo sajádaga máilmmis. Máŋga dát árbevirolaš sámi kosmologiija leat nu nannosit ovttaiduvvan duodjái dahje boazodillái dahje vel gilliige. Dát lea dat

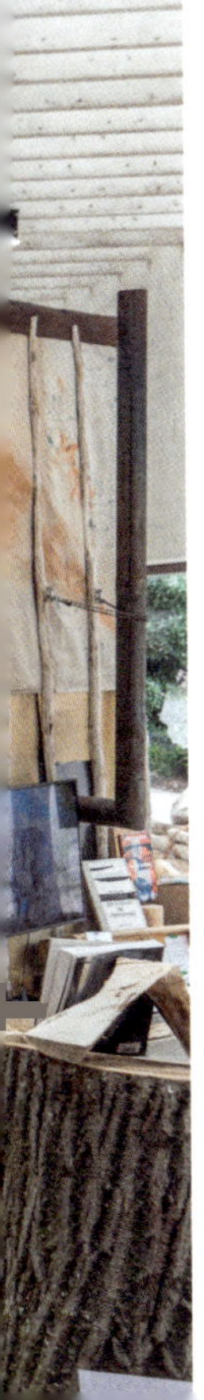

kultuvrralaš ladnit mat mis leat. Go dáid veardádalat dainna maid globaliserejuvvon, kapitalisttalaš vuogádagat gáibidit, mat álo leat mieigamin ruđalaš čoggojumi ja lassáneami ja golahusa vuostá, de oainnát ahte dain leat muhtin árvvut mat duođaid beaškkihit oktii.

Mun háliidivččen dáid sámi kosmologiijaid universaliseret veaháš, vai mii go ságastallat daid birra ja bargat daiguin visuálalaččat dahje lanjalaččat nugo mii dahkatge, váldit mielde elemeanttaid mat fakŋot etnalaš rájiid rastá. Dat sáhttet leat juoga maidda nuorra olbmot geat bajáššaddet gávpogis sáhtášedje heivehit ja mat sáhtášedje sin oaivadit ja maidda sii sáhtášedje oassálastit, amma nu? Dát lea munnje deaŧalaš. Doppe leat vissis geavadat maid juohke olmmoš sáhtášii eambbo ovttaiduhttit iežas eallinvuohkái ja máilmmi oaidninvuohkái. Guldaleapmi lea ovdamearkka dihtii okta dain—hástalit dán oktilaš árjji stivret proseassaid ja ekonomiija ja resursarávnnjiid.

Olmmoš sáhttá nu olu ávkašuvvat ságastallamiin iešguđet kosmologiijaid birra. Don sáhtát gávdnat nu eatnat árvvolaš árbevieruid álgoálbmogiid kultuvrrain mat vuohkkasit čájehit ovdamearkkaid mo sáhtát eará láhkai jurddašit, mo sáhtát gávdnat dondološ diehto- ja máhttovuogádagaid—mat otná dan beaivve leat hui gustovaččat—ávnnasgieđahallama dahje eatnama ja biepmu šaddadeami várás.

RR Manne don jáhkát inuihta ja sámi dáláiggedáiddáriid nu vuđolaččat váikkuhit sadjeráhkadeapmái ja hábmema máilbmái oppalaččabut?

JN Dat laktása duođaid dasa mas moai aiddo hálešteimme. Mun beroštan oalle olu jurddašeamis árbevieruid birra ja jearaheamis mii dat meroštallá árbevieru, ja mo don ealihat árbevieruid. Leat olu dološ dábit ja árbevierut mat sáhttet leat—dahje goit sáhttet orrut leamen—hui konservatiivvalaččat, eaigo nu? *Don galggat dahkat dáinna lágiin dannego ná mii álelassii leat dahkan.* Go vikkat jearahit manne, de it soaitte álo oažžut vástádusa.

Go dus lea diehtoáŋgiris miella, ja go leat oarjemáilmmi oahppovuogádagas, don hástaluvvot dávjá ja bággejuvvot ja oalgguhuvvot bidjat dáid jurddašanminstariid gažaldatvuollásažžan, ja mun jáhkán ahte dat sáhttá šaddat oalle hástalussan olu eamiolbmuide. It don sáhte hilgut nu olu áššiid, dannego daid hilgun duvdá maid du olggobeallai iežat servodaga. Dát árbevieruid duppalvuohta lea ovttaiduvvan buot beliide álgoálbmogiid servodateallimii—ja maiddái álgoálbmotarkitektuvrii. Ovdamearkka dihtii lea árbevirolaš arkitektuvra Norgga arkitektuvrra historjjás oassi, muhto dat gieđahallojuvvo eará láhkai ja das sárdnojuvvo eará láhkai—modernisma lea lunddolaš oassi Norgga arkitektuvrras. Álgoálbmoga kultuvrras lea earálágan juohku árbevirolašvuođa (tradišuvnna) ja ođđaáigásašvuođa (modernitehta) gaskkas. Mis lea dát konservatiiva jurddašanvuohki: Dážat áicet boares sámi *goađi* ja gupmet dan boaresáigásažžan, ahte lea musea, muhto máŋgga sápmelažžii dat guojiha dego "Dát gal gullá sápmelažžii." Diehttalas dat lea historjjálaš ja árbevirolaš idjasuodji, muhto eat mii jurddaš ahte dat lea jápma diŋga ja ahte gullá dakkár eallináigodahkii mii lea ávccá jávkan.

RR Don leat juo láidemin mu boahtte jearaldahkii—ja heivehala dan áinnas iežat miela mielde—mo don meroštalat dahje áddet arkitektuvrra geavada? Manin anát iežat rolla? Oainnátgo dan sámi territoria konteavstta siskkabealde? Leago dat eambbo našuvnnalaš mihttolávas vai internašuvnnalaš mihttolávas? Gos dat lea du mielas ednejuvvon, juos oppa leašge ednejuvvon?

JN Mun in vikka meroštallat dan nu olu. Leat álo nu máŋga vejolašvuođa ovttasdoaibmat fága siskkabealde—ja dathan leage nu fiinnis, amma nu? Arkitektuvrra sáhttá áddet subjektiiva, persovnnalaš vugiid mielde, ja sáhttá dahkat persovnnalaš muitalusaid suorggi siskkabealde, ja dat lea buorre.

Go olmmoš bajásšaddá sápmelažžan dán lágan jearaldagaiguin, de deaivida álo dán idea fápmostruktuvrraid ja hierarkiijaid birra ja gii galgá maid mearridit arkitektuvrra siskkabealde. Mii leat oalle nuorran juo muhtin láhkai indoktrinerejuvvon vuogádaga gažadit. Don fertet leat fápmokritihkalaš juos leat riegádan álgoálbmotidentitehtii. Don oainnát nu olu eahpevuoiggalašvuođa, amma? Mo mu áhčči gieđahallojuvvui, stáhta nállestruktuvrraid. Šattat hui kritihkalažžan, ja go de šattat arkiteaktan, de guottát kritihkalaš miellaguottu mielddát. Mus ledje oahpu gaccadettiin bottat goas bidjen sáni *sámi* arkitektuvrra ovddabeallai, ja visot maid dál dagan, lea dego gárggiidan das ovddos guvlui.

Mun dieđusge in leat ovttaskas olmmožin doarvái fámolaš ráhkadit institušuvnnalaš parlameantavisttiid, ja danne ferten geavahit daid formáhtaid mat munnje leat olámuttolaččat. Mun lean olu bargan visuála dáiddalaš formáhtaiguin nugo smávit, gaskaboddasaš, nohkavaš struktuvrraiguin dahje báhpárii vuođđuduvvan bargguiguin. Dušše jurddašan, čállán ja govahallan ođđa arkitektuvrralaš realitehtaid, ja buot dáin proseassain oainnán čađat mo min iešmearridanvuoigatvuođat gáržžiduvvojit. Álo dustejuvvot dáid gáržžidemiiguin, muhto lea miellagiddevaš dahkamuš joatkit bargat máŋggain earálágan dáiddalaš geardumiin, ja min čájáhus lea munnje okta duođaid ebmos prošeakta masa oassálasttán. Dás bargat kollektiivvalaččat seamma lágan áššiiguin riikkaidgaskasaš álgoálbmogiid—rastá-álgoálbmogiid—formáhtain, mas sámit ja inuihtat gávnnadit kultuvrralaš persovnnalašvuođaideasetguin ja prošeavttaideasetguin ja ambišuvnnaideasetguin.

Jurddašan ahte soaittán beroštit eambbo báikeráhkadeamis go arkitektuvrras, eambbo go struktuvrra designemis. Muhto mii dáin lea oktasaš mu mielas, lea ahte dat vigget ráhkadit autonoma sámi, álgoálbmotlaš, ednejuvvon dorvvolaš sajiid—mii ii mearkkaš ahte ii galggašii dohkkehit jienaid mat eai leat sápmelaččat, dahje ahte ii suovašii oarjemáilmmi ođđaássiid jienaid seahkánit ságastallama suohkadii, muhto diehttalasat galggašii ságastallan leat báiki gos mii gáidat buviheaddji ja stivrejeaddji fápmostruktuvrrain maid kapitalisttalaš nationálastáhtat ráhkadit go barget arkitektuvrrain.

RR Geas livčče dahje galggašedje leat eatnamii vuođđuduvvan dieđut ja máhtut, earenoamážit go árvvoštalat mo arkitektuvrra geavat sáhtášii dárkileappot 'guldalit' eatnama?

JN Dán gažaldagas leat máŋga beali. Orun iežan mielas hui miholaš go human álgoálbmotáššiid birra dahje go searvvan álgoálbmogiid politihkalaš ságastallamiidda—ságastallamiidda dekoloniseremis, ovdamearkka dihtii—dannego mun lean muhtin láhkai hui eahpepolitihkalaš olmmoš, ná persovnnalašvuohtan: Mun sodjalan johtilit fátmmastit áššiid máŋggabealatvuođa, ja dat dahká ahte mun in leat nu ceaggái áššiid hárrái, nu ahte mun soaittán leamen gealbbohis politihkar, ingo? Ovdalgo máhtán maidege dadjat, de lean juo eahpideamen iežan ja jurdagiiddán.

Danne lea vissis máŋggabealatvuohta, kompleksitehta, das maid fertešin dadjat go vástidan diekkár gažaldahkii. Geas lea vuoigatvuohta bargat eatnamii vuođđuduvvan doaimmaiguin ja geavadiiguin? Máŋgga dáfus jurddašan ahte buohkat leat riegádan ovtta olu čatnašumiin eatnamii ja birrasii ja báikái. Dattetge it sáhte dušše dan láhttestit ja de guođđilit ságastallama dasa, dannego historjá lea nu máŋggabealagit gárggiidan. Go galggan leat politihkalaš ja hupmat dekoloniseremis ja álgoálbmogiid áššiin, de fuolastuvan juos datte loavkašuhtán ovdamearkka dihtii ođđaássiid, nugo iežan ustibiid ja eamida ja buot daid olbmuid iežan eallimis, geain leat eará kultuvrralaš perspektiivvat go mus alddán.

Seammás anán ahte lea sakka dárbbašlaš loktet sámi perspektiivvaid ja oaidnoguottuid, dannego mis leat ain árbevirolaš, eatnamii vuođđuduvvan diehto- ja máhttovuogádagaid. Dat leat gal juo jávkamin, ja juos mii joatkit hukset daid ruoná-ekonomiija prošeavttaid—hukset rusttegiid iehčamet eanadagaide—de mii borrat buot dan saji man dárbbašit juos min kultuvra ja min eatnamii vuođđuduvvan teknologiijat galget birget. Mii fertet vuosttaldit maid.

RR Juoga maid lean áican čájáhusas, lea ahte dan váibmosis vuhtto nanu árvvasvuohta ja empatiija buot oassálastiid beales. Du installašuvdna čájáhusas lea galleriija man mii leat merken gažaldagain "Gos ruovttueana álgá?" Čájáhus lea oppalaččat heivehuvvon nu ahte dán gažaldagas lea árvvasvuohta: Dat bovde iešguđetlágan servodagaid áddet mo olmmoš meroštallá ruovttu eatnama gorrái, mo buohkain lea dákkár lágan oktavuohta olámuttos.

JN Árvvasvuohta lea dárbbašlaš, nu leat maiddái dorvvolaš sajit—mat gal vealtameahttumit eai leat eksklusiivvalaččat, muhto dorvvolaččat, vaikko eksklušuvdna (čuoldin) sáhttá leat lunddolaš dimenšuvdna proseassas mainna dorvvolaš sajiid galgá ráhkadit. Árvvasvuohta ja dan vuostálasvuohta, čuoldin, leat guokte dimenšuvnna mat álo leat dán ságastallamis: Lea hui deaŧalaš bisohallat dán guovtti miellaguottu gaskka vai ságastallan bissu iige bissán. Mun doaivvun ahte mii boahtteáiggis leat dakkár báikkis gos eat dárbbaš leat nu eksklusiivvalaččat, gos mii sáhttit leat eambbo transkultuvrralaččat seammasullasaš vugiid mielde go mii dán čájáhusas fállat gehččiide vejolašvuođa diđoštit ja ságastallat. Doaivvun ahte mii gávnnašeimmet oktasaš lávddi, prošeavttaid bokte nu mo dát čájáhus, gos mii buohkat sáhtášeimmet juogadit seamma dieđu ja máhtu. Mun jáhkán ahte das dat visot vuolgá: Dieđus ja máhtus.

Mii fertet cegget dán gažaldaga dávjjibut go oktii juohke logát jagi institušuvnnas nugo Kanáda guovddážis arkitektuvrra várás, CCA. Báikkit nugo CCA dárbbašit álelassii guoddit dákkár dieđuid ja máhtuid, ja mun oaivvildan ahte dat fertejit atnit daid almmusin iežaset luhtte ja fuolahit ahte mis buohkain lea vuođđodási diehtu ja máhttu dáin áššiin. Dakkaviđe go mis dat lea, de sáhttit álggahit áibbas ođđa formáhta iežamet digaštallamiid várás. Mii sáhttit olahit sakka guhkkelii ja čiekŋalebbui ja ovttasbargama veagas juos mis lea oktasaš diehto- ja máhttovuođđu.

Ja dán dieđu ja máhtu eat galgga duššše juogadit, muhto buvttadit, ja dan mii fertet ovttas buvttadit. Girjegumpi – The Sámi architectural library struktuvra lea munnje šaddan, nu mo dat lea ahtanuššan das rájes go ráhkadin vuosttas veršuvnna National Gallery:s [Kanáda nationálagalleriijas] Ottawas, viggamuššan ráhkadit dakkár lávddi mii buvttihivččii dieđu ja máhtu. Dat lea sadji gos buvttiha ja ovttas buvttada ja duddjo albmosit olahahtti dieđu ja máhtu álgoálbmotarkitektuvrra birra mii duođaid dárbbašuvvo, mun jáhkán. Dákkár árvvasvuohta—dieđu ja máhtu ja dan buvttadeami dáfus—lea maid hui mávssolaš.

ᑕᑯᒃᓯᐅᑎᑕᐅᔪᖅ ᔪᐊᕐ ᓇᖕᒎᑉ ᓴᓇᔭᖕᒐ
ᓵᒥᒥᐅᑕᐅᑉ ᓴᓇᔭᖕᒐ ᐋᖅᑭᒃᓯᐃᔨ ᐃᒡᓗᒃᓴᓂᒃ
ᐅᖅᑲᓕᒫᒐᖅᑲᖅᕕᖕᒥᑦ ᑕᕿᓂ ᖅᑲᓇᑕᒥᑦ
ᐋᖅᑭᒃᓯᐃᔩᑦ ᐃᒡᓗᒃᓴᓂᒃ, 2022

Govva Joar Nango dahkan installašuvnnas *Sámi arkitektuvrralaš girjerádju* Kanáda guovddažis arkitektuvrra varas, 2022

Installation views of Joar Nango's *Sámi Architectural Library* at the Canadian Centre for Architecture, 2022

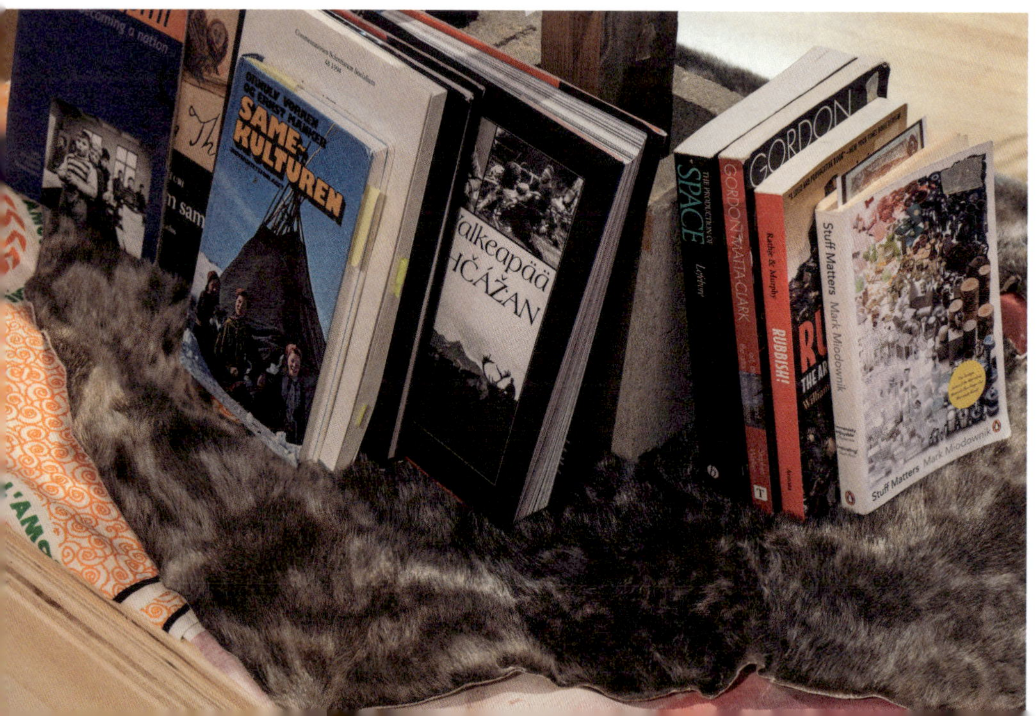

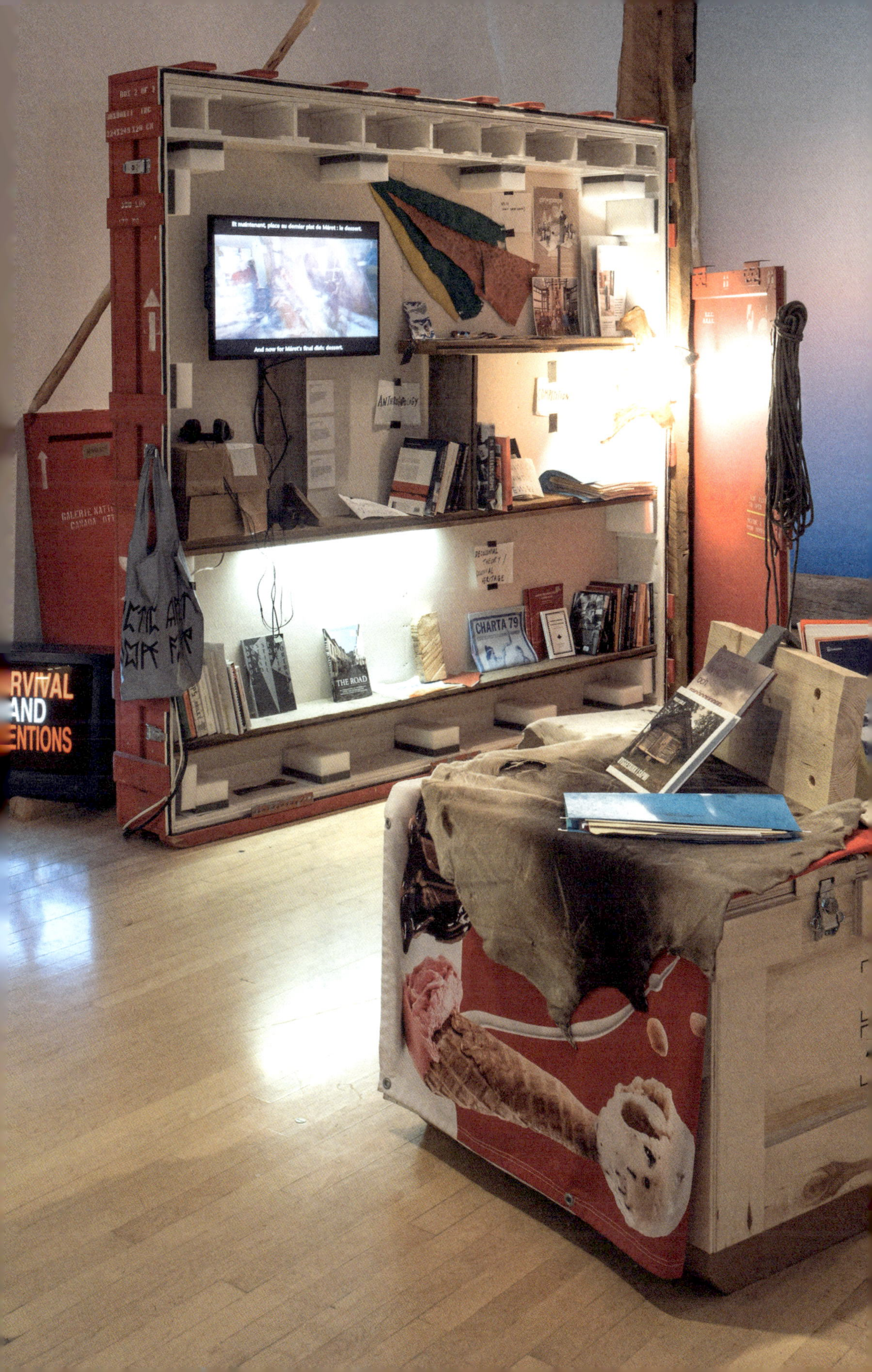
Et maintenant, place au dernier plat de Máret : le dessert.
And now for Máret's final dish: dessert.
ANTHROPOLOGY
CHARTA 79
THE ROAD
RVIVAL
AND
ENTIONS

Rafico Ruiz
in conversation
with Joar Nango

THE PRESENCE OF SÁMI KNOWLEDGES

ᐃᓄᒃᑎᑐᑦ-124
Sámegiella-132

ᑕᑯᒃᓴᐅᑎᑕᐅᔪᖅ ᔪᐊᕐ ᓇᖕᒎᑉ ᓴᓇᔭᖓ ᓵᒥᒥᐅᑕᐅᑉ ᓴᓇᔭᖓ ᐋᖅᑭᒃᓱᐃᔨ ᐃᒡᓗᒃᓴᓂᒃ ᐅᖅᑲᓕᒫᒐᖅᑲᖅᕕᖕᒥᑦ ᑕᕙᓂ ᖃᓇᑕᒥᑦ ᐋᖅᑭᒃᓱᐃᔩᑦ ᐃᒡᓗᒃᓴᓂᒃ, 2022

Govva Joar Nango dahkan installašuvnnas *Sámi arkitektuvrralaš girjerádju* Kanáda guovddažis arkitektuvrra varas, 2022

Installation views of Joar Nango's *Sámi Architectural Library* at the Canadian Centre for Architecture, 2022

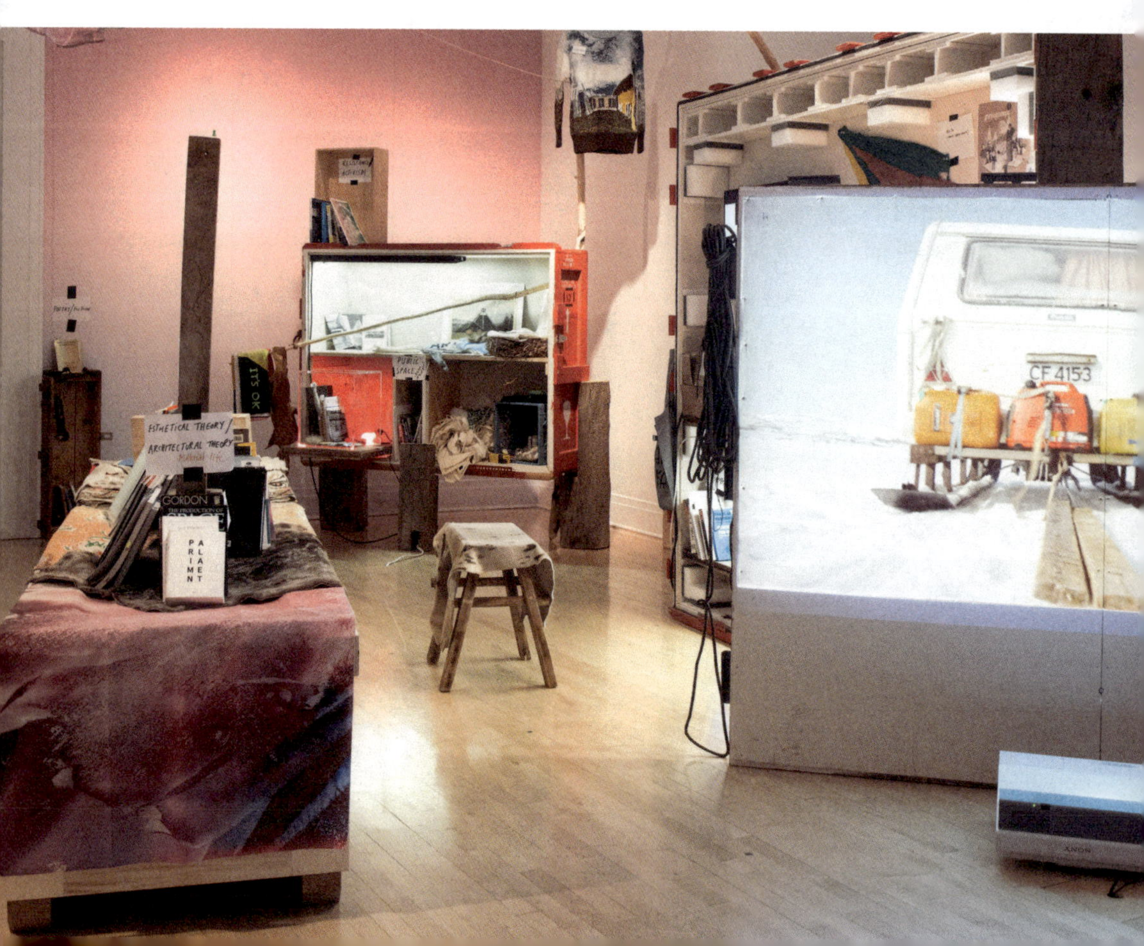

Rafico Ruiz: What does *ruovttu guvlui* mean to you?

Joar Nango: When I think about the Sámi part of me—compared to, say, the Norwegian or the European or the international or the artist or the architect—I think of home and land and tradition and culture as something very present. These land areas where my family and my father's family and my grandparents have been living their whole lives—these very rural areas, where all the stones and islands and geography are so fixed, you can see them in hundred-year-old pictures, and you hear stories about them—there's something in that geography that's present in me.

The connection between home and land is something that for me as a Sámi is very present and traditional and something highly respected and talked about. It's something that guides you, something that corrects you if you do wrong, something that forces you to respect a certain way of thinking, speaking, and relating to it. And it was like that for all the generations before me. Believe me, it can also be frustrating and almost suffocating sometimes—traditions have their pros and cons—but these systems of respect and of knowledge and of languages and behaviour towards the land, for me, they're what the title of the project, *ruovttu guvlui*, towards home, contains. The land carries a timeline way beyond the scale of any human being; it has a motherly energy and a language of its own. The culture back home is really about having a humility towards that energy.

RR In English, in my own interpretation of *towards home*, there's something linear to the word *towards*, as if it's about moving into the future. But for you, I wonder: Does *ruovttu guvlui* contain that same future dimension, or is there another experience of time within it?

JN I always cringe a little bit when I hear about a holistic type of thinking as opposed to a linear type of thinking. It seems like a dichotomic model; it's very polarizing. I believe we are all—in different cultures, in so many ways—part of the same cosmology, even if we come from different backgrounds.

That being said, I also do really relate to the idea that we have different ways of evaluating the human position in the world. Many of these traditional Sámi cosmologies are so embedded in craft or in reindeer herding or even in the language. These are the cultural strongholds we have. When you compare these with what the globalized, capitalist system calls for, always leaning on accumulation and growth and constant consumption, there are some values that really clash.

I'm interested in trying to universalize these Sámi cosmologies a bit, so that when we speak about them and work with them visually or spatially like I do, we include elements that reach beyond ethnic borders. They can be something that young people growing up in a city could adapt to and find inspiration in and partake in, right? That's important for me. There are certain practices that every human being could embed more in their lifestyle and in the way they see the world. Listening, for example, is one of them—challenging this constant urge to always have control over processes and the economy and flows of resources.

There's so much to gain from conversations about different cosmologies. You find so many valuable traditions in Indigenous cultures that perfectly exemplify how to think differently, how you can find ancient knowledge systems—still very valid today—on material treatments or on land or food cultivation.

RR Why do you think contemporary Inuit and Sámi artists are having such a profound influence on spacemaking and in the design world more generally?

JN It's very connected to what we just spoke about actually. I'm quite interested in the idea of traditions and in asking what, really, defines a tradition, and how you keep a tradition alive. There are a lot of ancient customs and traditions that can be—or at least appear—very conservative, right? *You have to do it this way because that's how we've always done it*. When you try to question why, you might not always find an answer.

When you have a curious mind, and when you're in a Western educational system, you're very often challenged and pushed and encouraged to question these thinking patterns, and I think that that can be a real challenge for a lot of Indigenous people. You can't reject too many things, because rejecting it will also push you outside your community. There's this duality of traditions embedded in all aspects of Indigenous community life—and in Indigenous architecture, as well. You have traditional architecture in, for example, Norwegian architectural history, but it's treated differently and it's talked about differently—modernism is very present in Norwegian architecture. In Indigenous culture, there's a different kind of divide between traditional and modern. We have this conservative way of thinking: Norwegians see an old Sámi *goahti* and they think it's ancient, that it's a museum, but for many Sámi people, it's like, "Ah, this is Sámi." Of course, it's a historical and traditional building, but we don't think about it as something dead and belonging to a period of life that's totally disappeared.

RR You're sort of leading into my next question—and feel free to re-appropriate it—about how you define or understand the practice of architecture. What do you see as your role? Do you see it as within the context of Sámi territory? Is it more on a national scale or an international scale? Where do you find it's grounded, if at all?

JN I don't try to define it so much. There will always be room for so many ways to interact within the discipline—and that's the beauty of it, right? There is room for architecture to be understood in subjective, personal ways, and to create personal narratives within the field, and that's great.

Growing up as a Sámi with these types of questions, you're always confronted with these ideas about power structures and hierarchies and who gets to decide what within architecture. From a very young age, you're somehow indoctrinated to question the system. You have to be critical of power if you're born into an Indigenous identity. You see so much injustice being done, right? How my father was treated from a young age, the state's racial structures. You get very critical, and then when you become an architect, you carry that with you. There was a moment during my studies when I put the word Sámi in front of architecture, and everything I'm now doing sort of unraveled from that point onwards.

Obviously, I'm not powerful enough as a singular individual to create institutional parliament buildings, so I have to use the formats available to me; I've been working a lot with visual artistic formats like smaller, temporary, fleeting structures or paper-based work. Just thinking and writing and imagining new type of architectural realities, and in all these processes, I always face the limitations of our self-determination rights. You're always faced with that, but it's an interesting task to keep on working in many different iterations, and our project, for me, is one of these really great projects to be a part of. Working collectively with the same type of questions but in an international Indigenous—trans-Indigenous—format, in a meeting of the Sámi and the Inuit, with our cultural personalities and projects and ambitions.

I think of what I'm interested in as maybe more placemaking than architecture, more than the design of structure. But what these things have in common is that, for me, they are all attempts at making autonomous Sámi, Indigenous, grounded safe spaces—which doesn't mean that there should be no non-Sámis or Western or settler voices allowed within the porridge of discussion, but definitely the conversation should be a place where we remove ourselves from the strangling and controlling power structures that capitalist nation-states create when they work with architecture.

RR Who do you think can or should hold land-based knowledges, particularly when considering how the practice of architecture could 'listen' to the land in more profound ways?

JN There's a complexity to this question in a way. I always feel very self-aware when speaking about Indigenous issues or involving myself within Indigenous political conversations—conversations about decolonization, for example—because, in some ways, I'm a very apolitical person, as a personality: I tend to quickly embrace the complexity of questions, and that leaves me not really able to be so opinionated about things, and so I'm a really shitty politician, right? Before I even have the capacity to say something, I'm already doubting myself and my thoughts.

So, there's a certain complexity to what I would have to answer for a question like that. Who is entitled to work with land-based practices? In so many ways, I think that everyone is born with a connection to land and to environment and to a place equally. Still, you can't just say that and leave the conversation there, because there are so many complexities to the way history has unraveled. Being political and talking about decolonization and Indigenous issues, I very often feel concerned about offending, for example, settlers, like my friends and my wife and all these people in my life who carry different cultural perspectives than I do.

At the same time, I also feel that there's a strong necessity to lift up Sámi perspectives, because we still have all these traditional, land-based knowledge systems. They're disappearing, and if we keep building these green-economy projects—engineering our landscape—then we're eating up the land and we're eating up the space that we need for our culture and for our land-based technologies to exist. We have to create a resistance as well.

RR Something I've observed in the exhibition is that one of its core facets is a really strong generosity and empathy from all the contributors. Your installation in the show is in a gallery we've labelled with the question "Where does land begin?" In the overall orientation of the show, there's an embedded sense of generosity in that question: it invites many different communities to understand how you define home in relation to land, how everyone in a way has that kind of relationship available to them.

JN Generosity is necessary, but so are safe spaces—not necessarily exclusive, but safe, though exclusion can be a natural dimension to the process of making safe spaces. Generosity and its opposite, exclusion, are two dimensions that will always follow this conversation; it's very important to juggle between these two attitudes to hold a conversation. I do hope that in the future, we will find ourselves in a place where we can be less exclusive, where we can be much more transcultural in the way we host the types of explorations and conversations that this exhibition holds. That we can find a common platform, through making projects like this, where we all can share the same knowledge. I think that's where it all starts: knowledge.

We need to raise this question more than once every tenth year at an institution like the CCA. Places like the CCA need to carry these types of knowledges always, and I think they need to keep them present, and to make sure that we all have a basic level of knowledge on these issues. Once we have that, we can start a completely new format for our discussions. We can reach much deeper and more collaboratively into the future if we share a common knowledge base.

And this knowledge needs to be not only shared, but produced, and it needs to be co-produced. The *Sámi Architectural Library* structure, for me, the way it has grown since I made the first version in Ottawa at the National Gallery, it has become an attempt to create that type of platform for generating knowledge. It's a space for generating and co-producing and creating an open type of accessible knowledge about Indigenous architecture that is very needed, I think. To have this kind of generosity—in the knowledge and in its production—is also very important.

Napatsi Folger

ᐃᓄᒃᑎᑐᑦ
ᓇᓂᓯᓂᖅ
ᖃᐅᔨᒪᔭᑐᖃᓐᓂᒃ

Sámegiella
GÁVDNAMIN DAN
MII LEA OAHPIS

English
FINDING
THE FAMILIAR

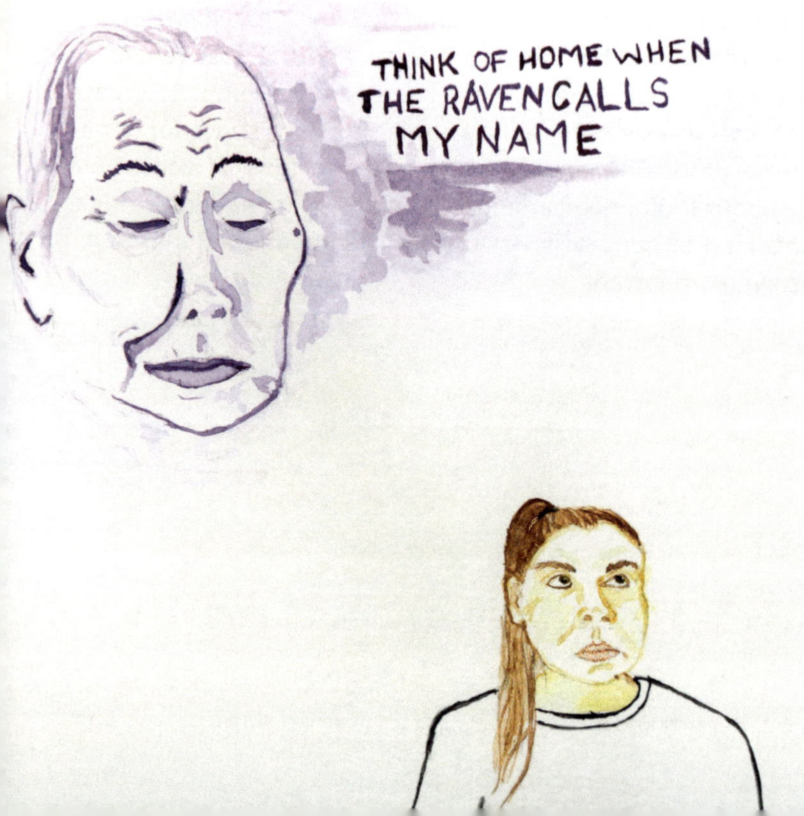

“ᐃᖅᑕᐅᒪᖃᖅᑕᖅᐸᕋ ᐊᖏᕐᕋᕗᑦ ᑐᓗᒐᕐᒧᑦ ᐊᑎᕋ ᑕᐃᔭᐅᑎᓪᓗᒍ” ᑎᑎᕋᐅᔭᖅᑕᐅᔪᖅ ᓇᐸᑦᓯ ᕗᓛᕐ

“Jurdil ruovttu go gáranas čuorvu mu nama” Sárgun lea Napatsi Folger

Drawing by Napatsi Folger

ᐃᓄᒃᑎᑐᑦ ᐅᖃᐅᓯᕐᒥᒃ ᐊᑐᖅᑐᓂ, ᑖᓐᓇ ᐅᖃᐅᓯᖅ ᐃᕆᓇᓕᐅᑎ (ᓴᖏᔪᒻᒪᕆᐅᕗᖅ ᐅᕙᓘᓐᓃᑦ ᐊᖓᒃᑯᐃᑦ ᐊᑐᖅᐸᒃᑕᖏᑦ) ᐃᓄᖕᒥᒃ ᐊᖏᕐᕋᖅᓯᑦᑎᑦᑎᓇᓱᒃᖢᓂ. ᐃᓄᒃᑎᑐᑦ ᐅᖃᐅᓯᕐᒥᒃ ᐊᑐᓗᐊᖅᐸᒍᓐᓃᖅᑐᖓ, ᑭᓯᐊᓂᓕ ᐃᓄᒃᑎᑐᑦ ᐅᖃᐅᓯᕐᒥᒃ ᓯᕗᓪᓕᖅᐹᒥᒃ ᐊᑐᖅᐸᓚᐅᖅᓯᒪᔪᖓ. ᖃᓄᑐᐃᓐᓇᖅ ᐃᓯᒪᕙᒃᐳᖓ ᓯᓚ ᖃᓪᓗᓈᑎᑑᖏᑦᑐᖅ, ᑕᐃᒪᓕ ᑖᔅᓯᒥᖓ ᐅᖃᐅᓯᕐᒥᒃ ᑐᓴᕋᒪ ᐊᒃᓯᒪᓇᐊᓗᒃ ᐅᕙᓐᓄᑦ ᐃᒃᐱᒋᓂᓇᓚᐅᖅᐸᕋ. ᐃᓯᒪᓚᐅᖅᓯᒪᔪᖓ ᐃᓅᔪᓐᓃᖅᑐᑐᖃᐅᓕᖅᑐᒥᒃ ᐃᓚᓐᓂ ᐅᕙᓐᓄᑦ ᐃᓯᔾᔪᒃᓱᓂ ᐅᖃᓚᐅᖅᑐᖅ, ᐊᖏᕐᕋᐅᖁᔨᑦᓱᓂ.

ᐃᓚᒃᑲ ᓅᓚᐅᖅᓯᒪᒍᑦ ᐅᑭᐅᖃᖅᑎᓪᓗᖓ 7-ᓂᒃ ᕖᓐᑰᕙᒧᑦ, ᑕᐃᒪᓕ ᐊᖏᕐᕋᓐᓂᒃ ᐃᓅᖃᑎᖃᑦᑎᐊᕉᓐᓂᖅᓯᒪᓕᖅᐳᖓ. ᒪᒃᑯᒃᑑᑎᖅᑎᓪᓗᖓ ᐃᖃᓗᖕᓄᑦ ᐅᑎᓚᐅᖅᓯᒪᔪᖓ ᐊᒻᒪᓗ, ᑕᑯᓕᖅᓱᖓ ᓇᐹᖅᑐᖃᖏᑦᑐᒥᒃ ᐊᒻᒪᓗ ᑕᒪᒃᑯᐊ ᑭᙵᐃᑦ ᐊᐳᑎᒥᒃ ᓴᐅᔭᐅᓯᒪᓪᓗᑎᒃ, ᑕᐃᒪᓕ ᐊᖏᕐᕋᒻᒪᕆᓕᓚᐅᖅᓯᒪᔪᖓ. ᐃᔨᒃᑲᓗ ᖁᕕᐅᓕᖅᓱᑎᒃ ᑕᐅᑐᒃᑎᑦᓱᖓ ᓄᓇᒥᒃ ᓰᕐᓗ ᓇᐹᖅᑐᓕᖕᒦᙵᓗᖓ ᐊᓯᐃᑖᒃ ᓄᓇᒥᒃ ᑕᐅᑐᓕᖅᓱᖓ ᓇᐹᖅᑐᖃᖏᑦᑐᒥᒃ ᓄᓇᑦᑎᐊᕙᖕᒥᑦ.

ᓇᖕᒥᓂᓐᓂᒃ ᐃᒡᓗᖃᖅᑭᑕᖓ, ᐃᓚᓕᒫᒃᑲ ᓇᖕᒥᓂᕐᒥᓂᒃ ᐃᒡᓗᖃᖅᑭᑦᑐᑦ. ᓄᒃᑎᖅᐸᒃᓱᑕᓗ

Inuktitut gielas lea sátni, mii mearkkaša geavahit *irinaliuti (*vuoimmálaš sáni dahje noaidehámu), mii dahká ahte olmmoš váillahišgoahtá ruovttu: *Angiraummigaq*. Mun in šat máhte njuovžilit hállat eatnigiellan, muhto inuktitut giella leai mu vuosttas giella. Máŋgga dáfus mu vuoigŋašat ain doibmet ii-eŋgelasgiela hámádaga mielde, nu ahte go ohppen dan sáni, dat njávkkastii mus muhtin suona hui čiekŋalasas. Mun oidnen ja gullen iehčan áigá jápmán fuolkki savkkuheamen munnje ja gohččumin mu ruoktot boahtit.

Mu bearaš fárrii Iqaluitis Vancouverii, go mun ledjen čieža jahkásaš, nu ahte mu oktavuohta ruktui leai moalkái. Nuorra nissonolmmožin máhccen Iqaluitii, ja go oidnen báljes, muorahis muohtadieváid, de dovden daidda čiekŋalis gullevašvuođa. Ganjalčalmmiid oidnen jetgirdi lássaráigge eanadaga, mo dat molsašuvai geađgás táigavuvddiin bárusteaddji duottarin.

In Inuktitut, there is a term that means using an *irinaliuti* (a powerful word or shamanic formula) to make a person homesick: *angiraummigaq*. I don't speak fluently anymore, but Inuktitut was my first language. In many ways my brain still functions in its non-English structures, so when I learned about the term it struck a deep chord in me. I pictured my long-dead kin whispering around me, calling me home.

My family moved from Iqaluit to Vancouver when I was seven, so my relationship with home is a complicated one. As a young woman I returned to Iqaluit and, upon seeing the treeless, snow-covered hills, felt a deep sense of belonging. My eyes filled with tears as I watched the landscape change from stony taiga forests to rolling tundra from the window of a jet.

ᐃᒡᓗᓄᑦ ᐊᓯᖏᓐᓄᑦ ᐊᒥᓯᐃᖅᓯᖅᓱᑕ ᓄᑕᕋᐅᑎᓪᓗᖓ, ᑕᐃᒪᓐᓇᑦᑕᐅᖅ ᐊᓈᓇᑦᑎᐊᒃᑯᒃᑲ ᐊᑖᑕᑦᑎᐊᒃᑯᒃᑲᓗ ᐱᕙᒥᒃᑲᓐᓂᖅᐸᒃᓱᑎᒃᑕᐅᖅ, ᐊᕐᓇᖃᑎᒃᑲᓗ, ᐊᕐᓇᕐᕕᒃᑯᒃᑲᓗ ᐊᒻᒪᓗ ᐊᒃᑲᒃᑯᒃᑲ ᑕᐃᒪᓐᓇᑦᑎᐊᖅᑕᐅᖅ ᐱᕙᒃᑭᓪᓗᑎᒃ. ᐃᓯᒪᕙᓚᐅᖅᓯᒪᔪᖓ ᑕᐃᒪᓐᓇᖃᐃ ᐃᓄᐃᑦ ᐃᓕᖅᑯᑎᖃᕐᒪᑕ. ᑕᐃᒪᓕ ᓯᕗᓪᓕᕗᑦ ᐱᖁᑎᖃᑦᑎᐊᓚᐅᖅᓯᒪᖏᒻᒪᑕ ᐊᒻᒪᓗ ᓇᖕᒥᓂᖃᖏᓱᑎᒃ. ᐃᒡᓗᕕᒐᖏᓪᓕ ᓯᓚ ᐅᖅᑰᓯᒫᖕᒐᑦ ᐊᐅᑐᐃᓐᓇᖅᐸᓚᐅᒃᒪᑕ ᐊᒻᒪᓗ ᓂᕐᔪᑎᑦ ᐃᖏᕐᕋᕙᓪᓕᐊᓂᖏᓐᓂᒃ ᒪᓕᑐᐃᓐᓇᖅᐸᒃᓱᑎᒃ ᑕᒪᐅᓇ ᓄᓇᒃᑯ ᐊᖏᔪᒃᑯᑦ. ᐃᒡᓗᖏᓪᓗ, ᐱᔭᕆᐊᖃᓪᓚᕆᓕᕌᖕᒐᑕ, ᐅᖅᑰᔪᒦᔾᔪᑎᒃᓴᒥᒃ ᓴᓇᕙᒃᓱᑎᒃ ᕿᓚᒥᑯᓗᒃ ᐊᑐᕐᓂᐊᖅᑕᒥᓂᒃ ᓰᕐᓗ ᓄᓇᒥᒃ ᒪᓕᒃᓱᑎᒃ, ᐊᕕᒃᓯᒪᔾᔮᖏᓱᑎᒡᓗ.

ᐊᖏᕐᕋᕋ ᐃᓚᒃᑲᓗᑦ ᑕᐃᑲᓃᓱᑎᒃ, ᓄᓇᕗᒻᒥᑦ ᐊᖏᕐᕋᕆᔭᕋ ᐱᕈᕐᕕᒋᓪᓗᒍᓗ, ᑕᕙᓂ ᑭᒃᑯᑐᐃᓐᓇᑦ ᖃᐅᔨᒪᔭᒃᑲ ᐊᒻᒪᓗ ᐅᕙᓐᓂᒃ ᖃᐅᔨᒪᒋᓪᓗᑎᒃ. ᕚᓐᑰᕙᒥᑦ ᐱᕈᖅᓯᒪᒋᕗᖓ, ᐅᑭᐅᖅᑲᖅᑎᓪᓗᖓ 7-ᓂᒃ 20-ᒧᑦ ᑎᑭᓱᒍ, ᑭᓯᐊᓂᓕ ᐱᖃᓐᓇᕆᔭᒃᑲ ᓇᒡᓕᒋᒐᓗᐊᖅᓱᒋᑦ ᐊᒻᒪᓗ ᐃᓚᑖᕆᔭᒃᑲ ᑕᒪᒃᑯᐊ ᓇᐹᖅᑐᐊᓗᐃᑦ ᐊᒻᒪᓗ ᐸᓯᕕᒃ ᐃᒫᓗᐊ ᐅᑭᐅᖅᑕᖅᑑᑉ ᓂᒋᖅᐸᓯᐊᓂᑦᑐᖅ, ᐊᖏᕐᕋᕆᖅᑰᔨᒻᒪᕆᓚᐅᖏᑕᕋ

Mus ii leat bearašruoktu, ii ovttasge mu fulkkiin leat. Mii fárriimet máŋgii mu mánnávuođas, ja nu dahke mu ádját ja áhkut, oarpmealit ja vilbealit, goaskkit, muoŧát, siesát ja eagit, čeazit ja ednot maid. Mii aniimet dan dábálažžan inuihtaide. Dasgo, eai min máddariin lean stuorra gárdimat ja opmodagat. Giđđat sin iglut šolge, ja ieža čuvvo elliid giđđajohtima máŧohis viiddis árktalaš eanadagaid mielde davás. Suodji leai dárbbašlaš, muhto leai goitge gaskaboddosaš ja ovttastahttojuvvon eatnamiin, iige lean earuhuvvon eatnamis.

Ruoktu lea doppe gos mu bearaš lea, dat lea dan gávpogis gos mun bajásšadden Nunavutas, doppe gos dovden juohke ovtta ja juohke okta dovddai mu. Mun bajásšadden Vancouver gávpogis maid, das rájes go ledjen čieža jahkásaš ja dassážii go devden guoktelogi jagi. Muhto vaikko ráhkistin ustibiiddán ja ođđa bearrašan ja Jaskesábi gátti davveguovllu čáppa vuvddiid ja čáziid, goitge dat

I don't have a family home; none of my relatives do. We moved houses several times during my childhood, and so did my grandparents, cousins, aunts, and uncles. I always felt like that was normal for Inuit. After all, our ancestors didn't have grand estates and property. Their iglus would melt away and they would follow the migration of animals across the vast expanse of the Arctic landscape. Shelter, though essential, was temporary and incorporated the land, rather than being separate from it.

Home is where my family is, it's the town where I grew up in Nunavut, it's where I knew everyone and they knew me. I grew up in Vancouver too, from ages seven to twenty, but even though I loved my friends and new family and the beautiful forests and waterways of the Pacific Northwest, it was never quite home the way Nunavut is. I was a strange anomaly there,

ᓄᓇᕗᒻᒥᐅᓂᖓᓂᒃ. ᓲᕐᓗ ᓂᑲᒋᓪᓗᒍ ᕚᓐᑰᕙ, ᐃᓅᓪᓗᖓ ᖃᓪᓗᓇᐃᖓᓪᓗᖓᓄ ᖃᓪᓗᓈᑦ ᓄᓇᖏᓐᓃᑑᖓ ᑕᒫᓂ ᕚᓐᑰᕙᐅᑉ ᑕᕐᕿᖓᓂᑦ. ᑕᒪᓐᓇ ᓄᓇ ᐱᐅᒋᓕᓚᐅᖅᓯᒪᔭᕋ, ᑕᒪᒃᑯᐊ ᓇᐹᖅᑐᐊᓗᐃᑦ ᐊᒻᒪᓗ ᓯᓚ ᐊᓯᔾᔨᖅᐸᖕᓂᖓ, ᐊᒻᒪᓗ ᐃᑖᓐᓂᒃᑯᑦ ᐃᖅᑲᐃᕙᒃᑐᖓ ᐊᖏᕐᕋᓪᓚᕆᓐᓂᒃ ᑕᒪᒃᑯᓂᖓ ᐸᐅᕐᖓᓂᒃ ᐱᒑᖓᒪ ᐊᒻᒪᓗ ᐸᓚᐅᒑᖅᑐᓕᕌᖓᒪ ᐊᐅᔭᒃᑯᑦ. ᑕᐃᒪᐃᑦᑐᒃᓴᐅᒋᕗᑦ ᐃᓄᖕᓄᑦ ᖃᓪᓗᓈᑦ ᓄᓈᓂᑦᑐᓄᑦ: ᐱᔾᔪᑎᖃᖅᑐᐃᓐᓇᐅᒐᑦᑕ ᓄᓇᑦᑎᓐᓂ ᕿᒪᐃᓪᓗᑕ ᐊᒻᒪᓗ ᐱᐅᒋᓪᓗᑎᒍᑦ ᓄᓇᑖᕆᔭᕗᑦ ᑭᓯᐊᓂᑦᑕᐅᖅ ᐊᖏᕐᕋᓪᓚᕆᑦᑎᓐᓂᒃ ᓄᓇᕗᒻᒥᑦ ᐊᖏᕐᕋᖅᓯᓲᖑᔪᒍᑦ.

"ᐊᖏᕐᕋᖅᓯᓕᖅᑐᖓ," ᐊᐃᑉᐸᓐᓄᑦ ᖃᓪᓗᓈᕐᒧᑦ ᐅᖃᖅᐳᖓ, ᐊᒻᒪᓗ ᑕᐃᒪ ᐋᓐᓂᕐᑰᔨᓪᓗᓂ ᑕᑯᖃᑦᑕᖅᐸᕋ. ᑕᒫᓂ ᕚᓐᑰᕙᒥᐅᑕᐅᓪᓗᓄᑦ ᐊᖏᕐᕋᖃᓕᓚᐅᖅᐳᒍᒃ (ᐅᑎᓚᐅᖅᐳᒐ), ᐊᒻᒪᓗ ᐊᐃᑉᐸᕋ ᐅᖃᐅᑎᒋᐊᖃᓚᐅᖅᐸᕋ, ᖁᕕᐊᓱᖏᑦᑑᔪᖓ ᐊᖏᕐᕋᑦᑎᓐᓂᒃ ᐅᕙᒍᒃ ᑕᒪᓐᓄᑦ ᓴᓇᓚᐅᖅᑕᖅᑎᓐᓂᒃ, ᐅᕙᒎᓐᓃᑦ ᐃᖃᓗᖕᓄᑦ ᐅᑎᕈᒪᖏᑦᑐᖓ, ᑭᓯᐊᓂᓕ ᐱᔪᒪᖅᑰᔭᕗᖓ ᐃᒃᐱᒋᔭᒃᑯᑦ ᓈᒻᒪᒋᔭᓐᓂᒃ. ᑕᒪᓐᓇ ᓄᓇ ᖃᐅᔨᒪᔭᑐᖃᕋ ᐱᓪᓗᒍ, ᓇᐃᒪᓂᖓᓗ ᐊᒻᒪᓗ ᓄᓇ ᐱᐅᒻᒪᕆᖕᒪᑦ, ᑭᓯᐊᓂᑦᑕᐅᖅ

ii goassege lean ruoktu nugo Nunavut lea. Mun ledjen amas rievdu, bealle inuhkanieida eanaš vilges, eanaš rikkis North Vancouver gávpogis. Loahpas mun goitge eahccigohten dánge guovllu, earenoamážit villa vuvddiid ja liegga ulligobiid, ja muhtimin mu čoalitge veahkehedje muitit ruovttu go muosáhin ehtemasaid (mat máiste dego mu jiellahaš gáhkkomuorjjit, *paunnga*), dahje pow-wow meanuid gáhkku geasset. Mun govahalan, ahte lea seamma láhkai olu urbána inuihtaide maid: Mis leat juohkehaččas iešguđetge sivat guođđit ja dáidit eahccit iehčamet ođđa ruovttuid, muhto mii álelassii fielladit báikái, gos min varra boahtá.

"Mun váillahan ruovttu", dajan iehčan *qallunaaq* guoibmái, ja son neaktá veahášbávččagan. Moai ásse ovttas Vancouveris (mun fárrejin ruovttoluotta), ja mun ferten čilget sutnje, ahte in mun leat duhtameahttun ruktui mii munnos lea ovttas, dahje ahteháli-

a half-breed Inuk girl in the mostly white, mostly rich city of North Vancouver. I grew to love it eventually, especially the wild woods and temperate tidepools, and sometimes I would get visceral reminders of home in the taste of huckleberries (so like my favourite tart berries, *paunnga*), or pow-wow bannock in summer. I imagine it is the same for many urban Inuit: we all have different reasons to leave and likely love our new homes but are always longing for the place that our blood came from.

"I miss home," I say to my *Qallunaaq* partner, and he looks a little hurt. We live together in Vancouver (I moved back), and I have to explain to him, it's not that I'm unhappy with the home we have made together, or that I want to move back to Iqaluit, but I have a longing that shakes me on a cellular level. Not only is the land familiar, the smells and scenery nostalgic and beautiful, but the people are home

ᐃᓄᐃᑦ ᐊᖏᕐᕋᖕᒥᒐᒃᑯ. ᐊᔾᔨᑦᑎᐊᓂᒃᓗ ᖁᕕᐊᓱᒍᑎᖃᓰᖕᒍᕗᒍ, ᐊᔾᔩᒃᑐᓂᒡᓗ ᐃᓕᖅᑯᓯᖃᕐᓇᓪᓗᑕ, ᐊᒻᒪᓗ ᐊᐅᒃᐸᑦ ᐊᔾᔩᒃᓗᑎᒃ. ᐃᓅᓂᕋ ᐱᔾᔪᑎᖃᖏᓚᖅ ᑕᒪᒃᑯᓂᖓ ᐃᓅᓪᓚᑦᑖᓂᒃ, ᑭᓯᐊᓂᓕ ᐃᓚᖃᑦᑎᐊᕐᓂᕐᒥᒃ ᐊᒻᒪᓗ ᖁᕕᐊᓱᖃᑎᒌᖕᓂᕐᒥᒃ ᐱᔾᔪᑎᖃᖅᐳᖓ.

ᐅᖃᓪᓚᖕᓂᖅ

ᐅᖃᓕᒪᖕᓂᑐᐃᓐᓇᕐᒥᒃ ᐱᔾᔪᑎᖃᕈᐊᖏᑦᑐᒥᒃ
ᓂᑲᓪᓗᕈᑎᖃᖅᐸᖏᓪᓗᑎᑦ,
ᑖᖅᑐᐊᓘᓕᖅᐳᖅ ᐊᒻᒪᓗ ᑕᖅᑲᓯᒪᓪᓗᑎᑦ
ᑕᒪᑐᒪᓂ ᐅᑭᐅᕐᒥᑦ ᐊᑐᓕᖅᑕᑦᑎᓐᓂᒃ.
ᓂᑲᓪᓗᕈᑎᖃᖅᐸᖏᓪᓗᑎᑦ ᑐᓵᑎᓪᓗᑎᑦ
ᐃᓄᖕᓂᒃ ᐃᒻᒪᐃᑦᑐᓂᒃ ᑖᕐᓂᕐᒥᒃ
ᐅᖃᐅᓯᖅᑲᖅᑎᓪᓗᒋᑦ, ᐅᖃᖅᑲᖅᑎᓪᓗᑎᒃ
ᓄᓇᕗᒻᒥᐅᑕᐅᓂᕐᓂᒃ.
ᓂᑲᓪᓗᕈᑎᖃᖅᐸᖏᓪᓗᑎᑦ ᐃᒪᓐᓇ
ᐅᖃᖅᑐᖅᑲᖅᑎᓪᓗᒍ "ᐆ, ᐅᑭᐅᒃᑯᑦ ᑕᐅᕙᓂ
ᓄᓇᖅᑲᕈᒪᖏᓚᖓ!"

ᑭᓯᐊᓂᓕ ᐃᒪᐃᑉᐸᒃᐳᖅ, ᐃᖅᑲᐅᒪᓗᑎᑦ
ᑕᖅᑭᒥᒃ ᐊᒃᑑᐸ ᐊᑐᓕᕌᖓᑦ.
ᐃᖅᑲᐅᒪᓗᑎᑦ ᐅᓐᓄᒃᑯᑦ ᓯᓚᒥ ᓇᖏᒻᓗᑎᒃ
ᐃᒃᑮᕌᓘᓕᖅᑎᓪᓗᒍ,
ᑕᐅᑐᒃᓗᑎᓪᓗ ᓂᐱᖅᑲᖏᓗᑎᑦ ᑕᒪᑐᒥᖓ

idivččen fárret fas Iqaluitii, muhto mus lea áibbašeapmi mii dihraidahttá mu gitta vuođus seallaid dásis. Ii leat dušše eana mii leat oahpis, eaige dušše hájat njálggit ja eanadathámit čábbá ja bovtte nu olu muittuid, muhto olbmot leat maid ruoktu. Mis leat oktasaš leaikkat, okta kultuvra, okta varra. Inge mun leat mihkkege ođđasiid ruovttus. Mu inuhkavuohta ii bovtte sin beroštumi, dušše ustitvuođa ja ilu.

Movttiidahttinsárdni

Ale eardašuva huleštеamis. Lea seavdnjat ja ránis
don leat váibbas dán muttos áigge jagis.
Ale eardašuva go olbmot hállet seavdnjatvuođas,
go don namahat ahte boađát Nunavutas.
Ale eardašuva go sii dadjet "Vuoi, mun in sáhtášii GOASSEGE
eallit doppe dálvet!"
Baicca, muitte mánu mo dat báitá

too. We have the same humour, the same culture, the same blood. I am not a novelty at home. My Inukness does not spark interest in them, only comradery and joy.

A Pep Talk

Don't get annoyed by small talk. It's dark and grey
you're tired this time of year.
Don't get annoyed when people talk about the darkness,
when you mention you are from Nunavut.
Don't get annoyed when they say "Oh, I could NEVER
live there in the winter!"

Instead, remember the moon in October.
Remember that night you stood out in the biting fall air,
watched in silence as the bay glistened like black glass.

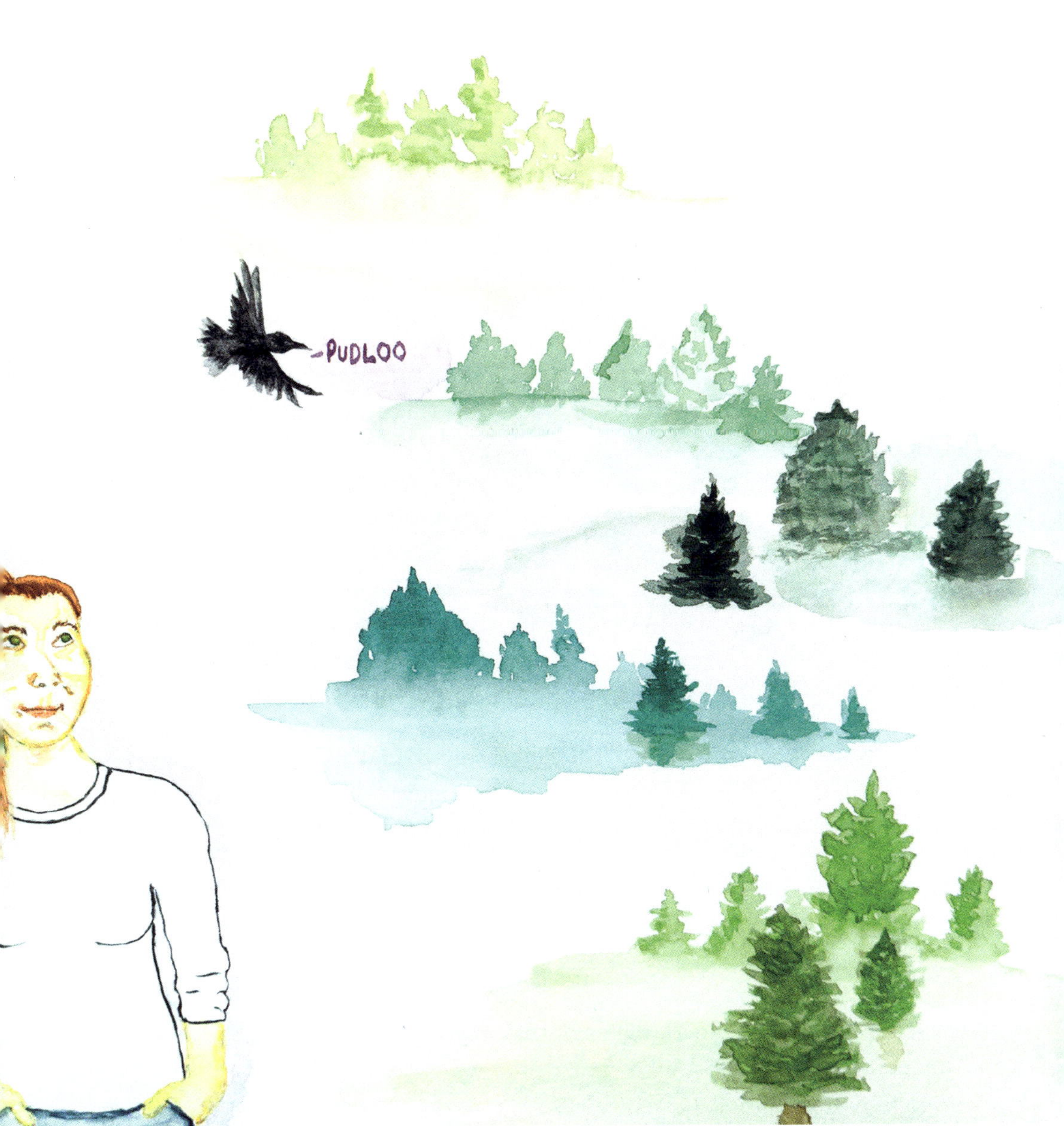

ᑎᑎᕋᐅᔭᖅᑕᐅᔪᖅ ᓇᐸᑦᓯ ᕗᔩᕐ

Sárgun lea Napatsi Folger

Drawing by Napatsi Folger

ᐃᒪᕐᒥᒃ ᕿᕐᓂᖅᓯᓯᒪᔪᒥᒃ ᓰᒃᑐ ᐊᓕᑰᑦᑐᓂ.
ᐃᖅᑲᐅᒪᑐᑎᑦ ᖃᓄᖅ ᑕᖅᑭᖅ ᐃᒪᐅᑉ ᓰᕐᑐ
ᖁᓛᓂᕐᑐᓂ,
ᑕᖅᑭᓇᑦᑎᐊᖅᑎᑦᑐᒍ ᑕᒫᓂᑐ ᐃᒪᕐᒥᒃ
ᑕᑯᒃᓴᐅᓂᖃᖅᑐᓂ.

ᑕᐅᑐᒃᑐᑎᑦᑐ ᑕᑉᐸᐅᖓ ᓯᓚᒧᑦ ᐊᒻᒪᓗ
ᑕᐅᑐᒃᑕᑦ ᐅᑎᖅᑎᕐᑐᒍ ᓄᓇᒧᑦ ᑕᖅᑭᕐᑐ
ᖃᐅᒪᓂᖓ ᑕᑯᒃᓴᐅᑦᑎᐊᖅᑐᓂ ᑕᒪᐅᖓ
ᐊᐳᑎᓕᖕᒧᑦ ᓄᓇᒧᑦ,
ᓄᓇᒧᑦᑐ ᐱᖑᐊᕐᕕᒋᕙᓚᐅᖅᑕᕐᓄᑦ
ᓄᑕᕋᐅᑎᑦᑐᑎᑦ, ᓰᕐᑐ ᑐᖑᔪᖅᑐᓛᖅᑐᓂ ᓄᓇ.
ᑕᕐᕋᖃᓕᖅᑐᓂᑐ, ᐃᖅᑲᐃᑎᑕᐅᕗᑎᑦ
ᐅᓂᒃᑳᖅᑐᐊᓂᒃ ᐅᓂᒃᑳᖅᑕᐅᕙᓚᐅᖅᑐᓂᒃ
ᑲᑉᐱᐊᓱᒃᑎᑕᐅᕙᒃᑐᑕ.
ᐅᑎᖅᑎᑕᐅᓕᖅᑕ ᓄᓇᑐᖃᑦᑎᓐᓄᑦ.

golggotmánus.
Muitte dan ija go čužžot olgun
ruoški čakčailmmis,
gehččet jaskadit go gohppi šealgái
dego čáhppes lássa.
Muitte mo bastilis mánnu sorjái
čázi badjel,
báittii šearradit goalkemerrii mii
vuos ain leai suttis.

Don gehččet bajás univearssa
seavdnjadassii ja fas vuolás
vai oainnát mo mánu čuovga báitá
šelges muohtaduoddaris,
čuvge eatnama gos don mánnán
stohket, ja áhcagastá dan alidin.
Čohkkesalit suoivanat muittuhit
dutnje muitalusaid maid
muitaledje
min balddihit ja doallat min lahka.
Buktit min ruoktot.

ᖃᐅᔨᒪᓂᖃᕋᓱᒃᐸᖏᑦᑐᖓ ᐃᓄᐃᑦ
ᐃᓕᖅᑯᓯᑐᖃᖏᓐᓂᒃ, ᐊᓐᓂᓇᔭᖏᓐᓂᒡᓗ,
ᐅᕙᓘᓐᓃᑦ ᐅᖃᐅᓯᑐᖃᖏᓐᓂᒃ.
ᑕᐃᒪᐃᑦᑑᖏᑦᑐᖓ. ᐃᓅᔪᖓ ᐊᕐᓇᐅᑦᓗᖓ
ᐅᑭᐅᓂᒃ 30-ᓂᒃ ᖃᐅᔨᒪᓕᖅᑕᓐᓂᒃ
ᐊᖏᕐᕋᓐᓂᒃ. ᖃᐅᔨᖃᑦᑕᖅᐳᖓ
ᑕᒪᕐᒥᑦᑎᐊᖅ ᐃᓄᐃᑦ ᖃᑦᑐᓈᑦ ᓄᓇᓃᓕᖅᑐᓄᑦ,
ᐃᓕᖃᑦᑎᐊᓲᖑᖕᒪᑕ ᐃᓅᖃᑎᒥᓂᒃ,

Mun in dahkalutta inuihta kultuvrra,
árvvuid dahje giela áššedovdin. Mun in
leat oktage dain.

Remember how the sharp moon hung above the water,
shining brilliant in the stillness of the
not-yet-frozen ocean.

You looked up into the darkness of the universe then
back down
to see the moonlight reflecting off
the snow-covered tundra,
illuminating the land on which you played as a child,
glowing blue.
In the indigo shadows, you were reminded of
the stories they used to tell
to keep us scared, and close.
To bring us home.

ᑕᒪᓐᓇ ᐱᒻᒪᕆᐊᓘᕗᖅ. ᐅᑎᖅᑎᓲᖑᖕᒪᑦ ᐊᖕᒋᕐᓴᑦᓚᓇᑦᑎᓐᓂᒃ ᓇᓂᑐᐃᓐᓈᓴᓗᐊᕈᑦᑕ. ᑕᒫᓃᑉᐸᒃᓗᑕ ᓄᓇᑐᖅᑲᑦᑎᓐᓂᒃ ᐃᓚᖅᑲᑕᓲᖑᕗᑦ ᐊᒻᒪᓗ ᐅᕙᑦᑎᓐᓂᒻᒪᕆᒃ ᐃᒃᐱᒍᓱᑕᓲᐅᕗᒍᑦ ᓄᓇᕗᒻᒥᐅᑕᐅᓂᑦᑎᓐᓂᒃ ᓇᓂᑐᐃᓐᓈᓴᓗᐊᒍᒪ. ᑕᐃᒪᓕ ᑕᓇᐅᕐᒦᒃᑲᓗᐊᖅᑎᑦᓗᖓ ᐅᕙᓘᓐᓃᑦ ᓇᐹᖅᑐᓕᖕᒦᒃᑲᓗᐊᕈᒪ ᐅᕙᓐᓄᑦ ᖁᕕᐊᓱᒍᑎᖅᑲᑕᓲᖑᕗᖓ ᐊᔾᔨᖕᒋᒃᑲᓗᐊᖅᓗᓂᐅᒃ ᓄᓇ ᑕᐅᕙᓂ ᓄᓇᕗᒻᒥᐅᑕᐅᒐᓗᐊᖅᓗᖓ ᐱᕈᕐᕕᒋᓚᐅᖅᑕᓐᓂᒃ. ᑕᐃᒪᓕ ᓄᓇᓯᐅᑎᒥᒃ ᐊᑐᖅᑲᑦᑕᕐᓂᐊᖅᑕᓐᓂ ᐱᒐᓗᐊᕈᒪ ᑕᐅᕗᖓᐅᓗᖓᓗ ᓄᓇᑐᐃᓐᓇᕐᒧᑦ ᖁᕕᐊᓱᒍᑎᖅᑲᑕᓲᖑᕗᖓ ᐊᒻᒪᓗ ᑎᐱᖓ ᓇᐃᑦᑐᒍ ᓄᓇᒥᒃ ᖁᕕᐊᓱᒍᑎᖅᑲᓲᖑᕗᖓ, ᐃᓱᒪᑕᓲᖑᕗᖓ ᐅᕙᓐᓂᒃ ᑐᙵᓱᒃᑎᑦᑎᓂᖕᒋᓐᓂᒃ ᑕᒪᓐᓇ ᐃᓛᒃ ᓇᐹᖅᑐᐊᓗᐃᑦ.

Mun lean inuhka nisu, geas lea golbmalogi jagi vásihus váillaheamis ruovttu. Mun lean fuopmášan, ahte buot urbána inuihtaide geaid dovddan, lea duođaid deaŧalaš doallat oktavuođa nuppiiguin inuihtaiguin. Min oktavuohta buktá ruovttu dovddu gos ihkinassii mii leat. Luonddus leahkin lea nubbi eará oktavuohta, mii čađat lea geahppudan mu sielu, go váillahan Nunavuta, beroškeahttá gos mun lean. Meara alde dahje meahcis leahkin sáhttá leat oadjudeaddji balsam, beroškeahttá man earálágan dat biras lea viiddis duoddara ektui, gos mun bajásšadden. Vaikko šattange čohkánit biilii ja vuodjit geaidnoráigge vai beasan dán lágan lundui, dat liikkáge dahká ahte mun suonjardan ilu go havssán dearvvas hája šattuin ja eatnamis. Mun orun iehčan mielas dego vuorddálmas guossi vieris vuovddis.

I don't pretend to be an expert on Inuit culture, values, or language. I am none of those. What I am is an Inuk woman with thirty years of experience longing for home. I have noticed that for all the urban Inuit I know, connecting with other Inuit is deeply important. It brings back a sense of home wherever we are. Spending time in nature is another connection that has always eased my soul when I'm missing Nunavut, no matter where I am. Being on the ocean or in the woods can be a soothing balm regardless of how different that environment is from the expansive tundra where I grew up. Even though I have to get in a car and drive a ways to access that kind of nature, it still makes me radiate joy to smell the fresh scent of plants and soil. I feel like a welcome visitor in a strange wood.

Olivia Lya Thomassie

ᐃᓄᒃᑎᑐᑦ

ᑎᑎᕋᖅᐸᓪᓚᐊᓂᖅ ᐃᓄᐃᒃ ᐃᓅᓯᖏᓐᓂᒃ: ᑎᑎᕋᐅᔾᖅᑕᐅᔪᑦ ᑑᒪᓯ ᑯᓪᓗᒃᑰᑦ

Sámegiella

INUIHTAID EALLIMA DUOĐAŠTEAPMI: TUUMASI KUDLUK SÁRGUMAT

English

DOCUMENTING INUIT LIFE: THE DRAWINGS OF TUUMASI KUDLUK

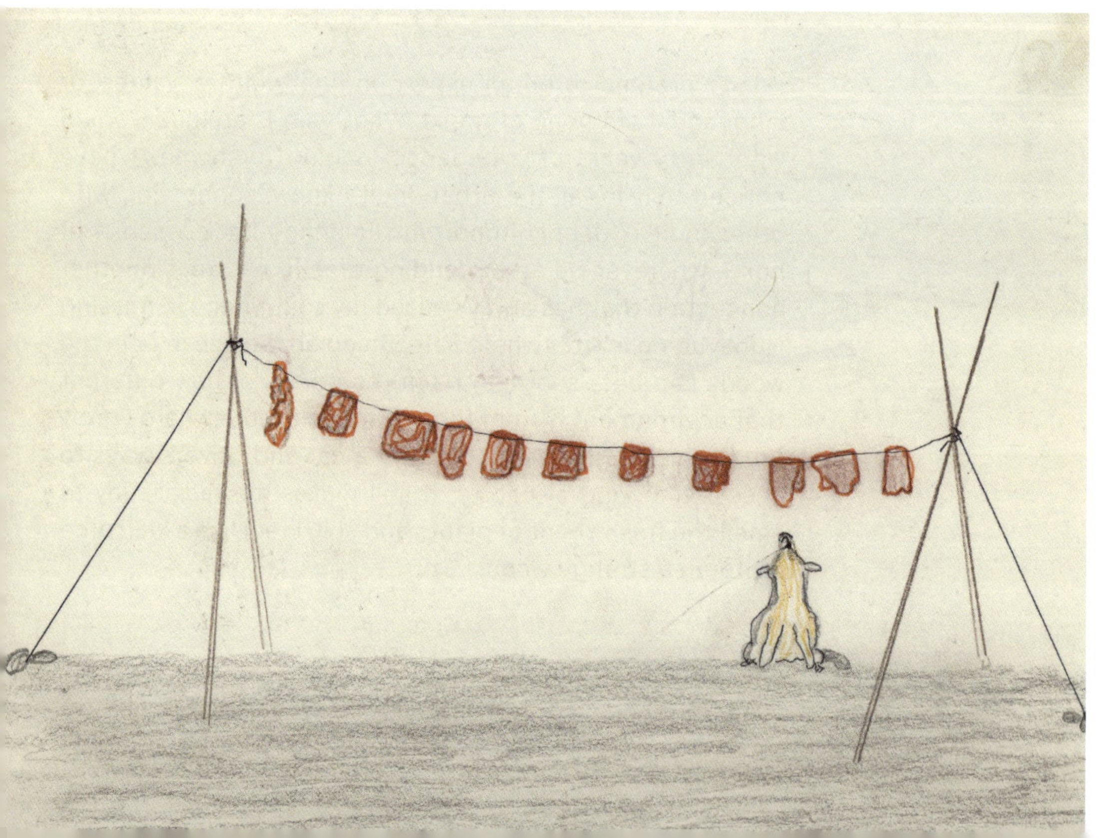

ᑐᒪᓯ ᑯᓪᓗᒃ, ᓂᕿᑦ, 1980

Tuumasi Kudluk, *Biebmu* (verso), 1980

Tuumasi Kudluk, *Food*, 1980

ᐃᓅᓚᐅᖅᓯᒪᔪᖅ 1902-ᖑᑎᓪᓗᒍ ᑲᖏᖅᓲᑉ ᖃᓂᒋᔮᓂᑦ, ᓄᓇᕕᒃᒥᑦ, ᑑᒪᓯ ᑯᓪᓗᒃ ᖃᐅᔨᒪᔨᒻᒪᕆᐅᓚᐅᖅᓯᒪᔪᖅ ᐊᖑᓇᓱᒃᑎᒻᒪᕆᐅᓪᓗᓂᓗ. ᓄᓇᒋᓚᐅᖅᑕᒥᓂᒃ ᑎᑎᕋᐅᔭᖅᑲᑦᑕᓚᐅᖅᑐᖅ, ᐊᒻᒪᓗ ᐅᖃᐅᓯᖏᑦᑎᒍᑦ ᑎᑎᕋᖅᑕᐅᓯᒪᓂᖏᑦᑎᒍᓪᓗ ᐅᓂᒃᑳᖅᑲᑦᑕᓚᐅᖅᓯᒪᔪᖅ ᖃᐅᔨᑎᑦᑎᓇᓱᒃᑐᓂ ᑎᑎᕋᐅᔭᖅᑕᒥᓂᒃ, ᐃᒻᒪᖄ 1200-ᖑᔪᓂᑦ ᑎᑎᕋᐅᔭᖅᑕᖏᑦ ᐊᒻᒪᓗ ᐊᒥᓱᑦ ᓴᓇᖑᐊᖅᑕᖏᑦ ᐱᑕᖃᓚᐅᖅᓯᒪᔪᖅ. ᑕᒪᒃᑯᐊ ᐱᓕᕆᐊᕆᖃᑦᑕᓚᐅᖅᓯᒪᔭᖏᑦ ᐊᒥᓱᐊᓗᐃᑦ ᑲᑎᖅᓱᖅᑕᐅᓯᒪᔪᑦ ᑖᒃᑯᓄᖓ ᐊᕙᑕᖅ ᐃᓕᖅᑯᓯᑐᖃᓕᕆᕕᒃᒥᑦ ᐱᓯᒪᔭᐅᔪᑦ, ᑖᒃᑯᐊ ᑲᑐᔾᔨᖃᑎᒌᑦ ᐱᓯᒪᔪᑦ ᐊᒥᓱᓂᒃ ᓴᓇᐅᒐᓂᒃ ᓄᓇᕕᖕᒥᐅᑕᓂᒃ.

ᑑᒪᓯ ᑯᓪᓗᒃ ᐊᒪᐅᕆᓚᐅᖅᓯᒪᔭᕋ. ᑕᑯᓚᐅᖅᓯᒪᖏᒃᑲᓗᐊᖅᓱᒍ, ᐅᑭᐅᑦ ᖁᓕᑦ ᑐᖁᓚᐅᖅᑎᓪᓗᒍ ᐊᓂᒍᖅᓯᒪᓕᖅᑎᓪᓗᒋᑦ ᐃᓅᓚᐅᖅᓯᒪᖓᒪ, ᐊᖓᔪᒃᓯᖅᐹᖅ ᐊᖅᓇᖃᑎᒪ ᐅᖃᐅᑎᓚᐅᖅᓯᒪᖕᒫᖓ ᑎᔅᓯᓈᖅᑭᕙᓚᐅᖅᓯᒪᔪᕉᖅ. ᑕᕙᓃᕐᓗᖓ ᐊᕙᑕᖅ ᐃᓕᖅᑯᓯᑐᖃᕐᕕᐊᓂᑦ ᑕᐅᑐᒃᓱᖓ ᑲᑎᖅᓱᖅᓯᒪᔭᖏᓐᓂᒃ, ᐅᔾᔨᕈᓯᓚᐅᖅᐳᖓ, ᐃᓅᓚᐅᖅᓯᒪᓂᖓᓂᒃ ᓰᕐᓗ ᒪᕐᕈᐃᓕᖓᔪᓂᒃ ᐊᑕᐅᑦᑎᒃᑯᑦ: ᓯᕗᓪᓕᖅ ᐃᓅᓯᕆᓚᐅᖅᑕᖓ ᐃᓄᐃᑦ ᐃᓕᖅᑯᓯᖏᑦᑎᒍᑦ

Tuumasi Kudluk, gii leai riegádan Kangirsuk lahka Nunavikas jagi 1902, leai dáiddolaš olmmái, ja earenoamáš čeahpes bivdi. Son govvidii eallima ja eatnamiid gos son orui, ja anii dávjá njálmmálaš transkripšuvnnaid ja čálalaš válddahusaid go galggai čilget iežas barggu, mii siskkilda badjel duhátguoktečuođi sárguma ja máŋga vadjosa. Dát dáiddabargu lea stuorámus čoakkáldat, man ovttaskas dáiddár lea dahkan ja mii lea Avataq Cultural Institute hálddus, organisašuvdna mii áimmahuššá máŋgga Nunavik dáiddára dáiddabargguid.

Tuumasi Kudluk leai maiddái mu máttaráddjá. Vaikko vel in goassege beassan deaivat su, dannego son jámii sullii logi jagi ovdalgo mun riegádin, de muitalii mu boarráseamos belá ahte máttaráddjá leai hui leaikás olmmoš. Go mun dál guorahalan Avataq čoakkáldaga, de áiccange dan. Mun áiccan maiddái, ahte son elii guovtti bálddalas máilmmis oktanaga: Nubbi

Born in 1902 near Kangirsuk, Nunavik, Tuumasi Kudluk was a knowledgeable man with exceptional hunting skills. He illustrated Inuit life and the territory on which he lived, and he often included oral transcriptions and written descriptions to explain his work, which comprises over twelve hundred drawings and several carvings. This work is the largest collection of objects by a single artist that is held by the Avataq Cultural Institute, an organization that cares for many pieces by artists from Nunavik.

Tuumasi Kudluk was also my great grandfather. Though I never met him, since he passed away about a decade before I was born, my eldest cousin told me that he had a great sense of humour. Going through the Avataq collection, I can notice that. I also notice that he was living in two parallel worlds at the same time: the first being that of Inuit

ᐊᒻᒪᓗ ᑐᒡᓚᐊ ᖃᑦᑐᓈᑦ ᑕᒪᐅᖓᖅᑎᑦᑐᑎᑦ
ᐃᓄᐃᑦ ᓄᓇᖓᓐᓄᑦ ᐃᓅᓯᖃᖅᑐᓂ.

ᑕᒪᕐᒥᒃ ᑕᒪᒃᑯᐊ ᐃᓅᓯᓇᓚᐅᖅᑕᖏᑦ ᐱᐅᒋᒻᒪᓇᓚᐅᖅᓯᒪᔫᒃᑲ. ᐊᑦᑕᒪ ᐅᖃᐅᑎᓚᐅᖅᓯᒪᔫᖓ ᖃᓄᖅ ᑕᒪᒃᑯᐊ ᓄᓇᓖᑦ ᓄᓇᕕᒃᒥᑦ ᓄᓇᓕᒋᔭᐅᓕᓚᐅᖅᓯᒪᓂᖏᓐᓂ ᓂᐅᕕᖅᑎᒃᑯᑦ Hᐊᑦᓴᓐ ᐸᐃ ᐱᑕᖃᓕᖅᑎᑦᑐᑎᑦ ᓂᐅᕕᓇᐊᕐᕕᐅᕙᒃᑐᑎᒃ. ᐊᑦᑕᐅ ᐱᔪᒪᓚᐅᖅᓯᒪᔩᖓᑐᐊᖅ ᑲᖏᖅᓱᕐᒥᑦ ᓄᓇᓕᒋᔭᐅᓕᖅᑐᖅ ᑖᓃᒋᐊᖃᓚᐅᕐᓂᖓᓂᒃ ᕿᙵᒧᐊᕐᓂᑦ, ᑖᓃᑦᑐᖅ ᑰᖕᒥᑦ ᐃᖃᓗᖃᑦᑎᐊᖅᑐᒥᑦ. ᑕᑯᒡᓗᑎᑦ ᑑᒪᓯ ᑯᑦᓘᒃ ᑎᑎᕋᐅᔭᖅᑕᖏᑦ ᓄᓈᖑᐊᖅᑐᑦ ᐊᒻᒪᓗ ᖃᓄᖅ ᐊᐅᓪᓚᖃᑦᑕᓚᕐᓂᖏᓐᓂᒃ ᐅᕙᓐᓄᑦ ᖁᕕᐊᒋᒻᒪᓇᓚᐅᖅᑕᒃᑲ - ᐱᑐᐊᖅᑐᒥᒡᓚ ᑎᑎᕋᐅᔭᖅᓯᒪᔪᑦ ᐅᒥᐊᕐᓂᒃ ᐅᓯᑦᑐᑎᒃ ᕿᒧᒃᓯᒃᑯᑦ ᐊᐅᓚᖕᒍᐊᖅᑐᑦ. ᖃᑦᑐᓈᑦ ᓄᓇᖃᖅᑐᑦ ᖃᑦᑐᓈᓂᑦ ᖃᐅᔨᒪᖃᑦᑕᖏᒻᒪᑕ ᑕᐃᔅᓯᒪᓂ ᐃᓅᓯᓇᔭᐅᓚᐅᖅᑐᓂᒃ ᐃᓄᐃᑦ ᓄᓇᖓᓐᓂᑦ, ᑕᐃᒪᓐᓇ ᐳᐃᒍᖃᑦᑕᓕᖅᑐᒍᑦ: ᖃᓄᕐᓕ ᐱᓕᓇᖃᑦᑕᕐᓂᕐᒪᑕ ᐃᓄᐃᑦ ᕿᒻᒥᓂ ᐊᑐᖕᒋᑦᑐᑎᒃ ᐊᐅᓚᖃᑦᑕᓚᕐᓂᖏᓐᓂᒃ?

ᐃᓄᐃᑦ ᐅᑭᐅᖅᑕᖅᑐᒥᐅᑕᐃᑦ ᐊᒻᒪᓗ ᐊᖑᓇᓯᒃᐸᒃᑐᑎᒃ ᐃᖃᓗᒍᓯᒃᐸᒃᑐᑎᒡᓗ ᖃᐅᑕᒫᑦ ᖃᐅᔨᒪᑦᑎᐊᖅᑐᑦ ᓄᓇᒥᓂᒃ,

leai inuihtaid johttiálbmoga eallin ja nubbi leai máilbmi man vilges olbmot bukte davás.

Guktot dát duođalašvuođat geasuhit mu sakka. Mu fuolki muitalii munnje oktii, mo olbmot ásaiduvve Nunavikii Hudson's Bay gávpefitnodaga márkanbáikkiide, eaige olbmuid ásaiduvvamat moktege čuvvon inuihtaid iežaset johtolagaid ja gohttensajiid. Son livččii sávvan, ahte čoahkkebáiki mii lea doppe gos Kangirsuk lea, livččii leamaš baicca Qinguaq báikkis, badjin eanu, gos leat valjis guolit. Go oainnán Tuumasi Kudluk govvidemiid, mat čájehit eatnamiid ja fievrruid, dat čuvgejit diliid munnje vel eambbo – eanaš dat sárgumat mat govvidit olbmuid geat geasehit fatnasiid beatnatreagaiguin. Olbmot geat ásset máddin eai báljo dieđe, ahte Inuit Nunangatis maiddái lea geassi, mii dahká ahte mii vajáldahttit: Maid olbmot dahke beatnagiiddisetguin, go eai lean beanaráidduiguin johtimin?

nomadic life and the second being the world that the white people brought to the North.

Both of these realities fascinate me. My aunt once told me about how the communities in Nunavik were settled according to the Hudson's Bay trading posts and in no correlation with where Inuit used to travel in the camps. She wished that the community where Kangirsuk is was instead located in Qinguaq, up the river where there are plenty of fish. Seeing Tuumasi Kudluk's illustrations related to the land and means of transportation further enlightens me—mostly the drawings about transporting boats with dog sleds. People living in the South are often unaware that summer does exist in Inuit Nunangat, which makes us all forget: what did people do with their dogs if they weren't travelling with their dog sleds?

ᑕᒪᒃᑯᑎᑐᓇᐅᖏᑦᑐᕐᓕ ᓰᕐᓗ ᐅᕙᖓᑎᑐᑦ ᓴᓇᖃᑦᑕᖅᑐᑕ ᓴᓇᕕᐅᔪᓂᒃ ᓄᓇᑕᒡᔪᐊᕐᒥᑦ. ᐊᔪᕐᓇᕋᔭᖅᑐᒃᓴᐅᕗᖅ ᐃᓄᖕᓄᑦ ᐃᓄᐃᑦ ᓄᓇᖓᓐᓄᐊᓚᐅᖅᓯᒪᖏᑦᑐᓄᑦ ᓇᐹᖅᑐᖃᖏᑦᑐᒧᑦ ᑐᑭᓯᓇᓱᒃᑐᑎᒃ ᐃᓄᐃᑦ ᓄᓇᓗ ᐃᓚᑮᖕᓂᖏᑦᑎᒍᑦ, ᑭᓯᐊᓂᓕ ᑑᒪᓯᐅ ᑯᑦᓘᑉ ᑎᑎᕋᐅᔭᖅᑕᖏᑦᑎᒍᑦ ᖃᐅᔨᔅᔪᒥᔪᓐᓇᖅᑐᑦ ᑕᑯᓗᑎᒃ.

ᐃᓚᖏᑦ ᑎᑎᕋᐅᔭᖅᑕᖏᑦ ᑕᑯᒃᓴᐅᕗᑦ ᐃᒡᓗᕕᒐᖑᐊᓂᒃ ᐊᒻᒪᓗ ᐱᐅᓯᑐᖃᖏᑦᑎᑐᑦ ᓴᓇᓯᒪᔪᑦ ᓴᓇᔾᔪᑏᑦ ᐊᒻᒪᓗ ᖃᐅᔨᒪᓂᒻᒪᕆᖏᑦᑎᒍᑦ ᑕᑯᒃᓴᐅᖏᑦᑐᑎᒃ. ᐊᓯᖏᑦᑐ ᑕᑯᒃᓴᐅᒋᑦᑐᑎᒃ ᓯᓚᓯᐅᑎᖑᐊᑦ, ᑯᐊᐸᒃᑯᑦᑐ ᓂᐅᕕᕐᕕᖓ ᓄᑖᖑᑦᑐᓂ, ᐃᓄᐃᑦᑐ ᖁᑭᐅᑎᖃᓕᖅᑐᑦ, ᐊᒻᒪᓗ ᐃᒡᓗᕐᔪᐊᑦ ᓴᓇᓯᒪᑦᑐᑎᒃ ᕿᔪᖕᓂᒃ. ᑑᒪᓯ ᖁᑦᓘᑉ ᓴᓇᔭᖏᑦ ᐊᓐᓂᕐᓇᖅᑐᒻᒪᕆᐅᕗᑦ ᑭᒃᑯᑐᐃᓐᓇᕐᓄᑦ ᓰᕐᓗ ᐅᕙᖓᑎᑐᑦ ᖃᐅᔨᑦᑎᐊᕈᒪᑦᑐᖓ ᐃᓚᒪ ᐱᐅᓯᕆᕙᓚᐅᖅᑕᖏᓐᓂᒃ ᐊᒻᒪᓗ ᐃᓕᖅᑯᓯᑐᖃᕕᓂᖏᓐᓂᒃ, ᑭᓯᐊᓂᓕ ᑎᑎᕋᖅᑕᐅᓯᒪᒋᕗᑦ ᐃᓄᖕᒧᑦ ᑕᐃᒪᖓᓂᑦ ᐊᓯᔾᔨᖅᐸᓪᓕᐊᓕᖅᑎᓪᓗᒋᑦ ᐃᓅᓯᖏᑦ ᑕᒫᓂ ᓄᓇᕕᖕᒥᑦ. ᑕᐃᒪᓕ ᖃᑦᑐᓈᑦ ᓴᓇᔨᐅᑦᑐᑎᒃ ᓄᓇᕕᖕᒥᑦ, ᑎᑎᕋᓚᐅᖅᓯᒪᔪᑦ ᑕᐃᔅᓱᒪᓂ ᐃᓄᐃᑦ ᓄᓇᖓᓐᓄᐊᓕᓵᖅᑎᑦᑐᒋᑦ, ᐊᒪᐅᕐᒪ ᑎᑎᕋᐅᔭᖅᑕᖏᑦ ᓴᓇᖑᐊᒐᖏᑦᑐ ᐱᒻᒪᕆᐊᓘᕗᑦ

Inuihtat geat ásset davvin ja ain bivdet ja guolástit beaivválaččat, leat nu oahppásat iežaset eanaguovlluide, ahte dádjadit ihkku go beaivet ja fiertun go dálkin, go veardida inuihtaigu-in dego mun, geat bargat kantuvrrain gávpogis. Livččii váttis olbmuide, geat eai leat leamaš muorahis, báljes eatnamiin, áddet inuihtaid oktavuođa eatnamii, muhto Tuumasi Kudluk sárgumat addet earenoamáš ipmárdusa.

Muhtin sárgumat maid son dagai, čájehit igluid ja árbevirolaš bargoneavvuid ja dieđuid ja máhtuid. Nuppit eará sárgumat čájehit dálkestašuvnnaid, kooperatiiva gávppi mii leai ođas, olbmuid geain leat iežaset bissut, ja viesuid mat lea muorain huksejuvvon. Tuumasi Kudluk barggut eai leat dušše árvvolaččat dákkáriidda go mun, gii lean sáhkkii diehtit iehčan bearraša historjjá ja iehčan kultuvrra birra, muhto dat leat maiddái deatalaš dokumeanttat, mat leat ráhkaduvvon inuihtaid perspektiivvas Inuit Nunang-

Inuit who live in the North and still practice hunting and fishing on a daily basis know the territory like the backs of their hands, compared to Inuit like me who work in offices in the city. It could be hard for people who haven't been to the territory of no trees to understand the relation between Inuit and the land, but Tuumasi Kudluk's drawings offer a special kind of insight.

Some drawings he made show igloos and traditional tools and knowledges. Others show the weather stations, the co-op store that was new, people who own guns, and houses built from wood. Tuumasi Kudluk's works are not only precious for someone like me who is curious about my family history and my culture, but they also serve as important documents created from an Inuk perspective about a time of transition in ways of life in Inuit Nunangat. While it

ᑐᑭᖅᑲᑦᑎᐊᖅᔪᑎᒡᑐ ᐃᓄᖕᓄᑦ ᑕᐃᔅᓯᒪᓂ ᐃᓅᓯᕆᔭᐅᓚᐅᖅᑐᓂᒃ.

at eallinvugiid molsunáigodaga birra. Vaikko leatge eanaš ii-inuihta bargit Nunavikas geat leat dokumenteren áigodaga, de leat mu máttarádjá sárgumat ja vadjosat deaŧalaččat ja anolaččat, go galgá áddet inuihta oainnu ja su áiggi duohtadiliid.

was mostly non-Inuit workers in Nunavik who documented the period, my great grandfather's drawings and carvings are important and meaningful to understanding an Inuit point of view and the realities of his time.

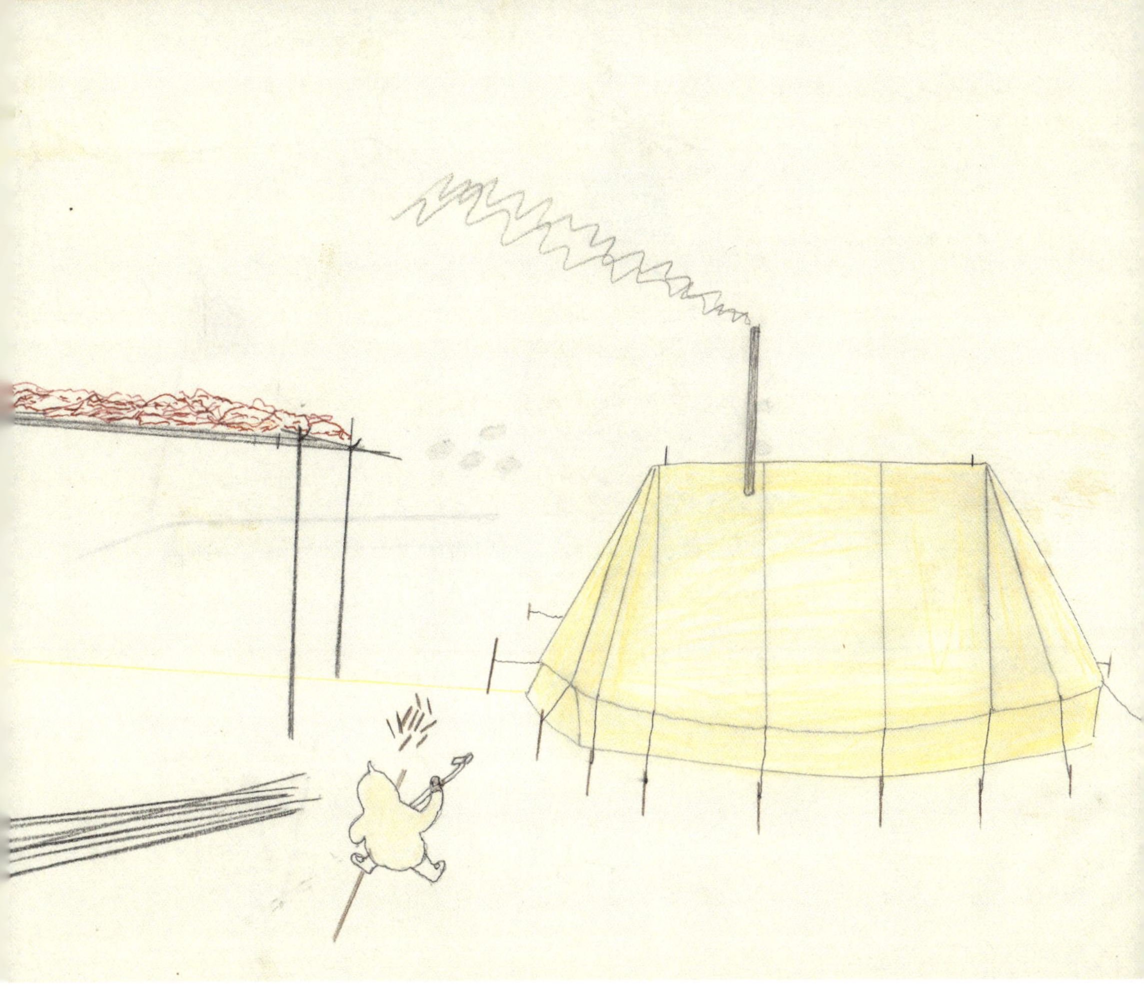

ᑐᒪᓯ ᑯᓪᓗᒃ, ᐊᐳᑎ ᐃᓪᓗᖅ, 1980

Tuumasi Kudluk, *Iglu (maŋŋesiidu)*, 1980

Tuumasi Kudluk, *Igloo (verso)*, 1980

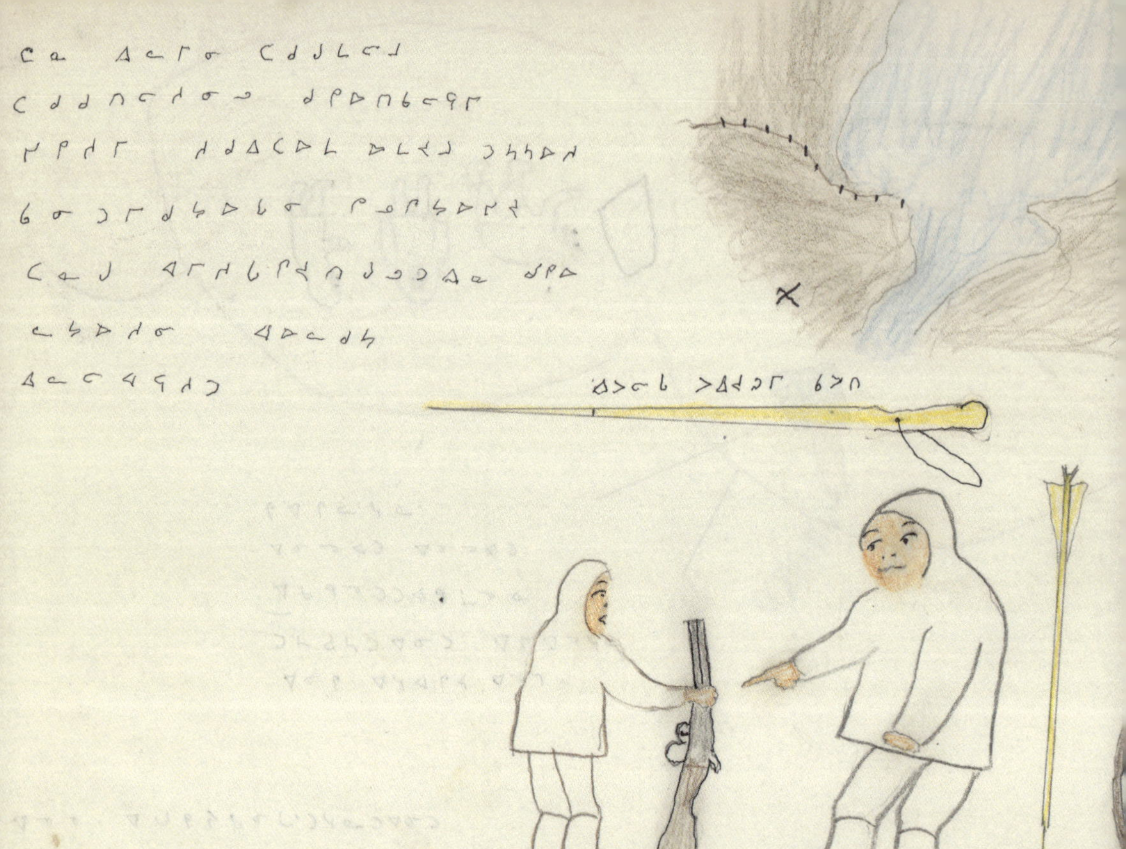

ᑐᒪᓯ ᑯᑦᓗᒃ, ᐊᖅᑯᐃᒪᕕᒻᒥ, 1980

Tuumasi Kudluk, *Gohttensajis (maŋŋesiidu)*, 1980

Sárggusmerkestallan:
Dát olmmái ohcala oaidnalit fulkkiidisguin. Son rámohallá ođđa rihkkobissuinis, bissu man fuođđut gullet go dainna báhčá. Son buorášuvvo boahtimis beare lahka, cuiggoduvvo ja sutnje muitaluvvo ahte dát bissu ii suova olbmo goddit olu elliid. Son gohčohallá gáidat eret, vaikko son áiggui galledit fulkkiidis.
Ipuligaq sáittásta juogaman mii vuodjá [sáitti bajábealde]
Juoksa mii lea čoarvvis duddjojuvvon [vuolimus olgeš čiegas]

Tuumasi Kudluk, *At the Camp (verso)*, 1980

Drawing annotation:
This man misses seeing his relatives. He is showing off because he now has a rifle, a gun which when fired can be heard by animals. He is being told to keep his distance, being reprimanded, and told that this gun does not allow one to kill many animals. He is told to go away, although he had tried to visit his relatives.
Ipuligaq to spear something swimming [located above spear]
Bow made from antler [located at bottom right corner]

ᑐᒪᓯ ᑯᑦᓗᒃ, ᒪᖅᑫᓐᓂᖅ, 1980

Tuumasi Kudluk, *Bivdimin*, 1980

Sárggusmerkestallan:
Maŋŋit morihan, áhči guovttos bártneš mannamin rávdnjeravdii. Dát njurjejeaddjit leat juo fidnen njurjuid

Tuumasi Kudluk, *Hunting*, 1980

Drawing annotation:
Late morning risers, father and son going to the flow edge. These hunters at the flow edge have already caught seals

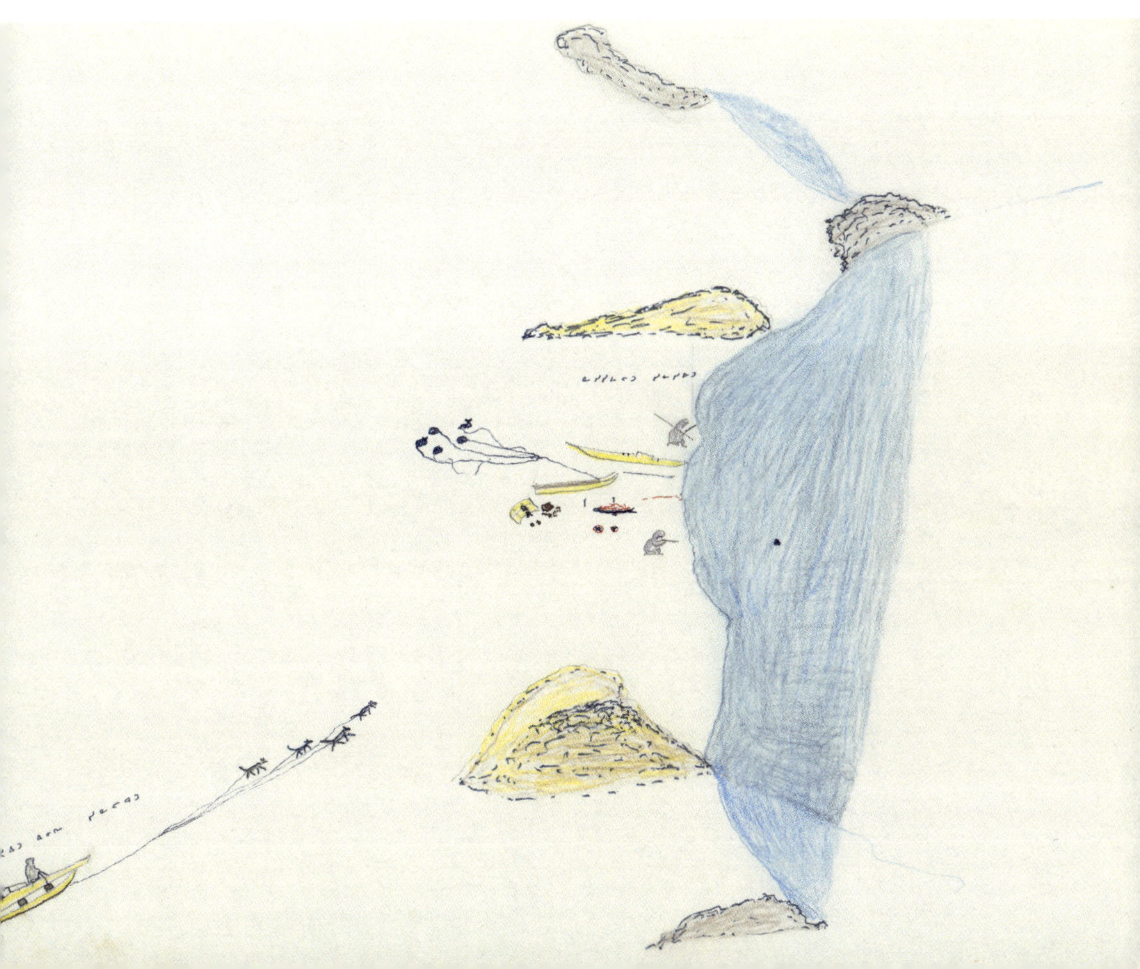

ᑐᒪᓯ ᑯᑦᓗᒃ, ᒪᕐᑫᓐᓂᖅ, 1980

Tuumasi Kudluk, *Bivdimin*, 1980

Sárggusmerkestallan:
Leaira siseatnamis gos lea valjis guolli (inuksuk muitala buori bivddus), olmmái máhccá gohttensadjái goddebivddus

Tuumasi Kudluk, *Hunting*, 1980

Drawing annotation:
A camp inland where there are fish (inuksuk indicates good fishing), a man returning from a caribou hunt

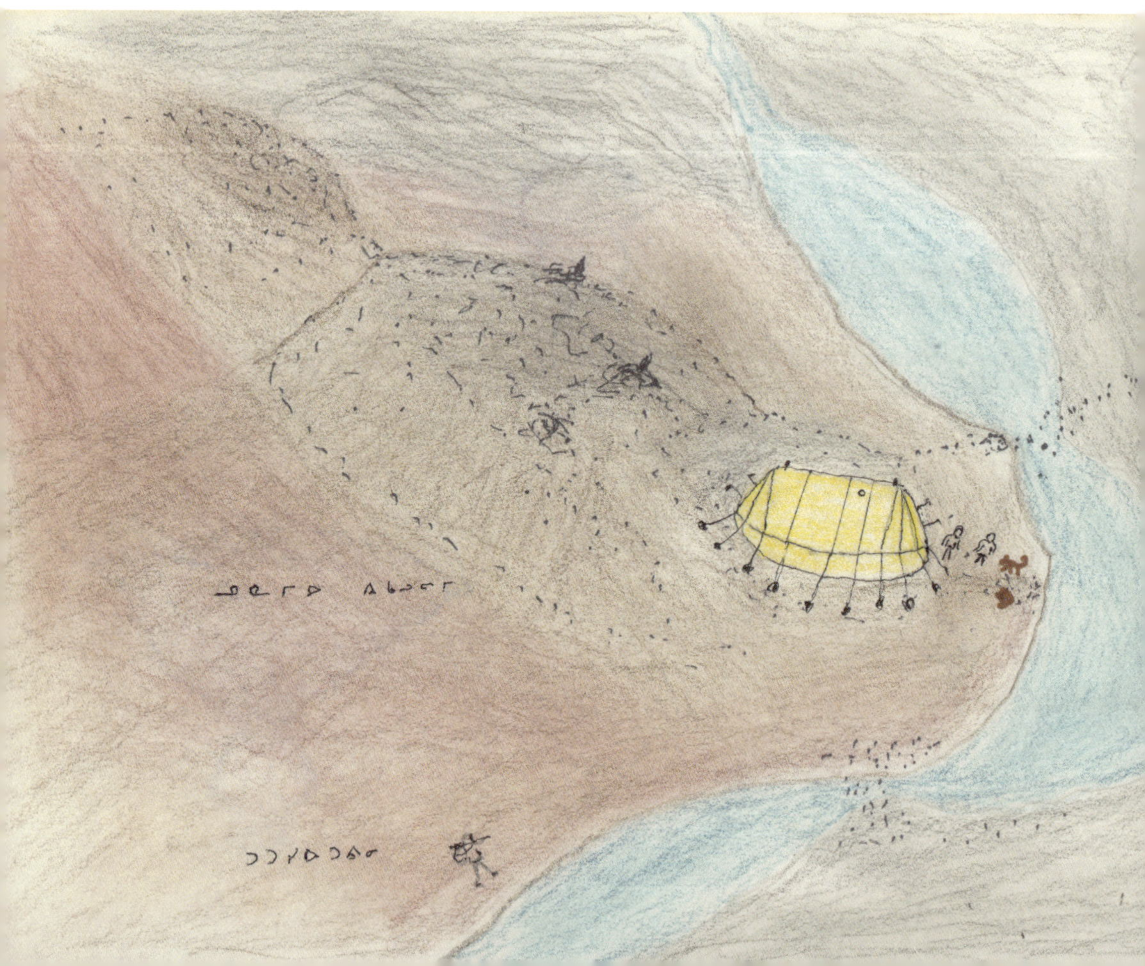

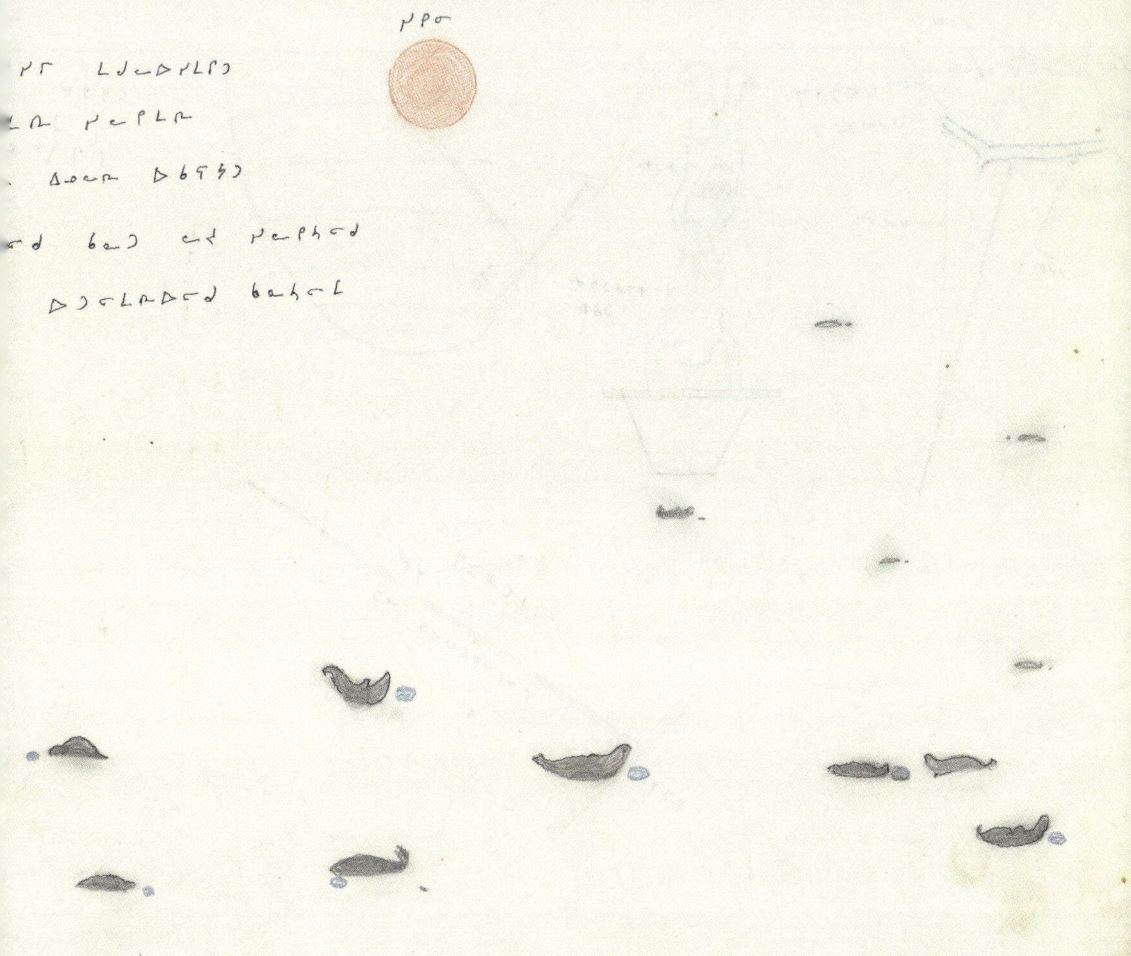

ᑐᒪᓯ ᑯᓪᓗᒃ, ᐊᐳᑎ ᐃᓪᓗᖅ, 1980

Tuumasi Kudluk, *Iglu (maŋŋesiidu)*, 1980

Sárggusmerkestallan:
Beaivváš. Go beaivvit leat guhkit, beaivváš ii oppa luoitátge. Lea hui liegga ja čáppa dálki. Vuoras, buiga inuhkka dajašii "kanatsaliqquq," "kanattuq" mii máksá ahte lea báhkka. Áhttáma alde leat hui eatnat njurjot báhkaid áigge, "kanatsalirmat".

Tuumasi Kudluk, *Igloo (verso)*, 1980

Drawing annotation:
Sun. When the days are long, the sun does not set. It is very hot and nice weather. An elder, a true Inuk would say "*kanatsaliqquq*," "*kanattuq*" meaning that it is extremely hot weather. There are many seals on the ice during this time, "*kanatsalirmat*"

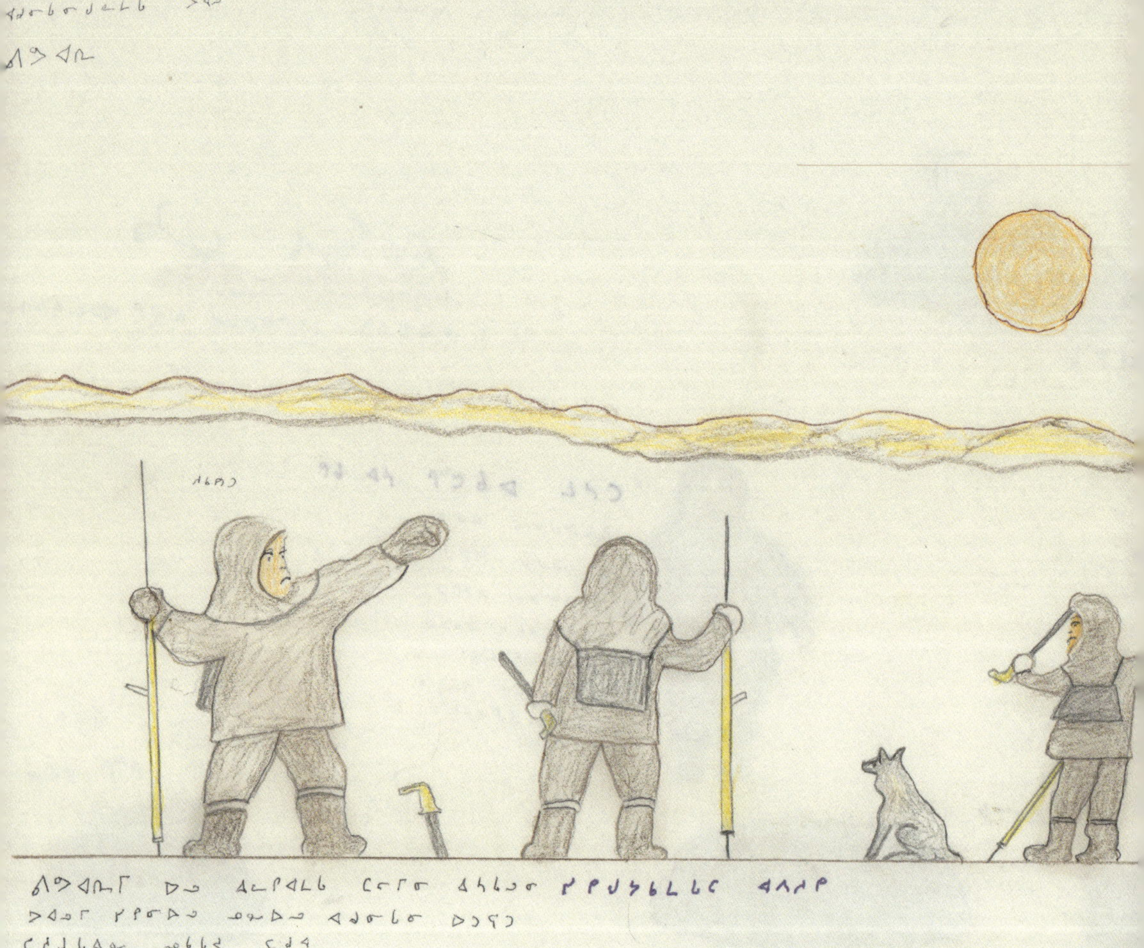

ᑐᒪᓯ ᑯᑦᓗᒃ, ᐊᓯᖏᑦ, 1980

Tuumasi Kudluk, *Earát*, 1980

Sárggusmerkestallan:
Dát gáddejieŋa olbmot eai dieđe mii diibmu lea. Sii leat mihtideamen áiggi. Olmmái gii geaigguha gieđain lea mihtideamen beaivváža ja eatnama gaskka fáhcain. Guovvamánnu. Fáhcain mihtideamen man olu juo leat beaivvit guhkkon: Olmmái dolle fáhca beaivváža ja eatnama gaskii. Dušše dan dihtii sii leat orustan.

Tuumasi Kudluk, *Others*, 1980

Drawing annotation:
These people of landfast ice don't know what a watch is. They are measuring the time. The man with his arm extended is measuring the distance between the sun and land using his mitten. February. Measuring how much the days have become longer in February using his mitten: Placing it between the sun and land. This is the only reason they have stopped

ᑐᒪᓯ ᑯᑦᓗᒃ, ᐱᓕᕆᔾᖅ, 1980

Tuumasi Kudluk, *Bargu*, 1980

Sárggusmerkestallan:
Olmmái bargagoahtá gávccis iđedis, ja heaitá viđas maŋŋilgaskabeaivvi. Beaivvi barggus son dine logi sentte. Son deavdá nu olu fárpaliid. Son dadjá ahte son [duođaid] dine logi sentte. Logi sentte lávejedje juohkit njealji oassái. Tumasi Kudluk áhčči bargá deavdit eatnat fárpaliid buovjjabuiddiin. Dáid fárpaliid ferte sáddet skiippa fárrui. Guoros fárpalat bohtet, ja daid galgá deavdit buovjjaoljjuin.

Tuumasi Kudluk, *Work*, 1980

Drawing annotation:
The man starts to work at eight in the morning, and quits at five in the afternoon. He earns a dime for the day's work. He fills so many barrels. He says that he [really] earns the dime. The dime used to be divided into four. Tumasi Kudluk's father works on filling a lot of barrels with the fat of beluga whales. These barrels have to be sent away by ship. Empty barrels arrive to be filled with beluga whale oil

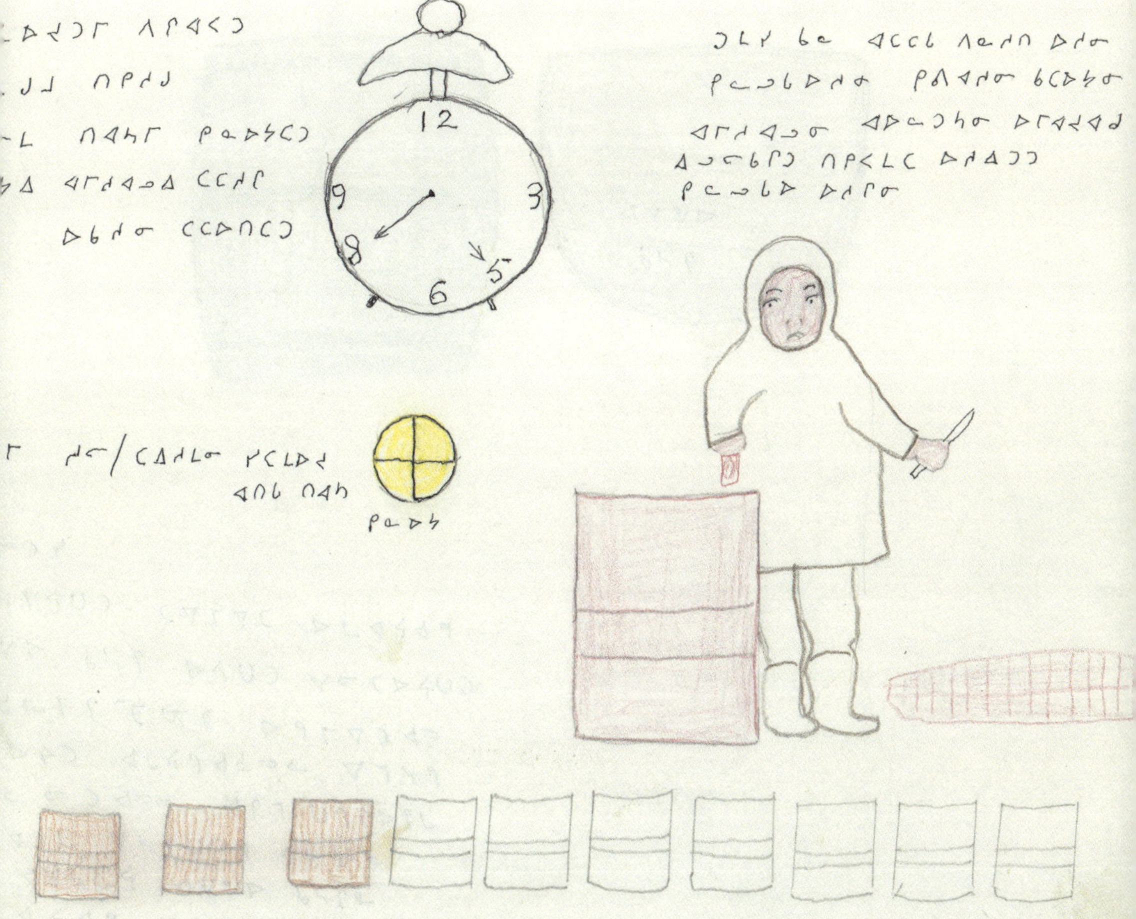

ᑐᒪᓯ ᑯᑦᓗᒃ, ᐊᐳᑎ ᐃᑦᓗᖅ, 1980

Tuumasi Kudluk, *Iglu*, 1980

Sárggusmerkestallan:
Dát iglu lea hui allat ja das goaiku čáhci

Tuumasi Kudluk, *Igloo*, 1980

Drawing annotation:
This igloo is very high and it is dripping

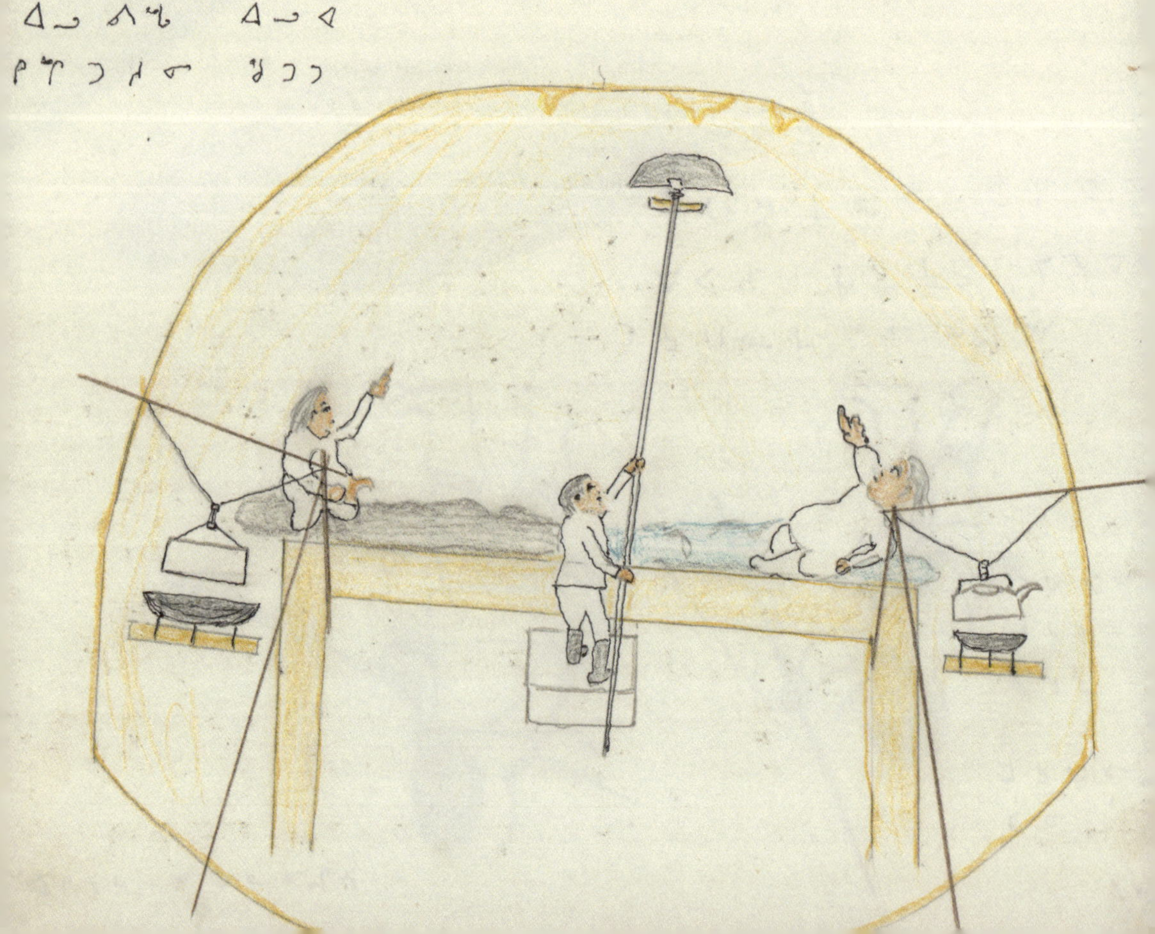

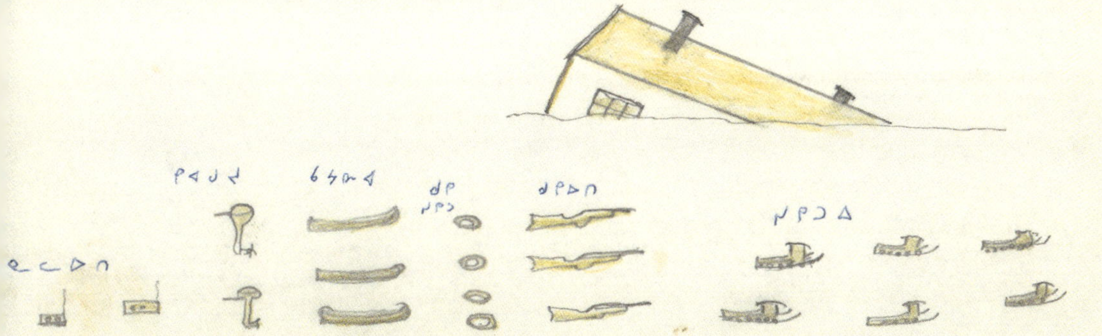

ᑐᒪᓯ ᑯᑦᓗᒃ, ᐱᐅᓯᕆᔭᐅᕙᓚᐅᖅᑐᑦ, 1980

Tuumasi Kudluk, *Historjá*, 1980

Sárggusmerkestallan:
Ovttastussearvi lea reastaluvvan velggiid gežil. Vuolábealde leat sivat:
Rádiot, fanasmohtorat, kanohtat, skohtermáđijat, rihkkobissut ja muohtaskohterat

Tuumasi Kudluk, *History*, 1980

Drawing annotation:
The co-op is bankrupt due to debts.
Below are the causes:
Radios, outboards, canoes, ski-doo tracks, rifles, and ski-doos

Sunniva Skålnes

GARDENS IN GUOVDAGEAIDNU[1]

Most gardens in Guovdageaidnu combine features of the work garden and the recreational garden, with room for ornamental plants as well as snowmobiles. Photograph by Sunniva Skålnes

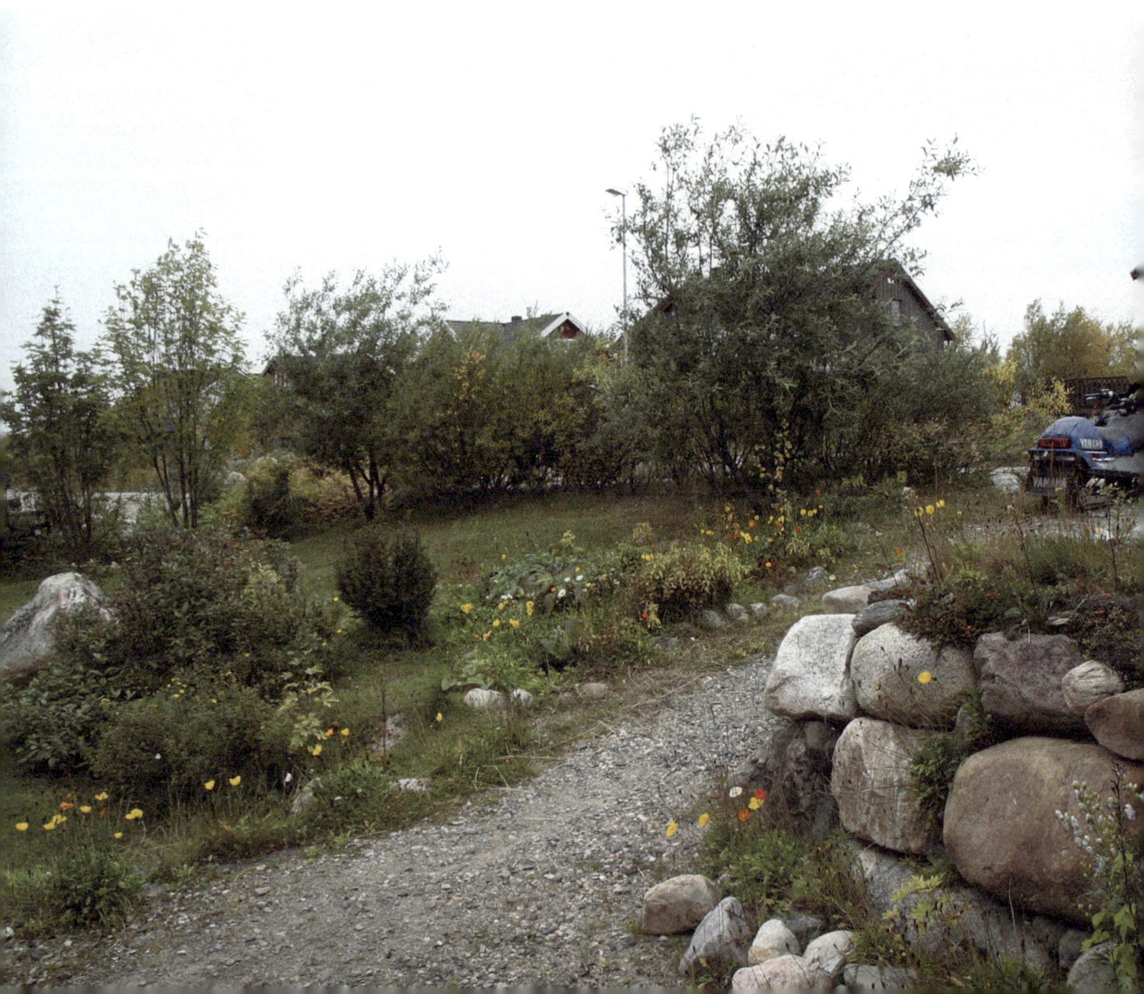

Guovdageaidnu is vast expanses, reindeer husbandry, and long winters. It is not kitchen gardens, ornamental flowers, and well-tended lawns. This is the common conception, and one that I shared until I came to the village.

Though ultimately inaccurate, this conception is understandable. The village of Guovdageaidnu, or Kautokeino, as it is called in Norwegian, is located on the mountain plateau Finnmarksvidda, 330 metres above sea level and 140 kilometres from the Alta Fjord, where the winters are long and the summers short. These are not, per se, favourable conditions for horticulture. In addition, a substantial number of the villagers make their living through reindeer farming or have some connection to reindeer husbandry. Sámi reindeer husbandry in Finnmark is still semi-nomadic, meaning that the animals migrate to different pastures throughout the year—to winter pastures on the mountain plateau and summer pastures on the coast. The herders, along with all others able to do so, accompany the reindeer herd to the coast.

Guovdageaidnu is therefore partially uninhabited in the summertime. Under such conditions, gardens are not particularly important. This was what I observed the first time I came to Guovdageaidnu: a scarcity of gardens and ornamental plants, and what seemed to be minimal interest in outdoor space. Eventually, I found the gardens—first, those that most resemble the gardens I was familiar with from further south in Norway, and subsequently the local, Sámi versions.

The gardens in Guovdageaidnu can be roughly divided into two main categories: the ornamental or recreational garden, and the work garden. Locally, these types are sometimes referred to as "Norwegian" and "Sámi" gardens, respectively. The "Norwegian" garden is ornamental, while the "Sámi" garden is a working and storage space for all the *meahcce*-things.[2] *Meahcci*, meaning the natural, uncultivated landscape, does not include the yards or permanent dwellings in the village. Locally in Guovdageaidnu the word is understood as meaning "the landscape you enter when you leave home and the village"; in other words, most of the land within municipal limits.[3] The Sámi garden, or the work garden as I will refer to it here, is an outdoor space for

1. This text was originally published in Norwegian by Arkitektur N. See Sunniva Skålnes, "Hagar i Kautokeino," *Arkitektur N*, https://old.arkitektur-n.no/artikler/hagar-i-kautokeino.

2. The term *meahcce-ting* (translated here as *meahcce-things*) combines the Sámi word *meahcci* and the Norwegian word for thing(s): *ting*. Through the combination of these two words, the i-ending of *meahcci* is changed to -e. I have chosen to employ this spelling because it is in keeping with the local pronunciation. Further, I have elected to connect the two words *meahcci* and *ting* (things) with a hyphen, to make the word easier to read for non-Sámi speakers. The term *meahcce-ting* is commonly used in everyday speech in Guovdageaidnu.

3. Audhild Schanche, "Meahcci – den Sámiske utmarka [Meahcci – the Sámi natural landscape]," *Dieđut* 1 (2002): 163.

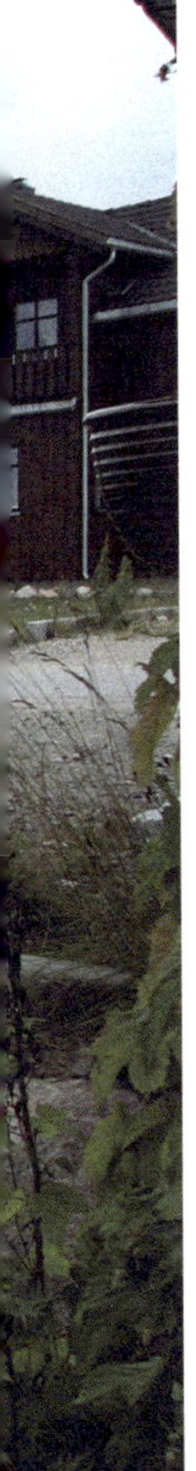

daily work and a base for traffic to and from, and harvesting of, the plateau. Large land areas in the surrounding highlands are also included in that which it is natural to consider a part of the living space. The term meahcce-things signals a connection to reindeer husbandry, and the strong culture of harvesting resources from the natural landscape and subsistence activities that are still alive in Guovdageaidnu. Harvesting includes hunting, trapping, fishing, berry picking, and wood cutting, and equipment is needed for each of these activities. All the meahcce-things that can be seen in the yard are thus tools required to carry out daily work.

In this text, I primarily discuss the work garden because it so clearly depicts the local way of life, while also challenging the prevailing concept of a garden and its affiliated aesthetic to a greater extent than the ornamental garden.

The work garden provides space for repairing machines and vehicles, cutting and storing wood for winter, and other necessary activities. Photograph by Sunniva Skålnes

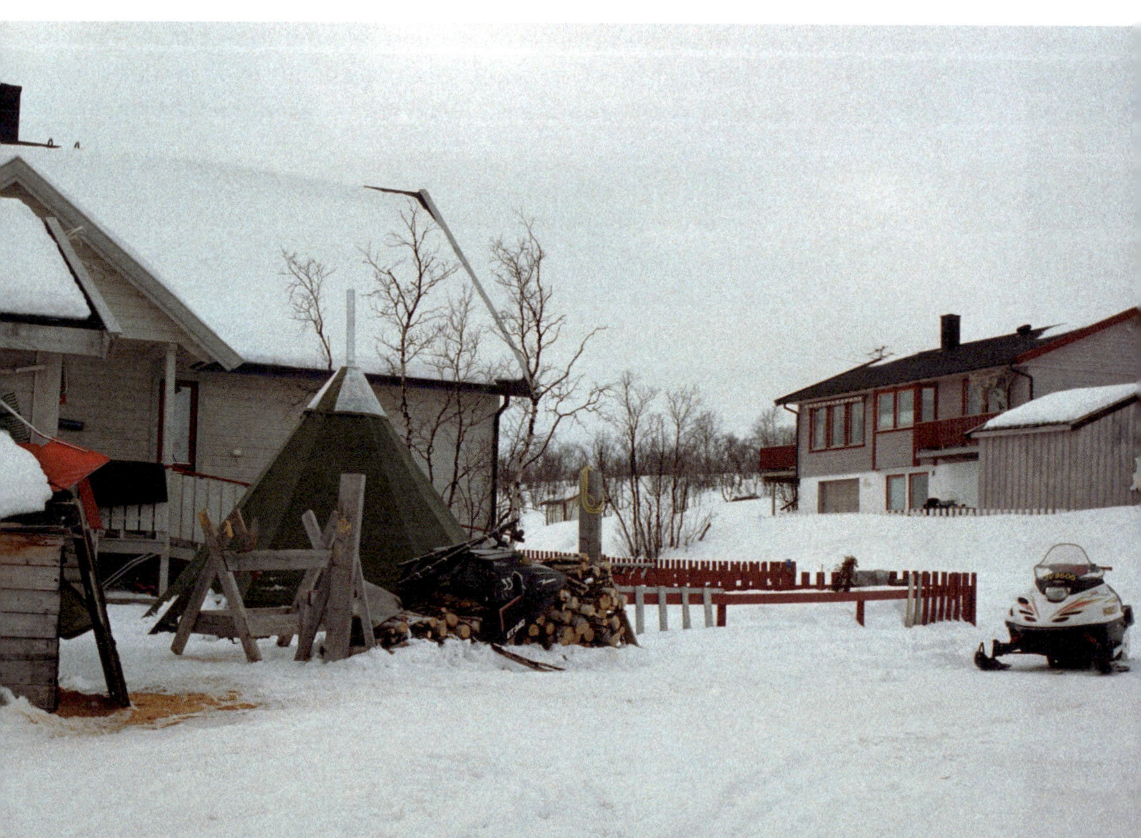

4. I would extend a special thank-you to Nils Øyvind Helander for his advice and guidance in the discussion of Sámi terms.

Understanding the Garden

The term "garden" is often used to describe a fenced-in enclosure, a "yard," or a demarcated area for the cultivation of crops or grazing, such as a flower garden or enclosed pasture. Different forms of the word *hage* (garden) or *gard* (farm or yard) are found in the Nordic languages and in other Indo-European languages. The word is also found in the Sámi language, which is a branch of the Finno-Ugric language group. The Sámi word *gárdi*, which is related to the Norse word *garđr*, is used first and foremost in reference to pens where the reindeer herd is corralled for the purpose of separation and marking. This pen is usually located on grazing land in the natural landscape, not near the place of residence. Another type of gárdi shares a similar location: the *rievssatgárdi,* a trapping device equipped with grouse snares. This trapping device is situated on land where grouse commonly graze on mountain birch in the winter. The rievssatgárdi is a fence, usually made of slender birch poles that are planted in the snow. Snare traps are fastened to the fence, which is set up in such a way as to trap the grazing birds. The word gárdi is thus used in reference to the pen—the enclosed space created by a fence, such as for the reindeer pen—and to the fence itself, as in rievssatgárdi.

A third type of gárdi is found in the yard, usually up against one of the walls of the dwelling. This is the tiny, fenced in flower or kitchen garden, which in the Sámi language is called *gilvvagárdi*.[4] This gárdi is the only one of these three types which has been used to grow plants. Rhubarb, wild currants, or perennials such as tansy or globeflowers are commonly cultivated there. The gilvvagárdi has been a traditional feature of small holdings and permanent places of residence, constituting a small part of the outdoor space surrounding the dwelling.

The specific types of gardens are located at different distances from the dwelling, and responsibility for them is also distributed differently. While women have primarily been responsible for the flower and kitchen garden, the reindeer pen and grouse snares are to a larger extent the men's domain.

In everyday Norwegian speech of today, the word for garden, *hage*, is usually used to reference the entirety of the grounds around a house.[5] In addition to flower and vegetable gardens, this can include lawns, living spaces, stairs, and play areas. However, it is often the representative garden, with ornamental plants, beautiful hedges, and walls, that is highlighted in discussions about gardens. The use of the term "garden" in reference to the outdoor space surrounding the dwelling in Guovdageaidnu thereby diverges from more commonplace ideas of what a garden is. In a local context, many people, using the representative ornamental garden from gardening publications and the media as a reference, will hesitate to call their own outdoor space a "garden." Studying the garden in Guovdageaidnu from the perspective of aesthetics or the selection of plants therefore discloses little that is meaningful. A better approach is to address Guovdageaidnu's gardens from the perspective of the vernacular tradition's emphasis on structure and local adaptation.

5. Mette Eggen, "Ferdighushagen, glemt, men ikke gjemt [The prefabricated house garden, out of mind, but not out of sight]," Fortidsvern 1 (1999): 29–30.

6. John Dixon Hunt and Joachim Wolschke-Bulmahn, *The Vernacular Garden* (Washington: Dumbarton Oaks Research Library and Collection, 1993), 4; Judith Roberts, "Researching the Vernacular Garden," *Landscape Research* 21, no. 2 (1996): 177.

7. This is an issue I have discussed in previous research about the place of residence in Guovdageaidnu, see e.g., Sunniva Skålnes, "Bustad og beiteland [Place of residence and rangelands]" (Dr.Ing. diss., NTNU, 2003).

Types of Gardens Found in Guovdageaidnu

The gardens in Guovdageaidnu reflect different ways of life and different needs, whether they are popular or vernacular garden types. What this implies, among other things, is that they are designed locally by the owners or users, not by professionals. They are organized according to the current usage and needs, and locally available materials are used to create them.[6] The traditional garden can therefore be viewed as a base for production and the processing of resources from the area, while the more contemporary garden to a greater extent has an emphasis on recreation and beautiful design. The two types of gardens, which I have distinguished here as the work garden and the recreational garden, testify to two important characteristics in the use of and attitudes towards the place of residence and the harvesting landscape.[7] Simultaneously, they express important aspects of Guovdageaidnu's history and livelihood. Most of the gardens combine features from both main types in different ways.

Reindeer herding leaves its mark on the property. Reindeer hides hung to dry on the wire fences around the garden. Photograph by Sunniva Skålnes

The outdoor area of the work garden provides space for numerous and varied work tasks, such as food production and the maintenance of tools and equipment. Storage space and shelter for tools, vehicles, equipment, and animals are also important. There are often several outbuildings, a garage in the yard, and a space cleared to create a large parking lot. Some of the work gardens are first and foremost just that: a place for work and production, while others can contain features such as one or more small ornamental beds or a modest area for recreation purposes, such as a veranda or an outdoor living space.

The recreational garden is the opposite of the work garden. This outdoor space is in part shaped by prevailing contemporary ideals, and in part by the norms and standards of the government housing policy in Norway. The recreational garden is orderly, tidy, and to a lesser degree than the work garden has allocated space specifically for practical pursuits. Important features of the recreational garden include a lawn, ornamental flowers or shrubs, and a large outdoor living space, often in the form of a veranda or terrace. It is frequently young people with looser ties to harvesting and subsistence activities who have such gardens. These are outdoor spaces with a greater emphasis on the aesthetic design, and oriented around creating areas for socializing and recreation rather than work and the production of food. This type of garden is still in the minority, but the number of such gardens is on the rise.

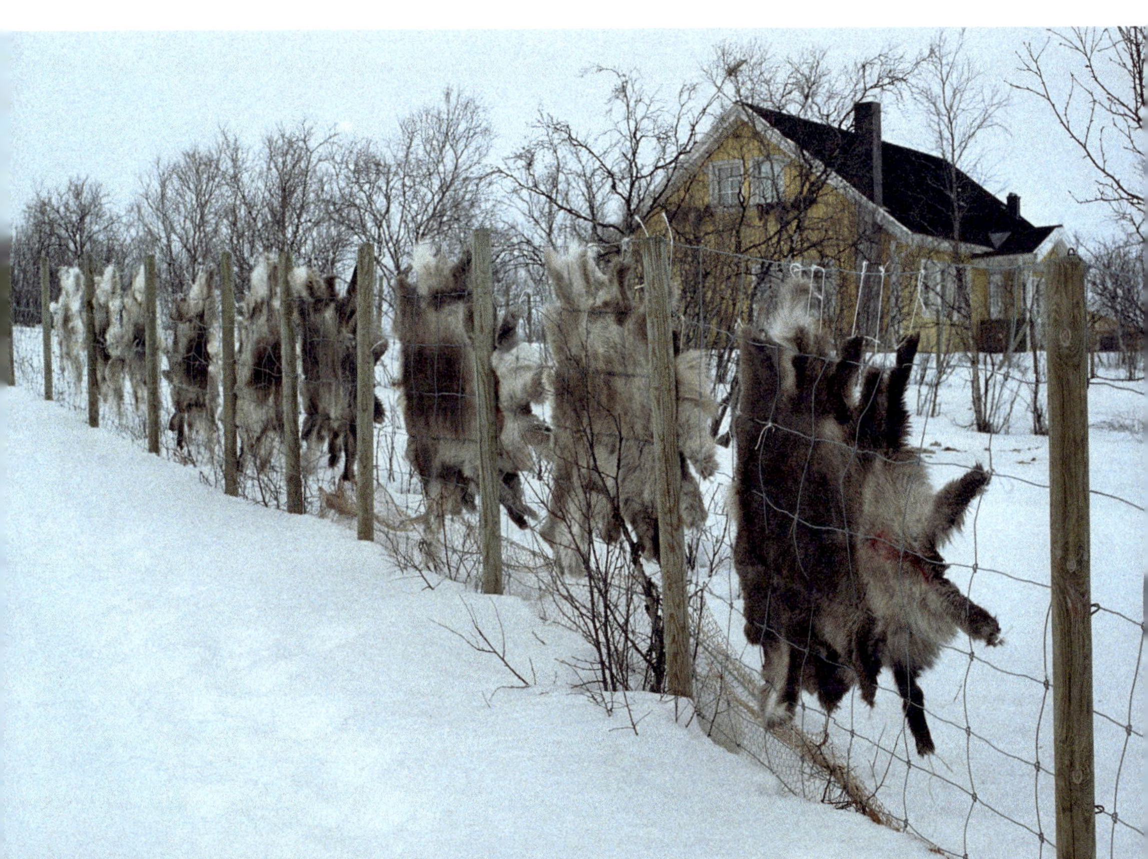

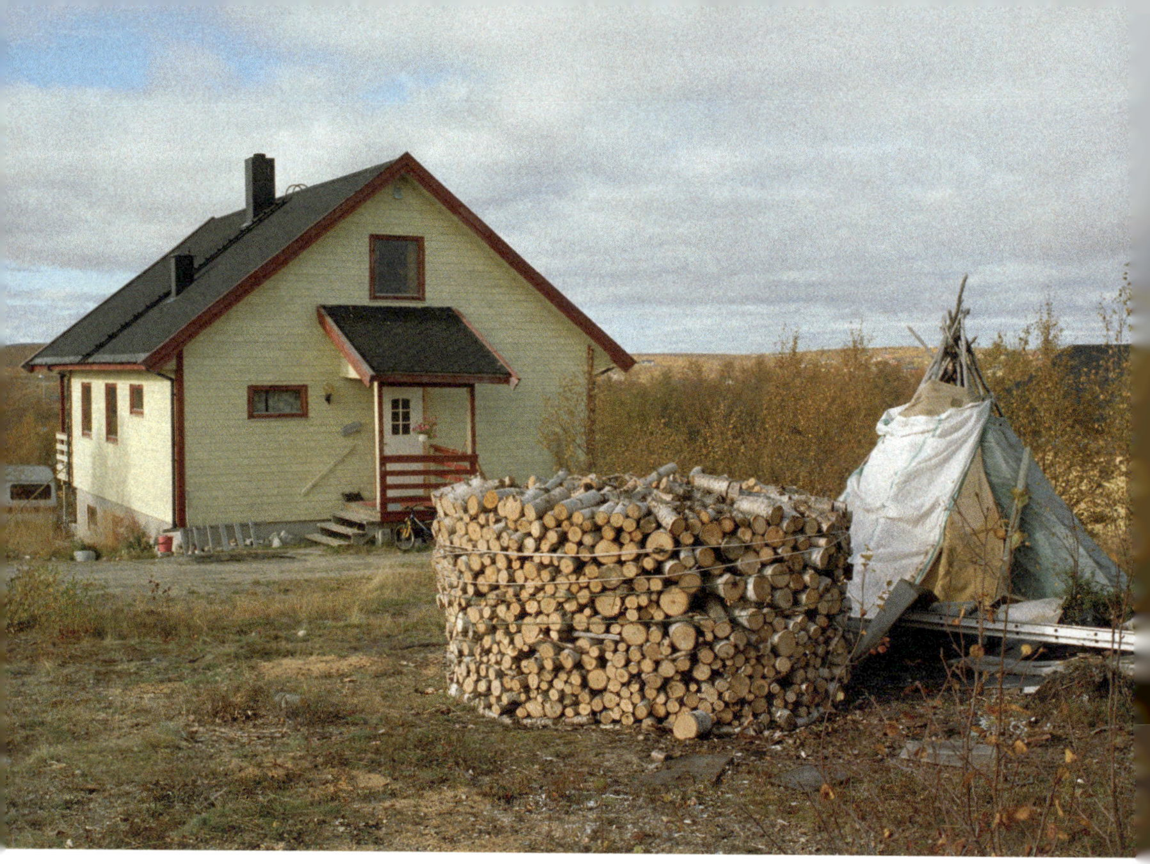

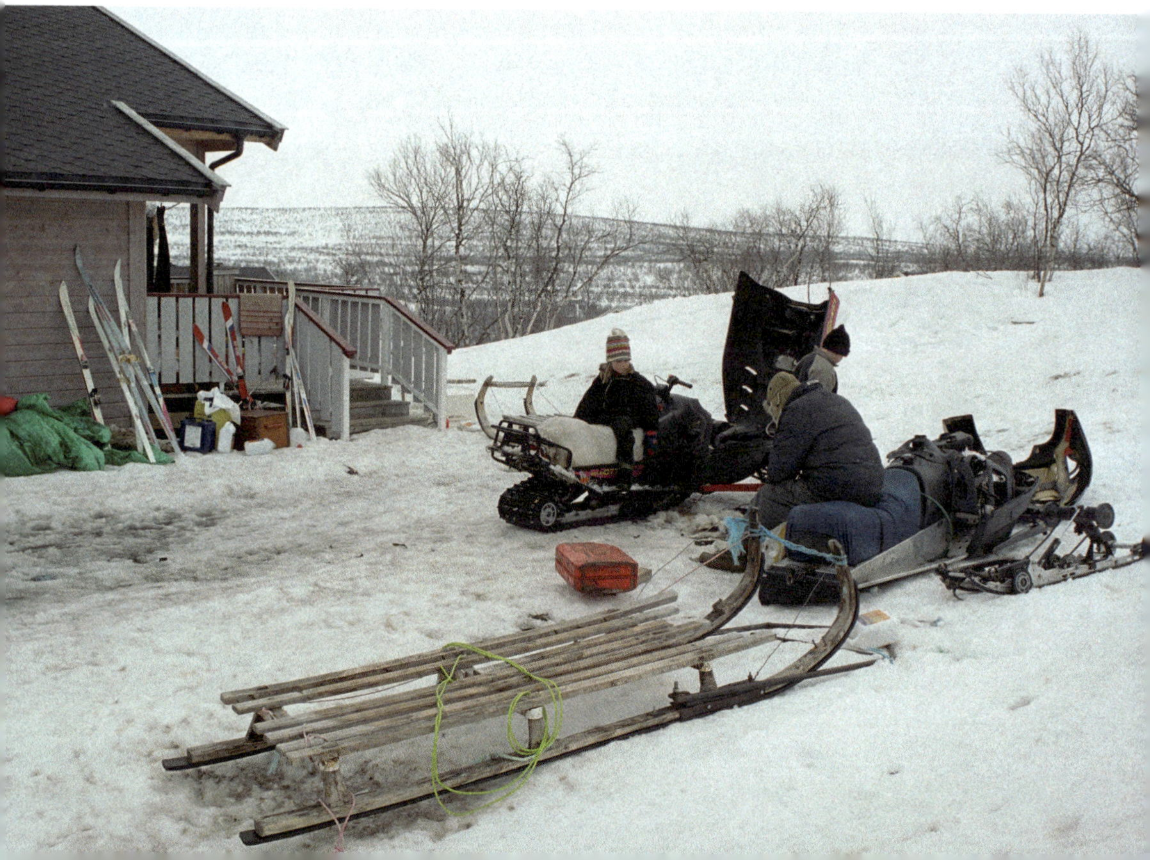

Entering the Work Garden

The work garden is, as the name implies, a place for working outdoors. The many various work tasks that are carried out in the yard are not hidden away, not even from the entryway to the residence. The entrance to the garden and access to the residence are designed primarily according to practical considerations, with a broad road leading up to the dwelling, and a spacious parking lot. It is important to be able to drive all the way up to the entrance door, and preferably also around the dwelling. Eliminating the necessity to back up the car, and in particular to back up snowmobiles, is an important consideration in planning the design of the yard. Both in the summer and in the winter, vehicle access is needed for the loading and unloading of equipment, tools, or other necessary items in and out of the house and storage buildings. It is also important to provide direct access to and from the place of residence and the mountain plateau without having to drive across neighbouring properties. If the property abuts a natural area, it is practical to have two access roads: one road for cars leading to the garage, and a snowmobile trail across public land.

The work garden must provide space for work and for the storage of equipment and tools. A good work surface is important for repairing machinery and vehicles, for chopping and storing wood for the winter, and for other necessary tasks.

Working without tools and equipment is difficult, whether this work takes place at home or on the natural landscape. All the meahcce-things must be stored somewhere. There is not enough room in the dwelling for all of this, nor is it practical to store things such as winter garments and hides indoors, as houses do not have sufficient ventilation. Snowmobile suits, oil-covered shoes, and everything in the way of outdoor gear and tools are therefore not typically stored inside the dwelling. The traditional storehouse in Guovdageaidnu, the *áiti*, is the solution for this storage requirement. The traditional Sámi áiti is small, from six to eight square metres and with a base of up to twice this size. People start with one áiti and build more as the need for storage space grows. In contrast to the dwelling, the traditional áiti has come to constitute a model for

↑ The stacks of wood for winter are displayed in the garden. Photograph by Sunniva Skålnes

← It is important to be able to access the plateau directly from home, without having to cross one's neighbour's property. Photograph by Sunniva Skålnes

the outbuildings constructed today. The use of materials has changed somewhat, but the size is basically as it has always been and the tradition of multiple small rather than one large áiti appears to be intact today. The tradition has been preserved in part through legislation that allows for simpler casework procedures on permits for outbuildings under a certain size.

Outbuildings are necessary and are the first buildings to be constructed following the construction of the dwelling. On some properties we can also find outbuildings that do not belong to the owners. Children who have moved out of the family home, young people who are attending school elsewhere, or family members who do not have room for storage or outbuildings at their own place of residence will sometimes store their belongings temporarily at their parents' or relatives' home. It is not uncommon for a place of residence to have one or more áiti on the property beyond that which belongs to the owners. The traditional storehouse was the first permanent building for the reindeer Sámis, as it has been for many other nomadic cultures.[8] When the reindeer Sámis did not have permanent residences or land in the village, they put their áiti for storage of winter equipment, so-called *verddestabbur*, on the properties of settled relatives or friends.[9]

The áiti is a familiar and convenient storage space for everything that might be useful. Another storage space common in the Sámi tradition is the *luovvi*, a framework constructed of lightweight wood. This framework provides storage space that is elevated above the ground to protect it from moisture, snow, and to a certain extent vermin. It is not as common to see the luovvi today, but it is still found in some gardens. This is also the case for the drying racks used for the drying and maintenance of seines and nets. Some equipment is also stored outdoors: it is not uncommon to see sleds, vehicles such as snowmobiles and four- and six-wheelers, bicycles, cars, and in some cases, boats stored out in the open.[10]

The harvesting and active use of Finnmarksvidda is an expression of the fact that the subsistence economy is still alive in Guovdageaidnu. This is evident in the yard in the manner of small meat drying cabinets, smoking *lavvos,* and

8. Susan W. Fair, "Story, Storage, and Symbol: Functional Cache Architecture, Cache Narratives, and Roadside Attractions," in *Exploring Everyday Landscapes*, eds. Annmarie Adams and Sally Ann McMurr (Knoxville: University of Tennessee Press, 1997), 167–177.

9. Stabbur is the Norwegian term for áiti, while *verdde* means literally "guest friend," the person one usually stays with when visiting somewhere and with whom one has a particular bond. *Verddestabbur* refers to the *stabbura* (storehouses) the reindeer Sámis kept on the property of settled relatives or friends. Here they stored winter clothing, equipment, and tools they did not need to bring with them to the coast. See Konrad Nielsen and Asbjørn Nesheim, *Lappisk (Sámisk) ordbok* [*Lapp (Sámi) dictionary*] (Oslo: H. Aschehoug & Co, 1979), 752.

10. The four-wheeler is an all-terrain motor vehicle with four powerful wheels (or six, on the six-wheel model). These vehicles are used a great deal by reindeer farmers for herding in the summertime and throughout the autumn until the first snowfall. Also "settled" individuals (people who do not work with reindeer farming) who are outdoor enthusiasts use this vehicle for fishing, hunting, and berry-picking excursions on the mountain plateau. Guovdageaidnu municipality has approved trail network access for tractors and all-terrain vehicles on the mountain plateau, in a manner corresponding with the regulations for snowmobile traffic in the wintertime.

After Christmas, the property is filled with butchered livestock. The meat from the animals is smoked and dried. Photograph by Sunniva Skålnes

wood set up for drying. The most prevalent of these three is the drying cabinet, which is a common fixture in most yards. Traditionally this fixture has been designed as a well-ventilated cabinet, covered with wire mesh, and placed on the roof of an outbuilding or on the wall of the dwelling. Salted reindeer meat is hung inside the cabinet, which is placed in an elevated location to prevent animals or birds from helping themselves. In yards where production occurs on a larger scale, an áiti may be built specifically for drying purposes. A simpler type of device is the *holga*, a detachable, lightweight beam that is attached to the veranda ceiling. The meat is hung there and covered with fishing net or another type of protective mesh material.

Most people chop their own wood for the winter. According to specific regulations, all residents have the right to harvest wood from the large property of Finnmarkseiendommen (Finnmark Estate—FeFo).[11] The wood for the winter is visible in the gardens, in the manner of wood piles or structures called *muorraguhpa* in the yard: wooden logs set up in the form of a tent or lavvo. The wood does not occupy a lot of space, is easy to access even after a snowfall, and "looks tidy," as many of the locals put it.

11. Most of the land in Guovdageaidnu is under the management of FeFo, while only five to six percent of the total land area in Guovdageaidnu Municipality is privately owned. The large amount of public land facilitates access to this area for everyone in the village, whether it be for fishing, hunting, berry-picking, or hiking purposes. Most people experience it as given that everyone should have the right to use and harvest from the uncultivated landscape and mountain plateau.

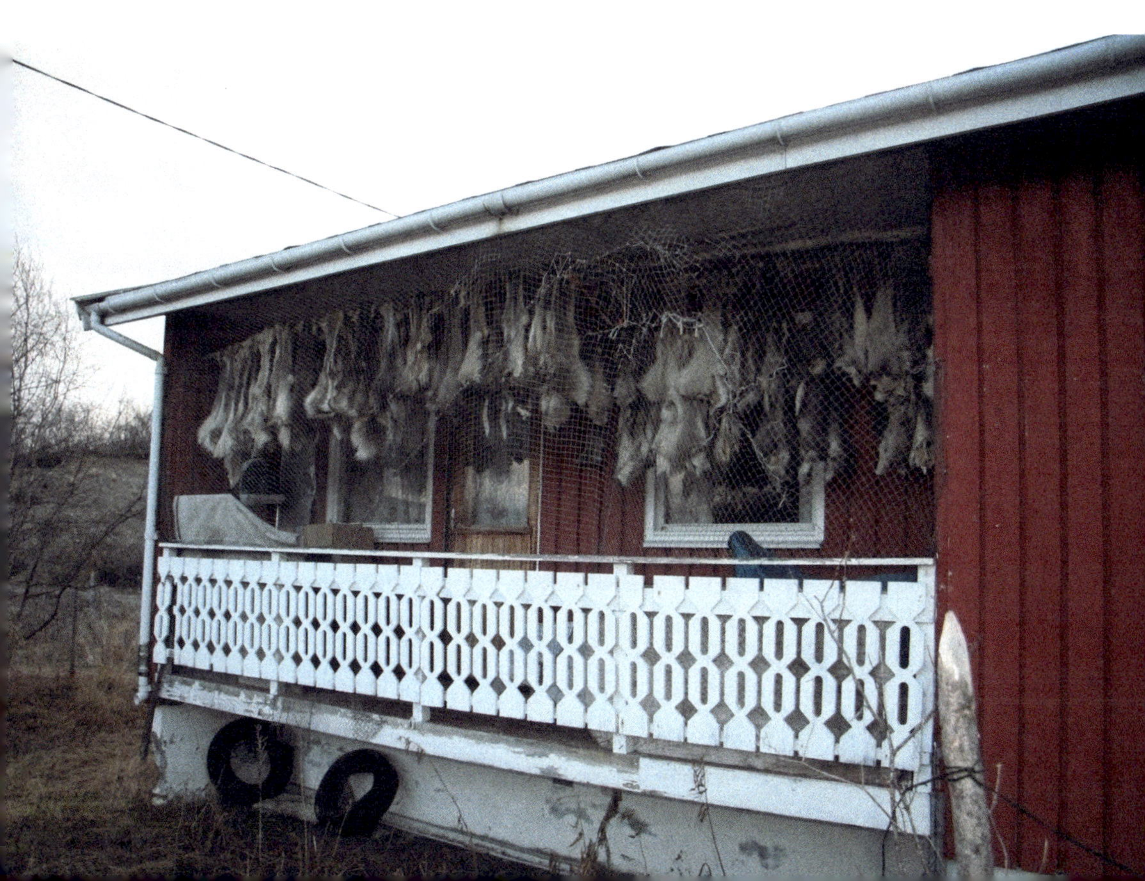

Reindeer Husbandry in the Garden

The landed properties of reindeer husbandry families comprise different versions of work gardens. In some cases, these are large and simultaneously located within a group of similar gardens, often called a *tun* or yard. As is the case for all work gardens, these are also characterized by close connections to the natural landscape and the resources found there. What differentiates these gardens from other work gardens in Guovdageaidnu is of course the key significance of the reindeer. The operations are visibly present on residences in the village in two ways: the reindeer are kept there, or the handling and processing of products from slaughtered animals is done on the property. Guovdageaidnu is a winter grazing region, and the rangeland is on the mountain plateau. When individual animals or small herds of reindeer can be seen on residential land, they are there for one of two reasons. It can be a matter of weak calves in need of additional nourishment for specific periods of time, or they are draught animals that are trained and used in the village during the winter. Today sled-drawing reindeer are used for racing or to transport tourists onto the mountain plateau. For both the rearing of reindeer calves and the training of reindeer for transport and racing, the animals must be kept close to the residence. This in turn requires pens, feeding sites, and enclosed pastures for grazing.

The practice of feeding reindeer in enclosed home pastures has some features comparable to those of smallholdings and the keeping of livestock. One such feature is the construction of designated feeding barns and turf hut shelters, the latter serving as a type of simple summer barn for reindeer.[12] Draught reindeer can seek shelter there, first and foremost from mosquitoes, but also from bad weather.

The enclosed pasture is used to corral the reindeer during periods when the animals need extra feeding or care, and is usually located close to the yard, in a location in clear view from the dwelling. In this way, those who are working inside the dwelling can keep watch and make sure stray dogs or other unwelcome guests do not get into the pasture. These enclosed pastures have many features in common with the temporary pens used on the plateau, in that they are easy to adapt and relocate according to need.

12. The traditional Sámi turf hut construction had different load-bearing structures of natural wood and a roof of birch bark and turf. The turf huts of today are often made of notched logs or are simple frame houses. The turf hut provides shelter for draught reindeer that spend extended periods by the place of residence. The turf hut is used predominantly in the summertime when the animals need protection from mosquitoes, gnats, and other insects that are a nuisance for both humans and animals.

Reindeer husbandry is visible on the residence not only because of the presence of live animals, but also through the work with products from slaughtered animals. This work adheres to the seasonal fluctuations of operations. The most active periods are in conjunction with the migration in the spring and autumn, and during slaughtering periods. After Christmas and during the months leading up to the early spring, the residential district is filled with raw materials from slaughtering. The hides are to be dried for use as ground cloths in the lavvo on mountain trips. They are rinsed and attached to outbuilding and garage walls where they are hung to dry. If the walls of the outbuildings are not sufficient, the mesh wire fence around the enclosed pasture can serve the same purpose. The meat from slaughtered animals is smoked and dried, and this is done at the residence. Smoking lavvos and a variety of devices for drying reindeer meat are typical sights in the residential district during this time of year. For a short period during the early spring the residential district is filled up with an abundance of food, which more than anything else speaks to the village's location in a large reindeer grazing region.

The reindeer husbandry work changes according to the season, and the work done at the place of residence adheres to the same seasonal variations. The hides on the walls and the meat in the drying cabinets are taken down when they are dried, and as the outdoor temperature rises. In the summertime there are no hides to be seen on the walls, there is no meat in the drying cabinets, the snowmobile is covered with a protective tarp, and the off-road vehicles are used at the summer pasture by the coast. In the course of the autumn, the yard is again converted into an operations site, but at this time dedicated to tasks different than those carried out earlier in the year.

The Beautiful and the Useful

Many of the gardens in Guovdageaidnu represent a radical departure from our ideas about what a garden is supposed to look like. These ideas are created and disseminated through travel, literature, and the media, and often cite examples taken from large, well-equipped garden facilities that virtually resemble parks. Understandings of gardens from

Northern Norway have also tended to focus on the gardens of the "privileged class," for which the owners have had the resources to acquire plants, knowledge, and inspiration from the outside world. There has been less interest in more vernacular types of gardens. Because of this, for many people the question naturally arises as to what can actually be considered a "garden." Even locally in Guovdageaidnu, many believe that a garden is primarily the well-tended "Norwegian" garden. Some people might go as far as to say that the small beds of perennials against the wall of a dwelling, often with a fence around them, or a potato patch on a sheltered slope, can be called a garden. Within this understanding, the remainder of the outdoor space around the dwelling is the lot or *šillju*, the yard.

Gardening can be understood in terms of economics and aesthetics; it is the cultivation of food and the cultivation of beauty. This way of thinking originated in the Enlightenment, according to professor of landscape architecture Magne Bruun: "The ideal was orderly farmland that was both productive and rational, but also aesthetically appealing."[13] The garden is often a miniature version of this cultural landscape, yet the ideal has been challenged throughout history in periods dominated by utility principles. Today the requirement for an aesthetic design of outdoor space has once again gained prevalence in Norway, as this is defined, for example, by the Norwegian Planning and Building Act.

The discussion about aesthetics is one which cannot be separated from the prevailing culture within which it takes place. A nomadic reindeer farming culture would of necessity view the landscape and assess what is beautiful there in a different manner than a farmer in a rural lowland community. In Guovdageaidnu, given its strong reindeer husbandry traditions, it is natural to assess according to the aesthetic of the nomad and user of the natural landscape. What is beautiful in a culture that is constantly on the move? What is adorned and decorated, where is effort invested to beautify the surroundings? And what do the practitioners, the smallholder, and those who harvest resources in the natural landscape view as beautiful? In the same manner that the orderly, productive agricultural landscape is experienced as aesthetically pleasing for people of agrarian cultures, an

13. Magne Bruun, "Økonomi og skjønnhet. Hagekunsten i opplysningstiden [Economics and beauty. The art of gardening in the age of Enlightenment]," *Fortidsvern* 1 (1999): 9.

undulating herd of reindeer on the apparently barren and uncultivated mountain plateau would be just as beautiful for the reindeer Sámi. And the campsite in the open air, untroubled by mosquitos and offering an expansive view of the rangeland, is beautiful without any plants other than those growing in the wild. The nomad has traditionally carried beauty with them, and invested resources in decorating the sled and harness, in the ornamentation of walking staffs and clothing, and the adornment of other tools that can be transported from place to place.

The work gardens are those which most greatly diverge from the prevailing ideal of a good housing standard. The central governmental agencies responsible for land use planning have provided guidance over the years on how to create pleasant outdoor spaces and gardens. In a summary of fifty years of Husbanken (The Norwegian State Housing Bank) activities, Chief Enterprise Architect Jørgensen discusses the difficult concept of a "good housing standard." He maintains that the term "good" has a broad scope and can be understood in several different ways. But we can still agree on certain features, he writes. One such feature is an outdoor environment which is "pleasant and accommodates the needs of the community."[14] The Sámi work gardens in Guovdageaidnu are pleasant and above all, accommodate community needs. They are pleasant because they represent something familiar for people and they create space for what is important: work and the processing of resources from the natural landscape. Through this work, they create a space for community.

14. Kurt Jørgensen and Johan-Ditlef Martens, *Debatten om boligkvalitet og arbeidet med typetegninger [The debate on housing quality and the work with blueprints]* (Oslo: Husbanken, 1996), 4.

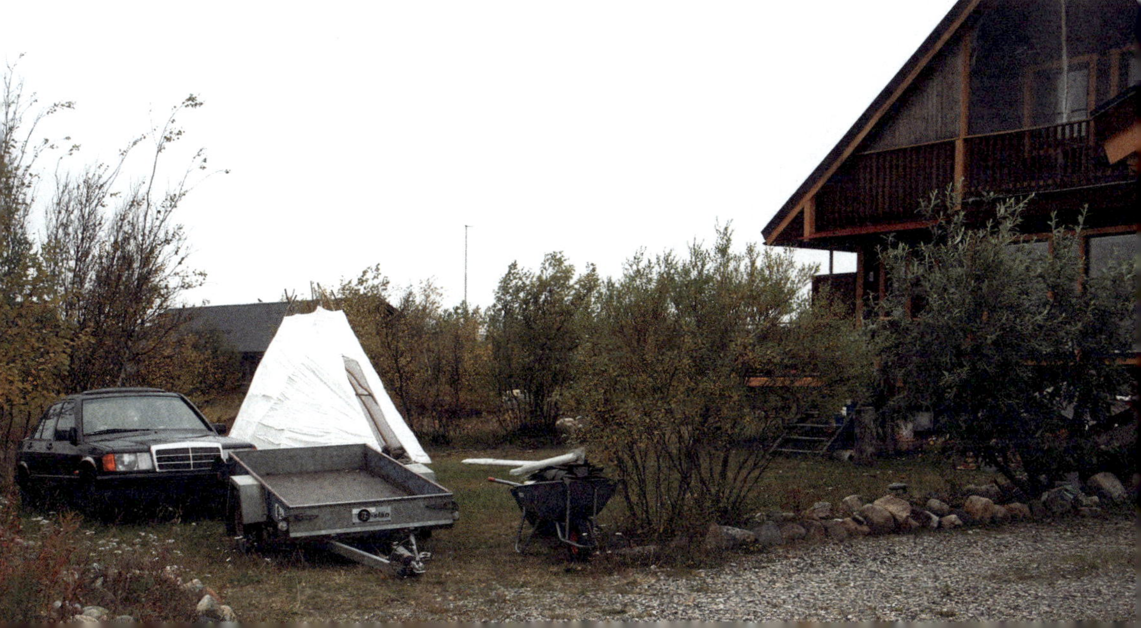

Avoiding backing out with a car or snowmobile is important when planning the layout of the property. Photograph by Sunniva Skålnes

Johanna Minde

ᐃᓄᒃᑎᑐᑦ

ᓄᓇᒧᑦ ᐅᑎᕐᓂᖅ

Sámegiella

LUNDUI MÁHCCAN

English

RETURNING TO NATURE

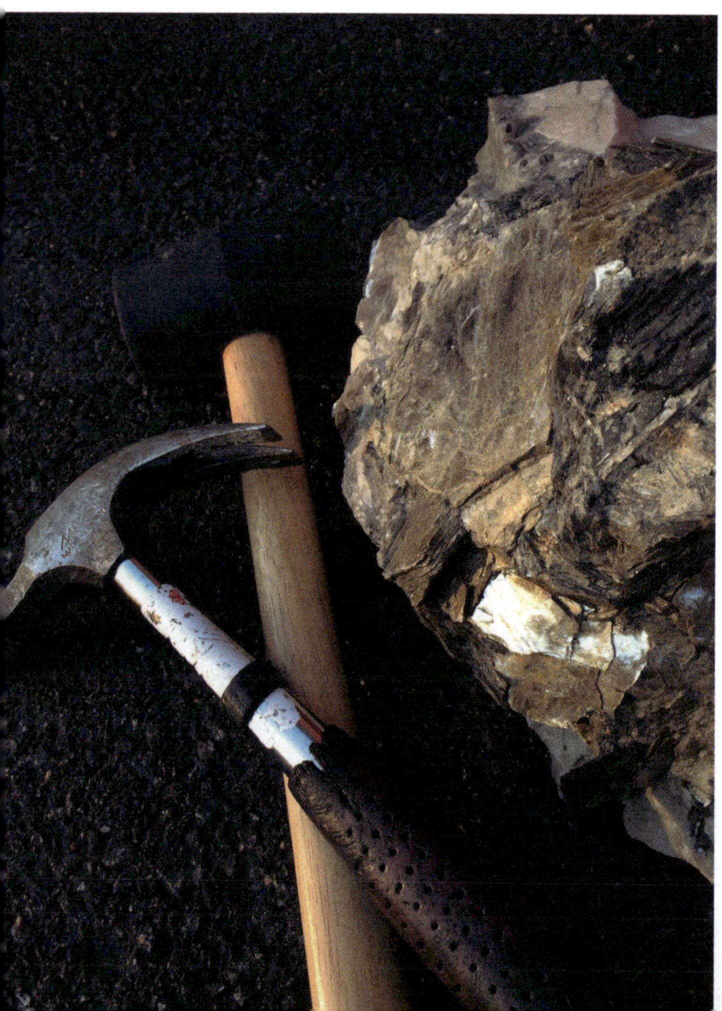

ᑲᐅᑕᐅᔭᖅ ᐊᒻᒪ ᕿᔪᖕᒥᑦ ᓴᓇᓯᒪᔪᖅ ᑲᐅᑕᐅᔭᖅ ᐊᑐᖅᑕᐅᕙᒃᑐᖅ ᒪᐃᑲᐃᑦ ᓴᓗᒻᒪᖅᓴᖅᑕᐅᑎᑦᑐᒋᑦ

Veažir ja šluppot geavahuvvojit laiget riebansilbba. Govvejeaddji lea Johanna Minde

A hammer and mallet used to harvest mica. Photograph by Johanna Minde

ᒪᐃᑲ ᐊᑐᖅᑕᐅᒐᔪᒃᐳᖅ ᐊᒥᓯᐸᓗᖕᓂᒃ ᓵᒥᒥᐅᑕᓂᒃ ᑖᓂᕐᒥᐅᑕᓂᒃ ᓅᐋᔭᓐ ᖃᖅᑲᖕᑎᑦᑕ ᖃᓂᒋᔮᓃᑦᑐᑦ ᑕᕆᐅᑉ ᓯᓚᔭᖅᐸᓯᐊᓂᕐᒥᐅᓄᑦ ᐅᑭᐅᓄᑦ 100-ᖏᓐᓂ. ᔅᑑᕐᓈᔭᒐᒥᑦ ᐅᕙᖓ ᓄᓇᖓᓂᑦ, ᐅᓂᒃᑳᖅᑕᐅᒐᔪᒃᐳᖅ ᐃᒪᓐᓇ ᐅᔭᖅᑲᑦ "ᐊᔪᖅᓴᖅᑐᑦ ᐊᖑᑎᑦ ᐅᔭᕋᑦᑎᐊᖏᑦ (ᖃᑯᕐᓕᖅ), ᑕᐃᔅᓯᒪᓂᑐᖃᒻᒪᓇ ᐃᓕᖅᑯᓯᑐᖃᖅᑲᓇᔭᐅᔪᒃᑯᑦ ᐊᑐᖅᑕᐅᕙᒃᐳᖅ ᓲᓗ ᐱᐅᓴᐅᑎᐅᑦᑐᓂ ᐊᓐᓄᕌᖏᓐᓂ ᐃᓕᓯᒪᑦᑐᑎᒃ ᑕᒪᒃᑯᓄᖓ ᓵᒥᒥᐅᑕᓄᑦ ᐃᓚᒌᖑᔪᓄᑦ ᓯᓚᔭᖅᐸᓯᕐᒥᐅᓄᑦ. ᐃᓚᖏᑦᓗ ᑕᖅᓴᓇᔭᐅᓲᑦ ᑖᓂᕐᒥᐅᓄᑦ ᓯᓚᔭᖅᐸᓯᖕᒥᐅᓄᑦ, ᑕᑯᖃᑦᑕᖅᑕᒃᑲ, ᒪᐃᑲ ᐊᑐᖅᑕᐅᒐᔪᖕᓂᖅᓴᐅᕗᑦ ᑕᒪᒃᑯᓂᖓᓕ ᓯᐊᕿᑎᓂᒃ ᐊᑐᖏᓐᓂᖅᓴᐅᑦᑐᑎᒃ. ᑕᐃᒪᓕ ᐅᓂᒃᑳᖅᑐᐊᑦ ᓯᓚᒐᓗᐊᖅᐸᑕ ᓯᓕᖏᑉᐸᑕᓘᓐᓃᑦ, ᑕᒪᒃᑯᐊ ᑕᖅᓯᖅᓯᖅᓯᒪᓂᖏᑦ ᒪᐃᑲᐃᑦ ᐊᑐᖅᑲᑦᑕᖅᐳᑦ ᓄᓇᒥᑦ ᐱᕈᖅᑐᓂᒃ ᓯᕋᔪᐃᑦᑑᑦᑐᑎᒡᓗ ᖃᒻᒪᓗ ᐃᓕᖅᑯᓯᑐᖃᖅᑲᖏᓐᓂᒃ ᓵᒥᒥᐅᑕᓄᑦ ᐱᑎᔭᐅᓲᖑᕗᑦ.

ᑕᐃᒪᓐᓇ ᐃᓕᓐᓂᐊᖅᑎᑕᐅᓚᐅᖅᓯᒪᕗᖓ.

ᐊᖏᕐᕋᓐᓂᒃ ᐃᖅᑲᐅᒪᓕᕌᖓᒪ, ᐃᖅᑲᐃᖅᑲᑦᑕᖅᐳᖓ ᐃᓚᓐᓂᒃ ᐃᑲᔪᕐᓂᖅᑲᓲᖑᔪᓂ, ᐊᒻᒪᓗ ᐱᒻᒪᕆᐊᓘᔪᓂᒃ ᐃᓄᖕᓂᒃ ᐃᓅᓯᓕᒫᓐᓂᒃ ᑕᑯᖃᑦᑕᖅᑕᕐᓂᒃ. ᑭᓯᐊᓂᑦᑕᐅᖅ ᐊᖏᕐᕋᕋ ᐱᑕᖅᑲᓇᕗᖅ ᓄᓇᒥᖕᒑᖅᑐᓂᒃ ᓴᓇᔭᐅᕙᒃᑐᓂᒃ ᐊᒻᒪᓗ ᐅᕙᖓ ᐱᒻᒪᕆᑎᑦᑐᑎᑦ ᓴᓇᕙᒃᑐᑎᑦᑐ.

Riebansilba lea geavahuvvon máŋgga sámi guovllus gáisás norgalaš riddogáttis čuđiid jagiid ollodahkii. Stuornjárggas, báikkis man gohčodan ruoktun, leat muitalusat dávjá máinnašan dán ladnjes geađggi "geafesolbmosilban", mii geažuha ahte dan leat mearrasámi bearrašat árbevirolaččat geavahan čiŋaheapmin sámi biktasiidda. Muhtin boares aviin dán guovllus lean oaidnán, ahte riebansilba lea geavahuvvon silbaboaluid sajis. Beroškeahttá leatgo muitalusat duođat vai eai, de lea riebansilbba geavaheapmi dakkár geavat, mii atná ávkki luondduvalljodagain bajásráhkadeaddji, suvdinnávccalaš ja kultuvrralaččat áššáisoahppevaš vuogi mielde.

Ja nu munge lean oahpahuvvon dahkat.

Go mun jurddašan ruovttu birra, de jurddašan dan guovllu mii addá eallámuša mu bearrašii, ja daid deaŧalaš olbmuid birra mat leat mu eallimis. Muhto ruoktu lea maiddái guovlu, gos leat dievva luondduvalljodagat, main

Mica has been used in several Sámi areas along the mountainous Norwegian coast for hundreds of years. In Stuornjárgga, a place I call home, stories have often referred to the layered stone as "poor man's silver," an allusion to its traditional use as decoration for Sámi clothing among coast-Sámi families. On some old belts from the area, as I have seen, mica has been used instead of silver buttons. Whether or not the storytelling is true, the application of mica as decoration is a practice that uses natural resources in a constructive, sustainable, and culturally relevant way.

And so I am taught.

When I think of home, I think of the area that nurtures my family, and about the important people in my life. But home is also an area full of natural resources that I have the opportunity to enjoy and harvest from. It is the place where I gain

ᓄᓇᓐᓃᕐᓗᖓ ᐱᐅᒃᓴᕐᓂᖅᓴᐅᓲᖑᕗᖓ,
ᐊᒻᒪᓗ ᓴᓇᓂᐊᖅᑕᕐᓂᒃ ᐊᒡᕙᓲᖑᕗᖓ
ᑭᓱᖑᐊᑐᐃᓐᓇᕐᓂᒃ ᓴᓇᓲᖑᒐᒪ ᐊᒻᒪᓗ
ᓂᐅᕐᕈᑎᒃᓴᓐᓂᒃ ᓴᓇᓲᖑᒋᕗᖓ. ᓴᓇᒑᖓᒪ
ᑑᑦᓯᓂᒃ, ᓵᒥᒥᐅᑕᐃᑦ ᓴᓇᕙᒃᑕᑐᖃᖏᑦ,
ᐊᑐᖅᓱᑎᒃ ᓄᓇᒥᖕᒑᖅᑐᓂᒃ ᓲᕐᓗ ᐃᒪᐃᑦᑐᓂᒃ
ᒪᐃᑲᓂᒃ, ᑕᐃᒪᓕ ᓴᓇᑦᓗᖓ ᐅᕙᓐᓂᒃ
ᓇᓗᓇᐃᑦᑎᐊᓕᓲᖑᕗᖓ ᐊᒻᒪᓗ ᐅᕙᓐᓂᒃ
ᑭᓇᐅᓂᓐᓂᒃ ᓇᓗᓇᐃᑦᑎᐊᓕᓱᖑᕗᖓ.

ᑕᐃᒪᓕ ᐊᕗᖅᓱᖓ ᓴᓇᓂᐊᖅᑕᓐᓂᒃ
ᐅᕙᓐᓂᒃ ᐊᐱᕆᓕᓲᖑᕗᖓ ᖃᓄᐊᓗᒃᓕᑭᐊᖅ
ᓄᓇᒥᖕᒑᖅᑐᑦ ᐱᕈᒃᑲᓐᓂᓕᓲᖑᕙᑦ ᐃᓄᖕᓂᒃ
ᐊᑐᖅᑕᐅᓕᕌᖓᑕ. ᑕᐃᒪᓕ ᓄᓇᒥᖕᒑᖅᑐᓂᒃ
ᐱᒑᖓᒪ, ᓄᓇᒥᖕᒑᖅᑐᓂᒃ ᐊᑐᕐᓂᐊᖅᑕᓐᓂ
ᐊᕗᓕᕌᖓᒪ ᑕᒪᕐᒥᐊᓗᒃ ᑕᒪᒃᑯᐊ ᐊᕗᖅᑕᒃ
ᐱᑦᑕᐃᓕᒪᓱᓇᔭᒃᑲ; ᑕᐃᒪᓕ ᐱᕈᒃᑲᓐᓂᖅᐸᑕ
ᐱᑕᖃᑦᑎᐊᕐᑯᕙᒃᑲᒃᑭᑦ ᐊᕗᕐᓂᐊᓕᕌᖓᒪ
ᐅᕙᒎᓐᓃᑦ ᐊᓯᓐᓂᒃ ᐊᕗᓇᐊᖅᑐᖃᕐᓂᐊᖅᐸᑦ.
ᓵᒥᒥᐅᑕᑦ ᐃᓕᖅᑯᓯᖃᕐᒪᑕ ᐊᕗᓗᐊᖅᑕᐃᓕᒪᑦᓗᑎᒃ
ᑭᓯᐊᓂᓕ ᐊᑐᕐᓂᐊᖅᑐᐊᖏᓐᓂᒃ ᐱᓲᖑᖕᒪᑕ
ᑕᐃᒪᓐᓇ ᐊᑐᕐᓂᖃᑦᑎᐊᕐᒪ ᓄᓇᒥᖕᒑᖅᑐᓂᒃ
ᐊᑐᕐᓂᐊᖅᑐᐊᖏᓐᓂᒃ ᐱᓲᖑᖕᒪᑕ
ᐱᒻᒪᕆᐅᓂᖏᓐᓂᒃ ᐊᒻᒪᓗ ᐱᐅᔪᒻᒪᕆᐅᑦᓗᓂ.

ᐃᓱᒪᓱᖑᔪᖓᓕ ᑕᐃᒪᓐᓇ
ᐊᑐᕐᓂᖃᖃᑦᑲᕈᑦᑕ ᓄᓇᒥᖕᒑᖅᑐᓂᒃ

mun beasan návddašit ja oažžut birgejumi. Dát lea báiki, gos movttiidan ja gávnnan oaivadusa, ja čoakkán ávdnasiid duddjomii ja eallimii. Go *duddjon*, namalassii ráhkadan árbevirolaš sámi dujiid, ja geavahan luondduvalljodagaid nugo riebansilbba, de beasan ovdanbuktit iehčan ja čiekŋudit gii mun lean.

Dát čoagginproseassa dávjá dahká, ahte jearan alddán makkár sisabahkkemiin eanadat sáhttá dearvvasmuvvat ja váhkkasit, maŋŋilgo olmmošlaš dárbbut leat duhtaduvvon. Go válddán ávdnasiid luonddus, de váruhan ahte in čoakke divdna buot mii leažžá báikkis. Háliidan guođđit valljodagaid nuppi hávvái, dahje nuppi olbmui gii dáidá dárbbašit daid. Sámi dološ vierru guođđit nu uhccán luottaid maŋistis go vejolaš, ja dušše váldit daid ávdnasiid maid dan háve dárbbaša, lea sihke árvvolaš ja čáppis mu mielas.

Jáhkán ahte dákkár vuohki áddet luondduvalljodagaid geavaheami, sáhttá sirdojuvvot vuohkái mo arkitektuvrra

inspiration, and where I collect material for craft and for living. When I make *duodji*, the traditional Sámi handicraft, using nature's resources such as mica, I am able to express myself and elaborate upon who I am.

This process of collecting often leads me to ask myself what interventions the landscape can recover from after human needs are met. When I take material from nature, I make sure not to pick everything in one place; I want there to be more resources left for the next time I, or someone else, needs them. The Sámi customary practice of leaving as few traces behind as possible and only taking the material from nature that you need for the day is both valuable and beautiful to me.

I like to think that this way of understanding the use of natural resources can be transferred to a way of thinking about

ᐊᑐᕐᓂᖃᑦᑎᐊᓕᕈᓐᓇᕋᑦᑕ ᓄᓇᒥᖕᒎᖅᑐᓂᒃ ᐊᑐᕆᐊᖃᖅᑕᑦᑎᓐᓂᒃ. ᑕᐃᒪᓕ ᓴᓇᓕᕌᖕᒐᑦᑕ ᓵᐸᒥᒥᒃ, ᑐᑭᓯᐅᒪᑦᑎᐊᕈᓐᓇᕋᑦᑕ ᖃᓄᖅ ᑖᓐᓇ ᓴᓇᓯᒪᔪᖅ ᓵᐸᒥ ᖃᓄᐃᑦᑐᓂᒃ ᐃᓗᓕᖃᕐᓂᖕᒐᓂᒃ. ᐃᓕᖅᑯᓯᑐᖃᖕᒋᓐᓂᒃ ᓵᒥᒥᐅᑕᐃᑦ ᐊᑐᖅᑐᑎᒃ ᓴᓇᕙᒃᐳᖅ ᑕᐅᑐᖕᓂᖕᒋᓐᓂᒃ ᓴᓇᓯᖕᒍᖕᒪᑕ, ᒪᓕᖕᓂᖃᖅᑐᑎᒃ ᓄᓇᒥᑦ ᐊᒻᒪᓗ ᓯᓚᐅᑉ ᐊᓯᔾᔨᖅᐸᑦᑕᐊᕙᖕᓂᖕᒐᓂᒃ, ᐊᒻᒪᓗ ᓴᓇᕙᒃᑭᑦᑐᑎᒃ ᓄᓇᒥᖕᒎᖅᑐᓂᒃ ᐊᑐᖅᑐᑎᒃ. ᐃᒡᓗ ᓵᐸᒥ ᓴᓇᔭᐅᓰᖕᒍᕗᖅ ᐊᑐᖅᑐᑎᒃ ᓄᓇᒥᖕᒎᖅᑐᓂᒃ. ᑕᐃᒪᓕ ᑖᓐᓇ ᐃᒡᓗ ᓴᓇᔭᐅᓰᖅ ᐊᑐᖅᑕᐅᔫᓐᓃᕈᓂ ᓄᓇᒧᑦ ᐅᑎᑐᐃᓐᓇᕋᔭᕐᒪᑦ. ᑕᐃᒪᓕ ᐅᑦᑐᒥᐅᔪᖅ ᑕᒻᑯᓂᖕᒐ ᐃᒡᓗᒃᓴᓂᒃ ᓴᓇᓂᐊᖅᑐᑎᒃ ᐊᑐᖅᐸᒃᑕᖕᒋᓐᓂᒃ ᐊᑐᖅᑐᑎᒃ ᖁᔭᓕᔾᔪᑎᖃᕆᐊᖃᒻᒪᕆᒃᐳᑦ ᓵᒥᒥᐅᑕᓂᒃ ᓴᓇᕙᒃᑕᖕᒋᓐᓂ ᐊᑐᕐᓂᖃᖅᑐᑎᒃ ᓄᓇᒧᑦ ᐅᑎᑐᐃᓐᓇᓰᓂᒃ. ᓵᒥᒥᐅᑕᑦ ᓴᓇᓰᖕᒍᖕᒪᑕ ᑕᐅᑐᖕᓂᕐᒥᓂ ᒪᓕᖕᓂᖃᖅᑐᑎᒃ ᑕᒻᑯᐊ ᓴᓇᔾᔨᑎᕆᕙᒃᑕᖕᒋᑦ ᓄᓇᒥᖕᒎᖅᑐᑦ ᐊᑐᖅᑕᐅᔪᓐᓃᕋᖕᒐᑦᑕ ᓄᓇᒧᑦ ᐅᑎᑐᐃᓐᓇᓰᖕᒍᖕᒪᑕ ᐊᒻᒪᓗ ᓄᓇᒧᑦ ᐅᑎᕌᖕᒐᑦᑕ ᐱᕈᖅᐸᑦᑕᐊᒃᑲᓐᓂᓰᖕᒍᖕᒪᑕ, ᐅᑎᑐᐃᓐᓇᓰᖕᒍᖕᒪᑕ ᐱᕈᒃᑲᓐᓂᕐᓂᐊᖅᑐᑎᒃ. ᑕᐃᒪᓐᓇ ᐋᖅᑭᑎᐊᒃᑲᓐᓂᕌᖕᒐᑦᑕ ᐊᑐᖅᑕᐅᓂᐊᖅᑐᓂᒃ ᐱᑕᖃᒃᑲᓐᓂᑕᓰᖕᒍᒻᒪᑦ.

birra jurddaša. Go Sámis hukse, de lea deatalaš áddet huksehusa dahje vistti doaimma dan iežas konteavsttas, oktavuođas. Árbevirolaš sámi ráhkadusat leat dihto sajiide iešearenoamážat, ja leat mihtilmasat dainna go leat heivehuvvon eanadahkii ja dálkkádahkii, ja huksejuvvon báikkálaš ávdnasiiguin, mat galget geavahuvvot namalassii iežaset birrasis. Huksehusas, mii lea ráhkaduvvon lunddolaš ávdnasiiguin, lea lunddolaš eallináigodat. Go dat guođáhallá dahje sirdojuvvo, dan maŋis báhcet hui uhccán luottat. Dan eallingeardi lea ráddjejuvvon, ja huksehus sáhttá fas máhccat lundui. Go ođđaáigásaš huksenmetodaid geavaha, de sáhttá divodeapmi ja ođđasit atnu ollistit huksehusa lundui máhccanproseassa. Go geavaha lunddolaš ávdnasiid ja ávdnasiid mat leat dihto sajiide iešearenoamážat oktan osiiguin mat sáhttet burgojuvvot ja sirdojuvvot eará sadjái, de šaddá vejolažžan buoridit eanadaga suvdinnávccalaš vuogi mielde, ja máhcahit dan dakkár dilláid mii

architecture. When building in Sápmi, it is vital to understand the function of the building in its context. Traditional Sámi constructions are site-specific, characterized by their ability to adapt to the landscape and the climate, and built with local materials for use within their surroundings. A building constructed with natural materials has a natural life cycle; when it is abandoned or moved it will leave very few traces behind. The lifespan is limited, and the building can return to nature. When using modern building methods, restoration and recycling can be complements to this process of returning to nature. By using site-specific and natural materials together with components that can be dismantled and relocated, it becomes possible to restore the landscape in a sustainable way, returning it to a state close to its origin. Restoration offers flexibility, where form and function can work together.

ᐅᑎᖅᑎᑦᑎᓂᖅ ᓄᓇᒧᐊᕐᓂᐊᖅᑐᓂᒃ ᓂᑲᒍᓱᖕᓂᖃᖅᓱᖕᒍᒐᑦᑕ ᐊᑐᕐᓂᐊᖅᑕᑦᑎᓐᓂ ᐊᒻᒪᓗ ᐱᑕᖃᒃᑲᓐᓂᓕᓲᖕᒍᑦᑐᑎᒃ ᓵᒥᒥᐅᑕᓂᒃ ᐊᑐᖅᑕᐅᓂᐊᖅᑐᓂᒃ. ᑕᐃᒪᓕ ᒪᐃᑲᐃᑦ ᓴᓇᔭᐅᓲᖕᒍᒪᑦ ᓵᒥᒥᐅᑕᓂᒃ, ᑕᒪᒃᑯᐊ ᓴᓇᔭᐅᔾᔪᑎᒋᔭᒪᑦ ᐊᕕᒃᑐᖅᑕᐅᑦᑐᑎᒃ ᐊᒻᒪᓗ ᐃᓕᔭᐅᑦᑐᑎᒃ ᖃᑦᑐᓈᖅᑕᒧᑦ ᐅᕙᔫᓐᓃᑦ ᕐᑭᓯᐊᔭᕐᒧᑦ ᒥᖅᓱᖅᑕᐅᓂᐊᖅᑐᑎᒡᑐ. ᑕᒪᒃᑯᐊ ᒪᐃᑲᐃᑦ ᐱᐅᒥᓲᖕᒍᒪᑦ ᑕᐃᒪᓐᓇ ᓴᓇᔭᐅᑦᑐᑎᒃ. ᑕᐃᒪᓐᓇ ᓴᓇᔭᐅᑦᑐᑎᒃ, ᑕᒪᒃᑯᐊ ᒪᐃᑲᐃᑦ ᓲᕐᑐ ᓄᓇᑦᑎᓐᓄᑦ ᓇᑐᓇᐃᒃᑯᑕᐅᕙᒃᐸᑦ ᐊᒻᒪᓗ ᐊᑐᕈᓐᓇᖅᑐᒋᑦ. ᑕᐃᒪᓕ ᐊᖕᒋᕐᕋᓐᓂᕐᒥᐅᑕᐅᓂᕋ ᓇᑐᓇᐃᒃᑯᑕᓇᓕᓲᓇᕙᕋ ᑕᐃᒪᐃᑦᑐᓂᒃ ᐊᑐᖅᑐᖕᒐ ᐊᓐᓄᕌᓐᓂᒃ ᐊᒻᒪᓗ ᐊᖕᒋᕐᕋᕋ ᐅᕙᓐᓄᑦ ᖃᓃᓐᓇᐅᔭᕐᓂᐊᕐᒪᑦ.

das leai álgoálggus. Divodeapmi dahká máškitvuođa, mas hápmi ja atnu sáhttet bargat ovttas.

Lundui máhccan gáibida lotnolasvuođa ávdnasa ja oktavuođa gaskkas, mii gávdno juohke sámi sivdnideami ceahkkálasas. Go riebansilba lea geavahuvvon sámi duojis, de lea minerála juogaduvvon smávva laigosiidda ja giddejuvvon guovtti láđđe- dahje sistebihtá gaskii, mat leat gorrojuvvon oktii. Danne doarjuge riebansilbba rašis ja nohkavaš luondu ođđa anu, dakkára mii lea earenoamážit heivehuvvon minerála iešvuođaide. Dán geavaheami bokte šaddá riebansilba ruovttu govastahkan, man mun sáhtán guoddit mielddán. Go geavahan oasi iehčan ruovttus iehčan biktasiin dahje dávviriin, mu ruoktu lea álelassii dasttán lahka, gos ihkinassii jođežan.

Returning to nature requires a reciprocity between material and context that exists at every scale of Sámi creation. When Mica is used in Sámi handicraft, the mineral is divided into small flakes and fastened between two pieces of fabric or leather that are then sewn together. The fragile and volatile nature of mica thus supports a new function, one that is adapted specifically to the mineral's properties. Through this use, mica becomes a symbol of home that I can carry with me. By wearing part of my home in my clothes or belongings, home will always be nearby, wherever I am.

ᐊᒡᒐᒧᑦ ᑎᒍᒥᐊᖅᑕᐅᔪᖅ ᒪᐃᑲ, ᖃᑦᑐᓈᖅᑕᖅ ᐊᑐᖅᑕᐅᒐᔪᒃᑐᖅ ᓵᒥᒥᐅᑕᑦ ᓴᓇᐅᒐᖕᒋᑦᑎᒍᑦ

Gieđat dollet riebansilbba, ávnnas mii dábálaččat geavahuvvo sámi dujiide. Govvejeaddji lea Johanna Minde

Hands holding mica, a material commonly used in Sámi handicraft. Photograph by Johanna Minde

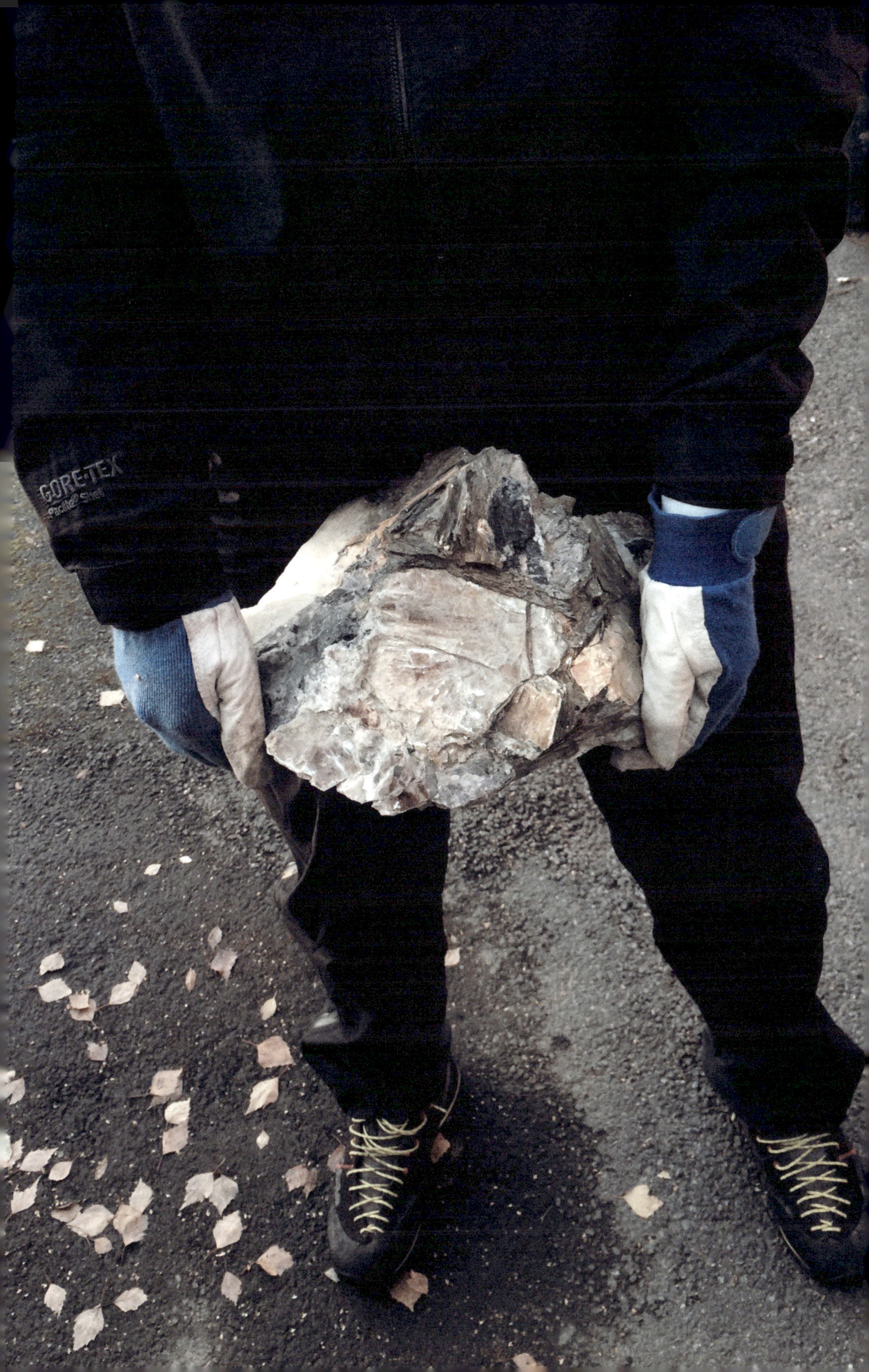
GORE-TEX

ᕿᕕᑯ ᕈᐃᔅ ᐊᒻᒪᓗ ᐃᓚ ᑕᓐ
ᐃᐅᑦᔭᓐ ᐅᖅᑲᑦᓚᖅᑲᑎᖅᑲᖅᑐᑎᒃ
ᑎᕙᓂ ᓰ

ᓴᓇᓂᖅ ᐃᓂᑦᓴᒥᑦ
ᐊᖕᒋᖅᕿᒥᑦ

Sámegiella-194
English-200

ᓇᐅᕿᑎ ᐊᕐᓇᑦᑎᐊᑉ ᓴᓇᔭᖕᒐ
ᕐᑲᒧᑎᖕᒍᐊᖅ, 2022

Laurentio Arnatsiaq gárramin
qamutiik árbevirolaš reaga, 2022

Laurentio Arnatsiaq strings a
qamutiik, 2022

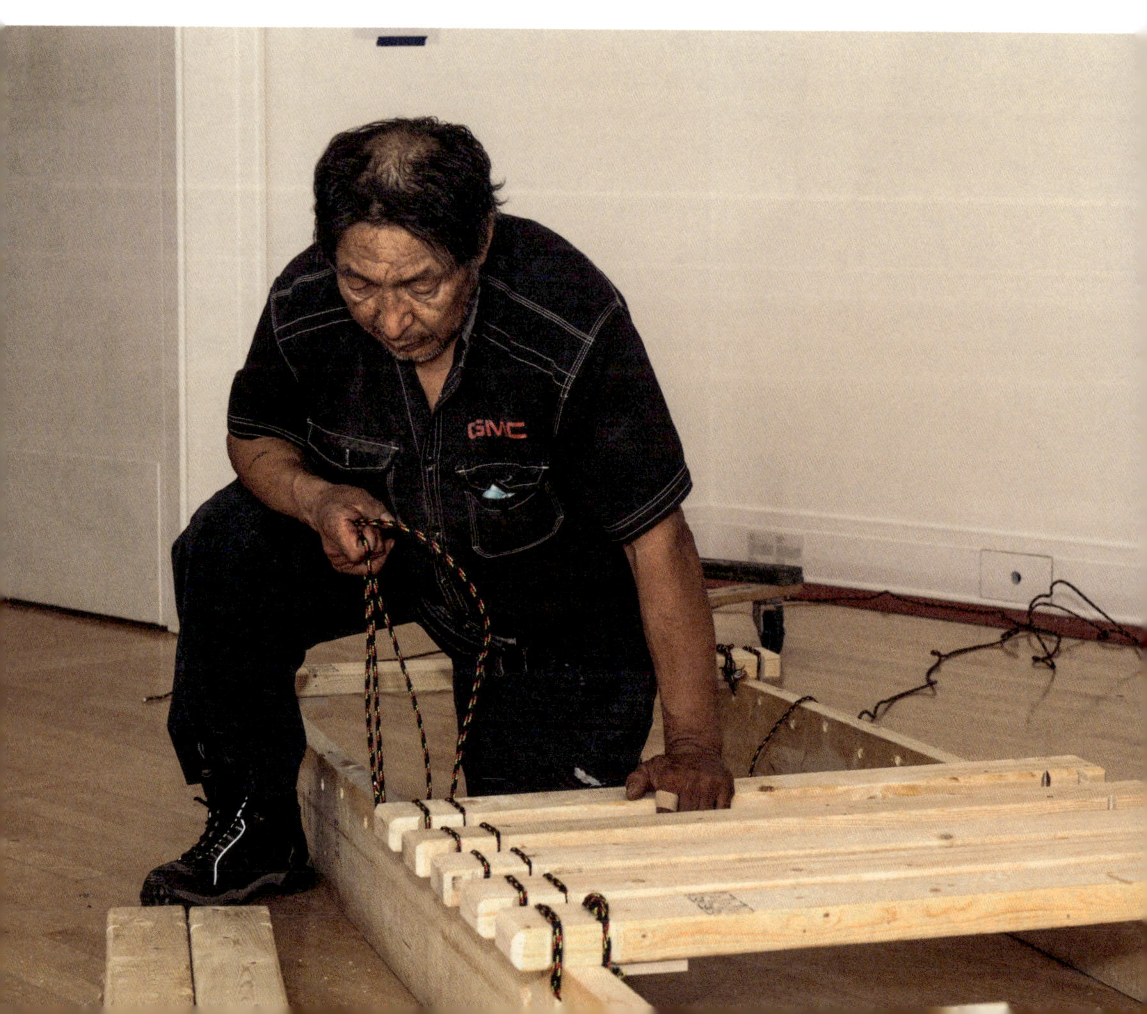

ᕌᕙᑯ ᕈᐃᔾ: ᐱᒋᐊᕈᑎᖃᕈᒪᔪᖓ ᐊᐱᕆᓗᖓ ᐊᐱᖅᑯᑎᒋᓯᒪᔭᕐᓂᒃ ᐊᓯᖏᓐᓂᑦ ᑲᑐᔾᔭᖃᑕᐅᓯᒪᔪᓂᑦ ᐱᓕᕆᐊᑦᓴᒥᑦ, ᐆᕙᖓ: ᖃᓄᖅ ᐊᖏᕐᕋᒧᑦ, ᕈᕝᑐ ᒍᕝᑐᐃ, ᐊᒻᒪ ᓯᕗᒧᑦ ᐊᖏᕐᕋᒧᑦ ᐃᓕᓐᓄᑦ ᑐᑭᖃᖅᐸᑦ? ᖃᐅᔨᒪᔪᖓ ᑕᒪᒃᑯᓂᖓ ᐅᖃᐅᓯᕐᓂᑦ ᐱᓕᕆᔾᔪᑎᒋᕙᒃᑲᕕᒋᑦ ᐊᔾᔨᒌᖕᒋᑐᒃᑯᑦ ᐊᓯᖏᓐᓂᑦ ᑕᑯᔭᒐᖃᕐᕕᒥ ᐱᓕᕆᔨᓂᑦ.

ᑎᕝᓂ ᓵ: ᑕᑯᓐᓇᕋᓱᐊᖅᐸᑦᑐᖓ ᖃᓄᖅ ᑕᑯᔭᒐᖃᕐᕕᓕᕆᔾᔨᑦ ᐃᓱᒪᓕᕐᓯᒪᓪᒪᖔᑕ ᖃᓄᖅ ᓄᓇ ᑐᑭᖃᕐᒪᖔᑕ ᑖᒃᑯᓄᖓ ᐊᑦᑐᐊᑎᓪᓗᒍ ᐊᖏᕐᕋᒧᑦ. ᐅᕝᕙᓐᓄᑦ ᑕᑯᑦᓴᓪᓚᕆᐅᓚᐅᖅᑐᖅ ᑕᖅᕋᓚᒃ [ᐹᑐᕆᔾ] ᐅᖃᐅᓯᖅᑲᖅᑎᓪᓗᒍ ᐳᐃᒍᖅᑕᐅᓯᒪᔪᓂᑦ, ᑕᑦᓴᐅᖏᑦᑐᓂᑦ, ᐅᕝᕙᔾᔪᓐᓃᑦ ᐃᑎᑕᕋᕐᓂᒃ ᐃᓂᑦᓴᓂᒃ, ᐅᐱᓐᓇᕋᓂ ᓴᖅᑮᓪᓗᐊᖅᑑᔾᔭᖅᑐᖅ ᐃᓂᒥᑦ ᐃᓱᒪᒋᔭᕐᓂᒃ ᐊᒥᓱᓄᑦ ᓄᓇᖃᖅᑳᕐᓯᒪᔪᓄᑦ ᓇᔪᖅᑕᐅᔪᒥᑦ ᑭᓯᐊᓂ ᐊᓯᖏᓐᓄᑦ ᑕᑯᔭᐅᔪᓐᓇᖅᑎᑦᑐᒥᑦ. ᐃᓱᒪᒋᓯᒪᓪᒥᔭᕋ ᑕᒪᓇ ᐱᑎᑦᑎᓂᖅ ᑭᒃᑯᑐᐃᓐᓇᕐᓂᒃ ᐅᐱᒍᓯᓐᓂᕐᒥᑦ ᓇᒥᒥᐅᑕᐅᓂᖅᑎᓐᓂᑦ ᐊᒻᒪ ᖃᓄᖅ ᐃᓅᓯᖃᖅᐸᓐᓂᖅᑎᓐᓂᑦ ᐊᑦᑐᐊᑎᓪᓗᒍ ᐊᖏᕐᕋᒧᑦ. ᐊᐱᖅᑯᑎᐅᔪᑦ ᑕᒪᒃᑯᐊ ᐃᓱᒪᒋᓯᒪᔭᒃᑲ ᐅᖃᐅᓯᕆᓚᐅᕐᓯᒪᓇᒋᑦ; ᑭᒃᑯᑐᐃᓐᓇᐃᑦ ᐱᓯᕋᔭᑦᑎᓪᓗᒋᑦ ᑕᑯᔭᒐᖃᕝᕕᒃᑯᑦ, ᖃᓄᖅ ᐃᑉᐱᒍᓯᓐᓂᐊᖅᐸᑦ ᐊᑦᑐᐊᓂᖃᕐᓂᒃᑯᑦ ᓄᓇᒥᑦ ᐊᔾᔨᒋᑎᓐᓇᒍ ᐊᖏᕐᕋᐅᑉ?

ᐃᓚᖓᒍᑦ ᐃᓚᓕᐅᑎᓯᒪᓇᓱᐊᕐᓯᒪᔭᕋ ᑕᐃᑦᓱᒪᖓ ᐅᖃᐅᓯᕐᒧᑦ ᐊᖅᑯᑎᒋᑦᑐᒋᑦ ᓱᓇᑐᐃᓐᓇᐃᑦ: ᓱᓇᑐᐃᓐᓇᐃᑦ ᓄᓇᖃᖅᑳᕐᓯᒪᔪᓄᑦ ᐅᑭᐅᖅᑕᖅᑐᒥ ᑕᑯᔭᖅᑕᖕᒋᓐᓂᑦ ᐊᕝᑎᖕᒋᓇ, ᑐᖓᖓᕕᒋᓂᐊᓕᖅᑐᒍ.

ᕌᕙᑯ ᕈᐃᔾ ᐅᖅᑲᓕᒪᓪᓗᓂ ᐃᕝᕙᑦ
ᖃᓄᐃᓕᖓᓂᖓᓂᑦ, ᑐᕐᓲᑐᐊᕈᕙᑦ ᐹᖓᓃᑦᑐᒧᑦ
ᑕᑯᔭᒐᖃᕐᕕᐅᑉ – ᖃᓄᕐᓕ ᐃᑉᐱᓐᓂᐊᓂᐊᖅᑐᓇᕙᑦ
ᐃᓂᐅᔪᒨᓇᐅᑎᐊᑎᓪᓗᑎᑦ ᓯᕗᓪᓕᕚᑦᓯᐊᒥ?

ᑎᕝᓂ ᓵᔾ ᖃᐅᔨᒪᖕᖏᑦᑐᖓᓕ ᖃᓄᖅ ᐃᑉᐱᒍᓯᒐᔭᕐᒪᖔᕐᒪ ᑕᑯᒃᑯ ᑐᕐᓰᖅ, ᑭᓯᐊᓂ ᖃᐅᔨᓴᕈᒪᑐᐃᓐᓇᕐᒥᔪᖓ ᖃᓄᖅ ᓱᓇᑐᐃᓐᓇᐃᑦ ᑲᑎᑉᐸᓪᒪᖔᑕ, ᐅᐱᓐᓇᕋᓂ ᐃᓱᒪᒋᔭᒃᑲ ᑭᒃᑯᑐᐃᓐᓇᐃᑦ ᑕᐃᒫᒍᖕᖕᒋᑦᑐᖅ ᑕᑯᕝᕙᓂᖕᒋᓐᓂᑦ ᖃᓄᖅ ᓄᓇᖃᖅᑳᕐᓯᒪᔪᑦ ᐊᑐᖅᐸᓪᒪᖔᑕ ᑕᒪᒃᑯᓂᖓ ᓱᓇᑐᐃᓐᓇᕐᓂᒃ ᓴᓇᕈᑎᒋᑦᑐᒍ. ᐃᓱᒪᔪᖓᓕ ᑐᕐᓰᖅ ᐊᒥᓱᐊᓗᓐᓄᑦ ᓱᓇᑐᐃᓐᓇᕐᓄᑦ ᓴᓇᕈᑎᐅᒋᐊᖓ, ᐃᓗᐊᒍᑦ ᐊᒻᒪ ᓯᓚᑖᒍᑦ, ᖃᓄᑭᐊᖅ ᐊᑦᑐᐊᓂᖃᒃᑲᓂᖅᑐᖅ ᑕᖅᕋᓚᐅᑉ ᐅᖃᐅᓯᕆᖅᑲᐅᔭᖓᓄᑦ ᐳᐃᒍᖅᑕᐅᓯᒪᔪᒥᑦ ᐅᕝᕙᔾᔪᓐᓃᑦ ᐊᑯᓐᓂᖓᓂᖕᓂᑦᑐᒥᑦ ᐃᓂᒥᑦ.

ᒪᐃᑏ ᓄᓇᓕᖕᒋᓐᓂ ᑕᐃᓐᓇᑎᑐᑦ ᐃᓚᒋᔭᒪ ᓄᓇᓕᖓᑎᑐᑦ ᕗᐊᑦᑦ ᒪᒃᑰᕆᒥ, ᑐᕐᓰᖅ ᐊᓯᐊᓅᕈᑎᐅᒪᒥᔪᖅ ᐃᓗᐊᓄᑦ ᐊᒻᒪ ᓯᓚᒧᑦ. ᐊᓯᐃᓪᓚᐅᒃ ᕿᓂᖅᑕᕋ ᐃᑉᐱᓐᓂᐊᕈᒪᓪᓗᒍ ᑖᓐᓇ ᐊᓯᐊᓅᕈᑎᐅᔪᖅ, ᐊᓂᒍᓐᓇᕐᓯᓪᓗᖓ ᐅᕝᕙᔾᔪᓐᓃᑦ ᐃᓯᕈᓐᓇᕐᓯᓪᓗᖓ; ᐃᑉᐱᓐᓂᐊᓇᖅᑐᖅ ᐊᖏᓪᓕᒋᐊᕐᓂᕐᒥᑦ ᐅᕝᕙᔾᔪᓐᓃᑦ ᐃᒍᒋᐊᕐᓂᕐᒥᑦ ᐊᒻᒪ ᐱᓯᒪᑎᑐᐃᓐᓇᖅᑐᓂ ᓴᓇᕈᑎᑦᓴᓂᑦ ᐊᑐᓇᐊᖅᑕᖕᓂᒃ ᐊᑐᐃᓐᓇᐅᓗᑎᒃ, ᓖᑦᓗ ᐅᖅᑯᐋᓐᓂᒃ ᑲᒦᓐᓂᒃ ᐅᕝᕙᔾᔪᓐᓃᑦ ᔭᐃᑲᒻᒥᒃ ᐅᕝᕙᔾᔪᓐᓃᑦ ᖃᐅᒪᖅᑕᒌᒥᑦ ᐅᑦᑑᑉ ᐃᓗᐊᓂ ᖃᖓᑐᐃᓐᓇᒃᑯᑦ ᐊᑐᕋᑦᓴᓂᑦ. ᐊᓯᐃᓪᓚᐅᒃ ᖃᐅᔨᓴᓕᓚᐅᖅᑐᖓ, ᓖᑦᓗ ᒥᑭᒋᐊᓕᕆᕕᑎᑐᑦ ᐃᓚᓐᓄᑦ, ᖃᓄᐃᑦᑑᖓᔪᕐᒪᖔᑕ ᑕᐃᒃᑯᐊ ᐃᓂᑦᓴᐅᔪᑦ. ᓯᓚᑖ ᐃᑦᑑᑉ ᐃᓂᒋᔭᑎᑦ ᓴᓇᕈᑎᓕᒫᓄᑦ ᐊᒻᒪ ᐃᑑᓐᓇᖅᑎᓐᓄᑦ ᐊᒥᓚᐅᕈᑎᕈᑑᔭᐃᑦ ᐅᕝᕙᔾᔪᓐᓃᑦ ᐃᖅᑲᓗᓐᓂᒃ ᓵᑦᑑᔭᕐᕕᒋᕝᕙᑦᑕᐃᑦ ᐊᒻᒪ ᑕᒪᒃᑯᓂᖓᒐᓚᒃ, ᐊᒻᒪ ᐃᓱᒪᔪᖓᓕ ᐊᔾᔨᒌᖅᐸᓗᓐᓂᒃ ᑐᑭᓯᒪᓂᖕᒍᓂᖕᒋᓐᓂᑦ ᐃᓂᐅᔪᑦ ᖃᓄᐃᑦᑑᓂᖕᒋᓐᓂᑦ ᐃᓄᐃᑦ ᐊᒻᒪ ᓵᒥ ᓄᓇᓕᖕᒋᓐᓂ. ᐊᔾᔨᒌᖕᒋᑦᑐᖅ,

ᑭᓯᐊᓂ ᐃᓱᒪᒋᔭᒃᑲ ᐊᔾᔾᕇᐸᓗᒃᑯᑦ ᓇᒧᖖᓛᕐᑲᐃᓲᖅᒍᓂᖅᑭᓐᓂᑦ ᐊᑐᐃᓐᓇᐅᕐᑯᑦᑐᑎᑦ ᐊᑐᕈᒪᓕᕐᓂᕈᕕᑎᑦ ᐊᒻᒪ ᐃᓱᒪᓕᐅᕈᑎᐅᔪᖅ ᓴᓗᒪᔪᑰᕝᕙᑦᑐᑦ ᑕᑯᑦᓴᐅᑎᑕᐅᕝᕙᑦᑐᑦ ᐅᕐᑲᓕᒫᓚᕐᓂ ᐅᕐᑲᐅᓯᐅᓚᓯᖖᑭᒻᒪᑕ. ᐅᕝᕙᓐᓄᑦᑕ ᐊᐱᖅᑯᑎᐅᓚᐅᖅᑐᖅ ᐱᔾᔪᑎᕐᑲᖅᑐᖅ ᑕᑯᓐᓇᖕᖑᐊᓂᕐᒥᑦ ᓇᓂᓯᓂᕐᒥᑦ ᐱᔪᒪᔭᕐᓂᒃ, ᑭᖖᒎᒪᓕᕈᕕᐅᒃ. ᐅᕐᑲᕐᓂᐊᕐᔪᓂ ᐊᒻᒪ ᓯᑕᔪᓂ ᕐᑲᓄᖅ ᓯᓇᑐᐃᓐᓇᐃᑦ ᐊᑑᑎᕐᑲᕈᓐᓇᕐᒪᖔᑕ.

ᕐᑮᕕᑯ ᕈᐃᔾ
ᐱᔾᔪᑎᕐᑲᖅᐸ ᐅᖓᑖᓂ ᑐᑭᑕᐊᖓᔪᑯᑖᐸ
ᕐᑲᓄᖅ ᐋᕐᑭᑦᓯᒪᒍᑎᒋᑦᑐᓂᐅᒃ ᕐᑲᓄᖅ ᓴᓇᔭᐅᓯᒪᓂᖓᑕ
ᑕᑯᔭᕐᑲᕐᕕᐅᐸ ᑐᖅᓲᖓᓂᑦ? ᕐᑲᐅᔨᒪᔭᖓ ᐃᑕᒋᔭᐅᑕᐅᕐᒪᑦ
ᐃᓱᒪᒋᔭᐅᑕᐅᖅᑐᒧᑦ ᐃᓗᑦᑎᓯᖅᑕᐅᓂᖓᓂᑦ ᐃᓂᐅᔪᑦ.

ᑎᕙᓂ ᓵᔾ ᐃᓱᒪᒋᔭᐅᑎᓚᐅᖅᑐᖅ ᐅᕐᑲᕐᑲᑕᐅᓚᐅᖅᑎᑦᑐᒍ ᓯᓇᐃᑦ ᓴᓇᔭᐅᓂᐊᖅᑐᑦ ᕐᑲᓄᖅ ᓴᓇᓯᒪᓂᐊᕐᓂᖅᑭᓐᓂᑦ ᑎᑎᖅᑐᓕᖅᑎᐅᔪᖅ, ᓛᒃ ᐸᓇᑦ, ᐱᔾᔪᑎᕐᑲᖅᑐᑎᒃ ᓯᓇᑐᐃᓐᓇᐃᑦ ᐊᓃᖅᓗᒍᓐᓇᕐᓂᖅᑭᓐᓇᓂᑦ. ᐊᒻᒪ ᓴᓇᒍᒪᓚᐅᕐᒪ ᓇᑯᓇᖅᑰᔭᕐᑯᑦᑐᒍ ᐃᓂᐅᔪᖅ ᐃᓱᒪᒃᑯᑦ, ᓇᑯᓇᐃᔭᐃᑐᓂ ᐊᔾᔾᖅᕇᖅᑭᑦᑐᓂᑦ ᐅᓚᒪᐅᑎᓂᑦ ᐊᒻᒪ ᐊᔾᔾᕇᖅᑭᑦᑐᓂᑦ ᐃᐸᐊᕐᔪᓐᓂᒃ ᑕᑯᑦᓴᐅᑭᐊᕐᑯᑦᑐᒍ ᐊᑦᑐᐊᓂᖅᑭᑦ ᓇᐅᒃᑯᑦ ᒪᕐᑰᒃ ᐊᔾᔾᕇᖅᑭᑦᑑᒃ ᓄᓇᕐᔪᐊᒃ.

ᐃᑕ ᑕᓐ ᐃᐅᑦᓴᓐ: ᐄᖅ, ᐃᓱᒪᒋᔭᕐᑲᑦ ᕐᑲᓄᖅ
ᐋᖅᑭᑦᑕᐅᓯᒪᓂᖅᑲᑐᑦ ᐃᓂᐅᔪᒥ ᑭᒃᑯᑐᐃᓐᓇᕐᓄᑦ
ᐃᓱᒪᒋᔭᐅᑕᕈᓐᓇᓇᐊᖅᑲ ᓇᕐᑭᑕᐅᓂᕐᒥᑦ, ᑭᓯᐊᓂᑦᑕᐅᖅ
ᐃᓱᖅᑰᔭᕐᑐᓂ ᓄᑖᓗᑦ ᓄᓇᕐᔪᐊᕐᓗᑦ ᐅᕝᕗᓐᓀᑦ ᑕᐄᓚᑕᒃ
ᐃᑉᐱᓇᕐᓂᕐᒥᑦ ᐃᒡᕕᑦᑐ ᐊᒻᒪ ᑕᕐᑲᕐᑕᐅᑉ ᓇᑯᓇᐃᔭᖅᐸᑦᑕᖅᑲᓐᓂᒃ.
ᐃᑦᑕᓐᓂᐊᑲᓐᓂᕈᑎᐅᕝᕙᑦᑐᖅ ᕐᑲᓄᖅ ᑕᑯᔭᕐᑲᕐᕕᒻᒥ ᐃᓂᐅᔪᖅ
ᕐᑲᓄᐃᑦᑑᑎᑕᐅᓇᓯᐊᕐᒪᖔᖅ.

ᑎᕙᓂ ᓵᔾ ᐊᒻᒪ ᐃᓱᒪᒋᔭᕐᑲ ᓯᕐᑭᓐᓂᑎᖅᐸᑦᑎᐊᓂᖅᑲ ᓴᓇᔭᐅᓯᒪᔪᖅ ᐊᑭᓐᓇᕐᒥ ᐊᑐᖅᑐᒻᒪᓇᐅᓂᖅᑲᑦᑕᐅᖅ. ᓇᑯᓇᐃᔭᐃᔫᔭᖅᑐᖅ ᕐᑲᓄᐃᑎᖅᑲᑦᑎᑦᑖᓂᕐᒥᑦ ᐃᓯᖅᐸᑦᑎᐊᑐᓂ, ᑭᓴᐅᑎᑭᑦᑐᒍ ᐃᒡᕕᑦ ᐃᓂᐅᔪᒃᑯᑦ ᐱᓯᑦᑎᑦᑐᑎᑦ. ᐱᑎᓐᓇᓯᐊᖅᑕᑭᑦ ᐊᑲᐅᓯᓇᖅᑐᒥᑦ ᐊᒻᒪ ᐊᑦᑕᓇᑦᑕᐃᑎᓚᓂᕐᒥᑦ ᐊᒻᒪ ᕐᑲᓄᐃᑎᓴᐅᔾᔭᖅᑭᓐᓂᕐᒥᑦ ᓯᕐᑭᓐᓂᑎᖅᐸᑦᑎᐊᑎᑦᑐᒍ. ᐅᓇ ᓯᕗᑦᑎᖅ ᐊᑐᖅᑕᐅᔪᖅ ᓯᕋᐃᔭᐃᓇᓯᐊᖅᑐᖅ ᐊᒻᒪ ᐋᖅᑭᓯᐃᓇᓯᐊᖅᑐᓂ ᕐᑲᓄᐃᑦᑑᒪᖖᓛᖅᐱᑦ ᐃᓅᑦᑐᑎᑦ ᐅᕙᓂ ᓴᖑᑎᐊᕐᕕᒻᒥ ᐃᓂᒥ, ᐱᐅᔪᐊᑰᑦᑐᓂ ᐃᑦᑐᑕᐅᕐᓂᒃᑯᑦ ᐊᑐᖅᑕᒃᑯᑦ.

ᔭᕗᓇ ᑭᐸᓂᔅ ᐅᕐᑲᐅᓯᕐᑲᖅᑐᖅ ᕐᑲᓄᖅ ᐃᓯᖅᑐᓂ ᐃᑦᑐᒧᑦ ᐃᒪᐃᑎᓇᕐᒪᑦ "ᐊᓯ", ᑭᓯᐊᓂ ᕐᑭᒪᑎᖅᑐᒍ, ᓵᑐᕙᑕᐅᑐᓂ. ᐃᓱᒪᒋᔭᕐᑲ ᑐᕐᓱᖅ ᓴᓇᓯᒪᔪᖅ ᐋᖅᑭᓯᐃᔾᔪᑎᐅᓂᖅᑲᓂᑦ ᑕᒪᒃᐲᓐᓂᒃ. ᑎᑭᒃᑯᕕᐅᒃ, ᐃᓱᒪᓇᑲᐃᓐᓇᖅᑐᖅ ᐆᕗᖅᑲ "ᕐᑲᓄᐃᑎᐅᕐᒪᑕ ᐅᕙᓂ ᐃᓂᒥ? ᓇᒧᑦ ᓅᓐᓂᐊᕐᒪ? ᕐᑲᓄᖅ ᐃᖅᑭᕐᑲᓂᐊᖅᑯᖅᑲ ᐊᑯᓐᓂᖅᑭᒍᑦ?" ᑐᕐᓱᖅ ᒪᑐᓯᒪᖅᑭᑦᑐᖅ – ᐱᓯᒍᓐᓇᖅᑐᑎᒃ ᐊᕝᕙᓗᐊᒍᑦ – ᐊᒻᒪ ᐊᑐᕐᑲᓗᐊᕐᑲᑦᑕ ᓯᓇᓂᑦ ᐃᑕᑦᕐᑲᓇᖅᑰᔭᖅᑐᓂᑦ, ᓲᕐᓗ ᑲᒦᓐᓂᒃ ᐊᒻᒪ ᔭᐃᑲᓐᓂᒃ, ᑐᑭᕐᑲᖅᑐᖅ ᓴᖅᐲᕐᑯᑦᑐᒍ ᐊᑲᐅᑦᑎᐊᖅᑭᓐᓂᕐᒥᑦ.

ᑕᑯᓐᓇᖅᑕᕐᑲ ᕐᑲᓄᖅ ᑎᒦᑦ ᐃᑉᐱᒋᔭᕐᑲᖅᐸᒻᒪᖔᖅ ᐊᐅᓚᑎᑦᑐᑎᑦ ᐊᔾᔾᕇᖅᑎᑐᒃᑯᑦ ᐃᓂᒃᑯᑦ, ᐊᒻᒪ ᐃᓱᒪᖅᑎᑦᑐᒍ ᓴᓗᒪᑐᑯᓗᒦᖅᑲᕐᓂᕐᓂᒃ ᐃᓯᕐᓴᒥᒃ ᐃᓂᒥᒃ ᐃᓯᑕᐅᖅᑭᓂᕐᓂ ᑕᑯᔭᕐᑲᕐᕕᒻᒧᑦ – ᐱᑕᖃᒃᑳᓗᑦᑎᑐᑦ, ᐅᐱᓐᓇᕐᓂ ᓯᓇᑐᐃᓐᓇᐃᑦ ᐋᖅᑭᓯᒪᑦᑎᐊᖅᑐᑦ – ᑕᒪᐅᖓᑐᐃᓐᓈᕐᑯᑦᑐᑎᑦ ᓯᕐᑕᕈᓗᒃ ᐊᓯᐊᓅᑕᐅᖅᑭᓂᕐᓂ ᑕᑯᔭᕐᑲᕐᕕᒻᒧᑦ, ᓴᓇᐅᖓᖓᓄᑦ ᔪᕐᑮᓂᒧ ᐃᓅᑎᐅᑉ, ᐃᑦᑕᓐᓂᒃ ᑕᓖᓃᑐᐃᓐᓈᓂᕐᓂᒃ ᐃᓱᒪᓂᕐᓴᐅᑎᕐᑐᑎᑦ.

ᕌᕕᑯ ᕈᐃᔅ ᐃᓱᒪᓂᖅ ᐊᓯᐊᓅᓐᓂᕐᒥᑦ ᐊᑐᖅᑐᒻᒪᓇᐅᔪᖅ
ᐃᓗᐊᒎᖅᑐᓂ ᑕᑯᔭᒐᖃᕐᕕᐅᑉ, ᐱᓗᐊᖅᑐᒥ
ᐊᔾᔨᒌᖏᑦᑐᑦ ᖃᐅᒪᖏᑦ ᐱᔾᔪᑎᒋᓪᓗᒋᑦ –

ᑎᕙᓂ ᓵᔅ ᐅᑭᐅᖅᑕᖅᑐᒥ ᓄᓇᓕᐅᔪᑦ ᐊᑦᓯᐊᓗᒃ ᐃᓇᖏᖅᑕᐅᓯᒪᓪᓗᐊᓕᕐᒪᑕ, ᐊᒻᒪ ᐃᑉᐱᓐᓇᕆᐊᖃᖅᑐᓂ ᑕᒫᓂᖅᑭᔫᔮᖅᑐᓂ ᓇᓕᐊᓐᓄᕋᖅᑐᓂ ᑕᑯᔭᒐᖃᕐᕕᐅᑉ ᐃᓗᐊᓂ ᐊᒻᒪ ᑕᑯᔭᒐᐅᔪᑦ ᐃᓕᓐᓂᒃ ᐊᔾᔨᒌᖏᑦᑐᒃᑯᑦ ᐃᑉᐱᓇᑦᑐᑦᓴᐅᔫᒐᓗᐊᑦ ᓄᓇᕐᔪᐊᕐᒦᑦᑑᔮᕈᓐᓂᕐᓗᑎᑦ. ᑕᑯᑦᓴᐅᖏᑦᑐᖅ ᑕᖏᖃᖅᑐᓂ ᐃᓗᐊᓂ ᑕᑯᔭᒐᖃᕐᕕᐅᑉ ᓄᓇᓕᕆᔪᑦ – ᓄᓇᑦᑕᖓᑕ ᖃᓄᐃᑦᑑᓂᖓ ᓄᓇᓕᐅᕈᑎᐅᕙᑦᑐᑦ ᐊᔾᔨᒌᖏᑦᑐᓂᑦ. ᐊᓯᐃᓪᓛᒃ ᐊᓯᔾᔩᓪᓗᓂ ᖃᐅᒪᖏᑕ ᖃᓄᐃᑦᑑᔾᔪᓯᖏᓐᓂᑦ ᓇᓕᐊᓐᓄᕋᖅᑐᓂ ᑕᑯᔭᒐᖃᕐᕕᓐᓄᑦ ᐊᑐᖅᑕᐅᔪᓐᓇᖅᑐᖅ ᐊᐅᓚᑎᓐᓂᐊᕐᓗᒍ ᐱᔾᔪᑎᖃᖅᑐᖅ ᓯᓇᒥᑦ. ᖃᐅᔨᒪᖏᑦᑐᖓ ᑭᒃᑯᑐᐃᓐᓇᐃᑦ ᐅᔾᔨᕈᓱᓐᓂᐊᕐᒪᖐᑕ ᖃᐅᒪᓂᒃ ᐊᓯᔾᔩᓗᓂ ᐊᑐᓂ ᑖᒃᑯᓇᓂ ᐃᓂᓂ, ᑭᓯᐊᓂ ᐃᓱᒪᒋᔪᒪᔭᒃᑲ ᖃᓄᐃᒋᓂᐊᕐᓂᖏᓐᓂᑦ ᐃᓱᒪᒃᑯᑦ, ᓲᕐᓗ ᐊᓯᐊᖑᓗᓂ ᑭᓴᐅᑎᐅᓗᓂ ᐃᑉᐱᒋᔭᐅᔪᓐᓇᕐᓗᓂ ᖃᖓᒃᑯᑦ ᐊᕐᖀᒎᑉ ᐃᓗᐊᓂᑦ ᐊᑐᓂ ᓴᓇᙳᐊᖅᑎᐅᑉ ᖃᐅᔨᓴᑦᓚᑎᑦᑕᖏᓐᓂᑦ. ᐊᑐᖅᑕᐅᕙᑦᑐᒃᑯᑦ ᐊᕐᖀᒎᑉ ᐃᓗᐊᓂ. ᑕᐃᒪᐃᓕᐅᕋᓱᓚᐅᕋᓗᐊᖅᑐᖓ.

ᐱᐅᓪᓚᕆᓚᐅᖅᑐᖅ ᑐᑭᓯᓯᒪᓂᐅᔪᖅ ᐅᑭᐅᖅᑕᖅᑐᒥ ᐅᖃᒪᔭᐅᑎᖃᕈᓐᓇᕐᒪᑕ ᐊᕐᖀᒎᑉ ᐃᓗᐊᓂ ᓯᓚᓂᑦ ᐊᑐᖅᐸᓪᒪᑕ 7-ᖑᔪᓂᑦ ᑎᓴᒪᑐᐃᓐᓇᐅᖏᑦᑐᓂᑦ ᐅᖃᐅᓯᕆᒐᔪᑦᑕᑎᓐᓂᒃ. ᐊᓯᔾᔨᐅᑎᖃᓪᓗᑎᓪᓗ ᐅᑭᐅᓈᕐᓂᖓᓂᑦ ᐊᒻᒪ ᐅᑭᐅᖅᑐᒻᒪᓇᐅᓂᖓᓂᑦ ᐊᒻᒪ ᑕᒪᒃᑯᐊᒐᓚᐃᑦ. ᐊᒻᒪ ᐱᑕᖃᕐᒥᔪᖅ ᓵᒥ ᐱᖅᑯᓯᖏᓐᓂ 11-ᖑᓂᖏᓐᓂᑦ ᓯᓚᐃᑦ ᐊᑐᖅᑕᐅᕙᑦᑐᑦ ᐊᕐᖀᒎᑉ ᐃᓗᐊᓂ, ᑐᑭᓯᑦᑎᐊᕐᓯᒪᒍᒪ, ᐅᐃᔾᔮᐸᑦᑐᑦ ᑕᖅᑭᕐᒥᑦ. ᐃᓱᒪᕆᔭᕋ ᑕᒪᓐᓇ ᐊᓯᔾᔨᐅᑎᖅᓯᓂᐅᔪᖅ ᐅᖅᑲᒪᔭᐅᑎᐅᔪᓐᓇᑦᓯᐊᕐᒪᑦ ᑭᒃᑯᑐᐃᓐᓇᕐᓄᑦ ᓄᓇᖅᑲᕐᓯᒪᔪᓄᑦ ᐃᓚᒋᔪᐅᒍᕕᑦ ᐅᐱᓐᓇᕋᓂ ᖃᖓᐅᑕᓴᐃᒻᒪᑦ ᓄᓇᒦᒍᑎᒋᕙᑦᑕᕗᑦ ᓇᒥ.

ᖁᕕᐊᕆᓚᐅᕐᒥᔭᕋ ᖃᓄᖅ ᐊᑐᓂ ᓴᓇᙳᐊᖅᑏᑦ ᐅᕙᓐᓄᑦ ᐅᖅᑦᑕᐅᑎᒋᔭᓐᓇᓚᐅᕐᒪᑕ ᖃᖓᒃᑯᑦ ᐊᕐᖀᒎᑉ ᐃᓗᐊᓂ ᖁᕕᐊᕆᑖᕆᒻᒪᖔᒍ, ᐊᒻᒪ ᓇᓗᓇᐃᔭᐃᒍᓐᓇᐸᑦᑐᑎᒃ ᖃᓄᖅ ᖃᐅᒪᓂᕐᒥᑦ ᐱᐅᕆᔭᖅᓯᓂᖏᓐᓂᑦ ᖃᖓᒃᑯᑦ ᐊᕐᖀᒎᑉ ᐃᓗᐊᓂ, ᓇᓗᓇᐃᔭᐃᒍᑎᒋᔪᓐᓇᑦᑎᐊᓚᐅᖅᑯ ᐃᓱᒪᒋᔭᒃᑯᑦ ᑖᓐᓇᓪᓗᐊᖑᓐᓂᑎᐊᖓ ᐅᖅᑲᐅᓯᓇᓯᐊᕐᓗᒍ ᐊᖏᕐᓴᖅ ᐱᓪᓗᒍ. ᐅᐱᓐᓇᕋᓂ ᖃᓱᖅ ᐃᑉᐱᕆᓴᖅᑲᐸᓪᒪᖔᖅᐱᑦ ᐊᖏᕐᓴᒥ, ᐃᓱᒪᒋᓴᖅᑲᑕᓴᐃᒐᕕᑦ ᓯᓇᒍᐃᓐᓇᕐᓂᒃ ᖁᕕᐊᒋᓴᕐᓂᒃ, ᐅᕝᕙᓘᓐᓃᑦ ᓇᓪᓕᒋᓴᕐᓂᒃ, ᐃᓱᒪᓇᕐᒥᔪᖅ ᐊᖏᕐᓴᖅ ᐱᓪᓗᒍ ᐊᑦᑕᓇᔅᓴᐃᓯᒪᓂᖅ. ᑕᒪᓐᓇ ᑕᑯᓐᓇᕐᓂᐅᔪᖅ ᐅᕙᓐᓄᑦ ᐱᔾᔪᑎᖃᖅᑲᕐᓯᒪᔪᓂᑦ ᐊᑲᐅᖁᔭᓂᐅᔪᖅ ᐃᖏᕐᓴᑎᓪᓗᒋᑦ ᐃᓂᒋᓴᐅᔪᒃᑯᑦ. ᑕᒪᓐᓇ ᑕᕝᕙ ᓯᕗᓪᓚᐅᑎᒍᒪᔭᕋ. ᐃᓚᒃᑲᑕ ᐅᐸᓗᐊᕈᓐᓇᖏᑦᑐᑦ ᑕᑯᔭᒐᖃᕐᕕᓐᓄᑦ. ᐃᓱᒪᒋᕙᑦᑕᒃᑲ ᐊᖏᔪᖅᑲᒃᑲ ᐊᑦᓯᐊᓗᒃ, ᐅᕝᕙᓘᓐᓃᑦ ᐊᓈᓇᑦᓯᐊᕋ, ᐅᕝᕙᓘᓐᓃᑦ ᐃᓪᓗᒃᑲ ᖃᑕᙳᑎᑦᓴᒃᑲ, ᐊᒻᒪ ᖃᓯᐅᖅᓯᕐᑭᒪᐸᑦᑕᕗᑦ ᐃᓱᒪᖁᓪᓗᒋᑦ ᐱᒻᒪᕆᐅᓂᖏᓐᓂᑦ ᑕᒪᒃᑯᓇᓂ ᐃᓂᓂ ᐊᒻᒪ ᐃᓕᑕᕆᓴᐅᕙᒻᒪᑕ ᑕᒪᒃᑯᓄᖓ ᐊᒻᒪ ᐅᖃᐅᓯᐅᕙᒻᒪᑕ.

ᕌᕕᑯ ᕈᐃᔅ ᑐᓴᕈᒪᔪᖓ ᓇᓗᓇᐃᔭᐃᒍᓐᓇᕈᕕᑦ
ᓯᓇᓂᑦ ᑭᒃᑯᑐᐃᓐᓇᐃᑦ ᑕᑯᓐᓇᓴᔭᕐᒪᖔᑕ ᐊᒻᒪ
ᐃᓱᒪᒋᓴᖅᑲᓴᔭᕐᒪᖔᑕ ᐃᓯᕈᑎᒃ ᑕᑯᔭᒐᖃᕐᕕᓐᓄᑦ
ᓴᓇᓯᒪᔭᓯ ᐱᑕᖅᑲᑎᓪᓗᒍ ᐊᓯᓐᓇᔭᕐᓗ ᐊᒻᒪ ᐃᕝᕕᑦ.

ᑎᕙᓂ ᓵᔅ ᐆ, ᐃᓱᒪᒋᓴᕋᓚ ᐊᓯᓐᓇᔭᖅ ᐆᒥᖓ ᓇᓗᓇᐃᔭᐃᔪᓐᓇᓂᓴᐅᓂᖓᓂᑦ, ᐅᐱᓐᓇᕋᓂ ᐃᓱᒪᒋᕋᖓ ᐱᓪᓗᐊᑕᐅᓪᒪᑦ ᐊᑐᕐᓯᒪᔭᖓᓄᑦ. ᐃᑲᔪᕐᓯᕋᓱᓚᐅᖅᑐᖓ

ᖃᓄᖅ ᐃᓱᒪᒋᓕᕐᓂᕐᒪᖕᖒᒋᑦ ᑕᖕᒋᓕᒃᑯᑦ ᐊᒻᒪ ᓴᓇᓯᒪᔭᖕᒋᒍᑦ. ᐃᓱᒪᒋᔭᐅᔪᖅ ᑐᑭᓯᔭᕋᓕ ᐊᓯᓐᓇᔭᖅ ᖃᐅᔨᓴᓚᐅᕐᓂᖕᖑᓂᑦ ᐱᑦᓗᒍ ᐊᖕᒋᕐᕋᖅ, ᐃᓂᐅᔪᖅ ᐅᖅᑯᐃᕙᒋᔪᓐᓇᖅᑕᐃᑦ ᓅᑦᑕᑎᑦᓗᑎᑦ ᐊᔾᔩᖕᒋᑐᒃᑯᑦ ᓯᓚᒃᑯᑦ ᐊᕐᕌᒎᑉ ᐃᓗᐊᓂ. ᐅᖃᐅᓯᖃᓚᐅᖅᑐᖅ ᒪᕐᕈᓐᓂᒃ ᐊᔾᔩᖕᒋᑑᓐᓂᒃ ᖁᓕᓅᓂᒃ: ᐊᐃᑉᐸᖑ ᐅᖅᑯᐃᕙᒋᔪᓐᓇᖅᑕᐃᑦ ᐊᒻᒪ ᐃᓚᒋᔭᕙᑦ ᐊᒻᒪ ᐊᐃᑉᐸᖑ ᐃᓂᐅᓗᓂ ᐊᐅᓚᑦᓗᓂ ᐊᓪᓗᐊᒍᑦ ᖃᓄᑐᐃᓐᓇᑦᑎᐊᖅ ᐋᖅᑭᒍᓐᓇᖅᑐᒍ ᐃᓪᕙᑦ ᐊᑐᕆᒪᔭᒃᑯᑦ, ᐃᓂᑭᑲᐃᓐᓇᓂᐊᖅᑐᒍ ᑲᒥᕙᑦ ᐃᓂᑭᑲᐃᓐᓇᓂᐊᕐᒪᒍ ᐅᓪᓗᔫᓐᓃᑦ ᐊᓯᐊᓄᑦ ᓯᓇᒃᑯᑖᒧᑦ. ᐃᓯᒪᔭᖅ ᑐᖅᓰᒥᑦ ᐊᓯᐊᒍᑦ ᐊᑐᕐᓂᐊᕐᓗᒍ ᐊᑕᐅᑦᑎᒃᑯᑦ ᐊᑐᖅᑕᐅᔭᓐᓇᕐᓗᓂ ᓄᓇᒧᑦ.

ᐅᖃᐅᓯᖃᓚᐅᕐᒥᔪᖅ ᖃᓄᖅ ᓄᓇᑦᑕᖑ ᐃᓗᐊᓅᕈᓐᓇᕐᒪᖔᖅ ᐃᓂᐅᑉ, ᐊᒻᒪ ᐊᔾᔩᖕᒋᑦᑐᓂᑦ ᐊᑐᖅᐸᓚᐅᖅᑐᒍᑦ ᐃᑉᐱᓐᓂᐊᓂᖅ ᐊᑐᖅᑐᒍ ᐊᑐᖅᑕᐅᓰᖕᒍᔭᖅ ᓇᓗᓇᐃᔭᐃᓚᓈᕐᓂ ᓯᓇᑐᐃᓐᓇᕐᒥᑦ ᑕᐃᓖᑦᑐᐊᖅ. ᐊᐱᕆᓕᓚᐅᕐᒥᔪᖅ ᐊᐱᖅᑯᑎᑦᑎᐊᕚᓗᒻᒥᑦ: “ᓯᓂᓚᐅᕐᓯᒪᕖᑦ ᓄᓇᒥ ᑎᖕᒋᐅᔭᐃᑦ ᖄᖕᒋᓐᓂ?” ᑕᒪᓐᓇ ᐊᑐᕈᒪᓪᓚᕆᑦᑕᕋ ᖃᖕᖑᑐᐃᓐᓇᖅ. ᐅᖃᓚᐅᖅᑐᖅ ᑎᖕᖑᐅᔭᐃᑦ ᐊᔾᔨᖃᐸᓗᑦᑎᐊᕐᒪᑕ ᐃᓂᓪᓚᐅᑎᒥᑦ ᐃᖅᑲᐅᒪᒍᓐᓇᖅᑐᒥᑦ ᐊᓪᓚᓂᕐᒥᑦ, ᐊᒻᒪ ᑕᒪᓐᓇ ᐊᑐᓚᐅᕐᓯᒪᔭᖑ ᐃᑦᓯᕙᐅᑕᒨᕈᒪᓚᐅᖅᑕᖑ ᐃᓗᐊᓃᑦᑐᒧᑦ ᐅᖅᑯᐃᕙᐅᑉ. ᐃᑦᓯᕙᐅᑕᐅᔪᖅ ᓇᓗᓇᐃᔭᐃᒍᑎᐅᓇᓯᐊᖅᑐᖅ ᓵᑦᑑᔭᒥᑦ ᐅᔭᖅᑲᒥᑦ ᐃᓚᒌᓄᑦ ᐊᑐᖅᑕᐅᕙᓚᐅᖅᑐᒥᑦ ᐃᖅᑲᓗᓕᕙᐅᓗᓂ, ᓂᕆᕙᕆᕙᓚᐅᖅᑕᒥᓂᒃ ᐊᒻᒪ ᐃᕐᓴᕙᖕᒋᓐᓂᑦ ᕿᒪᐃᕙᐅᕙᑦᑐᓂ ᑎᒻᒥᐊᓄᑦ ᐳᑯᓇᕙᐅᕐᑯᑦᓗᒍ. ᐅᖃᐅᓯᖃᓯᐊᖅᑐᖅ ᑕᒪᑦᓯᒥᖑ ᓄᓇᓕᐅᑉ ᐃᓗᐊᓂ, ᐃᓚᒋᓄᑦ ᐆᒪᖅᑯᑎᐅᓗᓂ, ᐊᒻᒪ ᐃᓂᒋᔭᐅᓗᓂ ᐃᑦᓯᕙᐅᑕᕐᒥ, ᐊᒻᒪ ᑕᒪᓐᓇ ᐱᑦᑐᒍ ᐅᖃᐅᓯᖃᓇᐊᓕᓚᐅᖅᑐᒍᒃ ᖃᓄᖅ ᑕᐅᑦᑐᖃᕐᓂᐊᕐᒪᖔᖅ.

ᓴᓇᔭᐅᓯᒪᔪᖅ ᓇᑐᓇᐃᔭᐃᑎᐅᔪᖅ ᐃᒡᓗᒧᑦ ᐊᒻᒪ ᕿᔩᑐᓂ – ᑕᑯᓇᒋᐊᕐᓯᒪᔪᒧᑦ ᐸᒃᒥᓐᓴᑐᕐ ᕝᕗᑐᕐ ᓴᓇᐅᖑᒋᓐᓂᑦ – ᓴᓇᔭᑦᓴᐅᑐᑎᒃ ᐊᔾᔨᖅᐸᑐᒍᓐᓇᖅᑐᑎᒃ ᓯᑯᓂᑦ. ᐊᒻᒪ ᑕᑯᓐᓇᙳᐊᓚᐅᖅᑐᖅ ᓂᕈᒥᑦᑐᒥᑦ ᓹᑦᑐᑯᓗᒻᒥᑦ ᖃᑦᑐᓈᖅᑕᒥᑦ ᐊᒥᐊᕐᓯᒪᓗᓂ ᑎᖕᒋᐅᔭᙳᐊᓂᑦ ᐅᕙᕘᓐᓃᑦ ᖁᐊᔭᐅᑏᑦ ᐊᔾᔨᓚᐅᕐᓯᒪᔭᖕᒋᑦ ᖄᖑᓃᑎᑦᑐᒍ ᓴᓇᖑᐅᑉ, ᖁᓕᓅᑦᑑᔭᓕᖅᑐᓂ.

ᓯᓐᓇᑦᑐᒦᑦᑑᔭᖅᑐᖅ, ᐅᐱᓐᓇᕋᓂ ᑕᒃᑯᐊ ᐃᓂᐅᔪᑦ ᑕᑯᓐᓇᙳᐊᕈᓐᓇᖕᒋᑕᒃᑲ ᑭᓯᐊᓂ ᐱᑦᓚᓇᐅᔫᖅᑐᑦ ᑖᑦᓯᒪᒍᖑ. ᐃᓯᒪᒋᔭᕋ ᐅᓇ ᐅᖃᒪᔭᐅᑎᖃᖅᓂᕗᒃ ᐊᔅᑲᖅᑑᔭᖅᓯᒪᓪᓚᑦ ᐃᓯᒪᓂᒃ ᑲᑎᖅᓯᐃᓂᖅᒥᑦ ᖃᓄᖅ ᑕᐃᒃᑯᐊ ᐊᑐᖅᑕᐅᓯᒪᔭᑦ ᑕᖕᒋᑖᖅᑯᑦᓗᒋᑦ. ᐅᖃᐅᓯᖃᓯᐸᓚᐅᖅᑐᒍᑦ ᓯᓇᑐᐃᓐᓇᖅᓂᒃ ᓄᓇᒥ ᑐᕿᖃᖅᑐᓄᑦ ᑖᑦᓯᒍᖑ, ᐊᒻᒪ ᐃᓯᒪᒋᔭᒃᑲ ᑭᒃᑯᑐᐃᓐᓇᐃᑦ ᑕᒪᐅᖑᖃᐃᖑᒥᒃ ᐃᓂᒋᔭᒍᑦ ᐅᕿᑦᓚᕙᑦᓚᖃᔭᖅᓂᖕᒋᓐᓂᑦ ᐊᒻᒪ ᑕᑯᓇᒋᐊᖅᑐᑎᒃ ᓯᕗᓂᖅᒍᑦ ᖃᓄᖅ ᓴᓇᐅᖑᐃᑦ ᓄᓇᒦᒍᓐᓇᕐᒪᖔᑕ ᐅᕙᕘᓐᓃᑦ ᓇᔪᖅᑕᐅᒍᓐᓇᕐᒪᖔᑕ ᓄᓇᒥ.

ᑐᓴᕈᒥᓇᓪᓚᕆᑦᑐᖅ ᖃᓄᖅ ᒪᓐᓇ ᖃᓄᐃᓕᐅᕈᑎᐅᔪᖅ ᖃᐃᓂᖑᓂᑦ ᐊᐱᖅᑯᑎᒍᑦ ᐊᖕᒋᕐᕋᖅ ᓯᓇᐅᓂᖑᓂᑦ ᓴᓇᙳᐊᖅᑎᐅᑉ ᐃᑉᐱᕆᒍᑦ ᐃᓪᓗᓯᓴᓂᑦ ᓴᓇᖕᖑᐊᖅᑎᐅᑉ ᐃᑉᐱᖕᒋᑕᖕᒋᒍᑦ. ᐃᓪᓗᓚᐅᖅᑎᓄᑦ ᐅᖃᐅᓯᐅᕙᑦᑐᑦ ᐱᓪᓗᒋᑦ ᓄᓇᖃᖅᑲᖅᓯᒪᔭᑦ ᓇᓗᓇᐃᔭᐃᑎᖕᒋᒍᑦ ᓯᓚ ᓯᒃᑰᔭᖅ, ᓯᓚ ᐱᑕᖃᖕᒋᑦᑐᑦ ᐃᑉᐱᕆᔭᐅᔾᔪᑎᓂᑦ ᐊᒻᒪ ᐃᑲᔫᑎᑦᓴᓂᑦ ᐱᓪᓗᒋᑦ ᐊᑦᑕᓇᔾᔭᐃᕐᓯᒪᒍᑎᖕᒋᑦ ᑕᒪᒃᑯᐊ ᐅᖃᐅᑎᑦᓴᐃᑦ, ᓴᓇᙳᐊᖅᑐᓕᕆᓂᒃᑯᑦ ᐃᓂᒋᔭᐅᔭᓂᑦ ᐅᖃᐅᓯᐅᕙᑦᑐᑦ ᓯᕗᒧᐊᑦᓯᒪᓂᖅᓴᐅᓕᖅᑎᑦᑐᒋᑦ ᑲᓇᑕᒥ. ᐃᓯᒪᒋᔭᕋᓗᐊᒃᑲ ᑭᒃᑯᑐᐃᓐᓇᐃᑦ ᑐᑭᓯᔭᓐᓇᖅᑯᑦᓗᒋᑦ ᒪᓐᓇ ᐃᓚᒋᔭᐅᔭᕆᐊᖕᖑᓄᑦ ᐅᖃᒪᔭᐅᑎᖅᓂᖅᒥᑦ ᐅᑭᐅᖅᑕᖅᑐᒥ ᓇᓗᓇᐃᔭᐃᑎᖕᒋᓐᓂᑦ ᐱᑐᒍ ᐊᖕᒋᕐᕋᐅᔭᑦ ᐊᒻᒪ ᐊᒥᓯᓂᑦ ᐊᓯᖃᑎᐊᒥᓪᓚᑕ.

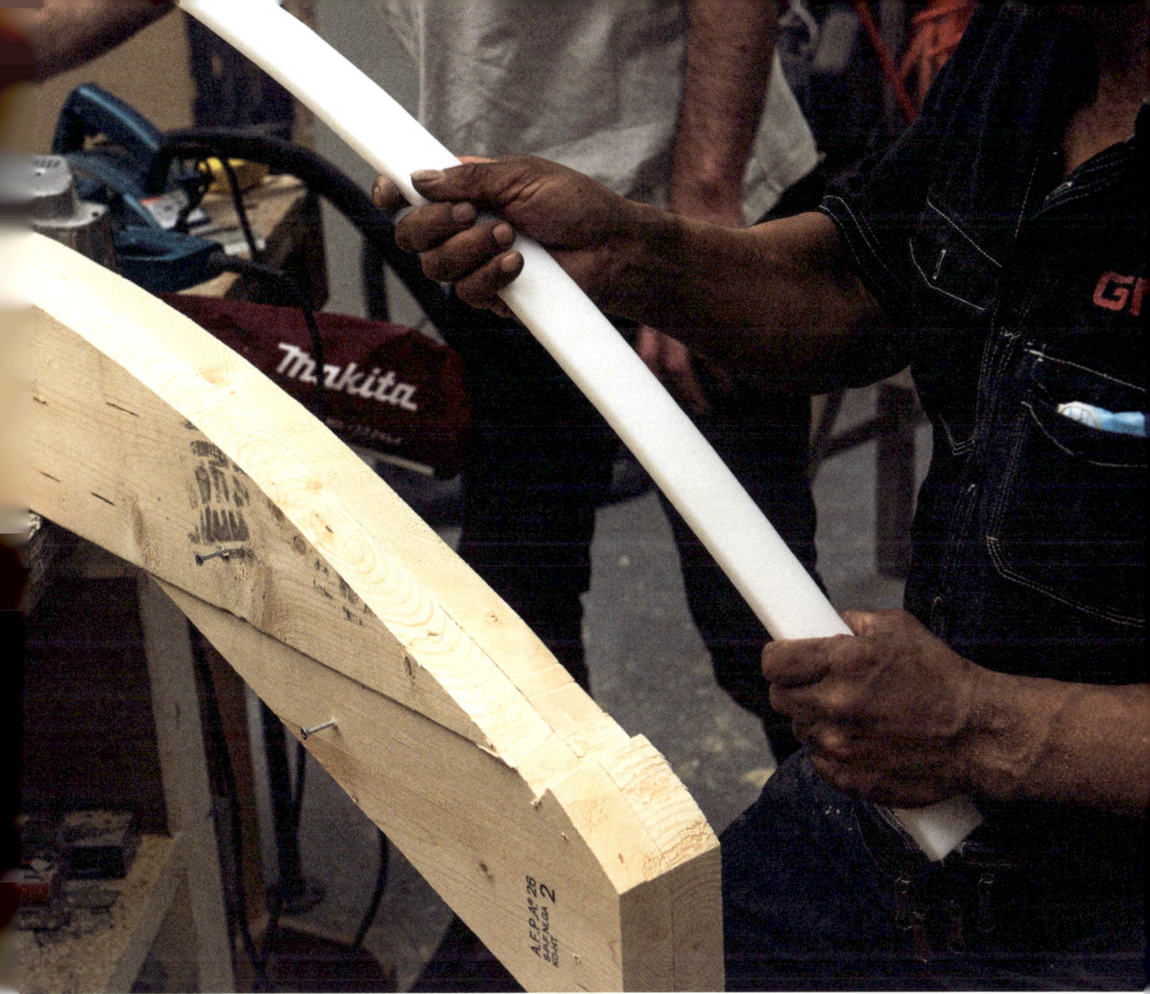

ᓚᐅᕆᑎ ᐊᕐᓇᑦᑎᐊᖅ ᖃᒧᑎᓕᐅᖅᑐᖅ ᑖᓯᒧᖓ ᐊᖏᕐᕋᒧᑦ / *Ruovttu Guvlui / Towards Home* ᑕᑯᔅᓴᐅᑎᑕᐅᔪᖅ ᐃᑲᔪᖅᑕᐅᓪᓗᑎᒃ ᒪᑎᐅ ᓛᒻᐹᕐᒧᑦ, 2022

Laurentio Arnatsiaq duddjo qamutiik nammasaš reaga ᐊᖏᕐᕋᒧᑦ / *Ruovttu Guvlui / Towards Home* čájáhussii Mathieu Lambert vehkiin, 2022

Laurentio Arnatsiaq builds a qamutiik for the ᐊᖏᕐᕋᒧᑦ / *Ruovttu Guvlui / Towards Home* exhibition with the help of Mathieu Lambert, 2022

Rafico Ruiz ja Ella den Elzen ságastallamin Tiffany Shaw:in

LANJA HÁBMEN RUKTUI

ᐃᓄᒃᑎᑐᑦ-188
English-200

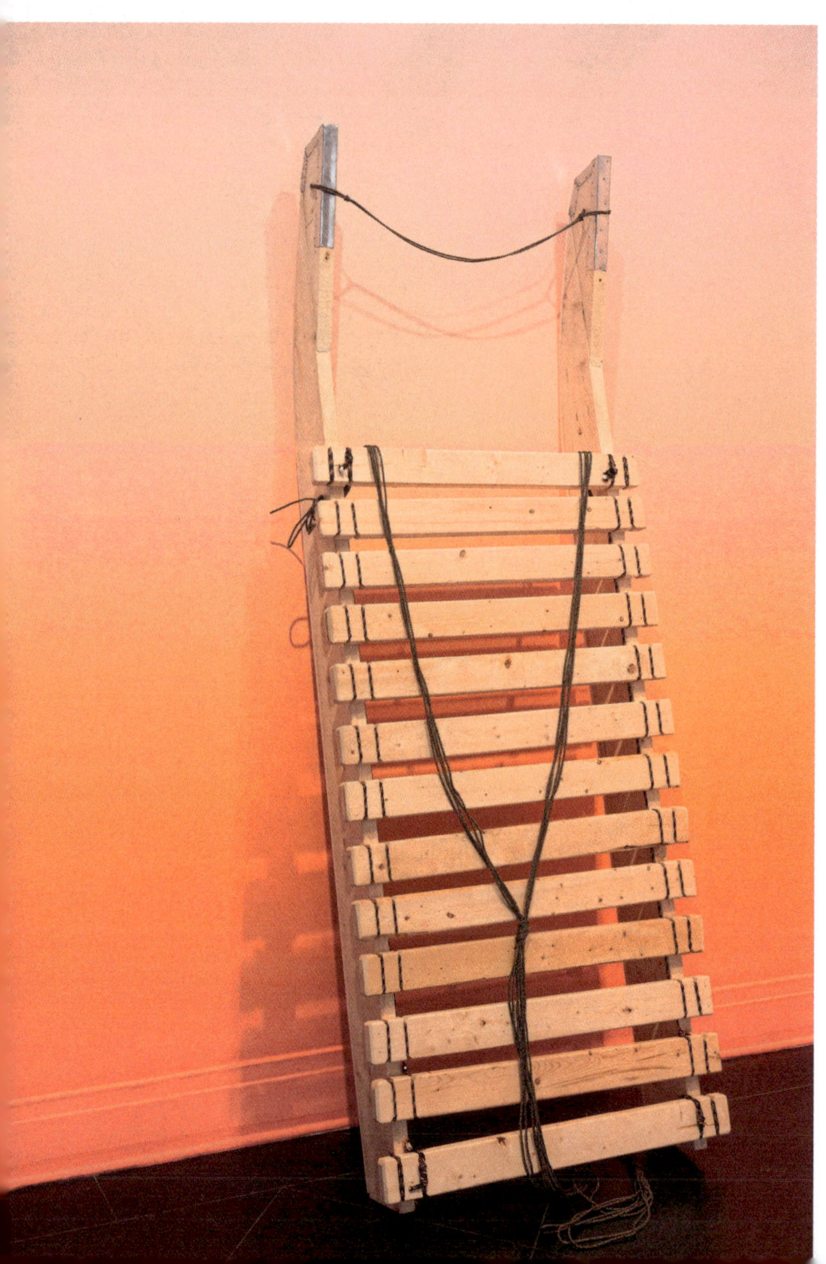

ᕐᑲᒧᑏᒃ ᐃᓱᕐᕕᐅᐸ ᕐᑲᓂᒋᔮᓂᕐᑐᑦ ᐊᖏᕐᕋᒧᑦ
Ruovttu Guvlui / Towards Home
ᑕᑯᔭᒐᕐᑲᕐᕕᐊᓂᒃ 2022

Qamutiik árbevirolaš reahka ᐊᖏᕐᕋᒧ
Ruovttu Guvlui / Towards Home čájáhusa uskkádagas, 2022

Qamutiik at the entrance of the ᐊᖏᕐᕋᒧᑦ / *Ruovttu Guvlui / Towards Home* exhibition, 2022

Rafico Ruiz: Mun háliidan álgit gažaldagain, man lean jearran nuppiin ovttasbargoguimmiin, geat leat mielde dán prošeavttas, mii lea: Maid mearkkaša *Angirramut*, *Ruovttu Guvlui* ja *Towards Home* dutnje? Mun dieđán, ahte don lahkanat dáid gielaide eará sajádagas go kuráhtorjoavkku nuppit lahtut.

Tiffany Shaw: Mun lean smiehtadan, mo kuráhtorat leat boahtán boddii jurdaga, maid eana mearkkaša sidjiide ruovttu gorrái. Munnje čielggai sakkarahkan, go Taqralik [Partridge] sártnui vajálduvvan, oaidnemeahttun dahje guođáhallan guovlluin, dannego dat duođaidge deattasta báikkiid gos jáhkán eatnat eamiolbmuid orostallat, muhto maid eará olbmot eai oainne. Mun lean maid jurddašallan das, ahte olbmuin galgá atnit olmmošárvvu doppe gos sii orrot ja mo sii ellet ruovttu gorrái. Dát leat gažaldagat mat leat bisson mu jurdagis: Go olbmot vázzet čájáhusa čađa, mo dat boktá sin dovdat ahte sii leat laktašuvvan dán eanadahkii eará láhkai go ruktui?

Vuohki mo lean geahččalan lasihit dan gillii, lea ávnnasidea bokte: Biergasiid maid eamiolbmot davvin oidne iežaset birrasis, mat laktet sin dán oktavuhtii.

RR Juos duššе muitalat iežat sajádagas, dalán go boađát olgofeaskárii mii lea čájáhusa uskkádagas, maid jáhkát iežat dovdat go leat vuosttas geardde dan lanjas?

TS In dieđe sihkkarit, maid dovddažan go oainnán olgofeaskára, muhto maid beroštuvan guorahallat, lea mo ávdnasat čoggojit, dannego jáhkán olbmuid dávjá boastut árvvoštallat, mo eamiolbmot geavahit dáid ávdnasiid bargobierggasin. Jáhkán olgofeaskára gaskaoapmin máŋgga áššái, siste ja olgun, mii muhtin láhkai guoská fas Taqralik' poeŋŋii dán vajálduvvan dahje gaskalanja birra.

Métis báikegottiin, nugo doppe gos mu bearaš boahtá Fort McMurray:s, lea olgofeaskkir maiddái gaskalatnja olggu ja siskki gaskkas. Nu ahte, maid mun ozan, lea dovdat dán rasttideami, mas lean gearggus mannat olggos dahje gearggus mannat sisa: Dovdat viidáneami dahje gáržuma, ja dovdat ahte olbmos leat biergasat maid dárbbaša, nugo liegga gápmagat dahje liegga bivttas dahje lubmalámpá, iešguđet áiggiide beaivvis. Lean časkilan veaháš, nugo iehčan bearraša bivdduslåhtu, makkárin dat sajit leat oaidnit. Guoradan viesu olggobealde, gosa bidjat buot reaidduid ja biergasiid osten várás dahje guliid buhtistan ja bassin várás ja dakkáriid, ja mun dovddan ahte mis inuihta ja sámi báikegottiin lea ovtta lágan latnjaáddejupmi. Ii leat seamma áššI, muhto dovddan ahte mii bidjalit biergasiid dohko gos daid dárbbaša, ja buhtes, čorges estetihkka man gávnnat bláđiin, ii leat deatalaš. Gažaldat mu mielas leai oainnusmahttit, ahte olmmoš gávdná dan maid dárbbaša dallego dan dárbbaša. Dalle lea rehálaš ja vuoiga dan hárrái, mo olmmoš dahká biergasiid anolažžan.

RR Leago čohkkes dahje čárvásan linnjá jierpmálaš vuođuštus, mii lea hábmehan čájáhusa dákkárin? Mun dieđán, ahte leai osohahkii saji lanjasteami govahallan dihtii.

TS Dat bođii sártnodeamis gráfalaš hábmejeddjiin, Mark Bennett, projekšuvnna birra. Ja mun háliidin, ahte mii muhtin láhkai segoldahttit lanja, dainna lágiin ahte meroštallat iešguđet áksáid ja iešguđet ciehppagiid dakkár vuohkin, mainna deattastit ovttastusa guovtti goappat lágan máilmmi gaskkas.

Ella den Elzen: Na, mun jáhkán vuohki mo dat lea ordnejuvvon latnjii, addá olbmuide dakkár dovddu, ahte dáppe lea bahkat, muhto maiddái ahte olmmoš lávke ođđa máilbmái, dahje addá dakkár dovddu man doai Taqralik:in govvideidde. Dat duođaidge dahká, ahte olbmot duvdiluvvojit dádjadit mas čájáhuslanjas lea sáhka.

TS Ja mun jáhkán, ahte beaivvášbadjáneapmi mii čájehuvvo seainnis, lea maid mávssolaš. Dat lea dego várrehus, gosa guvlui galggat go čákŋalat sisa, dego áŋkor man duohken sáhtát iežat rohttet latnjii go boađát sisa. Mun geahččalan addit dutnje muhtin lágan vuogas dovddu ja oadjebasvuođa ja dorvvolašvuođa beaivvášbadjáneami bokte. Dát vuosttas galleriija geahččalan ollislašvuohtan biđget ja čohkket, mo don leat olmmožin dán rasttidanlanjas, mii lea stuorra arkitektuvrralaš bodda.

Jeffrey Kipnis muitala, mo dat go čákŋalat huksehussii boktá "aha" botta dovddu, muhto mii báhcá veaháš suivadin go guođát dan. Mun jáhkán olgofeaskára ráhkadus veahkeha čoavdit dán polariteahta. Go ollet dohko, de boktá dat dakkár dovddu, ahte "Mii dán lanjas dáhpáhuvvá? Gosa mun sirddán? Mo mun rievddan latnjaráigge?" Olgofeaskkir ii leat áidojuvvon gitta, don sáhtát vázzit dan birra. Vaikko mii geavahit oahpes dávviriid, nugo gápmagiid ja biktasiid, de lea oaivvilduvvon dahkat veaháš unohisvuođa dovddu.

Mun gidden fuopmášumi dasa, maid du rumaš dovdá jođidettiin lanjaid mielde. Ja go jurddaša, ahte don boađát dan hirbmat buhtes guhkesfeaskkirlanjas ovdalgo čákŋalat čájáhussii, mas lea dát klassihkalaš mihtilmasvuođa láhki, dannego visot lea nu čábbát ráhkaduvvon, de lea jurdda duvdit du veahéš boitosii ovdalgo lávket nuppi galleriijai, man Geronimo Inutiq lea hutkan, ja mii duvdá du vel guhkkelii boitosebbui.

RR Dát jáhkku rasttideami birra lea čoavdda olles čájáhusa čađa, earenoamážit iešguđetlágan čuovgadilálašvuođain...

TS Davviálbmotjoavkkut leat eanaš vuodjeluvvon eret iežaset eatnamiin, ja jurdda livččii ahte dát eretvuodjeluvvon dovdu galgá leat juohke sajis, gosa manat čájáhusa geahčadettiin, ja doaivvu mielde ruohtastuhttet dávvirat du iešguđetlágan dovdduide, mat leat veahéš badjellunddolaččat. Dat mii ii leat fysihkalaččat galleriija siste, lea čujuhus eatnamii, lea oainnat eanadat mii hábme iešguhtege servodaga iešguđegeláganin. Danne leat čuovgadilálašvuođat mat molsašuvvet du jođidettiin galleriijaid gaskka vuohki dán čujuhusa buvttihit. Mun in dieđe fuomášitgo olbmot, ahte čuovga molsašuvvá iešguhtege sajiin lanjain, muhto jáhkán goitge ahte sii merkojit dan rumašlaččat, dego nubbi áŋkor mii galggašii dahkat, ahte dovdet jahkodaga, man iešguhtege dáiddár lea duođaid diđošteamen. Ja mun geahččalin nu bures go sáhtten ráhkadit dan nu, ahte johtá gierdun iešguđet jahkodagaid mielde. Dat leai goit mu viggamuš.

Mii leai duođaid čáppat, leai áddet ahte davvin hállet čieža jahkodaga birra eaige njealji jahkodaga birra, main mii dáppe dábálaččat hállat. Doppe čilgejit dárkilit árradálvvi ja gaskadálvvi ja dan dakkáriid. Ja de leat muhtin sámi kultuvrrain oktanuppelogi jahkodaga, juos áddežan riekta, mat jorret mánu birra. Jáhkán dákkár dárkomiid jahkodagaid molsašuvvama dáfus leamen aiddo fal dakkár sártnodeapmi, masa eanaš olbmot sáhttet laktásit, juos sii fal leat eamiolbmot, dannego dáinna lágiin mii meannudit eatnamiin.

Liikon maiddái dasa, go juohke dáiddár dalánaga máhtii muitalit, guhte jahkodat leai su jiellatjahkodat, ja dasto válddahit čuovgakvaliteahta man son oidá iešguhtege jahkodagas. Dát duođaštii munnje, ahte dát lea rivttes jáhkku ja govahallan, man galgat váldit mielde ruovttu jurddašeapmái. Dannego dáinna lágiin han olmmoš loaktá ruovttus, go jurddaša áššiin ja biergasiin, maidda liiko dahje maid eahccá, ja maiddái go jurddaša ruovttu birra dorvvolaš báikin. Dán čájáhusas lea munnje duođaid sáhka eamiolbmuid oaččuheamis dovdat sulolašvuođa jođidettiin lanjaid čađa. Dat lea mu váldovuoruhus. Mu bearaš ii fina dávjá galleriijain. Jurddašan hui olu váhnemiiddán birra, dahje áhku, dahje oarpmeliid ja vilbeliid birra, ja háliidan gávdnat vugiid mat dahket ahte sii dovdet iežaset deaŧalažžan dáin lanjain ja sajiin, ja ahte dat lea juoga maid sii áicet ja maid birra ságastallojuvvo.

RR Mun lean sáhkkii gullat, sáhtášit-go čilget maid olbmot gehččet ja maid sii dovdet go mannet galleriijai, gos asinnajaq ja du installašuvdna lea.

TS Já, mun jáhkán asinnajaq livččii sakka čeahpit čilget dán, dannego su geahččančiehka lea hui earenoamáš su bearašvásihusa dáfus. Mun geahččalin doarjut su go son hoksái ideaid rumašlaš vuogi mielde ja ieš ráhkadusa dáfusge. Jurddašanvuohki man mun ádden, ahte asinnajaq leai diđošteamen, leai jurdda das mii ruoktu lea, sadji mii addá dutnje suoji jođidettiin iešguhtege jahkodahkii. Son muitalii guovtti goappatlágan gearddádagas: Nubbi mii lea suodji dutnje alccet ja du bearrašii, ja nubbi fas nuppáldas latnja mii johtá dan birra nu, ahte sáhtát molsut dan nugo dárbbašat, nugo gaskaboddasaš lanja gosa sáhtát rádjat gápmagiiddát dahje eará biergasiid. Son jurddaša olgofeaskkirfuomášumi birra eará lágan ávkejurddašanvuogi mielde, mii hui bures doaibmá eatnamiin.

Son maid muitalii, mo eanadat sáhtášii sirdašuvvat latnjii, ja moai geahččaleimme moatti iešguđetlágan gaskaoami, dainna jurdagiin ahte makkár dovddu oaččut go it čilge juoidá dárkilit. Son jearai hui fiinna jearaldaga: "Leatgo goassege nohkastan oađđensajis sámmáliid alde?" Háliidivččen áinnas vásihit dan goas nu. Son muitalii, ahte sámmálat leat measta dego muitosokta, ja ahte dat addet dovddiidusa, man son háliidivččii buktit stullui mii lea suojis. Ieš dat beaŋka galggašii muittuhit ráktolágan geađggi, man alde su bearaš čollii ja čuohpai guliid, maid galge málestit ja maid bázahasaid guđđe lottiide biebmun. Son geahččala čujuhit dákkár vuohkái govahallat searvevuođa, bearraša birgejumi ja saji beaŋkkas, ja dat lea mo moai ságastallagođiime, makkár nehkui dat galggai šaddat.

Ieš hámádat čujuha ilglui, ja lea ráhkaduvvon muorranáhpoliin. Moai letne geahččan Buckminster Fuller vadni hámádagaid, main šaddet hámit mat sulastahttet jiekŋabalduid. Ja son govahalai čađačuovgi dahje jersey gođđosa, masa leat deaddiluvvon govat sámmáliin dahje jeahkáliin, maid son ieš lea govven vai beassá láhčit hámádaga badjel ja ráhkadit nuppi gearddádaga.

Lea measta dego niehkoeanadat, dannego dáid lanjaid in báljo máhte govahallat, muhto dat leat sutnje duođalaččat. Mu mielas dát sártnodeapmi lea leamaš dego guokte miellalági leaba gávnnadan dahkat daid vásihusaid rumašlažžan. Moai vikkaime čujuhit vissis osiide eanadagas, mat sutnje mearkkašit juoidá, ja mun jáhkán ahte go olbmot čákŋalit dán latnjii, sii dovdet dihto gehppesvuođa ja geahčastaga boahtteáigái, mo ráhkadusat sáhttet oamastit eatnama dahje oamastuvvot eatnamis.

Lea miellagiddevaš, mo dát čájáhus geahččá gažaldaga ruovttu hárrái dáiddára linssa čađa dan ovdii go arkitektuvrralaš linssa čađa. Arkitektuvrralaš ságastallan álgoálbmogiid identitehtas lea ain hui heittot, ja das váilot olu investeremat ja nannejumit dáid ságastallamiid dorvvolašvuhtii, seammás go dáidda-latnja-ságastallan lea sakkarat ovdánan Kanádas. Mun sávan, ahte olbmot áddejit ahte dát lea dušše okta vuohki digaštallat davveidentitehta ruovttu birra, ja ahte doppe leat máŋga eará digaštallama.

ᓴᓇᕐᕈᑏᑦ ᑕᑯᒃᓴᐅᔪᑦ ᑐᖅᑰᖅᒥᑦ, ᐱᓕᕆᐊᖑᔪᖅ ᑕᕐᕋᓕᒃ ᐹᑐᕆᑦᔪᑦ ᐊᒻᒪᓗ ᑎᕙᓂ ᔖᑦ, ᑕᑯᔭᒐᖅᑲᕝᕕᖕᒥᑦ ᐊᖏᕐᕋᒧᑦ / *Ruovttu Guvlui / Towards Home*, 2022

Olgofeaskkir installašuvnna oidnolat, Taqralik Partridge ja Tiffany Shaw dahkan konseapta, čájáhusas ᐊᖏᕐᕋᒧᑦ / *Ruovttu Guvlui / Towards Home*, 2022

Installation view of *The Porch*, concept by Taqralik Partridge and Tiffany Shaw, in the exhibition ᐊᖏᕐᕋᒧᑦ / *Ruovttu Guvlui / Towards Home*, 2022

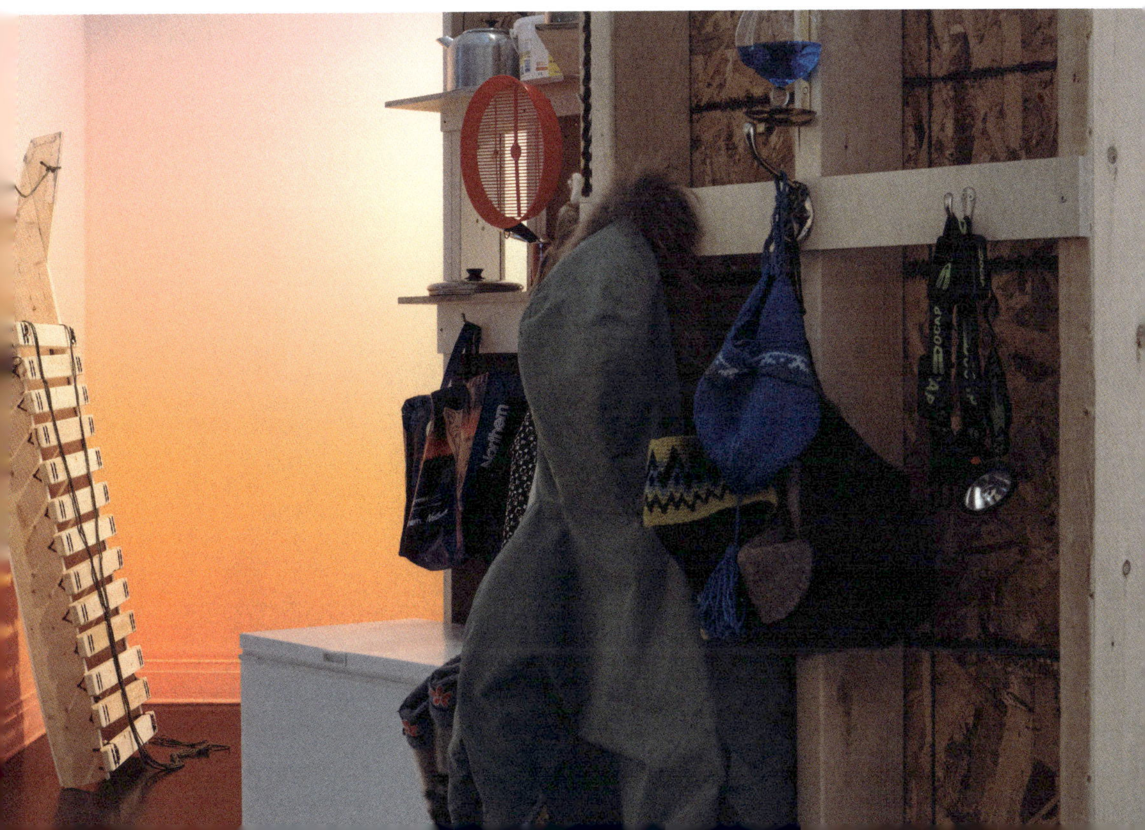

Rafico Ruiz
and Ella den Elzen
in conversation
with Tiffany Shaw

DESIGNING A SPACE FOR HOME

ᐃᓄᒃᑎᑐᑦ-188
Sámegiella-194

ᑕᑯᒃᓴᐅᑎᑕᐅᔪᖅ ᔨᕉᓂᒧ ᐃᓅᑎᐅᑉ ᑐᐱᐊᓂᑦ ᑐᖅᓗᓛᖅᐳᖓ ᐊᖏᕐᕋᒧᑦ, ᑕᑯᔭᒐᖅᑲᖅᕕᖕᒥ ᑕᑯᒃᓴᐅᑎᑕᐅᔪᖅ ᐊᖏᕐᕋᒧᑦ / *Ruovttu Guvlui / Towards Home*, 2022

Installašuvdnaoidnolat ohcci tealtái Geronimo Inutiq installašuvnnas *I'm Calling Home [Riŋgemin ruoktot]*, čájáhusas ᐊᖏᕐᕋᒧᑦ / *Ruovttu Guvlui / Towards Home*, 2022

Installation view of the prospector's tent in Geronimo Inutiq's installation *I'm Calling Home*, in the exhibition ᐊᖏᕐᕋᒧᑦ / *Ruovttu Guvlui / Towards Home*, 2022

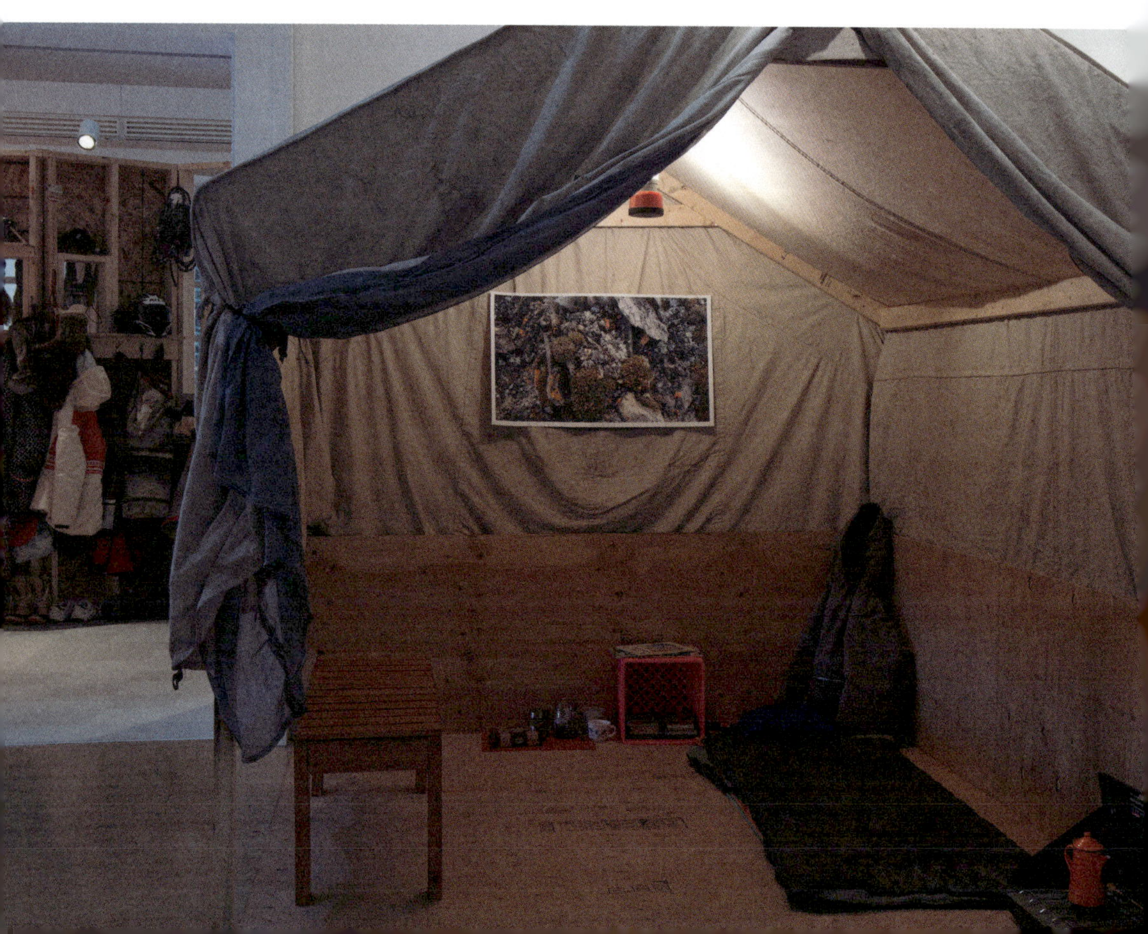

Rafico Ruiz: I'd like to start with a question that I've asked other collaborators involved in this project, which is: what does *Angirramut* (ᐊᖏᕐᕋᒧᑦ), *Ruovttu Guvlui*, and *Towards Home* mean to you? I know you approach these languages from a different position than other members in the curatorial team.

Tiffany Shaw: I've been trying to reflect on how the curators have come to the idea of what land means to them in relation to home. It was very clear for me when Taqralik [Partridge] was talking about forgotten, invisible, or throwaway spaces, because it really highlights the place that I think a lot of Indigenous people occupy but that other people do not see. I have also been thinking about this idea of giving people dignity in where they live and how they live in relation to home. These are questions that I've been keeping in the back of my mind; as people walk through the exhibition, how will it make them feel to connect to this landscape differently in relation to home?

One way that I've been trying to add to that language is through the idea of materials: things that Indigenous people in the North would see in their environment, to root themselves to this context.

RR Just speaking from your own position, once you come into the porch that stands at the entrance to the exhibition—what do you think you're going to feel when you're in that space for the first time?

TS I'm not sure what I'll feel when I see the porch, but what I'm interested to investigate is how materials come together, because what I think people often misjudge is how Indigenous people use these materials as a tool. I think that the porch is a tool for many things, on the inside and on the outside, which somehow relates again to Taqralik's point about this forgotten or in-between space.

In Métis communities like the one my family comes from in Fort McMurray, the porch is also a transition space between inside and outside. So what I'm looking for to feel is this transition, where I'm ready to go out or I'm ready to go in: a feeling of expansion or contraction and having the tools that you need at your disposal, like warm boots or a warm jacket or a flashlight for different times of day. So I've been doing some research, like on the trapline for my family, about what these places look like. The outside portion of the house is where you put all the tools and all the items to do tanning or to fry fish and things like that, and so I feel like there is a similar understanding of space as in Inuit and

Sámi communities. It's not the same thing, but I feel there is a similarity of putting things where you need them and the idea that the clean aesthetic that you'll find in magazines is not the point. The question for me was about the visualization of finding what you need, when you need it. It's to be honest and truthful about how to make things useful.

RR Is there a rationale behind the serrated or compressed line that drives the design of the exhibition porch? I know it was partly for this notion of compartmentalizing space.

TS It came from a conversation with a graphic designer, Mark Bennett, about projection. And what I wanted to do was to create a confusion of space in a sense, by defining different axes and different pockets as a way to emphasize that connection between two different worlds.

Ella den Elzen: Yes, I think that the way that it's arranged in the space gives people that sense of compression, but also of entering into a new world or that kind of feeling that you and Taqralik kept describing. It really reorients them towards what the exhibition space is meant to be about.

TS And I think that the sunrise represented on the wall is crucial, too. It's like a notification of orientation as you come in, an anchor to pull yourself to as you move into the space. I'm trying to give you some level of comfort and safety and security through the sunrise. This first gallery as a whole is trying to disassemble and assemble how you are as a person in this transition space, which is a great architectural moment.

Jeffrey Kipnis talks about how when you enter a building there's this "Aha" moment, but as you leave it, it's a little bit flat. I think the porch structure helps solve this polarity. When you arrive to it, there is this moment of "What is happening in this space? Where do I move? How do I flow through?" The porch is not enclosed—you can walk around it—and even though we are using items that seem familiar, such as boots and jackets, it is meant to create a bit of discomfort.

I'm focusing on what your body feels as you move through the different spaces, and considering that you come from this very clean corridor space before you enter the exhibition—with this classical kind of character, because everything is well proportioned—the idea is to decentre you a little bit before you go into the next gallery, conceived by Geronimo Inutiq, which will decentre you even more.

RR This notion of transition is key throughout the exhibition, especially with the different lighting conditions—

TS Northern communities have largely been displaced, and there is supposed to be this dislocated feeling wherever you're going in the exhibition and hopefully the objects root you to different feelings that are a bit unearthly. What isn't physically present inside of the gallery is the reference to land—it's the landscape that forms each community differently. So changing lighting conditions as you move between galleries is a way to generate that reference. I don't know if people will notice the lighting changing in each of these spaces, but I'd like to at least think that it will matter for them again physiologically, like another anchor so that they can get into a sense of time of year that each artist is really exploring. And I tried my best to make it go in a full circle through the different seasons. That was my attempt.

What was really beautiful was understanding that up North there's this conversation around seven seasons instead of four that we typically talk about. There's the refinement on an early winter and a deep winter and things like that. And then also in some Sámi cultures they have eleven seasons that, if I understand correctly, revolve around the moon. I think that this refinement of seasonality is exactly the kind of conversation that most people can plug into if you are Indigenous because it's how we move about the land.

I also like that each artist was able to tell me immediately what their favourite season was, and then describe the quality of light they liked in each season, which made me feel even more affirmed that this is the right notion to bring into this concept of home. Because that's how you feel at home, when you think about things that you like or enjoy or love, also thinking about home in terms of safety. This exhibition for me is really about making Indigenous people feel comfortable moving through the space. That is the main priority that I have. My family doesn't often go into galleries. I think about my parents a lot, or my grandma, or my cousins, and I want to find ways to make them feel that they are important in these spaces and that this is something that they recognize and is being talked about.

RR I'm curious if you could describe what people would be looking at and feeling when they walk into the gallery with the installation by asinnajaq and you.

TS Oh, I think asinnajaq would be much better to describe this, because her point of view is very particular to her family experience. I was trying to support how she came to the ideas in a physical way and with the structure itself. The concept that I understand that asinnajaq was exploring was around the idea of a home, a place to shelter you moving into different seasons. She was talking about two different layers: one to shelter you and your family and a secondary space that moves around it so that you can shift it as you need, like a temporary space where you can store your boots or some other kind of equipment. She's thinking about the porch idea in another kind of utilitarian way that works really well with the land.

She also talked about how the landscape could move into the space, and we tried a few different devices in terms of the feeling you get by not describing something exactly. She asked a really beautiful question: "Have you ever slept in a bed of moss?" I would love to experience this at some point. She said that moss almost acts like memory foam, and that's an experience that she wanted to bring to the seat inside the shelter. The bench itself is supposed to reference a slate-type rock that her family was cutting fish on, that they would feast on and then leave the remnants for the birds to come and pick up. She's trying to reference this type of notion around community, family nourishment, and location in a bench, and that's how we started to discuss what it should look like.

The structure itself is a reference to the igloo and is made out of wood dowels—we've been looking at Buckminster Fuller's tensile structures—that create shapes similar to ice floes. And then she imagined a sheer or jersey fabric printed with images of moss or lichen that she photographed herself to lay over top of the structure, to create that second layer.

It's almost like a dreamscape, because these spaces are not quite imaginable to me but they are very real for her. I feel like this conversation has been very much like a meeting of minds of how to make those experiences physical. We really tried to reference certain elements in the landscape that mean something to her, and I think that when people come into this space they will feel a certain lightness and a look to the future of how structures can occupy land or be occupied on land.

It's interesting how this exhibition comes at the question of home through an artist lens rather than an architectural lens. The architectural conversation around Indigenous identity is still very poor, still lacking a lot of investment and reinforcement around the safety of these conversations, whereas the art-space conversation is much more advanced in Canada. I hope that people can understand that this is just one way of discussing Northern identity around home and that there are many others.

ᑕᑯᒃᓴᐅᑎᑕᐅᔪᖅ ᐊᖕᒋᕐᕋᒧᑦ / *Ruovtto Guvlui / Towards Home* ᑕᑯᔭᒐᖅᑲᕐᕕᖕᒥ, 2022

Installašuvdnaoidnolat čájáhusas ᐊᖕᒋᕐᕋᒧᑦ / *Ruovttu Guvlui / Towards Home*, 2022

Installation view of the ᐊᖕᒋᕐᕋᒧᑦ / *Ruovttu Guvlui / Towards Home* exhibition, 2022

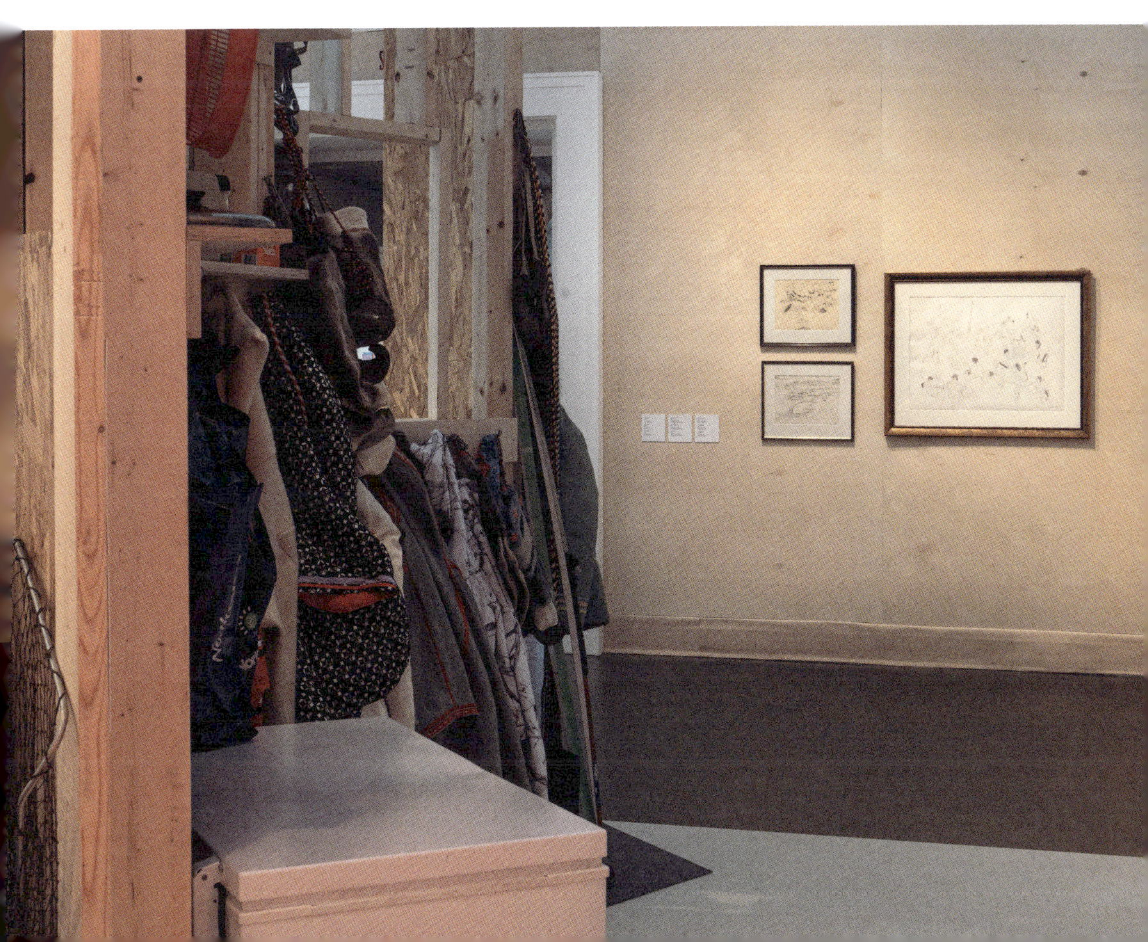

Robyn Adams

ᐃᓄᒃᑎᑐᑦ

ᓄᓇᒧᑦ ᐅᑎᕐᓂᖅ
ᓇᐹᖅᑐᓕᒡᔪᐊᕐᒦᓗᖕᒐ
ᐊᓈᓇᑦᑎᐊᓐᓄᑦ, ᐲᓇᑦ ᐋᑕᒻᔅ
1942-2023

Sámegiella

VUOVDDIS IEHČAN
OAVNNJIL
Iehčan áhkkui,
Reynalde Adams
(née Curé) 1942–2023

English

IN THE FOREST AFTER I
For my granny,
Reynalde Adams
(née Curé) 1942–2023

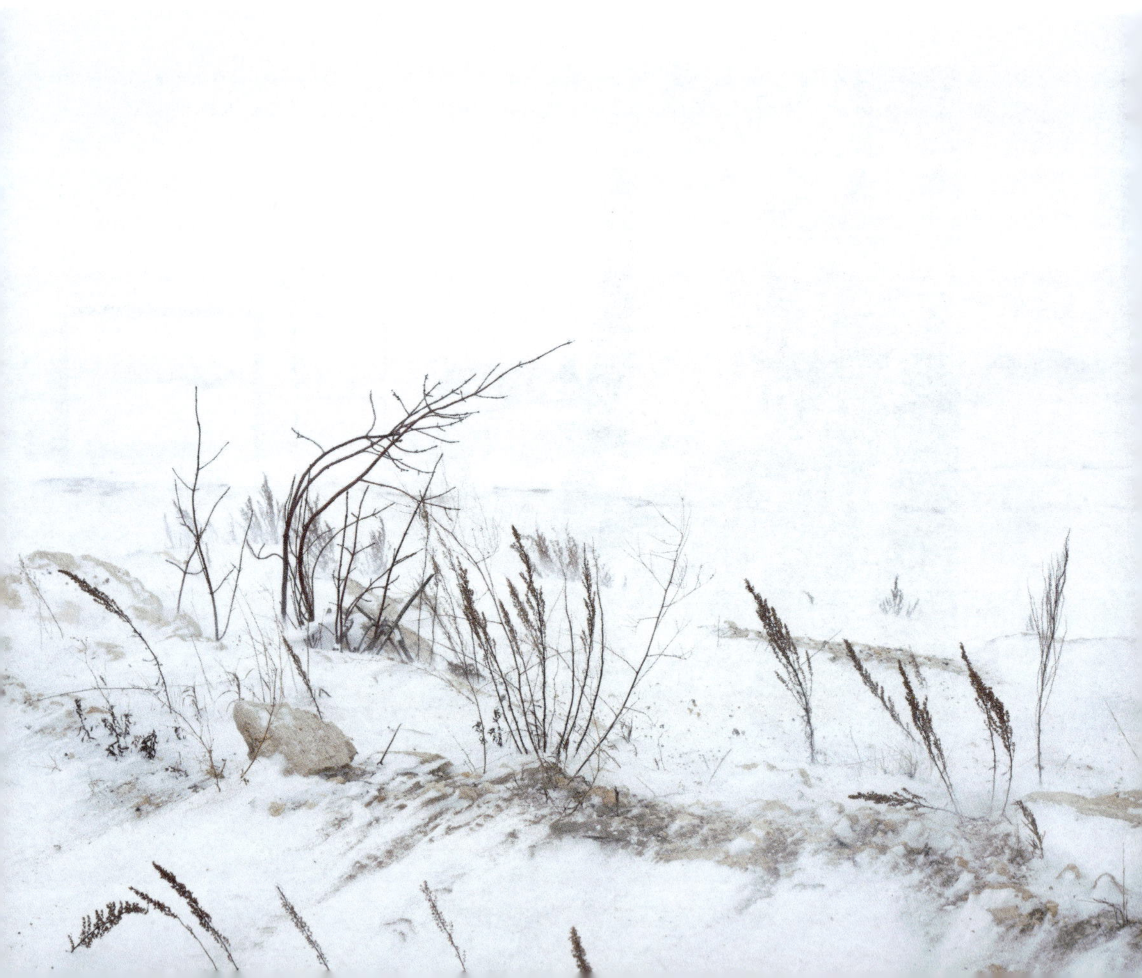

ᐋᓈᓇᒪ ᑕᕐᓂᖓᑕ ᑐᐹᒃᑎᑉᐹᖓ
ᐊᓂᕐᓂᕋᓗ ᐊᓯᔾᔨᖅᕈᓂ
ᓲᕐᓗ ᐃᓗᐃᑦᑑᓕᖅᕈᓂ, ᐅᕐᑭᖕᖏᖅᑰᔮᓕᖅᕈᓂᓗ,
ᑭᓯᐊᓂᓕ ᓲᕐᓗ ᐅᕐᑭᑦᑑᓪᓗᓂ.

ᐅᓂᒃᑳᓂᒃ ᖃᐅᔨᑎᑦᑎᓪᓗᑎᒃ ᓲᕐᓗ ᓇᐹᖅᑐᕕᓂᕐᒥᒃ
ᐃᓚᖓᓂᒃ ᐃᑭᑎᑕᐅᔪᑦ ᑐᓴᖅᓴᐅᓂᖓ ᓲᕐᓗ
ᐊᑖᑕᒪ ᐅᖃᕈᓐᓇᐃᓪᓕᓂᖓᓂᒃ ᓂᐱᖓᑦᑐᑦ
ᑐᓴᖅᓴᐅᓪᓗᓂ, ᐃᕈᐊᖅᓴᐅᑎᑦᑐᑦ ᑐᓂᔭᐅᔪᑎᑦᑐᑦ
ᐃᑭᓐᓂᖓ ᖃᐅᒪᑦᑎᐊᖅᕈᓂ.
ᐳᔪᖅ ᑕᑯᒃᓴᐅᔪᖅ ᐅᐃᔾᔩᖅᕈᓂ, ᐃᖕᖏᖅᓯᔪᖅ.
ᑕᑯᔪᓐᓇᑦᑎᐊᖅᑕᒃᑲ ᐊᒻᒪᓗ ᐃᒃᐱᒋᓪᓗᒋᑦ.
ᐊᐱᕆᒍᖓ (ᐃᓗᒻᒧᑦ) ᑕᑯᔭᐅᔪᒪᓪᓗᖓ -
ᑐᓴᖅᑕᐅᔪᓐᓇᕐᒪᖔᕐᒪ.
ᑎᒥᒐ ᐱᓂᖅᓴᐅᓕᖅᐳᖅ, ᑎᒥᖓ ᐃᕕᑦ
ᐱᒋᓕᖅᐸᐃᑦ,
ᐊᒻᒪᓗ ᑕᐃᒪ ᐃᓯᒐᒃᑲ ᑖᒪᓂ ᓇᐹᖅᑐᓕᖕᒥᑦ
ᓇᖏᖅᐳᑦ, ᑕᑯᓕᖅᕈᖓᓗ ᐃᖅᑲᐅᒪᔪᖕᖏᓐᓂᒃ
ᐅᕙᖓ ᐃᖅᑲᐅᒪᔭᓐᓂᒃ.

ᐋᓈᓇᑦᑎᐊᕋ ᐃᒃᓯᕚᖅᐳᖅ ᓲᕐᓗ ᓄᑕᕋᑯᓗᒃᑎᑐᑦ,
ᐅᕙᖓᓗ ᐃᒃᓯᕚᕆᒍᖓ ᓄᑕᕋᑯᓗᒃᑎᑐᑦ.

ᖃᐅᔨᒪᑦᑎᐊᖅᑐᖅ ᓄᓇᒥᑦ ᐊᒡᒐᖓᑎᑐᑦ
ᖃᐅᔨᒪᑎᑭᔭᖓ. ᐸᐅᕐᖓᓂᒃ ᐊᒍᖅᑲᑦᑕᖅᑐᖅ

Buot mu eatni vuoiŋŋat bokte mu.
Mu vuoiŋŋahat earáhuvai –
šattai veagalaččabun, lossat, muhto
geahpas mu siste.

Sii čájehedje munnje
muitalusaideaset, sedermuoraid
ruožadettiin dolas dego mu ádjá
gahkkin, dálkasiid attáldaga njivžžu
buolidettiin.
Devde suova, joradedje, jođašedje.
Ožžon oaidnit sin ja dovdat sin. Bivden
(iehčan siste) sin oaidnit mu –
oaidnit gulletgo aitto mu.
Dál, mu rumaš eambbo, mu rumaš du,
ja go mu juolggit ledje vuovdevuođus,
oidnen sin muittuid mu iehčan muittuin.

Mu áhkku čohkká mánnán, mun čohk-
kán mánnán.

Son gullá eatnama gieđaidisguin.
Son murje miestagiid siste Rat River
gáttis. Mun murjen Red River gáttis.
Golladan áigebottaid beaivvádagas,

All my mother's spirits woke me.
My breath changed—
became more full, heavy, but light from within.

They showed me their stories as the cedar from the fire
crackled like my grandfather's stutter, the gift of medicines
burned bright.
Filled smoke circling, moving.
I could see them and feel them. I asked (inside) for them
to see me—to see if they could hear me.
Now, my body more, my body yours,
and while my feet were on the forest floor, I saw
their memories in my memories.

My granny sits as a child, I sit as a child.

ᐃᒪᖅ ᖃᐅᔨᒪᔭᕋ. ᒍᓇᐃᐱᒥᑦ ᑕᓯᖓ
ᑕᑯᒃᓴᐅᔪᖅ ᑕᕙᖓᖅ ᕕᓗ ᕿᑭᖅᑕᖓᓂᒃ,
ᑭᒻᓕ, ᒪᓂᑑᐸᒥᑦ. ᐊᔾᔨᓕᐅᖅᑕᐅᔪᖅ ᐅᒧᖓ
ᕋᐱᓐ ᐋᑕᒻᔅ

Mu oahpes čázit. Winnipeg jávrái oidnolat Willow Island:s, Gimli:s, Manitoba:s. Fotografiija Robyn Adams bokte

The water I know. Lake Winnipeg seen from Willow Island, Gimli, Manitoba. Photograph by Robyn Adams

ᑕᒫᓂ ᕿᑦ ᑰᖕᒐᓂᑦ. ᐅᕙᖕᒐᓗ ᐸᐅᕐᖕᒐᓂᒃ
ᐊᕗᕐᑲᑦᑕᕆᕗᖕᒐ ᑕᒫᓂ ᕈᐃᑦᒥᑦ. ᐅᑦᓗᒃᑯᑦ
ᐃᒃᑲᕐᕋᓂᒃ ᐊᒥᓯᓂᒃ ᑕᒫᓃᕐᑲᑦᑕᕐᒃᐳᖕᒐ,
ᓯᓚᕐᕆᓕᕐᒃᖢᖕᒐᓗ. ᓄᑲᕇᒃ ᐃᖕᓚᑲᑕᒃᖢᑎᒃ
ᐸᐅᕐᖕᒐᓂᒃ ᐴᕐᑲᐃᑎᑦᓗᒋᑦ, ᒫᒫᓐ.

ᐃᖕᓗᕐᑲᕐᒃᐳᒍᑦ ᑕᒫᓂ ᓈᐹᕐᒃᑐᓕᖕᒥᑦ
ᐃᖕᓗᕗᑦᓗ ᓴᓇᔭᐅᓯᒪᑦᓗᓂ ᓈᐹᕐᒃᑐᖃᓂᕐᓂᒃ
ᓂ ᐹᐹ ᐱᕈᕐᒃᐸᒃᑐᑦ ᐃᖕᓗᖕᒐᑦᑕ ᐃᒐᓛᖕᒐᑕ
ᓯᓚᑎᑦᑎᐊᖕᒐᓂ. ᑕᒃᑯᐊ ᕐᑭᔪᐃᕐᒃ ᐃᖕᓗᒋᔭᕗᑦ
ᓲᕐᓗ ᓇᖕᒍᐊᕐᒃᑎᑐᑦ ᐱᓯᒪᔪᑦ ᑕᐃᒪᓐᓇᑎᑐᑦ ᓴᓕ
ᓴᓐᕆᐊᓐᑦ, ᑕᐃᒪᓐᓇᑎᑐᑦ ᐃᖕᓗᕗᑦ ᓴᓇᓯᒪᔪᑦ ᒪᕋᕐᓂᒃ
ᐃᓚᕐᑲᕐᒃᖢᑎᒃ.

ᐊᖕᒐᕗᑦ ᓄᓯᒃᓯᕙᒃᑐᑦ ᐱᕈᑐᓂᒃ
ᐊᒻᒪᓗ ᑎᒍᕙᒃᖢᒋᑦ
ᓲᕐᓗ ᒥᒃᓯᐊᑎᑐᑦ ᑭᐱᔭᐅᑦᓗᓂ.

ᓄᓇ ᐲᔭᕐᒃᖢᒍ, ᑕᒪᐅᖕᒐᓗ ᑲᑕᒃᐳᕐᒃ
ᐱᕈᕐᒃᑐᑦ ᑲᑕᒐᕐᒃᖢᑎᒃ
ᓲᕐᓗ ᐸᓚᐅᒑᑎᑐᑦ ᑲᑕᒐᕐᒃᖢᑎᒃ.

ᐃᕐᒃᑲᐅᒪᔪᒃᓴᐅᕗᓯ ᐸᓚᐅᒑ ᐴᕆᕙᒃᑕᖕᒋᓐᓂᒃ
ᓇᓂᑐᐃᓐᓇᕐᒃ.
ᐊᕐᓇᖕᒎᔾᔪᑏᑦᓗ ᑕᕐᒃᓴᖕᒋᑦ ᐲᕐᒃᑎᑕᐅᑦᓗᑎᒃ.

beaivváža áfin cummistan liiki. Son
ja su oappát čaibmet deavddidettiin
eabbáriiddiset *poor maamaan*.

Mii orrut ovttas lanjas man birastaht-
tet boaldinmuorat maid *ni paapaa* lea
murren ja mat šaddet dastán sin lása
olggobealde. Bardojuvvon boaldin-
muorat čárvot min ruovttu dego gieđa
gassa dávttit *chalef changeant* birra,
laktaviessu mas leat semeantadielkkut
hirsagaskkain.
Suorpmat rohttejit ruohttasiid
ja dohppejit daid
dego náhpečoali livčče čuohppamin.

Savdnjilit muoldda eret, luonit gahččet
ja botkasit nuppiid šattuid ala
dego sevlejuvvon jáffut.

Don muittát daid jáffoseahkaid juohke
sajis.
Preanttat biktasiin báiton bassamis
čađain.
Du gieđat gorrot juohke árppu sávdnjin,

She knows the land through her hands. She picks berries in the bushes along Rat River. I pick berries along the Red. Spending the hours of the day in the sun, tanned kissed skin. She and her sisters laugh as they fill up buckets *poor maamaan*.

We live together in a room hugged by wood harvested from *ni paapaa* which grew just outside their window. The logs wrap our home like thick knuckles around *chalef changeant*, a dovetail home with patches of cement between each log.

Fingers pull the roots
and grab
like cutting the umbilical cord.
Shaking off the soil, the dirt falls
and sprinkles on the other plants

ᐊᒡᒐᑎᑦᑐ ᒥᖅᓱᖅᐳᑦ ᑕᒪᐅᓇ ᑭᑐᖕᒋᑦᑎᒍᑦ,
ᐱᕈᖅᓱᐊᑎᑐᑦ ᐃᓚᑦ ᐱᕈᖅᑎᑕᖕᒋᑦᑎᑐᑦ -
ᐃᓚᑦ ᒥᖅᓱᖅᑕᖕᒋᑦᑎᑐᑦ.

ᐊᒃᓴᓗᐊᑦ ᓕᐅ ᓵᕆᑦ
ᐅᐃᔾᔮᖅᔪᓂ ᑕᒪᐅᓇ ᐃᓚᑦ ᐃᓂᒋᔭᖕᒐᑦᑎᒍᑦ,
ᓲᕐᓗ ᑐᒥᑎᑦ ᐃᓂᓕᐅᖅᔪᑎᒃ ᒪᓂᖅᑲᒥᑦ
ᓲᕐᓗ ᐊᓚᖕᒐᐃᑦ ᐃᓂᓕᐅᖅᑲᑦᑕᕐᒪᑕ ᐊᐳᑎᒃᑯᑦ
ᓲᕐᓗ ᑎᖕᒥᓲᑦ ᓯᓚᒃᑯᑦ ᐃᓂᓕᐅᖅᑲᑦᑕᕐᒪᑕ
ᓲᕐᓗ ᓂᔅᑲᒃ[5] ᐃᓂᓕᐅᖅᑲᑦᑕᕐᒪᑕ ᓯᓚᒃᑯᑦ.

ᑭᓯᐊᓂᓕ ᐃᓯᒐᐃᑦ ᐊᒻᒪ ᐊᒃᓴᓗᐊᑦ
ᑕᒫᓃᖕᒋᓐᓇᐅᔭᕐᒪᑕ ᐃᔾᔪᕐᒥᑦ,
ᐃᔾᔪᖅ ᐃᓂᕐᑲᓕᖅᔪᓂ,
ᐊᓯᔾᔨᕐᓗᒍ ᐃᔾᔪᖅ,
ᐊᑯᓂᐅᓂᖅᓴᖅ ᐊᓯᐅᔾᔮᖕᒋᒻᒪᑦ.

ᐃᓇᖕᒋᖅᑕᐅᓂᖕᒐ.

ᓄᓇ ᐸᖅᑭᓯᒪᔭᐃᑦ ᐱᔭᐅᓯᒪᕗᖅ ᐃᓄᖕᓄᑦ
ᐊᑐᖅᑕᐅᖕᒋᓐᓇᖅᓗᓂ, ᐃᓚᒋᔭᕙᑦ ᐊᐅᓚᕙᒋᔭᖕᒋᑦ,
ᐊᑖᑕᕙᑦ ᕿᒻᒥᕐᔪᐊᖕᒋᒃ, ᐸᓚᐅᒑᒃᓴᐃᑦᑐ ᐊᒡᒐᕙᑦ
ᑎᒍᒥᐊᖅᑕᖕᒋᑦ.
ᑭᓯᐊᓂᑦᑕᐅᖅ ᓄᓇᒥᑦ ᑲᒪᑎᑦᑐᑎᑦ
ᐊᔾᔨᒋᖕᒋᒻᒥᔭᖕᒐ.

dego dat gilvvagárdi man don gilvet —
sávdnjejuvvon oktii du dihte.

Lleu shaaret juvllat
jorret du bálgáid ráigge maid don
dahket ođđa ođđasis,
dego du juolggit livčče merkemin eatnama
dego sáhpánluottat muohttagis
dego čáhcunsárgát girdi maŋis
dego *niskak* Almmibálgás.
Muhto juolgesuorpmat ja juvllat bissot eatnama alde,
daškkodahttet eatnama,
earáhuhttet eatnama,
ja ádjánit guhkibut geahppánit.
Eretduvdin geahppána.

Du dikšun eatnamis leat luottat buđaldemiin, du oarbiniid lihkademiin, du áhči hehpožiin,
nisuin maid du giehta gullá.
Muhto vel du doaimmahan eanandoalu
vuohkige lea earálágan.
Don dovddat eatnama ealibiid bokte,

like sifting flour.

You remember those flour sacks everywhere.
The prints on dresses washed out with coal.
Your hands stitch each thread along the seams,
like the garden that you planted—
seamed together because of you.

The wheels of *leu shaaret*
circle through the paths you made over and over again,
as if your feet mark the dirt
like mouse tracks in snow
like airplane contrails
like *niskak* in the Milky Way.
But toes and wheels stick to the soil,

ᕐᑲᐅᔨᒪᑦᑎᐊᖅᑕᑦ ᓄᓇ ᓂᕐᔪᑎᓂᒃ
ᕐᑲᐅᔨᒪᓂᓇᔭᖅᑎᑐᑦ, ᕐᑭᒻᒥᕐᔪᐊᑦ, ᑮᔭᖅᑲᑦᑕᑎᑐᑦ.
ᑕᒪᒃᑯᑎᑐᓇᕐᑐ ᑖ ᔭᓐᓂᒨ ᕚᕈᔅ.

hehpožiid bokte,
gárdeláhtu bokte.
Lii zannimoo faroosh bokte.

compact the soil,
change the soil,
and take longer to fade.
  Displacement fade.

The land you tend is plotted by activity, the movement of your siblings, your dad's horses, the wheat felt by your hand.
But even the way you farm is different.
You know the land through the animals, the horses, the trap line.
Through *lii zannimoo faroosh*.

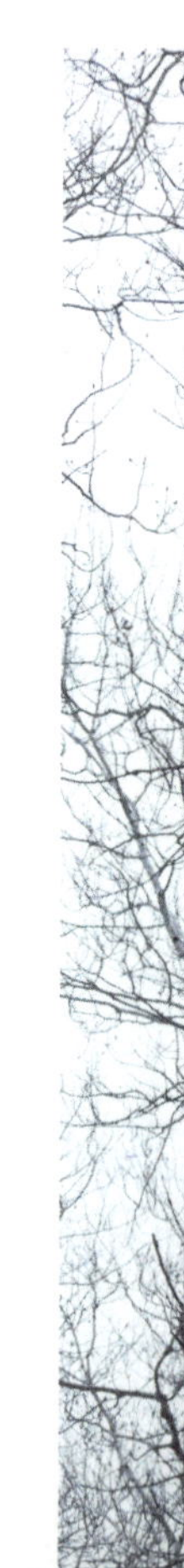

ᒥᓯᕙ / ᖃᓪᓗᓈᑎᑐᑦ:
ᒫᒫᓐ / ᐊᓈᓇᒧᑦ
ᓂ ᐹᐹ / ᐊᑖᑕᕗᑦ
ᓴᓚ ᓴᓐᒋᐊᓐᑦ / ᐊᒪᕈᖅ
ᓚᐅ ᔮᕆᑦ / ᐊᐅᐸᖅᑐᖅ ᑰᒃ ᐅᓯᑲᖅᑕᐅᑦ
ᓂᔅᑲᒃ / ᓂᕐᓛᑦ
ᓴᓐᓂᒨ ᕚᕈᔅ / ᓂᕐᔪᑎᑦ

Michif / Sámegiella:
poor maamaan / eadnáseaset
ni paapaa / min áhčči
chalef changeant / sieđgga
leu shaaret / Red River vávnna
niskak / Ruossanásttit
zannimoo faroosh / Spiriid

Michif / English:
poor maamaan / for mother
ni paapaa / our father
chalef changeant / wolf willow
leu shaaret / Red River cart
niskak / geese
zannimoo faroosh / wild animals

ᓇᐹᖅᑐᐃ ᖃᐅᔨᒪᔭᒃᑲ. ᐹᑉᓚ, ᐆᒃ, ᐊᒻᒪᓗ ᐋᔅ ᓇᐸᖅᑐᐃᑦ ᑕᒫᓃᑦᑐᖅ ᓵᓐᑎ ᕼᐅᒃ, ᒪᓂᑑᐸᒥᑦ. ᐊᔾᔨᓚᐅᖅᑕᐅᔪᖅ ᐅᒧᖕᒍ ᕋᐱᓐ ᐋᑕᒻᔅ

Mu oahpes muorat. Bohppel-, áika- ja suordnamuorat Sandy Hook:s, Manitobas. Fotografiija Robyn Adams bokte

The trees I know. Poplar, oak, and ash trees in Sandy Hook, Manitoba. Photograph by Robyn Adams

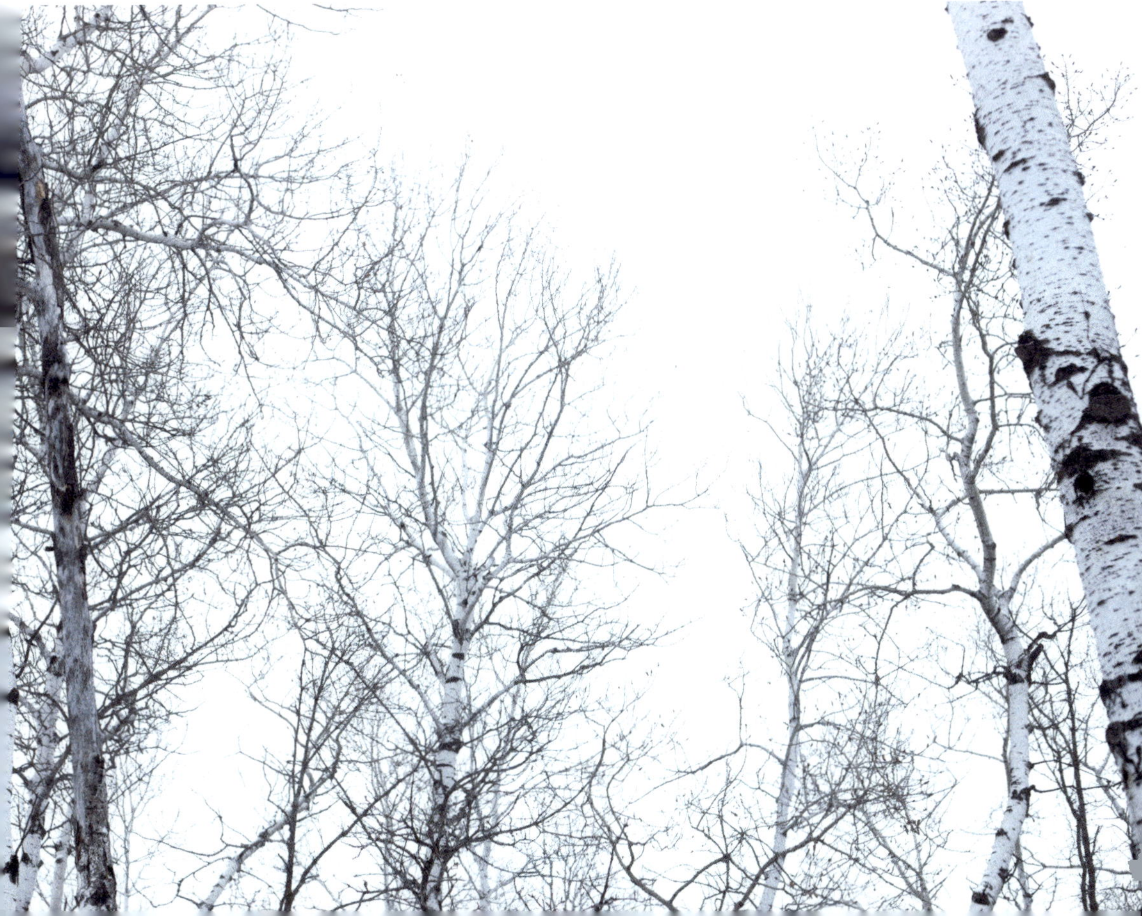

ᑕᒫᒃᑌᑦ ᓇᒧᖕᑌᐅᓂᐊᕋᑦᑕ?

GOSA MII DÁS VUOLGIT?

WHERE DO WE GO FROM HERE?

ᖀᕕᑯ ᕈᐃᔾ
ᐅᖅᑲᓪᓚᖅᑲᑎᖅᑲᖅᑐᑎᒃ
ᓴᓯᓚᓐ ᐲᕋᐃᓂᓐ

ᐃᓄᐃᑦ
ᓯᕗᓂᒃᓴᖕᒐᓄᖕᒐᐅᓂᖅ

Sámegiella-222
English-230

ᐸᓪᓗ ᓴᒪᔪᐊᓕ, ᑕᑯᒃᓴᐅᔪᖅ ᑭᙵᐃᑦ ᑐᖅᓱᕋᒥᑦ, 2015. ᑕᖅᓴᓕᒃ ᑎᑎᕋᐅᑦ, ᑎᑎᕋᐅᑦ ᐃᒪᓕᒃ, ᐊᒻᒪᓗ ᐸᐃᑉᐸᑎᑐᑦ

Padloo Samayualie, *Namaheapme* (Oidnolat Cape Dorsetis olgofeaskáris /verándas eallifievrranii mii lea boltojuvvomin), 2015. Ivdneblíánta, grafihtta báhpáris

Padloo Samayualie, *Untitled* (Scene from Kinngait from a porch with an animal carrier on landing), 2015. Coloured pencil, graphite on paper

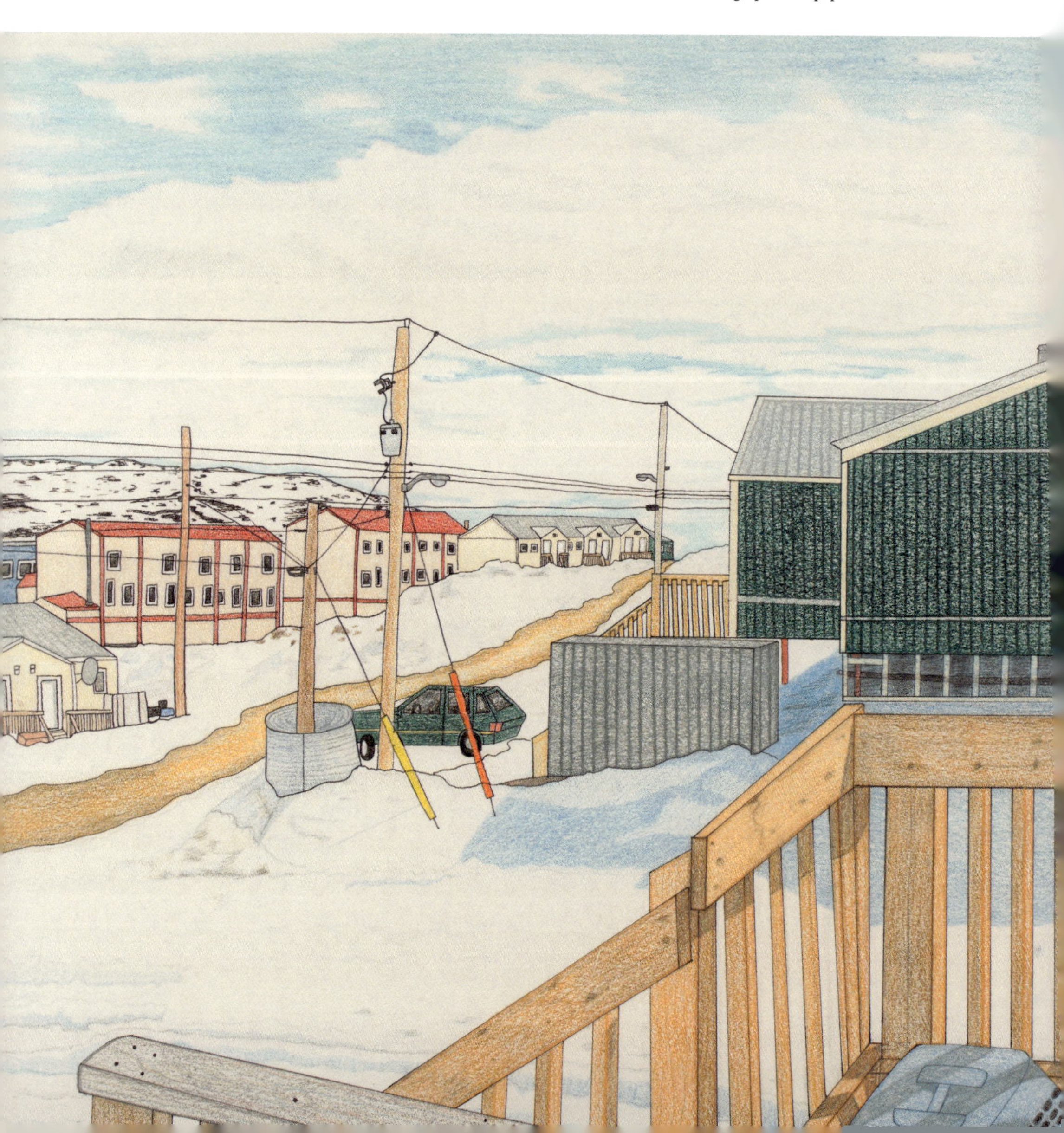

ᕋᕕᑯ ᕈᐃᔾ: ᖃᓄᕐᓕ ᐊᒃᑎᕐᕋᒧᑦ ᑐᑭᖃᖅᐸ ᐃᓕᖕᓄᑦ? ᑐᑭᖃᖅᐸ ᑐᙵᓂᐅᓪᓗᓂ ᐊᒃᑎᕐᕋᖕᓄᑦ, ᐅᓪᓘᓐᓃᑦ ᐊᐅᓚᓂᖅᑕᖃᖅᐸ ᐅᓪᓘᓐᓃᑦ ᑲᔪᓯᓪᓚᐊᓂᐅᓪ ᓯᕗᓂᒃᓴᒧᑦ ᑕᕝᕙᓂ ᐅᖃᐅᓯᕐᒥᑦ ᐊᒃᑎᕐᕋᒧᑦ ᓯᕗᓂᒃᓴᒧᑦ?

ᔭᓯᓚᓐ ᐲᕋᐃᓂᓐ: ᐃᓄᒃᑎᑐᑦ ᐃᓕᓐᓂᐊᖅᐸᓪᓚᐊᕗᖓ ᐊᒻᒪᓗ ᐃᓕᓐᓂᐊᒃᑲᓐᓂᖅᐸᓪᓚᐊᕗᖓ - ᐊᒻᒪᓗ ᐅᓪᖓ ᐅᖃᐅᓯᒻᒪᕆᒃᑯᑦ, ᐃᓄᐃᓐᓇᕐᒥᐅᑎᑐᑦ - ᑭᓯᐊᓂᓕ ᖃᓕᕇᒃᓯᒪᖅᑰᔨᔪᑦ ᑐᑭᖓ, ᐃᓯᒪᔪᖓᓕ, ᐊᒃᑎᕐᕋᒧᑦ. ᑐᑭᓕᐅᖅᑕᐅᓯᒪᓂᖓ ᐱᐅᔪᒻᒪᕆᐊᓗᒃ. ᑐᑭᖃᖅᑰᔾᔫᕐᓕ ᐃᒪᓐᓇ ᐃᒃᑎᕐᕋᓂᖅ ᓇᒧᒃᑭᐊᖅ. ᓯᕗᒻᒧᑦ ᐃᒃᑎᕐᕋᕗᑎᑦ, ᐅᓪᓘᓐᓃᑦ ᓯᕗᒻᒧᑦ, ᓯᕗᒻᒧᑦ ᐃᒃᑎᕐᕋᕗᑎᑦ, ᓯᕗᓂᒃᓴᒧᑦ ᐃᒃᑎᕐᕋᕗᑎᑦ.

ᕋᕕᑯ ᕈᐃᔾ ᑎᑎᕋᓚᐅᖅᑎᓪᓗᑎᑦ ᐃᓄᐃᑦ ᓯᕗᓂᒃᓴᖏᓐᓄᐊᖅᐸᓪᓚᐊᔪᑦ ᑕᕝᕙᓂ ᑲᓇᑕᒥᑦ ᓴᓇᐅᒐᓕᐅᖅᑎᓂᑦ, ᐊᒻᒪᓗ ᐅᕐᑲᓚᐅᕆᕗᑎᑦ ᑕᕙᓂ ᖃᐅᒪᔪᕐᒥᑦ ᐃᓄᐃᑦ ᑕᑯᔭᒐᕐᖃᕐᕕᐊᓂᑦ ᕗᓂᐸᐃᒻᒥᑦ ᓴᓇᐅᒐᓂᕆᓂᕐᒧᑦ, ᐊᒻᒪᓗ ᐃᑲᔪᕐᓂᖅᑲᒪᕆᒃᑭᓪᓗᑎᑦ ᐃᓄᖕᓂᒃ ᓴᓇᐅᒐᓕᐅᖅᑎᐅᔪᓂᒃ. ᐃᓯᒪᕗᖓᓕ - ᐊᒃᓯᕈᓐᓇᕋᓯᑎᓪᓗᒍ - ᐊᔾᔨᒌᖕᒋᑦᑐᑦ ᐃᓄᐃᑦ ᓄᓇᓕᖕᒥᐅᑦᑕᑦ ᐃᓚᐅᖕᒥᖕᒪᑕ ᑕᕝᕙᓂ ᖃᐅᒪᔪᒥᒃ. ᑖᓐᓇ ᓴᓇᐅᒐᓕᐅᖅᑎᓄᑦ ᐱᑎᔭᐅᕚ? ᐅᓪᓘᓐᓃ ᐃᓄᐃᑦ ᐃᓕᖅᑯᓯᑐᖃᖕᒋᓐᓄᑦ? ᑖᓐᓇᓕ ᓴᓇᐅᒐᓕᕆᓂᖅ ᐅᖃᐅᓯᖅ ᐱᒻᒪᕆᐅᓪᓚᑦ ᑖᔅᓯᒨᖓ ᑕᑯᔭᒐᖅᑲᖕᒧᑦ ᐅᓪᓘᓐᓃᑦ ᐊᓯᖕᒋᓐᓂᒃ ᐅᖃᐅᓯᕐᒥᒃ ᐱᑕᖃᕆᐊᖃᕋᓯᑎᑲᐅᒃ?

ᔭᓯᓚᓐ ᐲᕋᐃᓂᓐ ᐊᐱᖅᑯᑎᑦᑎᐊᓪᓚᒪᕆᐊᓗᒃ. ᑐᓴᕈᒥᓇᖅᑑᕗᖅ: ᐃᓄᒃᑎᑐᑦᓕ, ᑐᑭᓕᐅᖅᓯᒪᔪᖅᑕᑎᐊᖕᒋᓚᖅ ᐅᖃᐅᓯᕐᒧᑦ ᓴᓇᐅᒐᓕᐅᕐᓂᕐᒥᒃ. ᐊᒥᖏᓗᐊᖕᒋᑦᑐᓂᒃ ᐊᔾᔨᒋᖕᒋᑦᑐᓂᒃ ᐅᖃᐅᓯᕐᓂᒃ ᐱᑕᖅᑲᖅᐸᖅ ᑐᑭᖕᒋᓪᓗ ᐊᔾᔨᒋᖕᒋᔫᑎᒃ. ᓴᖅᑭᔮᕐᓂᖅᐹᖕᒍᔪᕐᓕ ᐃᓯᒪᓪᓚᒃᐸᒍ ᓴᓇᓂᕐᒥᒃ ᑭᓯᑐᐃᓐᓇᕐᓂᒃ, ᑕᐃᒪᓐᓇ ᑐᑭᖃᖅᐸᖅ ᓴᓇᐅᒐᓕᐅᕐᓂᕐᒥᒃ: ᑭᓇᑐᐃᓐᓇᖅ ᓴᓇᕗᖅ ᑭᓯᒥᒃᑭᐊᖅ. ᑕᐃᒪᓐᓇᑦᑕᐅᖅ ᑐᑭᖃᕗᖅ ᐆᒥᖓ ᐅᖃᐅᓯᕐᒥᒃ ᓴᓇᓯᒪᓂᖓ: ᑭᓇᑐᐃᓐᓇᖅ ᓴᓇᕗᖅ ᐃᒡᓗᒃᓴᒥᒃ. ᑕᕝᕙᓂ ᑕᑯᔭᒐᖅᑲᖕᒥ ᑕᑯᒃᓴᐅᓂᖅᑲᖅᐸᖅ ᐱᐅᔪᓂᒃ ᑕᒻᒃᑯᓂᖓ ᓴᓇᐅᒐᓂᒃ ᐊᒻᒪᓗ ᓴᓇᓂᕐᒥᒃ ᐃᒡᓗᒃᓴᓂᒃ. ᐊᔾᔨᒋᖕᒋᑦᑐᓂᒃ ᐃᓯᒪᒋᔭᐅᔪᓂᒃ ᑖᒃᑯᓇᖓᑦ ᓴᓇᐅᒐᓕᐅᖅᑎᓂᒃ ᐱᓪᓚᒃᐸᒍᑦ ᐊᒻᒪᓗ ᓴᓇᔨᐅᔪᑦ ᐱᓕᕆᓪᓚᒃᐸᑦ ᐊᔾᔨᒋᖕᒋᑦᑐᓂᒃ ᑐᓴᐅᒃᓴᓴᓕᕆᔨᓂᒃ ᓯᕗᓂᒃᓴᒥᒃ ᐃᒡᓗᒃᓴᓕᐅᕐᓂᐊᕐᒪᑕ ᐅᑭᐅᖅᑕᖅᑐᒥᑦ ᐊᒻᒪᓗ ᑕᒻᒃᑯᓇᖓ ᓄᓇᖃᖄᖅᓯᒪᔪᓄᑦ ᓴᓇᔭᐅᔪᒃᓴᓂᒃ ᐃᒡᓗᒃᓴᓂᒃ.

ᕋᕕᑯ ᕈᐃᔾ ᑕᐃᒪᓕ ᐊᔾᔨᒋᖕᒋᑐᖓᒍᑦ ᐊᐱᕆᓂᐊᓕᖅᐸᕆᑦ - ᐃᓯᒪᔪᖓᓕ ᑕᐃᔅᓯᒪᓂᑐᖃᒥᒃ, ᐱᔅᔪᑎᕆᓪᓗᕆᑦ ᖃᓪᓗᓈᖑᖃᑎᕐᒋᖕᒋᑦᑐᑦ ᒦᓇᐅᔪᕐᓕ ᓄᓇᕗᑦ, ᐊᒻᒪᓗ ᖃᐅᔨᑎᑕᐅᓕᖅᐳᑎᒃ ᓴᓇᐅᒐᓕᐅᕐᓂᕐᒥᒃ ᓲᕐᓗ ᖃᓪᓗᓈᑦ ᖃᐅᔨᒪᔭᑐᖃᖕᒋᑦᑎᑐᑦ ᓲᕐᓗ ᐊᐅᓚᑦᑎᔾᔪᑎᖕᒋᑦᑎᑐᑦ - ᐃᓯᒪᔪᖓᓕ: ᐅᓪᓗᒥᐅᔪᖅ ᐃᓄᐃᑦ ᐊᒻᒪ ᓴᒦᑦ ᓴᓇᐅᒐᓕᐅᖅᑎᐅᔪᑦ ᐊᑐᕐᓂᖃᑎᐊᓕᕐᒪᑕ ᐃᓂᒃᓴᓕᐅᕐᓂᕐᒥᒃ ᑕᒻᒃᑯᓂᖓ ᓴᓇᐅᒐᓕᐅᕐᓂᐅᑉ ᐋᖅᑭᒃᓯᒪᓂᖓᓂᒃ?

ᔭᓯᓚᓐ ᐲᕋᐃᓂᓐ ᑕᐃᒪᓕ, ᐅᑎᕐᓂᐊᖅᐸᖓ ᑭᖑᓪᓕᕐᒥᑦ ᐊᐱᕐᑯᑎᒋᔭᕐᓂᒃ ᐆᒥᖓ ᖃᐅᒪᔪᖅ ᐊᒻᒪᓗ ᖃᓄᖅ ᑐᑭᖃᕐᒪᖔᑦ ᐃᓄᖕᓄᑦ, ᐃᒃᐱᒋᔭᕋᓕ, ᐋᖅᑭᒃᓯᐃᓪᓗᑎᒃ

ᐊᖏᓂᖅᓴᐅᔪᓂᒃ ᐱᓕᕆᕕᐅᔪᓂᒃ, ᐱᔪᒪᕙᒃᐳᒍᑦ ᓄᓇᓕᖕᒥᐅᑦ ᐱᔪᒪᔭᖏᓐᓂᒃ, ᑭᓯᐊᓂᑦᑕᐅᖅ ᐱᔪᒪᕙᒃᑭᕗᒍᑦ ᑕᒪᒃᑯᐊ ᐃᒡᓗᕐᔪᐊᑦ ᐊᑦᑕᓇᖅᑐᕐᑲᕐᑯᖏᓱᑎᑦ ᓄᓇᓕᖕᒥᐅᓄᑦ ᐃᓄᖕᓄᑦ. ᑭᖑᓖᕆᓂᐊᖅᑕᕗᑦ ᓄᓇᕐᑲᖅᑳᖅᓯᒪᔪᑦ ᐃᒡᓗᒃᓴᓂᒃ ᐋᖅᑭᒃᓯᐃᔨᐅᓂᐊᖅᑐᑦ ᐃᒻᒥᓂᒃ ᐊᐱᕆᕐᑲᑦᑕᕐᓂᐊᖅᐳᑦ. ᓴᓇᓯᒪᔪᖅ ᐋᖅᑭᒃᑕᕗᑦ ᐊᑦᑕᓇᖏᒃᑲᓗᐊᖅᐹ? ᐃᓄᖕᓄᑦ ᐊᑐᖅᑕᐅᓂᐊᖅᑐᓄᑦ ᐊᒻᒪᓗ ᐊᓯᖏᓐᓄᑦ ᓄᓇᕐᑲᖅᑳᖅᓯᒪᔪᑦ ᐊᖏᕐᓴᕆᔭᐅᔪᓐᓇᕐᓂᐊᖅᐹ? ᐊᖏᕐᓴᖅᓯᒪᑦᑎᐊᕈᓐᓇᕐᓂᐊᓴᓗᐊᖅᐹᑦ?

ᖃᐅᒪᔪᕐᑕ, ᐃᓄᐃᑦ ᐃᓱᐊᕆᔭᒥᓂᒃ ᐃᓂᑖᖅᓯᒪᓕᖅᐳᑦ, ᐊᕙᓗᖏᑦᓗ ᐊᓕᒨᑦᑐᑎᒃ ᐊᒻᒪᓗ ᑕᒪᓐᓇ ᐊᓕᒧᖅ ᐱᐅᒻᒪᕆᒃᐳᖅ ᑕᒪᒃᑯᓄᖓ ᐃᓄᐃᑦ ᓴᓇᐅᒐᓕᐊᖏᓐᓄᑦ ᐊᒻᒪᓗ ᓄᓇᓕᑐᐊᖏᓐᓅᖏᑦᑐᖅ ᑭᓯᐊᓂᓕᑦᑕᐅᖅ ᑭᒃᑯᑐᐃᓐᓇᕐᓄᑦ. ᑐᙵᓇᑦᑎᐊᖅᐳᖅ. ᐃᓯᕈᒥᓇᑦᑎᐊᖅᐳᖅ ᑕᑯᓗᓂᓗ ᐃᓗᓕᖏᓐᓂᒃ.

ᓴᓇᐅᒐᓕᐅᖅᑏᑦ ᐊᔾᔨᒌᖏᑦᑐᓂᒃ ᐃᓱᒪᒋᔭᕐᑲᕆᕙᑦ. ᐃᒻᒪᕐᑳ ᐱᐅᓂᖅᓴᓂᖅᑲᐃ ᐃᒡᓗᒃᓴᓂᒃ ᓴᓇᔭᐅᓂᐊᖅᑐᓂᒃ ᐋᖅᑭᒃᓯᐃᔨᓂᒃ ᐃᓱᒪᒋᕙᒃᑕᖏᓐᓂᒃ (ᐃᒡᓚᖅᓱᓂ), ᑭᓯᐊᓂᒃᑲᓐᓂᖅᑕᐅᖅ, ᐱᔾᔪᑎᕐᑲᕆᕗᖅ ᐊᔾᔨᒌᖏᑦᑐᓂᒃ ᐃᓱᒪᒋᔭᐅᔪᓂᒃ, ᐃᓱᒪᒋᔭᐅᔪᓂᒃ ᐊᒥᓯᓂᒃ ᐊᔾᔨᒌᖏᑦᑐᓂᒃ ᐃᓄᖕᓂᒃ, ᐃᑲᔫᑎᒻᒪᕆᐅᑦᑐᑎᒡᓗ ᓯᕗᓂᒃᓴᒧᑦ ᐃᒡᓗᒃᓴᓂᒃ ᓴᓇᓂᕐᒧᑦ ᐅᑭᐅᖅᑕᖅᑐᒥᑦ.

ᓄᓇᓕᖕᒥᐅᓂᑦ ᐅᕐᑲᑦᓚᕐᑲᑎᕐᑲᕆᐊᕐᑲᖅᐳᑎᑦ ᑭᓯᒥᒃ ᐱᔪᒪᒋᐊᒃᓴᖏᓐᓂᒃ ᐊᐱᕆᓗᒋᑦ, ᐊᒻᒪᓗ ᕐᑲᓄᖅ ᐃᕕᑦ ᑭᐅᔪᓐᓇᕋᔭᕋᕕᑦ. ᓴᓇᓕᕈᕕᑦ ᐃᒡᓗᕐᔪᐊᒃᓴᒥᒃ ᓯᕐᑐ ᐋᓐᓂᐊᕐᕕᒡᔪᐊᕐᒥᑦ ᐅᕙᓘᓐᓃᑦ ᓄᓇᓕᖕᒥᐅᓂᑦ ᐋᓐᓂᐊᕐᕕᒃᓴᖓᓂᒃ ᐅᑭᐅᖅᑕᖅᑐᒥᑦ, ᑕᐃᒪᓕ ᐅᕐᑲᑦᓚᒋᐊᕐᑲᕋᔭᖅᐳᑎᑦ ᐋᓐᓂᐊᓯᐅᑎᓄᑦ ᑭᓯᒥᒃ ᐱᔪᒪᒋᐊᒃᓴᖏᓐᓂᒃ ᐊᐱᕆᓗᒋᑦ, ᐊᒻᒪᓗᑦᑕᐅᖅ ᐊᐱᕆᒋᐊᕐᑲᕋᔭᕆᕗᑎᒃ ᐃᓐᓇᕐᓄᑦ. ᐃᓐᓇᐃᑦ ᐱᒻᒪᕆᐊᓘᖕᒪᑕ ᓄᓇᕐᑲᖅᑳᖅᓯᒪᔪᓄᑦ ᐊᒻᒪᓗ ᐃᓄᖕᓄᑦ. ᕐᑲᐅᔨᒪᑦᑎᐊᖅᑐᒻᒪᕆᐊᓘᖕᒪᑕ ᐃᓐᓇᐃᑦ. ᕐᑲᐅᔨᒪᑦᑎᐊᖅᑐᒻᒪᕆᐊᓘᖕᒪᑕ, ᐊᒻᒪᓗ ᐅᑦᑐᒥᐅᔪᖅ ᐃᓐᓇᕆᔭᐅᔪᖅ ᐃᓅᓯᖏᓐᓂᒃ ᕐᑲᐅᔨᒪᓕᕐᒪᑕ ᐊᓯᔾᔨᕐᓂᒻᒪᕆᐊᓗᖕᓂᒃ. ᑕᐃᒪᓕ ᑕᐃᒪᓐᓇ ᕐᑲᐅᔨᒪᓂᕐᑲᒻᒪᕆᖕᒪᑕ, ᓃᕐᓗ ᐊᐱᕆᔭᐅᒍᑎᒃ ᕐᑲᓄᐃᑦᑐᓕᒫᓂᒃ ᕐᑲᐅᔨᒪᑦᑎᐊᖅᑐᑦ ᐊᓯᔾᔨᕐᓂᒻᒪᕆᐊᓗᖕᓂᒃ. ᕐᑲᐅᔨᒪᓂᖏᑦ ᐊᖏᕐᑲᖏᑦᑐᑦ ᓃᕐᓗ.

ᕋᕕᑯ ᕈᐃᔅ ᐅᕐᑲᓕᒫᓚᐅᖅᐳᖓ - ᐊᒻᒪᓗ ᐃᕕᑦ ᕐᑲᐅᔨᒪᓂᖅᓴᐅᔪᒃᓴᐅᕗᑎᑦ - ᑕᒪᒃᑯᓂᖓ ᐊᑯᓂᐅᔪᒧᑦ ᑲᒪᒋᔭᕐᑲᕐᓂᐅᔪᒥᑦ ᐃᓐᓇᕐᓄᑦ ᐱᑕᕐᑲᖏᑲᓴᑦᑎᐊᕐᒪᑦ ᓄᓇᕗᒻᒥᑦ ᐱᑐᐊᖅᑐᒥᒡᓚ; ᐊᒥᓱᒻᒪᕆᐊᓗᐃᑦ ᐃᓐᓇᕆᔭᐅᔪᑦ ᐃᓄᐃᑦ ᓄᓇᖓᓐᓂᑦ ᐊᖏᕐᕋᒥᒃ ᐊᐅᑦᓚᕆᐊᕐᑲᕐᑲᑦᑕᕐᒪᑕ ᐋᑐᕚᒧᑦ ᑕᒪᐅᖓᖅᓱᑎᒡᓗ ᐊᑯᓂᐅᔪᒧᑦ ᑲᒪᒋᔭᐅᕐᑲᑦᑕᕐᓂᐊᕐᒪᑕ. ᑕᐃᒪᓕ ᐱᐅᒻᒪᕆᒐᔭᖅᑐᖅ ᐱᑕᕐᑲᓕᖅᐸᑦ ᐃᓄᖕᓂᒃ ᐃᒡᓗᒃᓴᓂᒃ ᓴᓇᔭᐅᓂᐊᖅᑐᑦ ᐋᖅᑭᒃᓯᐃᔨᕐᑲᓕᖅᐸᑕ ᑕᒪᓐᓇ ᐃᓐᓇᐃᑦ ᐊᐅᓚᖅᑎᑕᐅᒋᐊᕐᑲᕋᔭᖏᑦᑐᑦ. ᕐᑲᑦᑐᓅᓄᑦᓚ, ᑐᑭᕐᑲᕋᔭᖅᑐᖅ ᓴᓇᒋᐊᕐᑲᕐᓂᖏᓐᓂᒃ ᐋᓐᓂᐊᕐᕕᒡᔪᐊᕐᒥᑦ, ᐄᓖᒃ? ᑭᓯᐊᓂᑦᑕᐅᖅ ᑕᐃᒪᐃᑦᑐᑐᐊᖑᖏᑦᑐᓂᒃ ᓴᓇᒋᐊᕐᑲᕐᒪᑕ ᐃᓄᐃᑦ ᓄᓇᖓᓐᓂᑦ ᑭᓯᐊᓂᑦᑕᐅᖅ ᓄᓇᓕᖕᒥᐅᑕᓄᑦ ᐃᑲᔫᕈᑕᐅᔪᓐᓇᕋᔭᖅᑐᓂᒃ ᐱᑕᕐᑲᕆᐊᕐᑲᕐᒥᖕᒪᑦ.

ᔭᓯᓚᓐ ᐲᕋᐃᓂᓐ ᑕᐃᒪᑦᑐᑦᓚ ᐊᑯᓂᐅᔪᒧᑦ ᑲᒪᒋᔭᕐᑲᕐᓂᐅᔪᒥᒃ ᐃᓐᓇᕐᓄᑦ ᕐᑲᑦᑐᓅᓂᑦ ᐃᓱᒪᒋᔭᐅᕐᑲᑦᑕᖅᑐᖅ, ᑕᐃᒪᖓᓂᑐᕐᑳᓗᒃᓚ ᐅᕙᒍᑦ ᐃᓄᒃᑎᒍᑦ ᑲᒪᒋᐊᕐᑲᐃᓐᓇᔭᖅᑐᒍᑦ ᐃᓐᓇᕐᓂᒃ, ᐄᓖᒃ - ᐃᒪᓐᓇᐃ, ᑕᐃᒪᓐᓇ ᓯᓚ ᐅᑦᑐᒥᐅᔪᖅ ᑕᐃᒪᓐᓇ ᐱᕙᒃᐳᒍᑦ,

ᐊᔾᔨᒌᖕᒋᓐᓇᑦᑕ ᐃᓚᒃ ᖃᓪᓗᓈᓪᓕ ᑕᐃᒪᓐᓇ ᑐᑭᓯᔪᓐᓇᕚᖁᖕᒋᒻᒪᑕ. ᑭᓯᐊᓂᑦᑕᐅᖅ, ᐅᖃᓪᓚᖃᑎᖃᓇᐊᖃᕐᐳᑎᑦ ᓄᓇᓕᖕᒥᐅᓄᑦ ᑭᓯᒥᒃ ᐱᑕᖃᓇᐊᖃᕐᓂᖕᒋᓐᓂᒃ ᐊᐱᕆᔪᑎᑦ.

ᕋᕕᑯ ᕈᐃᔾ ᐊᐱᕆᔪᒪᒻᒪᕆᒃᑭᕙᕆᑦ ᖃᓄᐃᒻᒪᑦ ᑎᑎᕋᐅᔭᖅᓯᒪᔪᓂᒃ ᐃᓕᓯᓚᐅᕋᕕᑦ ᑐᖅᓱᖕᓂ ᑕᕙᓂ ᑕᑯᔭᒐᖃᕐᕕᖕᒥᑦ. ᓂᐱᖃᑦᑎᐊᕐᓂᖅᓴᐅᕗᑎᑦ ᑕᕙᓂ ᑕᑯᔭᒐᖃᕐᕕᖕᒥ, ᑕᐃᒪᓕ ᐃᓱᒪᕗᖕᒐ, ᖃᓄᐃᑦᑐᒥᒃ ᓂᕈᐊᖅᑕᕐᓂᒃ ᖃᐅᔨᒪᔾᔪᑎᖃᓲᖑᕕᑦ?

ᔭᓯᓕᓐ ᐲᕋᐃᓂᓐ ᑕᐅᑐᓕᖅᑎᑦᓗᖕᒐ ᑕᒪᒃᑯᓂᖕᒐ ᑲᑎᖅᓱᖅᓯᒪᔪᑦᑎᓐᓂᒃ, ᖁᒃᓴᓪᓚᓚᐅᖅᐳᖕᒐ ᐱᑕᖃᓗᐊᖕᒋᒻᒪᑦ ᑕᒪᒃᑯᓂᖕᒐ ᐃᒡᓗᒃᓴᓂᒃ ᓴᓇᔭᐅᓂᐊᖅᑐᓂᒃ ᐋᖅᑭᒃᑕᐅᓯᒪᔪᓂᒃ. ᖃᐅᔨᒪᒐᓗᐊᖅᑐᖕᒐ ᑎᑎᕋᐅᔭᖅᓯᒪᔪᓂᒃ ᐱᑕᖃᕐᓂᖕᒐᓂᒃ: ᒫᓐᓇᐅᔪᕐᓕ ᐃᓄᐃᑦ ᑎᑎᕋᐅᔭᖅᑎᐅᔪᑦ ᑎᑎᕋᐅᔭᖅᑲᑦᑕᖅᓯᒪᓕᕐᒪᑕ ᐅᑭᐅᖅᑕᖅᑐᒥᑦ ᐃᒡᓗᕐᔪᐊᖕᒋᓐᓂᒃ, ᐊᒻᒪᓗ ᐱᐅᔪᒻᒪᕆᐅᑦᓗᑎᒃ. ᐊᐃᐲ ᐳᑐᒎᑉ ᑎᑎᕋᐅᔭᖅᑕᕕᓂᐊᓂᒃ ᖃᐅᔨᒪᕗᖕᒐ ᐃᒡᓗᖕᒍᐊᖅ ᕿᒪᒃᑕᐅᓯᒪᔪᖅ, ᐊᒻᒪᓗ ᑎᑎᕋᐅᔭᖅᓯᒪᓂᖕᒍ ᐱᐅᔪᒻᒪᕆᐅᑦᓗᓂ. ᑕᕙᓂᑕ ᑲᑎᖅᓱᖅᓯᒪᔪᑦᑎᓐᓂᒃ ᑎᑎᕋᐅᔭᖅᑕᐅᓯᒪᔪᓂᒃ, ᐱᑕᖃᕐᓂᖅᓴᐅᕗᖅ ᐃᓚᒌᓄᑦ ᐱᓕᕆᖕᒍᐊᖅᑐᓂᒃ ᐃᒡᓗᖕᒥᑦᑕ ᐃᓄᐊᓂ ᖃᓂᒌᔭᓂᒡᔫᓂᑦ, ᑕᐃᒪᓕ ᐃᓚᓕᐅᑎᓯᒪᕙᒃᑲ ᒪᕿᔦᒃ - ᓲᕕᓇᐃ ᐊᓲᓇᐅᑉ ᑎᑎᕋᐅᔭᖅᑕᕕᓂᐊ ᐊᓈᓇᖑᐊᖅ ᐊᒻᒪᓗ ᕿᑐᕐᖓᖑᕐᒋᑦ ᑐᐱᐅᑉ ᐃᓗᐊᓃᖑᐊᖅᓗᑎᒃ, ᑖᓐᓇ ᐃᓚᒋᓚᐅᖅᑕᖓ. ᑕᐃᒪᓕ ᑭᓯᒥᒃᑭᐊᖅ ᐱᑕᖃᖅᐳᖅ ᑕᒪᒃᑯᓂᖕᒍ ᑎᑎᕋᐅᔭᖅᑕᐅᓯᒪᔪᓂᒃ, ᐃᓱᓇᔾᔪᑎᑦᑎᐊᕙᖕᓂᒃ ᑕᑯᓐᓇᖅᓱᓂ. ᓂᑲᒍᓯᖕᓂᖃᑦᑎᐊᖅᑐᑦ, ᐊᒻᒪᓗ ᑕᐃᒪᓐᓇ ᐱᐅᒋᑦᑎᐊᖅᑕᒃᑲ.

ᑕᐃᒪᐃᑦᑎᓪᓗᒋᑦ ᐊᒻᒪᓗ ᖃᓄᐃᓕᖕᒐᓂᖕᒋᑦ ᐱᐅᒋᑦᑎᐊᖅᑕᒃᑲ. ᖃᓄᐃᓕᖕᒐᓂᖕᒋᑦ ᑖᔅᓯᒪ ᓯᕕᓇᐃᑉ ᑎᑎᕋᐅᔭᖅᑕᖕᒋᓐᓂᒃ ᐱᐅᒪᓇᒃᑐᑦ, ᐊᒻᒪᓗ ᓴᓇᓯᒪᓂᖕᒋᑦ ᐱᒻᒪᓇᐅᕗᑦ ᐅᑭᐅᖅᑕᖅᑐᒥᑦ ᐊᖕᒋᕐᕋᓇᔭᐅᔪᓄᑦ. ᑕᑯᔪᓐᓇᕐᓂᐊᖅᑕᓯ ᑭᒃᑯᑐᐃᓐᓇᐃᑦ ᐊᖕᒋᕐᕋᓇᔭᖕᒋᓐᓂᒃ, ᐃᓛᒃ, ᐅᑭᐅᖅᑕᖅᑐᒥᑦ. ᑎᑎᕋᐅᔭᖅᑕᖕᒋᑦ ᑭᒃᑯᓕᒫᓄᑦ ᐅᖃᕈᓐᓇᖅᐳᑦ, ᐃᓛᒃ: ᑕᕙ ᖃᐅᒪᔦᖅ ᑕᕙᐅᕙᖅ, ᑕᕙ ᖃᐅᔨᒪᔭᕙᑦ, ᑕᕙ ᐊᖕᒋᕐᕋᕙᑦ ᐅᕙᑦᑎᓐᓄᑦ.

ᕋᕕᑯ ᕈᐃᔾ ᑲᓄᐃᒻᒪᑦᓕ ᓂᕈᐊᖅᓯᓚᐅᖅᐱᑦ ᐊᕙᓗᓂᐊᖅᓱᑎᑦ ᐊᔾᔨᒌᖕᒋᑦᑐᓂᒃ ᐱᐅᓯᐅᔪᓂᒃ ᐊᒻᒪᓗ ᐊᑐᕐᓂᐊᖅᑕᕐᓂᒃ?

ᔭᓯᓕᓐ ᐲᕋᐃᓂᓐ ᖁᕕᐊᓇᓚᐅᖅᑐᖅ ᑕᐃᒪᓐᓇ ᐱᔪᒪᓪᓗᒍ. ᐊᒥᓱᓂᒃ ᑕᑯᔭᒐᖃᕐᕕᐅᔪᓂᒃ, ᐊᑐᓂ ᑕᒪᕐᒥᒃ ᐊᔾᔨᒌᒃᑐᐃᓐᓇᕐᓂᒃ ᐊᕙᓗᖃᖅᐳᑦ, ᑭᓯᐊᓂᓕ ᐃᒃᐱᒋᔪᒪᕗᒍᑦ ᓱᕐᓗ ᑭᒃᑯᑐᐃᓐᓇᐃᑦ ᐃᓄᐃᑦ ᐃᒡᓗᖕᒐᓐᓃᖅᑰᔨᑦᓗᑕ, ᑕᐃᒪᓐᓇ ᐊᔾᔨᒌᖕᒋᑦᑐᓂᒃ ᐊᕙᓗᖃᖅᓱᑎᒃ ᐊᒻᒪᓗ ᑕᑯᔦᓐᓇᕐᓴᓇᕗᐳᓯ ᐊᕙᓗᖃᖅᑐᑦ ᐊᒻᒪᓗ ᐊᓯᖕᒋᑦ ᐊᕙᓗᖃᖕᒌᕐᓴᓗᑎᒃ. ᐱᑕᖃᖕᒋᑦᑐᕐᓕ ᐅᑭᐅᖅᑕᖅᑐᒥᒃ ᐃᓄᖕᓂᒃ ᐊᕙᓗᓕᐅᖅᐸᒃᑐᓂᒃ ᑕᒪᒃᑯᓂᖕᒍ ᑎᑎᕋᐅᔭᒐᕐᓂᒃ. ᐊᕙᓗᓕᐅᖅᓯᖁᔨᒍᔅᓯ ᐅᑭᐅᖅᑕᖅᑐᒥᑦ ᐱᑕᖃᖕᒋᑦᑐᖅ (ᐃᒡᓚᖅᓯᓪᓗᓂ), ᑕᐃᒪᓕ ᑕᑯᔦᓐᓇᕐᓴᖅᐳᓯ ᓄᑕᐅᖕᒋᑦᑐᓂᒃ ᐊᕙᓗᓯᒪᔦᓂᒃ ᐱᔭᐅᔦᕕᓂᕐᓂᒃ ᓂᐅᕕᕐᕕᕐᑖᓂᒃ ᐅᕙᓘᓐᓃᑦ ᓂᐅᕕᖅᑕᐅᔦᕕᓂᕐᓂᒃ ᐃᓚᒌᑦ ᐃᓚᖕᒐᓂᒃ ᖃᓪᓗᓈᑦ ᓄᓇᖕᒐᓂᑦ.

ᕋᕕᑯ ᕈᐃᔾ ᑕᐃᒪᓐᓇᓕ ᐃᓱᒪᒋᓚᐅᖕᒋᑕᕋᓗᐊᕋ, ᑭᓯᐊᓂᓕ ᑐᖅᓱᖕᒥᑦ ᑕᕙᓂ ᑕᑯᔭᒐᖃᕐᕕᖕᒥ, ᐃᓯᖅᑯᓯᕗᒍᑦ ᐊᖕᒋᕐᕋᒧᑦ ᐅᑭᐅᖅᑕᖅᑐᒥᑦ. ᑭᓯᐊᓂᑦᑕᐅᖅ, ᑕᑯᑦᓗᑕ ᐊᔾᔨᒌᖕᒋᑦᑐᓂᒃ ᐊᒻᒪᓗ ᐃᒃᐱᒋᖅᑯᓯᕗᒍᑦ ᐊᖕᒋᕐᕋᒥᒃ ᑕᒪᒃᑯᑎᒎᓇᖅ ᐊᔾᔨᒌᖕᒋᑦᑑᑎᓂᒃ ᑎᑎᕋᐅᔭᒐᖅᑎᒍᑦ ᑕᒪᒃᑯᐊ ᐅᖃᐅᓯᕆᔭᐅᔪᑦ, ᑕᒫᓃᒃᑲᓗᐊᖅᑐᑎᑦ ᖃᓪᓗᓈᑦ ᓄᓇᖕᒐᓂᑦ ᑕᐃᒪᓐᓇ ᐃᒃᐱᖕᒋᕕᑦ, ᓱᕐᓗ ᐊᖕᒋᕐᕋᖅᓯᒪᖅᑯᓯᑦᓗᑎᑦ, ᐅᕙᑦᑑᓐᓃᖅ

ᐊᓯᐊᓃᒃᑲᓗᐊᖅᑐᑏᑦ? ᑕᐃᓐᓇ ᐃᒡᓗᕈᓯᖅ ᑲᑎᑎᑦᑎᓇᓯᖅᑰᔨᕚ ᐅᑭᐅᖅᑕᖅᑐᒨᑦ? ᖃᓄᕐᓕ ᑕᐅᑐᖕᓂᖃᖅᐱᑦ ᐃᓄᖕᓂ ᖃᑦᑐᓈᑦ ᓄᓇᖓᓂᕐᒥᐅᑕᐅᓕᖅᑐᓂᒃ ᐊᑐᖅᓯᒪᓕᖅᑕᖏᓐᓂᒃ?

ᔾᓯᓕᓐ ᐲᕿᐃᓂᓐ ᐅᖃᓪᓚᖃᑎᖃᓚᐅᖅᐳᖓ (ᑕᑯᔭᒐᖃᕐᕕᖕᒥᑦ ᓴᓇᔭᐅᓯᒪᓂᖓᓂᒃ ᐋᖅᑭᒃᓱᐃᔨᒥᒃ) ᑎᕙᓂ ᓵᒥᒃ, ᐅᖃᐅᓯᖃᓚᐅᖅᑐᖅ ᔨᕿᓂᒨᒥᒃ (ᐃᓅᑎᖅ) ᐅᖃᐅᓯᖃᖅᑐᓂ ᐃᓂᒃᓴᕆᔭᐅᔪᓂᒃ ᑕᕙᓂ ᑕᑯᔭᒐᖃᕐᕕᖕᒥᑦ, ᐅᖃᖅᑐᓂᓗ ᐃᒃᐱᒋᔭᖓᓂᒃ ᐃᓂᒃᓴᓕᐅᕐᓂᓇᓚᐅᖅᑕᖓᓂᒃ, ᑕᐃᒪᐃᑦᑎᐊᖅᑐ ᐊᖏᕐᕋᕆᔭᐅᔪᓂ ᐅᑭᐅᖅᑕᖅᑐᒥᑦ. ᑕᒪᓐᓇ ᐃᓂᒃᓴᐅᔪᖅ ᓄᓇᑦᑎᓐᓄᑦ ᐊᒻᒪᓗ ᐃᒡᓗᕐᔪᐊᓂᒃ ᐋᖅᑭᒃᓯᒪᓂᖏᓐᓂᒃ ᓴᓇᔨᐅᔪᓄᑦ ᑕᐃᒪᐃᖏᑦᑎᐊᖅᑐᖅ ᐅᑦᑐᒥᐅᔪᖅ; ᐃᖅᑲᐅᒪᓂᑐᐃᓐᓇᕆᓕᖅᑕᖓᓕ ᑕᒪᒃᑯᓂᖓ ᓄᓇᐅᔪᓂᒃ ᐊᒻᒪ ᐃᓂᒃᓴᕆᔭᐅᔪᓂᒃ. ᐃᓱᒪᓚᐅᖅᑐᖓᓕ ᑕᒪᓐᓇ ᐱᒻᒪᕆᐊᓘᓂᖓᓂᒃ ᑖᓯᒧᖓ ᑕᑯᔭᒐᖃᕐᕕᖕᒧᑦ. ᑕᑯᔭᒐᖃᕐᕕᖕᒥ ᖃᐅᔨᓴᖅᑎᐅᔪᓄᑦ ᐊᒻᒪᓗ ᑕᒪᒃᑯᓄᖓ ᑎᑎᕋᐅᔭᒐᖅᑎᐅᔪᓄᑦ, ᑖᒃᑯᓇᖓᐅᖏᑦᑐᕐᓕ ᓛᑯᓗᒃ (ᕕᓕᐊᒻ ᐹᕐᑐᕆ) ᐊᒻᒪᓗ ᔪᐊᕐ (ᓇᓐᖑ) ᐊᒻᒪᓗᖃᐃ ᑳᕈᓚ (ᒍᕌᓐ) - ᐅᑭᐅᖅᑕᖅᑐᒥᑦ ᓄᓇᖃᒻᒪᕆᖏᒃᑲᓗᐊᖅᑐᑕ. ᑖᓐᓇᓗ ᑕᕐᕋᓕᒃ (ᐹᑐᕆᑦᔭ) ᐊᒻᒪᓗ ᐅᕙᖓ - ᖃᑦᑐᓈ ᓄᓇᖓᓂᕐᒥᐅᑕᐅᕗᒍᒃ ᑕᑯᔭᒐᖃᕐᕕᖕᒥᓗ ᑲᒪᔩᐅᑦᑐᓄᒃ. ᑕᐅᑐᖑᐊᖅᐳᒍᑦᓕ ᑖᔅᓯᒥᖓ ᑕᑯᔭᒐᖃᕐᕕᖕᒥᑦ ᐃᖅᑲᐅᒪᔾᔪᑎᒃᓴᐅᓂᐊᕐᒪᑦ ᑕᒪᒃᑯᓂᖓ, ᓲᕐᓗ ᐊᖏᕐᕋᖅᓯᒪᓪᓗᑕ ᐅᑭᐅᖅᑕᖅᑐᒥᑦ, ᐃᓛᒃ ᐅᕙᑦᑎᓐᓂᒃ ᐃᒃᐱᒋᓴᑦᑎᓐᓂᒃ ᖃᓄᐃᓕᒪᖕᒪᖕᒫᑦ ᓄᓇᑦᑎᓐᓂᒃ ᐅᑭᐅᖅᑕᖅᑐᒥᑦ.

ᕋᕕᑯ ᕈᐃᔾ ᑐᓴᕈᒥᓇᖅᑑᕗᖅ, ᖃᓄᖅ ᐊᑐᕐᓂᖃᓚᐅᖅᓯᒪᒐᔅᓯ ᖃᑦᑐᓈᑦ ᓄᓇᖓᓂᕐᒥᐅᑕᐅᓕᕐᓴᓗᐊᖅᑐᓯ ᐱᓴᕆᑐᔪᒦᒃᑲᓗᐊᖅᑐᓯ ᑖᓐᓇ ᐅᖃᐅᓯᖅ ᐊᖏᕐᕋᖅ ᑕᐃᓴᐅᔾᔪᑎᒋᒐᓯᐅᒃ ᑕᒪᑐᒥᖓ ᑕᑯᔭᒐᖃᕐᕕᖕᒥᑦ. ᓇᓂᓕ ᐱᕈᓚᐅᖅᓯᒪᕕᑦ? ᕗᓂᐸᐃᒥᐅᖏᑦᑐᖅ, ᑭᓯᐊᓂᓕ ᖃᑦᑐᓈᑦ ᓄᓇᖓᓂᕐᒥᐅᑕᐅᕕᓰ?

ᔾᓯᓕᓐ ᐲᕿᐃᓂᓐ ᐄ, ᑕᐃᑲᓂᓕ ᐊᓐᑎᐊᕆᓴᒥᐅᑕᐅᓕᖅᐳᒍ. ᑭᓯᐊᓂᓕ ᐊᐅᓪᓚᖃᑦᑕᕋᓗᐊᖅᑐᖓ -ᐃᖃᓗᒃᑑᑦᑎᐊᕐᒧᑦ - ᓄᓇᕗᒻᒥᑦ ᒪᒃᑯᒃᑲᓐᓂᖅᑎᓪᓗᖓ. ᐅᑭᐅᖃᖅᑎᓪᓗᖓ 10-ᓂᒃ ᐊᖓᔪᖅᑳᒃᑲ ᓅᓚᐅᖅᓯᒪᕗᑦ ᓴᑦᐳᕆᒧᑦ.

ᕋᕕᑯ ᕈᐃᔾ ᐅᕙᓐᓄᑦᓕ, ᐃᓱᒪᕗᖓ ᑕᐃᒪᓕ ᐊᔪᕈᓐᓃᑦᑎᐊᖅᓯᒪᓕᕋᕕᑦ ᑎᑎᕋᐅᔭᒐᕐᓂᒃ ᐊᕙᑎᓕᐅᕐᓂᕐᒧᑦ. ᑕᐃᒪᓕ ᑕᒪᒃᑯᐊ ᑕᑯᔭᒐᖃᕐᕕᖕᒥᑦ ᑲᒪᔩᑦ ᖃᐅᔨᒪᑦᑎᐊᓚᐅᖅᐳᑦ ᐃᓄᓕᒫᓄᑦ ᑕᑯᔭᒐᕐᕕᐅᓂᐊᕐᒪᑦ ᐃᓄᐃᑦ ᐊᒻᒪᓗ ᓵᒦᑦ ᓄᓇᓕᖏᓐᓂᒃ ᓇᓂᑐᐃᓐᓇᖅ, ᐅᑭᐅᖅᑕᖅᑐᒥᑦ ᐊᒻᒪᓗ ᖃᑦᑐᓈᑦ ᓄᓇᖓᓐᓂᑦ. ᑕᐃᒪᓕ ᐃᓱᒪᕕᑦ ᑖᓐᓇ ᑕᑯᔭᒐᕐᕕᐅᓂᐊᖅᑐᖅ ᐃᓄᖕᓄᑦ ᐅᑭᐅᖅᑕᖅᑐᒥᐅᓄᑦ ᐅᖃᓪᓚᒍᓐᓇᕐᓂᐊᖅᐹᑦ?

ᔾᓯᓕᓐ ᐲᕿᐃᓂᓐ ᓂᕆᐅᒻᒪᕆᒃᐳᖓᓕ ᐱᐅᒋᓴᐅᓂᐊᕐᒪᑦ ᒪᒃᑯᖕᓂᖅᓴᐅᔪᓄᑦ ᑕᑯᔪᒪᑦᑎᐊᖅᑐᑎᓐᑐ ᐃᒡᓗᒃᓴᓂᒃ ᓴᓇᔭᐅᓂᐊᖅᑐᓂᒃ ᐋᖅᑭᒃᓯᒪᓂᖏᓐᓂᒃ, ᐊᒻᒪᓗ ᐃᒻᒪᖃ ᐱᔪᒪᓕᕐᓂᐊᕐᒪᑕ ᑕᐃᒪᐃᑦᑐᓕᕆᓴᐅᔪᒪᓕᖅᑐᑎᒃ ᐅᑭᐅᖅᑕᖅᑐᒥᑦ. ᑕᐃᒪᓐᓇ ᐱᔭᓐᓇᕐᓂᐊᖅᓯᓯ. ᖃᓇᓯᐳᓯᑎᑦ ᐃᓚᓐᓂᐊᕈᒪᓕᑕ, ᐊᔪᕐᓇᕈᓐᓃᕐᓂᖅᓴᐳᖅ. ᑕᐃᒪᓕ ᓄᓇᐃᑦ ᐊᓯᖏᓐᓂᒃ ᐊᔾᔨᐅᖏᑦᑐᓕᕆᓂᖅᓴᐅᔪᓕᕐᓂᐊᕐᒪᑕ, ᑭᓯᐊᓂ ᐊᔾᔨᐅᖏᑦᑐᖅ.

ᕿᕕᑯ ᕈᐃᔾ ᑕᑯᔪᒐᖃᕐᕕᖕᒥᑦ: ᖃᓄᕐᓕ ᐃᓱᒪᕕᑦ ᓇᒧᖕᒐᐅᓂᐊᓕᖅᐱᑕ ᑕᒫᖕᒐᑦ? ᖃᓄᐃᑦᑐᓂᒡᓕ ᐱᓕᕆᐊᖃᕐᓂᐊᓕᖅᐸᑦ ᐃᓄᐃᑦ ᓵᒦᑦᓗ ᑕᒪᒃᑯᐊ ᓴᓇᐅᒐᓕᐅᖅᑎᐅᔪᑦ ᐅᑭᐅᑦ ᑕᑦᑕᒪᑦ, ᖁᓖᑦᑑᓐᓃᑦ ᐊᓂᒍᖅᓯᒪᓕᖅᐸᑕ?

ᔭᓯᓕᓐ ᐹᕿᐃᓂᓐ ᐱᓪᓚᕆᐊᓘᕗᖅ ᐃᓂᒃᓴᓕᐅᖃᑦᑕᕐᓗᓂ ᐊᑦᑕᓇᖏᑦᑎᐊᖅᑐᓂᒃ ᓄᓇᓕᖕᒥᐅᓄᑦ ᐊᒻᒪᓗ ᐃᓄᖕᓄᑦ ᐅᑭᐅᖅᑕᖅᑐᒥᑐᐊᖑᖏᑦᑐᖅ ᑭᓯᐊᓂᑦᑕᐅᖅ ᖃᑦᑐᓈᑦ ᓄᓇᖕᒐᓐᓃᑦᑐᓄᑦ. ᕗᓂᐸᐃᓪᒥᑕ, ᑲᑎᒪᔩᐅᖃᑕᐅᕗᖕᒐ ᑕᒪᒃᑯᓄᖕᒐ ᐃᓄᖕᓄᑦ ᖃᑦᑐᓈᑦ ᓄᓇᖕᒐᓐᓃᑦᑐᓄᑦ, ᑐᖕᒐᓯᖏᑦ, ᐊᒻᒪᓗ ᐅᕙᑦᑎᓐᓂᒃ ᐊᐱᕆᖃᑦᑕᖅᓯᒪᑭᕗᒍᑦ ᑕᐃᒪᓐᓇᑐᑦ ᑐᙵᓱᓯᓂᕐᒥᑦ ᑎᑎᕋᖅᓯᒪᔭᑎᒍᑦ. ᖃᓄᕐᓕ ᐃᓂᒃᓴᓕᐅᕈᓐᓇᖅᓴᖅᐱᑕ ᐃᓄᖕᓄᑦ ᐊᑦᑕᓇᖏᑦᑎᐊᖅᑐᒥᒃ ᐊᒻᒪᓗ ᐊᑐᖅᑕᐅᒋᐊᓕᓪᓚᕆᐅᔭᓂᒃ ᓄᓇᓕᖕᒥᐅᓄᑦ? ᖃᓄᕐᓕ ᐃᑲᔪᕈᓐᓇᖅᓴᖅᐱᑎᒍᑦ? ᑕᐃᒪᙵᓕᒫᖅ ᐊᐱᕆᑦᑕᖅᐳᒍ.

ᐃᒡᓗᒃᓴᓕᐅᕐᓂᖅ ᐅᑭᐅᖅᑕᖅᑐᒥᑦ, ᑕᐃᒪᓐᓇ ᐊᐱᕆᖃᑦᑕᕆᕗᑦ ᓄᓇᕗᒻᒥᑦ ᒐᕙᒪᑎᔭᐅᔭᓄᑦ ᐅᑭᐅᖅᑕᖅᑐᓕᒫᒥᑦ. ᑕᒪᓇ ᐊᐱᖁᑎᒻᒪᕆᐊᓘᕗᖅ ᐊᒻᒪᓗ ᐊᑐᓕᕐᓂᐊᖏᑐᓂ ᐅᓐᓄᐃᓐᓇᑯᓗᒃ - ᐊᒻᒪᓗ ᐊᑐᓕᕐᓂᐊᖏᑐᓂ ᑕᕐᑭᑐᐃᓐᓇᕐᒥᒃ ᒪᕐᕉᓂᒡᓘᓐᓃᑦ. ᐊᑯᓂᐸᓗᒃ ᑭᓯᐊᓂ ᐊᑐᓕᕈᓐᓇᖅᓴᖅᑐᖅ, ᓂᕆᐅᒃᐳᖓᓕ ᑕᒪᒃᑯᓄᖕᒐ ᐃᓕᓐᓂᐊᖅᑐᓄᑦ ᐃᓄᖕᓂᒃ ᑕᐃᒪᐃᑦᑐᓂ ᐃᒡᓗᒃᓴᓂ ᓴᓇᔭᐅᓂᐊᖅᑐᓂᒃ ᐋᖅᑭᒃᓯᐃᔾᔪᒃᓴᓄᑦ ᐊᓯᔾᔨᑎᑦᑎᔭᒪᓇᖅᓴᖅᐳᑦ ᐊᒻᒪᓗ ᐊᒃᑐᐃᓂᖅᖃᖅᑎᑦᑎᓕᕐᓗᑎᒃ ᐊᑐᖅᑕᐅᖁᔭᒥᓂᒃ ᐃᒡᓗᒃᓴᓕᐅᕐᓂᕐᒥᒃ ᐅᑭᐅᖅᑕᖅᑐᒥᑦ. ᑕᐃᒪᓕ ᑕᒪᒃᑯᐊ ᐅᖃᐅᓯᐅᖃᑦᑕᓕᖅᐸᑕ, ᐱᐅᓪᓚᕆᐅᒐᔭᖅᑐᖅ ᐊᒻᒪᓗ ᖃᓄᖅ ᑕᐃᒪᓐᓇ ᐊᑐᓕᖅᑎᑦᑎᓇᔭᖅᐳᒍᑦ ᐱᐅᓯᑎᑦᑎᕖᑦᓕᕐᓗᑕ.

ᕿᕕᑯ ᕈᐃᔾ ᐅᖃᓚᐅᖅᐳᖅ ᔭᐊᕐᒧᑦ ᐃᑲᔪᕐᓂᖅᒪᕆᖕᓂᖕᒐᓂᒃ ᑕᕙᓂ ᑕᑯᔪᒐᖃᕐᕕᖕᒥᑦ ᐊᒻᒪᓗ ᑕᑯᔭᐅᑎᑦᑎᓗᑕ ᑕᑯᔭᖅᑐᖅᓯᒪᔭᓄᑦ. ᐊᒻᒪᓗ ᑭᐅᓚᐅᖅᑐᖅ ᔭᐊᕐ, ᐱᓪᓚᕆᐊᓘᓂᖕᒐᓂᒃ ᐊᑦᑕᓇᖅᑐᖕᒐᖏᑦᑎᐊᖅᑐᒥᒃ ᐃᓂᒃᓴᓕᐅᕐᓂᕐᒥᒃ. ᑕᐃᒪᓕ ᑕᕙᓂ ᑕᑯᔪᒐᖃᕐᕕᖕᒥ ᐱᐅᓂᖅᑕᖅᑎᐊᖅᐳᖅ, ᑭᓯᐊᓂᓕ ᑕᑯᒃᓴᐅᑎᑦᑎᕆᐊᖃᓇᒍᒧᑦ ᖃᓄᐃᑦᑐᒥᒃ ᐃᓄᐃᑦ ᓵᒦᑦᓗ ᐊᒻᒪᓗ ᐊᓯᖏᓐᓂᒃ ᓄᓇᖃᖅᑳᖅᓯᒪᔪᓂᒃ ᐅᑭᐅᖅᑕᖅᑐᒥᐅᑕᓂᒃ ᐊᑐᕈᒪᔭᖏᖏᓐᓂ ᐱᑕᖃᓇᐊᖃᕐᓂᖕᒐᓂᒃ.

ᔭᓯᓕᓐ ᐹᕿᐃᓂᓐ ᐅᑦᑐᒥᐅᔭᕐᓕ ᐃᓅᓕᕿᑦᑕ ᐊᒥᓯᑦ ᓄᓇᖃᖅᑳᖅᓯᒪᔪᑦ ᐃᓪᒥᓂᑐᐊᖅ ᐱᖃᑦᑕᕐᒪᑕ, ᑲᓇᑕᒥᑐᐊᖑᖏᑦᑐᖅ ᑭᓯᐊᓂᑦᑕᐅᖅ ᓇᓂᑐᐃᓐᓇᖅ ᓄᓇᕐᔪᐊᕐᒥᑦ. ᑕᐃᒪᓕ ᓯᕗᓪᓗᐊᕆᓯᓕᖅᐳᒍᑦ ᐃᓯᒪᖅᑲᖅᑐᑕ ᐃᓄᐃᑦ ᓄᓇᓕᕐᑯᑎᖏᑦ ᓯᕗᑦᓕᐅᑎᑎᐊᖅᑲᑎᒍᑦ, ᓇᖕᒥᓂᕐᓯᓕᕿᑦᑕ - ᐊᓯᕗᑦᑕᐅᖅ ᐱᖅᓯᐅᑎᑦᑐᑎᑦ, ᑭᓯᐊᓂᑦᑕᐅᖅ ᐅᖃᕈᓐᓇᖅᐳᒍ ᐃᒪᓐᓇ, "ᐊᓯᐃᑖᒃ, ᐃᖁᑐᐊᖑᖏᑦᑐᖅ ᐱᕆᓂᐊᖅᑕᖅ" ᐅᑦᑐᒥᐅᔭᖅ ᐊᓯᔾᔨᓕᕐᒪᑦ - ᑕᒫᓂᑐᐊᖑᖏᑦᑐᖅ ᑕᑯᔪᒐᖃᕐᕕᖕᒥᑦ ᑭᓯᐊᓂᑦᑕᐅᖅ ᒐᕙᒪᐃᑦ ᐊᓯᔾᔨᓕᕐᒥᔭᑦ. ᑕᐃᒪᓕ ᐃᓄᐃᑦ ᐃᓚᖏᑦ ᑕᒪᑐᒥᖓ ᐱᐅᒃᓴᓗᐊᖅᑕᖏᑦᑐᑦ, ᑭᓯᐊᓂᑦᑕ ᐃᓄᓕᒫᑦ ᐊᒥᓯᐊᓗᐃᑦ ᐱᐅᒃᓴᖅᑕᑦᑕᖅᑐᑦ. ᑕᑯᓯᒪᓕᕆᖕᒐ, ᐃᓄᖕᓂᒃ ᐃᓯᒪᑕᐅᔭᓂᒃ ᑭᖕᒧᒻᒧᑦ ᑕᐅᑐᒡᓗᑎᒃ ᐊᒻᒪᓗ ᓄᓇᖃᖅᑳᖅᓯᒪᔪᑦ ᑭᒐᖅᑐᕐᓱᓂᒥᑦ ᓂᐱᒥᑎᒍᑦ ᐅᖃᐅᓯᖃᕈᓐᓇᖅᑐᑦ ᖃᓄᐃᑦᑐᓂᒃ ᐱᑕᖃᓇᐊᖃᕐᓂᖏᓐᓂᒃ. ᑕᐃᒪᑦᑐᓂᒃ ᐱᐅᒃᓴᓪᓚᕆᒃᐳᖓ ᓇᖕᒥᓂᖅ-ᐱᔪᒪᔭᑦᑎᓐᓂᒃ ᐱᓂᐊᓕᕿᑦᑕ.

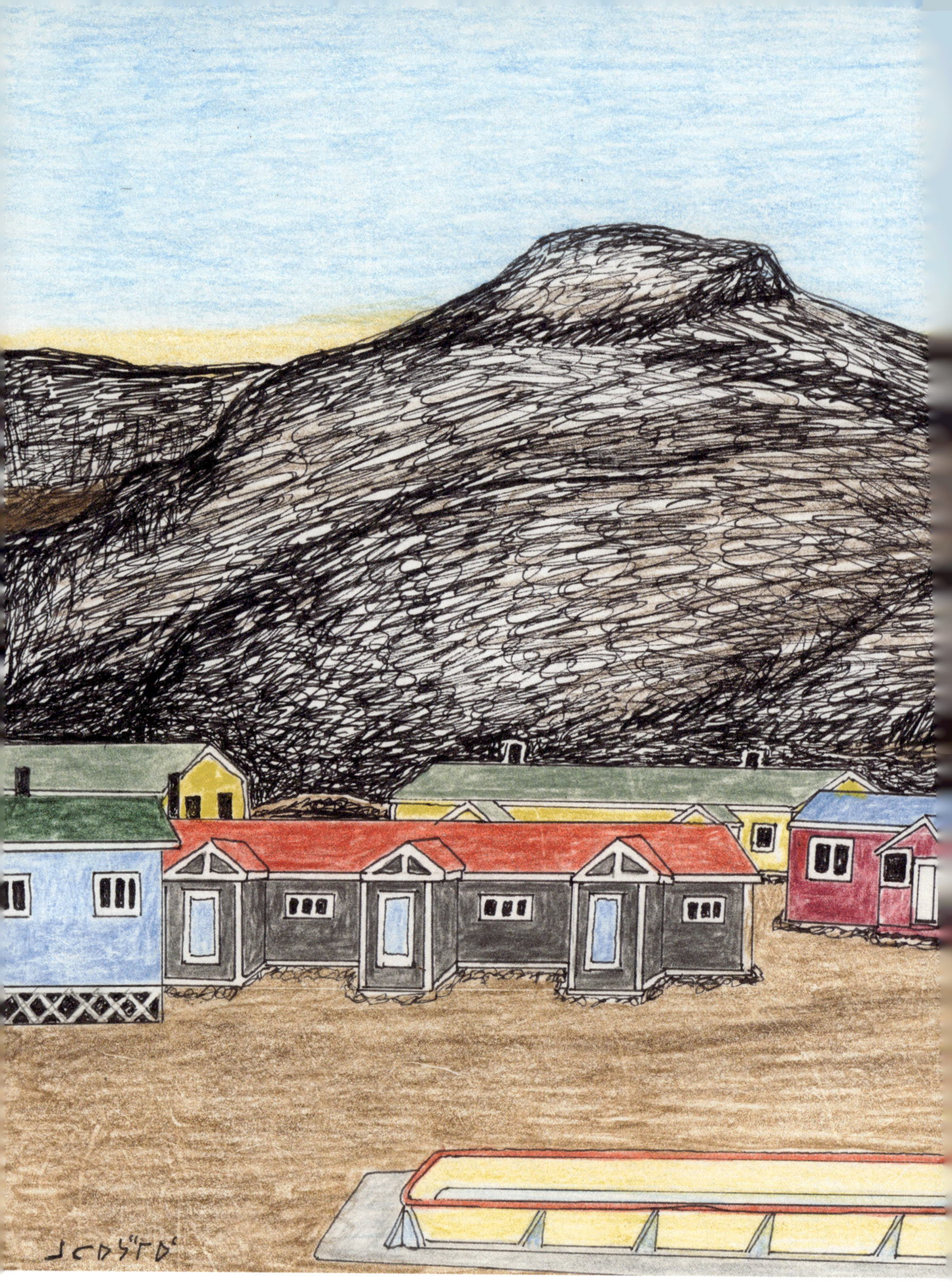

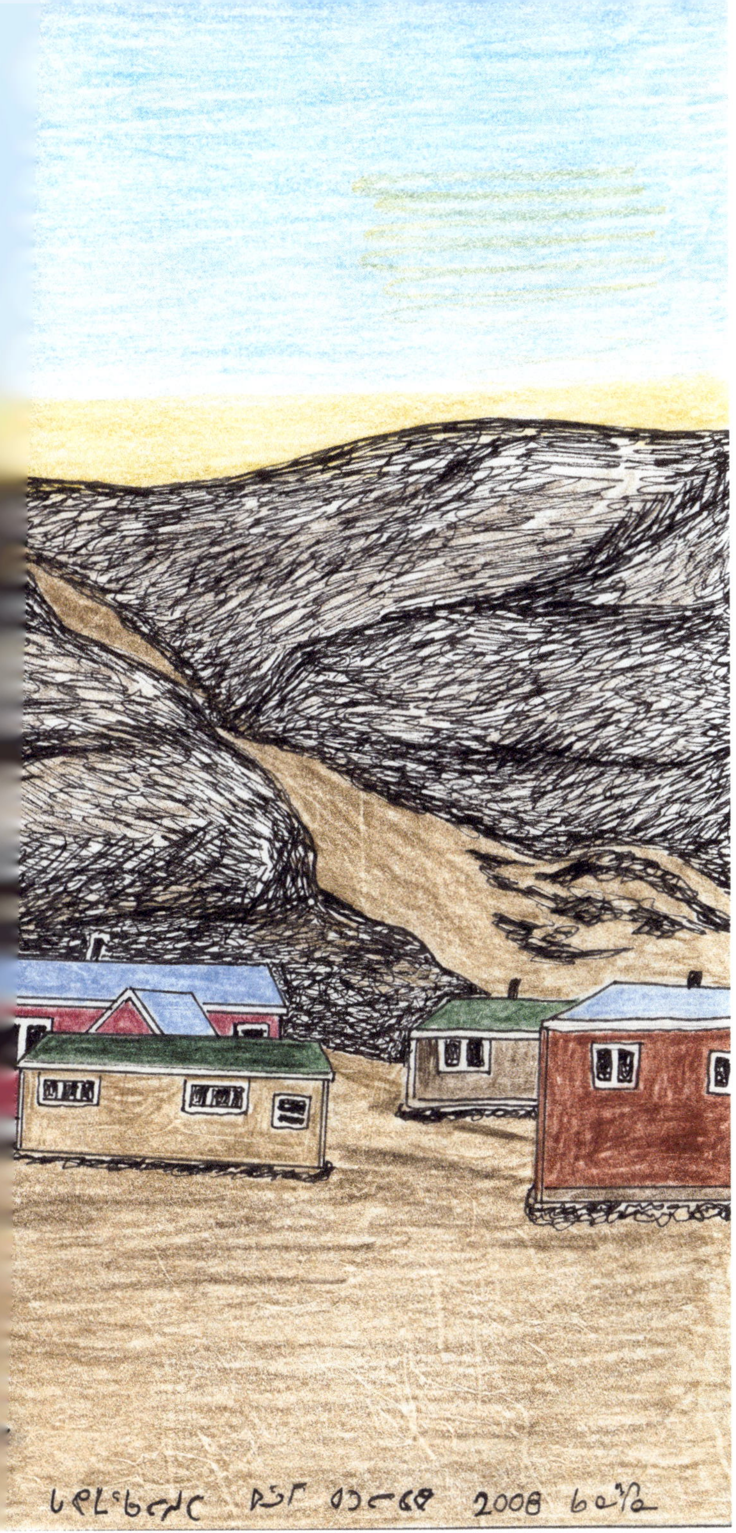

ᑲᓈᖕᒋᓐᓇᖅ ᐳᑐᖕᒍᖅ, ᑕᕙ ᑕᑯᒃᓴᐅᓯᖅ ᐆᒍᖕᒐ ᒪᓕᒃᔪᐊᖅᑐᑦ ᑕᐃᒪᖕᒐᑦ ᓇᖕᒥᓂᖅ ᒐᕙᒪᑖᖅᑎᕐᓗᑕ, 2008. ᑕᖅᓴᓕᒃ ᑎᑎᕋᐅᑦ, ᑎᑎᕋᐅᑦ ᐃᒪᓕᒃ, ᐊᒻᒪᓗ ᐸᐃᑉᐸᑎᒍᑦ

Kananginak Pootoogook, *Dákkárin lea Mallikjuaq oaidnit das rájes go mii oaččuimet iehčamet ráđđehusa*, 2008. Ivdnebliánta, grafihtta, tuššapeanna báhpáris

Kananginak Pootoogook, *This is What it Looks Like to Mallikjuaq Since We Got Our Own Government*, 2008. Coloured pencil, graphite, felt-tip pen on paper

Rafico Ruiz
ságastallamin
Jocelyn Piirainen:in

INUIHTA BOAHTTEVUOĐAID GUVLUI

ᐃᓄᒃᑎᑐᑦ-214
English-230

ᓲᕕᓇᐃ ᐊᓲᓇ, ᐃᓚᒌᑦ ᑐᐱᕐᒦᑦᑐᖅ, 2003.
ᐃᒪᓕᒃ ᑎᑎᕋᐅ

Shuvinai Ashoona, *Bearaš tealttas*, 2003.
Tuššapeanna báhpáris

Shuvinai Ashoona, *Family in Tent*, 2003.
Felt-tip pen on paper

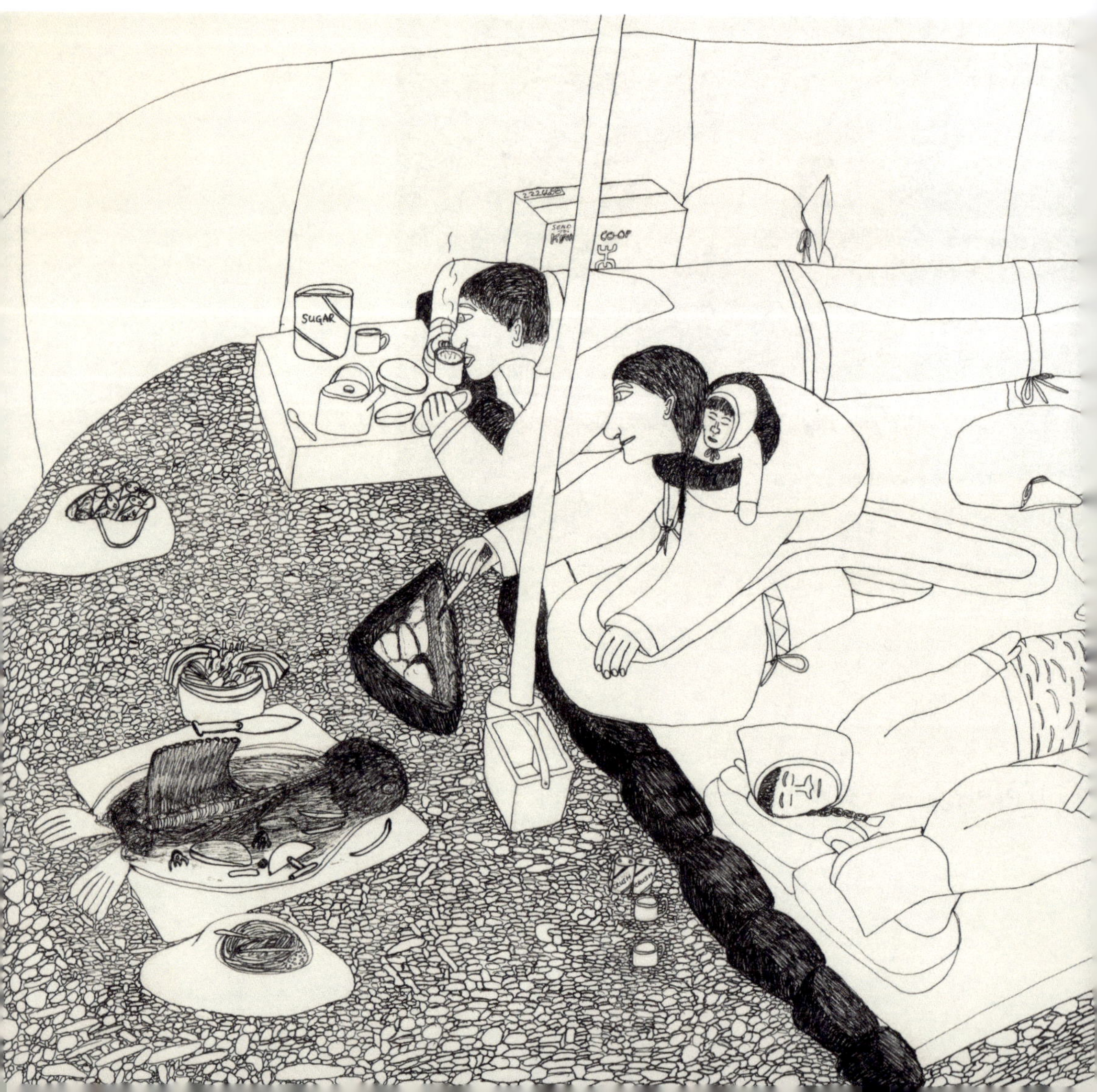

Rafico Ruiz: Maid mearkkaša *angirramut* (ᐊᖏᕐᕋᒧᑦ) dutnje? Leago das sáhka sajáiduhttimis ruktui, vai leago das muhtin lágan lihkadeapmi dahje ovdáneapmi boahttevuhtii *ruovttu guvlui* áddejumis?

Jocelyn Piirainen: Mun lean ain hirbmasit oahpahallamin ja fas oahppamin inuktitut giela, ja velá mu iehčan suopmana, inuinnaqtun, muhto dán sánis lea hui ladnjes mearkkašupmi, jáhkán, *angirramut*. Dát lea hui čáppa jorgalus. Orru muhtin láhkai dovdomin, ahte mearkkaša lihkadit dahje johtit gosa nu. Don leat mannamin ovddos, uhcimustá – dahje duođaid, *guvlui*, don leat mannamin juoga man guvlui, mannamin boahttevuhtii.

RR Lassin inuihta futurismma birra čállimii *Canadian Art:i*, don maiddái kurateret Qaumajuq inuihta dáiddaguovddážis Winnipeg Art Gallery:s, ja leat duođaid mielde doarjumin ja ovddideamen inuihta dáidaga. Mun imaštalan – ja vissásit lea váttis oppastahttit – mo iešguđetlágan inuihta servodaga lahtut oassálastet Qaumajuq:i. Leago dat guovddáš dáidaga várás? Vai inuihta kultuvrra várás? Leago sátni *dáidda* áššáigullevaš tearbma dan várás, vai oainnátgo eará tearpmaid mat heivešedje buorebut?

JP Diet lea hui buorre gažaldat. Dat lea miellagiddevaš: Inuktitut gielas ii leat vissis jorgalus *dáidda* sáni várás. Leat moadde iešguđetge sáni, main lea iešguhte mearkkašupmi. Okta dovdoseamos sániin govvida jurdaga juoidá ráhkadeamis, mii, duođaid, dáidda leage: Soamis lea dušše ráhkadeamen juoidá. Seamma guoská *arkitektuvra* sátnáige: Dat muitala ahte soamis lea ráhkadeamen hámádagaid. Čájáhus čájeha muhtin dáid miellagiddevaš russenčuoggáid, mat leat dáidaga ja arkitektuvrra gaskkas. Don oaččut goappatlágan perspektiivvaid dáiddáriin ja bargiin, geat barget iešguđetlágan gaskaomiiguin huksehusaid boahtteáiggi hárrái davvin ja álgoálbmogiid arkitektuvrra dáfus.

RR Go mun lahkanan dása áibbas eará čiegas – soaittán jurddašit eambbo historjjálaččat, ođđaássiid kolonialismma hámis guovllus mii dál lea Nunavut, ja dáidaga ásaheamis muhtin lágan ođđaássiid bajilgeahččoteknihkkan – de imaštalan: Manne jáhkát dáláággi inuihta ja sámi dáiddáriin leamen nu

čiekŋalis váikkuhanvuoibmi dábálaš desi-
gnamáilmmi latnja- ja sadjeráhkadeapmái?

JP Na, go máhcan maŋimuš gažaldahkii Qaumajuq birra ja maid dat mearkkaša inuihtaide, de orru mu mielas, ahte dákkár stuorát institušuvnnaid hábmemii olmmoš dáhtošii oktasašgotti cealkámušaid, muhto dalle olmmoš háliida maid searvat dainna jurdagiin, ahte dát ođđa huksehusat galget leat dorvvolaš lanjat ja sajit oktasašgoddái. Álgoálbmogiid arkitektuvrra boahtte buolva jearrá alddis dáid gažaldagaid. Leago dat, maid don leat ráhkadeamen, duođaid dorvvolaš sadji? Leago dát báiki, man inuihtat ja eará álgoálbmogat sáhttet gohčodit ruoktun? Sáhttetgo dovdat, ahte sii leat ruovttus doppe?

Qaumajuq bokte ožžo inuihtat vuogas saji, gos huksehusa lássaseaidni ja lássaholve duođaid rahpá inuihta dáiddačoakkáldaga, ii dušše inuihta servodahkii, muhto juohkehažžii. Dat lea hui guosseláđis. Olmmoš háliida čákŋalit sisa ja geahččat mii doppe lea.

Dáiddárat maid suitet fállat earálágan perspektiivvaid. Sis soaitá leamen eambbo hutkáivuohta go arkiteavttain [*boagusta*]. Muhto fasttain, dás lea sáhka earálágan perspektiivvain, mat bohtet earálágan olbmuin, geahččančiegat mat leat oiddolaččat huksema boahtteáigái davvin.

Don fertet duođaid háleštit servodagain das, maid sii dárbbašit ja maid don dasto galggat dainna bargat. Juos don leat huksemin áibbas ođđa buohcceviesu dahje dearvvasvuođaguovddáža davvin, diehttalasge dáhtošit háleštit dearvvasvuođa bargiiguin doppe ja gullat ja oaidnit maid sii dárbbašit, muhto de don háliidivččet háleštit máŋggain vuoras olbmuin maid. Vuorrasat leat nu stuorra oassi sihke álgoálbmogiid ja earenoamážit vel inuihtaid kultuvrras. Sis lea nu valjis diehtu ja máhttu, ja dán áigásaš vuoras olbmot leat eallán nu olu rievdamiid čađa. Sii leat issoras návccalaččat dan dáfus, ahte leat sajáiduvvan olu dáid rievdamiidda. Sin diehtu ja máhttu lea hirbmat mávssolaš.

RR Mun lohken – ja don diehttalasge dieđát sakka buorebut – váilevaš boarrásiid guhkesáiggi sajiid birra earenoamážit Nunavutas, mii dahká ahte olu boares olbmot fertejit guođđit ruovttuideaset ja vuolgit Ottawa gávpogii guhkesáiggi dikšui. Dát lea čielga ovdamearka, mii čájeha mo ja manne ruđaid bidjan inuihtaid hovden arkitektuvrra meroštallamii sáhtášii veahkehit čoavdit dili. Máttaolbmuide mearkkaša dát álo buohcciviesu hukset, amma nu? Muhto duohta dilis ii leat fysihkalaš hámádat ja ráhkadus, mii mearkkaša nu olu go baicca gávdnat iešguđetlágan vugiid doarjut dan servodaga masa áššit guoská.

JP Guhkesáiggi fuolahus boarrásiid várás lea jurdda mii boahtá máttil. Historjjá ollodahkii mii leat áimmahuššan boarrásiiddámet, diehttalasat, mun vikkahan, ahte mii ainge dahkat dan, muhto dan dahkat dušše eará vuogi mielde man illá jáhkán olbmuid máddin riekta áddet vel. Liikká lea nu, ahte it don oainne maid servodat dárbbaša ovdalgo háleštat báikegotti olbmuiguin.

RR Mun háliidin maid jearrat, manne don válljejit daid sárgumiid, mat čájehuvvojit čájáhusa olgofeaskkirsajis. Don leat báris skáddjilis kuráhtorjietna doppe, ja mun dáhtošin diehtit mii du válljejumi stivrii?

JP Dallego mun geahčadišgohten iehčamet čoakkáldaga, de hirpmástuvven go mis eai leat nu olu dávvirat mat gullet arkitektuvrii ja hámádagaide. Mun dieđán, ahte dáiddabarggut gávdnojit, dat leat doppe olgun gos nu. Dálááiggi inuihta dáiddárat leat sárgon dárkilis govaid davviguovllu mihtilmas huksehusain, ja dat leat hirbmat čábbát. Doppe lea okta gáhppálat man Itee Pootoogook lea dahkan guđđojuvvon, gahččan visttis, ja vuohki mo govva lea sárgojuvvon lea visuálalaččat njulgestaga čalbmáičuohcci. Čoakkáldagas ledje olu gáhppálagat, mat govvidedje bearašbuđaldemiid ruovttus, ja mun válden mielde moadde dakkára. Okta leai fiinna Shuvinai Ashoona dahkan govva eatnis ja mánáin tealttás. Dáin dáiddabargguin lea juoga, mii geasuha olbmo dáid sajiide, juoga mii addá dutnje buorre dovddu. Daidda dovdá olmmoš oktavuođa, ja dan mun eandalit eahcán dain. Dan ja bienalašvuođa mii govain lea. Bienat, maid Shuvinai bidjá iežas bargui, leat visuálalaččat hui geasuheaddjit ja mielastuhttit, ja dat leat bienat mat leat hui deaŧalaččat ruovttuide davvin. Dat leat mihtilmas biergasat, maid olmmoš gávdná juohkehačča ruovttus, duođaidge, doppe davvin. Su sárgumat celket publihkkii, duođaid: Dát lea mii *qaumajuq* lea, dát lea maid mii diehtit, dát lea mii ruoktu lea midjiide.

RR Manne válljejit rámmet daid seahkálas rámmastiillaiguin ja -ávdnasiiguin?

JP Dat lea maid somás mearrádus. Hui olu galleriijačájáhusain lea juohke govas seamma rámma, muhto dáppe dáhtuimet dagahit dakkár dovdamuša, ahte leat boahtán gean nu geahčai, ruktui gos leat rámmat mat eai heive oktii, ja gos gávnnat muhtin govaid mat leat deavkadat ja muhtin govaid mat fas dedjot. Eai davvin leat olbmot, geat barget govvarámmemiin. It don sáhte mannat sierrahábmejeaddji lusa doppe [*boagusta*], ja danne don dieđusge válddát boares rámmaid, biergasiid maid leat oastán oapmebierggasgávppis, dahje maid muhtin eará bearašlahttu lea buktán davás.

RR Mun in lean gal jurddašan dáinna lágiin, muhto olgofeaskáris mii lea čájáhusas, olmmoš navdá iežas boahtán gean nu geahčai davvin. Muhto dalle, go juo leat iešguđet oainnut ja dovdamušat ruovttu dáfus dáin iešguđet dáiddabargguin maid birra moai háleštetne, leatgo don ieš dasto aittonassii seamma lágan sajis ja dilis go leat máddin, dahje eará guovlluin? Leago dan lanjas sáhka geahččalit oažžut oktavuođaid davás man nu láhkai? Oppalaččabut, soaitá, mo don oainnát gávpogis ássi inuihtaid vásihusaid ovddastuvvon čájáhusas?

JP Čohkkájin ja háleštin [čájáhusa hábmejeddjiin] Tiffany Shaw, ja son válddahalai Geronimo [Inutiq] saji galleriijas, ja son muitalii ahte dovdamuš maid son ráhkadii dan čájáhussadjái, dat ii leat nugo ruovttut davvin leat oaidnit. Sadji ii leat iešalddes nu mo eana ja arkitektuvra lea oaidnit davvin dál, dat lea eambbo nugo son muitá daid báikkiid ja sajiid. Mu mielas dat leai hui deatalaš dán čájáhussii oppanassiige. Mieldekuráhtorat ja maiddái dáiddárat ieža – earret Laakkuluka [Williamson Bathory] ja Joara [Nango] ja soaitá maid Carola [Grahn] – eat mii aitosaččat ása eatge bargga davvin. Mii – goit Taqralik [Partridge] ja mun – leat urbána inuihta kuráhtorjoavku. Mii govahallat dán čájáhusa muittuid vuođul mat mis leat dáin báikkiin, muittuid vuođul go leimmet ruovttus davvin, iehčamet dovdamušaid vuođul mat dát báikkit leat, ja dovdamušaid vuođul maid dát muittut boktet.

RR Lea miellagiddevaš, mo du vásihus urbána inuhkkan váttásmahttá sáni *ruoktu*, mii lea čájáhusa namahusas. Gos don leat bajásšaddan? It goit Winnipeg gávpogis gal, muhto dat dáiddii lean urbána báiki?

JP Na, leai, mun bajásšadden eanaš Sudburys Ontarios. Vaikko vel dávjá mátkkoštinge davás Cambridge Bay báikái – Iqaluktuuttiaq – Nunavutii, go ledjen mealgat nuorat go dál. Ledjen logi jahkásaš, go mu bearaš loahpalaččat ásaiduvai Sudbury báikái.

RR Mu mielas diet lasiha nu fiinna gearddádaga prošeavtta rámmemii. Álggu rájes juo mieldekuráhtorat oaivvildedje čielgasit, ahte čájáhusa ovddimuš publihkka dahje publihkat galget leat inuihta ja sámi servošat, juohke sajis, davvin go máddin. Jáhkátgo čájáhusa sárdnut davveolbmuide eará láhkai? Mo don jáhkát dan dávistit?

JP Mun gal doaivvun, ahte dat movttiidahttá nuorat sohkabuolvvaid diđoštit arkitektuvrra ja designa, ja soitet velá ipmirdit ahte lea vejolaš mannat dáid fágasurggiide man nu láhkai davvin. Lea vejolaš. Mii leat easkka dál oažžumin máŋga inuihta arkitektuvrra studeantta. Dat vejolašvuohta ii gávdnon inuihtaid máilmmis ovdal. Muhto dál go mis lea neahttaoahpahus, de lea buoret vejolašvuohta. Dáidá leamen váddáset go eará sajiin, muhto vejolaš goit lea.

RR Mu maŋimuš gažaldat lea čájáhusortnetvuoru nubbi gažaldat: Gosa jáhkát min vuolgit dás? Makkár lágan bargguid siđašit oaidnit inuihta ja sámi designeriid ja hábmejeddjiid dahkamin čuovvovaš viđa dahje logi jagis?

JP Lea hui deaŧalaš ráhkadit dáid dorvvolaš sajiid, gosa servodagat ja inuihtat besset boahtit ja čoahkkanit, ii dušše davás, muhto urbána gávpogiidda maid. Winnipeg gávpogis lean mun Urban Inuit Centre [Urbána Inuihta Guovddáža], Tunngasugit, stivrras, ja mii leat maid jearran alddámet seamma lágan gažaldagaid go dát prošeakta jearrá. Mo mii ráhkadit saji inuihtaide, mii lea dorvvolaš ja mii addá divdna dárbbašlaš veahkkeváriid ja bálvalusaid servošii? Mo mii doarjut sin? Dát lea bissovaš čuolbma, aitosaččat.

Ásodagat davvin, datge leat leamaš issoras stuorra áššiNunavut ráđđehussii ja miehtá eará davveguovlluid. Dat lea issoras gággadis ášši čoavdit, ja čielggas lea ahte čovdosat eai gal ilbman ija badjel, dat eai ádján dušše ovtta dahje guokte mánotbaji. Dat gal ádjánit, ja doaivvu mielde eanet ja eanet inuihta studeanttat dáhttot dahkat dáid nuppástusaid ja váikkuhit ahte ásodagaid huksen manná rivttes guvlui davvin. Juos dáin áššiin ságastallojuvvo dál, de lea dat buorre mearka: Gehččot gosa mii sáhttit mannat ja mo mii sáhttit buorránit.

RR Mun kommenterejin Joarii, ahte čájáhusas ja proseassas rahpasa ođđaássi oahppaladdiide árvvasvuohta ja siskáneapmi. Ja son vástidii, maiddái, ahte lea hui deaŧalaš ráhkadit dorvvolaš sajiid, muhto ahte dan váibmosis lea maid muhtin lágan čuoldin, goit dán hávvái, oažžu dadjat. Čájáhusas lea juoga rabas ja empáhtalaš ja árvvas, muhto dat dárbbaša maiddái hállat ovddimustá gehččiide, geat leat inuihtat, sámit ja eará davveguovlluid álgoálbmogat.

JP Mii eallit dakkár áiggis, goas eatnat eamiolbmot váldet ovdan áššiid, eai dušše Kanáda siskkabealde, muhto eará sajiin maiddái. Mii mannat ovddos guvlui dainna jurdagiin, ahte min servodat dat boahtá ovddimuš, ahte mii leat autonomalaččat, eat dannego mielaeavttus áigut olgguštit earáid, muhto dannego dáhttut dadjat, loahpas, “Na, ii dat leat rievtti mielde du várás.” Momeanta lea rievdamin, ii dušše čájáhusain ja dáidagis, muhto politihkas maid. Gal doppe leat ain olbmot geat eardašuvvet veaháš dán miellaguottu dihtii, dán autonomiija dovdamuša dihtii, muhto loahpa loahpas lea mu dovdamuš, ahte publihkas lea oalle gudnevuollegašvuohta dán hárrái. Mun lean moddii dál oaidnán, ahte ođđaássi olmmoš geas lea váldeposišuvdna, lea murdilan ja čáhkkestan saji álgoálbmogiid jienaid várás sierra vuođđolávddi. Mun dovddan dan gudnevuollegašvuođa iehčamet iešmearrideapmái.

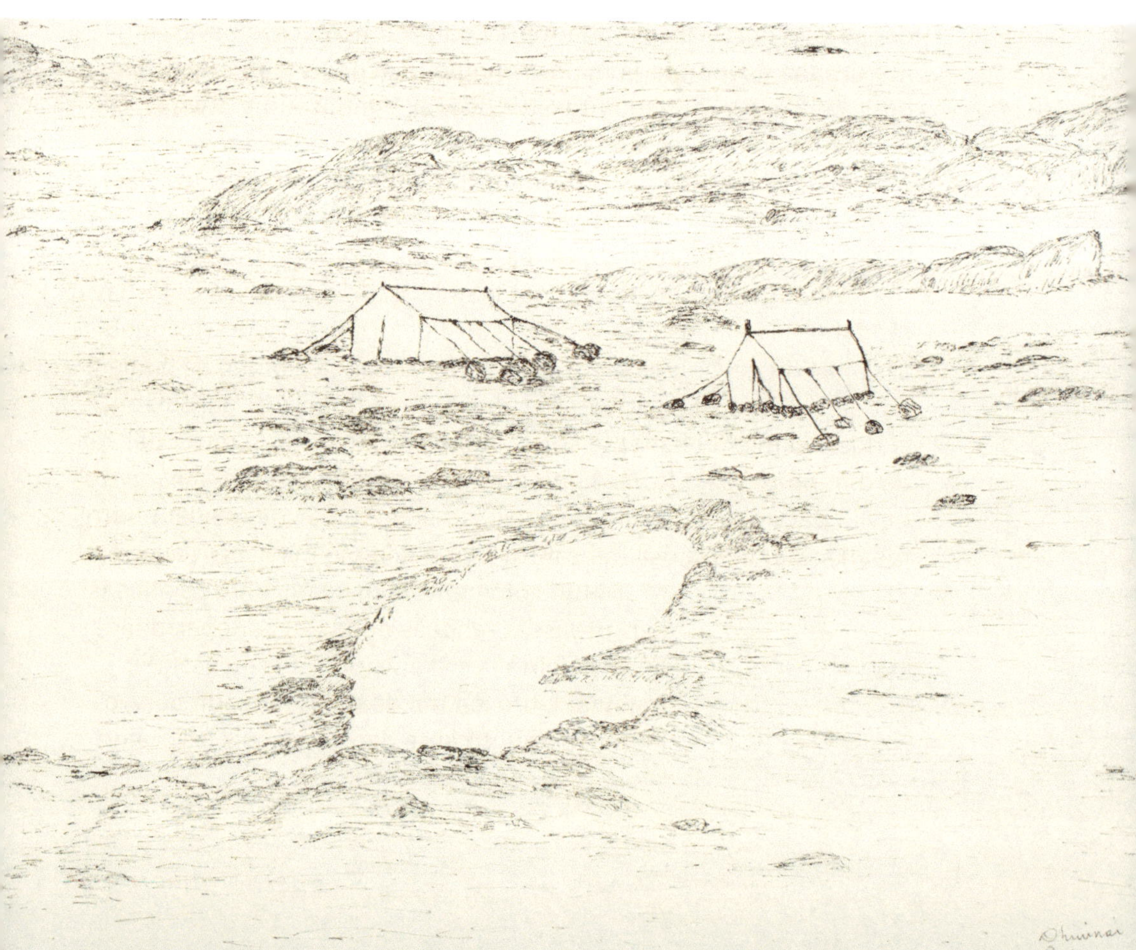

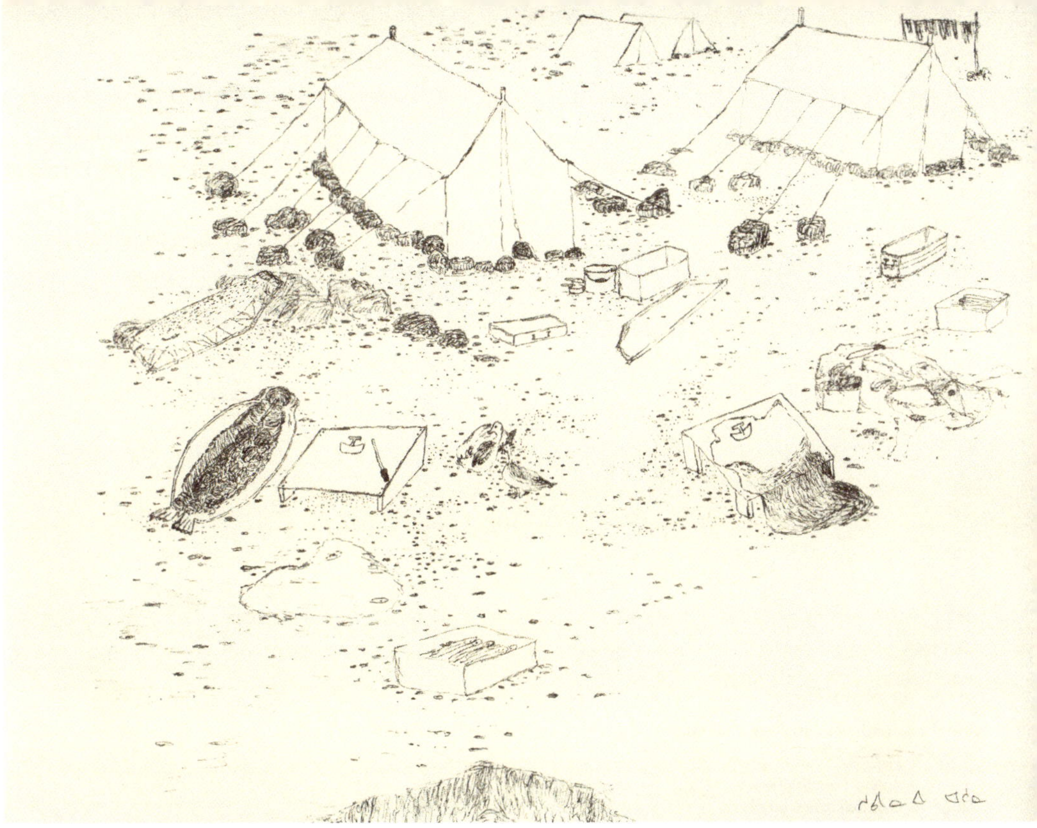

↑ ᔪᕕᓇᐃ ᐊᓲᓇ, ᐊᐅᓛᖅᓯᒪᔪᕐ, 1997.
ᐃᒪᓕᒃ ᑎᑎᕋᐅᑦ

Shuvinai Ashoona, *Namaheapme* (Leairadilálašvuohta), 1997. Tuššapeanna báhpáris

Shuvinai Ashoona, *Untitled* (Camp scene), 1997. Felt-tip pen on paper

← ᔪᕕᓇᐃ ᐊᓲᓇ, ᒪᕐᕉᒃ ᑐᐲᒃ, 1993.
ᐃᒪᓕᒃ ᑎᑎᕋᐅᑦ

Shuvinai Ashoona, *Namaheapme* (Guokte tealtta), 1993. Tuššapeanna báhpáris

Shuvinai Ashoona, *Untitled* (Two tents), 1993. Felt-tip pen on paper

Rafico Ruiz
in conversation
with Jocelyn Piirainen

TOWARDS INUIT FUTURES

ᐃᓄᒃᑎᑐᑦ-214
Sámegiella-222

ᐊᐃᑎ ᐳᑐᒍᖅ, ᐊᓄᕆ ᖁᐊᖅᐸᓪᓚᐊᓕᖅᑎᑦᑐᒍ, 2013.
ᑕᖅᓴᓕᒃ ᑎᑎᕋᐅᑦ ᐊᒻᒪ ᐸᐃᑉᐹᖅ

Itee Pootoogook, *Buolaš*, 2013. Grafihtta,
ivdneblíánta báhpáris

Itee Pootoogook, *Freezing Weather*, 2013.
Graphite, coloured pencil on paper

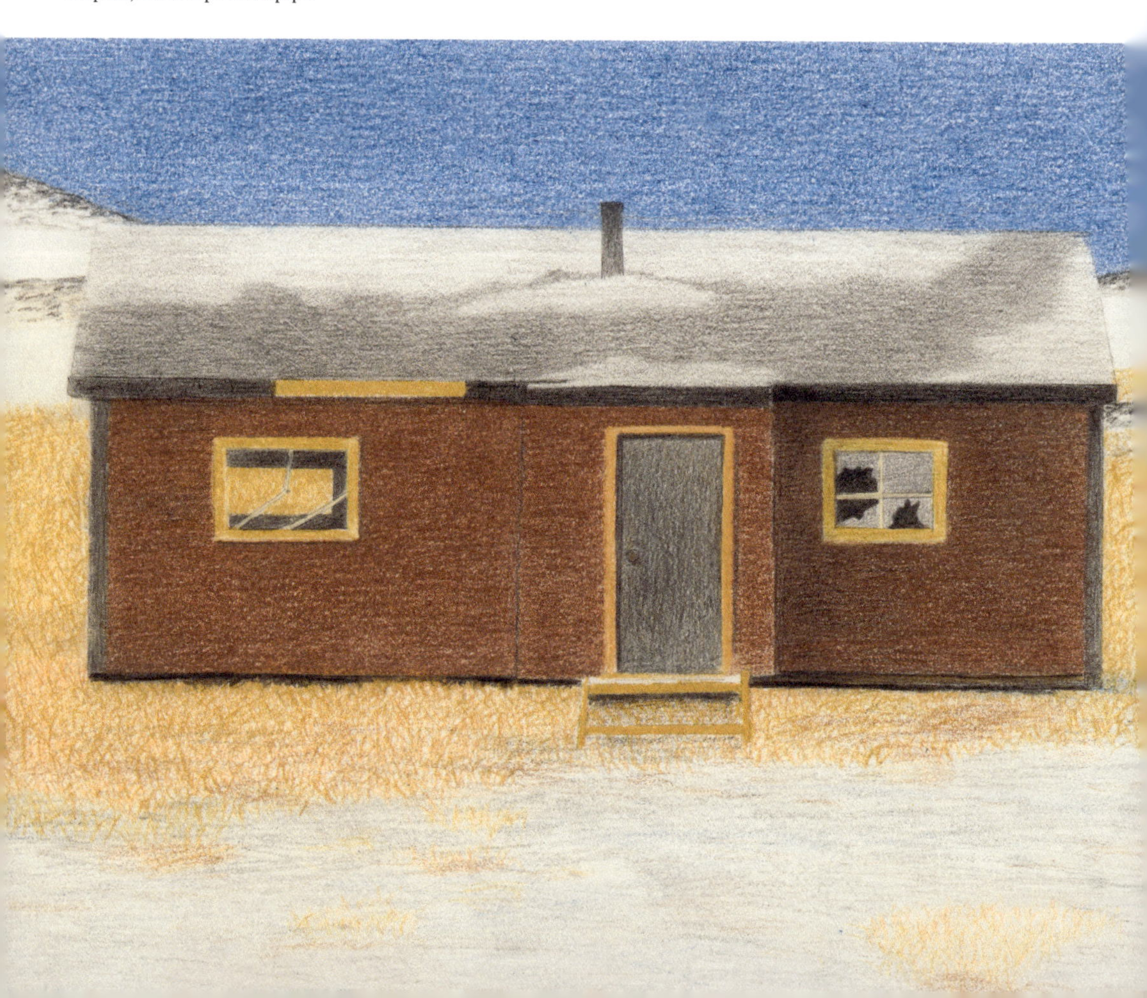

Rafico Ruiz: What does *angirramut* (ᐊᖏᕐᕋᒧᑦ) mean for you? Is it about being grounded in home, or is there some movement or progression into the future implied in *towards home*?

Jocelyn Piirainen: I'm still very much learning and relearning Inuktitut—and even my own dialect, Inuinnaqtun—but it has a very layered meaning, I think, *angirramut*. It's a really beautiful translation. There is some sense that it means moving somewhere. You're going forward, at least—or really, *towards*, you're going towards something, going into the future.

RR Beyond having written about Inuit futurism in *Canadian Art,* you also curated at Qaumajuq, the Inuit art centre at the Winnipeg Art Gallery, and are really involved in supporting and furthering Inuit art. I wonder—and I'm sure it's hard to generalize—how different members of the Inuit community engage with Qaumajuq. Is it a centre for art? Or for Inuit culture? Is the word *art* an adequate term for it or do you see other terms that are better suited?

JP That's a really good question. It's interesting: in Inuktitut, there's no specific translation for the word *art*. There are a few different words with different meanings. One of the most prominent is about the idea of making something, which, really, is what art is: somebody is just making something. It's the same with the word *architecture*: it's about someone creating structures. The exhibition shows some of these interesting intersections between art and architecture. You get different perspectives from artists and makers working with different media on the future for building in the North and for Indigenous architecture.

RR Approaching this from a very different angle—I'm thinking maybe more historically, in terms of the histories of settler colonialism in what's now Nunavut, and about the introduction of art as a sort of settler technique of control in a way—I wonder: why do you think contemporary Inuit and Sámi artists are having such a profound influence on spacemaking in the design world more generally?

JP Well, going back to the last question around Qaumajuq and what it means for Inuit, I feel that, in designing these kinds of bigger art institutions, you do want to have the community's input, but then you

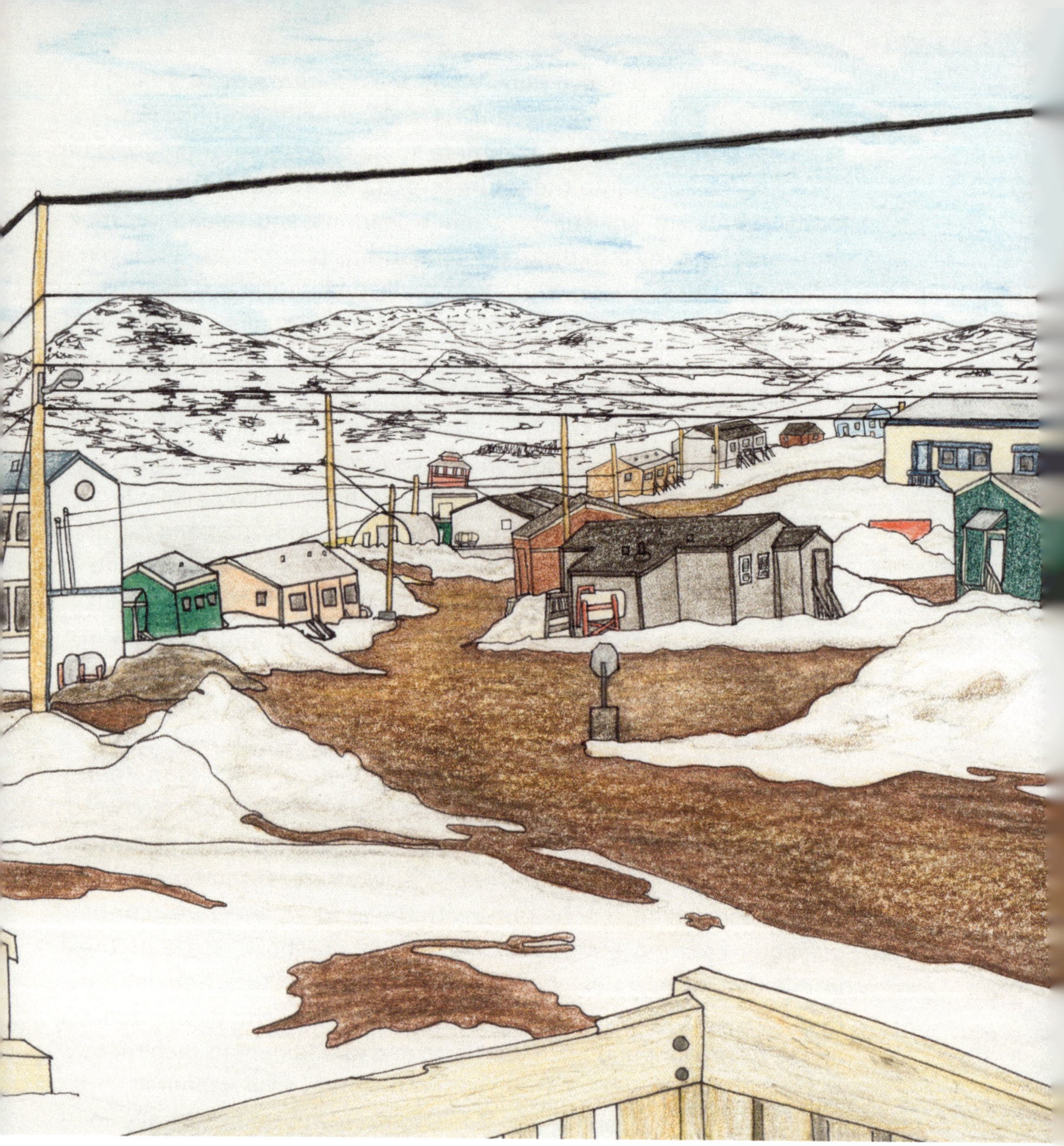

ᐸᓪᓗ ᓴᒪᔪᐊᓕ, ᑭᙵᐃᑦ, 2015. ᑕᖅᓴᓕᒃ ᑎᑎᕋᐅᑦ, ᑎᑎᕋᐅᑦ ᐃᒪᓕᒃ, ᐊᒻᒪᓗ ᐸᐃᑉᐸᑎᒍᑦ

Padloo Samayualie, *Namaheapme* (Dilálašvuohta Cape Dorsetis), 2015. Ivdneblіánta, tuššapeanna, grafihtta báhpáris

Padloo Samayualie, *Untitled* (Scene of Kinngait), 2015. Coloured pencil, felt-tip pen, graphite on paper

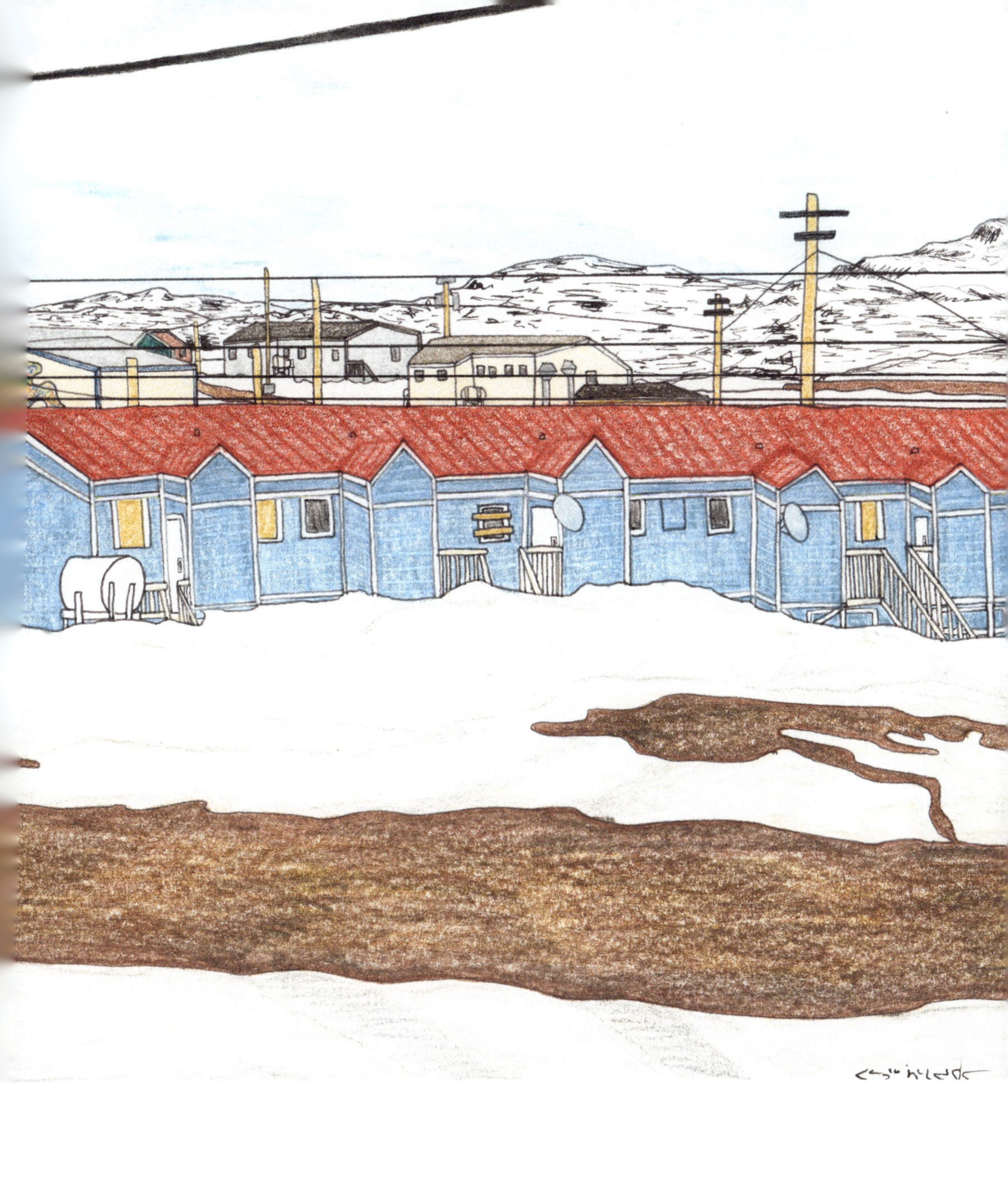

also want to go in with the idea that these new buildings will be safe spaces for the community. The next generation of Indigenous architects are is asking themselves these questions. Is what you're creating really a safe space? Is it a place that Inuit and other Indigenous folks can call home? Can they feel at home there?

With Qaumajuq, Inuit did get a comfortable space, with the building's glass wall and glass vault really opening the Inuit art collection to not only the Inuit community but to everybody. It's very welcoming. You want to go in and see what's there.

Artists can also offer different perspectives. Maybe a little bit more creativity than architects [*laughs*]. But again, it's about these different perspectives, coming from many different people, which are beneficial for the future for building in the North.

You really have to talk to the community about what it is they do need, and about how you then go about that. If you're building an entirely new hospital or nursing station up North, obviously you want to speak to health practitioners there and see what they would want, but then you would also want to talk to a lot of the elders as well. Elders are such a big part of both Indigenous and specifically Inuit culture too. There's so much knowledge there with them, and elders nowadays have lived through so much change. They're incredibly resourceful that way, to have adapted to so many of these changes. Their knowledge is priceless.

RR I was reading—and you would of course be much more aware of it—about the lack of elders' long-term care spots in Nunavut specifically; so many elders have to leave their homes and go to Ottawa for long-term care. It's a great example of where investing in an Inuit-led definition of architecture could help to resolve that situation. For Southerners, it always means building a hospital, right? But it's actually not the physical structure that matters so much as finding different ways of supporting the community.

JP Long-term care for elders is an idea that does come from the South; historically, we would have taken care of our elders, of course—I mean, we still do, but it's just in a different way that I don't think people down South quite understand yet. Still, it isn't until you talk to the community that you see what they need.

RR I also wanted to ask why you chose the series of drawings that appear in the porch space of the exhibition. You're really the strong curatorial voice there, so I wonder, what guided your selection?

JP When I started looking through the Qaumajuq collection, I was surprised that we didn't have a whole lot that related to architecture or even structures. I know the artwork exists: it's out there. Contemporary Inuit artists have been making precise drawings of typical Northern buildings, and they're really beautiful. There's one piece by Itee Pootoogook of an abandoned, broken-down building, and the way it's drawn is just visually striking. In the collection, there were a lot of pieces that related more to family activities within the home, so I included a couple of those—a nice Shuvinai Ashoona piece of a mother and her children inside a tent, one of them was. There's something about these works that transports you into these spaces, something that makes you feel comfortable. They're relatable, and that's what I really love about them.

That and the details in them. The details that Shuvinai puts into her work are visually quite fascinating, and they're details that are quite important to homes up North. They're things you'd find in everybody's home, really, up North. Her drawings say to the public, really: this is what *qaumajuq* is, this is what we know, this is what home is for us.

RR Why did you choose to frame them with a mix of frame styles and materials?

JP That was a fun decision too. In a lot of gallery exhibitions, each piece would have the same frame, but here we wanted the feeling of being inside somebody's home, where you get that mismatched framing and where you find some things being matted and others unmatted. There aren't people up North that are doing framing work. You can't really go to a custom framer up there [*laughs*], so of course you're going to find older frames, things from thrift stores or that were maybe brought up by some other family member.

RR I hadn't really thought about it this way, but in the porch in the exhibition, the assumption is that you're entering a home in the North. But then, given the different views and feelings of home through these different artworks we're talking about, are you actually maybe in the same kind of space in the South, or elsewhere? Is that room about trying to achieve some connections to the North in a way? More generally, maybe, how do you see the experiences of urban Inuit being represented in the show?

JP I was sitting in on a conversation with [the exhibition designer] Tiffany Shaw, and she was describing Geronimo [Inutiq]'s space in the gallery, saying that the feeling he's creating in the space, it's not what homes look like up North. The space itself is not how the land and the architecture looks up North now; it's more his memory of those places and spaces. I thought that was really important for this show as a whole. The co-curators and the artists themselves, too—aside from Laakkuluk [Williamson Bathory] and Joar [Nango] and maybe Carola [Grahn]—we don't actually live and work up North. We're—or at least Taqralik [Partridge] and I are—an urban Inuit curatorial team. We're envisioning this project based on the memory of these places, on the memory of being back home up North, on our own feelings of what that place is and on feelings from those memories.

RR It's interesting, how your experience as an urban Inuk complicates the word *home* in the title of the show. Where did you grow up? It wasn't in Winnipeg, but it was urban?

JP Yeah, it was mostly in Sudbury in Ontario. Although, I would often travel back up to Cambridge Bay—Iqaluktuuttiaq—in Nunavut when I was younger. I was ten years old when my family finally settled in Sudbury.

RR For me, that adds such a nice layer to the framing of the project. From the outset, all of the co-curators were clear that the first public or publics for the show would be Inuit and Sámi communities everywhere, in the North and in the South. Do you think the show speaks to people in the North in a different way? How do you think it resonates?

JP I definitely hope it will inspire younger generations to want to look into architecture and design, and to maybe even realize that it's possible to go into these fields in some way or another in the North. It's possible. We're only now getting a number of Inuit architecture students; it just wasn't in the realm of possibility for Inuit for some time. But now with online learning, it's more possible. Probably a little bit more difficult still than elsewhere, but it's possible.

RR My last question is the second question in the exhibition sequence: Where do you think we go from here? What sort of work would you like to see Inuit and Sámi designers do in the next five, ten years?

JP It's really important to create these safe spaces for the community and for Inuit to come and gather, not only in the North but in urban cities. In Winnipeg, I'm on the board of the Urban Inuit Centre, Tunngasugit, and we've also asked ourselves the same sorts of questions this project asks. How do we create a space for Inuit that's safe and provide much needed resources and services to the community? How do we support them? It's an ongoing issue, really.

Housing in the North, too, has been such a huge topic for the government of Nunavut and across the other Northern regions. It's such a huge issue to tackle, and obviously solutions aren't going to appear overnight—they're not going to take only a month or two. They're going to take time, and hopefully more and more Inuit students will want to make those changes and influence the direction that housing will take in the North. If these topics are being talked about now, that's definitely a good sign; let's see where we can go with this and how we can improve.

RR I commented to Joar that there's generosity and empathy in the show and in opening up this process to settler visitors. And he responded, too, that it's very important to create safe spaces, but that there's also a sort of exclusion at the heart of that—for now at least, let's say. There's something open and empathetic and generous about the show, but also there's a need for it to be addressing foremost a public of Inuit and Sámi and other Northern Indigenous peoples.

JP We're living at a time when many Indigenous peoples are really taking things on for themselves, not just within Canada but elsewhere too. We're going forward with this idea that our community comes first, that we're autonomous—not to deliberately exclude others, but to say, finally, "Well, it isn't actually for you." The moment is changing—and not only in exhibitions and in art but in politics as well. You still get some people that are a little bit annoyed by this attitude, of this sense of autonomy, but ultimately, my feeling is that the public is actually really quite respectful of it. I've seen, a few times now, that a settler person in a position of power will take a step back and give Indigenous voices their platform. I do feel that respect for our self-determination.

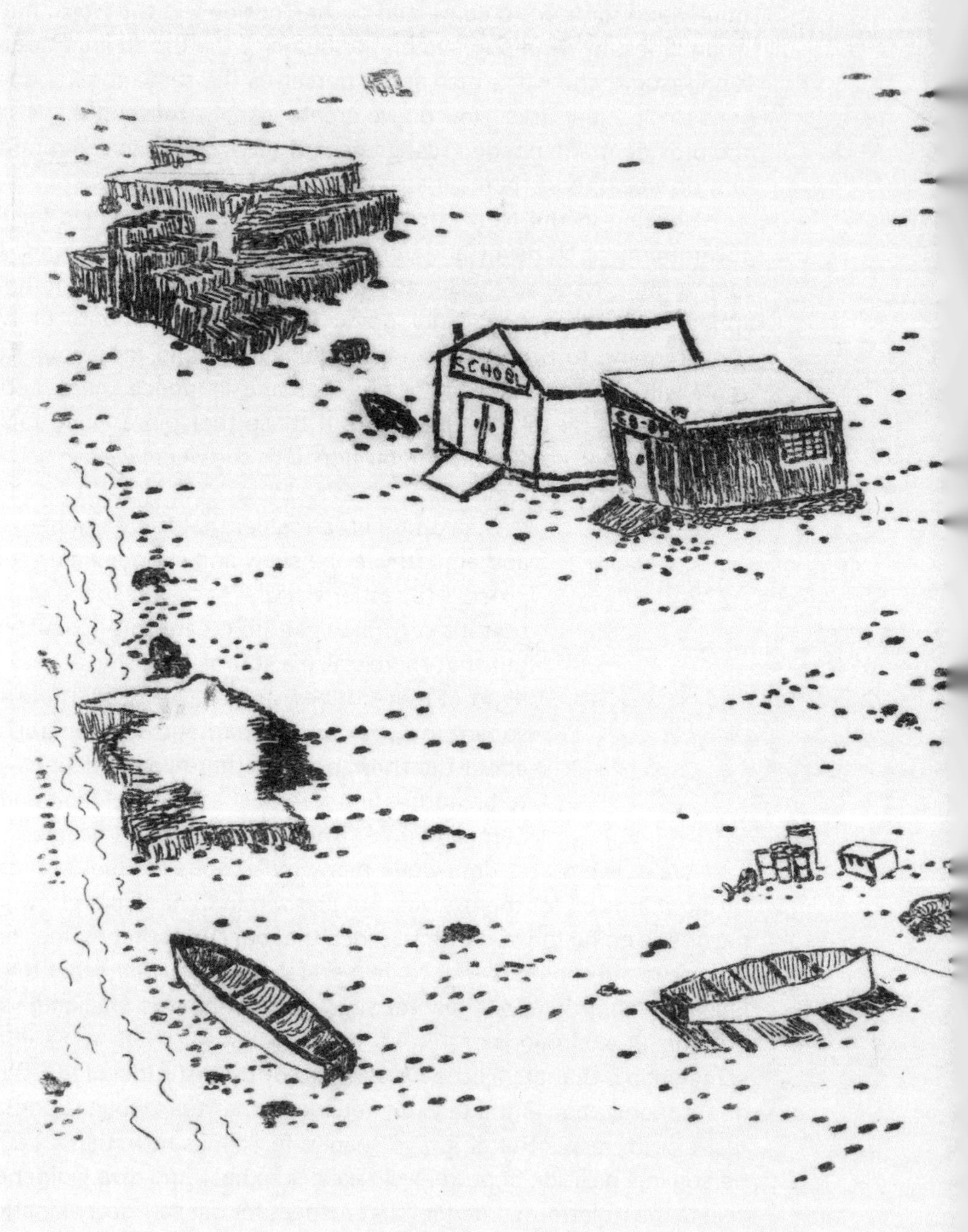

Settlement Etching II/III Dora

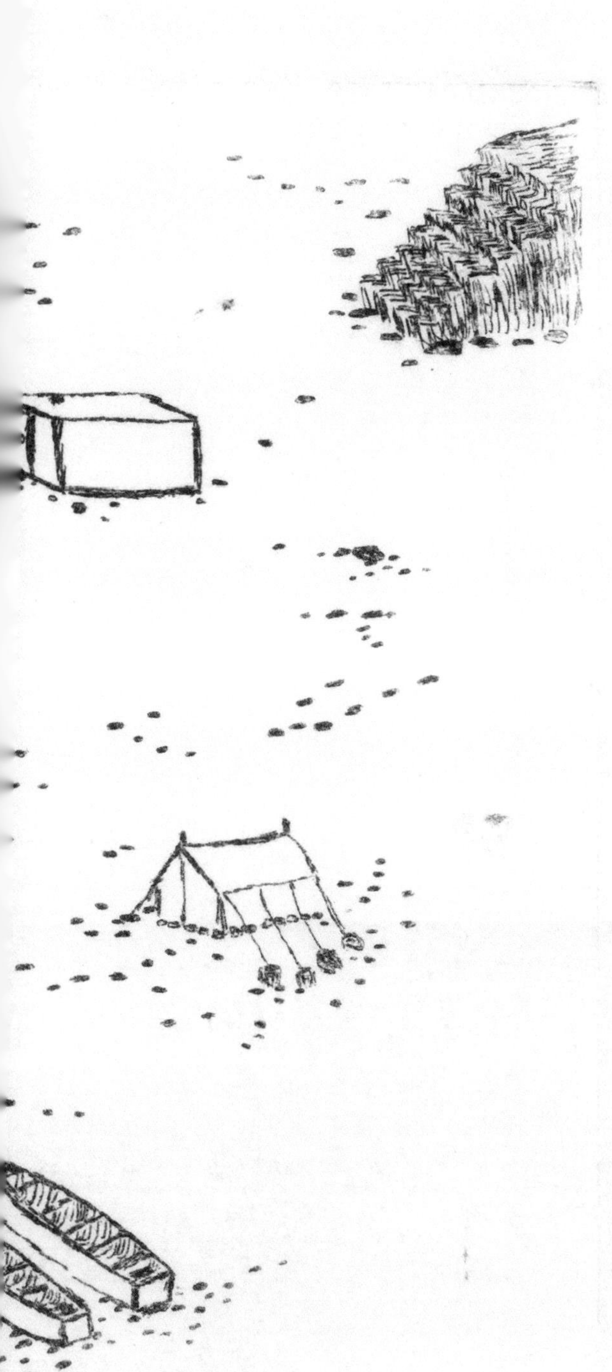

ᓱᕕᓇᐃ ᐊᓱᓇ, ᓄᓇᓕᒃ,1997.
ᑎᑎᕋᐅᔭᖅᓱᒪᔪᖅ ᐸᐃᑉᐹᒃᑯᑦ

Shuvinai Ashoona, *Orohat*, 1997.
Borran báhpáris

Shuvinai Ashoona, *Settlement*, 1997.
Etching on paper

Jenni Hakovirta

ᐃᓄᒃᑎᑐᑦ

ᐃᓂᒋᔭᐅᔪᖅ, ᓴᙱᓂᖅ, ᐊᒻᒪ ᐱᑦᑎᐊᕐᓂᖅ

Sámegiella

SAJÁDAGA, FÁMU JA SIIVUIVUOĐA BIRRA

English

ON POSITION, POWER, AND BEING KIND

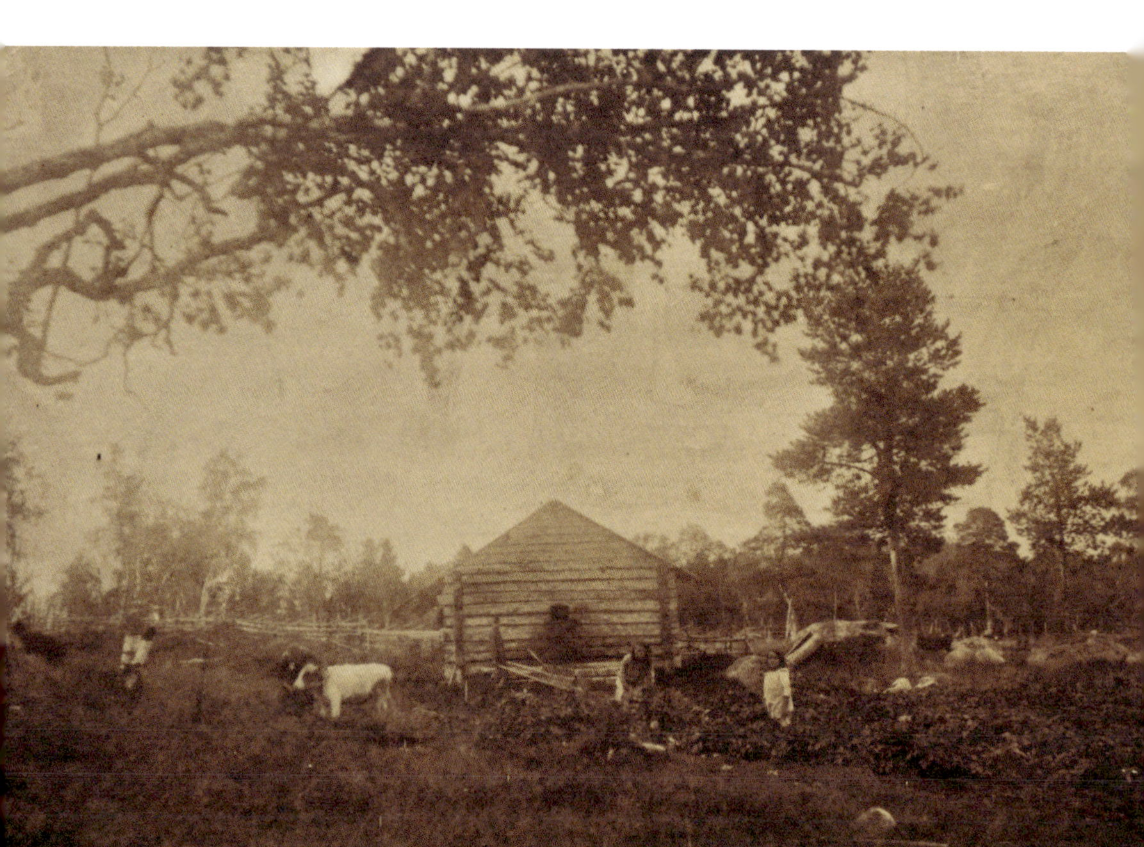

ᖃᓄᕐᓕ ᑐᑭᖃᖅᐸ ᓵᒥᐅᑦᑐᓂ ᐃᒡᓗᒃᓴᓂᒃ ᓴᓇᔭᐅᓂᐊᖅᑐᓂᒃ ᐋᖅᑭᒃᓱᐃᔨᐅᑦᑐᓂ? ᖃᐅᔨᓕᖅᓱᖓ ᐃᒃᓯᕚᖅᑕᐅᑦᑐᖓ ᓄᓇᖃᖅᑳᖅᓯᒪᔪᓂᒃ ᖃᐅᔨᓴᖅᑎᐅᔪᓂᒃ, ᑕᒫᓃᓱᖓᓗ ᖃᐅᔨᓕᖅᐳᖓ ᑖᒃᑯᐊ ᐱᓕᕆᖅᑎᒋᓂᐊᖅᑕᒃᑲ, ᑕᒪᓐᓇ ᐱᒻᒪᕆᐊᓘᕗᖅ ᐃᓱᒪᑦᑐᓂ ᐊᐱᖅᑯᑕᐅᔪᒥᒃ. ᓄᓇᖃᖅᑳᖅᓯᒪᔪᑦ ᓄᓇᒥᒃ ᖃᐅᔨᓴᖅᑎᐅᑦᑐᑎᒃ ᐱᑦᓚᕆᐅᖕᒪᑕ ᓲᕐᓗ ᖃᑦᑐᓈᖅᑕᐅᑦᑐᑎᒃ - ᖃᐅᔨᓴᕐᓂᕆᔭᕗᑦ, ᐃᒡᓗᒃᓴᓂᒃ ᓴᓇᔭᐅᓂᐊᖅᑐᓂᒃ ᐋᖅᑭᒃᓱᐃᔨᐅᑦᑐᑕ, ᐃᓕᓴᐃᓂᕆᔭᕗᑦᑐ, ᐊᒻᒪᓗ ᐅᓂᒃᑳᕗᑦ ᑕᒪᕐᒥᒃ ᑲᑎᓯᒪᔪᑦ. ᑕᐃᒪᓐᓇ ᐃᓕᓐᓂᐊᖅᐸᒃᐳᒍᑦ, ᑕᐃᒪᓐᓇ ᐃᓖᒃ ᐱᕈᖅᓴᑎᑕᐅᓚᐅᕋᑦᑕ, ᐊᒻᒪᓗ ᐃᓚᖅᑲᐅᖅᓱᑕ ᐊᓯᑎᓐᓂᒃ. ᐅᕙᓐᓄᑦᓕ ᑕᐃᒪᓐᓇ ᐃᓕᓐᐊᖅᑲᑦᑕᖅᐳᒍᑦ ᐱᓕᕆᖅᑎᒌᒃᓱᑕ. ᑕᐅᑐᖕᒋᑦᑐᖓᓕ ᓄᓇᖃᖅᑳᖅᓯᒪᔨᐅᑦᑐᓂ ᓲᕐᓗ ᐊᒃᑐᕈᓐᓇᖕᒋᑕᕗᑦ, ᑭᓯᐊᓂᓕ ᓄᓇᖃᖅᑳᖅᓯᒪᔨᐅᑦᑐᑕ, ᖃᓄᐃᓐᓇᖅ ᐱᔪᓐᓇᖅᐳᒍᑦ. ᓵᒥ ᐃᒡᓗᒃᓴᓂ ᓴᓇᔭᐅᓂᐊᖅᑐᓂᒃ ᐋᖅᑭᒃᓱᐃᔨᐅᑦᑐᓂ ᐱᐅᔪᑐᐊᖑᖕᒋᑦᑐᖅ, ᑭᓯᐊᓂᓕ ᐱᓕᕆᖅᑎᒌᖕᓂᐅᔪᖅ

ᐃᒡᓗᒃᓴᓂᒃ ᓴᓇᔭᐅᓂᐊᖅᑐᓂᒃ ᐋᖅᑭᒃᓱᐃᔨᖑᕐᓂᐊᓕᖅᓱᖓ, ᖃᐅᔨᓚᐅᖅᐳᖓ ᑕᒫᓃᓱᖓ ᐊᕙᑎᒥᑦ ᑕᑯᓕᖅᓱᖓᓗ ᐱᕈᖅᓴᑎᑦᑐᖓ ᑕᑯᖅᑲᑦᑕᓚᐅᖅᓯᒪᔭᒃᑲ

Maid mearkkaša leat sámi arkiteakta ja dutki? Go dán gažaldaga hárrái galgen vuđolaččat jurddašit, de leai deaŧalaš fihttet, ahte mun čohkkán nannosit álgoálbmogiid dutkanparadigmas, mii oahpista buot mu gaskavuođaid. Álgoálbmogiid ontologalaš, epistemologalaš ja aksiologalaš duođalašvuođat leat dego gođus – min dutkan, min arkitektuvra, min oahpaheamit ja min muitalusat gođđásit oktii. Álgoálbmotvuohta gávdno dan vuogis mo mii oahppat, vuogis mo mii leat bajásgessojuvvon ja vuogis mo mii leat nuppiide guoskevaččat. Munnje lea álgoálbmotvuohta vuohki mo *šattan* daid ovttasdoaibmamiid bokte, mat mus leat. Mun in ane álgoálbmotvuođa juonin fysihkalažžan, muhto juonin mearritmeahttumin, man mii álgoálbmogin guoddit mielddámet juohke dilálašvuhtii. Nuba sámi arkitektuvra ii leat dušše hápmi dahje estetihkka, muhto vuohki mo bargá.

Go mun álgen arktitektuvrasuorgái, de bohten birrasii gos buot visot

What does it mean to be a Saami architect and researcher? Realizing I sit firmly within the Indigenous research paradigm, which guides all my relations, has been important in thinking through this question. Indigenous ontological, epistemological, and axiological realities are like fabric—our research, our architecture, our teachings, and our stories weave together. Indigeneity is in the way we learn, the way we have been brought up, and the way we relate to others. For me, indigeneity is a way of *becoming* through the interactions I have. I do not see indigeneity as merely something physical, but as something intangible that, as Indigenous people, we carry into every situation. Saami architecture is thus not just a form or aesthetic, but a way of working.

When I entered the field of architecture, I found myself in an environment where everything I had been brought up

ᓂᕐᔪᑎᓄᑦ ᐃᒡᓗᒋᔭᐅᔪᖅ ᐊᒻᒪᓗ ᓯᓚᑖᓂᑦ ᓄᓇ ᑕᕝᕙᓂ ᐳᓚᓂᒥ, 1920 ᐅᕝᕙᓘᓐᓃᑦ 1921-ᖑᑎᑦᑐᒍ

Návet ja šillju Puolaniemis, 1920 dahje 1921

Barn and yard in Puolaniemi, 1920 or 1921

ᐱᑕᖃᕈᓃᖅᑐᑦ. ᖃᐅᔨᒪᔪᐊᖏᑦᑐᖓ ᖃᓄᖅ ᑕᒫᓂ ᐃᓂᖃᓇᐊᒃᓴᖅ. ᖃᐅᔨᓕᓚᐅᖅᐳᖓᓕ ᐊᐅᓚᓂᖃᕐᓂᖅ ᑕᒫᓂ ᐃᓄᐃᑦ ᖃᐅᔨᒪᖏᑕᖓᓂᒃ ᓇᑭᙵᕐᒪᖔᖏᓐᓂᒃ ᓲᕐᓗ ᒪᑐᐃᖅᓯᓲᖑᕗᖅ ᐹᒥᒃ ᐊᒥᓱᓂᒡᓗ ᐊᐱᖅᑯᑕᐅᕙᒃᑐᓂᒃ ᑕᒪᒃᑯᓂᖓ ᒐᕙᒪᓕᕆᓂᕐᒥᒃ, ᐃᓕᖅᑯᓯᑐᖃᕆᔭᐅᔪᓂᒃ, ᐃᓚᒌᓂᒃ, ᐊᒻᒪᓗ ᐱᐅᓯᑐᖃᕆᔭᐅᓚᐅᖅᑐᓂᒃ. ᑭᐅᔾᔪᑎᖃᕈᓐᓇᖏᓗᓂ ᑕᐃᒪᐃᑦᑐᓂ ᑲᑉᐱᐊᓇᐃᓐᓇᐅᔭᖅᑐᖅ ᐅᕙᓐᓄᑦ; ᑭᓯᐊᓂᓕ, ᑖᓐᓇ ᑲᑉᐱᐊᓱᖕᓂᕆᕙᒃᑕᕋ ᐅᕙᓐᓄᑦ ᐊᒃᓱᕈᕐᓂᖅᓴᐅᑎᑦᑎᕗᖅ ᑐᑭᓯᑦᑎᐊᕈᒪᓪᓗᖓ ᑭᓇᐅᓂᓐᓂᒃ ᐊᒻᒪᓗ ᓇᑭᖔᕐᒪᖔᓐᓂᒃ, ᐃᒪᓐᓇᑐᐃᓐᓇᐅᖏᑦᑐᖅ ᐊᑐᕐᓂᕆᕙᓚᐅᖅᑕᓐᓂ ᑭᓯᐊᓂᓕ ᑕᒪᒃᑯᓄᖓ ᐃᓕᖅᑯᓯᑐᖃᕆᔭᐅᔪᓂᒃ, ᐃᓅᖃᑎᒌᖕᓂᖅ, ᐊᒻᒪᓗ ᒐᕙᒪᓕᕆᓂᐅᔪᓂᒃ ᐊᑐᖅᑕᐅᓚᐅᖅᑐᓂᒃ ᐃᓅᖃᑎᓐᓂᒃ. ᑖᓐᓇᓕ ᖃᐅᔨᓚᐅᖏᑕᕋ ᐃᓕᓐᓂᐊᕆᐊᖃᑦᑕᕐᓂᒃᑯᑦ. ᓵᒥᒥᐅᑕᐅᓪᓗᖓ, ᓲᕐᓗ ᐃᖏᕐᕋᓂᒃᑯᑦ ᑲᖑᓇᕈᑎᒋᕙᕋ - ᓴᓇᒪᓯᒃᑲᓗᐊᖅᑎᓪᓗᖓ ᑕᐃᒪᓕ ᑲᖑᓇᕐᓂᖅ ᐃᒃᐱᒌᓐᓇᐅᔭᖅᐸᕋ. ᓴᐃᓕᓯᒪᓕᖅᑎᓪᓗᖓ ᐃᓕᓐᓂᐊᕐᓂᒃᑯᑦ ᓯᕗᓪᓕᐹᒥᒃ ᑲᖑᓱᒍᓃᓕᓚᐅᖅᐳᖓ ᐱᓕᕆᐊᕆᓂᐊᖅᑕᓐᓂ ᓵᒥᐅᓪᓗᖓ ᐃᒡᓗᒃᓴᓂᒃ ᓴᓇᔭᐅᓂᐊᖅᑐᓂᒃ ᐋᖅᑭᒃᓯᐃᔨᐅᓪᓗᖓ.

ᑕᐃᒪᓕ ᓵᒥᐅᓪᓗᖓ

mainna ledjen bajásšaddan, leai oaidnemeahttun. Mus leai uhccán diehtu das, mo mu sajádat heive máilbmái, mii lea mu birra. Das rájes lean gávnnahan, ahte dakkár sajiin bargat, gos olbmot oppalohkái eai dieđe gos ja geain don boađát, leahkku uvssa eatnat máŋggadáfot gažaldagaide politihka, kultuvrra, soga ja historjjá hárrái. Mun lean álelassii guoddán dan balu, ahte in máhte dáid gažaldagaide vástidit. Almmatge lea dát ballu biebman mu dárbbu čiekŋudit iehčan áddejumi das, gos mun boađán, ii dušše mu persovnnalaš vásihusaid geahččanguovllus, muhto maiddái historjjálaš, sosiála ja politihkalaš vásihusaid bokte, maid mu álbmot lea šaddan vásihit. Dát eai leat dieđut, maid skuvllas lean oahppan. Sámi olmmožin orun álelassii guoddimin muhtin lágan heahpatvuođa, vaikko vel lean rámis ja heahpatvuohta lea eahpelogalaš. Mu vuosttas lávki karrierii sámi arkiteaktan, leai oahppat ráfáiduvvat dáinna diliin.

with was invisible. I had very little knowledge about how my position fit into the world around me. Since then, I have found that operating in spaces where people generally do not know where or who you come from opens the door to complex questions about politics, culture, family, and history. Not having answers to these questions is a fear I have always carried with me; however, this fear has fuelled my need to deepen my understanding about who I am and where I come from, not just from the perspective of my personal experiences but also through the historical, social, and political experiences my people have been through. This is not information I learned in school. As a Saami person, I always seem to travel with some form of shame—even if I am proud and the shame is illogical. Making peace with this through learning was the first step to being able to enter my career as a Saami architect.

ᐃᒡᓗᒃᓴᓂᒃ ᓴᓇᔭᐅᓂᐊᖅᑐᓂᒃ ᐋᖅᑭᒃᓱᐃᔨᐅᓕᖅᑎᑦᑐᖓ, ᖃᐅᔨᒪᓚᐅᖅᐳᖓ ᐅᕙᓐᓂᒃ ᐱᔭᕆᐊᑭᒍᓱᖕᓂᐅᓕᖅᑐᖓ. ᑲᑉᐱᐊᓱᓚᐅᖅᐳᖓ. ᐃᓱᒪᓚᐅᖅᐳᖓ ᐃᖅᑲᓇᐃᔭᖅᑎᑖᕆᔭᐅᔾᔮᕋᓱᒋᖕᒋᓗᖓ ᐅᖅᑲᕈᒪ ᓵᒥᐅᓂᓐᓂᒃ. ᖃᐅᔨᒪᓚᐅᖅᐳᖓ ᐱᓕᕆᖅᑲᑕᐅᓕᕋᓗᐊᖅᑎᑦᑐᖓ ᖁᕕᐊᒋᔭᓐᓂᒃ, ᐃᖅᑲᓇᐃᔭᕐᓂᓕᒫᓐᓂᒃ ᐅᖅᑲᐅᓯᖅᑲᕐᑐᖓ ᐱᔾᔪᑎᖃᖅᑲᕐᓗᑕ ᐃᒡᓗᒃᓴᓂᒃ ᓴᓇᔭᐅᓂᐊᖅᑐᓂᒃ ᐋᖅᑭᒃᓱᐃᔨᐅᑦᑐᑕ ᐊᒻᒪᓗ "ᒥᑭᓐᓂᖅᓴᐅᔪᓂᒃ ᐱᔾᔪᑎᖃᖅᑐᑕ." ᐃᓱᒪᒋᓚᐅᖕᒋᑕᕋᓕ ᐊᒃᓱᕈᕐᑐᖓ ᐊᐃᕙᖅᑲᑎᖅᑲᖅᑲᑦᑕᕐᓂᐊᕐᓂᓐᓂᒃ ᐃᓂᒋᔭᕋ ᐊᑐᐃᓐᓇᕈᒪᑦᑐᒍ. ᓂᕆᐅᓂᖅᑲᖅᐳᖓᑦᑕᐅᖅ ᑕᐃᒪᓐᓇᐅᔾᔮᖕᒋᓚᖅ ᐊᓯᓐᓄᑦ ᓵᒥᐅᔪᓄᑦ ᐱᓕᕆᔨᐅᓂᐊᖅᑐᓄᑦ.

ᓂᕆᐅᓇᖕᒋᑦᑐᒃᑯᑦᑕ ᖃᐅᔨᓚᐅᖅᐳᖓ ᐅᕙᓐᓂᒃ ᐃᓂᑖᕐᓂᐊᕋᒪ ᐱᓕᕆᖅᑕᐅᑦᑐᖓ. ᑕᒪᓐᓇ ᖃᐅᔨᒪᓂᖅ ᖃᓄᐃᓐᓇᒃᑯᑦ ᓴᖅᑭᔫᖕᒍᕗᖅ ᐃᓱᒪᒃᑯᑦ ᖃᐅᔨᓕᖅᓗᖓᓗ ᐃᓅᖅᑲᑎᒃᑲ ᖃᐅᔨᔪᑐᐊᖑᖕᒋᑦᑐᑦ, ᑭᓱᐊᓂᓚ ᐅᕙᓐᓂᒃ ᖃᐅᔨᒪᑦᑎᐊᕋᒪ, ᓱᓕᑦᑎᐊᖅᑐᒥᒃ. ᑐᑭᓱᐅᒻᒪᑦᑎᐊᖅᑐᖓᓗ ᓇᓂᑐᐃᓐᓇᖅ ᓇᖕᒋᖅᑎᑦᑐᖓ ᓴᖕᒋᓂᖅᑲᖅᐳᖅ. ᐊᖕᒋᖅᑲᒥᖕᒎᖅᐳᖓ, ᐃᓅᖅᑎᓐᓂᒡᓗ, - ᓱᓕᖅᔪᐊᖅᒥᑦᑕ ᐃᒡᓗᒃᓴᓂᒃ ᓴᓇᔭᐅᓂᐊᖅᑐᓂᒃ

Go mus bođii sámi arkiteakta, de dihten ahte dahken iehčan earenoamáš hearkin. Mun ledjen balus. Dovden ahte in oaččo goassege virggi, juos muitališgoađán olbmuide, ahte *mun lean sápmelaš*. Dihten ahte vaikko vel beasašinge bargat daiguin áššiiguin, mat mearkkašit munnje juoidá, de golahivččen loahppa karrieara vuoigadit ságastallama arkitektuvrra ja "minoritehtaáššiid" birra. Masa mun in lean ráhkkanan, leai man olu šattan dáistalit doalahit dán saji iehčan várás. Duođaidge sávan, ahte dát livččii eará láhkai eará sápmelaččaide, geat dutket ja barget huksejuvvon birrasiin iežaset fidnomáhtolaš barggus.

Mun lean hirpmástuvvan bargosajádaga dihtii, man ieš lean váldán. Jurdda ahte dieđus ja máhtus lea fápmu, boahtá ohpihii mu millii, ja mun ipmirdan dál, ahte ii dát guoskka dihtui ja máhttui earáid birra, muhto dihtui ja máhttui olbmo iežas birra. Das lea fápmu, go ádden gos mun čuoččun. Mun-

In becoming a Saami architect, I knew I was making myself extraordinarily vulnerable. I was afraid. I felt I would never get hired if I was to tell people *I am Saami*. I knew that even though I might gain the joy of working with the topics that matter to me, I would probably spend the rest of my career justifying a conversation about architecture and "minority issues." What I was not ready for was how much I would have to fight to hold this space for myself. I truly hope this will be different for other Saami people who do research or deal with the built environment in their professional work.

I have been surprised at the work positioning myself has taken. The idea that knowledge has power continuously pops into my head and I now realize that it is not knowledge about others, but rather knowledge about oneself, that holds true. Understanding where I stand has power. I come from a

ᐋᖅᑭᒃᓱᐃᔨᐅᖏᓚᖓ ᓇᓂᑐᐃᓐᓇᖅ ᐊᒃᑐᐃᓂᖃᖏᓗᓂ. ᐊᐅᓚᑦᑎᕙᒃᐳᖓᓕ ᐃᒃᐱᒍᓱᑦᑎᐊᖅᓗᖓ, ᐱᓕᕆᐊᕆᔭᖃᓗ ᐃᓱᒪᒋᑦᑎᐊᖅᓗᒍ ᐊᒻᒪᓗ ᐱᑦᑎᐊᕋᓱᒃᓗᖓ. ᐱᓕᕆᑦᑎᐊᕈᒪᕗᖓᓕ ᐱᑦᑎᐊᕐᓗᖓ, ᑭᓯᐊᓂᓕ ᐱᓕᕆᐊᕆᓂᐊᖅᑕᑦᑎᓐᓂᒃ ᑕᒪᒃᑯᐊ ᐊᑭᑐᔫᑎᑦ ᐱᒻᒪᕆᒋᔭᐅᖕᒪᑕ ᑲᔪᓯᓂᖃᑦᑎᐊᕈᒪᑦᑐᓂ, ᑕᒪᒃᑯᐊ ᒪᓕᒃᑕᐅᒋᐊᓖᑦ ᓱᓕᖅᑰᔨᖅᑲᑦᑕᖏᑦᑐᑦ. ᑕᐃᒪᓕ ᐃᓕᓴᖅᓯᓚᐅᖅᐳᖓ ᐊᓯᒃᑲ ᓄᓇᖅᑲᖅᑳᓯᒪᔪᑦᑕᐅᖅ ᐋᖅᑭᒃᓱᐃᔨᐅᔪᑦ ᐊᐅᓚᓂᖅᑲᓲᖑᒪᑕ ᐅᕙᑦᑐᑲᓴᑦᑎᐊᖅ, ᐊᒻᒪᓗ ᑕᐃᒪ ᐱᔪᒪᓂᖅᓴᐅᖅᑲᖅᑕᓕᖅᐳᖓ, ᓴᐱᓕᖅᑕᐅᓚᒪᓕᖅᓗᖓᓗ, ᐱᓕᕆᑦᑎᐊᕈᒪᓕᖅᓗᖓᓗ, ᐊᒻᒪᓗ ᐱᔪᒪᓂᖃᑦᑎᐊᓕᖅᓗᖓ.

ᐱᑐᐃᓐᓇᕆᐊᖃᕋᓗᐊᖅᓗᑕ ᐅᕙᒍᑦ ᐃᓅᔪᑎᒍᑦ ᐊᓯᔾᔨᖅᑎᑦᑎᒋᐊᖃᕋᑦᑕ ᐱᓯᒪᐃᓐᓇᕐᓗᑕᓗ ᐱᒻᒪᕆᒋᔭᑦᑎᓐᓂᒃ, ᐅᖅᑲᐅᓯᖃᖅᐸᒃᓗᑕᓗ ᖃᓄᖅ ᓄᓇᖃᖅᑳᖅᓯᒪᔪᑦ ᐃᒡᓗᒃᓴᓂᒃ ᓴᓇᔭᐅᓂᐊᖅᑐᓂᒃ ᐋᖅᑭᒃᓱᐃᔨᖑᕐᑯᓐᓇᕐᓂᖏᓐᓂᒃ ᐊᔪᕐᓇᕋᓗᐊᖅᑎᓪᓗᒍ. ᓴᓇᐅᒐᓕᕆᔩᐅᓂᖅ, ᐊᒻᒪᓗ ᐅᓂᒃᑳᖅᑎᐅᓂᕐᓗ ᐱᒻᒪᕆᐊᓘᒻᒪᑕ ᐊᒻᒪᓗ ᓴᓇᕈᑕᐅᔪᓐᓇᑦᑎᐊᖅᓗᑎᒃ, ᐱᓗᐊᖅᑐᒥᒃ ᐃᓚᒋᔭᐅᑎᑕᐅᓪᓗᑎᒃ ᓴᓇᔭᐅᓂᐊᖅᑐᓂᒃ ᐃᒡᓗᒃᓴᓂ, ᑭᓯᐊᓂᓕ ᐃᓅᑐᐊᖑᔭᕆᐊᖃᖏᓚᑦ

han boađán báikkis, ruovttus, álbmogis – in mun leat globála arkiteakta, geas eai leat čatnasat gosage. Mun barggan gudnevuollegašvuođain ja vásttolašvuođain ja siivuivuođain. Mun háliidan bargat *buori vuogi mielde*, muhto dakkár máilmmis, gos kapitála orru leamen áidna čielga árvu, mainna sáhttá mihtidit lihkostuvvama, doppe dát prinsihpat dávjá orrot leamen eahperealisttalaččat. Almmatge dovddan, ahte eará álgoálbmothábmejeaddjit barget seammalágan sajádagas go mun, ja dat addá munnje roahkkatvuođa, searaid ja árjjalašvuođa.

Beroškeahttá potensiálas, mii min buolvvas lea molsut muitalusaid das, guđiid árvvuid mii bajásdoallat, de lea mohkkái ságastallat makkárin álgoálbmogiid arkitektuvra galgá leat geavadin. Symbolisma, ávnnaslašvuohta, dáidda ja muitaleapmi leat hui vuoimmálaš ja deaŧalaš gaskaoamit, earenoamážit go leat oasit narratiivvas huksejuvvon birrasis, muhto dušše dat

place, a home, a people—I am not a global architect with no ties to anywhere. I operate out of respect and responsibility and kindness. I want to work *in the good way*, but in a world where capital seems to be the only clear value by which to measure success, these principles often seem unrealistic. However, I recognize that other Indigenous designers operate from a similar position, and it gives me courage, energy, and determination.

Regardless of the potential our generation has to shift the narratives around which values we uphold, having a conversation about how to practice Indigenous architecture is complex. Symbolism, materiality, art, and storytelling are very powerful and important tools, especially when they are part of a narrative in a built environment, but they alone are not enough if one wants to critically examine Indigenous

ᓄᓇᖃᖅᑳᖅᓯᒪᔪᑦ ᐃᒡᓗᒃᓴᓂ ᓴᓇᔭᐅᓂᐊᖅᑐᓂᒃ ᖃᐅᔨᓴᖅᑎᐅᓗᑎᒃ. ᖃᐅᔨᓚᐅᖅᐳᖓᓕ ᐊᔪᕐᓇᕐᓂᖅᓴᐅᖕᒪᑦᑕ ᐅᖃᐅᓯᕆᑦᑐᒍ ᐱᔾᔪᑎᖃᖅᑐᑕ ᐃᓚᒌᖕᓂᕐᔪᐊᖑᔪᓂᒃ, ᓴᓇᑐᓂᖅ, ᑲᔪᓯᓂᖃᑦᑎᐊᕐᓂᕐᒥᒡᓗ, ᐅᕙᔫᓐᓃᑦ ᑕᒪᒃᑯᓂᖓ ᐃᓚᖃᖅᑎᑦᑎᑦᑐᑕ ᖃᐅᔨᓴᖅᑎᐅᓂᐊᖅᑐᓂᒃ ᐃᒡᓗᒃᓴᓂᒃ ᐱᓯᒪᓂᖃᓇᐊᖃᕐᓂᖕᒋᓐᓂᒃ ᐃᓕᖅᑯᓯᑐᖃᑦᑎᓐᓂᒃ.

9-ᖑᔪᓂᒃ ᓵᒥᒥᐅᑕᑦ ᐊᔾᔨᒌᖕᒋᑦᑐᓂᒃ ᐅᖃᐅᓯᑐᖃᖃᖅᐳᑦ, ᐱᑕᖃᕋᓗᐊᖅᑎᑦᑐᒍ ᓵᒥᒥᐅᑕᓂᒃ ᐊᒻᒪᓗ ᓵᒥᒥᐅᑕᑦ ᑲᑐᔾᔨᖃᑎᒌᖑᔪᑦ. ᐃᓕᓐᓂᐊᕐᓂᒃᑯᑦᑕ, ᑎᑎᕋᕐᓂᖅ ᖃᑦᑐᓈᑎᑐᑦ ᒪᕐᖀᖕᓂᒃ ᐊᐱᖅᑯᑎᑖᓕᓲᖑᕗᑦ: ᓯᕗᓪᓕᖅ, ᖃᓄᕐᓕ ᐊᓯᖕᒋᓐᓂᒃ ᓵᒥᐅᔪᓂᒃ ᓄᓇᓕᕐᑯᑎᖕᒋᓐᓂᒃ ᐅᖃᐅᓯᖃᓲᖑᕙᑦ?, ᐊᒻᒪᓗ ᑐᒡᓕᐊ, ᖃᓄᕐᓕ ᓵᒥᒥᐅᑕᓂᒃ ᐃᓄᖕᒋᓐᓂᒃ ᐅᖃᐅᓯᖃᓲᖑᕙᑦ? ᑎᑎᕋᐅᓯᕐᒥᒃ ᐊᑐᓲᖑᕗᖓ ᓵᒥᒥᒃ ᐅᖃᐅᓯᖃᖅᑎᑦᑐᖓ ᐃᓄᖕᒋᓐᓂᒃ, ᐱᔾᔪᑎᒋᑦᑐᒍ ᑕᐅᑐᒃᑕᒃᑯᑦ "ᓴᒥ" ᐅᖃᐅᓯᕐᓂᒃ ᐱᔾᔪᑎᖃᕐᓂᖕᒐᓂᒃ. ᖃᐅᔨᒋᐊᒃᑲᓐᓂᕈᒪᒍᒃᑯ, ᑕᑯᔭᓐᓇᖅᑕᑦ ᐱᑲ ᓴᒻᒪᑦᓚᑎ, ᓵᒥᒥᐅᑕᑦ ᐅᖃᐅᓯᖕᒋᓐᓂᒃ ᐱᓕᕆᔨᐅᔪᖅ (ᑲᕆᓴᔪᒃ: ᑕᕕ ᒍᕆᔨ OS, 1998).

ᐃᒡᓗᒃᓴᓂᒃ ᓴᓇᔭᐅᓂᐊᖅᑐᓂᒃ ᐋᖅᑭᒃᓱᐃᔨᐅᑦᑐᖓ ᑕᒪᓇ ᐱᓇᔪᖕᓂᖅ ᐱᔾᔪᑎᒋᑦᑐᒍ ᑲᒪᒋᐊᖅᑲᕆᒪ ᐊᒻᒪᓗ ᐱᓇᓯᐊᖅᑕᐅᔪᑦ

eai leat doarvái, juos olmmoš háliida kritihkalaččat guorahallat álgoálbmoga huksehusa. Mun lean oahppan, ahte lea sakka váddáset hállat fápmogaskavuođain, egos, hutkkálašvuođas, lihkostuvvamis dahje olbmo iežas gaskavuođas dáid buvttadahkkiide, go guorahallat muittuhago huksehus arkitektuvrra mii lea kultuvrralaččat soahppevaš. Dát dahká hástalusa munnje álgoálbmotarkitektii, dannego mu ovddasvástádusat ja gudneáŋgirvuođat mannet guhkkelii go golahusa ja johtilvuođa gáibádusat. Go geahčan álgoálbmogiid arkitektuvrra boahttevuhtii, de dohkkehan ahte lea dárbu ságastallat das, makkár rolla dáin paradigmain lea, sihke práksisas ja teoriijas. Dáláš huksehusat leat eanaš šaddan vilges olbmuid, oarjemáilmmi ja dávjá dievdduid perspektiivvas, ja lea ain deatalaš árvvoštallat, galggašiigo ja mo galggašii álgoálbmogiid práksis guoskat ja gustot arkitektuvrii. Galggašedjego álgoálbmogiid oainnut arkitektuvrra hárrái

building. I have learned that it is much harder to talk about power relations, ego, creativity, success, or one's own relationship to these factors than it is to examine if a building resembles culturally relevant architecture. As an Indigenous architect this poses a challenge because my responsibilities and ambitions go beyond the demands of consumption and speed. In looking at the future of Indigenous architecture, I recognize the need to discuss what role these paradigms play, both in practice and theory. Buildings that exist today have been largely born out of white, western, and often male perspectives, and it remains important to consider if and how Indigenous praxis should relate to architecture. Should Indigenous views on architecture be inserted into existing architectural practices? Or, instead, are Indigenous architectural theory and Indigenous architectural practices to be

ᐅᖕᒐᑖᓄᒻᒪᕆᒃ ᐱᓕᕆᐊᕆᔭᐅᖅᑲᑦᑕᖅᒪᑕ
ᐊᒻᒪᓗ ᓱᒃᑲᒻᒪᕆᒃᓱᑎᒃ. ᑕᐅᑐᒃᓱᖕᒐᓕ
ᓱᕗᓂᒃᓴᒧᑦ ᑕᒃᑯᐊ ᓄᓇᖅᑲᖅᑳᖅᓯᒪᔪᑦ
ᐃᒡᓗᒃᓴᓂᒃ ᓴᓇᔭᐅᓂᐊᖅᑐᓂᒃ ᐋᖅᑭᒃᓯᐃᓃᑦ,
ᐃᓕᑕᖅᓯᓕᖅᐳᖓ ᐅᖅᑲᑦᓚᖅᑲᑎᖅᑲᕆᐊᖅᑲᕋᑦᑕ
ᖅᑲᓄᐃᑦᑐᓂᒃ ᑕᒪᒃᑯᐊ ᓴᓇᔭᐅᓂᐊᖅᑐᑦ
ᐱᕆᐊᖅᑲᖅᒪᖕᒑᖕᕆᓐᓂᒃ. ᐃᒡᓗᐃᑦ ᒫᓐᓇᐅᔪᖅ
ᐱᑕᖅᑲᓕᖅᑐᑦ ᖅᑲᑦᑐᓅᓄᑦ ᓴᓇᔭᐅᓯᒪᖕᒪᑕ
ᐊᒻᒪᓗ ᐊᖕᒍᑎᓄᑦ ᓴᓇᔭᐅᕙᒃᑐᑎᒃ, ᐊᒻᒪᓗ ᑕᐃᒪ
ᐃᓯᒪᖅᑲᕆᐊᖅᑲᓕᕋᑦᑕ ᖅᑲᓄᖅ ᓄᓇᖅᑲᖅᑳᖅᓯᒪᔪᑦ
ᓴᓇᔭᖕᕆᓐᓂᒃ ᐱᑕᖅᑲᕆᐊᖅᑲᒻᒪᕆᓕᖅᒪᑦ.
ᑕᐃᒪᓕ ᓄᓇᖅᑲᖅᑳᖅᓯᒪᔪᓂᑦ ᑕᐅᑐᒃᑕᐅᔪᑦ
ᑕᒃᑯᓂᖕᒐ ᐃᒡᓗᒃᓴᓂᒃ ᓴᓇᔭᐅᓂᐊᖅᑐᓂ
ᐋᖅᑭᒃᓯᐃᓃᑦ ᒫᓐᓇᐅᔪᖅ ᐱᑕᖅᑲᓕᖅᑐᓂᒃ
ᐋᖅᑭᒃᓯᐃᖅᑲᑦᑕᖅᓂᐊᖅᑳᑦ? ᐅᕙᒍᓐᓂᑦ
ᓄᓇᖅᑲᖅᑳᖅᓯᒪᔪᓂᒃ ᐃᒡᓗᒃᓴᓂ ᓴᓇᔭᐅᓂᐊᖅᑐᓂᒃ
ᐋᖅᑭᒃᓯᐃᓃᑦ ᓴᓇᖅᑲᑦᑕᕆᐊᖅᑲᖅᐸᖅ ᐃᒻᒥᓂᒃ
ᓴᓇᔭᒥᓃᒃ? ᐊᐱᕆᖕᕆᑦᓱᑕᓕ ᐃᒡᓗᒃᓴᓂᒃ
ᓴᓇᔭᐅᓯᒪᔪᓂᒃ ᓄᓇᖅᑲᖅᑳᖅᓯᒪᔪᓂᒃ, ᐃᒻᒪᖅᑳ
ᑲᔪᓯᕆᐊᖅᑲᖅᐳᒍᑦ ᐊᐱᕆᔪᓐᓇᖅᑐᑕ ᖅᑲᓄᐃᑦᑐᒥᒃ
ᓄᓇᖅᑲᖅᑳᖅᓯᒪᔪ ᐃᒡᓗᖅᑲᕆᐊᖅᑲᖅᐸᑦ
- ᐃᓯᒪᕆᓗᕆᑦ ᖅᑲᐅᔨᒪᑦᑎᐊᖅᓂᖕᕆᑦ,
ᐃᓕᓐᓂᐊᖅᓯᒪᓂᖕᕆᑦ, ᐊᒻᒪᓗ ᐊᓐᓂᕆᔭᖕᕆᑦ
ᐃᓚᓕᐅᑎᓯᒪᓗᕆᑦ ᐱᐅᓯᕆᔭᐅᕙᓚᐅᖅᑐᓂᒃ
ᓄᓇᖅᑲᖅᑳᖅᓯᒪᔪᓄᑦ. ᑕᓐᓇ ᑐᑭᖅᑲᖅᐳᖅ ᐅᕙᒍᑦ

biddjojuvvot arkitektuvrralaš geavada sisa? Dahje, baicca, galgágo álgoálbmogiid arkitektuvrralaš teoriija ja galgetgo álgoálbmogiid arkitektuvrralaš práksisat árvvoštallojuvvot oassin sin iežaset designaparadigmas? Dan sajis go jearahit, mo mii ráhkadit huksehusaid álgoálbmotlažžan, galggašeimmet várra joatkit kollektiivvalaččat gažadit, mii álgoálbmothuksehus lea – ja árvvoštallat dan dieđuid ja máhtuid, oahpu ja árvvuid mat leat oassi min muitalusain, organiserenvugiin ja gaskavuođaid vugiin. Dát mearkkaša, ahte mii fertet joatktit guorahallat iehčamet gaskavuođa ráđđejeaddji arkitektuvrasuorgái.

Álgoálbmogiid arkitektuvrralaš teoriijas ja práksisis lea olu addámuš árkitektuvrasuorgái, ja álgoálbmotarkiteavttat miehtá máilmmi dollet ságastallamiid, mat leat dárbbašlaččat juohke šiehtadallanbeavdái. Go jurddaša dieđu ja máhtu ja gullama ja guldaleami

considered as part of their own design paradigm? Instead of asking how we make a building Indigenous, perhaps we can continue to collectively question what Indigenous building is—considering its knowledges, education, and values as part of our histories, ways to organize, and to relate. This means that we must also keep examining our relationship with the prevailing field of architecture.

Indigenous architectural theory and practice have much to give to the field of architecture, and Indigenous practitioners around the world are having conversations that are necessary for every negotiating table. Thinking about the role of knowledge and the relationship between listening and hearing are seemingly simple acts of respect and responsibility, but most people have a lot to learn about them. My hope for the future is that Saami people are seen

ᖃᐅᔨᓴᐃᓐᓇᕆᐊᖃᕋᑦᑕ ᐃᓚᒌᓐᓂᕆᔭᑦᑎᓐᓂᒃ ᑕᒪᒃᑯᓂᖓ ᐃᒡᓗᒃᓴᓂᒃ ᓴᓇᔭᐅᓂᐊᖅᑐᓂᒃ ᐋᖅᑭᒃᓱᐃᔨᓂᒃ.

ᓄᓇᖃᖅᑳᖅᓯᒪᔪᑦ ᐃᒡᓗᒃᓴᓂᒃ ᓴᓇᔭᐅᓂᐊᖅᑐᓂᒃ ᐋᖅᑭᒃᓱᐃᔩᑦ ᐊᒻᒪᓗ ᐊᔪᕈᓐᓃᖅᓴᖃᑦᑕᕐᓂᖏᓐᓂᒃ ᑐᓂᓯᒋᐊᖃᒻᒪᕆᖕᒪᑦ. ᐃᓱᒪᓪᓗᖓᓕ ᖃᐅᔨᒻᒪᕆᒃᑕᑦᑎᓐᓂᒃ ᐊᒻᒪᓗ ᓈᓚᑦᑎᐊᕈᓐᓇᕐᓂᑦᑎᓐᓂᒃ ᐊᒻᒪᓗ ᑐᓵᔪᓐᓇᕐᓂᑦᑎᓐᓂᒃ ᑕᒪᒃᑯᐊ ᐃᒃᐱᒍᓱᑦᑎᐊᕐᓂᕐᒥᒃ ᐊᒻᒪᓗ ᑲᒪᒋᐊᖃᕐᓂᑦᑎᓐᓂ ᐱᓯᒪᖕᒪᑕ, ᑭᓯᐊᓂᓕ ᐊᒥᓱᑦ ᐃᓄᐃᑦ ᐃᓕᓐᓂᐊᕆᐊᖃᒻᒪᕆᖕᒪᑕ ᑕᒪᒃᑯᓂᖓ. ᓂᕆᐅᖕᓂᕆᔭᕋᓕ ᓯᕗᓂᒃᓴᑦᑎᓐᓄᑦ ᓵᒥᑦ ᐃᓄᖏᑦ ᑕᐃᒪᓐᓇᑦᑕᐅᖅ ᐱᓕᕆᖃᑕᐅᒋᐊᖃᕐᓂᐊᕐᒪᑕ ᐃᒻᒥᓂᒃ ᐱᒋᔭᖏᑦᑎᒍᑦ. ᐱᔪᒪᕗᖓᓕ ᐃᓄᖁᑎᒋᔭᕗᑦ ᐃᓕᑕᕆᔭᐅᒋᐊᖃᒻᒪᕆᖕᒪᑕ ᐊᐅᓚᑦᑎᔪᓐᓇᑦᑎᐊᕐᓂᖏᓐᓂᒃ. ᐃᓅᒐᑦᑕ ᐆᒪᓪᓗᑕ ᐊᒻᒪᓗ ᐱᑕᖃᖅᓗᑕ. ᐅᕙᑦᑎᓐᓂᒃ ᓂᕈᐊᖅᓯᕈᓐᓇᕋᑦᑕ ᐃᒻᒥᒃᑯᑦ ᐊᒻᒪᓗ ᐱᓕᕆᐊᖑᓪᓚᕆᖕᓂᐊᖅᑐᓂᒃ. ᓄᓇᒥᑦ ᐱᓕᕆᖃᑎᖃᐃᓐᓇᐅᔭᕋᑦᑕ ᓄᓇᒋᔭᑦᑎᓐᓂᑦ ᐊᒻᒪᓗ ᐊᖏᕐᕋᕗᑦ ᖃᐅᔨᒪᑦᑎᐊᖅᓗᑎᒍᑦ. ᖃᐅᔨᒪᑦᑎᐊᕆᓪᓗᑕ ᐃᓚᒌᖕᓂᑦᑎᓐᓂᒃ ᑕᒪᒃᑯᓂᖓᓗ ᐅᐸᒃᓯᒪᕙᒃᑕᑦᑎᓐᓂᒃ ᑭᒃᑯᑐᐃᓐᓇᕐᓄᑦ ᐃᑲᔪᕈᑕᐅᔪᓐᓇᑦᑎᐊᖅᑐᓂᒃ, ᐅᕙᑦᑎᓐᓂ ᑐᓵᔪᒪᒃᐸᑕ ᐱᔪᓐᓇᑦᑎᐊᖅᑐᑦ.

ᖃᐅᔨᖅᑲᑦᑕᕐᓂᖅ ᐊᒻᒪᓗ ᐃᓅᓯᕆᔭᕗᑦ

gaskavuođa birra, de orrot dat leamen oktageardánis árvvusatnima ja ovddasvástádusa dagut, muhto eanaš olbmuin lea olu oahppamuš daid birra. Mu doaivva boahttevuhtii lea, ahte sápmelaččat adnojuvvojit ovttaveardásaš aktiiva oassálastin sin iežaset ja buot huksejuvvon birrasiidda. Háliidan iehčamet olbmuid dohkkehuvvot dálááigásaš searalaš doaibmin, dan sajis go olmmožin geat dárbbašit gáddjojuvvot arkitektuvrra bokte. Mii leat eallimin ja mii leat dás. Mii dahkat válljejumiid sihke ovttaskas olmmožin ja fitnolaš olmmožin. Mii leat álelassii ovttasdoaibman birrasiiguin gos mii ássat, ja mii dovdat iehčamet ruovttuid. Mis lea diehtu ja máhttu gaskavuođain báikkiide ja sajiide, mii boađášii ávkin buohkaide, juos sii dáhtošedje gullat min.

Vaikko dutkan ja eallin lea máŋggadáfot, de anán váibmun lahka ahte mu áhkku oktii muitalii gasku váttis dilálašvuođa: Don galggat luohttit,

as equally active participants in their own, and in all, built environments. I want our people to be recognized as contemporary, engaging operators with agency rather than people that need to be saved by architecture. We are living and we are present. We make choices both privately and professionally. We have always interacted with the environments we live in, and we know our homes. We have knowledge about relationships with places and spaces that would benefit everyone, if they are willing to hear us.

Though research and life are complex, I keep close to my heart what my grandmother once told me in the middle of difficult situation: you can trust your body to feel the difference between right and wrong, she told me, and I do. Many of my fears have come true since starting my PhD. *Yet I am fine.* When facing those fears, I have ended up finding

ᓇᓗᓇᖅᑐᐃᓐᓇᐅᖕᒪᑕ, ᐅᕙᓐᓄᑦᑕ ᐊᓈᓇᑦᑎᐊᕐᒪ ᐅᖃᐅᑎᓚᐅᖅᓯᒪᖕᒫᖕᒐ ᐊᔪᕐᓇᖅᑐᖅᓯᐅᖅᓯᒪᑎᑦᑐᑕ: ᑎᒦᑦ ᐃᓯᒪᒋᑐᒍ ᐅᒃᐱᓇᒋᐊᖃᖅᑕᑦ ᐃᒃᐱᖕᒍᓱᒡᑐᑎᑦ ᐱᐅᔪᒥᒃ ᐊᒻᒪᓗ ᐱᐅᖕᒋᑦᑐᒥᒃ, ᑕᐃᒪᓐᓇ ᐅᖃᐅᑎᓚᐅᖅᓯᒪᔮᖕᒐ. ᐊᒥᓱᑦ ᑲᑉᐱᐊᓱᒍᑎᒋᕙᒃᑕᒃᑲ ᓱᓕᒻᒪᕆᒃᐳᑦ ᐱᒋᐊᓕᖅᑎᑦᑐᖕᒐ PHD-ᒥᒃ. ᖃᓄᐃᖕᒋᑦᐊᕋᓗᐊᖅᑯᖕᒐ. ᑕᐃᒪᓕ ᑲᑉᐱᐊᓱᖕᓂᖅᑲᓕᕌᖕᒐᒪ, ᖃᐅᔨᓚᐅᖅᓯᒪᕗᖕᒐ ᐅᐃᒪᔪᓐᓃᖅᑲᑦᑕᕋᒪ ᐊᒻᒪᓗ ᓄᖅᑲᖕᒐᑦᑎᐊᓕᖅᑯᖕᒐ ᐃᓕᑕᖅᓯᖅᑲᑦᑕᕋᒪ ᓄᓇᖃᖅᑳᖅᓯᒪᔨᐅᑦᑐᖕᒐ ᓰᕐᓗ ᐃᒃᓯᕚᖅᑲᑦᑕᖅᐳᖕᒐ ᐊᐅᓚᑲᑦᑖᕐᕕᖕᒥ ᐊᐅᔭᒃᑯᑦ. ᑕᐃᒪᓕ ᓄᓇᖃᖅᑳᖅᓯᒪᔨᐅᑦᑐᖕᒐ ᑕᐅᑐᒍᓐᓇᖅᐳᖕᒐ ᓯᓚᕐᔪᐊᓕᒫᒥᑦ, ᐊᒻᒪᓗ ᐱᐅᒻᒪᕆᒃᑯᓂ.

9-ᖑᔪᓂᒃ ᓵᒥᒥᐅᑕᑦ ᐊᔾᔨᒌᖕᒋᑦᑐᓂᒃ ᐅᖃᐅᓯᑐᖃᖃᖅᐳᑦ, ᐱᑕᖃᕋᓗᐊᖅᑎᑦᑐᒍ ᓵᒥᒥᐅᑕᓂᒃ ᐊᒻᒪᓗ ᓵᒥᒥᐅᑕᑦ ᑲᑐᔾᔨᖅᑎᒌᖑᔪᑦ. ᐃᓕᓐᓂᐊᕐᓂᒃᑯᑦᑕ, ᑎᑎᕋᕐᓂᖅ ᖃᑦᑐᓈᑎᑐᑦ ᒪᕐᕉᖕᓂᒃ ᐊᐱᖅᑯᑎᑖᓕᓲᖑᕗᑦ: ᓯᕗᓪᓕᖅ, ᖃᓄᕐᓕ ᐊᓯᖏᓐᓂᒃ ᓵᒥᐅᔪᓂᒃ ᓄᓇᓕᖁᑎᖏᓐᓂᒃ ᐅᖃᐅᓯᖃᓲᖑᕙᑦ?, ᐊᒻᒪᓗ ᑐᒡᓕᐊ, ᖃᓄᕐᓕ ᓵᒥᒥᐅᑕᓂᒃ ᐃᓄᖏᓐᓂᒃ ᐅᖃᐅᓯᖃᓲᖑᕙᑦ? ᑎᑎᕋᐅᓯᕐᒥᒃ ᐊᑐᓲᖑᕗᖕᒐ ᓵᒥᒃ ᐅᖃᐅᓯᖃᖅᑎᑦᑐᖕᒐ ᐃᓄᖏᓐᓂᒃ, ᐱᔾᔪᑎᒋᑦᑐᒍ ᑕᐅᑐᒃᑕᒃᑯᑦ "ᓵᒥ" ᐅᖃᐅᓯᕐᓂᒃ ᐱᔾᔪᑎᖃᕐᓂᖑᓂᒃ. ᖃᐅᔨᒋᐊᒃᑲᓐᓂᕈᒪᒍᕕᑦ, ᑕᑯᔪᓐᓇᖅᑕᑦ ᐱᑲ ᓵᒻᒪᓚᑎ, ᓵᒥᒥᐅᑕᑦ ᐅᖃᐅᓯᖏᓐᓂᒃ ᐱᓕᕆᔨᐅᔪᖅ (ᑲᕋᔪᒃ: ᑕᕕ

ahte du rumaš dovdá mii leat riekta ja mii leat boastut, son celkkii, ja nu mun dagan. Olu mu balut leat šaddan duohtan maŋŋilgo álgen doavtterdutkosiin. *Goitge lea mus buorre dilli.* Go balut leat boahtán mu badjelii, de lean gávdnan ráfi ja jaskatvuođa, go dohkkehan ahte eamiolbmo leahkin lea dego čohkkát suhkosis geassebeaivvi. Mun sáhtán mieiggastit iehčan álgoálbmotvuhtii, seammás go geahčan máilmmi go jorrá iežas áksá birra, ja dat leat čáppis.

Sámis leat ovcci sámegiela, ja vaikko sámi našuvdna ja sámi servodat lea leahkimin, de eai leat sápmelaččat okta homogena joavku. Akademalaš surggiin bohciidahttá eŋgelasgillii čállin guokte gažaldaga juohke dutkái: Vuosttas, mo sii čujuhit iešguđet sámi servodagaide iežaset teavsttas, ja nubbi mo sii kollektiivvalaččat čujuhit sápmelaččaide. Mun čálán eŋgelasgilli Saami, go čujuhan olbmuide, dannego mu geahččanguovllus "Sámi" eaktuda giellahegemoniija, mii ii govvit mu sajádaga. Eambbo dieđuid várás, geahča Pekka Sammallahti, *The Saami Languages* (Kárášjohka: Davvi Girji OS, 1998).

calm and stillness in recognizing that being an Indigenous person is like sitting on a swing on a summer's day. I can lean on my indigeneity while I look at the world spinning off its axis, and it is beautiful.

There are nine Saami languages, and even though the Saami Nation and Saami society do exist, Saami people are not one homogenous group. In academic fields, writing in English brings up two questions for every scholar: first, how they refer to different Saami communities in their text, and second, how they collectively refer to Saami people. I use the spelling Saami when I refer to people, because from my perspective "Sámi" assumes language hegemony that does not reflect my position. For further information, see Pekka Sammallahti, *The Saami Languages* (Karasjok: Davvi Girji OS, 1998).

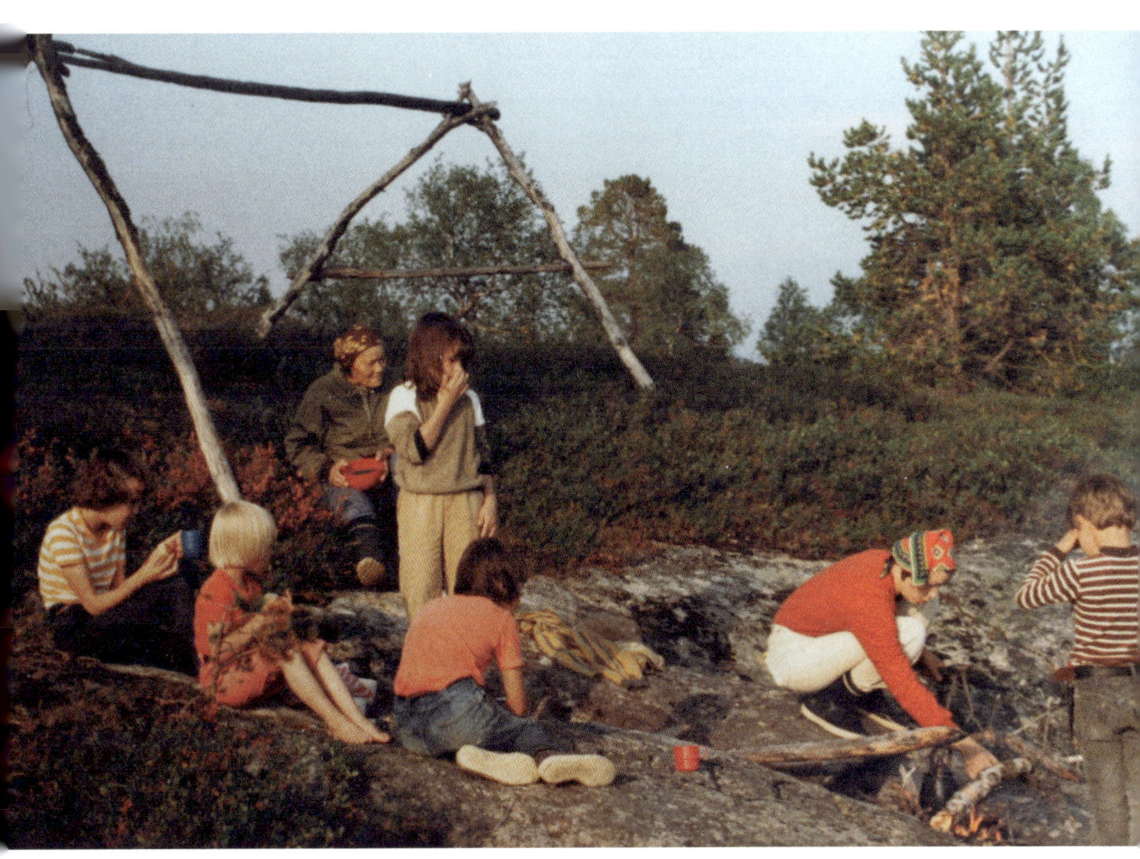

ᑭᒍᑕᖅᑭᕐᓇᓂᒃ ᐊᖂᕐᓇᖅᓯᑎᓪᓗᒍ ᐊᒻᒪᓗ ᐃᓚᒃᑲ ᐱᓱᒃᑐᑦ ᕿᑭᖅᑕᒥᑦ, 1970 ᐅᑭᐅᖅ ᐊᑐᖅᑎᓪᓗᒍ. ᓴᐅᒥᐊᓂᑦ: ᑎᕆ ᐊᕆᓚ, ᒥᕐᕕ ᐱᒃᑲᓚ (ᓱᒃᑯᓂᓐ), ᓄᑕᖅᑲ ᐊᓈᓇᑦᑎᐊᖓᑦ ᕼᐃᐊᓪᑕ ᐊᐃᕋᒧ (ᐊᕼᐅᓚ) ᐃᒃᓯᕚᖅᑐᖅ ᑭᒍᑕᖅᑭᕐᓇᓂᒃ ᔫᖅᓯᒪᓪᓗᑎᒃ, ᕖᕐᐱ ᐊᕆᓚ, ᔮᖅᑯ ᓱᐃᒃᑯᓂᓐ, ᑎᕐᑐ ᐊᐃᕋᒧ (ᓄᑕᖅᑲᑦ ᐊᕐᓇᕐᕖᖓᑦ) ᑳᐱᓕᐅᖅᑐᖅ, ᐊᒻᒪᓗ ᐊᕐᑐ ᕼᐊᑯᕖᕐᑕ (ᐊᑖᑕᒐ)

Lea sarrenáigodat ja mu bearašlahtut leat dahkan mohki sullui servvoštallan dihtii, 1970. Gurutbealde: Terhi Arrela, Mervi Pekkala (nieidavuođa goargu Soikkonen), mánáid áhkku Hilda Airamo (nieidavuođa goargu Ahola) čohkkámin sarriteabbáriin, Virpi Arrela, Jarkko Soikkonen, Terttu Airamo (mánáid muottá) vuoššamin gáfe ja Arto Hakovirta (mu áhčči)

It is blueberry picking season and my family members have taken a trip to an island to spend time together, 1970s. From left: Terhi Arrela, Mervi Pekkala (née Soikkonen), the children's grandmother Hilda Airamo (née Ahola) sitting with a bowl of blueberries, Virpi Arrela, Jarkko Soikkonen, Terttu Airamo (childrens' aunt) making coffee, and Arto Hakovirta (my dad)

Nicole Luke

ᐃᓄᒃᑎᑐᑦ

ᐅᑭᐅᖅᑕᖅᑐᒥᑦ ᓴᓇᓯᒪᓂᒃᓴᖅ ᐊᒻᒪᓗ ᐋᖅᑭᒋᐊᕈᑎᒃᓴᒃᑲᓐᓂᖅ

Sámegiella

ÁRKTALAŠ ARKITEKTUVRA JA SOABADEAPMI?

English

ARCTIC ARCHITECTURE AND RECONCILIATION?

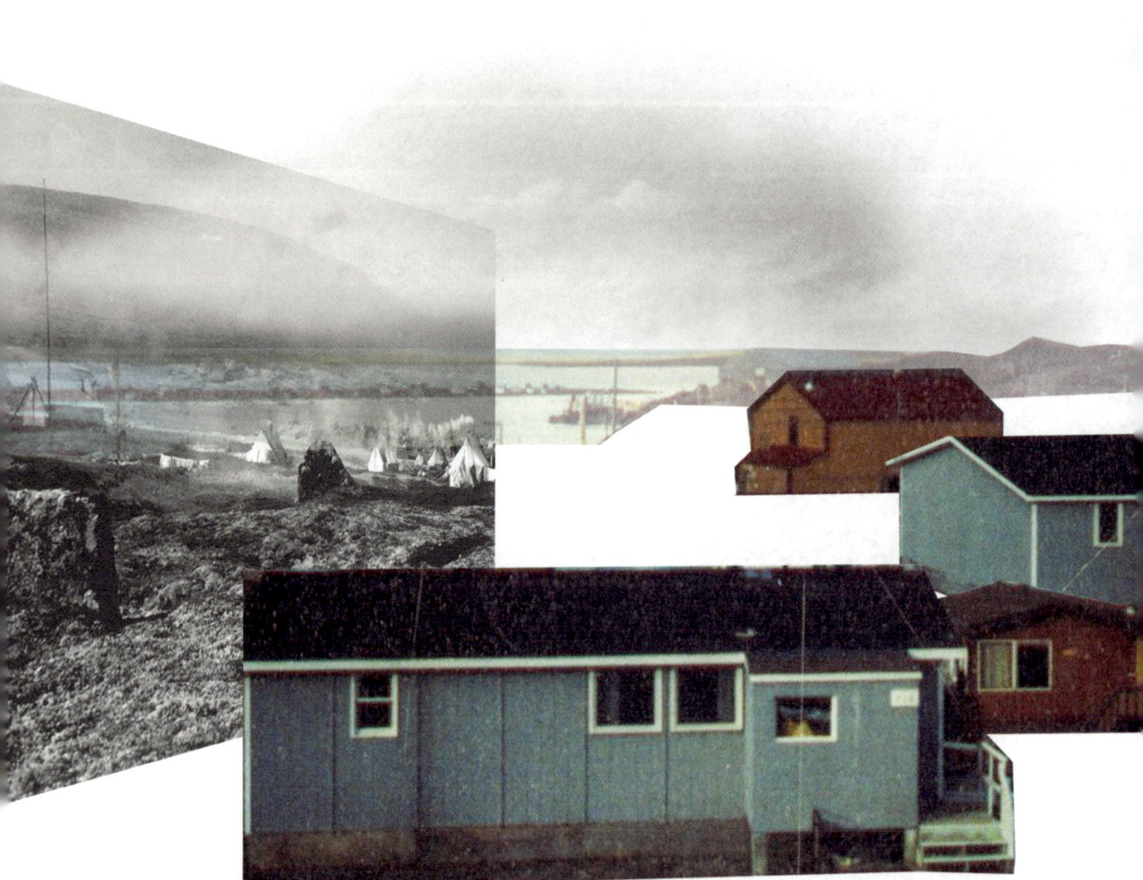

ᐋᖅᑭᒋᐊᕈᑎᒃᓴᒃᑲᓐᓂᖅ - ᓲᕐᓗ ᐃᒪᓐᓇ ᑐᑭᖃᖅᐳᖅ ᐅᑎᖅᑎᑦᑎᓂᖅ ᐃᓕᖅᑯᓯᑐᖃᑦᑎᓐᓂ ᐊᒻᒪᓗ ᑲᔪᓰᓐᓇᕈᓐᓇᕐᓂᕐᓗ. ᑖᓐᓇ ᐅᖃᐅᓯᖅ ᐱᒻᒪᕆᐊᓘᖕᒪᑦ ᑐᑭᖓᓗ ᐃᒃᓯᓐᓇᕆᐊᖃᖏᑦᑕᕗᑦ, ᑭᓯᐊᓂᓕ ᑕᒪᒃᑯᓂᖓ ᐊᑐᖅᑕᐅᑦᑐᓂ ᑐᒃᓯᕋᐅᑎᓂᒃ ᐊᑐᐊᒐᓂᒡᓗ ᐅᖃᐅᓯᑐᐃᓐᓇᐅᕗᑦ. ᐋᖅᑭᒋᐊᕈᑎᒃᓴᒃᑲᓐᓂᖅ ᑐᑭᖃᖅᐳᖅ ᐊᒥᓱᓂᑦ ᐃᓄᖕᓄᑦ, ᐊᒻᒪᓗ ᐅᖃᐅᓯᐅᓘᖓᑦ ᑖᓐᓇ ᐋᖅᑭᒋᐊᕈᑎᒃᓴᒃᑲᓐᓂᖅ, ᑐᑭᓯᔭᐅᓲᖑᕗᖅ ᐊᔾᔨᒌᖏᑦᑐᓂᒃ ᐃᓄᖕᓄᑦ. ᐅᖃᐅᓯᖅ ᐊᑐᖅᓱᒍ ᐅᓇ ᐋᖅᑭᒋᐊᕈᑎᒃᓴᒃᑲᓐᓂᖅ ᓲᕐᓗ ᑐᓂᐅᖅᑲᖅᑕᐅᓯᒪᓂᐅᕗᖅ, ᑭᓯᐊᓂᓕ ᐃᓯᒪᓲᖑᕗᖓ ᓲᕐᓗ ᒪᑐᔭᐅᓯᒪᓂᐅᑦᑐᓂ........ ᐱᑦᓚᑦᑖᖑᔪᑎᒍᑦᓕ, ᑕᐃᒪ ᐊᑭᒃᓴᐃᑦ ᐃᓯᓕᓯᒪᕐᑰᔨᓕᖄᖕᒐᑕ ᐋᖅᑭᒋᐊᕈᑎᒃᓴᒃᑲᓐᓂᖅ ᐊᑐᖅᑕᐅᓕᓲᖑᕗᖅ ᓲᕐᓗ ᑲᔪᓰᓐᓇᕈᑕᐅᓕᕐᓗᓂ ᑕᒪᒃᑯᓄᖓ ᐊᑭᒃᓴᓄᑦ ᐃᓯᓕᕐᑯᔨᓯᒪᓕᖅᑐᓄᑦ ᐊᒻᒪᓗ ᐃᖏᕐᕋᑦᑎᐊᓕᕐᓗᑎᒃ - ᑕᐃᒪᓕ ᑖᓐᓇ ᐅᖃᐅᓯᖅ ᐊᖅᑭᒋᐊᕈᑎᒃᓴᒃᑲᓐᓂᖅ ᑎᑎᕋᐅᓯᓇᓕᕐᓗᒍ ᐅᓂᒃᑳᓕᐊᓇᔭᕐᓄᑦ.

ᐃᒻᒪᖄ ᐅᕙᓐᓂᒃ ᐅᒃᐱᕈᓱᓗᐊᕋᒪ ᐊᒻᒪᓗ ᐃᓱᒪᓗᐊᖅᓱᖓ ᖃᓄᐃᓐᓇᖅ ᐱᔪᓐᓇᕐᓂᕐᑲᕐᓂᖏᓐᓂᒃ. ᐃᒻᒪᖄ ᒪᒃᑯᒃᑑᑦᓗᖓ ᓄᓇᖅᑲᖅᑳᓯᒪᔫᑦᓗᖓᓗ, ᐅᐃᒻᒪᒃᓯᒪᓗᐊᖅᓱᖓ, ᐊᒻᒪᓗ ᓴᐱᓕᓯᐃᑦᔫᑦᓗᖓ ᐃᓕᓐᓂᐊᕈᒪᓐᓂᒃ

Soabadeapmi – dego sánit *dekoloniseren* ja *suvdinnávccalašvuohta* – leat šaddan čuoládatsátnin. Dán in čále badjelgeahččan dihtii dan deaŧalaš anu ja oaivila, muhto dannego dan geavaheapmi árvalusain ja politihkas dahká dan dávjá jiellahaš sátnin. Soabadeamis leat máŋga mearkkašumi máŋgga olbmui, ja daguid mannolat maŋŋilgo dát vuoibmás sátni lea gulahuvvon, meroštallá maid dat duođaid mearkkaša olbmui dahje jovkui. Lávkkit viidáseappot dáidet geatnegahttojuvvot sihkkarastin dihtii, ahte soabadeapmi ollašuvvá, muhto mun in sáhte eastat oaidnimis, ahte dat lea dušše arvegoavdedoaba. Sáhttá ain arvit dáid daguid mannolagas. Duođas, go leat áigelinnjá- ja golloráddjemat, de lea álki garvit soabadeami go áigu sihkkarastit, ahte prošeakta dahje proseassa ovdána dássidit – beare čális Soabadeapmi gassa ja vuolláisárgojuvvon bajilčálan iežat raportii.

Soaittán leamen menddo dovdduheapme, ahte in árvvoštala buot

Reconciliation—like the terms *decolonization* and *sustainability*—has become buzzword. This is not to disregard its important applications and meanings, but its presence in proposals and policies often renders it as simply a trendy word. Reconciliation has many meanings to many people, and the course of action that takes place after the announcement of this powerful word defines what it truly means to that person or group. Steps are likely to be mandated in a project to ensure reconciliation is distributed, but I can't help but see it as just an umbrella term. Rain can still fall on the course of these actions. In reality, when there are timeline and cost constraints it's easy to bypass reconciliation to ensure a project or process runs smoothly—just bold and underline Reconciliation as a headline for your report.

ᖃᓄᕐᓕ ᓴᓇᔭᐅᓯᒪᔪᑦ ᐊᒻᒪᓗ ᓴᓇᔭᐅᓂᐊᖅᑐᑦ ᑭᐅᔾᔪᑕᐅᔪᓐᓇᖅᐸᑦ ᐊᕕᒃᑐᖅᓯᒪᔪᓄᑦ ᓄᓇᓄᑦ ᐊᒻᒪᓗ ᐃᓕᖅᑯᓯᑐᖃᕐᓄᑦ?

Mo sáhttá arkitektuvra ja designa dohkálaččat dávistit guvllolaš ja kultuvrralaš oktavuhtii? Nicole Luke dahkan kolláše

How can architecture and design respond appropriately to a regional and cultural context? Collage by Nicole Luke

ᐊᒻᒪᓗ ᐊᑐᕐᓂᕆᒪᓪᓗᒋᑦ. ᑕᐃᒪᓕ, ᐃᑯᒪᒥᒃ ᐃᑯᒪᓗᐊᕈᓐᓃᖅᑎᑦᑎᕙᓐᓇᖏᓚᖓ. ᓄᓇᓕᒃᐳᑦ ᐱᕙᓪᓕᐊᔪᐃᓯᒪᖏᓚᖅ ᐱᔾᔪᑎᖃᖅᑐᑎᒃ ᐋᖅᑭᒋᐊᕈᑎᒃᓴᒃᑯᓐᓂᕐᒥᒃ; ᐱᕙᓪᓕᐊᑎᑕᐅᕙᒃᐳᓪᓕ ᓇᖕᒥᓂᖃᕐᕕᖕᒥᑦ ᐱᓕᕆᕖᕙᓂᒃ. ᑭᓯᐊᓂᓕ ᑭᓇ ᐅᖃᕈᓐᓇᖅᐸ ᑕᒪᒃᑯᐊ ᓇᖕᒥᓂᖃᕐᕖᑦ ᓲᕐᓗ ᓄᓇᖃᖅᑳᖅᓯᒪᕙᑐᑎᑐᑦ ᐱᕙᓐᓇᖏᓚᑦ?

ᖃᐅᔨᓴᕋᒃᓱᖓ ᖃᓄᖅ ᑕᒪᓐᓇ ᐋᖅᑭᒋᐊᕈᑎᒃᓴᒃᑲᓐᓂᖅ ᐱᓕᕆᐊᖑᖃᑦᑕᕆᐊᒃᓴᖅ ᑕᒪᑐᒪᓂ ᐅᓪᓗᒥᐅᓕᖅᑐᖅ ᓲᕐᓗ ᓄᓇᖃᖅᑳᖅᓯᒪᕙᑦ ᐃᓄᖕᓄᑦ ᑐᑭᓯᔪᐅᕙᓐᓇᖅᔪᕐᓂᖕᖓᓂᒃ ᐃᒪᓐᓇ ᐱᓕᕆᔾᔭᑕᐅᓪᓗᓂ ᓈᒻᒪᖕᒋᑦᑐᒥᒃ ᐃᓕᖅᑯᓯᑐᖅᑲᑦᑎᓐᓄᑦ ᐊᒻᒪᓗ ᐃᓅᓂᕆᔭᑦᑎᓐᓄᑦ. ᐱᓕᕆᐊᖅᑲᓲᖕᖑᓛᑦᑕ ᑮᓇᐅᔭᓕᐅᕈᑎᒃᓴᑦᑎᓐᓂ ᑭᒃᑯᑐᐃᓐᓇᑦ ᐱᒋᐊᖅᑲᖅᑐᑎᒃ ᐊᒻᒪᓗ ᐱᑐᑎᒃ ᐃᓅᕙᓐᓇᕐᓂᖕᒋᓐᓂᐅᖕᒋᑦᑐᖅ ᑭᓯᐊᓂᓕ ᑲᔪᓯᑦᑎᐊᕋᓱᒍᑎᒃᓴᖕᒋᓐᓂ. ᑕᒻᒪᖅᑯᔨᓲᖕᖑᕗᒍᓪᓕ ᑮᓇᐅᔭᓕᐅᕋᓱᒃᑐᑕ ᓄᓇᒥᖕᒎᖅᑐᓂᒃ ᐅᕙᑑᓐᓃᑦ ᐃᓄᐃᑦ ᐊᑐᕐᓂᕆᕙᒃᑕᖕᒋᓐᓂᒃ, ᑭᓯᐊᓂᓕ ᑕᒪᒃᑯᐊ ᓴᓇᕖᒡᔪᐊᖕᒍᔪᑦ ᐅᓪᓗᒥᐅᔪᖅ ᐱᓲᖕᒍᖕᒪᑕ ᓄᓇᒥᖕᒎᖅᑐᓂᒃ ᐊᒻᒪᓗ ᐃᓄᖕᓂᖕᒎᖅᑐᓂᒃ. ᐱᒋᐊᖅᑎᑦᑎᓲᖕᖑᕗᒍᑦ ᓄᓇᒥᖕᒎᖅᑐᓂᒃ ᐱᔾᔪᑎᒋᓪᓗᒍ ᓲᕐᓗ ᐆᒪᓂᖕᒋᓐᓂᒃ.

vejolašvuođaid. Soaittán leamen dušše nuorra álgoálbmotfidnomáhtolaš, jorbbodan, ja áŋgir oahppat ja olu maid ain galggašin vásihit. Beroškeahttá das, dát ii daga ahte mun geađđudan čuovgga dán doaibmameattáhusa vuostá. Min servodagat eai gárgeduvvo soabadeami gudnejahttima dihtii, dat gárgeduvvojit gávpedoaimmaid dihtii. Muhto giibat dan dadjá, ahte gávppálaš doaibma ii sáhte gullat álgoálbmogiidda?

Arkitektuvrra gávpesuorggi stivren dán ođđa áiggis veadjá eamiolbmui mearkkašit, ahte ferte dahkat dakkár áššiid, mat orrot šaddamin vuostálaga min iehčamet kultuvrrain ja leahkinvugiin. Mii doaibmat ávkkástallanekonomiija siskkabealde, mas buohkat fertejit váldit ja váldit vai dovdet, ahte eai dušše ceavzze, muhto *loktet áiggi*. Orru leamen boastut dinet ruđaid vissis áššiin, nugo luonddus ja dearvvaslaš olmmošlaš vásihusain, muhto dáláš ealáhusat leat sorjavaččat roggamis eatnamis ja ávkkástallamis nuppiin olbmuin. Mii hástalit

Maybe I am being too cynical and not considering all possibilities. Maybe I am just a young Indigenous professional, confused, and persistent to learn with much to experience. Regardless, it doesn't make me dim the light on this operational flaw. Our communities are not being developed in the honour of reconciliation; they are being developed for business. But who's to say business can't be Indigenous?

Navigating the business of architecture in this modern era as an Indigenous person may mean doing things that feel contradictory to our culture and way of being. We operate within an extractive economy where everyone must take and take to feel like they're not just *surviving* but *thriving*. It feels wrong to profit off certain things like nature or wholesome human experiences, but industries today rely on extracting from the land and from other

ᐅᖃᑦᑕᐃᓐᓇᕈᓐᓇᖅᐳᖓ ᓂᐅᕕᖅᓂᐅᔪᓂᒃ ᐊᒻᒪᓗ ᐊᑭᑐᔫᑎᓕᕆᓂᖅᒥᒡᓗ, ᑭᓯᐊᓂᓕ ᖃᐅᔨᒪᒐᑦᑕ ᑕᒪᒃᑯᐊ ᑐᙵᕕᒋᔭᐅᖕᒪᑕ ᐅᓪᓗᒥᐅᔪᖅ ᐃᓅᔾᔪᑎᒋᔭᑦᑎᓐᓄᑦ. ᑐᑭᖃᑦᑎᐊᖅᑐᒥᒃ ᐅᖃᐅᓯᖅᑕᖃᖅᐸ ᑕᒪᒃᑯᓂᖓ ᓂᐅᕕᖅᓂᐅᔪᓂᒃ ᐊᒻᒪᓗ ᐊᑭᑐᔫᑎᓂᒃ? ᑭᓯᐊᓂᓕ ᐊᓯᔾᔨᕈᓐᓇᖅᐸᑦ ᐊᑕᐅᑦᑎᑯᑦ ᑖᒃᑯᐊ ᑕᑯᒃᓴᐅᑎᑦᑎᓕᕐᓗᑎᒃ ᐱᓕᕆᖃᑎᒌᒍᑕᐅᔪᓐᓇᖅᑐᓃᒃ?

ᖃᐅᔨᒪᔾᔪᑕᐅᔪᓐᓇᖅᑐᑦ ᐊᒻᒪᓗ ᐅᓪᓗᒥᐅᔪᖅ ᐱᓕᕆᔾᔪᑕᐅᓰᖑᔪᑦ ᐱᓕᕆᐊᖑᐃᓐᓇᖅᒪᑕ ᐅᓪᓗᒥᐅᔪᖅ. ᖃᓄᖅᓕ ᑭᓇᑐᐃᓐᓇᖅ ᐊᖑᒻᒪᑎᔪᓐᓇᖅᐸ ᑕᐃᒪᐃᑦᑐᓂᒃ? ᑕᑯᔪᓐᓇᑦᑎᐊᐳᒍᑦ ᖃᓄᐃᒻᒪ ᐋᖅᑭᒋᐊᕈᑎᒃᓴᒃᑲᓐᓂᖅ ᓲᕐᓗ ᖃᖓᑕᑦᑐᓂ ᐃᖏᕐᕋᓲᖑᔪᖅ ᐊᒻᒪᓗ ᓄᖅᑲᖅᕕᖃᖏᑦᑐᓂ. ᑕᐃᒪ ᐃᓚᖏᑦ ᐱᓕᕆᕕᐅᔪᑦ ᓴᓇᕕᖅᔪᐊᖑᔪᑦᓗ ᑖᔅᓯᒥᖓ ᐅᖃᐅᓯᖅᒥᒃ ᐃᓚᐅᑎᑦᑎᓂᖅᓴᓪᒪᕆᐅᓕᖅᒪᑕ, ᐊᓯᖏᑦᑕ ᐃᓚᐅᑎᑦᑎᓰᖑᑦᑐᑎᒃ ᑖᔅᓯᒥᖓ ᐅᖃᐅᓯᖅᒥᒃ ᐱᔾᔪᑎᒋᑦᑐᒍ ᐊᑐᐊᒐᖃᐅᖅᒪᑕ ᐱᕙᓪᓕᐊᔭᐅᑦᑐᑎᒃ ᖃᐅᔨᒪᔪᒪᑦᑐᑎᒃ ᐃᓚᐅᑎᑕᐅᑎᐊᕆᐊᒃᓴᖓᓂᒃ ᐋᖅᑭᒋᐊᕈᑎᒃᓴᒃᑲᓐᓂᖅᒥᒃ ᐱᓕᕆᔾᔪᑎᒋᔭᖏᓐᓄᑦ. ᑕᐃᒪ ᑕᒪᓐᓇ ᑐᙵᕕᒋᔭᐅᕗᖅ ᐊᑲᐅᖏᓕᐅᕈᑕᐅᔪᒥᒃ - ᐃᓚᓕᐅᔅᓯᔪᑕᐅᑐᐃᓐᓇᖅᐳᑦᓕ.

ja hárdit eatnama vástidit veahkaválddiin, dannego dat lea reaktiiva ja ealli.

Sáhtášin joatkit konsumerismmain ja kapitalismmain, muhto mii buohkat diehtit, ahte dat leat vuđolaččat min dáláš áigodahkii. Sáhttágo leat ulbmillaš gaskavuohta kapitalismma ja soabadeami gaskkas? Go diehtá kapitalismma dáláš dili, de ii oro dat leamen jáhkehahtti. Muhto sáhttetgo dat ovttas gárggiidit ja dahkat synergiija?

Informašuvdna ja teknologiija leat oktilaččat gárggiideamen. Mobat olbmot oppa nákcejitge čuovvut mielde? Lea álki oaidnit, manne soabadeapmi lea njuovžilis doaba, mas ii leat stuorra jaŋkor. Vaikko nuppit fidnodoaimmat ja ealáhusat beroštit doahpagis čiekŋaleappot, de nuppit beroštit das dušše fal dannego politihkalaš áigumušat gárgeduvvojit váfistan dihtii, ahte dat rivttes láhkai lahttudit soabadeami iežaset rámmaid sisa. Dát lea čuolmma ruohtas, namalassii ahte sii leat dušše *lahttudeamen*.

people. We provoke violence from the land because it is reactive and alive.

I could go on about consumerism and capitalism, but we all know they are foundational to our modern era. Can there be a meaningful relationship between capitalism and reconciliation? Given the current state of capitalism, it seems unlikely. But can they evolve together to create a synergy?

With information and technology constantly developing, how does anyone keep up? It is easy to see why reconciliation is a floating term with no major anchor. Although some businesses and industries are leading deeper engagement with the term, others simply engage with it because there are policies being developed to ensure they are properly incorporating reconciliation into their frameworks. That's the root of the problem—they are simply *incorporating*.

ᖃᓄᕐᓕ ᓴᓇᔭᐅᓯᒪᔪᑦ ᓂᕿᓄᑦ ᐱᔾᔪᑕᐅᔪᓐᓇᕋᔭᖅᐸᑦ ᐊᒻᒪᓗ ᐊᓐᓂᐊᕐᓇᖅᑐᖃᖏᑦᑐᓂ ᐃᓅᓯᑦᑎᐊᕙᖕᓄᑦ (ᐃᓱᒪᑦᑎᐊᖓᖕᓂᖅ, ᑎᒥᒧᑦ ᖃᓄᐃᖏᑦᑎᐊᕐᓂᖅ, ᐃᓱᒪᒧᑦᑐ ᖃᓄᐃᖏᑦᑎᐊᒃᓂᖅ, ᐊᒻᒪᓗ ᐅᒃᐱᕐᓂᕐᒧᖅ)?

Makkárat leat arkitektuvrra vuogit seailluhit biebmováriid ja fátmmastit dearvvaslaš eallinvugiid (silolaččat, rumašlaččat, dovddolaččat ja vuoiŋŋalaččat)? Nicole Luke dahkan kolláše

What are ways for architecture to maintain food sources and integrate healthy lifestyles (mentally, physically, emotionally, spiritually)? Collage by Nicole Luke

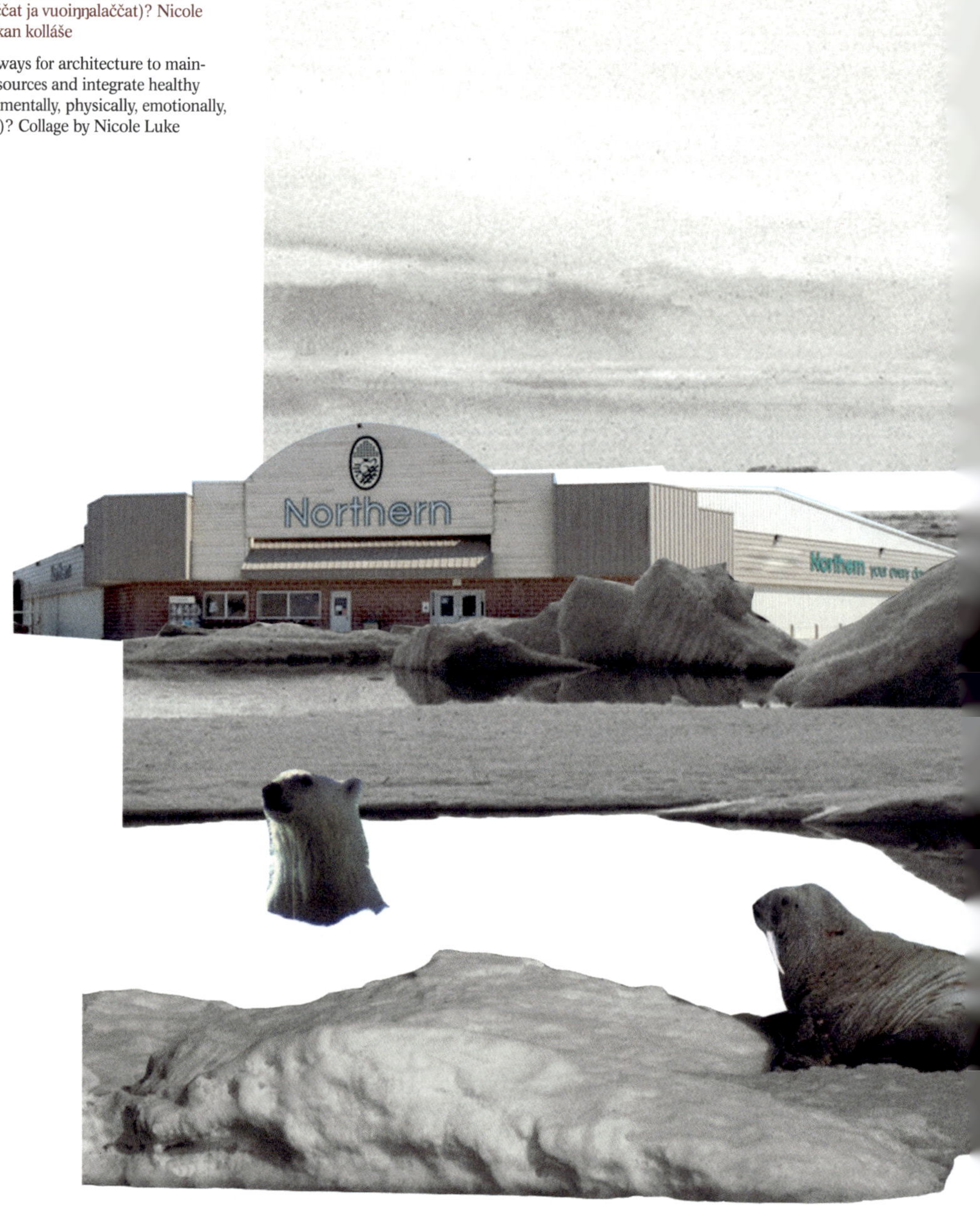

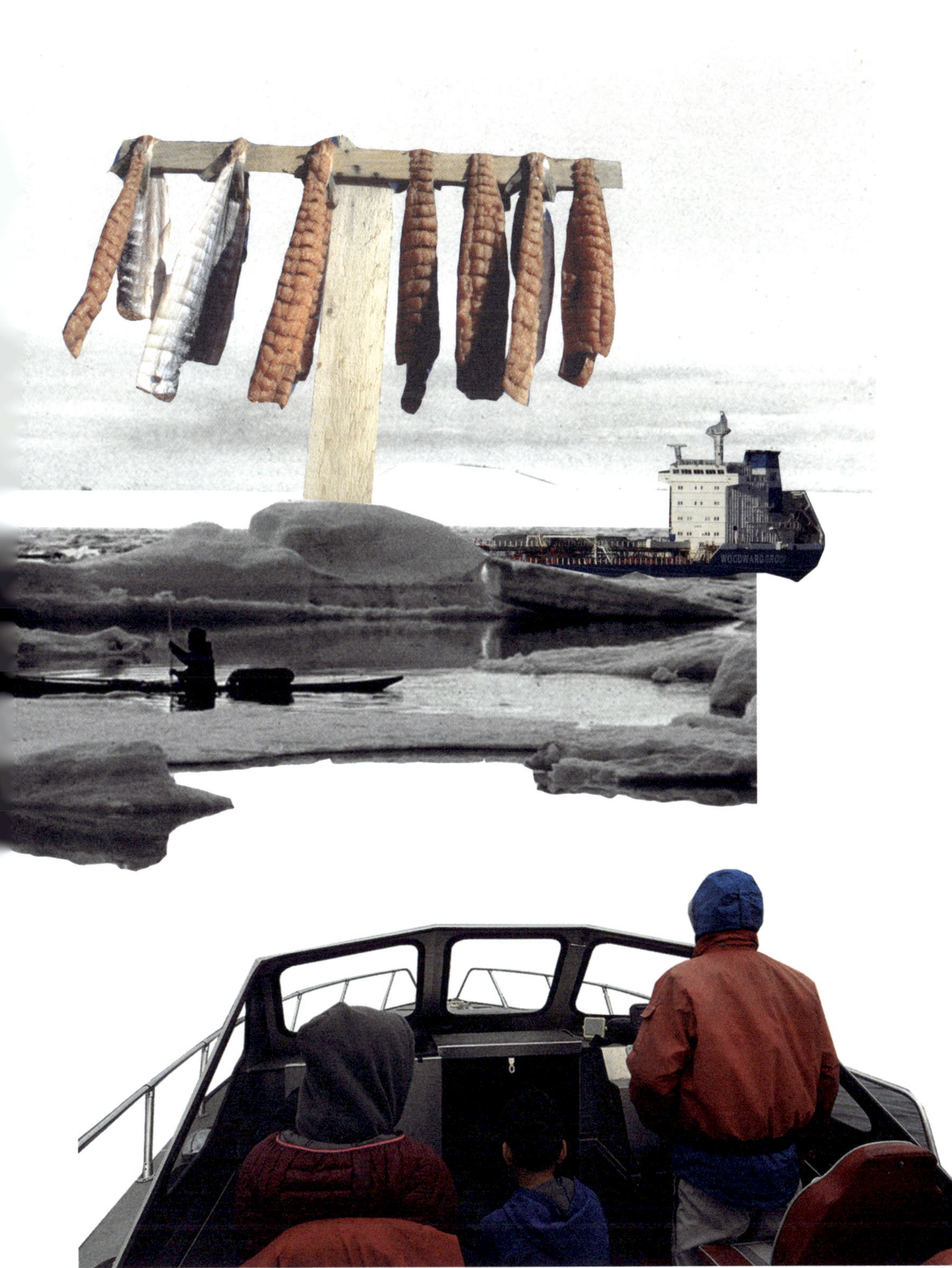
WOODWARD

ᖃᓄᕐᓕ ᐃᓱᒪᔪᓐᓇᖅᐱᑕ ᑖᔅᓯᒥᖓ ᐅᖃᐅᓯᕐᒥᒃ ᐋᖅᑭᒋᐊᕈᑎᒃᓴᒃᑲᓐᓂᐅᔪᒥᒃ ᐅᑭᐅᖅᑕᖅᑐᒥᑦ, ᐱᔭᐅᔪᓐᓇᐃᓇᓕᖅᐳᓂ ᑕᒪᑎᒎᓇᖅ ᓄᓇᕐᔪᐊᕐᒥᐅᓕᒫᓄᑦ ᐊᒻᒪᓗ ᑕᐃᒪᐃᑉᐸᓪᓕᐊᖏᓇᓕᖅᐳᓂ, ᑕᒪᓐᓇᓗ ᓄᓇᕐᔪᐊᖅ ᐊᐅᒃᐸᓪᓕᐊᖏᓐᓇᓕᕆᓪᓗᓂ? ᑕᒪᓐᓇ ᑐᑭᖅᑯᖅᐳᖅ ᐱᓕᕆᔾᔪᑎᒃᓴᐃᑦ ᓄᓇᒥᖕᒎᖅᑐᑦ ᐱᔭᐅᖏᓐᓇᓕᕐᓂᖏᓐᓂᒃ, ᐸᓚᕋᖅᑐᓕᕆᓂᖅ, ᐊᒻᒪᓗ ᖃᐅᔨᓴᕐᓂᖅ, ᑕᐃᒪᓕ ᐃᒪᓐᓇ ᑐᑭᖅᑯᖅᐳᖅ ᓄᓇᒥᖕᒎᖅᑐᓂ ᖃᓄᐃᓕᐅᖅᑲᑦᑕᐅᑎᔾᔪᑕᐅᓂᐊᓕᕐᒪᑕ, ᐱᕙᓪᓕᐊᔾᔪᑕᐅᓂᐊᓕᖅᐳᑎᒡᓗ, ᐅᑭᐅᖅᑕᖅᑐᒥᐅᑕᓂᒃ ᓄᓇᖅᑲᖅᑳᖅᓯᒪᔪᑦ ᓄᓇᓕᖁᑎᖏᓐᓂᒃ. ᐱᕙᓪᓕᐊᓂᐅᔪᖅ ᐊᒃᑑᑎᓂᐅᓂᐊᒻᒪᕆᓕᖅᑐᖅ ᐊᒻᒪᓗ ᐃᒡᓗᒃᓴᐃᑦ ᐊᒥᓱᖑᖅᐸᓪᓕᐊᓕᖅᐳᑎᒃ ᐊᒻᒪᓗ ᐋᓐᓂᐊᕐᕖᑦ ᐊᒥᓱᖑᖅᐸᓪᓕᐊᓕᕐᓗᑎᒃ, ᑭᓯᐊᓂᓕ ᐱᔾᔪᑕᐅᓂᐊᕐᒥᔪᖅ ᖃᑦᑐᓈᑦ ᓄᓇᖓᓂᕐᒥᐅᑕᓂᒃ ᐱᓕᕆᕝᕕᒃᔪᐊᖑᔪᑦ ᓄᓇᑦᑎᓐᓂᒃ ᐱᓇᓯᖕᓂᐊᓕᕐᓂᖏᓐᓂᒃ - ᓇᖕᒥᓂᖅᓯᕐᓂᕐᒥᒃ ᐱᓇᓯᖕᓂᐊᓕᖅᐳᑎᒃ ᑕᒪᒃᑯᐊ ᐅᑭᐅᖅᑕᖅᑐᒥᑦ ᓄᓇᖅᑲᖅᑳᖅᓯᒪᔪᑐᖃᐃᑦ ᓂᖓᒃᓯᒪᓂᐊᓕᖅᐳᑎᒃ. ᑕᐃᒪᓕ ᐅᑭᐅᖅᑕᖅᑐᒥᑦ ᓄᓇᖅᑲᑦᑳᖅᓯᒪᔪᑐᖃᐃᑦ ᓇᖕᒥᓂᖅᑲᖅᐳᑎᒃ ᐱᓕᕆᕝᕕᖕᒥᓂᒃ ᐅᑭᐅᖅᑕᖅᑐᒥᑦ (ᐊᒻᒪᓗᑦᑕᐅᖅ

Mo dasto sáhttit jurddašit soabadeami birra Árktisis, mii dál lea šaddamin eambbo ja eambbo beasatlažžan globaliserema ja agibeaiduolu olahusmahtásaš suddi dálkkádatrievdama geažil? Dát mearkkaša eambbo luondduriggodagaid ávkkástallama, turismma ja dutkama, mat fas mearkkašit eambbo ovttasdoaibmamiid ja gárgedeami árktalaš álgoálbmogiid báikegottiin ja ovttas sin servodagaiguin. Gárgedeapmi sáhttá váikkuhit positiivvalaččat, ja buvttihit lasi ásodagaid ja dearvvasvuođa fálaldagaid, muhto sáhttá dahkat ahte eambbo lulli fitnodagat gáibidit alcceset eaiggátoasi eatnamis – oamastanvuoigatvuođaid mat árbevirolaččat eai leat mearkkašan maidege árktalaš álgoálbmogiidda, ja mat duššе boktet fuolastumi ja duššástumi. Vaikko álgoálbmogiid iežaset hovden ealáhusdoaimmat davvin (ja lulde) máhttet doaibmat kapitalisttalaš ekonomiija siskkabealde, de leat dat riegádan davveguovllu miellaguottu ja eallinvuo-

So how can we think about reconciliation in the Arctic, which is now becoming more and more accessible through globalization and record-breaking, permafrost-thawing climate change? This means more resource extraction, tourism, and research, which in turn means more interactions with, and development in, Arctic Indigenous communities. Development may have a positive impact and result in increased housing and health facilities, but it also results in more southern companies claiming their stake of land—claims of ownership that traditionally hold no meaning for Arctic Indigenous Peoples and result only in frustration. Though Arctic Indigenous-led businesses in the North (and the South) may operate within this capitalist economy, they are born from a Northern attitude and lifestyle. Those who have lived in the North develop a love and care for the land

ᖃᓪᓗᓈᑦ ᓄᓇᖕᒐᓐᓂᑦ) ᐊᐅᓚᑎᑦᑎᔪᓐᓇᕆᕗᑦ ᐊᑭᑐᔫᑎᓂᒃ ᑮᓇᐅᔭᓕᐅᒃᓱᑎᒃ, ᐃᓅᓚᐅᖅᓯᒪᖕᒪᑕ ᐅᑭᐅᖅᑕᖅᑐᒥᑦ ᐊᒻᒪᓗ ᐅᑭᐅᖅᑕᖅᑐᒥᐅᑕᑎᑐᑦ ᐃᓕᖅᑯᓯᖃᖅᓱᑎᒃ. ᑕᒪᒃᑯᐊ ᐅᑭᐅᖅᑕᖅᑐᒥᐅᑕᐅᓚᐅᖅᓯᒪᔪᑦ ᐱᕙᓪᓕᐊᑎᑦᑎᔪᓐᓇᕐᒪᑕ ᐊᒻᒪᓗ ᓇᖕᓕᖕᓂᖃᑦᑎᐊᖅᓱᑎᒃ ᑲᒪᑦᑎᐊᖅᓱᑎᒡᓗ ᓄᓇᖁᑎᒥᓂᒃ ᓂᒡᓚᓯᒃᑐᐊᓘᒐᓗᐊᖅᑎᓪᓗᒍ ᐅᑭᐅᖅᑕᖅᑐᖅ. ᓄᓇ ᖃᓂᑦᑐᑰᕗᖅ, 30-ᒥᓂᑦᓯᒥᐅᖕᒋᑦᑐᕐᔫᓐᓃᑦ ᓄᓇᓯᐅᑎᒃᑯᑦ. ᐃᓅᓯᖅ ᐅᑭᐅᖅᑕᖅᑐᒥᑦ ᐱᔾᔪᑕᐅᔪᓐᓇᖅᐳᖅ ᐊᔾᔨᐅᖏᑦᑐᒥᒃ ᑕᐅᑐᖓᑕᐅᔪᓐᓇᖅᑐᒥᒃ, ᓲᕐᓗ ᑕᓯᐅᖅᑕᐅᓗᓂ ᐆᒧᖕᒐ - ᐃᓕᖅᑯᓯᑐᖃᓂᒃ ᐱᐅᕆᔭᐅᔪᓂᒃ, ᓄᓇᒥᓪᓗ ᖃᐅᔨᒪᑦᑎᐊᕐᓂᕐᒥᒃ, ᐊᒻᒪᓗ ᐱᔪᓐᓇᑦᑎᐊᕐᓗᑎᒃ ᓄᓇᓕᖕᓂᑦ ᐊᑐᖅᑕᐅᔪᓐᓇᖅᑐᓂᒃ.

ᐱᕈᓚᐅᖅᓯᒪᓪᓗᖓ ᖃᓪᓗᓈᑦ ᓄᓇᖕᒐᓐᓂᑦ ᐊᒻᒪᓗ ᐅᑭᐅᖅᑕᖅᑐᒧᑦ ᐃᓚᒃᑲ ᐳᓛᕆᐊᖅᐸᒃᓱᒋᑦ, ᐅᔾᔨᕈᓯᒃᓯᒪᑦᑎᐊᖅᐳᖓ ᒪᕐᕈᖕᓂᒃ ᓄᓇᓂᒃ ᓄᓇᖕᒋᓪᓗᒋᓪᓗ - ᑕᒪᒃᑯᐊᓗ ᐃᓄᐃ/ᐅᑭᐅᖅᑕᖅᑐᒥᐅᑕᑦ/ᓄᓇᓕᖕᒋᓪᓗ ᐊᒻᒪᓗ ᖃᓪᓗᓈ/ᖃᓪᓗᓈ ᓄᓇᖕᒐᓂᕐᒥᐅᑕᑦ/ᓇᖕᒥᓂᖃᖅᑐᑦ ᐱᓕᕆᕝᕕᖕᒥᑦ - ᐊᒻᒪᓗ ᓴᓇᓯᒪᔭᖕᒋᓐᓂᒃ ᓴᓇᕝᕕᖅᑲᖅᓱᑎᒃ. ᑕᐃᒪᓕ ᓄᓇᖅᑲᖅᑳᖅᓯᒪᔪᓂᒃ ᓴᓇᔨᒻᒪᕆᖕᓂᒃ ᐱᑕᖅᑲᖅᐸᓪᓕᐊᓕᖅᓱᓂ,

gi bokte. Sii geat leat eallán davvin, sii ráhkistit eatnama ja fuolahit eatnamis, beroškeahttá temperatuvrras. Eana lea dasttán sin šielmmás, iige golbmalogi minuhta vuodjinmátkki dobbelis olggumuš ravdda. Eallin guhttalogát govdodatceahki davábealde fállá áidnalunddogis geahččanguovllu, mii lea oahpistuvvon, muhto ii ráddjejuvvon kultuvrralaš árvvuid, eanadieđu ja -máhtu ja báikkálaš valljodagaid beasatlašvuođa bokte.

Maŋŋilgo lean bajásšaddan máddin ja gallestallan bearraša davvin, de dovddan dán guokte máilmmi gos orun – main nubbi lea inuihta/davvi/báikegoddi ja nubbi fas vilges- meaddelmanni/lulli/gávpedoaibma – seammás go maiddái lean arkitektuvrra suorggis. Mađe eambbo álgoálbmotdesignerat lassánit suorgái, dađe deaŧalaččat lea muittuhit alccemet, ahte galgat bissut juolggit eatnama alde, beroškeahttá duššástumiin maid mii dáidit deaividit. Mun doaivvun bealuštit inuihtaid ja

despite the temperature. The land is at their doorstep, not a thirty-minute drive past the perimeter. Life north of the sixtieth parallel offers a unique perspective, guided by—but not limited to—cultural values, land knowledge, and access to local resources.

Having grown up in the South and visited family in the North, I am aware of the two worlds I am inhabiting—those being Inuit/Northern/community and white-passing/Southern/business—while also being in the architecture industry. With more and more Indigenous designers entering the field, it is important that we remind ourselves to stay grounded regardless of the frustrations we are likely to encounter. I hope to advocate for Inuit or other Indigenous people by offering critical reflections on the ways we are developing our communities while navigating this time of transition and

ᐱᒻᒪᕆᐊᓘᕗᖅ ᐅᕙᑦᑎᓐᓂᒃ ᐃᖅᑲᐃᑎᑦᑎᕙᒃᑐᑕ
ᑐᖓᒐᑦᑎᐊᕆᐊᖅᑲᕐᓂᑦᑎᓐᓂᒃ
ᓂᖓᒐᒃᓯᒪᒐᓗᐊᖅᑎᑦᑐᑕ.
ᑭᒡᒐᖅᑐᐃᑦᑎᐊᕈᒪᖓᓗᐊᖅᐳᖓ
ᐃᓅᖓᓂᒃ ᐅᕙᓘᓐᓃᑦ ᐊᓯᖏᓐᓂᒃ
ᓄᓇᖃᖅᑳᖅᓯᒪᔪᓂᒃ ᒪᓂᒻᒪᑎᑦᑎᖁᑦᑐᒋᑦ
ᐱᕚᓪᓕᐊᑦᑎᐊᕐᓂᑦᑎᓐᓂᒃ ᓄᓇᓕᖁᑎᑦᑎᓐᓂᒃ
ᐊᓯᔾᔨᖅᐸᓪᓕᐊᓕᕋᓗᐊᖅᑎᑦᑐᒍ.
ᖁᕕᐊᓯᒃᐳᖓᓕ ᑕᑯᖃᑦᑕᓕᕋᒪ ᐊᒃᓯᕈᕐᓂᕆᔭᕗᑦ
ᐱᕘᓪᓕᕈᑎᑦᑎᐊᕆᒐᑦᑎᒍᑦ ᓄᓇᓕᖁᑎᑦᑎᓐᓂᒃ
ᓲᕐᓗ ᐃᓕᓐᓂᐊᖅᑎᑦᑎᓂᕐᒥᑦ, ᓈᓚᒍᓐᓇᕐᓂᑦᑎᓐᓂᒃ,
ᐃᓚᐅᑎᑦᑎᑎᐊᕈᓐᓇᕐᓂᑦᑎᓐᓂᒃ, ᐊᒻᒪᓗ
ᐱᔪᓐᓇᑦᑎᐊᕐᓂᑦᑎᓐᓂᒃ ᐱᕗᐅᔪᓐᓇᑦᑎᐊᖅᑐᓂᒃ
ᓄᓇᓕᖁᑎᑦᑎᓐᓄᑦ ᐱᕈᑦᑎᐊᕈᑎᒃᓴᖏᓐᓂᒃ
- ᑕᐃᒪᓐᓇ ᐊᑐᓗᐊᕈᓐᓃᕋᔭᕋᑦᑕ
ᐊᒃᓯᕈᖃᑦᑕᕐᓂᑦᑎᓐᓂᒃ ᐊᒻᒪᓗ
ᑲᔪᓯᑦᑎᐊᕈᓐᓇᕋᔭᕋᑦᑕ ᐋᖅᑭᑎᐊᕈᑎᒃᓴᒃᑲᓐᓂᕐᒥᒃ.
ᐱᓕᕆᐊᒃᓴᓕᒻᒪᕆᐊᓘᔪᒍᑦ, ᑭᓯᐊᓂᓕ
ᑕᒪᒃᑯᐊ ᐋᓐᓂᐊᕐᓂᕆᕙᒃᑕᕗᑦ
ᓴᖏᓐᓂᖅᑖᕈᑎᒋᔪᓐᓇᕐᓂᐊᕋᑦᑎᒍᑦ.

eará álgoálbmogiid dainna lágiin, ahte buvttán kritihkalaš smiehttamušaid dan hárrái, mo mii gárgedit iehčamet servodagaid, seammás go livččiimet dádjadeamen dán rasttildaga ja ruossalasvuođa áiggi čađa. Lihkus oainnán dáid dáistalemiid vejolašvuohtan rábidit cuokkaid iehčamet servodagaide dan bokte, ahte oahpahit, guldalit, oassálastit ja diktit vejolašvuođaid iehčamet servodagain ahtanuššat. Dat lea buoremus vuohki joatkit dáistalit ja joatkit ovddos guvlui soabadeami mohkkás geaidnoráigge. Mis lea nu olu maid galgat bargat, muhto min šaddanbákčasat buktet givrodaga.

conflict. Fortunately, I see these struggles as an opportunity to gain capacity within our communities by educating, listening, engaging, and allowing opportunities for our communities to grow—that is the best way to pursue struggle and to continue along this winding path of reconciliation. We have so much work to do, but our growing pains will lead to strength.

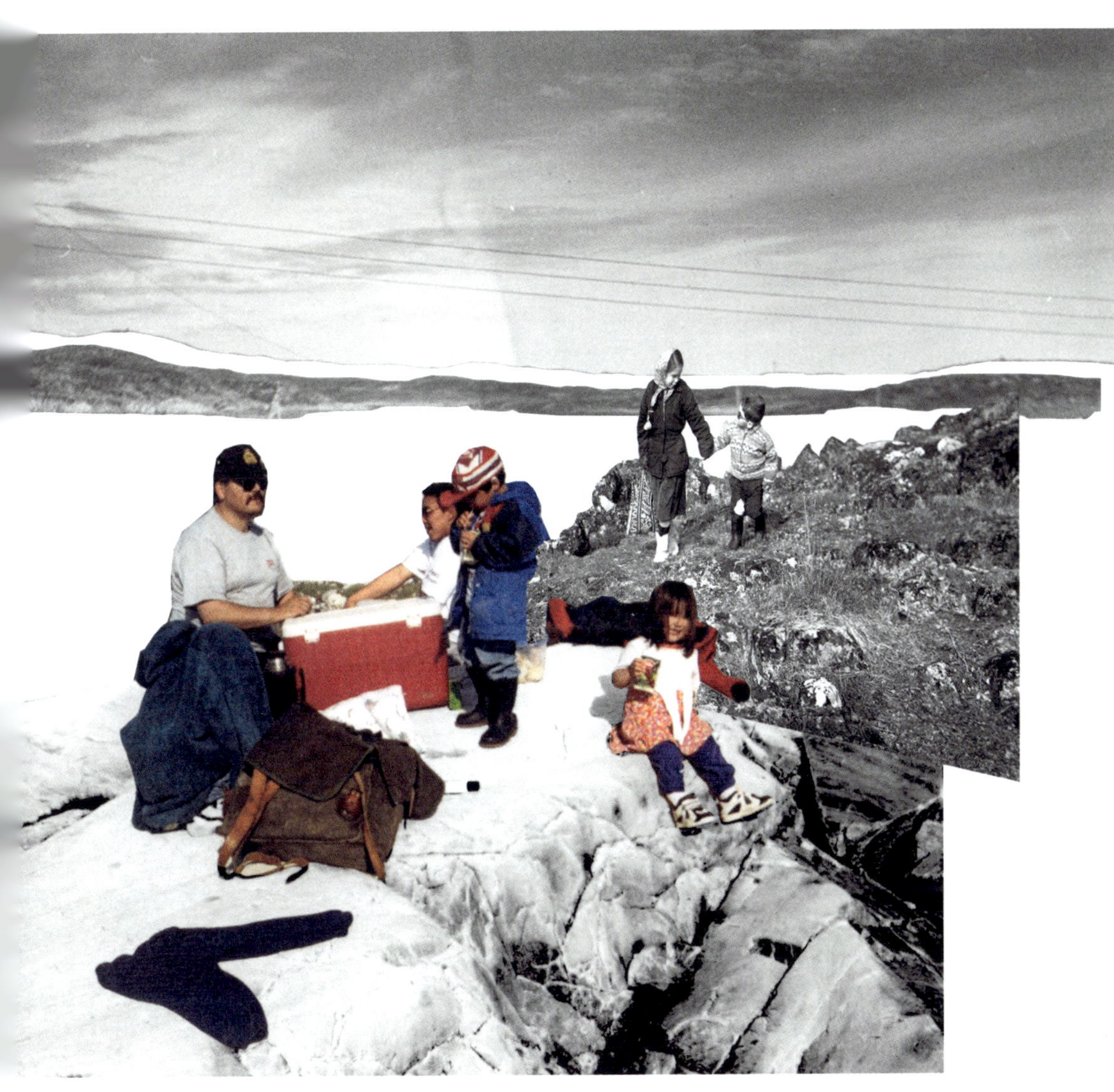

ᖃᓄᕐᓕ ᐃᓚᖃᑦᑎᐊᕈᓐᓇᖅᐱᑕ ᓄᓇᒥᑦ ᐃᒡᓗᐃᖅ ᓴᓇᔭᐅᕙᓪᓕᐊᑎᒡᓗᒋᑦ?

Mo mii sáhttit bisuhit oktavuođa eatnamiin huksejuvvon designa bokte? Nicole Luke dahkan kolláše

How can we maintain a relationship with the land through built design?
Collage by Nicole Luke

ᕌᕕᑯ ᕈᐃᔅ
ᐅᕐᑲᓪᓚᕐᑲᑎᕐᑲᖅᑐᑎᒃ
ᑭᐅᕈᓚ ᒍᕌᓐ

ᑭᓪᓕᕐᑲᖕᒋᑦᑐᓂᑦ
ᓄᑖᓂᑦ ᓴᓇᓂᖅ

Sámegiella-266
English-272

ᓴᓇᕐᕈᑏᑦ ᑕᑯᒃᓴᐅᔪᑦ ᑲᕈᓚ ᒍᕌᓐ ᐊᒻᒪᓗ ᐃᕐᑎᒪᕐ ᐃᔅᑭᕋᐃᓪᓴᓐ ᐊᕗᕐᓇᑦ (ᐅᓐᓄᒃᑯᑦ), ᑕᑯᔭᒐᕐᑲᕐᕕᖕᒥᑦ ᐊᖏᕐᕋᒧᑦ / *Ruovttu Guvlui / Towards Home*, 2022

Carola Grahn ja Ingemar Israelsson dahkan *Bálvvosidja* (Offernat / Votive Night), installašuvnna oidnolat čájáhusas ᐊᖏᕐᕋᒧᑦ / *Ruovttu Guvlui / Towards Home*, 2022

Installation view of Carola Grahn and Ingemar Israelsson's *Offernat* (Votive Night), in the exhibition ᐊᖏᕐᕋᒧᑦ / *Ruovttu Guvlui / Towards Home*, 2022

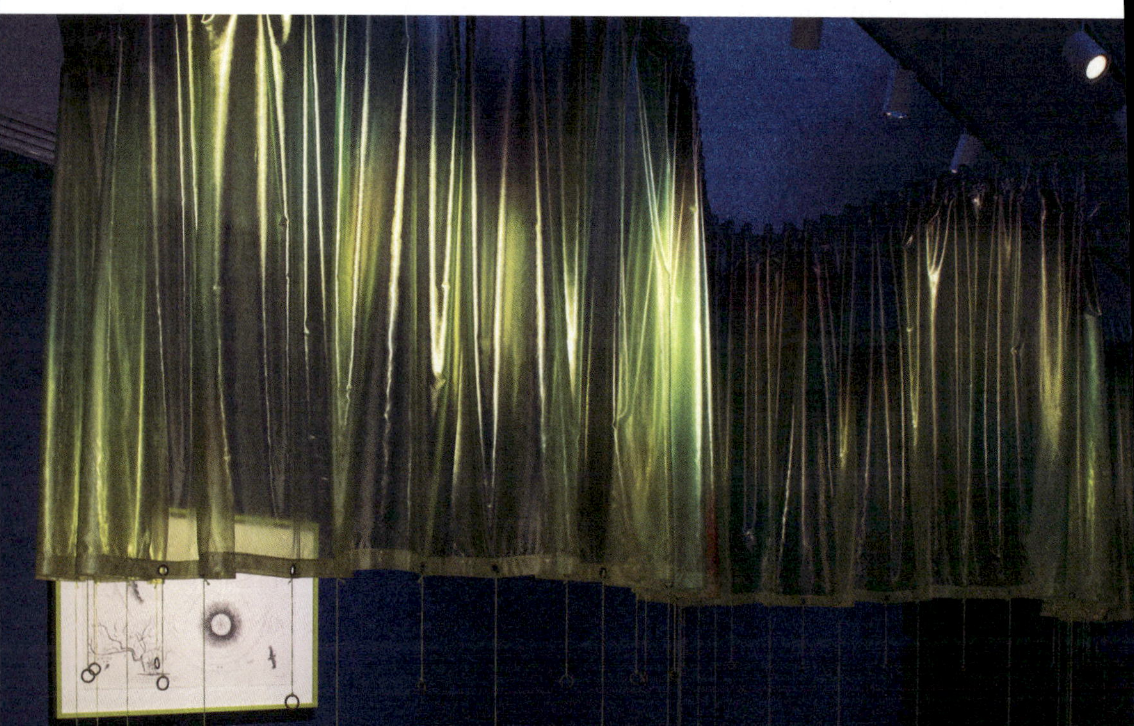

ᕌᕕᑯ ᕈᐃᔾ: ᑐᓴᕈᒪᑦᑎᐊᓕᖅᑐᖓ ᓱᓇᓂᑦ ᑐᓂᕐᕈᑎᖃᕐᒪᖔᖅᐱᑦ ᑕᑯᑦᓴᐅᑎᑦᑎᔪᓂ ᐊᖅᑯᑎᒋᓪᓗᒍ ᐋᕗᕐᓈᑦ (Offernat) (Votive Night) – ᕿᔪᒃ ᓇᐹᖅᑐᔭ ᐆᕐᔅ ᑲᔪᖅᑑᑦ, ᐊᒥᐊᕐᓯᒪᔪᑦ ᐅᑭᐅᖅᑕᖅᑐᒥ ᖃᐅᒪᐃᑦ ᐊᖅᓴᕐᓃᑦ, ᐊᒻᒪ ᐊᕿᑦᑐᑦᓴᔭ ᓴᕕᕋᔭᐃᑦ ᐊᒻᒪᓗᑭᑖᑦ – ᐊᒻᒪ ᖃᓄᖅ ᓴᓇᓯᒪᒻᒪᖔᑕ ᐃᔾᔭᓇᐃᑦᑐᒥᑦ ᐃᓂᒥᑦ.

ᑭᐅᕈᓚ ᒍᕌᓐ: ᐊᑕᐅᓯᖅ ᐃᓚᒋᔭᐅᓚᐅᖅᑐᖅ ᐱᓕᕆᓂᕐᒧᑦ ᑲᑐᔾᔨᖃᑎᖃᓚᐅᕐᓂᕋ ᐃᓐᒍᒫᕐ ᐃᔅᕆᐅᓪᓴᓐᒥᑦ, ᐊᒻᒪ ᐃᒻᒪᖄ ᑖᓐᓇ ᐱᒻᒪᕆᐅᓂᖅᐹᖑᕙᓪᓚᐃᔪᖅ ᐅᐱᓐᓇᕋᓂ ᑐᑭᒧᐊᑦᑎᑦᓯᔾᔪᑎᐅᓚᐅᖅᑐᖅ ᐅᐸᓗᖓᐃᔭᐅᑎᒥᑦ. ᐃᓐᒍᒫᕐ ᑑᔭᕐᖑᔪᖅ, ᓵᒥ ᐱᐅᓯᖏᑎᒍᑦ ᓴᓇᙳᐊᖅᑎ ᐊᒻᒪ ᐊᕐᕌᒍᖃᖅᑐᖅ 70-ᐸᓗᓐᓂᒃ. ᖃᐅᔨᒪᓂᖃᑦᑎᐊᖅᑐᖅ ᐊᒻᒪ ᐊᕙᑎᓃᖒᕐᓯᒪᓪᓗᓂ ᐊᔾᔨᐸᓗᑦᑎᐊᖏᓐᓂᑦ ᓇᔪᖅᐸᓚᐅᖅᑕᖏᑕ ᓯᕗᕚᕆᓚᐅᖅᑕᒪ, ᐊᒻᒪ ᐊᑖᑕᒪ ᐱᖃᑎᒋᓪᓗᓂᐅᒃ. ᐱᐅᔪᐊᓗᒃ.

ᑲᑐᔾᔨᖃᑎᒌᒋᐊᖓᓕᕋᓐᓄᒃ ᖃᐅᔨᒪᓚᐅᖏᑕᕋ ᐃᓅᓯᖓ ᐅᕝᕙᓘᓐᓃᑦ ᖃᓄᖅ ᐱᓕᕆᔾᔪᓯᖃᕐᒪᖔᖅ, ᑭᓯᐊᓂ ᖁᕕᐊᓇᐅᑎᒋᓚᐅᖅᑕᖓ ᐅᖃᐅᑎᒐᒃᑯ ᐱᓕᕆᐊᑦᓴᐅᑉ ᒥᑦᓵᓄᑦ ᐅᖃᐅᓯᖃᓯᑦᑕᐅᑎᒋᓚᐅᖅᑐᖅ ᕿᔪᖁᑎᒥᓂᒃ ᐊᒻᒪ ᖃᓄᖅ ᐊᔾᔭᖏᓐᓂᖓᓂᑦ. ᐊᕐᕌᒍᒐᓴᐃᑦ ᐊᓂᒍᓕᖅᑐᑦ – ᐃᒻᒪᖄ 40 ᐅᖓᑖᓄᑦᓘᓐᓃᑦ – ᓇᓂᓚᐅᕐᓯᒪᔭᒥᓂᖓ ᕿᔪᒃ ᐊᒻᒪ ᐃᒪᐃᓕᖓᓕᓚᐅᖅᑐᖅ, “ᐃᒪᐃᑦᑐᖅ ᕿᔪᒃ, ᐃᓅᓯᕐᓂ ᓇᓂᔭᐅᔪᓐᓇᖅᑐᖅ ᐊᑕᐅᓯᐊᕐᓗᓂ ᒪᕐᕈᐊᑎᕐᓗᓂᓘᓐᓃᑦ.” ᐊᖏᔪᑲᓪᓛᓘᓚᐅᖅᑐᖅ ᐆᕐᓴᔭ ᓇᐹᖅᑐᒥᓂᖅ. ᐅᖃᓚᐅᖅᑐᖅ, “ᐊᑯᓂᐊᓗᒃ ᐱᓯᒪᔭᕋ, ᐊᒻᒪ ᐃᓱᒪᒋᓚᐅᕐᓯᒪᖏᑕᕋ ᓴᓇᔭᕆᐊᖓ, ᑭᓯᐊᓂ ᐃᓱᒪᓕᖅᑐᖓ ᐃᒻᒪᖄ ᑕᕝᕙᖃᐃ.”

ᐊᓯᐃᑦᑖᒃ ᓴᓇᒋᐊᓕᓚᐅᖅᑕᖓ, ᐊᒻᒪ ᐊᑯᓂᐅᖏᑦᑐᖅ ᖃᐅᔨᓕᓚᐅᖅᑐᖅ ᐃᓗᐊ ᓵᓗᐊᖑᑦ ᐃᒥᕐᒧᑦ ᐳᓚᐅᕕᐅᒍᓐᓇᖏᑦᑐᖅ ᑕᐃᒫᒃ ᐃᓱᒪᒋᒋᐊᖑᓚᐅᖅᑯ, ᓄᑎᑐᐃᓐᓇᕆᐊᖃᕐᒪᑦ. ᐅᒃᒍᐊᒐᓕᓚᐅᕋᓗᐊᖅᑐᖓ ᓯᕗᓪᓕᕐᒥ ᐅᐱᓐᓇᕋᓂ ᐃᒪᕐᒎᕈᒃᑯ ᐅᕝᕙᓐᓄᑦ ᐆᓪᓚᖅᑎᑲᓐᓂᕋᔭᕋᒃᑯ ᓴᓇᙳᐊᕋᑦᓴᐅᓕᕐᓗᓂ. ᐱᔭᕆᐊᑭᑦᑐᑯᓘᖏᒻᒪᑦ ᑕᑯᑦᓴᐅᑎᑦᑎᒋᐊᑦᓴᖅ ᓴᓇᓯᒪᔭᓂᑦ ᐊᒻᒪ ᓴᓇᐅᒐᕐᓂᒃ ᖃᓄᐃᖏᓯᐊᕐᑐᓂ, ᑐᑭᖃᖅᑐᑎᑐᑦ ᓴᓇᐅᒐᖅ ᓴᓇᓯᒪᑦᓯᐊᖅᑐᐊᓘᓕᖅᑐᓂ ᐊᒻᒪ ᐃᒻᒪᖄ ᐱᑐᖃᑦᓴᔭᐅᔫᖅᑐᓂ ᐃᑳᓐᓂᒃᑯᑦ. ᑯᑐᖅᑎᑦᑎᓪᓗᓂ ᐃᒥᕐᒥᒃ ᑕᕝᕗᖓ ᐊᐅᓚᒍᓐᓇᖅᑑᔭᓕᖅᑎᑦᓗᒍ ᓴᓇᙳᐊᒐᖅ; ᐆᓪᓚᖅᑎᑦᑑᔭᖅᑐᒍ. ᓯᕗᓪᓕᕐᒥ ᐅᖃᓚᐅᖅᑐᖅ, “ᐃᒻᒪᒍᓐᓇᔾᔮᕙᓪᓚᐃᖏᑦᑐᖅ,” ᑭᓯᐊᓂ ᐅᖃᐅᓯᕆᕙᓪᓕᐊᒐᑦᑎᒍ ᐋᖅᑮᓕᓚᐅᖅᑐᖅ, “ᐃᒻᒪᒍᓐᓇᖏᑦᑐᖅ. ᐃᒻᒪᖁᖏᑕᕋ.”

ᐃᓱᒪᒋᓕᓚᐅᖅᑕᕋ ᕿᔪᒻᒥᒃ ᓇᓪᓕᒍᓱᓕᖅᑐᒥᓂᐅᓂᖓᓂᑦ, ᐅᕝᕙᓘᓐᓃᑦ ᓴᖏᔭᐊᓗᒻᒥᑦ ᐱᖃᑎᒋᓕᕇᖅᑕᖓ. ᒪᓕᑐᐃᓐᓇᓚᐅᖅᑕᖓ ᖃᓄᐃᑦᑑᓂᖓ ᐊᒻᒪ ᐃᓗᒃᑯᑦ ᑕᑯᓐᓇᖑᐊᐸᑦᑐᓂ ᖃᓄᐃᑦᑑᖁᒻᒪᖔᒍ, ᐊᒻᒪ ᑭᖑᒧᑦ ᐊᑦᑐᕆᐊᖃᓕᓚᐅᖅᑐᖓ ᐊᒻᒪ ᑕᑯᓐᓇᕐᓗᒍ ᖃᓄᐃᑦᑑᒍᓴᕐᒪᖔᒍ. ᐱᐅᔭᐊᓘᓚᐅᖅᑐᖅ ᐃᓕᓐᓂᐊᕈᑎᒋᓪᓗᒍ ᖃᓄᖅ ᑑᔭᕐᖑᔪᖅ, ᓵᒥ ᐱᐅᓯᖏᑎᒍᑦ ᓴᓇᙳᐊᖅᑎ ᐱᓕᕆᑦᓕᑦᑖᓯᖑᒧᒻᒪᑦ. ᐅᐸᓗᖓᐃᔭᐅᑎᐅᔪᖅ ᒪᓕᒍᑎᒻᒪᓄᐅᔪᖅ ᓯᓇᒥᑦ, ᐊᒻᒪ ᑕᐃᓐᓇ ᓯᓇᐅᔪᖅ ᐃᓱᒪᑦᓴᕐᓯᐅᐸᑦᑐᓂ ᓴᓇᐃᑦᑑᓂᐊᕐᓂᕐᒥᓂᒃ.

ᐃᓱᒪᒃᑯᑦ, ᐱᐅᔭᐊᓘᓚᐅᖅᑐᖅ. ᑕᐃᓐᓇ ᓯᓕ ᖃᑦᑐᑎᑐᑦ ᑕᐅᑦᑐᖃᓚᐅᖅᑐᖅ, ᑭᓯᐊᓂ ᐱᔾᔪᑎᖃᖅᑐᖅ ᐊᔾᔭᐊᖏᓐᓂᖓᓄᑦ ᕿᔮᑦᑐᓂ, ᐃᓱᒪᒋᓚᐅᖅᑕᕋᑕ ᐱᐅᔭᐊᓘᓚᐅᔭᕐᓂᖓᓂᑦ ᐊᑐᖅᐸᑦᑐᒍ ᑐᓂᕐᕈᑎᖃᕐᕕᒋᓗᒍ ᓯᓇᓂᑦ. ᐊᒻᒪ ᐃᓚᓯᐱᒋᖏᑦᑐᒍ ᐃᒥᕐᒥᒃ, ᐃᓚᔭᐅᕙᑦᑐᓂ ᐱᕈᓯᐊᓂᑦ ᐅᕝᕙᓘᓐᓃᑦ ᐅᖃᐅᔭᕐᓂᒃ ᐅᕝᕙᓘᓐᓃᑦ ᐊᓯᖏᓐᓂᑦ ᖃᐅᑕᒫᑦ ᑐᓂᓯᕙᑦᑐᒍ ᐅᒪᑖᓐᓴᕐᑐᒍ, ᑭᓯᐊᓂᑦᑕᐅᖅ ᐊᑐᖅᑕᐅᖅᑐᓂ ᐃᖅᑲᓇᐃᔭᖅᑎᓄᑦ ᐅᐸᑦᑕᐅᕙᑦᑐᓂ ᐊᒻᒪ ᑭᖑᕝᕕᖅᑕᐅᕙᑦᑐᑎᒃ ᑕᒪᒃᑯᐊ. ᑕᐃᒫᑦᓕ

ᐱᓕᕆᔾᔪᓯᖃᖅᐸᑦᑐᖓ; ᐊᒥᓱᑲᓪᓚᐃᑦ ᓱᑎᑎᐊᖑᕙᑦᑐᑦ "ᑕᑯᓐᓇᖅᑕᐅᖏᑦᑐᑦ," ᐊᓯᐃᓪᓛᒃ ᐃᖅᑲᓇᐃᔭᖅᑏᑦ ᖃᓄᐃᓕᐅᖅᑎᐸᑦᑕᒃᑲ ᑭᒃᑯᑐᐃᓐᓇᕐᓄᑦ ᑕᑯᓐᓇᖅᑕᐅᕙᖏᑦᑐᓂᑦ. ᑕᕝᕙᓂ ᐃᖅᑲᓇᐃᔭᖅᑏᑦ ᑐᓂᕐᕈᑎᖃᕈᓐᓇᖅᑐᑦ, ᐃᓛᓐᓂᒃᑯᑦ ᐃᒻᒪᖄ ᐃᓯᒪᒋᔭᖃᖅᑐᑎᒃ ᓱᓇᒥᒃ, ᑭᓯᐊᓂᑦᑕᐅᖅ ᐃᓛᓐᓂᒃᑯᑦ ᐱᓕᕆᑐᐃᓐᓇᖅᑐᑎᒃ, ᑭᖑᕝᕚᕙᑦᑐᑎᒃ ᐱᕈᕐᓯᐊᓂᒃ.

ᖃᓄᑐᐃᓐᓇᖅ ᐊᑐᖅᑕᐅᒐᓗᐊᕈᓂ ᖃᓄᐃᓕᐅᕈᑎᐅᓂᐊᖅᑐᖅ ᐊᑐᖅᑕᐅᖏᓐᓇᕐᓗᓂ, ᐅᐱᓐᓇᕋᓂ ᖃᐅᑕᒫᑦ ᐊᑐᖅᑕᐅᒋᐊᓕᒃ. ᐊᒻᒪ ᑕᒪᐅᓇ ᐱᐅᒋᓗᐊᖅᑕᕋ: ᐊᐅᓚᔪᓕᐅᖅᐸᓐᓂᕋ ᐃᓗᐊᓂ ᓱᓇᐅᑉ. ᐊᑐᕐᓗ ᐅᓇ ᑐᐆᑦᔨ – ᓴᓇᐅᒐᖅ – ᑐᓂᕐᕈᑎᖃᕐᕕᕈᖅᑎᓪᓗᒍ ᐊᔾᔨᐅᖏᑦᑐᖅ. ᑖᓂᖅᑐᓕᖅᑎᓪᓗᒍ ᓇᒍᓇᐃᔭᐃᑎᐅᒻᒥᒻᒪᑦ ᑖᓐᓇ ᐱᒻᒪᕆᐅᔫᓂᖓᓂᑦ, ᐊᒻᒪ ᐊᑕᐅᑦᑎᒃᑯᑦ ᐅᖃᐅᓯᐅᓗᓂ ᑕᒪᑦᓯᒥᖓ ᖃᐅᔨᒪᓂᐅᔪᖅ ᐱᒻᒪᕆᐅᒻᒪᑦ.

ᕌᕕᑯ ᕈᐃᔾ ᐅᖃᐅᓯᑦᓯᐊᕚᓗᒃ ᖃᓄᐃᑦᑑᓂᖓᓂᑦ ᖃᓄᖅ ᓴᓇᔭᐅᔪᓐᓇᕐᒪᖔᖅ ᑐᙵᓵᕆᔾᔪᑎ ᑐᓂᕐᕈᑎᖃᕐᕕᐅᔪᖅ. ᑐᓴᒃᑲᓐᓂᕈᒪᑐᐃᓐᓇᕆᓪᓗᖓᓕ ᖃᓄᖅ ᐱᒻᒪᕆᐅᓂᖏᓐᓂᑦ ᐊᕿᑦᑐᑦᓴᔭ ᓴᕕᕋᔭᐃᑦ ᐊᒻᒪᓗᑭᑖᑦ ᐃᓕᒋᔭᐅᔪᑦ ᓴᓇᐅᒐᕐᒍᑦ?

ᑭᐅᕈᓚ ᒍᕌᓐ ᐊᒥᓱᑲᓪᓚᐃᑦ ᐃᓗᐊᓃᑦᑐᑦ ᓵᒥ ᑐᑦᓯᐊᕈᓯᖏᑕ ᐃᒻᒪᑳ ᐱᑕᖃᕈᓐᓃᑐᑦᓴᐅᔫᓗᑐᐊᑦ ᐅᑦᑐᒥᐅᓕᖅᑐᖅ, ᑭᓯᐊᓂ ᐃᓯᒪᒋᔭᒃᑲ ᐊᕿᑦᑐᑦᓴᔭ ᓴᕕᕋᔭᐃᑦ ᐊᒻᒪᓗᑭᑖᑦ ᓴᖅᑭᔮᖏᓐᓂᕐᓯᒪᔪᑦ. ᐅᕙᒍᑦ ᐊᕿᑦᑐᒥ ᑐᐆᑦᔨ – ᓴᓇᐅᒐᖏᓐᓂ ᐊᕿᑦᑐᑦᓴᔭ ᓴᕕᕋᔭᐃᑦ ᐊᒻᒪᓗᑭᑖᑦ ᓯᓚ ᑕᑯᑦᓴᐅᕙᑦᑐᑦ ᐊᔾᔩᖏᑦᑐᓂ ᓱᓇᑐᐃᓐᓇᕐᓂ ᓴᓇᕙᑦᑕᑎᓐᓂ, ᐴᑦᓴᓂ ᓰᕐᓗ. ᐱᒻᒪᕆᐊᓗᒋᔭᐅᕙᓚᐅᖅᑐᑦ, ᐊᒻᒪ ᓯᓚ ᐱᒻᒪᕆᐊᓗᒋᔭᐅᔪᑦ, ᐃᓚᖏᓐᓄᑦ ᓯᓚ ᑭᒃᑯᑐᐃᓐᓇᕐᓄᑦ.

ᓵᒥᒃᑯᑦ ᑕᑯᓐᓇᖅᑕᐅᔾᔪᓯᖓᓐᓂ ᓄᓇᕐᔪᐊᕐᒥ ᐊᒻᒪ ᐅᓂᒃᑳᖅᑐᐊᕈᓯᖏᑦ ᐃᓚᒋᓴᐅᓚᐸᑦᑕ ᐅᓂᒃᑳᖅᑐᐊᓇᓴᖏᓐᓂ ᖃᓄᐃᓕᐅᖅᑐᑦ; ᐃᓯᒪᒋᓴᓴᓕ ᖃᐅᔨᒪᔭᐅᓵᖑᓂᖓᑦᑕ ᐅᓂᒃᑳᖅᑐᐊᖑᔪᖅ ᓇᓄᓚᓇᔪᖅ, ᓇᑦᑕᐅᓂᕐᓯᐅᕈᑎᖃᖅᐸᑦᑐᑎᒃ ᓂᓇᕕᔾᔪᐊᑎᑦᑎᓗᑎᒃ ᐊᖑᓇᓯᑦᑏᑦ ᐅᑎᕋᐃᒻᒪᑕ ᓇᓄᕐᓯᒪᓪᓗᑎᒃ. ᐅᓂᒃᑳᖅᑐᐊᖅᑲᐅᖅᑐᑦ ᖃᓄᖅ ᐊᕐᓇᐃᑦ ᕿᓂᓇᐊᖃᖅᐸᓚᐅᕐᒪᖔᑕ ᓇᓄᕐᓂᑦ ᑕᑯᓐᓇᖅᑐᑎᒃ ᐊᕿᑦᑐᑦᓴᔭ ᓴᕕᕋᔭᐃᑦ ᐊᒻᒪᓗᑭᑖᒃᑯᑦ ᓵᓚᑎᓴᐅᖅᑯᓪᓗᒍ ᓇᓈᑦ ᑲᒪᓇᖅᑐᒻᒪᕆᐅᔪᖅ ᓴᙱᓂᐊᓗᐃ. ᐅᖃᕈᒪᙱᑦᑐᖓ ᐱᑕᖃᕐᓂᖏᑦ ᐊᕿᑦᑐᑦᓴᔭ ᓴᕕᕋᔭᐃᑦ ᐊᒻᒪᓗᑭᑖᑦ ᑕᐃᒫᑦᑐᐊᖅ ᑐᑭᖃᕐᓂᖏᓐᓂᑦ ᑕᕝᕙᓂ, ᑭᓯᐊᓂ ᑕᐃᒃᑯᓂᖓ ᐅᖃᐅᓯᖃᑦᓯᐊᖅᑐᑦ ᐅᓂᒃᑳᖅᑐᐊᓂᑦ. ᐊᕿᑦᑐᑦᓴᔭ ᓴᕕᕋᔭᐃᑦ ᐊᒻᒪᓗᑭᑖᑦ ᑕᐃᑦᓯᒥᖓ ᐊᖓᒃᑰᔾᔪᑎᑖᖅᑎᑦᑎᔪᖅ ᓴᓇᐅᒐᕐᒍᑦ.

ᐊᐃᑉᐸᖓ ᐱᓕᕆᐊᑦᓴᐅᑉ ᓯᕗᓂᕐᒥᑦ ᑕᑯᓐᓇᕐᓂᖅ, ᐊᒻᒪ ᐃᓯᒪᒋᓪᓗᒍ ᓯᕗᓂᕗᑦ ᓇᓗᓇᖅᑐᐹᓘᒻᒪᑦ ᐊᒻᒪ ᑲᐸᐊᓇᖅᑐᓂ, ᑖᖅᑐᐃᑦ ᕿᓚᐃᑦ ᐊᒻᒪ ᑖᖅᑐᐃᑦ ᐊᕙᑎᐅᔪᑦ ᓴᖅᑭᐸᑦᑐᑦ. ᖃᓄᐃᓕᐅᕈᓐᓇᖃᕋᑦᑕ ᐱᑦᓗᒍ ᓯᕗᓂᖑᑦ ᐅᕝᕙᓘᓐᓃᑦ ᐱᔪᓐᓇᕐᓂᖏᓐᓂᑦ ᑭᒃᑯᑐᐃᓐᓇᐃᑦ ᐅᕝᕙᓘᓐᓃᑦ ᓱᓇᑐᐃᓐᓇᐃᑦ ᐊᕙᑎᐅᔪᑦ ᐊᓯᔾᔨᖅᐸᓪᓕᐊᑎᓪᓗᒍ, ᐊᒻᒪ ᑭᒃᑯᑐᐃᓐᓇᐃᑦ ᓱᓇᑐᐃᓐᓇᑦᑎᐊᓂᑦ ᐊᒥᓱᓂᑦ ᐊᒥᒐᕐᓯᔩᓐᓇᑎᑦᑐᒋᑦ?

ᑕᕝᕙᓇᓕ, ᐃᓕᖅᑯᓯᓕᕆᓂᖅ ᐊᒻᒪ ᐅᑉᐱᕈᓱᓐᓂᖅ ᓴᖅᑭᐸᑦᑐᑦ. ᐅᖃᒃᑲᓂᕐᓗᓂ ᑐᓂᕐᕈᑎᖃᕐᕕᒃ ᐅᖃᐅᓯᐅᒻᒪᑦ ᐅᖃᕈᒪᙱᑦᑐᖓ "ᐅᑉᐱᖅᑐᓕᕆᓂᕐᒥᑦ," ᑭᓯᐊᓂ ᐱᑦᓗᐊᑕᐅᓗᓂ ᐅᑉᐱᖅᑐᓕᕆᓂᕐᒥᑦ ᓇᑦᓕᐊᓂᒃ. ᑖᓐᓇ ᑕᕝᕙ ᐊᐱᖅᑯᑎᒋᔪᒪᔭᕋ ᐅᐸᑦᓯᒪᔭᓄᑦ: ᓱᓇᒥᑦ ᐅᐸᐱᓇᔭᖅᐸᐱᑕ ᐃᓱᐊᓂ? ᐊᒻᒪ ᑭᐅᔾᔪᑎᖃᖅᑲᓇᖓ ᑖᑦᓯᒧᖓ, ᑭᓯᐊᓂ ᐊᑲᐅᓯᓪᓚᕆᐸᐸᓕᕐᒥᔪᖓ ᐃᓯᒪᒋᑦᑐᖓ ᓯᕈᓯᐅᑎᑦᑐᖓ ᐊᑐᖅᐸᓚᐅᖅᑕᒃᑲ ᐃᖅᑲᐅᒪᔭᒃᑲ. ᐅᑎᖅᐸᑦᑐᖓ ᑕᐃᒃᑯᓄᖓ ᐊᑐᓚᐅᖅᑕᓐᓇ ᐊᑐᖅᑕᕋᓂ, ᓰᕐᓗ, ᐳᐃᒍᓚᐅᕐᓯᒪᖏᑦᓯᐊᖅᑕᕋ ᑐᓴᓪᓗᒋᑦ ᐱᓯᕝᕙᓗᒃᑲ ᐊᐳᑦᑎᒃᑯᑦ, ᑖᖅᑐᐊᖔᓗᑎᓪᓗᒍ,

ᐊᒻᒪ ᑕᑯᓕᖅᑐᒋᑦ ᐊᖅᓯᕐᓃᑦ. ᐃᖅᑲᐅᒪᔪᖓ ᐱᓯᑦᑐᖓ ᓂᐊᖁᕋ ᖁᒧᑦ ᕿᕖᐊᖓᑎᓪᓗᒍ ᐊᖏᕐᕋᐸᓪᓕᐊᓗᖓ ᐊᑕᐅᓯᐊᕐᓇᖓ, ᑭᓯᐊᓂ ᐊᒥᓯᐊᖅᑎᖅᑐᖓ. ᑕᐃᑯᖓᖅᑎᖓᓯᑦᑕᕋᓗᐊᒃᑲ ᐅᐸᑦᓯᒪᔪᑦ ᓱᓇᑐᐃᓐᓇᑦᑎᐊᑦ ᐱᐅᓂᕐᓵᓘᑎᓪᓗᑎᑦ, ᑕᐃᒪᐃᒍᓐᓇᕐᒪᑦ ᑖᖅᑐᒦᑦᑎᓪᓗᑎᑦ ᐅᕙᓘᓐᓃᑦ ᓇᐹᖅᑐᐃᑦ ᐊᑯᓐᓂᖏᓐᓂ.

ᐊᕐᕌᒍᑦᑎᓐᓂ ᐊᖅᓯᕐᓃᑦ ᑕᑯᑦᓴᐅᓂᕐᓴᐅᕙᓪᓚᐅᖅᑐᑦ ᓂᒋᖅᐸᓯᕐᒥ – ᒫᓂᑖᑖᒃ ᓯᐋᑕᓐᒥ – ᑕᐃᒪᐃᒐᔪᓗᐊᕋᑎᒃ. ᑐᓴᕋᑦᓴᒃᑯᑦᐱᕙᓪᓕᐊᔭᒃᑰᖅᑕᐅᕙᓪᓚᐅᖅᑐᑦ, ᐅᐱᓐᓇᕋᓂ ᑐᙵᕙᕕᑦᓗᐊᑕᐅᔭᖅ ᓴᑖᒃHᐆᓪ ᐊᒻᒪ ᓴᑖᒃHᐆᓪ ᓂᒋᕐᒦᓂᕐᓴᐅᓗᓂ. ᐊᒻᒪ ᐃᒪᐃᑲᓪᓚᓕᓚᐅᖅᑐᖅ, "ᐆ, ᐅᑭᐅᖅᑕᖅᑐᒥᐅᑕᐃᑦ ᐊᖅᓯᕐᓃᑦ ᑕᑯᑦᓴᐅᑕᒻᒪᕆᑦᑐᑦ ᐊᕐᕌᒍᒥ," ᑕᐃᒪᐃᒋᐅᖅᑑᔮᖅᑎᑕᐅᓗᑎᒃ. ᐊᒻᒪ ᐊᓯᐃᑦᑖᖅᑲᐃ ᐃᒻᒪᖄ ᓄᓇᖅᑲᖅᑳᖅᓯᒪᔪᑦ ᓯᕗᓂᑦᓴᖏᑦ ᖃᑦᓕᕙᑦᓕᐊᑐᐃᓐᓇᓕᖅᑐᑦ ᑭᒃᑯᓕᒫᑦᑎᐊᓄᑦ. ᐃᓯᒪᔪᖓᓕ ᑕᐃᒫᒃ ᐊᑲᐅᓂᖓᓂᑦ ᐃᓯᒪᒋᑦᓗᒍ.

ᑭᒃᑯᑐᐃᓐᓇᐃᑦ ᓄᖅᑲᖅᑯᔭᕋᓗᐊᒃᑲ ᐊᒻᒪ ᐃᓯᒪᓗᑎᒃ ᖃᓄᖅ ᐋᖅᑭᑦᓯᕈᓐᓇᕐᒪᖔᑦᑎᒍ ᖃᐅᑉᐸᑦ – ᑭᓯᐊᓂ ᐃᓯᒪᖏᑦᓗᓂ ᐃᒫᒃ "ᐅᑯᐊᖑᔪᖓ ᐊᒻᒪ ᓄᓇᒥᐅᑕᐅᔪᖓ." ᑕᐃᒫᑦᓕ ᐃᓯᒪᓗᐊᕈᒪᕙᖏᒻᒥᒐᒪ. ᐃᓯᒪᓂᕐᓴᐅᕙᒃᑲᒪ, "ᖃᓄᖅ ᐃᓕᒍᓐᓇᖅᐱᑕ ᐃᑦᑕᕐᓂᓴᕐᓂᑦ ᐊᒻᒪ ᐊᑐᖅᑕᐅᓯᒪᔪᓂᑦ, ᐊᒻᒪ ᓱᓇᓂᑦ ᐃᖅᑲᐅᒪᕆᐊᖃᖅᐱᑕ ᐅᐱᓐᓇᕋᓂ ᐊᑐᕆᐊᖃᖅᑕᕗᑦ?" ᓯᑳᓐᑕᓇᐃᕕᐊᒥ, ᓵᒥ ᕿᓚᐅᔾᔭᖏᑦ ᐃᑭᑎᑕᐅᓚᐅᖅᑐᑦ ᓄᖑᓴᖅᑕᐅᒐᓯᑦᑐᓂ ᑐᑦᓯᐊᕈᓯᕗᑦ 1700-ᖏᓐᓃᑎᓪᓗᒋᑦ ᐊᕐᕌᒍᐃᑦ. ᐊᒻᒪ ᐅᑎᖅᐸᑦᑐᖓ ᐊᐱᖅᑯᑎᒍᑦ ᓱᓇᓂᒃ ᐊᒥᒐᕐᓯᒻᒪᖔᑦᑕ ᐊᓯᐅᖁᓇᒍ ᓯᓚ, ᐅᐱᓐᓇᕋᓂ ᐅᕙᒍᑦ, ᓄᓇᕐᔪᐊᕐᒥᐅᑕᐅᑐᑕ, ᓯᕗᒧᐊᑉᐸᖏᓇᑦᑕ... ᐃᒻᒪᖄᖃᐃ ᐊᐱᕆᒋᐊᖅᑲᕐᓂᐅᔪᖅ ᐊᖓᒃᑯᒥᑦ, ᐅᑦᑐᕆᐊᓂᑦ, ᐅᕙᓘᓐᓃᑦ ᓇᐹᖅᑐᓂᑦ ᐅᖅᑲᐅᔅᓴᐅᔪᒪᓂᐅᔪᖅ ᖃᓄᐃᓕᐅᕆᐊᖃᕐᓂᕐᒥᑦ. ᐃᓯᒪᒋᔭᒃᑲᓕ ᐊᒥᓯᐃᑦ ᓵᒥᑦ ᐅᑎᖅᐸᓪᓕᐊᓕᕐᓂᖏᓐᓂᑦ ᐅᔾᔨᕈᓯᒋᐊᕐᓯᒪᒃᑲᓂᕐᓂᕐᒥᒃ ᖁᔭᓐᓇᒦᖅᐸᓂᕐᒥᑦ ᓇᐹᖅᑐᒥᑦ ᓇᑲᑕᐅᓕᖅᑎᓪᓗᒍ. ᖁᔭᓐᓇᒦᖅᑐᓂ ᓯᓚᒥᑦ – ᐱᒻᒪᕆᒃᑲᓐᓂᓕᕐᒥᔪᖅ.

ᕌᕕᑯ ᕈᐃᔾ ᐃᒻᒪᖄ ᐊᐱᖅᑯᑎᐅᔪᑦᓴᐅᔪᖅ ᐊᑐᖅᑕᐅᓯᒪᔪᓕᕆᓂᒃᑯᑦ, ᑭᓯᐊᓂ ᓯᐋᑎᔅᑯᑦ ᐱᑦᑐᒋᑦ, ᐱᑕᖃᖅᐲᑦ ᐊᑦᑐᐊᔪᒥᑦ ᑐᑦᓯᐊᕈᓯᖏᓐᓄᑦ ᐅᕙᓘᓐᓃᑦ ᓵᒥ ᐃᑦᑕᕐᓂᓴᓕᕆᓂᖏᒍᑦ ᑕᕙᓂ, ᐃᖕᒥᒍᑦ ᓇᑐᓇᐃᕐᓯᒍᒪᓪᓗᑎᒃ ᑕᐃᒫᒃ?

ᑭᐅᕈᓚ ᒍᕌᓐ: ᐋᒡᒐ. ᓯᐋᑎᔅᑯᑦ ᑐᑦᓯᐊᕐᕕᖓᑦ ᐊᑦᑐᐊᓂᖅᑲᓚᐅᖅᑐᑦ ᓄᓇᓕᖅᑲᕐᕕᒻᒧᑦ ᐊᕙᑎ ᐊᕐᕌᒍᐃᑦ ᐊᓂᒍᕐᓯᒪᓕᖅᑐᑦ ᑕᐃᒪᙵᓂᒃ. ᑐᑦᓯᐊᕐᕕᖓᑦ ᐊᔪᐃᓐᓇᑐᒻᒪᕆᐅᓚᐅᖅᑐᑦ ᐊᐅᓚᑦᑎᓇᓯᐊᖅᑐᑎᒃ ᓵᒥᓂᑦ ᐃᓄᖕᓂᒃ. ᐊᓪᓛᑦ ᓵᒥ ᐃᓚᒃᑲ ᓄᓇᒋᓚᐅᖅᑕᖓᓐᓂ, ᐊᔪᕆᕐᓯᐃᔾᔪᑦ ᐅᕙᑦᑎᓐᓄᑦ ᐊᑦᓯᐊᔫᖅᐸᓚᐅᖅᑐᑦ ᓵᒥᓄᑦ ᐊᑦᑎᐅᓯᕐᓂᑦ ᑎᑎᕋᕐᓯᒪᖁᔾᔨᕙᒐᑎᒃ ᐱᓕᕆᔾᔪᑎᓂ. ᕿᑐᕐᖓᒐᑖᕋᒪ, ᓇᓂᓯᔪᓐᓇᓚᐅᖏᑦᓯᐊᖅᑐᖓ ᓵᒥ ᐊᑎᖏᓐᓂᑦ ᐃᓚᒃᑲᓄᑦ ᐱᓕᕆᔾᔪᑎᓂᑦ; ᓯᐋᑎᔅᓴᐃᓐᓇᑦᑎᐊᖑᓚᐅᖅᑐᑦ.

ᕌᕕᑯ ᕈᐃᔾ: ᐋᖕ, ᑕᑯᔪᖓ ᖃᓄᐃᓕᐅᕐᒪᖔᖅᐱᑦ. ᐅᓇ ᐋᖅᑭᑦᑕᐅᔪᖅ ᐱᑦᑐᒍ ᐊᒻᒪ ᖃᓄᖅ ᐊᑑᑎᖃᕐᓂᖓ ᑕᑯᔭᒐᖃᑦᑎᑦᑎᓂᕐᒥ, ᐱᓗᐊᖅᑐᒥ ᐊᑦᑐᐊᓂᖃᖅᑐᖅ

ᐊᐱᖅᑯᑎᒧᑦ “ᓇᒧᙵᕐᓂᐊᕋᑦᑕ ᒫᙵᑦ?”, ᑕᑯᓐᓇᖅᐱᐅᒃ ᑕᑯᑦᓴᐅᓂᕆᔭᐃᑦ ᑭᒃᑯᑐᐃᓐᓇᕐᓄᑦ ᓵᒥ ᑭᒃᑯᑐᐃᓐᓇᓇᐃᑦ, ᐅᕝᕙᓘᓐᓃᑦ ᐊᖏᓂᕐᓴᒥᑦ?

ᑭᐅᕈᓚ ᒍᕌᓐ ᐋᒡᒐ, ᐱᐅᒋᓗᐊᖏᑕᒃᑲ ᑕᐃᒃᑯᐊ ᑕᐃᒪᐃᑦᑐᑦ, ᐃᓛᒃ. ᓯᐋᑎᔅᒥᑦ ᐊᓈᓇᖃᖅᑐᖓ, ᐊᒻᒪ ᐊᑲᐅᒋᓗᐊᖅᐸᖏᑕᕋ ᑭᓇᑐᐃᓐᓇᕐᒧᑦ ᑭᓇᐅᓂᒃᑲ ᐳᑯᓇᑦᑕᐅᓇᓱᐊᖅᑎᓪᓗᒋᑦ. ᖃᓄᖅ ᐊᐱᖅᑯᑏᑦ ᐊᐱᖅᑯᑎᐅᑎᓪᓗᒋᑦ ᑕᒃᑰᓕ ᐱᕈᓚᐅᕋᕕᑦ ᓵᒥᐅᓗᑎᑦ ᐊᕕᑦᓯᔪᐊᓐᓇᖅᑑᔮᖅᑐᑎᑦ ᓇᓪᓕᐊ ᓵᒥᐅᒻᒪᖒᖅ ᐊᒻᒪ ᓇᓪᓕᐊ ᐅᑭᐅᖅᑕᖅᑐᒥᐅᑕᐃᑦ ᓯᐋᑎᔅ ᐱᖅᑯᓯᕆᕙᐃᑦ, ᐊᒻᒪ ᐃᓱᒪᒋᔭᕋ ᑕᒪᐅᓇ ᐅᓗᕆᐊᓇᖅᑐᒻᒪᕆᐅᒋᐊᖓᓂᑦ ᐊᑐᖅᑕᐅᔪᓂᑦ ᐱᔭᕆᐊᑭᓪᓕᓴᐃᓪᓗᓂ ᐊᒻᒪ ᖃᓄᐃᓕᐅᕈᑎᖃᕐᒪᖒᖅ ᓇᓗᓇᐃᔭᐃᑎᒥᑦ ᐊᒻᒪ ᖃᓄᐃᓕᐅᕈᑎᖃᕐᒪᖒᖅ ᑭᒃᑯᑐᐃᓐᓇᕐᓂᑦ. ᑭᓇᑐᐃᓐᓇᕐᒥᑦ ᓄᖅᑲᖓᑎᑦᑎᒍᒪᖏᓯᐊᖅᑐᖓ ᑐᑦᓯᐊᕈᒪᔪᓂᑦ ᓴᓂᐊᓂ ᑐᓂᕐᕈᑎᖃᖅᕕᐅᑉ. ᑭᒃᑯᓕᒫᑦᑎᐊᕐᓅᖓᔪᖅ. ᐃᓱᒪᒋᔪᒪᔭᕋᓕ ᐃᓗᓐᓇᑎᒃ ᓄᓇᖃᖅᑳᖅᓯᒪᔪᓕᕐᓗᑎᒃ – ᓈᒻᒪᓐᓂᖓᒎᖏᑦᑐᖅ, ᑭᓯᐊᓂ ᐃᓕᓐᓂᐊᑎᑦᑎᓂᒃᑯᑦ ᐱᐅᓯᐅᔪᓂᑦ ᐊᒻᒪ ᐃᓅᓇᓱᐊᕈᑎᓂᑦ ᐊᒻᒪ ᐊᓯᑦᑎᓐᓄᑦ ᓴᖅᑮᕙᓐᓂᕐᒥᑦ ᐊᕕᑦᑐᖏᑦᑐᓂᐅᓐᓃᑦ ᐊᒻᒪ ᐃᒪᐃᓕᐅᕐᓗᓂ, “ᐅᓇ ᐃᓕᓐᓈᖓᖏᑦᑐᖅ, ᓄᓇᖃᖅᑳᖅᓯᒪᓐᓂᖏᓐᓇᕕᑦ.”

ᕌᕕᑯ ᕈᐃᔅ ᐋᖅᑭᓱᖅᑕᐅᑎᓪᓗᒍ ᐊᓪᓛᑦ ᐅᓇ ᐊᐱᖅᑯᑎᐅᔪᖅ ᐋᖅᑭᑦᓱᐃᔾᔪᑎᐅᔪᖅ ᑕᑯᑦᓴᐅᑎᑦᑎᓂᕐᒥᑦ, “ᓇᒧᙵᖕᓂᐊᕋᑦᑕ ᐅᕙᙵᑦ?”, ᐱᖃᓯᐅᔾᔨᔫᔭᖅᑐᖅ ᐃᓘᓐᓇᑎᓐᓂᒃ ᐅᖃᐅᓯᖅ “ᐅᕙᒍᑦ” ᐊᒻᒪ ᐱᖃᓯᐅᔾᔨᔫᔭᖅᑐᓂ ᐃᓱᒪᓂᕐᒥᑦ ᓄᓇᒥᑦ ᐅᐃᒍᖃᐅᑎᒋᓗᒍ.

ᑭᐅᕈᓚ ᒍᕌᓐ ᐃᓱᒪᒋᔭᕋᓕ ᒫᓐᓇᐅᓕᖅᑐᖅ ᐊᐅᓚᓂᕆᕙᑦᑕᖏᒍᑦ ᑭᒃᑯᑐᐃᓐᓇᐃᑦ, ᓄᓇᓕᓐᓃᖒᕐᓯᒪᔪᑦ ᐊᓯᖏᓐᓂᑦ ᐱᑦᑐᒋᑦ, ᑕᒫᖓᑦ ᐃᓱᒪᒋᐊᓚᕆᐊᖃᖅᑐᒍᑦ “ᓇᒧᙵᕐᓂᐊᕋᑦᑕ ᐅᕙᙵᑦ?” ᐅᐱᓐᓇᕋᓂ ᑭᒃᑯᑐᐃᓐᓇᐃᑦ ᐃᖏᕐᕋᑎᑕᐅᓕᕇᖅᑐᑦ. ᐃᖏᕐᕋᑎᑕᐅᔪᑦ. ᐊᒻᒪ ᐱᔾᔪᑎᖃᖅᑐᑦ ᐊᕙᑎᒍᑦ ᐱᔾᔪᑎᐅᔪᓂᑦ ᐅᖃᐅᓯᕆᓕᐊᓕᑦᑎᓐᓇᓂᑦ ᐃᓚᒋᔭᐅᒐᑦᑕ ᐅᖃᕈᒪᙱᒃᑲᓗᐊᕈᑦᑕ ᐃᓚᒋᔭᐅᓂᖅᑎᓐᓂᒃ. ᐃᓚᖓ ᑲᑎᑕᐅᓂᒥᓂᖅᑎᓐᓈᖓᔪᖅ ᐊᓯᔾᔨᕐᓯᒪᓕᕋᑦᑕ. ᐅᖄᓚᐅᑎᖃᓕᖅᑐᖓ. ᓇᒧᑐᐃᓐᓈᐸᑦᑐᖓ ᓄᓇᓕᓐᓄᑦ ᑕᒪᒃᑯᐊ ᐊᑐᖅᑐᒋᑦ ᐃᑲᔫᑎᓕᒫᑦ ᓱᓇᑐᐃᓐᓇᕐᓂᑦ ᐊᒻᒪ ᓄᓇᕐᔪᐊᑉ ᐃᓗᓕᖏᓐᓂᑦ ᖃᐅᔨᒪᓪᓗᐊᓕᖅᑐᖓᓗ. ᐃᓱᒪᒋᓪᓗᒍ ᓯᕗᓂᕗᑦ, ᑕᒪᓐᓇ ᐱᖃᓯᐅᑎᖃᑦᑕᓇᐊᖃᖅᑕᕋ ᖃᓄᖅ ᐃᓱᒪᒋᔭᖃᖅᐸᓂᒃᑯᑦ ᓱᓇᑐᐃᓐᓇᕐᓂᒃ.

ᕌᕕᑯ ᕈᐃᔅ ᐊᐱᕆᔪᒪᖃᐅᒋᑦᑐᑎᑦ ᐱᓕᕆᔾᔪᓯᕐᓂᒃ ᐃᑦᑐᑦᓴᓂᑦ ᑎᑎᖅᑐᒐᖅᑎᐅᓂᕐᒥᑦ ᐱᓕᕆᕝᕕᒋᓗᒍ; ᖃᓄᖅᓕ ᐃᓕᓐᓂᒃ ᑕᑯᓐᓇᖅᐱᑦ ᐱᓕᕆᔾᔪᑎᖃᖅᑎᑦᑐᑎᑦ ᐃᑦᑐᑦᓴᓂᑦ ᑎᑎᖅᑐᒐᖅᓯᓂᕐᒥᑦ ᒪᓕᑦᑐᒍ ᓇᓗᓇᐃᖅᑕᐅᓯᒪᓂᖓ ᓄᓇᒥᑦ ᐱᓕᕆᔾᔪᑎᐅᓗᓂ?

ᑭᐅᕈᓚ ᒍᕌᓐ ᓯᕗᓂᐊᒍᑦ ᐆᒪ ᑕᑯᓐᓇᑎᑦᑎᓂᐅᑉ, ᐃᓱᒪᓚᐅᖅᑐᖓ ᖃᓂᑦᓴᕆᐊᑦᓴᓐᓂᒃ ᐃᑦᑐᑦᓴᓂᑦ ᑎᑎᖅᑐᒐᖅᑎᐅᓂᕐᒧᑦ ᐱᔾᔪᑎᒋᓪᓗᒍ ᐊᖏᔫᑎᓂᑦ ᐱᓕᕆᐊᖃᕈᒪᓲᖑᓂᕋ, ᐊᒻᒪ ᓯᓚᒥ ᓴᓇᙳᐊᐸᑦᑐᖓ, ᑲᑎᑎᑦᑐᒋᑦ ᓄᑖᓄᑦ ᐃᓪᓗᓄᑦ. ᑭᓯᐊᓂ ᐱᔾᔪᑎᒋᓪᓗᒋᑦ ᖃᓄᖅ ᐊᐱᖅᑯᑎᐅᔪᑦ ᐊᐱᕆᔭᐅᕙᓪᓕᐊᖅᓯᓂᖏᑦ ᐆᒥᖓ ᑕᑯᔭᒐᖃᖅᓂᕐᒥᑦ ᐱᔾᔪᑎᖃᖅᑐᑎᒃ, ᐃᑉᐱᒋᑦᑎᐊᓕᓚᐅᖅᑕᕋ ᐊᔾᔩᖏᓐᓂᖅᓴᖅᓂᖏᓐᓂᑦ ᖃᓄᖅ ᐃᑦᑐᑦᓴᓂᑦ ᑎᑎᖅᑐᒐᖅᑎᓂᑦ ᐊᒻᒪ ᓴᓇᙳᐊᖅᑎᓂᑦ ᐱᓕᕆᐊᖃᓲᖑᒻᒪᖒᑦ ᓱᓇᑐᐃᓐᓇᕐᓂᒃ. ᐊᓯᐃᓪᓛᒃ ᐃᒪᐃᓕᖓᓕᓚᐅᖅᑐᖓ, “ᐆ, ᓴᓇᙳᐊᖅᑎᓪᓚᕆᐅᔪᖓ!” ᑭᓯᐊᓂ ᑐᓴᕈᒪᑦᑎᐊᑐᐃᓐᓇᐸᒻᒥᔪᖓ

ᐊᐱᖅᑯᑎᒐᓚᐅᕙᓚᐅᖅᑐᓂᑦ ᐃᑦᓗᑦᓴᓂᑦ ᑎᑎᖅᑐᒐᖅᑎᐅᔪᑦ ᑐᓴᕈᒪᔭᖕᒋᓐᓂᑦ: ᖃᓄᕐᑕ ᓯᓴᐃᔭᑎᑕᐅᕈᓐᓇᖅᐱᑕ ᐊᒻᒪ ᖃᓄᖅ ᐃᓂᑦᓴᐅᔪᖅ ᐃᓚᒋᔭᐅᕙ ᑕᒪᑦᓯᒧᖕᒐ?

ᐊᑐᕐᓯᒪᔭᒃᑯᑦᑕ ᖃᓄᑐᐃᓐᓇᖅ ᐃᓗᖕᒋᓐᓂ ᓵᒥᒃᑯᑦ ᐊᒻᒪ ᐃᒻᒪᖄ ᓄᓇᖃᖅᑳᕐᓯᒪᔪᑦ ᐃᑕᖅᑯᓯᖕᒋᓐᓂ ᓇᒥᑐᐃᓐᓇᖅ, ᑭᑦᑕᖅᑲᖕᒋᓂᕐᓴᐅᔪᑦ ᐊᔾᔩᖕᒋᑦᑐᓂ ᓴᓇᐅᒐᕐᓂ – ᐃᒪᐃᑦᑐᖅ ᑭᑦᑕᖅᑲᖕᒋᑦᑐᓂᑦ ᓯᓇᓂᒃ ᓴᓇᓂᖅ. ᐊᑲᐅᑐᐃᓐᓇᖅᑐᖅ: ᓯᓇᒃᑯᑖᕈᔫᔭᕐᓂᒃ ᓂᐅᕕᕐᕚᑦ ᐅᖕᒐᓯᑦᑐᐊᔫᓚᐅᕐᒪᑕ/ ᐅᖕᒐᓯᑦᑐᐊᔫᒻᒪᑕ, ᐃᑕᓐᓂᒃ ᐋᖅᑭᑦᓯᒪᐅᑎᑦᓴᓂᑦ ᖃᓄᖅᑑᕆᐊᖅᑲᖅᐸᑦᑐᑎᑦ. ᐃᑕᖅᑯᓯᒃᑯᑦ, ᐃᓯᑕᑲᐅᖅᑐᐸᑦᑐᒍᑦ, "ᓴᓇᒍᓐᓇᖅᑕᕋ ᑖᓐᓇ!" ᐃᓯᒪᒃᑯᑦ ᐃᒪᐃᑕᖕᒐᓇᖅᑐᖅ – "ᐄᖕ, ᓴᓇᖕᖕᒍᐊᕐᓂᖅ. ᓴᓇᐅᒐᑕᐅᖅᑐᖕᒐ. ᐱᒻᒪᕆᐊᔫᖕᒋᑦᑐᖅ. ᐅᓇ ᐸᓂᑲᑕᐊᕆᓚᐅᖅᑕᕋ ᐃᑉᐸᑦᓴᖅ ᐊᒻᒪ ᐅᑦᓗᒥ ᐅᓇ ᓴᓇᖖᒍᐊᖅᑲᐅᔭᕋ." ᐊᒥᓯᕈᓗᐃᑦ ᑭᒃᑯᑐᐃᓐᓇᐃᑦ ᓯᑕ ᑕᐃᒪᐃᑦᑐᑦ ᐊᒻᒪ ᐃᓯᒪᒋᔭᕋᑕ ᓴᖕᒋᓂᐅᑎᐊᖕᒐᓂᑦ.

Rafico Ruiz
ságastallamin
Carola Grahn:in

RÁJÁHIS FUOMÁŠUPMI

ᐃᓄᒃᑎᑐᑦ-260
English-272

ᒪᓐᓂᖑᐊᑦ ᓴᓇᐅᒐᓕᐊᖑᔪᑦ ᑐᒃᑐᕙᐃᑦ ᓇᒡᔪᖅᑎᓐᓂᒃ, ᐅᑯᐊ ᓴᓇᔭᖅᑎᑦ, ᑲᕈᓛ ᒍᕋᓐ ᐊᒻᒪᓗ ᐃᖕᒥᕐᒪ ᐃᔅᕋᐃᓪᓴᓐ ᐊᕗᕐᓈᑦ (ᐅᓐᓄᒃᑯᑦ), ᑕᑯᒃᓴᐅᑎᑕᐅᔪᑦ ᐊᖏᕐᕋᒧᑦ / *Ruovttu Guvlui / Towards Home, 2022*

Monit vaddjojuvvon bohccočorvviin, oassi Carola Grahn ja Ingemar Israelsson *Bálvvosidja* (Offernat / Votive Night) dáiddabarggus, ᐊᖏᕐᕋᒧᑦ / *Ruovttu Guvlui / Towards Home* čájáhusas, 2022

Eggs carved from reindeer antler, part of Carola Grahn and Ingemar Israelsson's *Offernat* (Votive Night), in the exhibition ᐊᖏᕐᕋᒧᑦ / *Ruovttu Guvlui / Towards Home*, 2022

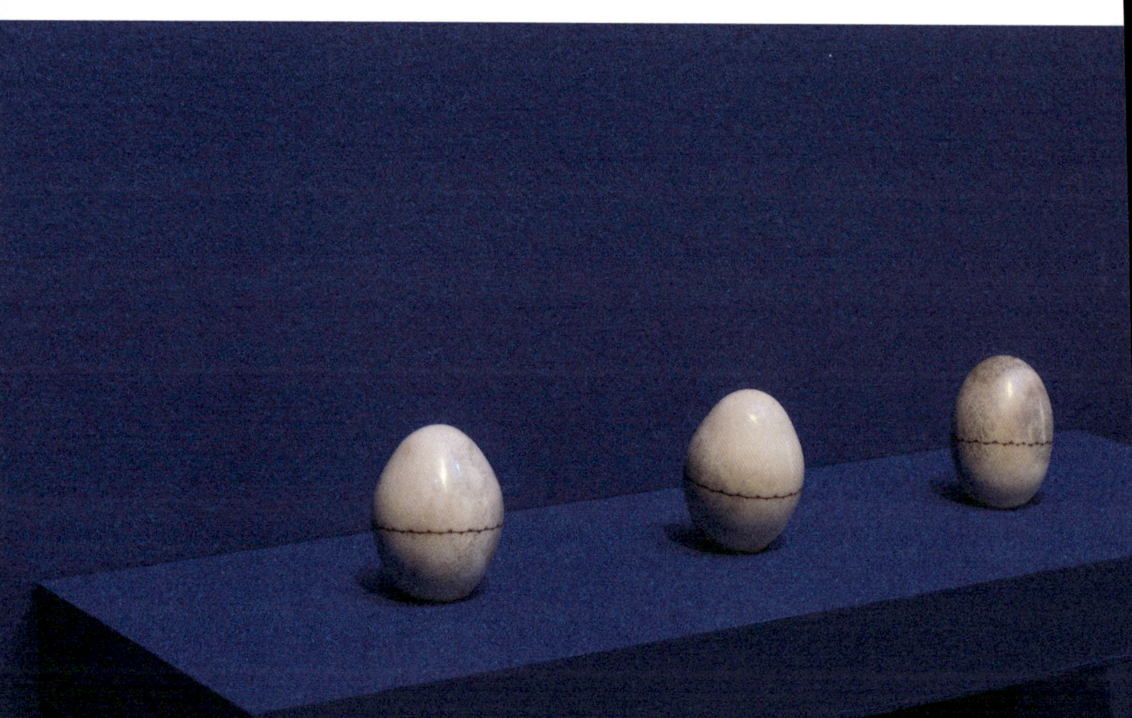

Rafico Ruiz: Mun lean hui sáhkkii gullat elemeanttaid birra, maid don buvttát čájáhussii Vearomeji̇ije / Offernat [Bálvvusija] bokte soahkebáhkkegári, gođusguovssahasaid ja messetrieggáid—ja mo dat dahket bassi lanja.

Carola Grahn: Okta vuolggasadji loaidat dán bargui lea diehttalasat ovttasbarggu bokte, mii mus leai Ingemar Israelsson:in, ja soaitá dat leamen deaŧalaččamus dannego dat leat stivren proseassa. Ingemar lea duojár, ja son lea čiežalogi jahkásaš. Sus lea olu diehtu ja máhttu, ja son boahtá sullii seamma guovllus, gos mu sogalaččatge bohtet, ja son lea maid mu áhči ustit. Son leage dat báris duodječeahppi.

Dallego moai ovttasbargagođiime, de in dovdan su persovnnalaččat inge su bargovuogi, muhto mii leai gelddolaš, leai go muitalin sutnje dán prošeavtta birra, de sárdnugođii dakkaviđe dán báhki birra, mii sus leai ja man earenoamáš dat leai. Máŋga jagi das ovdal – soittii lean nu áigá go njealljelogi jagi áigi – son gávnnai dán báhki, ja son celkkii: "Dán lágan muora soaittát gávdnat dušše oktii dahje guktii eallimis." Dat leai duođaid stuorra soahkebáhkki. Son dajai: "Mus lea dat dás guhká orron, iige mus leat leamaš liiba dainna bargat, dovddan ahte dál dat de dáidá leamen rivttes áigi."

Ja de bargagođii dainna, ja áigebotta maŋŋil son gávnnahii, ahte dat leai nu juoŋas ahte ii jeahkán čázi, nugo mun álggos ledjen govahallan ahte galggai. Mun beahttašuvven vuos veaháš, dannego čázi deavdin dasa livččii mu mielas ealáskahttán dán dávvira dáiddalaš oktavuođas. Ii leat buot áiggiid nu álki bardit dujiid ja dáidagiid čájáhussii, dannego duodji hui álkit šaddá dušše juonin estehtalažžan, ja soaitá muhtimin velá neaktit primitiivvalažžan. Jurddašin ahte go bidjá čázi dasa goaikut, de livččii dat vuohki oažžut dan doaibmat nugo duodji doaibmá duohta eallimis, čáhci dahká dan eallin. Álggos son dajai: "In jáhke dan jeahkit čázi." Muhto dađistaga go moai hálešteimme, de mearridii: "Dat duođaid ii sáhte dan dahkat. In mun hálit ahte dat galgá dan dahkat."

Mu mielas orui ráhkásmuvvamin dan báhkkái, dahje ahte sus leai ovddežis juo duođaid hui gieris oktavuohta dasa. Sin dušše čuovui dan hámi ja muhtin lágan siskkit oainnáhusa makkárin son dáhtui dan leat, ja mun fertejin murdilit ovtta lávkki maŋás ja dušše geahččat makkárin dat aitto šaddá. Dát leai hui čáppa vuohki oahppat, guđe láhkai duojár dávjá doaibmá. Son bargá nu áŋgirit ja fuolalaččat čuovvut ja doahttalit ávdnasa, ja ávnnas mearrida ieš manin dat loahpas galgá šaddat.

Doabalaččat leai dat hui čáppat. Muoras lea ain báhki hápmi, muhto dannego dat leage dát earenoamáš muorra, de jurddašin ahte livččii duođaid vuogas bajidit dan áltárin. Ja čázi njuorrama sajis sáhttá bardit dasa liđiid dahje lasttaid dahje eará dávviriid oaffarin vai ealáska, muhto sáhttá maiddái bargiide ráhkadit rituálan molsut dáid oaffarattáldagaid. Dáinna lágiin mun dávjá barggan, hui olu dáhpáhuvvá "lávddi olggobealde", ja mun bivddán virggehasaid bargat dakkáriid, mat eai leat nu albmosat. Dáppe doaivvu mielde bargit sáhttet oaffaruššat, muhtimin spaktat jurddašit juoidá iežaset siste, muhto muhtimin maid dahkat dušše iežaset barggu, namalassii liđiid molsut. Beroškeahttá mo dan dahket, dat goitge šaddá rituálan dannego nu dávjá šaddá dahkkojuvvot. Ja dan oassái mun liikonge, ahte mun dagan duodjedávvira sisa lihkadeami. Go dán duoji dahká áltárin, dat šaddá earenoamážin. Go dan atná guovddážis, de bajida dan juonin mii lea duođaid deaŧalaš, ja muitala ahte dát diehtu ja máhttu lea duođaid deaŧalaš.

RR Diet lea hui vuohkkasit govviduvvon, mii dárbbašuvvo go galgá dahkat áltára mii oalgguha lusas. Mun lean earenoamáš sáhkkii oahppat eanet messetrieggáid mearkkašumis mat lea oassi dávviris?

CG Máŋga beali sámi oskkoldagas eai soaitte šat dihttot min luhtte, muhto mun jáhkán gal messetrieggáid seilon. Messet lea oassi mu gávttis, mu árbevirolaš sámi biktasiin. Min litnaduojis leat messetrieggát ain iešguđetge dávviriin maid mii duddjot, nugo ovdamearkka dihtii lávkkain. Álgoálgosaččat messetrieggát ledje mávssolaččat, ja leat ainge man nu láhkai, goitge soames olbmuide.

Sámi máilmmioainnus ja muitalusain messetrieggát leat dávjá oassi cukcasiin, myhtain. Mun jáhkán ahte dábálaččamus lea guovžža cuvccas, mas muitaledje ahte dolle stuorra meanuid ja riemuid, go bivdit bohte ruoktot maŋŋilgo ledje báhčán guovžža. Lávejit muitalit, ahte nissonat galget guovlat messetrieggá ráigge vai guovžža imašlaš vuoibmi váidu. In mun dáhto dadjat, ahte messetrieggát dahket deaves oaivila dán dávvirii, muhto dat čielgasit čujuhit dáid muitalusaide. Messetrieggát buktet dán magiija dávvirii.

Nubbi oassi barggus geahččá boahtteáigái, ja mu mielas boahtteáigi lea nu seađus ja issoras, nu ahte doppe dat boahtá sevdnjes albmi ja bohtet sevdnjes birrasat. Maidbat mii sáhttit oppa dadjatge álbmogiid ja earáid boahtteáiggi ja iešmearrideami hárrái, go biras lea rievdamin, ja olbmuin váilu nu eatnat?

Dainna lágiin boahtá kultuvra ja eallinoaidnu dása seahkái.

Go áltára lasiha dása, de čujuha dat vel nannoseappot "oskkoldahkii," muhto ii fal dihto oskkoldahkii. Dát lea gažaldat, man háliidan jearrat gehččiin: Masa mii loahpas oskut? Iige mus lea miige vástádusaid dasa, muhto mu miella geahppu, go jurddašalan iehčan mánnávuođa muittuid. Mun máhcan fas daid bottaide, main mus ovdamearkka dihtii leat báhcán čielga muittut, go gulan iehčan lávkkiid gihčamin muohttagis, ja lea issoras seavdnjat ja de oainnán guovssahasaid libardeamen. Muittán go ruoktot váccán ja vilppun maŋás, in dušše oktii, muhto ohpihii. Mun geahččalan sirdit gehččiid dan báikái, gos buot visot lea veahá stuorát, nugo sáhttá leat go olmmoš lea seavdnjadasas dahje suhkkes meahcis.

Dán jagi leat guovssahasat oidnon sakka máddelis – goit dáppe Ruoŧas – go dábálaččat. Das lea leamaš olu sáhka ođđasiin, oainnat Stuehkie lea náhpi ja Stuehkie lea sakka máddelis. Ja fáhkkestaga leai nu, ahte "vuoi, go guovssahasat oidnojit dán jagi", dego eai livčče goassege ovdal oidnon. Ja de soitet álgoálbmogiid boahtteáiggit boahtit oktasaš servodaga lagabuidda. Mu mielas lea buorre dáinna lágiin dán hárrái jurddašit.

Mus lea dakkár dárbu, ahte olbmot galggašedje orustit ja jurddašit, mo mii sáhtášeimmet hábmet ihttá beaivvi, muhto ii fal dan mearkkašumis, ahte "mun lean dát olmmoš ja mun gulan dán eatnamii". Mun lean veaháš doaladahkes jurddašit dáinna lágiin. Mun gesson eambbo jurddašit, ahte "maid mii sáhttit oahppat árbbis ja historjjás, ja maid fertet muitit dannego mii duođaid dan dárbbašit?" Skandinávias boldojuvvojedje sámiid goavdát, ja dát leai vuohki jávkadit min oskkoldaga 1700 logus. Ja mun máhcan fas dán gažaldahkii, mii mis váilu juos galgat seailluhit luonddu, dannego mii, sivilisašuvdnan, joatkit eahpelihkostuvvat... Soaitá váilumin vuollegašvuohta jearrat diehttis, násttiin dahje muorain rávvagiid. Mun jáhkán olu sámiid fas šaddat dihtomielalaččabun giitit juohke muora, mii čullojuvvo. Luonddu giitalit – dat šaddá fas deaŧalažžan.

RR Soaitá pragmáhtalaš jearaldat, muhto Ruoŧa olmmošlohkamis, leago das juoga mii laktása oskkoldahkii dahje sámi duogážii, nu ahte sáhttibehtet iežadet dovdáhit dainna lágiin?

CG Ii leat. Ruoŧa girku leai čadnojuvvon stáhtii gitta dássážiigo guoktelogi jagi áigi rohttejuvvui sierra. Girku leai nu vuoimmálaš dárkkistit ja mearridit sámiid badjel. Maiddái guovllus gos mu bearaš boahtá, ledje báhpat hiehkásat min gieldit sámi namaid čáliheames girkogirjjiide. Go mun ožžon iehčan mánáid, in gávdnan fulkkiidan sámi namaid girkogirjjis, ledje aivve ruoŧagillii.

RR Na, mun ádden maid oaivvildat. Dáinna installašuvnnain ja dainna rollain mii das lea čájáhusas, earenoamážit mii guoská jearaldahkii 'gosa mii dás vuolgit, anátgo sámiid iežat ovddimuš publihkkan, vai leago dus viidát publihkka?

CG In ane. In liiko dieinna lágiin earuhit olbmuid, in duođaidge. Mus lea ruoŧŧelaš eadni, ja mun unohastalan go giige geahččala čoaggit mus binnáid. Vuohki mo dávjá jerrojuvvo, lea dego juos olmmoš lea bajásgessojuvvon sápmelažžan, de sáhtášit sirret mii lea sámi ja mii lea davviruoŧŧelaš kultuvra. Ja mun jáhkán ahte dát lea hui váralaš vuohki dahkat duođalašvuođa oktageardánin, ja váralaš maid dat dahká identitehtii ja maid dat dahká olbmuide. Mun in hálit ovttage lohkkadit olggos rohkadallamis dán áltáris. Dat lea buohkaid várás. Mun baicca jurddašan, ahte juohkehaš šaddá eamiolmmožin, ii oamastallanvuoiŋŋain, appropriašuvdnavugiin, muhto baicca nu ahte oahpahallá vieruid, eallinvugiid ja juogadanvugiid, iige čuoldima ja cealkima, ahte "dát ii gula dutnje, dannego don it leat eamiolmmoš".

RR Velá dán gažaldaga ráhkadeamis, mii hámádahttá čájáhusa, 'gosa mii dás vuolgit?', lea searvadahttivuohta sánis 'mii', ja lea velá searvadahttivuohta jurddašeamis eatnama birra juonin mii čatná oktii.

CG Mun gal jáhkán olbmuid fárrenlihkadus, báhtareddjiid vádjoleapmi, lea dat gos mii fertet jurddašišgoahtit "gosa mii dás vuolgit?" Dannego olbmot leat juo fárremin veahkájo. Sii leat bággejuvvon. Ja birasáššiid dihtii mii fertet dovddastit, ahte mii lea buohkat oassi das, háliideažžat dal vai eat. Oassi koloniserejuvvomis lea, ahte dat leat rievdadan min. Mus lea dál telefovdna. Mun mátkkoštan buot daid resurssaiguin, ja mun lean hui jábálaš globála oktavuođas. Go jurddašan boahtteáiggi hárrái, de lea dat juoga man ferten váldit mielde iehčan jurddašeapmái.

RR Háliidin jearrat dus du oktavuođa birra arkitektuvrii doaibmasuorgin, guđe lágan gaskavuođa don oainnát alddát leamen arkitektuvrii, nugo dat sáhttá ođđasis meroštallojuvvot eatnamii vuođđuduvvan geavadin?

CG Ovdal dán čájáhusa jurddašin, ahte ledjen arkitektuvrra lahka, dannego liikon bargat stuorrát, ja mun barggan maiddái olgun dáiddabargguiguin, mat leat laktojuvvon ođđa huksehusaide. Muhto go jearaldagat dán čájáhusa várás jerrojuvvojedje, de duođaid ožžon dakkár dovddu ahte lea erohus das mo arkiteavttat ja dáiddárat hommájit. Mun ledjen dego: "Vuoi, mun lean gusto hui sakka dáiddár!" Muhto mun beroštuvan olu áššiin, main arkiteavttatge beroštuvvet: Mo mii hukset servodaga ja mo lea gaska dahje latnja oassi das?

Mun lean oppalohkái vásihan, ahte sihke Sámis ja vaikkoba álgoálbmogiid kultuvrrain oppalohkái, leat uhcit rájit iešguđetge dáiddasurggiid gaskkas – dat lea rájáhis fuomášupmi. Rievtti mielde lea oalle geavatlaš ášši: Garraávnnasgávppit ledje ja leat guhkkin eret, ja don šattat ieš hutkat čovdosiid. Kultuvrralaččat mii hui háhppilit jurdilit: "Gal mun ieš máhtán dan ráhkadit!" Dát olbmo luondu jurdilahttá: "Já, dát lea dáidda. Mun aiddo ráhkadin dáidaga. Ii das maidege. Ikte duddjojin dán guvssi ja odne ráhkadin govvačullosa." Olugat leat ain dakkárat, ja mu mielas dat lea givrodat.

Rafico Ruiz
in conversation
with Carola Grahn

BORDERLESS INVENTING

ᐃᓄᒃᑎᑐᑦ-260
Sámegiella-266

ᑐᓇᐊᓃᑦᑐᖅ ᓴᓇᖑᐊᖅᓯᒪᔪᖅ ᐸᕐᑦ ᐋᑦᑕ, ᐅᑯᐊ ᓴᓇᔭᖏᑦ, ᑲᕈᓛ ᒍᕋᓐ ᐊᒻᒪᓗ ᐃᖏᕐᒪ ᐃᔅᕋᐃᓪᓴᓐ ᐊᕗᕐᓈᑦ (ᐅᓐᓄᒃᑯᑦ), ᑕᑯᒃᓴᐅᑎᑕᐅᔪᑦ ᐊᖏᕐᕋᒧᑦ / *Ruovttu Guvlui / Towards Home*, 2022

Vaddjojuvvon báhkkeáltára duogábealle, oassi Carola Grahn ja Ingemar Israelsson *Vearomejïjje / Bálvvosidja* (Offernat / Votive Night) dáiddabarggus, ᐊᖏᕐᕋᒧᑦ / *Ruovttu Guvlui / Towards Home* čájáhusas, 2022

Back of carved burl altar, part of Carola Grahn and Ingemar Israelsson's *Offernat* (Votive Night), in the exhibition ᐊᖏᕐᕋᒧᑦ / *Ruovttu Guvlui / Towards Home*, 2022

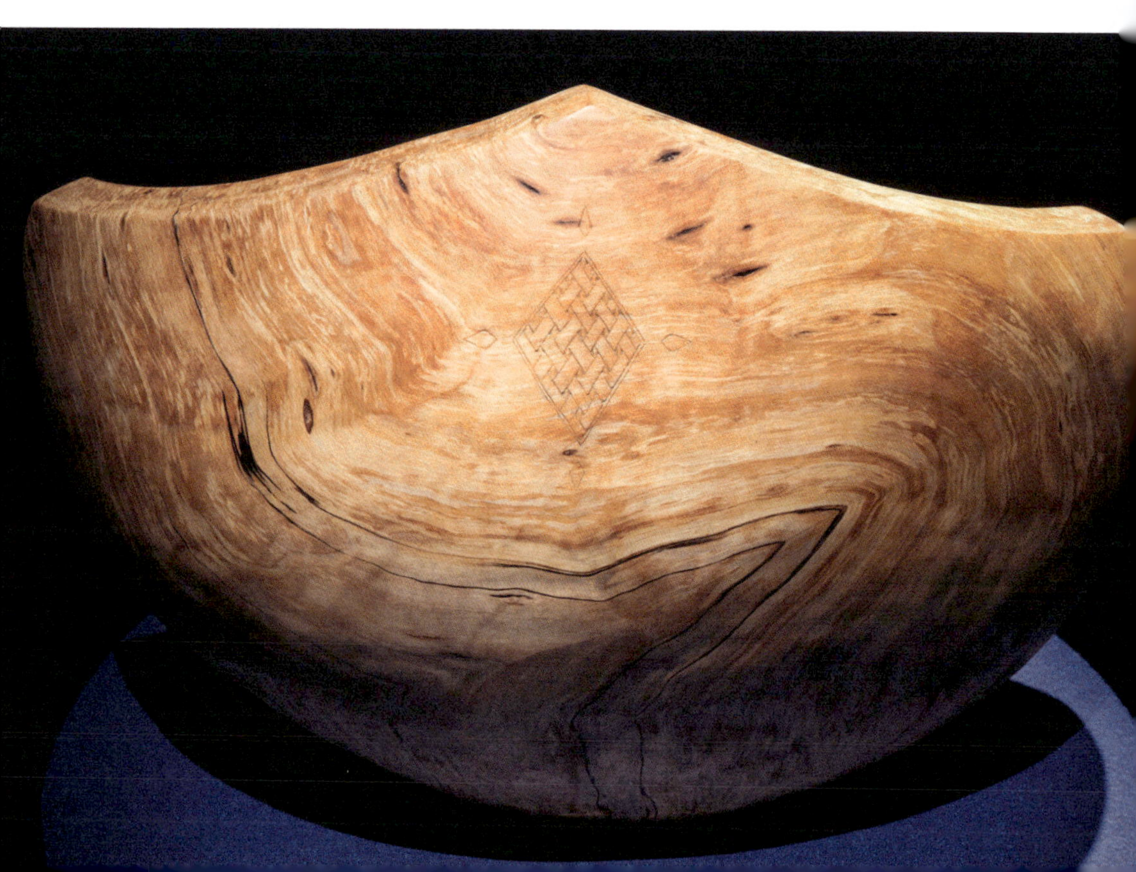

Rafico Ruiz: I'm curious to hear about the elements you are contributing to the ᐊᖏᕐᕋᒧᑦ / *Ruovttu Guvlui / Towards Home* exhibition through *Offernat* (Votive Night)—the birch bowl, the textile northern lights, and the brass rings—and how they create a sacred space.

Carola Grahn: One angle to come into this work is of course the collaboration I did with Ingemar Israelsson, and maybe that's the most important one because it has steered the process. Ingemar is a *duojár* and he's about seventy years old. He has a lot of knowledge and he is from similar areas to where my Sámi relatives come from, and he's also a friend of my father. He's great.

When we started our collaboration I didn't know him personally or the way he works, but what was exciting was that when I told him about this project he immediately started to talk about this piece of wood that he had and how special it was. Many years ago—maybe even forty or so—he found this piece of wood and he was like, "This kind of wood, you only find maybe once or twice in a lifetime." It was this really big birch burl. He said, "I've had it laying around for a long time, and I've never felt that I had the right occasion to work with it, but I feel like maybe this is it."

And so he started to work with it, and after a while he found out that it's not dense enough to hold water like I had originally envisioned, as it might crack. I was a little bit disappointed at the start because adding water to it for me was a way of making this object come alive in an art context. It's not always so simple to exhibit craft and art seamlessly, in the sense that very easily the craft becomes only something aesthetic and maybe even primitive at times. Adding dripping water to it was a way to make it function as crafts actually do in life; making it come alive. First he said, "I don't think it's going to hold water," but the more we talked he decided, "Actually, it cannot. I don't want it to."

I had the feeling that he fell in love with this piece of wood, or that he already had a really, really strong relationship to it. He was just following the form of it and some kind of inner vision of how he wanted it to be, and I had to take a step back and see how it would end up. It was a beautiful way of learning how a duojár often actually works. That process is so dedicated to following the material, and the material decides what it's going to be in the end.

Conceptually, that was beautiful. The piece still has a bit of a bowl shape, but because it's this special piece of wood, I thought it would be really nice to have it as an altar. And instead of adding water, adding flowers or leaves or other things every day as an offering to make it alive, but also to make it a ritual for the staff to go and replace those things. That is how I often work; a lot of things happen "off-stage," so I have staff doing things that are not so public. Here hopefully the staff can have this offering, sometimes maybe consciously thinking about something, but also sometimes just doing their work, replacing the flowers. However it's made it's going to be a ritual, because it needs to be done so often. And that is the part that I really like about it: that I create a movement within the piece. Putting this *duodji*—this craft—as an altar makes it special. To have it as a centrepiece is also a gesture of saying this is something very, very important, and then at the same time saying that this knowledge is really important.

RR That's a really nice overview of what it takes to create a welcoming altar. I'm particularly curious to learn more about the significance of the brass rings that are part of the piece?

CG Many aspects of Sámi religion are perhaps not that present anymore, but I think brass rings are something that has stayed. Brass is part of my *gákti*, of my traditional Sámi clothing. In our soft duodji the brass rings are still present in different things that we make, bags for example. Originally they were a big deal, and in a way they still are, at least to some people.

In Sámi worldview and storytelling they are often part of myths; I think the most common one is the bear myth, where there would be big ceremonial feasts when hunters came back after shooting a bear. There are stories about how women had to look at the bear through a brass ring in order to subdue the bear's mystical power. I don't want to say that the presence of the brass rings has an exact meaning in this piece, but it definitely refers to those stories. The brass rings bring that magic to the piece.

The other part of the work is looking at the future, and I feel the future is so unclear and so scary, so that's where the dark skies and dark surroundings come in. What can we even say about the future or sovereignty of any people or anything today when the environment is changing, and people are subject to a lack of so many things?

In that sense, culture and beliefs come into play. Adding the altar is referring even stronger to "religion," but not a specific religion. That's a question that I want to pose to the audience: *what do we believe in in the end?* And I have no answer to that, but I get a little bit of relief in thinking of my childhood memories. I come back to those moments where, for example, I really have this strong memory of hearing my footsteps on the snow, it being very, very dark, and then seeing the northern lights. I remember walking with my head back on my way home not one time, but many times. I'm trying to move the audience to that place where everything is a bit grander, like it can be when you're in darkness or in the forest.

This year the northern lights have been visible much further south—at least here in Sweden—than normal. There's been a lot of it on the news, because the hub is Stockholm and Stockholm is much further south. And suddenly it was like, "Oh, northern lights are visible this year," as if they had never been before. And so maybe Indigenous futures are coming a little bit closer to common society. I think that's a nice way of thinking of it.

I have this need for people to stop and think about how we can shape tomorrow—but not in the sense of "I'm this people and I belong to the land." I'm a bit reluctant to that way of thinking. I'm more drawn to thinking, "what can we learn from heritage and history, and what needs to be remembered because we actually need it?" In Scandinavia, Sámi drums were burned as a way of wiping out our religion in the 1700s. And I come back to this question of what we lack to preserve nature, because we, as civilization, keep failing… Maybe it is the humility of asking the shaman, the stars, or the trees for advice. I think many Sámi people are coming back to being again more aware of saying thank you to a tree when it is being cut. Saying thank you to nature—that's becoming more important again.

RR Maybe it's a pragmatic question, but for the Swedish census, do you have something connected to religion or Sámi heritage there, so you can self-identify in that way?

CG No. The Swedish Church was connected to the state until twenty years ago. The Church was so forceful in controlling the Sámi people. Even where my Sámi family is from, the priests were very harsh with us not having Sámi names in the records. When I had my kids, I couldn't find the Sámi names for my relatives in that record; they're just Swedish.

RR Yeah, I see what you mean. With this installation and the role it plays in the exhibition, notably relating to the question "where do we go from here?", do you see your first public as a Sámi public, or a broader one?

CG No, I kind of hate that division of people, really. I have a Swedish mom, and I feel uncomfortable when someone tries to pick parts of me.

Samtal mellan Carola Grahn
och Ingemar Israelsson
oktober 2021 – maj 2022

vad och var är hem
i framtiden?

vem är flykting?

vad har vi med
oss?

vad?
det jag har
med mig
innombords

Nattlomten inom

Alla de som gör bränn...
Barn som man har haft...
Allt som bara är...
Renarna och vinde...

vad är bilar

Gæjtoe
att säga tack
för det vi får
och tar

Vi är inte
miljonärer

Vi har
skogen

Björkvilen kommer från skogen intill Björkvattnet
och min hemby Vallenäs. Björken som vilen satt på var
säkert 100 år gammal. Den var ovanligt stor och vacker.

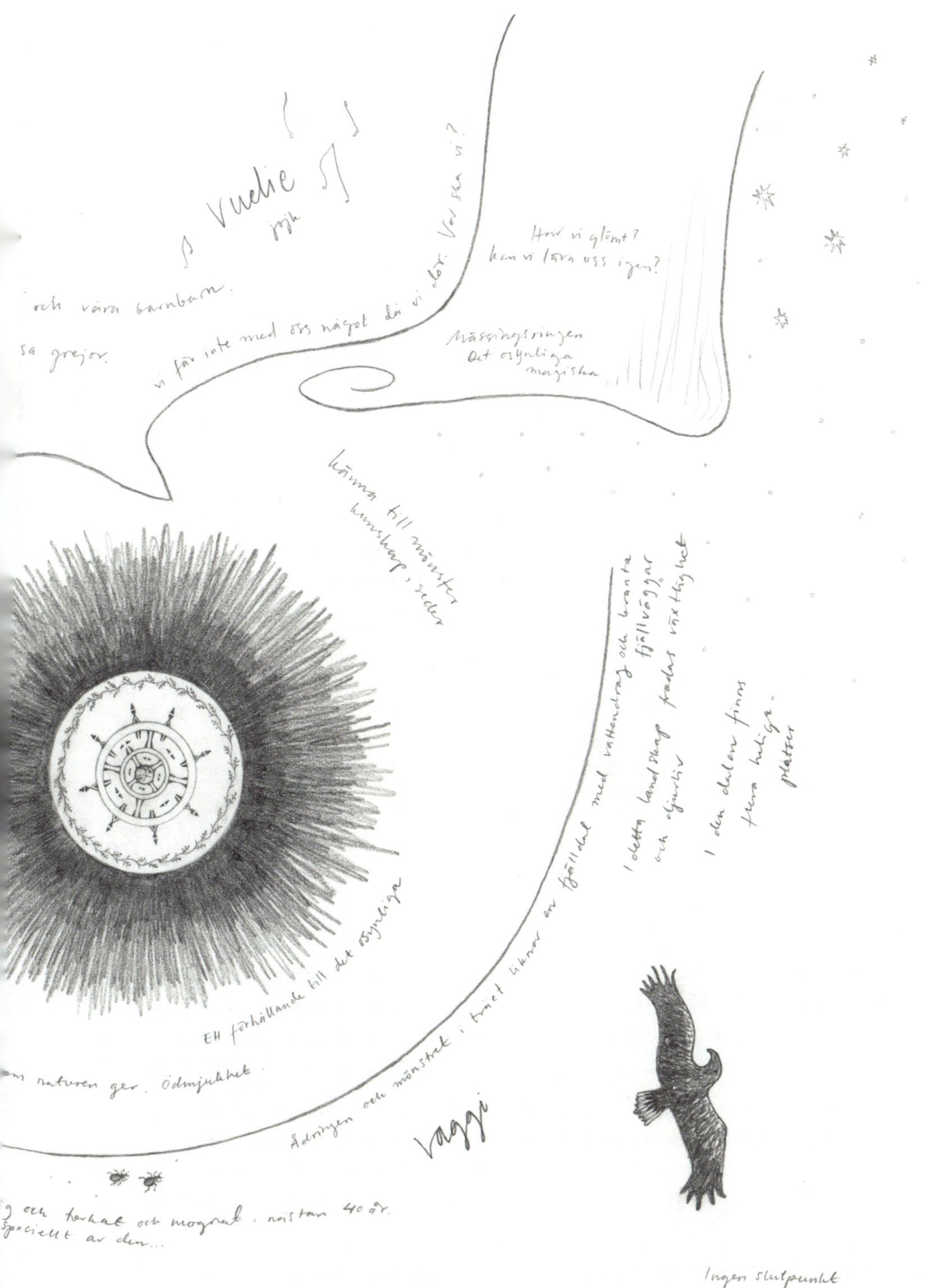

ᑲᕈᓚ ᒍᕌᓐ ᐊᒻᒪᓗ ᐃᓐᒋᒪᕐ ᐃᔅᕿᕋᐃᓪᓴᓐ, ᐊᕗᕐᓇᑦ (ᐅᓐᓄᒃᑯᑦ), ᑎᑎᕋᐅᑎᒧᑦ ᑎᑎᕋᐅᔭᖅᑕᐅᓯᒪᔪᖅ ᐸᐸᑖᒃᑯᑦ, 2022

Carola Grahn ja Ingemar Israelsson, *Bálvvosidja (Offernat / Votive Night)*, grafihtta báhpáris, 2022

Carola Grahn and Ingemar Israelsson, *Offernat* (Votive Night), pencil on paper, 2022. See English translation on page 344

The way questions are often asked is as if when you were brought up Sámi that you could divide what's Sámi and what's just northern Swedish culture, and I think it's a very dangerous way of simplifying reality and what it does to identity and what it does to people. I don't want to lock anyone out of praying by this altar. It's for all. I'd rather think of it as everybody becoming Indigenous—not in the appropriation way, but rather teaching customs and ways of living and sharing rather than dividing and saying, "This is not for you, because you're not Indigenous."

RR Even in the construction of this question that structures the show, "where do we go from here?", there's an inclusiveness in the "we" and there's an inclusiveness in thinking about land as something that is connective.

CG I really think that now with the movement of peoples, with refugees, that's where we should start thinking "where do we go from here?" Because people are already moving by force. Being forced. And that is due to environmental issues that we should admit we are all part of it whether we wanted it or not. Part of being colonized is that it has changed us. I have a phone now. I do travel with all those resources and I'm very rich in a global context. Thinking of the future, that's something I have to include in my thinking.

RR I did want to ask you about your relationship to architecture as a field; what sort of relationship you see yourself as having to architecture as it can be redefined as a land-based practice?

CG Before this show, I thought that I was close to architecture because I like to work big, and I also work with artworks outdoors, integrated into new buildings. But because of how the questions for this show were asked, I really got a feeling that there is a difference in how architects and artists go about things. So I was like, "Oh, I'm very much an artist!" But I'm interested in many of the questions that architects are interested in: how do we build a society and how is space part of that?

My experience in general is that within both Sápmi and maybe Indigenous cultures in general, there are less borders between different artforms—it's borderless inventing. It's actually very practical: hardware stores were/are far away, so you have to come up with a solution yourself. Culturally, we very quickly think, "I can make that myself!" That mentality makes—"Oh yeah, it's art. I just made an art piece. No big deal. I made this cup yesterday and then today I made this sculpture." A lot of people are still like that and I think it is a strength.

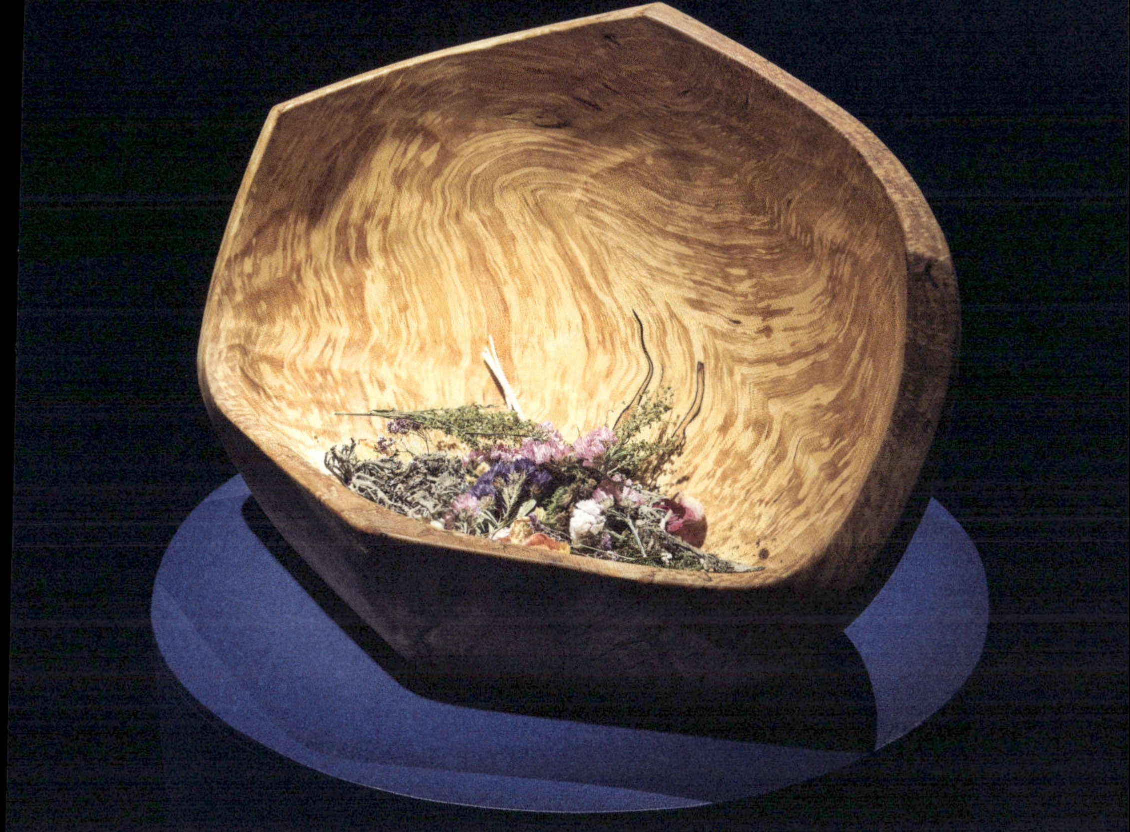

ᓴᓇᖑᐊᖅᓯᒪᔪᖅ ᐳᕐᓪ ᐋᓪᑕ ᓄᓇᕋᕐᓂᒃ ᐹᖅᓯᕙᐅᓯᒪᓪᓗᓂ, ᐅᑯᐊ ᓴᓇᔭᖏᑦ, ᑲᕈᓛ ᒍᕋᓐ ᐊᒻᒪᓗ ᐃᖏᕐᒪ ᐃᔅᕋᐃᓪᓴᓐ ᐊᕗᕐᓈᑦ *(ᐅᓐᓄᒃᑯᑦ)*, ᑕᑯᒃᓴᐅᑎᑕᐅᔪᑦ ᐊᖏᕐᕋᒧᑦ / *Ruovttu Guvlui / Towards Home*, 2022

Vaddjojuvvon báhkkeáltár mii lea devdojuvvon liđiiguin, oassi Carola Grahn ja Ingemar Israelsson *Vearomejïjje / Bálvvosidja (Offernat / Votive Night)* dáiddabarggus, ᐊᖏᕐᕋᒧᑦ / *Ruovttu Guvlui / Towards Home*, 2022

Carved burl altar filled with flowers, part of Carola Grahn and Ingemar Israelsson's *Offernat* (Votive Night), in the exhibition ᐊᖏᕐᕋᒧᑦ / *Ruovttu Guvlui / Towards Home*, 2022

Tanya Lukin Linklater

ON *INDIGENOUS GEOMETRIES*

Tanya Lukin Linklater with Tiffany Shaw, *Indigenous geometries* (installation view), 2019, cold rolled steel, laminated ash, paint, matte polyurethane, hardware. Image courtesy of Oakville Galleries. Photograph by Laura Findlay

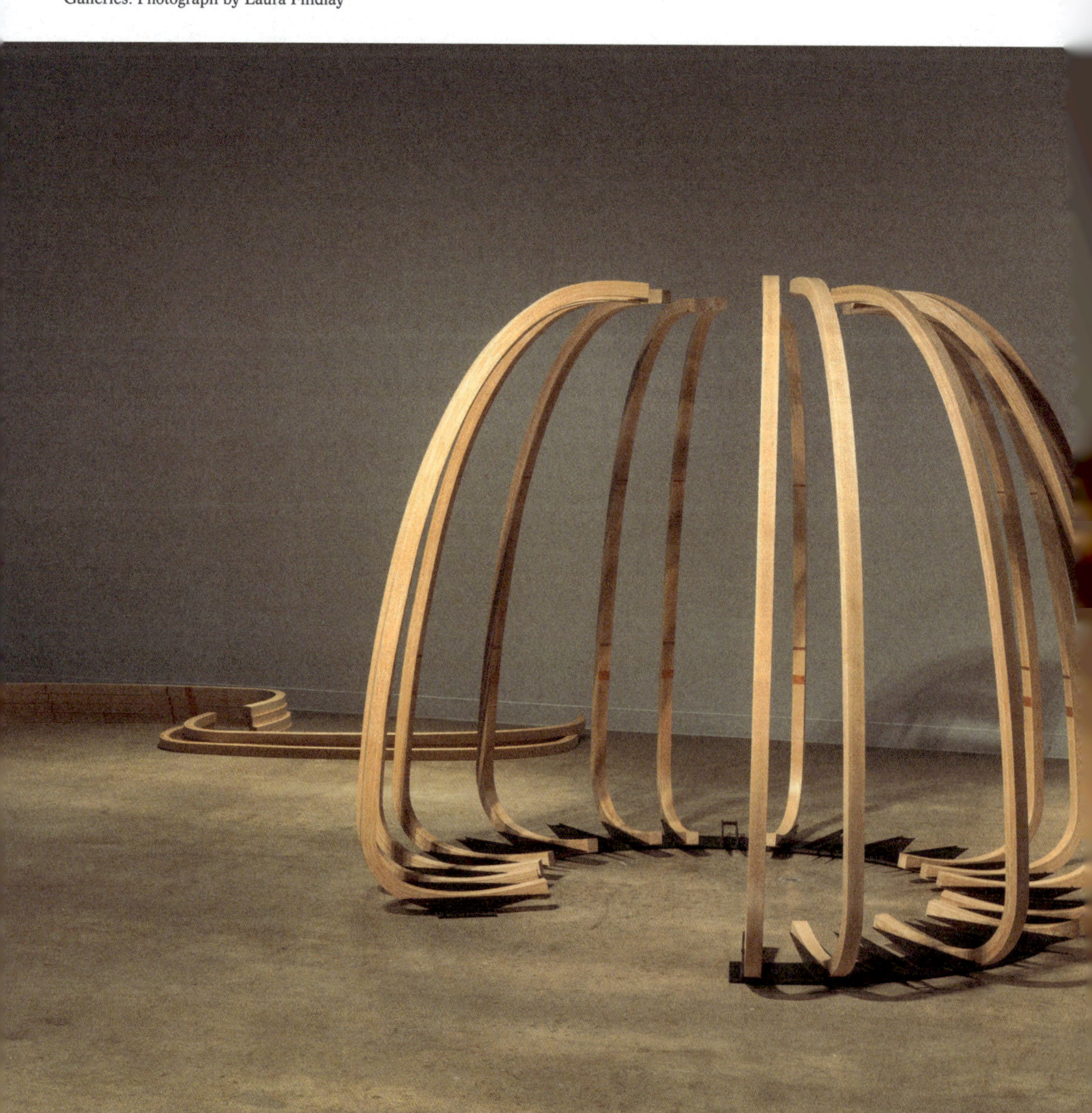

1. This text is excerpted from a chapter in my forthcoming dissertation, Department of Cultural Studies, Queen's University.

2. Jodi Byrd, *The Transit of Empire: Indigenous Critiques of Colonialism* (Minneapolis: University of Minnesota Press, 2011), xxvii.

3. Candice Hopkins and Tanya M. Lukin Linklater, "Interviews: Tanya Lukin Linklater and Candice Hopkins," in *Soft Water Hard Stone: 2021 New Museum Triennial*, eds. Margot Norton and Jamillah James (New York: Phaidon and New Museum, 2021), 297–300.

A song, a felt structure: We are putting ourselves back together again (2019) is a performance for violin and dance that exists in relation to *Indigenous geometries* (2019), a sculpture that Métis architect and artist Tiffany Shaw and I created for... *and other such stories* at the Chicago Architecture Biennial in 2019 at the invitation of co-curator Sepake Angiama. This brief essay provides context for the making of the works through the citation of Indigenous histories, architectures, technologies, aesthetics, and poetry.

In November 2018, Sepake Angiama shared the Biennial curatorial team's thinking and research on the layered histories of the city of Chicago with me.[1] In response, I described Indigenous peoples' erasure in the United States: not resigned to history, this erasure remains felt, tangible, and real, in Chicago and elsewhere. To be Indigenous is to continue to experience dispossession, or what Chickasaw anticolonial thinker and writer Jody Byrd understands as a cacophony of histories, voices, and stories of land and place.[2] Ongoing colonialisms, characterized by violent structures that attempt to erase our sense of place, our languages, our ideas, our ethics, our consciousnesses, our relational ways of being with one another and with the land and water and with non-human and more-than-human persons alike, carry on unabated still today.[3] To this day, the relationship of Indigeneity to domination is often left uninterrogated. Yet, we remember that our endurance, persistence, and continuance extend to the now. Indigeneity is neither historical nor finished. While many Indigenous peoples remain landless, we work tirelessly to insist on who we are through resurgent practices of recovery, through repair of languages, and through education, cultural production, and political mobilization, such as land-back movements.

For these works in the Biennial, I turned to Chicago's urban Indigenous community—sizable due to the American government's policies of Termination and Relocation in the 1950s and 1960s, which terminated federally recognized tribes—and to a pair of poems I encountered as a young adult, which introduced me to and defined my relationship with the city. In the mid-twentieth century, as a result of the Bureau of Indian Affairs' voluntary relocation programs, Indigenous peoples left their rural, remote reservation communities and

Alaska Native Villages for urban centres across the country. The peoples and families that were relocated were promised education, training, and employment, yet these vocational guarantees were not always provided. Families often encountered poverty in urban centres where programs deliberately dispersed Indigenous peoples across the city so that they could not find one another.[4] Despite this, in Chicago, Denver, Minneapolis, Los Angeles, San Francisco, Oakland, and Cleveland, Indigenous peoples found one another and developed significant urban communities, evidenced in Chicago partly by the vibrant American Indian Centre and its ample community-building programs and services.

These histories of Chicago were partially told in poetry by Indigenous women writing in the 1980s and 1990s. Joy Harjo (Muscogee Creek) alludes to the experience of relocating to Chicago in "The Woman Hanging from the Thirteenth Floor Window" (1983), and Susie Silook (Siberian Yup'ik/Inupiaq) explicitly tells of the experience in her nonfiction poem "Adventure in Chinatown 1958" (1999).[5] The latter chronicles one month of the Silook family's relocation from remote Alaska to Chicago and addresses the discrepancy between a life of subsistence hunting connected to the lands and waters of northern Alaska, the family's experiences in factories, the enclosed spaces of apartment buildings in Chinatown, and the misreading of Alaska Native bodies in the cityscape that pushed family members towards psychotic breaks. Silook tells the story of her enduring dispossession first through the federal policy of relocation, then through her family's encounter with erasure in Chicago, and finally through the family's choice to return to their homelands in Alaska.

Joy Harjo's "The Woman Hanging from the 13th Floor Window" tells the story of a fictitious Anishinaabe woman's life as she dangles alongside a building on "the Indian side of town" in east Chicago, where "Her mind chatters like neon and northside bars..." In this telling, the author's memories of her homelands in the North reflect being held in the embrace of family—"warm wood rooms" and "waterfalls and pines"—memories that are "discordant" with the loneliness of "the grey plane of Chicago." Harjo tells us that "she knows she is hanging by her own fingers, her own skin, her own thread of indecision," and that all the women who see her see them-

4. Donald Fixico, "The Relocation Program," in *The Urban Indian Experience in America* (Albuquerque: University of New Mexico Press, 2000), 8-25.

5. Joy Harjo, "The Woman Hanging from the Thirteenth Floor Window," in *She Had Some Horses* (New York: Thunder's Mouth Press, 1983), 22–23; Susie Silook, "Adventure in Chinatown 1958," in *Alaska Native writers, orators, and storytellers: The Expanded Edition, Alaska Quarterly Review* 17, no. 3–4 (Anchorage: University of Alaska, 1999), 252–253.

6. Harjo, "The Woman Hanging from the Thirteenth Floor Window," 23.

selves in this space of *suspension*. The woman contemplates the possibility of letting go, of surrender, of free fall. Yet her surrender is close to her potential to "climb back up to claim herself again." Harjo's poem connects individual memory to a set of collective and shared experiences of relocation and dislocation, distance from one's homelands, and identity formation amid relational subjectivities as mothers within cityscapes: "She sees other women hanging from many-floored windows counting their lives in the palms of their hands and in the palms of their children's hands."[6]

A Space for Indigenous Performance

While Tiffany Shaw's and my sculptural and architectural work *Indigenous geometries* may not directly intervene in the specific and ongoing histories of Indigenous peoples in Chicago, it conceptually addresses histories of dismantlement of Indigenous peoples' homes and the further dispossession of their homelands. We cite the Indigenous diaspora in the city through poetic narratives that come to be embodied by the dancers in the accompanying performance, *A song a felt structure: We are putting ourselves back together again* (2019) and that score sections of the performance.

Before I describe the process that Tiffany Shaw and I undertook in 2019 in preparation for and in the making of *Indigenous geometries*, I want to return to a question posed to me after a talk I gave in Northern Ontario in 2018. A group of Indigenous architects asked how I might, as they put it, "imagine space for Indigenous performance." My reply, in that moment, centred on how my work responds to the architecture of the museum and to the objects in exhibitions—I work, I told them, in relation to the museum as a structure with which Indigenous peoples must contend.

Later, in 2018 and 2019, I spent time with the question of a space for Indigenous performance. No curator, scholar, writer, or artist had ever asked me to imagine, look, listen, or turn towards a space not defined by domination, which had always been the structuring force, or set of given material conditions, that inhabited my practice. In my work, I had observed how these material conditions drew attention to colonialisms, reporting on their impacts and effects on Indigenous peoples. But in my turn towards Indigenous ways of being, I continuously gesture towards our collective agency through acts of insistence—or the tactics of *survivance* described by Anishinaabe literary theorist Gerald Vizenor as:

> true and just in native practice and company. The nature of survivance is unmistakable in native stories, natural reason, remembrance, traditions and customs and is clearly observable in narrative resistance and personal attributes, such as the native humanistic tease, vital irony, spirit, cast of mind, and moral courage. The character of survivance creates a sense of native presence over absence, nihility, and victimry.[7]

7. Gerald Vizenor, "Aesthetics of survivance," in *Survivance, Narratives of Native Presence*, ed. Gerald Vizenor (Lincoln: University of Nebraska Press, 2008), 1.

In contrast to Vizenor, I propose that survivance and insistence are partly contingent on domination. Vizenor might argue that the qualities of survivance—particularly natural reason, remembrance, traditions, and customs—predate coloniality. In my framing, a relationship to the *ongoingness* or duration of dislocation, suspension, and unfreedom predicates tactics of survivance and insistence.

Speaking with the Indigenous architects, I was asked to imagine Indigenous space in relation to Indigenous ideas, to extend the body in space by creating a structure that responded to the body, to performance, to sound, and to one another. A space of *being in relation* that, rather than constraining the body to fit within museum structures, posited other ideas about being-ness and related-ness. Museological displays often organize Indigenous peoples and knowledges through erasure, containment, and *suspension*. The architects' question, which I began to turn over in my mind, was rooted in potentiality. Imagining Indigenous conceptual structures materialized in physical architectural forms where performance might be *held* offered me a sense of freedom.

For Indigenous peoples, our futures are bound up with our past. We often describe our commitment to future generations by citing ancient knowledge, believing that what was left by our ancestors may come to be unlocked through practice over time. It is the continuance of these practices that sustain not only our peoples but the land,

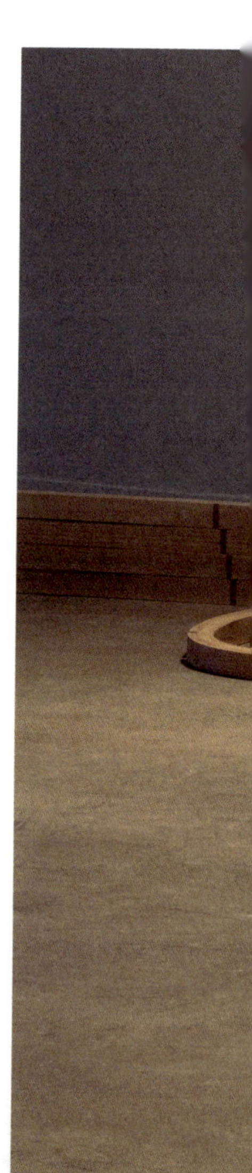

waters, atmospheres, non-human and more-than-human persons and structures that inhabit the Earth and cosmos. This, too, is an insistence.

Indigenous Architectures

While I originate from the Native Villages of Afognak and Port Lions in southwestern Alaska, I lived in Treaty 6 territory, in Amiskwaciy waskahikin, Beaver Hills, or what has come to be known as Edmonton, Alberta, for nearly a decade. I spent time as a young adult within invisible networks, attending powwows, round dances, and ceremonies, being on the land in the mountains, making friendships and relatives, and learning in these Indigenous spaces and through my graduate studies at the University of Alberta. These experiences were

Tanya Lukin Linklater with Tiffany Shaw, *Indigenous geometries* (installation view), 2019, cold rolled steel, laminated ash, paint, matte polyurethane, hardware. Image courtesy of Oakville Galleries. Photograph by Laura Findlay

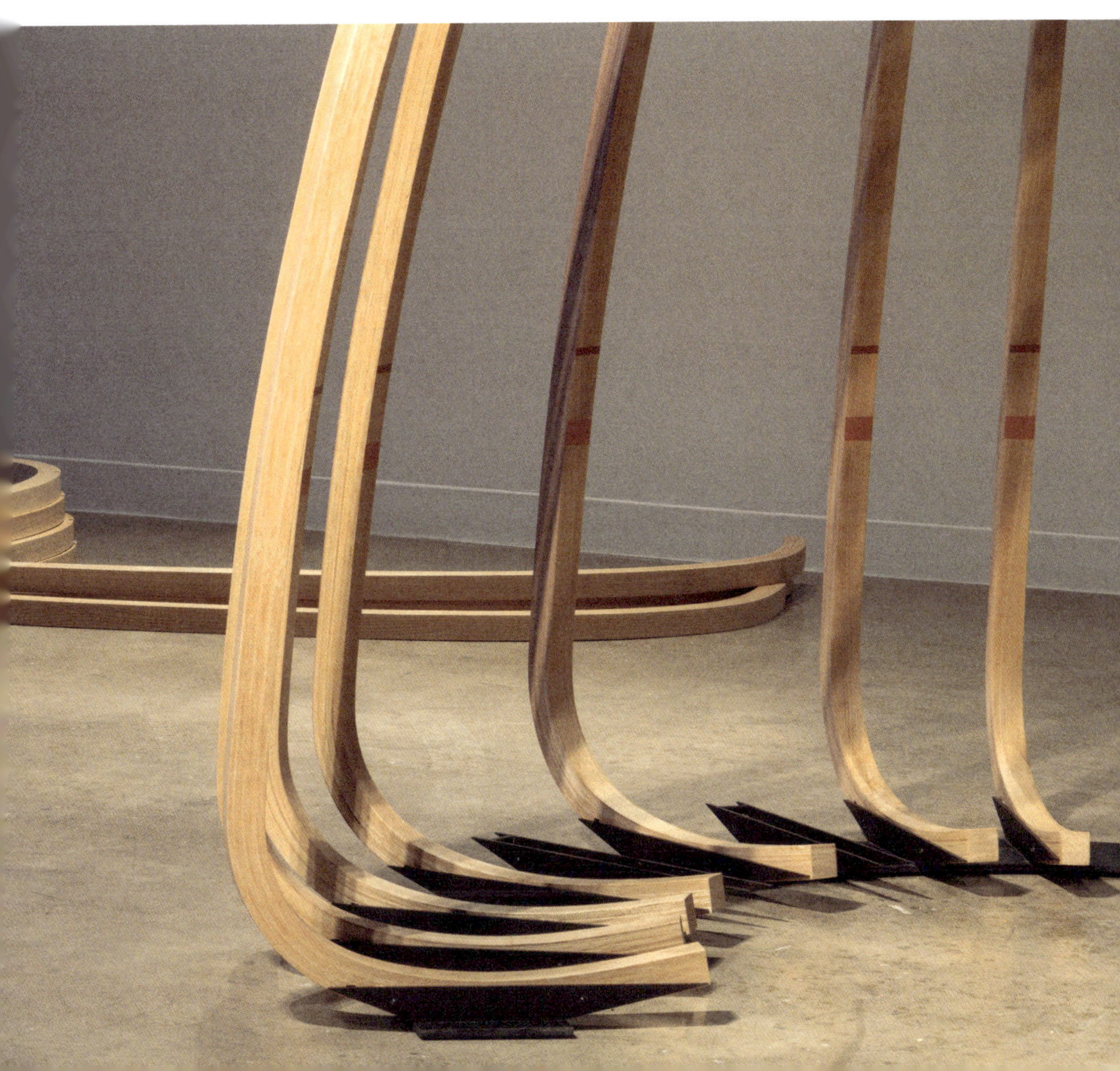

transformative for my understanding of Indigenous ways of being and knowing. I learned from Anishinaabe and Cree knowledge holders, language speakers, and Elders from communities that continue familial, clan, education, health, and governance structures.

In early 2019 I invited Tiffany Shaw to participate in the relational and generative process of making *Indigenous geometries* for the Chicago Architecture Biennial. I have known Shaw since 2015 and our shared network of relations, places, and activities helped facilitate our conversation about architecture and its relationship to Indigenous peoples. Early in our conversations, she described her architectural practice of working *with* Indigenous communities rather than *for* community, a significant and nuanced distinction aligned with key principles of Indigenous research as described by Māori scholar Linda Tuhiwai Smith in *Decolonizing Methodologies: Research and Indigenous Peoples.*[8]

In my understanding of Shaw's architectural practice, she is concerned with making space for gathering and invigorating Indigenous architectural concepts and practices. In a series of conversations we had in 2019 in the making of *Indigenous geometries*, we discussed the ways in which cultures spatialize: spatialization, we contended, is ephemeral, with a denseness in which concepts were layered as foundational components of Indigenous architectures. Shaw described how architecture provides a way to orient oneself to Indigenous languages and Indigenous histories, an idea Anishinaabe Elder Jim O'Chiese shared with her when he described a process of "wayfinding" during their work on an architectural project with Yellow Tribal College in Edmonton. In Tiffany's memory of Elder O'Chiese's description, wayfinding is not necessarily about locating a specific place but about seeking Indigenous ways of knowing and being.

This idea aligns with my experiences thinking and spending time in Indigenous architectural spaces. Lodges, tipis, and other architectural forms hold within their structures Indigenous teachings and laws, which are connected to the stars and to our homes. Each structure symbolizes relations between and among. Pueblo scholar and teacher Greg Cajete calls these spaces "packed symbols." Cajete explains:

8. Linda Tuhiwai Smith, *Decolonizing Methodologies: Research and Indigenous Peoples* (London: Zed Books, 1999).

9. Gregory Cajete, "Native science: the Indigenous mind rising," keynote, University of New England's Center for Global Humanities, February 26, 2020.

10. Cajete, "Native science."

11. Walter Lightning, "Compassionate Mind: Implications of a Text Written by Elder Louis Sunchild" (unpublished Master's thesis, University of Alberta, 1992).

> The Native mind reveals itself through abstract symbols, visual/spatial reasoning, sound, kinaesthetic expression, and various forms of creative, ecological, integrative and spiritual thinking. This is why Native science is expressed through story, art, song, dance, ritual, music, community, hunting, fishing, farming, healing, architecture and astronomies.[9]

Expanding on these observations, Cajete describes a series of Indigenous architectural forms across the Americas that connect peoples with the world and the cosmos as a way of orienting oneself. "How you orient yourself to the world," he explains, "has all to do with how you resonate with it and so proper orientation focuses on sacred directions. Indigenous peoples used semicardinal and cardinal directions to order their life on earth."[10] Over time, I have come to think about wayfinding as a form of locating our relations (including more-than-human relations), a sense of belonging and purpose, and a way of understanding our place in the world and in the universe. The concept is akin to a set of directions or coordinates. Understanding these rigorous and complex ideas will not occur immediately; it may take a lifetime to unfold.[11] Yet these sets of directions or coordinates, combined with our embodied resonances, comprise *Indigenous geometries*.

Our subsistence practices and cyclical movements across land and waters, following the seasonal migrations of caribou, whales, salmon, or other land and sea mammals, often meant that our architectures were temporary, mobile, provisional, and at the scale of human or more-than-human bodies. My relative Agnes Hunter tells me about her experiences as a child near Hudson's Bay, when her Omaskeko Cree family moved camp following the migrations of the caribou.[12] Her father, the late Tobias Hunter, hunted caribou and geese, and trapped otter and other small fur-bearing animals in the muskeg of Northern Ontario. She remembers that the dogsled carried their tipi and belongings. The family ran alongside the dogsled as they moved camp, which *tethers home close to us as it moves with us.*[13] Similarly, north of my homelands of Kodiak Island in southwestern Alaska, sod homes were constructed with the split jawbones or mandibles and ribs of whales.[14] As Kainai-Blood artist Faye HeavyShield proposes, home is not always a fixed structure—this is a reductive idea of how home manifests. Rather, the body is our home.[15]

Alutiiq/Sugpiaq Architecture

Viewing Joar Nango's *Skievvar* at the Chicago Architecture Biennial in 2019, a work that draws upon the ancient Sámi technology of *skievvarčoalli*—windows made of dried halibut stomachs stretched over wooden frames—I was reminded of the Sugpiaq homes, called *ciqlluaq*, of southwestern Alaska, which are hand built into the earth. Many were still in use into the nineteenth and twentieth centuries.[16] Their semi-subterranean structures held up by driftwood planks gathered on beaches and fortified by grass, sod, and clay, the homes were comprised of a main room for visiting, cooking, eating, and dancing, and side rooms separated by grass mats or

12. Tanya M. Lukin Linklater, *Slow Scrape* (Montreal: Centre for Expanded Poetics and Anteism, 2020).

13. Hopkins and Lukin Linklater, "Interviews," 297–300.

14. Molly Lee and Gregory A. Reinhardt, *Eskimo Architecture: Dwelling and Structure in the Early Historic Period* (Fairbanks: University of Alaska Press, 2003), 119–158.

15. Hopkins and Lukin Linklater, "Interviews," 297–300.

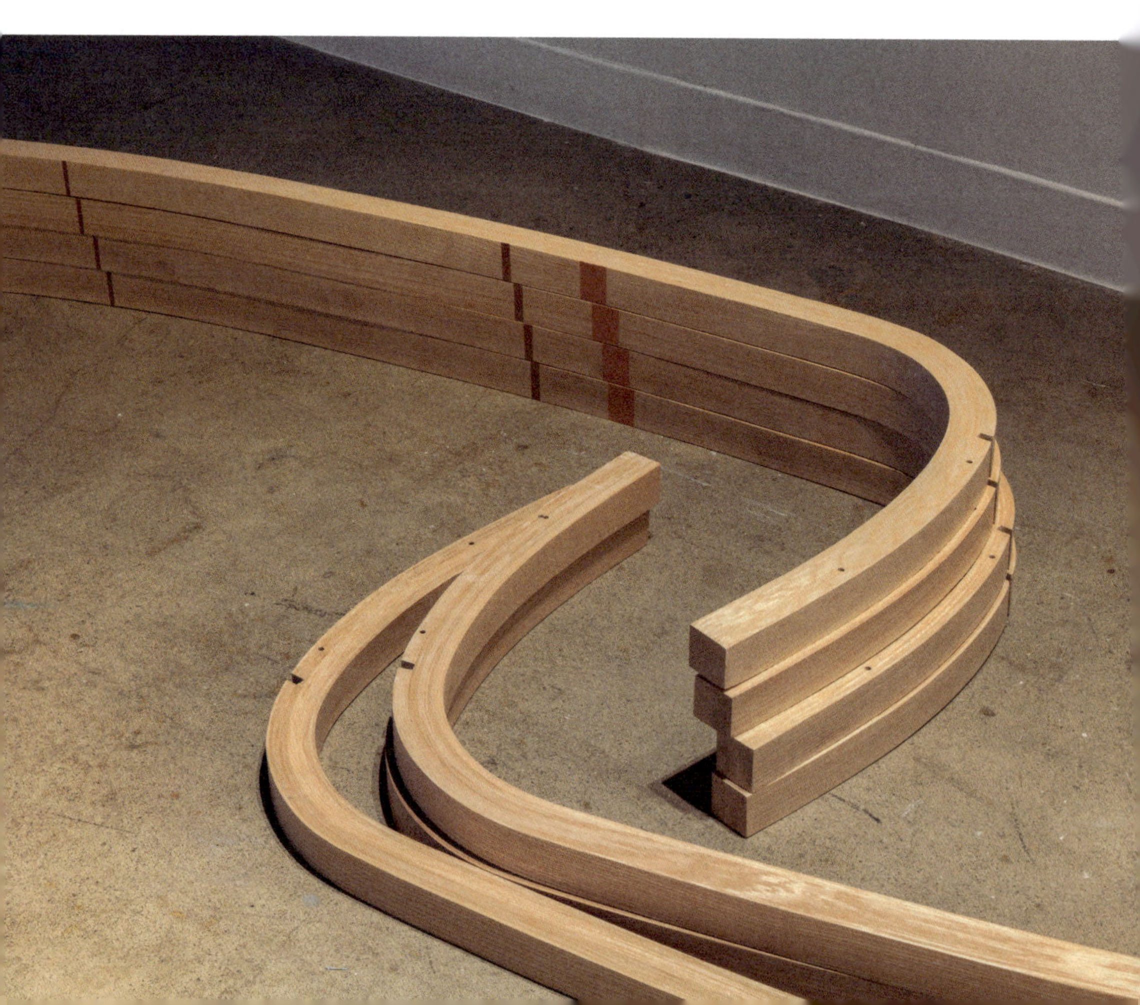

tanned fish skin curtains for steaming, resting, and sleeping in the fetal position.[17] Their skylights, often covered by transparent gut that was removed to allow smoke to escape the home, are understood as a metaphoric passageway to the next world. All together, these homes are models of our layered universe. I continue to be moved by my memory of the poetic and metaphorical meanings of this passageway.

Similarly, I was moved by Alutiiq writer and cultural worker Alisha Drabek's, description of Sugpiaq men's daily practice of greeting dawn. In the old days, these men rose before the sun; atop the ciqlluaq they crouched looking to the east, waiting. They stayed with the sun as it crested the horizon, rising to the sky. Described in the historical record as peculiar to the man who documented it, this act provides a glimpse of our relatives' relation to the sun, to sky, and to the cosmos.[18]

...At times, we buried our relatives who passed away inside the dirt floors of our homes so that they were nearby...

A similar architecture functioned in Alutiiq/Sugpiaq and Yup'ik villages in southwestern and western Alaska as men's community houses for gathering. During winter ceremonies, multiple villages travelled to such houses to participate in song, dance, masking, oratory, feasting, visiting, giveaways, and other activities. The domed quality of these architectures allowed for song, drum, and puffin-beak-rattle percussion to resonate in the bodies of those who had gathered. The houses' tight quarters also affected the physical structure of dances, constraining the dance to emphasize specific parts of the body, such as the hands and arms, which would be used to display energy in motion, pulsation, and direction. Dancers would be seated, kneeling, or standing, and took minimal steps across the space. Often they would be partially nude due to the heat they generated between them—their bodies exerted force even in the contained space of predominantly stationary dances.[19] Within this context what we might consider small gestures, a pulsation of the knees, trunk, or neck, became significant markers of energy that moved the body in time with the drum and language of song.

16. Archival photographs of Sugpiaq people in Old Harbor Village on Kodiak Island show them wearing Western dress posed near a *ciqlluaq* in 1889, and in Karluk Village Sugpiaq people gather and a woman leans against a sod home in 1906.

17. Lee and Reinhardt, *Eskimo Architecture*, 119–158.

18. Alisha Susaba Drabek, "Liitukut Sugpi at'stun (We are Learning How to Be Real People): Exploring Kodiak Alutiiq Literature through Core Values," (PhD diss., University of Alaska Fairbanks, 2012).

19. Harold Napoleon, "Yuuyaraq: The Way of the Human Being," in *The Alaska Native Reader: History, Culture, Politics, ed. Maria Sháa Tláa* Williams (Durham: Duke University Press, 2009), 121-143.

Tanya Lukin Linklater with Tiffany Shaw, *Indigenous geometries* (installation view), 2019, cold rolled steel, laminated ash, paint, matte polyurethane, hardware. Image courtesy of Oakville Galleries. Photograph by Laura Findlay

These architectures and our relatives' bodies were connected. Homes grew from the earth, were made of earth and of more-than-human persons, and organized our activities. The "audience" at these events was and continues to be participatory in the performances. They join the dances in certain moments but also visit, eat, tend to children, and laugh, marking the gatherings (now in school gymnasiums or convention centres) with joy. These communal architectures are places intended for multiple generations of families gathering in specific ways and under specific circumstances.[20]

Alutiiq/Sugpiaq Technology

During the research, preparation, and design of *Indigenous geometries*, Tiffany Shaw and I paired her practice of citing Métis technologies with mine of citing Alutiiq/Sugpiaq architectures, ancestral or cultural belongings, and ancestral technologies. As for my citation, my thinking was informed by the bentwood technology used on Kodiak Island for generations by Alutiiq/Sugpiaq and mostly understood as an ancestral technology for the making of hats or visors for use by hunters on the ocean during sea mammal hunting expeditions. The late scholar Lydia T. Black proposed that Kodiak Island, our coastal archipelago of seafaring peoples, was a centre for wooden headgear characterized by a diverse variety of forms, styles, and technologies found nowhere else in Alaska. It was, she held, a generational technology, used not only for wooden hunting or ceremonial headgear but also for garments worn by women and girls in addition to other functional purposes.[21]

Referencing this ancestral Alutiiq/Sugpiaq steam-bending technique, Shaw and I worked with AllKinds in Chicago to fabricate a series of curved wooden bars. Shaw proposed that we work with a species of tree indigenous to the region, the ash tree, which is prolific in the city, to acknowledge enduring relations with the land.[22] Despite the tree's large numbers in Chicago, the municipality continues to be faced with the blight of the Emerald Ash Borer. First identified in Michigan in 2002, the Borer has triggered widespread municipal strategies to mitigate its spread across the northwestern United States and southeastern Canada.

20. Alutiiq/Sugpiaq peoples also constructed summer grass dwellings on Kodiak Island and Chugach Alutiiq used upturned *umiaks* (open skin boats) in summer as temporary shelters when required. See Lee and Reinhardt, *Eskimo Architecture*.

21. Lydia T. Black, *Glory Remembered: Wooden Headgear of Alaska Sea Hunters* (Juneau: Alaska State Museums, 1991).

22. Ash trees make up "around 17% of Chicago's street tree population or about 85,000 trees. When adding an estimated 300,000 ash trees from private property to the total, ash trees become one of the most numerous trees in the City." See City of Chicago, "Streets and Sanitation: Emerald Ash Borer," www.chicago.gov/city/en/depts/streets/provdrs/forestry/svcs/emeral_ash_borer-pestofashtrees.html.

23. Patty Wetli, "The Ash Tree's Last Stand, and Why it Matters," *WTTW*, March 10, 2020, www.news.wttw.com/2020/03/04/ash-tree-last-stand-chicago-and-why-it-matters.

24. Wetli, "The Ash Tree's Last Stand, and Why it Matters."

25. Tiffany Shaw, correspondence with the author, January 2, 2022.

Chicago journalist Patti Wettli describes old ash trees as "green infrastructure."[23] Nonetheless, municipalities are pivoting towards a policy of removal, as the ongoing treatment of the blight of the Borer is either financially unsustainable, resource-heavy, or not effective. Neighbourhoods attempting to save the trees lining their streets and canopying their homes independently organize and pay for treatment of the trees. Future arbor planning that will withstand climate change in cities necessitates planting a variety of tree species.[24] This kind of planning is underway, but loss of the ash tree species seems inevitable in certain regions of the U.S. and Canada.

For the work, twenty-five curved laminate ash bars meant to approximate steamed bentwood forms were assembled on a base made of cold rolled steel. The cold rolled steel was fitted together with a type of joinery that references a dovetail-like joint used at the corner of Métis built cabins from the fur trade era and was adorned with patina.[25] The effect of this assembly is a dome shape that is deliberately partial or unfinished. The curved laminate bars evoke a structure and organize space yet do not form an enclosure.

As we continued to make *Indigenous geometries*, I looked to ancestral or cultural belongings in the Alaska Commercial Collection of the Hearst Museum of Anthropology affiliated with the University of California at Berkeley. These ancestral or cultural belongings evoke Alutiiq aesthetics and materials from the nineteenth century and called me to generate a response to them. *Indigenous geometries* came to be one of these responses. Decisions such as paint placement, design, and colour were affected by the patterns on a series of Alutiiq/Sugpiaq sewing bags, and the painting of *Indigenous geometries* reflected the dimensions of a body seated on the earth, a reaching arm, and the activities that happen within Indigenous architectures.

As this project has continued to unfold since 2019, I continue to reflect on the lives and afterlives of the ash trees that form *Indigenous geometries*. I do not think of the curved laminate ash bars as "material." In my view they have life, and they listen. I propose that as we gather with them, in performance or otherwise, our voices, words, and songs are remembered.

The bars contain and hold resonance. This is a proposition that may not be perceived by a viewer who looks only at the form of *Indigenous geometries.* However, a number of curators, artists, and architects told me they noticed that the work evokes a body. Early on in conversation with Shaw, I described the bars as "spines." While others described the sculptural or architectural work as a ribcage, I proposed that each "spine" metaphorically held within it vast knowledges that formed Indigenous felt structures prior to the onset of colonization. *Indigenous geometries* gestures towards these vast repositories embodied and activated by Elders, knowledge holders, and communities across what Anishinaabe folks have come to call Turtle Island. These felt knowledges connect us to lands, waterways, atmospheres, to edges, and to invisible networks of relations. These felt knowledges organize our energetic bodies, themselves composed of a system of meridians that were and are connected to suns, moons, planets, stars, asteroids, comets, clouds of dust, galaxies, and the space between them.

A song, a felt structure:
We are putting ourselves back together again

Scholar, artist, and arts administrator Camille Usher (Coast Salish/Sahtu Dene/Scottish) recently asked me what it means to put ourselves back together again. In relation to *Indigenous geometries,* I wonder what it means to be relocated from our homelands. To be in diaspora to the centre of our worlds. Camille Usher asked, do we make new centres or "many suns," as Octavia Butler proposes?[26] Are we orbiting at a further distance from sacred sites and community? How do we remake community in new locations?

In the process of designing the structure, I emphasized the significance of the laminate ash bars moving separately on their own, to create other geometries and relationships. In this manner, the work has the possibility of several iterations for performance and alludes to an *assembly* of cultural narratives and practices. These narratives may be known or no longer known by the person who attempts to assemble them. *A song, a felt structure: We are putting ourselves back together again*, a performance for violin and dance, took place in and relation to *Indige-*

26. Camille Usher cited Octavia Butler in our conversation in 2022.

nous geometries in December 2019. Open rehearsals with dancers Ceinwen Gobert and Ivanie Aubin-Malo (Wolastoq), and composer/amplified violinist Laura Ortman (White Mountain Apache), occurred over three days, culminating in the performance for an audience of forty. The dancers moved the bars into different relationships, intending to speak to the ways in which Alutiiq/Sugpiaq (and more broadly, Indigenous) structures of governance, education, health, and familial structures have been actively dismantled by U.S. and Canadian policies. These acts addressed our continued work of putting our languages, families, and ourselves back together again during ongoing disruptions or colonialisms.

After the performance I maintained that *Indigenous geometries* should remain dismantled: Indigenous communities across the Americas are actively undertaking recovery and repair but are not yet whole. Two of the spines now live with me in my home. In this way I acknowledge the ongoing strategies of insistence that Indigenous peoples undertake to strengthen our homes, and ourselves, to persist under the ongoing duress of colonialisms that unfold each day. This work draws strength from the ancestral architectures and technologies that tell us about how our relatives understood our relationship to the universe.

Naomi Ratte

ᐃᓄᒃᑎᑐᑦ

ᒐᑭᓇᐙᐱ: ᐃᓕᓐᓂᐊᕐᓂᖅ ᑕᐅᑦᓱᓂ

Sámegiella

GAKINAWAABI: ÁICAMA BOKTE OAHPPAT

English

GAKINAWAABI: LEARN BY OBSERVING

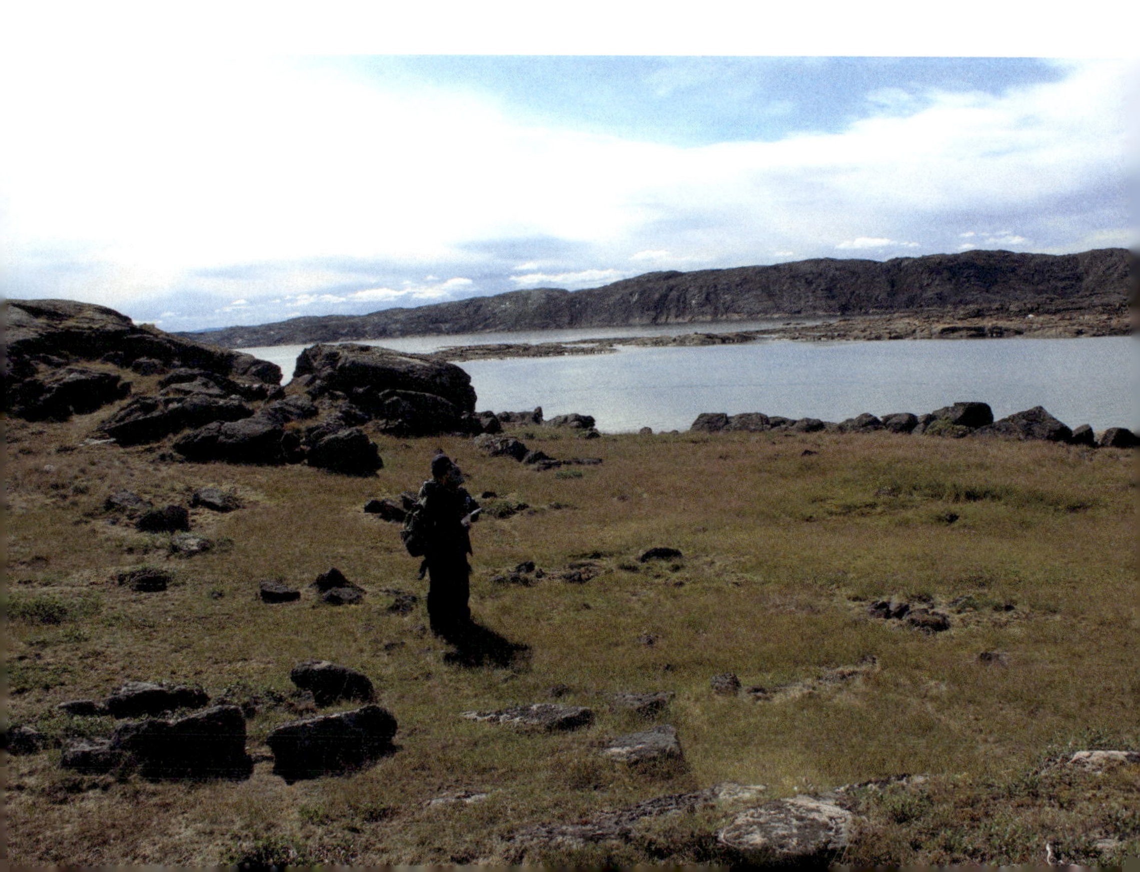

ᐃᓕᓐᓂᐊᖅᓱᓂ ᖃᐅᔨᒪᓕᕐᓇᖅᐳᖅ ᐊᔪᕈᓐᓃᑦᑎᐊᕐᓂᕐᒥᒃ (ᑭᓱᓗᐃᓐᓇᕐᒥᒃ) ᐃᓕᓐᓂᐊᖅᓱᓂ, ᐊᑐᖅᓯᒪᓪᓗᒍᓘᓐᓃᑦ, ᐅᕙᓘᓐᓃᑦ ᐃᓕᓐᓂᐊᖅᑎᑕᐅᓪᓗᓂ.

ᑕᐅᑐᒃᓱᓂ ᐅᔾᔨᕆᓯᖕᓇᖅᐳᖅ ᐅᕙᓘᓐᓃᑦ ᐃᓱᒪᑐᔪᖕᒍᓐᓇᖅᓱᓂ (ᑭᓱᓗᐃᓐᓇᕐᒥᒃ) ᑕᑯᓪᓗᒍᓗ ᓲᕐᓗ ᑎᑎᕋᖅᑕᐅᓯᒪᓗᓂ ᐱᒻᒪᕆᐅᓂᖕᒐᓂᒃ.

2017-ᖑᒍᑎᓪᓗᒍ ᐅᑭᐅᖅᑕᖅᑐᒧᐊᓚᐅᖅᓯᒪᕗᖕᒐ ᓯᕗᓪᓕᖅᐹᑦᑎᐊᒥᒃ, ᑕᑯᓪᓗᖕᒐᓗ ᓄᓇᒥᒃ ᓇᐹᖅᑐᖅᑲᖕᕆᑦᑐᒥᒃ ᖁᑭᖅᑳᓗᖕᒥᑦ ᐱᓕᕆᐊᒃᓴᓐᓂᒃ ᐱᓕᕆᓕᕚᖅᑎᓪᓗᖕᒐ ᓄᓇᒥᑦ ᖃᓄᐃᓕᖕᒐᓂᖕᕆᓐᓂᒃ ᖃᐅᔨᓴᖅᑎᐅᓗᖕᒐ ᑖᒃᑯᓇᓂ NVision Insight Group Inc,-ᑯᓐᓂᑦ ᓄᓇᖅᑲᖅᑳᖅᓯᒪᔪᓂᑦ ᓇᖕᒥᓂᕆᔭᐅᓪᓗᓂ ᐅᖅᑲᓪᓚᖅᑲᑎᑮᓐᓂᐅᔪᓂᑦ ᑲᒻᐸᓂᕆᔭᐅᔪᖅ. ᑕᐃᑲᓃᓚᐅᖅᐳᒍᑦ ᑲᑎᖅᓱᐃᓇᓱᒃᓱᑕ ᓈᓴᖅᓯᒪᔪᓂᒃ ᓇᖕᒥᓂᕆᔭᐅᔪᓄᑦ ᐱᖁᑎᖕᕆᓐᓂᒃ ᑖᒃᑯᓄᖕᒐ ᐃᖅᑲᓗᐃᑦ ᖂᖕᒐᓂᑦ ᒥᖅᖑᐃᖅᓯᖅᕕᐊᓂᑦ ᐃᖅᑲᓗᐃᑦ ᖃᓂᒋᔮᓂᑦ, ᓄᓇᕗᒻᒥᑦ. ᑕᖅᑭᒃ ᐊᐅᒎᓯ ᐱᒋᐊᓕᕚᖅᑎᓪᓗᒍ, ᓯᓚᐅᑉ ᖃᓄᐃᓕᖕᒐᓂᖕᒐ ᓈᒻᒪᓚᐅᖅᐳᖅ ᐅᖅᑰᓗᐊᖕᒋᓱᓂ, ᐊᒻᒪᓗ ᐃᑲᕐᕋᑦ 17 ᓯᕿᓂᖅ ᓴᖅᑭᔮᖕᒋᓐᓇᖅᓱᓂ, ᐅᓪᓗᐃᓪᓗ ᓲᕐᓗ ᐃᓱᓕᕝᖅᑲᖕᒋᑦᑐᖅ.

__Oahppat__ lea oahpahallat dahje háhkat dieđu dahje máhtu (juoga mas) lohkama, vásiheami dahje oahpahusa bokte.

__Áicat__ lea merkot dahje fihttet (juoidá) ja fuopmášit dan mearkkašahttin.

Jagi 2017 fitnen vuosttas gearddi Árktisis, ja diđoštin Baffin Island rabas duoddara dakka maŋŋelašgo álgen virgái eanadatarkiteaktahárjehallin Nvision Insight Group Inc fitnodahkii, mii lea eamiolbmuid oamastan konsuleantafitnodat. Mii leimmet doppe guovllus čoaggimin luvvodagaid Iqaluit Kuunga Territorial Park:i (Iqaluit lahka, Nunavutas). Leai árra borgemánnu, ja liehmus dálki, ja sullii čiežanuppelogi diimmu beaivvádagain orro beaivvit nohkameahttumat. Vuosttas beaivvi go leimmet diđoštangiettis, de bivdojuvvojin govvet min jođidettiin párkkas. Álggos govvejin viiddis eanadagain fotografiijaid. Alit jávrrit ja jogat mat dedjo ja bás ivnnážat mat šearrájedje miehtá duoddara, ledje nu čábbát ahte

To __learn__ is to gain or acquire knowledge of or skill in something by study, experience, or being taught.

To __observe__ is to notice or perceive something and register it as being significant.

In 2017 I found myself in the Arctic for the very first time, exploring the open tundra on Baffin Island shortly after starting a position as a landscape architectural intern at NVision Insight Group Inc, an Indigenous-owned consulting company. We were there to collect inventory for Iqaluit Kuunga Territorial Park near Iqaluit, Nunavut. It was the beginning of August, the temperature was mild, and with around seventeen hours of sunlight, the days felt endless. On our first day out in the field I was asked to take photos as we travelled

ᑐᐱᖅᕖᑦ ᐲᑕᒥᑦ ᐃᖅᑲᓗᐃᑦ ᖂᖕᒐᓂᑦ ᒥᖅᖑᐃᖅᓯᖅᕕᖕᒥᑦ, ᐊᐅᒍᓯ 2017. ᐊᔾᔨᓕᐅᖅᑕᐅᔪᖅ ᓇᐅᒥ ᕋᑦᒧᑦ

Goahtesadji Peterhead Inlet luovttas Iqaluit Kunnga Territorial Park, borgemánnu 2017. Govvejeaddji lea Naomi Ratte

Tent ring at Peterhead Inlet in Iqaluit Kunnga Territorial Park, August 2017. Photograph by Naomi Ratte

ᐅᑦᑐᖅ ᓱᕗᑦᑕᖅᐹᖓᓂ ᓄᓇᒦᑐᑕ ᐊᐱᕆᔭᐅᓚᐅᖅᐳᖓ ᐊᔾᔨᓕᐅᕆᖅᑯᔭᐅᑦᑐᖓ ᐃᖏᕐᕋᑎᑦᑐᑕ ᒥᕐᖑᐃᖅᓱᕐᕕᖕᒥᑦ. ᐊᔾᔨᓕᐅᕆᔪᒪᖄᓚᐅᖅᓯᒪᒐᓗᐊᖅᐳᖓᑕ ᓄᓇᒥᑦ ᐱᐅᔪᐊᓗᖕᒥᑦ. ᑕᒪᒃᑯᐊᓗ ᐃᒪᐃᑦ ᑐᖑᔪᖅᑐᐊᓐᓅᑦᑐᑎᒃ ᐊᒻᒪᓗ ᑕᖅᓴᖅᑲᐅᖅᑐᓂᒃ ᓄᓇᒥᒃ ᐊᒃᓱᐊᓗᒃ ᐱᐅᒃᓴᓚᐅᖅᓯᒪᕗᖓ. ᑕᒪᓐᓇ ᑕᑯᔭᕋ ᓄᓇ ᐊᒃᓱᐊᓗᒃ ᐱᐅᔪᖅ, ᑕᐃᒪᓐᓇ ᐃᓱᒪᓚᐅᖅᓯᒪᕗᖓ. ᑕᒪᒃᑯᐊᓗ ᑎᖕᒋᐅᔭᐃᑦ ᓂᕈᒥᒃᑑᑦᑐᑎᒃ. ᑕᐃᒪᓕ ᐱᓱᒃᑐᖓ ᑐᑎᓛᖓᒃᑭᑦ, ᓲᕐᓗ ᖃᖓᑦᑕᖅᐸᒃᐳᖓ, ᓲᕐᓗ ᐱᓱᖅᑰᔨᕙᒃᐳᖓ ᒪᑯᑎᒎᓇᖅ ᕿᒡᒋᖅᑕᖅᕿᐅᕙᒃᑐᑎᒍᑦ (trampoline).

ᐅᑦᑐᖅ ᕿᑎᐊᓄᐊᑕᖅᑎᑦᑐᒍ ᓴᓇᖃᑎᒋᔭᒃᑲ ᓄᖃᖅᐳᑦ ᐅᖃᓪᓚᖃᑎᒌᑕᖅᑐᑎᒃ. ᑑᓵᑦᑐᖓᓗ, ᖃᐅᔨᑕᓚᐅᖅᐳᖓ ᐅᖃᐅᓯᖃᖅᑐᑦ ᓄᖅᑲᖅᕕᒋᔪᒪᔭᓐᓂᒃ ᓄᓇᒥᑦ, ᑕᐃᒪᓗ ᖃᐅᔨᔭᐅᑦᑕᐃᑕᒪᑦᑐᖓ ᓈᓚᑕᖅᑐᖓ. ᖃᐅᔨᑕᖅᑐᖓᓗ ᓱᓇᐅᕙ ᓱᕗᑦᑕᕕᓂᑦᑕ ᑐᐱᖅᕕᕕᓂᐊᓂᑦ ᓇᖏᖅᑐᖓ. ᑕᒪᒃᑯᐊᓗ ᐅᔭᕋᐃᑦ ᑐᐱᖅᕕᕕᓂᖅᒦᑦᑐᑦ ᑎᖕᒋᐅᔭᓂᒃ ᐱᕈᖅᕕᐅᓯᒪᑦᑐᑎᒃ, ᖃᐅᔨᑕᖅᑐᖓᓗ ᑕᒪᒃᑯᐊ ᐅᔭᕋᐃᑦ ᑐᐱᖅᕕᕕᓂᖅᒦᑦᑐᖅ ᐅᑭᐅᓂᒃ ᐊᒥᓱᒻᒪᕆᐊᓗᖕᓂᒃ ᑕᒫᓂᑕᖅᓂᖅᑐᑎᒃ, ᐊᒃᑐᖅᑕᐅᓚᐅᖅᓯᒪᖏᑐᑎᒡᓗ. ᐃᓕᓐᓂᐊᖅᐸᑦᑕᐊᑕᖅᑐᖓ

olmmoš beanta hahpaštuttai. *Dát lea gal duođaid rámálmas eanadat,* mun jurddašin ohpihii. Jeagil leai linis ja guopparaslágan. Go duolmmastin jeahkáliid ala, de čuskkodin ja njuikkodin, dego livččen vázzimin duoddara trampoliinna alde.

Sullii gasku beaivvi ledje mu bargoskihpárat váldán bottu vai besset háleštit. Go mun sin suoli guldalin, de gullen ahte sii hálle aiddo dan báikki birra, gos ledjen mearridan bissánit ja suoli guldalit sin go háleštedje. Bohten diehtit, ahte ledjen čuožžumin guovdu Thule goahtesaji. Jeahkálat mat gokče goahtesaji geđggiid, ledje assát, ja almmostahtte ahte goahtesadji leai das orron máŋggaid čuđiid jagiid čađa, muosehuhtekeahttá. Historjjá oahppa man ožžon gullat dán báikkis man ledjen govvemin, bosádii ođđa heakka dan vuohkái, mo mun áicen eanadaga iehčan birra, ja divttii mu laktásit juosat, man in goassege dovdan persovnnalaččat. Eanadat ii lean dušše jáhkkemeahttun čáppis iežas rámálmas estetihka dihtii, muhto daid

around the park. Initially, I prioritized capturing large landscape shots. The brilliant blue waters and small pops of colour along the tundra were breathtaking. *Now this is an incredible landscape*, I kept thinking to myself. The lichen was soft and spongy. When I stepped on it, I would spring up, almost as if I was walking on the tundra's trampoline.

About mid-way through the day my colleagues had paused to talk amongst themselves. When I listened in, I learned that they were talking about the exact location where I had decided to stop and eavesdrop on their conversation. I learned that I was standing in the middle of a Thule tent ring. The lichen that coated the rocks of the tent ring was thick, suggesting that the ring had been there for hundreds of years, undisturbed. Learning more about the history of the place I was photographing breathed new life into the way that I was

ᐱᐅᓯᕆᔭᐅᕙᓚᐅᖅᑐᓂᒃ ᓄᓇᒋᔭᐅᕙᓚᐅᖅᑐᒥᒃ ᓰᕐᓗ ᓄᑖᒥᒃ ᐃᓅᓯᖅᑲᓕᖅᑐᖓ ᑕᐅᑐᒃᐸᓪᓕᐊᓪᓗᖓᓗ ᓄᓇᒥᒃ ᐊᕙᑎᓐᓃᑦᑐᒥᒃ ᐊᒻᒪᓗ ᑲᑎᓯᒪᖅᑰᔨᓕᖅᑐᖓ ᖃᐅᔨᒪᖕᒋᑦᑎᐊᖅᑕᓐᓂᒃ. ᑕᒪᓐᓇᓕ ᓄᓇ ᐱᐅᔪᒻᒪᕆᐊᓘᔪᖅ, ᐊᒻᒪᓗ ᐅᓂᒃᑳᕆᐅᔭᕙᒃᑐᓂᒃ ᐱᓯᒪᑦᑎᐊᕐᒪ ᐅᑭᐅᓄᑦ ᐊᒥᓱᒻᒪᕆᐊᓗᖕᓂᒃ.

ᐃᓕᓐᓂᐊᕈᑕᐅᕙᒃᑐᖅ ᐅᓇ ᐅᖃᐅᓯᖅ, ᒐᑭᓇᕙᐱ (ᐊᓂᓯᓇᐱᒧᕕᓐ ᐅᖃᐅᓯᖅ ᐃᒪᓐᓇ ᑐᑭᖃᖅᐳᖅ, "ᐃᓕᓐᓂᐊᕐᓂᖅ ᑕᐅᑐᒃᑐᓂ") ᐊᐅᓚᑦᑎᔾᔪᑕᐅᔪᓐᓇᖅᐳᖅ ᑭᐅᔾᔪᑕᐅᔪᓐᓇᖅᑐᓂᒃ ᐊᒥᓱᒻᒪᕆᐊᓗᖕᓂᒃ ᓰᕐᓗ ᐃᓄᖕᓂᒃ ᓄᓇᒧᑦ ᐃᓚᒌᒍᑕᐅᓕᖅᑐᓂ. ᖃᓄᕐᓕ, ᐱᓕᕆᔨᒻᒪᕆᖑᖅᐸᓪᓕᐊᓕᖅᑐᖓ, ᐱᕙᓪᓕᐊᑎᑦᑎᔪᓐᓇᕋᔭᖅᐳᖓ ᐋᖅᑭᒃᓯᒪᑦᑎᐊᖅᑐᒥᒃ? ᓇᖕᒥᓂᕐᓗ ᓄᓇᒥᑦ ᐊᒻᒪᓗ ᐱᓕᕆᒋᐊᖃᖅᑐᖑ ᓄᓇᒥᑦ ᐋᖅᑭᒃᓯᒪᑎᑦᑎᐊᕐᓂᕐᒥᒃ ᐅᕙᖓ ᑕᐅᑐᒃᑕᒃᑯᑦ ᐅᕙᓐᓄᑦ ᐋᖅᑭᒃᑕᐅᓯᒪᓂᐅᕗᖅ ᐊᒻᒪᓗ ᐃᓯᒪᒋᔭᐅᔪᑦ ᐊᑐᕐᑯᔭᐅᔪᑦ ᐱᓕᕆᐊᕆᓪᓗᒋᑦ. ᑕᐃᒪᓕ ᑕᒪᓐᓇ ᑐᑭᖃᖅᐳᖅ ᑕᐅᑐᒃᑕᒃᑯᑦ ᓄᓇᒥᑦ, ᓯᕗᓪᓕᐅᑎᑦᑎᕙᒃᐳᖓ ᖃᓄᖅ ᐱᐅᓯᑎᑉᐹᓪᓕᕈᓐᓇᕐᓂᓐᓂᒃ ᐊᒻᒪᓗ ᐊᑲᐅᓯᑎᒃᑲᓐᓂᕈᓐᓇᕐᓂᓐᓂᒃ ᑕᒪᑐᒥᖓ ᓄᓇᒥᒃ ᑕᐃᒪᓐᓇ ᐃᓕᓐᓂᐊᖅᑎᑕᐅᓚᐅᕐᓂᖓ ᒪᓕᒃᑐᒍ.

muitalusaid dihtii maid leai seailluhan buolvvaid ollodahkii.

Gakinawaabi oahpaheamis (anishinaabemowi sátni, mii mearkkaša "áicama bokte oahppat") lea potensiála álkidahttit bistevaš dávistemiid, mat ollet guhkkelii go olbmos-lundui ovttastussii, buot min gaskavuođaide. Mo sáhtán mun, gii lean šaddamin designafidnomáhtolažžan, gárgedit ja atnit designalahkaneami, mii buvttiha gakinawaabi másvsolaččamus oasi prinsihppan? Mu persovnnalaš muitalus eatnama birra ja mu rolla eanadatdesignejeaddjin leat hábmejuvvon bajidan dihtii mu geahččanguovllu, ego ja jurdagiid gohččosa bokte. Dát mearkkašii, ahte go áicen ovtta báikki, de vuoruhin ohcat vugiid maiguin buoridan dan ja vugiid maiguin sehkken iehčan dasa, mat heivejit dan áidna narratiivii mii munnje leai oahpahuvvon. Dát narratiiva leai mihtilmasat čuvgehuvvon iešearenoamáš bargguin, mas leai vuorddehahtti, vásedin boađus. Vaikko dát lahkaneapmi ii dárbbaš leat boastut, dat

observing the landscape around me and allowed me to connect to something that I never knew personally. The landscape wasn't only incredible because of its breathtaking aesthetic, but because of the stories it had kept for generations.

The teaching of *gakinawaabi* (the Anishinaabemowin word that translates to "learn by observing") has the potential to facilitate lasting responses that extend beyond the human-to-nature connection to all our relations. How can I, as an emerging design professional, develop and apply a design approach that embodies the essence of gakinawaabi as a principle? My personal narrative of land and my role as a landscape designer were shaped to elevate my perspective, ego, and ideas through imposition. This meant that when I observed a place, I prioritized looking for ways to improve it and ways to intervene that fit into the singular narrative I

ᑖᓐᓇ ᐅᓂᒃᑲᐅᓯᐅᕙᒃᑐᖅ ᑐᓴᐅᒪᓂᕆᔭᐅᔪᒧᑦ ᐋᖅᑭᒃᑕᐅᓯᒪᕗᖅ. ᑕᐃᒪᓕ ᑖᓐᓇ ᐱᓕᕆᐊᖑᔪᖅ ᑕᒻᒪᖅᓯᒪᖕᒋᑦᑎᐊᖅᐳᖅ, ᑭᓯᐊᓂᓕ ᐱᑕᖅᑲᖅᑰᔨᖕᒋᑦᑐᖅ ᐃᑲᔪᕈᑎᒃᓴᒃᑲᓐᓂᐅᔪᒥᒃ. ᑕᐃᒪᓕ ᐃᓕᓐᓂᐊᕐᓂᖅ ᑕᐅᑐᒃᓱᓂ, ᒪᑐᐃᖅᓯᓲᖕᒍᕗᖅ ᓲᕐᓗ ᓇᓗᓇᖅᑐᒥᒃ ᐊᑐᕐᓂᕐᒥᒃ, ᐃᓯᒪᓇᖅᓱᓂᓗ, ᐊᒻᒪᓗ ᐱᓂᐊᕋᓯᒋᖕᒋᑕᒥᓂᒃ ᐊᑐᕐᓂᕐᒥᒃ. ᑕᒪᓐᓇ ᐃᓕᓐᓂᐊᕐᓂᕋ ᐊᒻᒪᓗ ᐃᓯᒪᒃᓴᖅᓯᐅᕈᑎᒋᔭᕋ ᖃᓄᖅ ᑕᒪᒃᑯᐊ ᐊᑐᖅᑕᐅᓇᓴᖅᑐᑦ ᐋᖅᑭᒃᑎᐊᖅᓯᒪᓕᕈᓐᓇᕐᒪᑕ ᓄᓇᒥᒃ ᐋᖅᑭᒃᓯᐃᔨᐅᑦᓗᖕᒐ, ᐊᑲᐅᓂᖅᓴᒃᑲᓐᓂᕐᒥᒡᓗ ᐊᑐᖅᑕᐅᔪᓐᓇᓕᕐᓗᓂ, ᐅᕙᓘᓐᓃᑦ ᐃᓄᖕᒧᑦ ᑕᐅᑐᒃᑕᐅᔪᓐᓇᑦᑎᐊᕐᓗᓂ. ᐃᒻᒪᖄ ᑭᐅᔾᔪᑕᐅᔪᓐᓇᖅᐳᖅ ᓲᕐᓗ ᑕᐅᑐᒃᑕᐅᔪᒃᑯᑦ ᓄᓇᒥᑦ. ᐃᓕᓐᓂᐊᕐᓂᖅ ᑕᐅᑐᒃᓱᓂ ᐃᓕᓐᓂᐊᕐᓂᖅ ᐱᔾᔪᑕᐅᔪᓐᓇᖅᐳᖅ ᐃᓄᖕᒧᑦ ᐱᐅᓯᒋᔾᔪᑕᐅᓕᕐᓗᓂ. ᑖᓐᓇ ᐃᓕᓐᓂᐊᕐᓂᖅ ᓯᓚᕐᔪᐊᓕᒫᒥᐅᑕᓂᒃ ᐊᑐᖅᑕᐅᒋᐊᖅᑲᒻᒪᕆᒃᐳᖅ, ᐊᒻᒪᓗ ᓴᖅᑭᑉᐸᓪᓕᐊᔪᑦ ᐊᖕᒋᕈᑕᐅᔪᒃᑯᑦ ᐱᔭᐅᒋᐊᖅᑲᒻᒪᕆᒃᐳᑦ.

orru goitge filtemin vejolašvuođas leat ávkin ulbmillaš áigumuššii. Go oahppandahku čuvgeha áicama, dat rahpá vejolašvuođa vásihit ipmašiid, imaštallama ja vuorddekeahtes vejolašvuođaid.

Go dáid oahppamiid válddán ja árvvoštalan, mo dát vásihusat hábmejit mu persovnnalaš muitalusa, de geažuhit dat ahte eanadatarkitektuvra muitala uhcibut designas, meassamis dahjege ovttaskas olbmo geahččanguovllus dahjege áigevuoiŋŋas. Soaitá leamen oktageardánis dávisteapmi mii boahtá vuorroságastallamis eatnamiin. Oahppat *áicama bokte oahppama* lea juoga mii gáibida, ahte ovttaskas čeavli nullojuvvo eret. Dát oahppan galgá dáhpáhuvvat iešdáhtos, ja vuorroságastallan mii šaddá galggašii oažžut lobi bohciidit ja gárggiidit áiggi vuollai.

had been taught. This narrative was typically informed by a specific task with a predictable, fixed outcome. While this approach is not necessarily wrong, it feels as if it misses the opportunity to serve a meaningful purpose. When the act of learning informs observing, it opens the possibility of experiencing mystery, wonder, and unexpected opportunities.

Taking these learnings and considering how these experiences shape my own personal narrative suggests that landscape architecture is less about the design, the intervention, or the perspective of an individual person or zeitgeist. Maybe it is a simple response that emerges from a dialogue with the land. Learning to *learn by observing* is something that requires individual pride to be stripped away. This learning has to be intentional, and the dialogue that emerges should be granted permission to arise and evolve over time.

ᐊᔾᔨᓕᐅᖅᑕᐅᓯᒪᔪᑦ ᓄᓇᐃᑦ ᐃᖃᓗᐃᑦ ᑰᖕᒐᓂᑦ ᒥᕐᖑᐃᖅᓯᕐᕕᖕᒥᑦ, ᐊᐅᒍᔅ 2017. ᐊᔾᔨᓕᐅᖅᑕᐅᔪᖅ ᓇᐅᒥ ᕋᑦᒧᑦ

Fotografiija jeahkáliin duoddaris Iqaluit Kunnga Territorial Park guovllus, borgemánnu 2017. Govvejeaddji lea Naomi Ratte

Photo of lichen on the tundra at Iqaluit Kunnga Territorial Park, August 2017. Photograph by Naomi Ratte

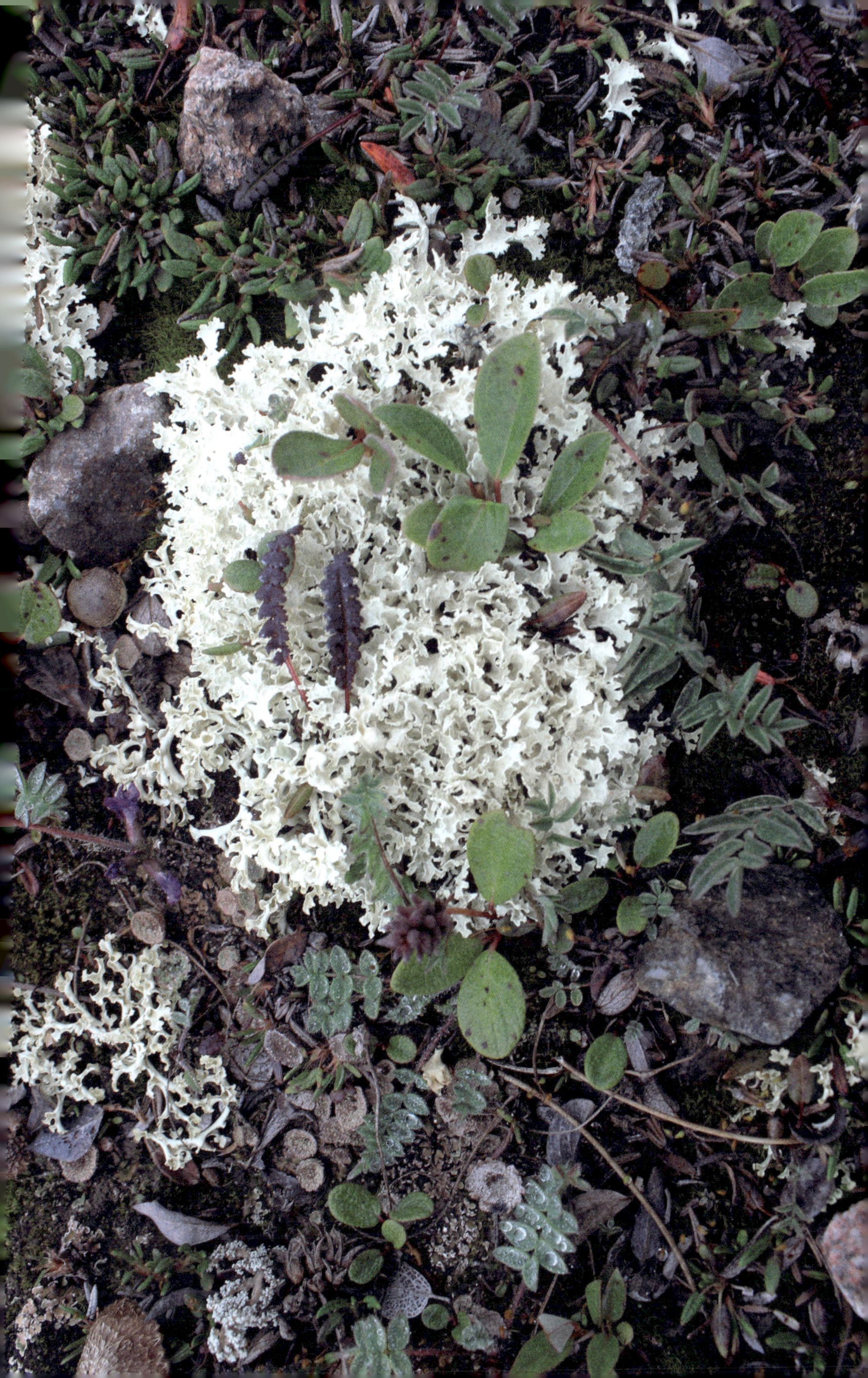

ᕋᕕᑯ ᕈᐃᔅ ᐊᒻᒪᓗ ᐃᓚ ᑕᓇ
ᐃᐅᓪᓯᓇ ᐅᖅᑲᓪᓚᖅᑲᑎᖅᑲᖅᑐᑎᒃ
ᓂᑰᓪ ᓘᒃ

ᒥᑦᓛᓄᑦ ᓄᓇᖅᑲᖅᑳᖅᓯᒪᔪᓄᑦ
ᐃᑦᑐᓕᐅᕈᓯᐅᔪᖅ

Sámegiella-308
English-316

ᑲᖏᖅᖠᓂᖅᒥᑦ ᓯᖅᑭᓂᖅ ᑕᑦᓚᑉᐸᑦᓚᐊᑎᑦᑐᒍ,
2022. ᐊᔾᔨᓕᐅᖅᑕᐅᔪᖅ ᓂᑰᓪ ᓘᒃᒧᑦ

Rankin Inlet beaivvášluoitádeapmi, 2022.
Govvejeaddji lea Nicole Luke

Rankin Inlet sunset, 2022.
Photograph by Nicole Luke

ᖀᕕᑯ ᕈᐃᔅ: ᖃᓄᖅᓕ ᑕᐃᒨᓯᐅᔭᖅ ᖃᐃᑕᐅᓯᒪᔭᖅ ᐱᓕᕆᐊᑦᓴᖅ ᐱᑦᑐᒍ – ᐊᖏᖅᑲᒍᑦ, ᕈᕝᑐ ᒍᕝᑐᐃ, ᐅᕝᕙᓘᓐᓃᑦ ᑐᖄᖅᓂᖅ ᐊᖏᖅᑲᒍᑦ – ᑐᑭᖅᑲᖅᐸ ᐃᓕᓐᓄᑦ?

ᓂᑰᑦ ᔫᒃ: ᑐᖄᖅᓂᖅ ᐊᖏᖅᑲᒍᑦ ᓈᒻᒪᖅᑐᕚᖑᓗᒃ ᑕᐃᒨᓯᐅᑎᑦᑐᒍ ᐱᓕᕆᐊᑦᓴᒍᑦ. ᐃᓯᒪᒋᔭᖃ ᑭᓇᑐᐃᓐᓇᑦᑎᐊᒍᑦ ᐊᑦᑐᐊᓂᖓᓂᑦ, ᐅᐱᓐᓇᖃᓂ ᐃᓯᒪᔭᐃᓐᓇᐅᕙᑦᑐᒍᑦ ᖃᓄᖅ ᐊᖏᖅᑲᖅ ᑐᑭᖅᑲᖅᒪᖑᖅ ᐊᑕᐅᓯᖅᒍᑦ ᐊᑐᒐᐅᒻᒪᑦ. ᑕᑯᒋᐊᕈᑎᑦᑕᓇᐅᒥᔭᖅ ᐅᐊᖕᓇᒥ ᐅᑭᐅᖅᑕᖅᑐᒥᐅᑕᐃᑦ ᓄᓇᖅᑲᖅᑳᖅᓯᒪᔪᑦ ᐃᑦᑐᓕᐅᕈᓯᖏᓐᓂᑦ ᐊᒻᒪ ᑐᑭᓯᓇᖅᑎᐊᖅᑐᓂ ᑕᒃᑯᓂᖓ ᐃᓕᖅᑯᓯᐅᔪᓂᑦ ᐊᒻᒪ ᐃᓅᓯᕆᔭᐅᔪᓂᑦ, ᐊᒻᒪ ᓯᓛᓛᒃ ᐊᑦᑐᐊᓂᖅᑲᖅᐳᖅ. ᑭᓇᑐᐃᓐᓇᖅ ᐊᖏᖅᑲᖅᑲᓇᐊᖅᑲᖅᒪᑦ, ᑭᓇᑐᐃᓐᓇᖅ ᐊᖏᖅᑲᖅᑖᕈᒪᔪᑦ, ᐊᓯᐃᑦᑖᒃ ᐃᓯᒪᒋᔭᖃ ᑕᒪᓐᓇ ᐃᓯᒪᓕᐅᕈᑎᐅᔭᖅ ᐊᑦᑕᓇᖏᑦᑐᒥᑦ ᐃᓂᒥᑦ ᑭᒃᑯᑐᐃᓐᓇᐃᑦ ᑕᑯᑦᓴᐅᑎᑦᑎᔪᓐᓇᖅᑐᑎᒃ ᐱᐅᓯᖏᓐᓂᑦ ᐊᒻᒪ ᐃᓕᖅᑯᓯᖅ ᐱᑦᑐᐊᑕᐅᓗᓂ.

ᖀᕕᑯ ᕈᐃᔅ ᐱᐅᔪᐊᓗᒃ, ᐊᒻᒪ ᐃᓯᒪᒋᔭᖃ ᖃᐅᔨᓴᖅᑕᐅᖏᓗᐊᖅᐸᓐᓂᖑᓂᑦ ᐅᕝᕙᓘᓐᓃᑦ ᑖᓂᖅᑐᑎᑕᐅᕝᖏᒻᒪᑦ ᑭᒃᑯᑐᐃᓐᓇᖅᓄᑦ. ᐊᑦᑕᓇᖏᑦᑐᒥᑦ ᐃᓂᓕᐅᖅᓂᐊᖅᑐᓂ ᐊᔾᔨᒌᖏᑦᑐᓄᑦ ᓄᓇᓕᖅᒥᐅᑕᓄᑦ ᐅᑭᐅᖅᑕᖅᑐᒥᐅᑕᓄᑦ ᐱᓕᕆᐅᔭᖅ ᐊᑐᖅᑕᐅᔭᒪᓂᒃᑯᑦ ᐱᓕᕆᐊᑦᓴᑎᒍᑦ. ᐊᒻᒪ ᐱᑦᑐᒍ ᑕᐃᒨᓯᖑ, ᐃᓯᒪᓇᖅᑐᖅ ᐊᐅᓚᓂᖅᑲᑦ ᑐᖄᖅᑐᓂ ᓯᓇᒍᑦ ᓛᓐᓇᒃᑯᑦ ᐱᑕᖅᑲᖅᑐᑦᓴᐅᖏᑦᑐᒍᑦ, ᑭᓯᐊᓂ ᓯᕗᓂᖅᒦᓂᖅᓴᒥᑦ. ᑕᒪᓐᓇ ᐃᓗᐊᓃᑎᒍᓯᑦᑕᖃᓗᐊᕗᑦ ᐃᓚᒋᔭᐅᓗᑎᒃ ᐱᖑᓱᓄᑦ ᒪᓕᒐᖅᓄᑦ ᐊᐱᖅᑯᑎᓄᑦ ᐱᓕᕆᐊᕆᓯᒪᔪᑎᓐᓂᑦ: ᓇᒦᒻᒪᑦ ᐊᖏᖅᑲᖅ, ᓇᐅᒃᑰᕆᐊᖅᑲᑦᑕ ᐅᕝᖕᖓᑦ, ᐊᒻᒪ ᓇᑭᑦ ᓄᓇ ᐱᒋᐊᖅᓯᒪᒻᒪᑦ? ᖃᓄᖅᓕ ᑕᒃᑲᓇᖅᐱᐅᑦ ᐅᓇ ᐊᐅᓚᓂᐅᔭᖅ ᑐᖄᖅᑐᓂ ᓯᓇᒍᑦ?

ᓂᑰᑦ ᔫᒃ ᐃᓯᒪᔭᖑᓕ ᖃᐅᔨᔭᒪᔭᐃᓐᓇᐅᕙᑦᑕ ᓯᕗᓂᖅᒥᑦ, ᑭᓯᐊᓂ ᓯᓇᒍᑦ ᑐᖄᖅᑐᓂ ᐱᓕᕆᐅᒥᔭᖅ ᑭᖑᒍᑦ ᑕᑯᒋᐊᖅᑲᑦᑕᖅᑐᓂ ᐊᒻᒪ ᑕᑯᓐᓇᖅᑐᓂ ᖃᓄᖅ ᐅᐸᑦᓯᒪᓕᖅᑕᓐᓄᑦ ᑎᑭᓐᓂᖅᒪᖑᖅᐱᑦ. ᐃᓯᒪᒋᔭᖃᓕ ᐅᓇ ᖃᓄᐃᑦᑑᓂᖑ ᐅᐸᑐᖑᐃᔭᐅᑎᐅᐸ ᐱᓕᕆᐅᓂᖑᓂᑦ, ᐊᒻᒪ ᑖᖅᓂᖅᑐᑎᑯᓯᑦᓯᒪᓪᓗᑎᒍ ᓯᕗᓂᑦᑎᓐᓂᑦ ᐋᖅᑭᑦᓯᐃᓂᒃᑯᑦ ᐱᓕᕆᐊᑦᓴᒃᑯᑦ ᑲᑎᑎᑦᑐᑎᑦ ᓄᓇᖅᑲᖅᑳᖅᓯᒪᔪᑦ ᐃᓪᓗᓴᓂᑦ ᑎᑎᖅᑐᖑᖅᑏᑦ ᐊᒻᒪ ᑑᔭᖅ ᐱᖅᑕᐅᖅᑯᑦᓗᑎᑦ ᐊᔾᔨᒌᖏᑦᑐᓂ ᐃᓕᓐᓂᐊᕈᑎᓂ ᐊᒻᒪ ᖃᓄᖅ ᓴᓇᓯᒪᖑᔭᖅᒪᖑᑕ ᓯᓇᑐᐃᓐᓇᐃᑦ ᑐᑭᓯᑎᐊᕈᑎᓕᓇᓂᖅᒥᑦ ᓵᒥ ᓄᓇᓕᖏᓐᓂ, ᑲᐅᑐᑭᓄ, ᓄᐊᐅᐊᐃᒥ. ᖃᐅᔨᒪᓪᓕᑦᑖᖏᒃᑲᓗᐊᖅᑲᑦ ᖃᓄᐃᑦᑐᓂᑦ ᐱᓕᕆᐊᑦᓴᓂᑦ ᓴᖅᑭᓂᐊᖅᒪᖑᑕ ᓯᕗᓂᑦᑎᓐᓂᑦ ᐋᖅᑭᑦᓯᐃᓂᒃᑯᑦ ᐱᓕᕆᐊᑦᓴᒃᑯᑦ ᓴᓇᔭᐅᕝᕕᓕᐊᑎᑦᑐᒍ ᓴᐅᓂᐊ, ᐱᓕᕆᐊᑦᓴᖅ ᐱᔭᑎᖅᑲᓗᐊᖅᑐᖅ ᑭᒃᑯᑐᐃᓐᓇᐃᑦ ᐊᑐᖅᓯᒪᔭᖏᓐᓂᑦ ᐊᒻᒪ ᐃᓯᒪᓕᐅᕆᔭᑎᑦᓴᖏᓐᓂᑦ. ᐱᔭᑎᖅᑲᖅᑐᖅ ᐅᐸᑐᖑᐃᔭᐅᑎᒥᑦ ᐱᓕᕆᐊᑦᓴᒍᑦ ᐊᒻᒪ ᑕᑯᑦᓴᐅᑎᑦᑎᓂᖅᒥᑦ ᖃᓄᖅ ᐃᔫᓇᑎᒃ ᐱᖅᑲᐅᔭᑦ ᐅᐸᑐᖑᐃᔭᐅᑎᖏᑦ ᐊᔾᔨᒌᖏᑦᑐᓂᖅᑲᖅᒪᖑᑕ ᐊᒻᒪ ᐊᑐᖅᓯᒪᔭᖏᓐᓂᑦ ᐱᓯᒪᒻᒪᖑᑕ.

ᐃᓚ ᑕᓐ ᐃᐅᑦᓴᓐ: ᓯᓇᓂᑦᑕ ᐃᓕᓐᓂᐊᖅᓯᒪᕖᑦ ᐅᕘᓇ ᐅᐸᑐᖑᐃᔭᐅᑎᒃᑯᑦ ᓯᕗᑦᑕᐅᔅᓯᓂᖅᒥᑦ ᐅᖅᑲᒪᔭᐅᑎᓂᑦ ᐊᒻᒪ ᑲᑐᔅᓯᖃᑎᒌᓐᓂᖅᒥᑦ ᐱᓕᕆᔅᓯᑎᑦᑐᒍ ᓯᕗᓂᑦᑎᓐᓂᑦ ᐋᖅᑭᑦᓯᐃᓂᒃᑯᑦ ᐱᓕᕆᐊᑦᓴᒃᑯᑦ?

ᓂᑰᑦ ᔫᒃ ᐃᓕᓐᓂᐊᐸᑦᑐᖑ ᓈᓚᓐᓂᖅ ᐱᓕᕆᐅᓂᖑᓂᑦ ᐅᐱᓐᓇᖃᓂ ᐃᔫᓇᑎᒃ ᐊᔾᔨᒌᖏᑦᑐᓂᑦ ᑐᖄᖅᕖᖅᑲᖅᑐᑦ ᐊᒻᒪ ᐃᓯᒪᓕᐅᕈᑎᖅᑲᖅᑐᑦ ᐊᑦᑐᐊᔪᓂᑦ ᑐᖄᖅᓂᖅ

ᐊᖏᕐᕋᒧᑦ. ᐃᓱᒪᒋᔭᕋ ᐃᓚᓕᐅᔾᔭᐅᑐᐃᓐᓇᕐᓂᖓᓂᑦ ᐃᓅᓐᓇᖏᑕ ᐱᓕᕆᔾᔪᑎᖏᓐᓄᑦ ᐊᒻᒪ ᐃᓅᓐᓇᖏᑕ ᐱᓕᕆᐊᖃᕈᒪᓂᖏᓐᓄᑦ, ᐊᒻᒪ ᓄᓇᓕᕐᒦᖔᕐᓂᕐᓴᐅᔫᕐᓂᖓᓂᑦ ᖃᓄᖅᑰᕈᑎᐅᓂᖓᓂᑦ ᓱᕗᒧᑦᑐᓂ ᓄᓇᖃᖅᑳᕐᓯᒪᔪᑉᑯᑦ ᐃᑦᑐᑦᓴᓂᑦ ᑎᑎᖅᑐᒐᕐᓂᒧᕐᒧᑦ ᐊᒻᒪ ᐊᐅᓚᑦᑎᓂᕐᒥᑦ. ᑕᒪᓐᓇ ᑕᑯᐃᓐᓇᐸᑦᑕᕋ ᑕᕝᕙᓐᖓᑦ ᐅᐸᑐᖓᐃᔭᐅᑎᒥᑦ.

ᐃᓚ ᑕᓐ ᐃᐅᑦᔭᓐ ᑐᓴᕈᒪᒻᒥᔭᒃᑲ ᐃᓱᒪᒋᔭᓯ ᐱᑦᑐᒍ ᓱᕗᓂᖓ ᖃᓄᖅ ᓴᓇᓯᒪᓚᔭᕐᒪᖔᑕ ᓱᓇᑐᐃᓐᓇᐃᑦ ᐅᑭᐅᖅᑕᖅᑐᒥ ᐊᒻᒪ ᐅᑭᐅᖅᑕᖅᑐᒥ ᓄᓇᓕᓐᓂ, ᓄᓇᖃᖅᑳᕐᓯᒪᔪᓄᑦ ᓱᕗᒧᐊᒍᑎᖃᖅᑎᑦᑐᒋᑦ, ᐅᐱᓐᓇᕋᓂ ᐅᑭᐅᖅᑕᖅᑐᒥ ᑕᐃᒪᓐᖓᓕᒫᖅ ᐃᓱᒪᒋᔭᐅᓯᒪᓕᖅᑐᖅ ᐃᒪᐃᑦᑐᒥᑦ ᑕᐆᓚ ᕋᓴ ᐅᕝᕙᓘᓐᓃᑦ ᐅᓇ ᑭᓯᖅᑲᖏᑦᑐᖅ ᐃᓂᑦᓴᖅ ᐃᓱᒪᐃᓐᓇᖅ ᖃᓄᖅ ᓴᓇᓯᒪᓚᔭᕐᓂᖓᓂᑦ ᐋᖅᑭᑦᓯᕋᑦᓴᐅᑐᓂ ᓂᒋᕐᒥᐅᑕᓄᑦ ᓄᓇᖃᖅᑳᕐᓯᒪᖏᑦᑐᓄᑦ ᐃᑦᑐᑦᓴᓂᑦ ᑎᑎᖅᑐᒐᖅᑎᓄᑦ. ᑕᑯᔪᒪᒐᔭᖅᐱᑦᑖ ᓄᓇᖃᖅᑳᕐᓯᒪᔪᓂᑦ ᐃᑦᑐᑦᓴᓂᑦ ᑎᑎᖅᑐᒐᖅᑎᓂᑦ ᐱᑐᐊᖅᑐᒥ ᓱᕗᓕᖅᑎᐅᔪᓂᑦ ᐅᖃᒪᔭᐅᑎᓂᑦ ᐱᔾᔪᑎᖃᖅᑐᑎᒃ ᖃᓄᖅ ᓴᓇᓯᒪᓚᔭᕐᒪᖔᑕ ᓱᓇᑐᐃᓐᓇᐃᑦ ᐅᑭᐅᖅᑕᖅᑐᒥ ᓄᓇᓕᓐᓂ?

ᓂᑰᑦ ᔫᒃ ᐃᓱᒪᒋᔭᕋ ᒫᓐᓇᑲᐅᑎᒋ ᓴᖅᑭᔾᔫᖏᒋᐊᖓ. ᖃᖓᓕᒫᖅ ᐱᑦᑕᐅᑎᒋᔪᓐᓇᖏᒪᑕ ᓱᓇᑐᐃᓐᓇᐃᑦ, ᐊᒻᒪ ᑕᑯᕙᑦᑕᕗᑦ ᐱᑕᖅᑭᓐᓂᖏᓐᓂᑦ ᐃᓄᐃᑦ ᐃᑦᑐᑦᓴᓂᑦ ᑎᑎᖅᑐᒐᖅᑎᓂᑦ ᐊᒻᒪ ᓄᓇᖃᖅᑳᕐᓯᒪᔪᓂᑦᓘᓐᓃᑦ ᐃᑦᑐᑦᓴᓂᑦ ᑎᑎᖅᑐᒐᖅᑎᓂᑦ. ᐱᒻᒪᕆᐅᓯᕆᔭᕋᓕ ᑕᐃᒪᐃᑦᑐᓂᑦ ᐅᖃᒪᔭᐅᑎᖃᕆᐊᖃᓕᕐᓂᖏᓐᓂᑦ ᐱᒋᐊᕈᑎᑦᓴᐅᔪᓐᓇᖅᑐᓂᑦ ᐅᕝᕙᓘᓐᓃᑦ ᐃᑲᔫᑎᑦᓴᐅᔪᓐᓇᖅᑐᓂᑦ ᑕᐃᑦᓯᒧᖓ ᐱᕙᑦᓕᐊᑎᑦᑎᓂᕐᒧᑦ. ᓯᕗᓂᕐᒧᑦ, ᑕᑯᔪᒪᒐᔭᖅᑐᖓᓕ ᐃᑦᑐᓕᐅᖏᓐᓇᑎᑦᑐᒋᑦ ᐅᑭᐅᖅᑕᖅᑐᒥ ᐃᑦᑐᓕᐅᖅᐸᑦᑐᑎᒃ ᐸᕐᓇᒍᑎᑦᓴᐅᔪᓐᓇᖅᑐᓂᑦ.

ᓰᕐᑐ, ᐱᐅᒋᖏᑦᑎᐊᕐᒥᔭᕋᓕ ᐃᓱᒪᓂᖅ ᐃᑦᑐᖅᑲᕐᓂᕐᒥᑦ ᓄᓇᓕᐸᐅᔭᐃᑦ ᑭᑦᓕᖏᓐᓂ ᐅᑭᐅᖅᑕᖅᑐᒥ. ᑐᑭᑖᕈᑎᑦᓴᐅᖏᑦᑎᐊᖅᑐᑦ. ᖃᐅᔨᒪᔪᖓ ᐃᑦᑐᓕᕆᓂᒃᑯᑦ ᐱᔾᔪᑎᖃᐅᕐᒪᑕ ᐊᒻᒪ ᐃᑦᑐᓕᐅᕆᐊᖃᓕᕐᒪᑕ ᕿᓚᒥᐅᔫᒥᔪᒃᑯᑦ, ᑭᓯᐊᓂ ᐃᓱᒪᒋᐊᕆᐊᖃᕐᒥᔪᒍᑦ ᐅᖓᑖᓄᑦ ᐃᑦᑐᓕᐅᕐᓂᑐᐃᓐᓇᐅᖏᑦᑐᒥᑦ: ᐱᔾᔪᑎᖃᖅᑐᑦ ᖃᐅᔾᔨᒪᓂᖃᖅᑐᓂᑦ ᐱᓕᕆᔾᔨᓂᑦ ᐅᑭᐅᖅᑕᖅᑐᒨᖅᑕᐅᕆᐊᖃᕐᓂᐊᖅᑐᓂᑦ, ᐃᓱᒪᓯᓐᓈᕐᓂᐊᕐᑐᓂ ᑲᔪᓯᑎᐊᕈᑎᑦᓴᐅᔪᓐᓇᖅᑐᓂᑦ ᓄᓇᓕᓇᑦᑎᐊᐸᑦᑐᓂ ᐳᓚᕋᑦᑐᓕᓇᓂᐅᑉ. ᐱᔾᔪᑎᖃᖅᑐᖅ ᐱᑕᖃᕐᓂᕐᒥᑦ ᑮᓇᐅᔭᓕᐅᕈᑎᓕᕆᓂᕐᒥᑦ ᐊᔾᔨᒌᖏᑦᑐᓂᑦ ᐃᑲᔫᑎᐅᔪᓐᓇᖅᑐᓂᑦ ᓄᓇᓕᒻᒥᑦ ᐃᓗᑐᐃᓐᓇᐅᖏᑦᑐᒧᑦ. ᐃᓱᒪᒋᔭᕋᓕ ᐃᓅᓐᓇᓂ ᐅᐸᑐᖓᐃᔭᐅᑎᐅᔪᖅ ᐱᒻᒪᕆᐅᓂᖓᓂᑦ ᐅᐱᓐᓇᕋᓕ ᐃᓯᕐᓯᑐᐃᓐᓇᖏᑦᑐᑎᑦ ᑭᒃᑯᑐᐃᓐᓇᕐᓂᑦ ᐱᓕᕆᐊᖅᑐᖅᑐᓂᑦ ᐃᑦᑐᓕᕆᓂᒃᑯᑦ ᐱᓕᕆᐊᑦᓴᓄᑦ, ᑭᓯᐊᓂᑦᑕᐅᖅ ᐃᓕᓐᓂᐊᑲᓐᓂᕈᑎᒋᒪᔾᔪᒃ ᐊᒻᒪ ᐊᓯᐃᑦᑖᒃ ᓴᓇᓚᕿᒍᒪᓕᖅᐸᑦᑐᑦ ᐊᔾᔨᐅᖏᑦᑐᒥᑦ ᐱᓕᕆᐊᑦᓯᒥᑦ ᐃᑉᐱᒋᑦᑎᐊᖅᑕᒥᓂᒃ ᖃᓄᐃᓕᖓᓂᐊᕐᓂᖓᓂᑦ. ᑕᑯᓐᓇᓐᖑᐊᕈᒪᑐᐃᓐᓇᐸᑦᑐᖓ ᑭᒃᑯᑐᐃᓐᓇᐃᑦ ᓄᓇᓕᒻᒨᖅᑐᑦ ᐸᖅᑭᔭᐅᑐᐃᓐᓇᑎᓐᓇᒋᑦ, ᑭᓯᐊᓂᑦᑕᐅᖅ ᐸᖅᑭᐊᖃᕈᒪᑎᑦᑐᒋᑦ ᓄᓇᓕᒻᒥᑦ ᐅᖓᑖᓄᑦ ᐱᓕᕆᐊᑦᓴᐅᑉ. ᐃᑉᐱᒍᓯᑦᑎᐊᖅᑐᓂ ᓯᖁᑎᑦᓴᖅᑐᓂ ᐱᓕᕆᐊᑦᓴᒥᑦ, ᐊᒻᒪ ᓇᑦᓕᒋᒍᕕᒋᑦ ᑭᒃᑯᑐᐃᓐᓇᐃᑦ ᐊᒻᒪ ᐱᓕᕆᖃᑎᒋᓕᖅᑕᑎᑦ ᓴᖅᑭᖅᑕᑎᑦ, ᐃᓯᒋᔭᐅᔪᖅ ᑐᕌᐅᔪᖅ ᐱᕙᑦᓕᐅᑎᒍᓐᓇᓯᐊᖅᑐᖅ.

ᐃᓚ ᑕᓐ ᐃᐅᑦᔭᓐ ᖃᓄᕐᓕ ᐃᑉᐱᒍᓰᑎᖅᑐᓂ ᐋᖅᑭᒍᑎᐅᕙ ᐅᕝᕙᓘᓐᓃᑦ ᐊᑐᕈᑎᐅᕙ ᖃᓄᖅ ᓴᓇᓯᒪᓂᐊᕐᓂᖏᓐᓂᑦ ᓱᓇᑐᐃᓐᓇᐃᑦ ᑕᐅᑦᑐᖅᑲᐸ?

ᓂᑰᑦ ᔫᒃ ᐃᓱᒪᒋᔭᕋᓕ ᖃᓄᖅ ᓴᓇᓯᒪᓂᐊᕐᓂᖏᓐᓂᑦ ᓱᓇᑐᐃᓐᓇᐃᑦ ᐅᐸᓗᖓᐃᔭᐅᑎ ᐱᑕᖃᕐᓂᕐᓴᐅᒋᐊᖃᕐᓂᖓᓂᑦ ᐸᕐᓇᒍᑎᑦᓴᓕᕆᓂᕐᒥᑦ. ᐃᓱᒪᒋᔭᒃᑲ ᑮᓇᐅᔭᐃᑦ ᐊᑐᖅᑐᑦᓴᑦ ᐊᒻᒪ ᐅᑦᑐᕐᓯᐅᑎᖏᑦ ᐱᒻᒪᕇᓐᓇᐅᒪᑎᒃ. ᐱᓱᒪᒋᐊᓕᑦᑎᑦ ᐃᓚᖏᓐᓂ ᐱᓕᕆᐊᑦᓴᓂ ᑭᐅᔾᔪᑎᒋᓂᐊᕐᑐᒋᑦ ᐊᐱᖅᑯᑎᓂᑦ ᐊᒻᒪ ᓯᕗᒧᐊᒍᑎᒋᑐᒋᑦ, ᑭᓯᐊᓂ ᐃᓱᒪᔪᖓ ᓇᑐᓇᐃᕐᓯᒪᓂᕐᓴᒥᑦ ᐱᑕᖃᖅᑐᑦᓴᐅᔫᒐᓗᐊᖅ ᓴᓇᓂᕐᒥᑦ ᓱᓇᓂᑦ ᐃᓱᒪᑦᓴᕐᓯᐅᕈᑎᖃᕈᓐᓇᖅᑐᒥᑦ ᑮᓇᐅᔭᐃᑦ ᐊᑐᖅᑐᑦᓴᑦ ᐊᓯᖏᓐᓂᑦ. ᓲᕐᓗ, ᖃᓄᖅ ᓴᓇᓯᒪᓂᐊᕐᓂᖏᓐᓂᑦ ᐃᒡᓗᐃᑦ ᓴᓇᓂᒃᑯᑦ, ᓄᓇᓕᓐᓂ ᐃᓂᑦᓴᒥᑦ ᓴᓇᕙᐅᔪᓐᓇᖅᐸ? ᐃᓂᐅᔪᓐᓇᖅᐸ ᐊᑕᐅᓯᑐᐊᖑᖏᑦᑐᓂ? ᐃᒻᒪᖄ ᐃᓂᖃᑎᐊᓖᑦ ᑐᑭᓯᒋᐊᕈᑎᓕᕆᒐᓴᖅᑐᑦ ᑲᑎᒪᔪᑎᒃ, ᐊᒻᒪ ᐱᓕᕆᐊᑦᓴᐃᑦ ᖃᓄᖅᑑᕈᓐᓇᓂᕐᓴᐅᔪᑎᒃ. ᐅᖃᒪᔭᐅᑎᒋᑐᒋᑦ ᑕᒪᒃᑯᐊ ᐃᓚᖃᕐᑐᓂ ᑭᒃᑯᑐᐃᓐᓇᕐᓂᑦ ᓇᑭᑐᐃᓐᓈᖅ ᓄᓇᓕᓐᓂᖕᖔᕐᓯᒪᔪᓂᑦ ᐃᑲᔫᑎᖃᕋᔭᖅᑐᖅ ᖃᓄᖅ ᓴᓇᔭᐅᔪᑦᓴᐅᓂᖏᓐᓂᑦ ᐅᐸᓗᖓᐃᔭᐃᑎᑦᑐᒋᑦ, ᐊᒻᒪ ᐃᓱᒪᒋᔭᕋ ᒪᓕᒍᑎᖃᕐᓂᖓᓂᑦ ᐱᓕᕆᖃᑎᒌᓐᓂᕐᒥᑦ ᐊᒻᒪ ᐱᓕᕆᐊᖃᕈᒪᓂᕐᒥᑦ ᐱᓕᕆᐊᑦᓴᒥᑦ.

ᐃᓚ ᑕᓐ ᐃᐅᑦᓴᓐ ᐅᖃᐅᓯᖃᖅᑐᓂ ᐱᓕᕆᖃᑎᒋᒍᒪᓂᕐᒥᑦ, ᖃᓄᖅ ᐅᕝᕙᓘᓐᓃᑦ ᖃᓄᐃᑦᑐᑦ ᖃᐅᔨᒪᓂᐅᔪᑦ ᐅᖃᐅᓯᐅᔪᓐᓇᖅᐸᑦ ᐅᑭᐅᖅᑕᖅᑐᒥ/ᓂᒋᕐᒥᐅᑕᓂ ᓄᓇᖃᖅᑳᕐᓯᒪᔪᓄᑦ ᓄᓇᓕᓐᓂ ᑐᕐᑐᑦ ᕿᑭᖅᑕᒥ, ᐃᓄᐃᑦ ᓄᓇᖓᓂ, ᐊᒻᒪ ᓵᑉᒥ?

ᓂᑰᑦ ᔫᒃ ᐅᖃᓪᓚᑦᑖᕈᓐᓇᖏᑦᑐᖓ ᓯᓇᑦ ᐋᖅᑭᑦᓯᐃᓲᖑᒻᒪᖔᑕ, ᑭᓯᐊᓂ ᑕᑯᓯᒪᔪᖓ ᖃᓄᖅ ᐊᓯᔾᔨᕐᓯᒪᒻᒪᖔᑕ ᐃᓅᓯᐅᔪᑦ ᓄᓇᕗᒥᑦ ᒫᓇᑑᐸᒍᑦ, ᐊᓯᐃᑦᑖᒃ ᖃᐅᔨᒪᓂᕐᒍᑦ ᓴᖑᑎᑦᑎᔾᔪᑎᑕᖃᖅᑐᖅ ᑖᒃᑯᓇᓂ ᒪᕐᕉᓐᓂ ᓄᓇᓕᕐᒦᖒᕐᓯᒪᔪᓂᑦ. ᐅᐃᓂᐸᐃᒡᒥᐅᑕᐅᓯᒪᓕᕋᒪ ᐃᓅᓯᒫᒐᓚᓐᓂ, ᐅᑭᐅᖅᑕᖅᑐᒨᕈᒪᐃᓐᓇᓲᖑᔪᖓ. ᐱᕈᖅᐸᓪᓕᐊᑎᓪᓗᖓ, ᐳᑖᕆᐊᕈᓐᓇᖅᐸᓚᐅᖅᑕᕋ ᐊᒻᒪ ᐊᐃᑉᐸᕆᓪᓗᒍ ᐊᖏᔪᒐ ᐅᕝᕙᓘᓐᓃᑦ ᐃᓚᒃᑲ ᑭᕙᓪᓕᕐᒥ, ᑭᓯᐊᓂ ᐃᓱᒪᒌᓐᓇᖅᐸᔪᔭᕋ ᓯᓚᑖᓃᕐᑐᓂ ᓄᓇᕗᑦ ᐱᐅᒐᓴᕐᓂᖓᓂᑦ. ᓄᓇᑦᓯᐊᕐᔫᒐᓗᐊᖅᐸᑦ ᐅᕝᕙᓘᓐᓃᑦ ᔫᑳᓐᒍᑦ, ᐱᐅᔪᐊᓘᒐᓴᖅᑐᖅ ᑕᐅᕐᓰᖃᑎᒌᓐᓂᕐᒥᑦ ᐱᓕᕆᐊᑦᓴᖅᑕᖃᕐᓂᖅᐸᑦ ᐅᑭᐅᖅᑕᖅᑐᒥᐅᑕᓂᑦ ᐊᒻᒪ ᓂᒋᕐᒥᐅᑕᓂᑦ ᖃᐅᔨᒪᓕᕈᓐᓇᕐᓯᓗᓯ ᐊᒻᒪ ᐃᓕᓐᓂᐊᕐᓗᓯ ᐊᓯᖏᓐᓂᑦ ᓄᓇᓕᐅᔪᓂᑦ. ᐅᕝᕙᓘᓐᓃᑦ ᐃᒡᓗᑕᐅᕐᓂᒃᑯᑦ ᐃᓗᓕᖃᖅᑎᓪᓗᒍ, ᐱᓕᕆᐊᑦᓴᓕᐅᕈᕕᑦ ᐃᒻᒪᖄ ᐃᓂᖃᕈᓐᓇᕐᓗᑎᑦ ᓇᒥᑐᐃᓐᓇᖅ ᐱᓇᓱᐊᕈᓰᓐᓄᑦ ᒪᕐᕉᓐᓄᑦ ᐱᕙᓪᓕᐊᑎᑦᑎᒋᐊᕐᓗᑎᒃ ᐱᓕᕆᐊᑦᓴᒥᑦ ᕿᓚᒥᕈᓘᖅᑐᒥᑦ ᒪᕐᕉᐃᓈᓐᓄᑦ ᐅᓪᓘᓐᓄᑦ ᓂᐅᕐᕈᖏᑦᑐᓂ ᓄᓇᓕᒻᒍᑦ ᐊᒻᒪ ᐊᐅᓚᓚᓈᕐᑐᑎᑦ. ᑕᒪᐅᓇᓕ ᐃᓱᒪᒋᔭᕋ ᖁᕕᐊᓇᑦᑎᐊᖏᓐᓂᖓᓂᑦ, ᐅᐱᓐᓇᕋᓂ ᐃᑖᓐᓂᒃᑯᑦ ᓯᓇᒥᑦ ᓴᓇᕆᐊᖃᕋᓗᐊᖅᑐᑎᑦ ᓄᓇᓕᐅᑉ ᐃᓗᐊᓄᑦ ᐊᒻᒪ ᐋᖅᑭᑦᓯᐃᓯᒪᔭᕆᐊᖃᖅᑐᑎᑦ ᐃᓘᓐᓇᖏᓐᓂᑦ ᑎᓴᒪᐅᔪᖅᑐᑦ ᐃᑲᕐᕋᐃᑦ ᐃᓗᖏᓐᓂ ᑐᖘᓂᓗᓐᓃᑦ. ᐱᐅᓂᕐᓴᒥᑦ ᐅᐸᓗᖓᐃᔭᐅᑎᑕᖃᕆᐊᓕᐅᓗᐊᖅ.

ᐃᓚ ᑕᓐ ᐃᐅᑦᓴᓐ ᑐᓴᕈᒥᓇᑦᑎᐊᖅᑐᑦ ᐅᖃᐅᓯᕆᔭᑎᑦ ᐱᔾᔪᑎᒋᓪᓗᒋᑦ ᑕᒪᒃᑯᐊ ᐱᓕᕆᖃᑎᒌᒍᑎᐅᔪᑦ ᐃᓗᐊᓂ ᐊᒻᒪ ᐊᑯᓐᓂᖏᓐᓂ ᐊᔾᔨᒌᖏᑦᑐᑦ ᓄᓇᓕᖃᕐᕕᐅᔪᑦ ᐊᒻᒪ ᐅᑭᐅᖅᑕᖅᑐᒥ ᓄᓇᓕᖃᕐᕕᐅᔪᑦ ᐊᒻᒪ ᑕᐅᕐᓰᖃᑎᒌᓐᓂᕐᒥᑦ ᐃᓱᒪᓕᐅᕈᑎ, ᐃᓗᐊᓂᐅᒐᓗᐊᖅᐸᑦ ᖃᐅᔨᒪᔭᐅᓕᖅᑐᒥ ᑲᓇᑕᐅᓂᖓᓂᑦ. ᐱᒻᒪᕆᐅᔪᖅ ᓇᓗᓇᐃᔭᐃᓗᓂ ᑕᒪᒃᑯᓂᖓᓕᒫᖅ ᐃᓕᖅᑯᓯᒍᑦ ᐊᔾᔨᒌᖏᔾᔪᑎᐅᔪᓂᑦ ᐅᑭᐅᖅᑕᖅᑐᒥ ᐊᒻᒪ ᓂᒋᕐᒥ, ᐊᒻᒪ ᓄᓇᓕᐅᔪᓂ ᓴᖏᓂᕐᓴᒥᑦ ᓄᓇᓕᕐᒥᐅᑕᑎᒍᑦ ᐱᓕᕆᖃᑕᐅᔭᕆᐊᓕᓐᓂ. ᓯᕗᓂᑦᑎᓐᓂᑦ ᐋᖅᑭᑦᓯᐃᓂᕐᒥ, ᐱᓕᕆᐊᑦᓴᒃᑯᑦ ᐃᓱᒪᓕᐅᕆᔪᑦ ᐃᒃᑮᓇᖅᑐᒥ

ᓯᑕᓕᒻᒧᑦ ᖃᓄᖅ ᓴᓇᔭᐅᓯᒪᒐᔭᕐᓂᖕᒋᓐᓂᑦ ᓴᓇᓂᐅᔪᖅ ᑐᑭᓯᔭᐅᒋᐊᖃᕐᓂᖕᒐᓂᑦ ᐅᖕᒐᑖᓅᖕᒐᑎᓪᓗᒍ ᒐᕙᒪᓕᕆᓂᐅᑉ ᐅᕝᕙᓘᓐᓃᑦ ᓄᓇᕐᔪᐊᕐᒥ ᒐᕙᒪᓕᕆᓂᐅᑉ ᑭᓪᓕᖕᒋᓐᓂᑦ, ᐊᒻᒪ ᑕᐅᕐᓰᖃᑎᖃᖅᑰᔮᖅᑐᖃᖅᑐᓂᓗ ᐅᕝᕙᓘᓐᓃᑦ ᖃᐅᔨᒪᓂᕐᒥᑦ ᐅᖃᐅᓯᖃᖃᑦᑕᓂᕐᒥᑦ ᐊᓯᑦᑎᓐᓄᑦ ᐊᑐᖅᑕᐅᔪᒥᑦ ᓄᓇᖃᖅᑳᕐᓯᒪᔪᓄᑦ ᐱᖃᑕᐅᔪᓄᑦ ᑲᓇᑕᒥᐅᑕᓄᑦ ᐊᒻᒪ ᓵᒥᓄᑦ ᐱᖃᑕᐅᔪᓄᑦ. ᖃᓄᕐᓕ ᑕᐃᒪᐃᑦᑐᖅ ᐱᓕᕆᔾᔪᓯᐅᔪᖅ ᑐᑭᓯᕕᐅᒃ?

ᓂᑰᑦ ᔫᒃ ᐃᔫᓐᓇᖕᒐᒍᑦ ᑐᑭᓯᒻᒪᖕᒑᒃᑯᑦ ᖃᐅᔨᒪᓗᐊᖕᒋᑦᑐᖕᒐ ᖃᓄᐃᓕᖕᒐᓂᐊᕐᒪᖕᒑᑕ ᐱᓕᕆᐊᑦᓴᓕᕆᑎᓪᓗᒋᑦ. ᑐᓴᕈᒻᒪᐅᖕᒋᓐᓇᕋᒪ ᓄᓇᕐᔪᐊᕐᒥ, ᐅᑭᐅᖅᑕᖅᑐᖅᒥᐅᑕᕐᓂ, ᓄᓇᖃᖅᑳᕐᓯᒪᔪᓄᑦ ᐃᓪᓗᓕᐅᕈᓯᕐᓂᒃ ᐅᕝᕙᓘᓐᓃᑦ ᐃᓄᖕᒋᓐᓂᑦ ᐊᒻᒪ ᐃᓯᒪᓪᓗᖕᒐ ᐃᑲᔫᑎᖃᑦᑎᐊᕐᓂᖕᒐᓂᑦ ᐅᖃᖃᑎᖃᖅᐸᑦᑐᓂ ᑭᒃᑯᑐᐃᓐᓇᕐᓂᑦ ᐅᖕᒐᑖᓄᑦ ᒐᕙᒪᓕᕆᓂᐅᑉ ᑭᓪᓕᖕᒋᑕ ᐊᒻᒪ ᐅᖕᒐᑖᓄᑦ ᐊᑐᐊᒐᑎᒍᑦ ᓄᖅᑲᖕᒐᐅᑎᐅᔪᑦ. ᐊᑐᓂ ᓄᓇᓕᖃᕐᕕᔾᔪᐊᖕᒍᔪᑦ ᐊᔾᔨᒌᖕᒋᑦᑐᓂᑦ ᐊᑐᐊᒐᖃᐅᕐᒪᑕ, ᐊᔾᔨᒌᖕᒋᑦᑐᓂᑦ ᑐᕌᒐᖃᐅᖅᑐᑎᓪᓗ ᐱᔪᒪᔭᖕᒋᓐᓄᑦ ᒪᑭᒪᔾᔪᑎᑦᓴᖕᒋᓐᓂᑦ ᐱᓕᕆᔾᔪᑎᒍᑦ, ᐊᒻᒪ ᐃᒻᒪᖄ ᐊᑕᐅᓯᐅᒐᓗᐊᑦ ᓄᓇᓕᖃᕐᕕᔾᔪᐊᑦ ᐃᑲᔫᑎᖃᑦᑎᐊᓕᕐᒪᑕ ᐊᑕᐅᓯᕐᒧᑦ ᐊᑐᐊᒐᑎᒍᑦ ᐊᓯᖕᒋᑦ ᑕᐃᒪᐃᑎᓐᓇᒋᑦ. ᐃᓕᓐᓂᐊᖅᑐᓂ ᐊᓯᒥᒃ ᐱᒻᒪᕆᐅᔪᖅ, ᐊᒻᒪ ᑲᑎᑦᓯᕙᑦᑐᓂ ᑭᒃᑯᑐᐃᓐᓇᕐᓂᒃ ᐊᔫᑎᖃᑦᑎᐊᖅᑐᓂ ᐊᒻᒪ ᐱᒻᒪᕆᐅᓗᓂ ᑲᑐᔾᔨᖃᑎᖃᕐᓂᕐᒥᑦ ᓯᓚᑖᓂᑦᑐᓂᑦ ᓄᓇᓕᓴᕐᕕᕕᑦ.

ᐃᓚ ᑕᓐ ᐃᐅᑦᔭᓐ ᖃᓄᕐᓕ ᐃᓚᓕᐅᔾᔨᔪᒪᓂᐊᖅᐱᒋᑦ ᐃᓕᖅᑯᓯᒃᑯᑦ ᖃᐅᔨᒪᓂᐅᔪᑦ ᐊᒻᒪ ᓴᓇᙳᐊᕈᓯᐅᔪᑦ, ᐅᕝᕙᓘᓐᓃᑦ ᖃᐅᔨᒪᓂᖕᒋᑦ ᐃᓐᓇᑐᖃᐃᑦ ᐅᕝᕙᓘᓐᓃᑦ ᖃᐅᔨᒪᓂᕐᓂᒃ ᑎᒍᒥᐊᖅᑎᐅᔪᑦ, ᒫᓐᓇᓂᓴᕐᒧᑦ ᖃᓄᖅ ᓴᓇᔭᑦᓴᐅᒻᒪᖕᒑᑕ ᐅᐸᓗᖕᒐᐃᔭᐅᑎᒍᑦ?

ᓂᑰᑦ ᔫᒃ ᐅᕝᕙᓐᓂᓪᓕ ᐃᓯᒪᒋᔪᒪᕙᑦᑐᖕᒐ ᓴᓇᙳᐊᖅᑎᐅᒐᒪ. ᐃᓯᒪᒋᓪᓗᒋᑦ ᐃᓪᓗᓴᓂᑦ ᑎᑎᖅᑐᒐᕐᓂᒃᑯᑦ, ᒥᑭᔪᕈᔫᒐᓗᐊᒥᑦ ᐱᒋᐊᕈᑎᖃᖅᑐᓂ ᐊᖕᒋᓂᕐᓴᒥᑦ ᓴᓇᓂᐊᑐᐃᓐᓇᕐᑐᓂ ᐃᑲᔫᑎᐅᔪᓐᓇᖅᑐᖅ ᖃᓄᖅ ᓇᓗᓇᐃᔭᐃᓂᕐᒥᑦ ᐱᓪᓗᐊᑕᓂᑦ ᐃᓂᑦᓴᓂᑦ ᐊᒻᒪ ᑐᑭᖕᒋᓐᓂᑦ ᐃᓪᓗᐃᑦ ᐅᕝᕙᓘᓐᓃᑦ ᐱᓕᕆᐊᑦᓴᐃᑦ. ᒪᓐᓇᓕ ᐅᐸᓗᖕᒐᐃᔭᐅᑎ ᐊᓯᐅᒋᐊᖃᖅᑐᕆᙳᒋᑕᓴ. ᒫᓐᓇᓕ, ᓇᓗᓇᐃᔭᓴᔭᖅᑕᓴ ᐃᓪᓗᑦᓴᓂᑦ ᑎᑎᖅᑐᒐᕐᓂᖅ ᓄᓇᕐᔪᐊᒥᐅᑕᐅᓂᖕᒐᓂᑦ. ᓯᓇᑐᐃᓐᓇᑦᑎᐊᑦ ᓴᕕᓴᔭᐅᒻᒪᑕ ᐊᒻᒪ ᐊᓕᒎᒻᒪᑕ ᐊᒻᒪ ᓴᓇᕕᐅᔪᐃᓐᓇᐅᔮᓕᖅᑐᑎᒃ, ᓇᒦᒐᓗᐊᕈᕕᑦ ᓄᓇᕐᔪᐊᕐᒥ. ᓇᒥᑐᐃᓐᓈᕈᓐᓇᖕᒋᑦᑐᕆᔭᒃᑲᓕ, ᐱᓗᐊᖅᑐᒥ ᐅᑭᐅᖅᑕᖅᑐᒥ ᐃᓪᓗᑦᓴᓕᐅᕐᕕᐅᕙᑦᑐᒥ ᓯᓚ. ᐊᓪᓛᑦ ᒪᑭᒪᑎᑦᑎᔾᔪᑎᐅᔪᑦ ᐱᓕᕆᔾᔪᑎᒍᑦ ᓯᓚ ᓇᓗᓇᐃᖅᑕᐅᓇᓯᐊᖅᑐᑦ ᖃᓄᖅ ᒪᑭᒪᑎᑕᐅᒐᔭᕐᓂᖕᒋᓐᓂᑦ ᐃᓄᓛᑦ ᓄᓇᓕᐅᔪᑦ. ᐃᓪᓗᑦᓴᓂᑦ ᑎᑎᖅᑐᒐᕐᓂᐊᕐᓗᓂ ᐅᑭᐅᖅᑕᖅᑐᒥ ᐊᔾᔨᑐᐃᓐᓇᑦᑎᐊᖕᒋᓐᓂᑦ ᑕᐃᒪᐃᑑᒻᒪᑕ ᓂᒋᕐᒥᐅᑕᓂ ᑐᑭᖃᑦᑎᐊᖅᑑᔮᖕᒋᒻᒪᑦ. ᐱᖅᑯᓯᕐᓂᑦ ᐱᓯᒪᑦᑎᓪᓗᓂ ᐱᓕᕆᔾᔪᑎᐅᔪᓐᓇᖅᑐᓂᑦ ᐃᓕᓯᒪᔪᓂᑦ ᐅᐸᓗᖕᒐᐃᔭᐅᑎᐅᑉ ᐃᓗᐊᓂ ᐃᑲᔫᑎᐅᔪᓐᓇᖅᑐᑦ ᓄᓇᓕᕐᒥᐅᑕᓄᑦ ᐆᒻᒪᐃᑲᓐᓂᓂᕐᒥᑦ ᐅᖃᐅᓯᖕᒋᓐᓂᑦ. ᓰᕐᓗ, ᓴᓇᓐᓂᕈᕕᑦ, ᐅᖃᕐᓗᑕ, ᐃᒡᓗᒥᑦ ᐅᕝᕙᓘᓐᓃᑦ ᑏᐲᒥᑦ... ᐅᖃᐅᓯᖃᐅᖅᑐᑦ ᐊᑐᓂ ᐊᑐᖅᑕᐅᓂᐊᖅᑐᑦ ᐊᔾᔨᒌᖕᒋᑦᑐᓂᑦ ᑐᑭᖃᐅᖅᑐᓂᑦ ᐊᒻᒪ ᐊᔾᔨᒌᖕᒋᑦᑐᓂᑦ ᐃᓕᓐᓂᐊᕈᑎᖃᐅᖅᑐᓂᑦ ᐊᑕᕕᖕᒋᓐᓂᑦ. ᓴᓇᓂᖅ ᐊᓯᐃᓪᓛᒃ ᐃᓕᓐᓂᐊᑎᑦᓯᔾᔪᑎᐅᓕᖅᐳᖅ.

ᐃᓚ ᑕᓐ ᐃᐅᑦᔭᓐ ᑕᒪᓐᓇ ᐃᓯᒪᒋᓪᓗᒍ, ᖃᓄᖅ ᑐᑭᖃᖅᐸ ᖃᓄᐃᑦᑑᓂᐊᕐᓂᖕᒐᓂᑦ ᑎᑎᖅᑐᒐᕐᓂᐅᔪᖅ ᓄᓇᖃᖅᑳᕐᓯᒪᔪᑦ ᓄᓇᖕᒐᓐᓂ?

ᓂᑰᑦ ᔫᒃ ᐃᓱᒪᒋᔭᕋᓕ ᐅᕐᑲᕐᓂᖅ ᐊᒻᒪ ᕐᑲᐅᔨᒪᓂᕋᕐᓂᖅ ᓄᓇᕐᑲᖅᑳᕐᓯᒪᔪᓄᑦ ᓄᓇ ᓴᓇᕕᒋᔭᐃᑦ ᓴᖕᒋᔪᐊᔫᓗᓂ ᓇᓗᓇᐃᔭᐃᑎᐅᓂᖕᒐᓂᑦ, ᐅᐱᓐᓇᕋᓂ ᐅᕐᑲᐅᓯᕆᓪᓕᑦᑖᖕᒋᒃᑲᓗᐊᖅᑐᒍ ᐅᕐᑲᐅᓯᕆᔭᐃᑦ ᐃᓕᖅᑯᓯᒃᑯᑦ ᐱᖅᑯᓯᐅᔪᓂᑦ ᑕᐅᕙᓂ. ᐃᓱᒪᒋᔭᕋᓕ ᐃᑲᔫᑎᕐᑲᕐᓂᖕᒐᓂᑦ ᑐᑭᓯᑦᓗᒍ ᕐᑲᓄᖅ ᑐᑭᕐᑲᕐᒪᖕᒑᖅ ᐱᓕᕆᐊᑦᓴᖅ, ᓱᓇᓂᑦ ᑐᑭᕐᑲᕐᒪᖕᒑᑕ ᐱᓕᕆᕐᑲᑎᕇᒍᑎᑦᓴᐅᔪᑦ ᓴᓇᒍᒪᔭᑎᑦ; ᐊᒻᒪ ᐱᑦᑎᐊᕈᒪᓂᕐᓴᐅᓂᕆᔭᐃᑦ. ᐃᓱᒪᒋᔭᕋ ᑐᑭᕐᑲᕐᓂᖕᒐᓂᑦ ᓱᓇᑦᓴᓂᑦ ᓴᓇᓂᖅ ᓄᓇᕐᑲᖅᑳᕐᓯᒪᔪᑦ ᓄᓇᖕᒋᓐᓂ ᐃᓕᓐᓂᐊᕈᑎᑦᓴᑎᑦ ᑲᒪᒋᓗᒋᑦ, ᐃᑉᐱᒋᑦᑎᐊᕐᓗᒋᑦ ᓄᓇᓕᐅᔪᑦ ᐱᓕᕆᕝᕕᒋᓂᐊᖅᑕᑎᑦ, ᐊᒻᒪ ᓈᓚᑉᐸᑦᓗᑎᑦ ᐊᒻᒪ ᐊᑐᖅᐸᑦᓗᒋᑦ ᐃᓕᓐᓂᐊᕐᓯᒪᔭᑎᑦ.

ᕿᕕᑯ ᕈᐃᔅ ᐅᕐᑲᐅᓯᕐᑲᕈᓐᓇᑐᑦᓴᐅᔪᑎᑦ ᓱᓇᑐᐃᓐᓇᐃᑦ ᕐᑲᓄᖅ ᓴᓇᔭᐅᔪᓐᓇᕐᒪᖕᒑᑕ ᓴᓇᔨᐅᓂᕐᒥᑦ ᐃᓕᓐᓂᐊᕈᑎᒥᑦ, ᐃᒻᒪᕐᑲᕐᑲᐃ ᐱᓗᐊᖅᑐᒥ ᐃᓄᐃᑦ ᓄᓇᖕᒐᓐᓂ, ᓄᓇᕗᒻᒥ. ᕐᑲᓄᐃᑦᑑᕙᒃᑭᐊᖕᒐᐃ ᐊᑐᖅᑕᐅᔪᓐᓇᕐᓴᕐᓂᖕᒋᓐᓂᑦ ᓯᕗᓂᑦᑎᓐᓂ?

ᓂᑰᑦ ᔫᒃ ᐃᓱᒪᔪᖕᒐᓕ ᐊᑏᑐᖅ ᐊᑐᖅᑕᐅᔪᓐᓇᑦᓯᐊᕐᓕ. ᐊᑐᖅᑕᐅᔪᓐᓇᕆᐊᕐᑲᒻᒪᑦ, ᐅᐱᓐᓇᕋᓂ ᐅᕐᑲᐅᓯᕐᑲᕈᕕᑦ ᓱᓇᑐᐃᓐᓇᐃᑦ ᕐᑲᓄᖅ ᓴᓇᔭᐅᔪᓐᓇᕐᒪᖕᒑᑕ ᓴᓇᔨᐅᓂᕐᒥᑦ ᐃᓕᓐᓂᐊᕈᑎᒥᑦ, ᐃᓱᒪᒋᔭᕋᓕ ᐅᕐᑲᐅᓯᐅᕐᑳᕆᐊᕐᑲᕐᓴᕐᓂᖕᒐ ᐃᓕᓐᓂᐊᓂᑐᐃᓐᓇᖅ. ᐃᓱᓕᑦᑎᐊᓕᖅᑎᑦᓗᖕᒐ ᐃᓕᓐᓂᐊᕐᕕᐊᓗᒻᒥᑦ ᑕᒪᓐᓇ ᐅᔾᔨᕆᓕᓕᓚᐅᖅᑕᕋ ᐅᐱᓐᓇᕋᓂ ᐱᓕᕆᔨᐅᓚᐅᖅᑐᖕᒐ ᒫᓇᑑᐸ ᐃᓄᐃᑦ ᑲᑐᔾᔨᕐᑲᑎᒌᖕᒋᓐᓄᑦ ᓄᐊᑦᑎᕐᑲᑕᐅᓗᖕᒐ ᐱᓕᕆᔾᔪᑎᒥᓂᕐᓂᒃ ᐃᓕᓐᓂᐊᕈᑎᒍᑦ ᐃᑲᔫᓯᐊᖕᒍᕙᑦᑐᒥᓂᕐᓂᒃ ᐃᓄᒋᐊᒥᐅᑕᓄᑦ ᐃᓄᖕᓄᑦ ᒫᓇᑑᐸᒥ. ᐅᔾᔨᕆᓕᓕᓚᐅᖅᑯ ᐃᓕᓐᓂᐊᕐᕕᐊᓗᒻᒥᑦ ᐱᔭᕇᕈᑎᒍᑦ ᐊᑕᔪᑦ ᐊᔪᙱᓐᓂᖕᒐᒍᑦ ᕐᑲᓄᐃᔾᔪᓯᒥᓂᖕᒋᑦ ᐊᒻᒪ ᐃᓕᓐᓂᐊᕈᑎᒋᓯᒪᔭᖕᒋᑦ ᐃᓕᓐᓂᐊᖅᑎᐅᔪᑦ ᓄᓇᕘᒥ ᐊᔾᔨᖕᒋᓯᐊᕐᒪᒋᑦ ᑕᐃᒃᑯᓂᖕᒐ ᒫᓇᑑᐸᒦᑦᑐᓂᑦ. ᓄᓇᕘᒥ ᐱᔭᕇᖅᑐᕐᑲᖅᐸᑦ ᐃᓕᓐᓂᐊᓂᕐᒥᑦ ᐊᒻᒪ ᐃᓕᓐᓂᐊᕈᒪᓕᕐᓂᕈᑎᒃ ᓯᓚᑦᑐᓴᕐᕕᔾᔪᐊᕐᕕᒻᒥ ᓂᒋᕐᒥᐅᑕᓂ, ᐊᓪᓗᕋᑦᓴᕐᑲᓕᕇᑦᑐᖅ ᐅᖕᒐᓯᑦᑐᒥᑦ ᐱᓇᓱᖕᒋᓯᐊᒻᒪᕆᓐᓂᒃᑯᑦ, ᑭᓯᐊᓂ ᐱᓱᒪᒋᐊᓖᑦ ᐊᔪᙱᓐᓂᖕᒐᒍᑦ ᕐᑲᓄᐃᔾᔪᓯᒥᓂᖕᒋᓐᓂᑦ ᐊᒻᒪ ᕐᑲᐅᔨᒪᕆᐊᕐᑲᖅᑐᑎᒃ ᐃᓕᓐᓂᐊᕈᑎᐅᒐᔭᖅᑐᓂᑦ.

ᕐᑳᖕᒐᒍᑦ ᑖᒃᑯᐊ, ᐊᒥᓱᕈᖅᐸᑦᓕᐊᑐᐃᓐᓇᖅᑐᑦ ᐊᑐᕈᓐᓇᖕᒋᑦᑐᑦ ᓱᓇᑐᐃᓐᓇᐃᑦ ᕐᑲᓄᖅ ᓴᓇᔭᐅᔪᓐᓇᕐᒪᖕᒑᑕ ᓴᓇᔨᐅᓂᕐᒥᑦ ᐃᓕᓐᓂᐊᕈᑎᒥᑦ; ᑭᓇᑐᐃᓐᓇᖅ ᐱᓕᕆᐊᕐᑲᕈᒪᓐᓂᕈᓂ ᐃᓪᓗᑦᓴᓂᑦ ᑎᑎᖅᑐᒐᖅᑎᐅᓂᕐᒥᑦ ᐅᕝᕙᓘᓐᓃᑦ ᓴᓇᐅᒐᓕᕆᔪᓂᑦ, ᐱᔭᕆᐊᑐᔪᖅ. ᐊᒥᓲᓗᐊᑦᓕᕆᑦᑐᑦ ᐊᒻᒪᔪᐃᑦ ᒥᓯᕝᕕᒋᒋᐊᓖᑦ ᐱᒋᐊᕈᑎᐅᓗᑎᒃ ᐃᓕᓐᓂᐊᕐᓴᓯᒋᐊᕈᒪᒐᓗᐊᖅᑐᓂ. ᐃᓱᒪᒋᔭᕋᓕ ᐃᓱᓕᐅᕈᑎᐅᔪᖅ ᐱᑦᓗᒍ ᕐᑲᓄᖅ ᓱᓇᑐᐃᓐᓇᐃᑦ ᓴᓇᓯᒪᒐᔭᕐᒪᖕᒑᑕ ᐃᓕᓐᓂᐊᕈᑎᐅᔪᖅ ᑕᑯᒋᐊᖅᑕᐅᔭᓇᐊᕐᑲᕐᓂᖕᒐᓂᑦ ᓴᖅᑭᑕᐅᑦᑕᐅᑎᒋᕙᑦᓗᑎᒃ ᓄᑲᑉᐱᐊᖕᒍᓂᖕᒋᓐᓇ ᐃᓕᓐᓂᐊᖅᑏᑦ ᐊᒻᒪ ᑕᑯᑦᓴᐅᑎᑕᐅᓂᕐᓴᐅᕙᓕᕐᓗᓂ ᐊᑯᓂᐅᓂᕐᓴᖅ ᐃᓅᓯᖕᒋᒍᑦ. ᐊᕙᑎᓕᕆᓂᒃᑯᑦ ᕐᑲᓄᖅ ᓱᓇᑐᐃᓐᓇᐃᑦ ᓴᓇᓯᒪᒐᔭᕐᒪᖕᒑᑕ ᐱᓕᕆᐊᑦᓴᒍᑦ ᐃᓕᒋᔭᐅᓕᐅᕐᓯᒪᔪᖕᒐ ᐊᒻᒪ ᐊᒥᓱᐊᔫᔪᑦ ᐊᔾᔨᐆᖕᒋᑦᑐᑦ ᐃᖅᑲᓇᐃᔭᑦᓴᐃᑦ ᐃᖅᑲᓇᐃᔭᖅᑖᕆᔪᓐᓇᖅᑕᑎᑦ ᑕᐃᓐᓇ ᐃᓕᓐᓂᐊᕈᑎ ᐱᔭᕇᕈᑎᑖᕆᒍᕕᐅᒃ, ᐃᓱᒪᒋᔭᕋᓕ ᐱᐅᔪᐊᓘᒋᐊᖕᒐ.

ᐃᓕᓐᓂᐊᓕᓵᖅᑐᓄᑦ ᐃᓕᓐᓂᐊᕐᕕᒻᒥ ᐅᕝᕙᓘᓐᓃᑦ ᐃᓕᓐᓂᐊᕐᕕᐊᓗᒻᒥ, ᐱᒻᒪᕆᐅᒐᔭᖅᑐᖅ ᐃᓕᓐᓂᐊᕈᑎᓂᑦ ᑲᑎᒪᐅᑎᕐᑲᖅᐸᑉᐸᑕ ᐊᒻᒪ ᐅᕐᑲᒪᔭᐅᑎᐅᑐᐃᓐᓇᕐᓗᑎᒃ ᐊᑐᖅᑕᐅᔪᓐᓇᖅᑐᑦ ᐃᓕᓐᓂᐊᖅᑎᓄᑦ. ᐃᓱᒪᔪᖕᒐ ᐱᐅᓂᕐᓴᓂᑦ ᐃᓪᓗᓕᐅᕐᑲᑦᑕᕆᐊᕐᑲᕐᒪᑕ ᐅᑭᐅᖅᑕᖅᑐᒥ, ᐅᐱᓐᓇᕋᓂ ᓂᒋᕐᒥᐅᑕᐅᓗᖕᒐ ᐃᓕᓐᓂᐊᕈᓐᓇᕐᓯᓯᒪᔪᖕᒐ ᐱᐅᔫᑎᒻᒪᕆᓐᓂᑦ ᐃᓪᓗᓂ. ᐃᓂᕐᑲᖅᑎᑦᓗᑎᑦ ᕐᑯᕕᐊᒋᑦᓕᕆᑦᑕᓐᓂ, ᕐᑯᕕᐊᓯᓕᖅᐸᑦᑐᑎᑦ ᕐᑲᓄᐃᓕᐅᕈᑎᓐᓂ ᐃᓗᐊᓂ ᐊᒻᒪ ᐊᑐᖅᑎᑦᓯᔪᓐᓇᖅᑐᑎᑦᓗ ᕐᑲᓄᐃᓕᐅᕈᑎᖕᒋᓐᓂᑦ

ᐃᖕᑲᑦ ᐊᒻᒪ ᖃᓄᐃᓕᐅᕈᒪᓂᕐᓂᒃ. ᐄᓛᒃ, ᐅᖃᕈᒪᙱᑦᑐᖓ ᐃᓪᓗᓕᐊᖑᕙᑦᑐᑦ ᐅᑭᐅᖅᑕᖅᑐᒥ ᐱᐅᒃᓯᓐᓂᒃᓯᓐᓂᑦ, ᑭᓯᐊᓂ ᐃᓱᒪᔪᖓ ᑐᑭᓯᓂᕐᔫᑎᐅᓯᒪᕙᓐᓂᒃᓯᓐᓂᑦ ᖃᓄᐃᑦᑑᑎᐊᖅᑲᖅᒪᖔᑕ ᐃᓪᓗᓕᐊᖑᕙᑦᑐᑦ ᐅᑭᐅᖅᑕᖅᑐᒥ. ᐃᓱᒪᒋᔭᕋᓕ ᐊᑐᖅᑎᑦᑎᓂᐅᔪᖅ ᐃᓂᑦᑎᐊᕙᐅᓂᖓᓂᑦ ᑕᐃᑦᓱᒧᖓ ᐃᓕᓐᓂᐊᕈᑎᒧᑦ ᐱᒻᒪᕆᒻᒪᕆᐅᓂᖓᓂᑦ.

→ᓂᐅᕕᕐᕕᒃ Hᐊᑦᓴᓐ ᐸᐃ, ᐃᒡᓗᓕᒑᕐᔪᐊᕐᒥᑦ, 2021.
ᐊᔾᔨᓕᐅᖅᑕᐅᔪᖅ ᓂᑰᓪ ᓘᒃᒧᑦ

Hudson Bay [gohppi],
Chesterfield Inlet [luokta], 2021.
Govvejeaddji lea Nicole Luke

Hudson Bay, Chesterfeild Inlet, 2021.
Photograph by Nicole Luke

↓ ᑲᖏᖅᖠᓂᐅᑉ Hᐋᒻᓚᖓ, 2022.
ᐊᔾᔨᓕᐅᖅᑕᐅᔪᖅ ᓂᑰᓪ ᓘᒃᒧᑦ

Rankin Inlet [luovtta] gilli, 2022.
Govvejeaddji lea Nicole Luke

Rankin Inlet hamlet, 2022.
Photograph by Nicole Luke

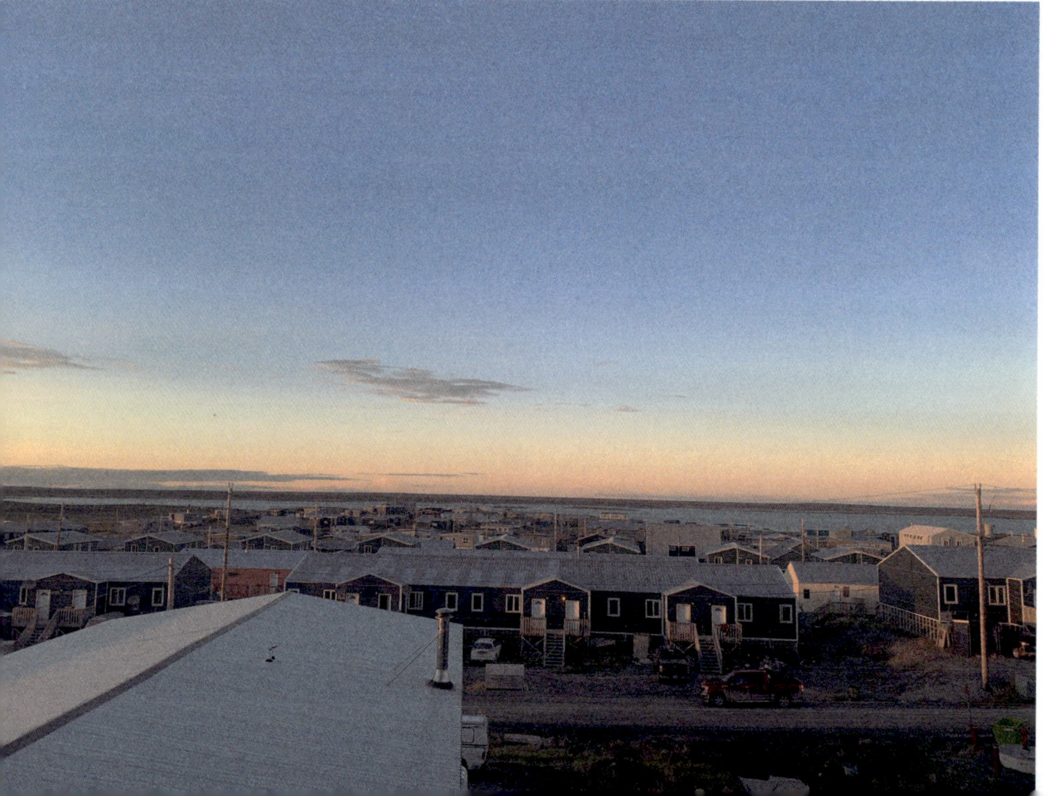

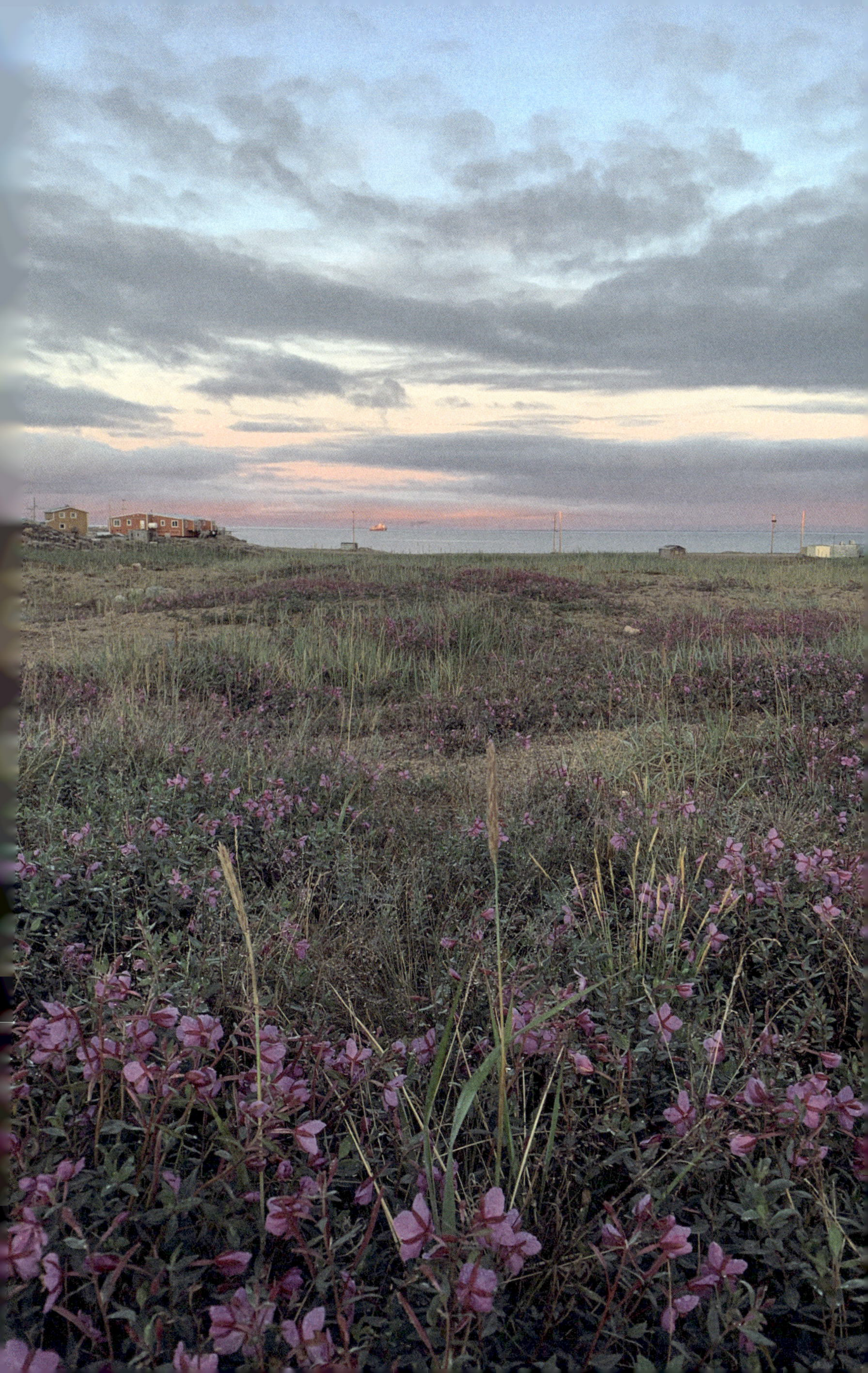

Rafico Ruiz
ja Ella den Elzen
ságastallamin
Nicole Luke:in

ÁLGOÁLBMOGIID ARKITEKTUVRRA GUVLUI

ᐃᓄᒃᑎᑐᑦ-300
English-316

ᑕᐃᔮᓐ ᑰᖕᒐᓂ ᖃᓂᒋᔮᓂᑦ, 2022.
ᐊᔾᔨᓕᐅᖅᑕᐅᔪᖅ ᓂᑰᓪ ᓘᒃᒧᑦ

Diane River [eanu] lahka, 2022.
Govvejeaddji lea Nicole Luke

Near Diane River, 2022.
Photograph by Nicole Luke

ᐊᔾᔩᖕᒋᑦᑐᑦ ᐃᒡᓗᐃᑦ, ᐃᒡᓗᓕᒑᖅᔪᖕᒥᑦ, 2021.
ᐊᔾᔨᓕᐅᖅᑕᐅᔪᖅ ᓂᑰᓪ ᓘᒃᒧᑦ

Mánggageavahusvisti, Chesterfield Inlet,
2021. Govvejeaddji lea Nicole Luke

Miscellaneous building, Chesterfield Inlet,
2021. Photograph by Nicole Luke

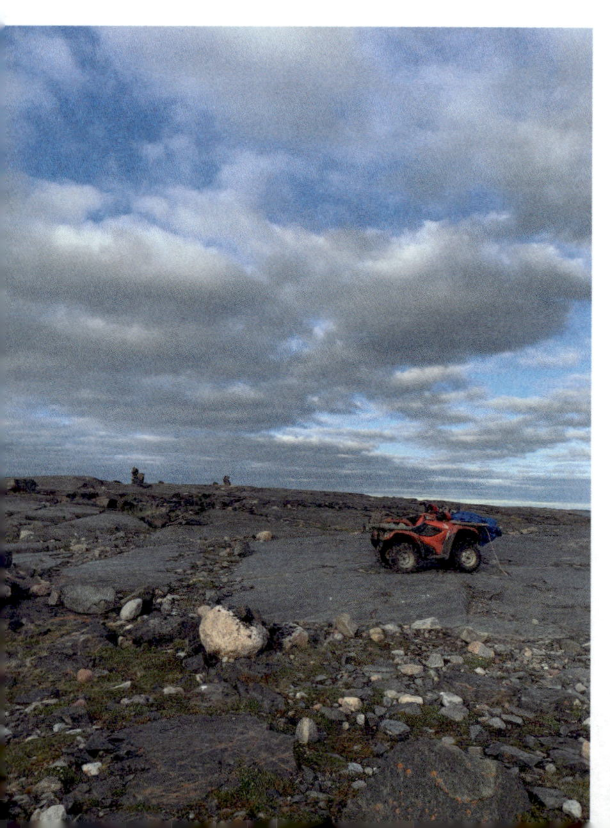

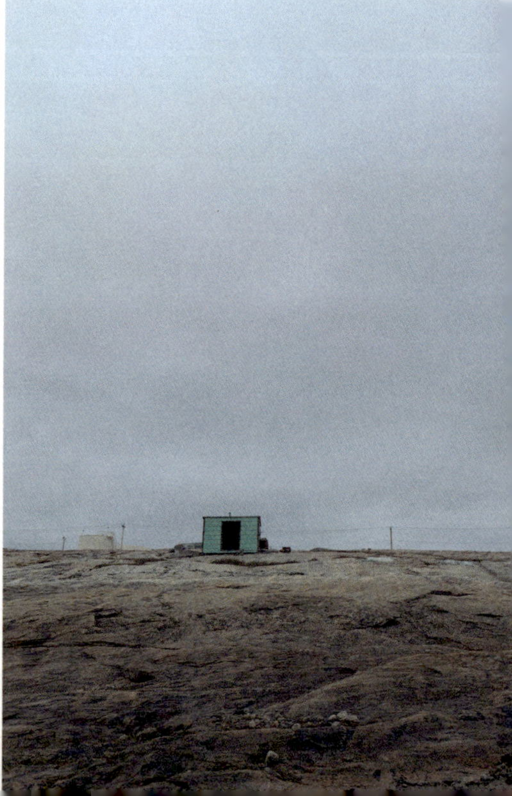

Rafico Ruiz: Maid mearkkaša namahus, man mii leat bidjan dán prošektii – *angirramut, ruovttu guvlui* dahje *Towards Home* – dutnje?

Nicole Luke: *Ruovttu guvlui* lea hui heivvolaš namma prošektii. Mun oaivvildan, ahte dat lea juoga masa juohkehaš sáhttá atnit oktavuođa, dannego juohkehačča govahallan maid ruoktu máksá lea juohkehačča oktagaslaš vásihus. Namas lea maid nanu ipmárdus davvi árktalaš álgoálbmogiid arkitektuvrra hárrái, ja dat addá buori áddejumi dan kultuvrra ja eallinvuogi hárrái, ja dan sáhttá olmmoš liikká atnit oahpisin. Juohkehaš dárbbaša ruovttu, juohkehaš eahccá ruovttu, ja danne jurddašan ahte jurdda dorvvolaš saji birra, gos olbmot besset čájehit iežaset iešvuođaid ja kultuvrra, lea čoavdda.

RR Diet lea buorre, ja mun jáhkán ahte dat lea juoga mii lea uhccán diđoštuvvon dahje mii ii leat doarvái deattastuvvon. Dorvvolaš saji ráhkadeami Árktisa iešguđet servodatlahtuide lea prošeavtta okta deaŧalaš áigumuš. Ja jurdda namahusain lea lihkadeapmi dahje johtin juoga man *guvlui*, mii ii soaitte dáhpáhuvvamin dál, muhto mii galggašii dáhpáhuvvat eanetge boahttevuođas. Mii geahččaleimmet birastahttit dán golmmain rávvejeaddji gažaldagain, maiguin leimmet bargan: *Gos ruoktu lea, gosa mii dás vuolgit, ja gos eana álgá?* Manin don ipmirdat dán johtima juoga man *guvlui*?

NL Mun jáhkán buohkaid sáhkkejin boahttevuođa dáfus. Go olmmoš lea juoga man guvlui mannamin, de lea maiddái deaŧalaš geahčastit maŋás vai oaidná gokko ja mo dán rádjai lea ollen. Oaivvildan ahte jurdda mannolaga birra lea deaŧalaš, ja dat lea juoga man mii leat geahččalan deattastit Boahtteáiggi einnosteami prográmmain. Mii leat čohkken álgoálbmogiid designeriid ja *duojáriid* oassálastit iešguđetge semináraide ja designabargobájiide Sámi eatnamii, Guovdageidnui, Norgii. Vaikko vel mis ii leange dárkilis jurdda, maid Boahtteáiggi einnosteami bargu buvttášii go gárgedeimmet dan hámádaga, de lea prográmma vásedin juohkehačča oktagaslaš vásihusa ja jurdagiid birra. Das lea sáhka prošeavtta proseassas, ja dat čájeha mo buot oassálastiid proseassat leat iešguđetláganat ja vásihusaide vuođđuduvvan.

Ella den Elzen: Maid don leat oahppan dán ságastallama ja searválasvuođa vuoruhanproseassas metodan, dan áiggis go leat bargan Boahtteáiggi einnosteami prošeavttain?

NL Mun lean oahppan, ahte lea deaŧalaš guldalit, dannego juohkehaččas leat su iežas hálttit ja jurdagat, mat gusket *ruovttu guvlui*. Jáhkán dan roahkka ábuhit buohkaid bargui ja buohkaid moktii, ja jáhkán dan dahkat eanetge servodatárjjalašvuođa álgoálbmogiid arkitektuvrra ja iehčanasvuođa guvlui. Dat lea juoga man lean čađat oaidnán dán proseassas boahtimin.

EDE Mun lean sáhkkii gullat du jurdagiid Árktisa ja davveguovlluid boahtteáiggi designa hárrái, álgoálbmogiid hovden lahkaneami bokte, dannego davvi lea historjjálaččat adnojuvvon muhtin lágan *tabula rasan* dahje guoros sadjin, man máttaguovlluid eanetlohkoálbmogiid arkiteavttat ožžot dušše veaiddalassii hábmet. Mo don háliidivččet earenoamážit álgoálbmogiid arkiteavttaid oaidnit jođiheamen ságastallama designa birra davvi servodagain?

NL Jáhkán dása gollat eanet áiggi. Áššit ádjánit álelassii, ja mii oaidnit dan das go váilot inuihta arkiteavttat ja maiddái álgoálbmogiid arkiteavttat oppalohkái. Jáhkán deaŧalažžan, ahte dákkár ságastallamat dáhpáhuvvet álggahan dahje veahkehan nammii ahtanuššama. Boahtteáiggi dihtii doaivvun beassat oaidnit arkitektuvrra ain ahtanuššamin Árktisis dakkár vuogi mielde, mii lea strategalaš.

Ovdamearkka dihtii vašuhan jurdaga, ahte leat huksejuvvon ja galget huksejuvvot ovdagávpogat Árktisii. Dat leat jierpmeheamet. Mun ipmirdan gal, ahte váilot ásodagat ja ahte viesuid danne dárbbašivčče hukset oalle johtilit, muhto mii fertet jurddašit viidábut go dušše viesuid birra, mat galget huksejuvvot: Dás lea sáhka sáddemis spesialiseren bargiid davás, ja seammás lea sáhka jurddašeamis suvdinnávccalaš ekoturismma vugiin. Dás lea sáhka ekonomiijas, mii ábuha servodahkii maiddái eará láhkai go dušše huksema bokte. Jáhkán ahte olles proseassa sáhtášii leat mávssolaš, dannego it don leat dušše buktimin olbmuid deike bargat dáiguin huksenprošeavttaiguin, muhto sii galggašedje maid oahppat eambbo vai leat geatnegahttojuvvon ráhkadit earenoamáš prošeavttaid, main sii beroštit. Mun liikon govahallat, ahte olbmot geat bohtet báikegoddái, eai leat dušše dakkárat geain galgá fuola atnit, muhto dakkárat geat háliidit atnit fuola maiddái báikegottis lassin prošektii. Go don beroštat prošeavttas, ja beroštat olbmuin ja gaskavuođain maidda čatnasat, de ávkašuvvá olles loahppaáigumuš das.

EDE Makkárin lea miehtemielalaš designa hápmi dahje vuohki oaidnit?

NL Jáhkán ahte designa proseassa ferte leat eambbo strategalaš. Jáhkán bušeahta ja áigelinnjá deaŧalaš buvttadahkkin. Daid don dárbbašat muhtin prošeavttain vai máhtát vástidit gažaldagaide ja beasat joatkit ovddos guvlui, muhto oaivvildan ahte fertešedje leat eanet mielaevttolaš huksenvuogit mat váldet vuhtii eará áššiid maid go dušše bušeahta. Ovdamearkka dihtii, go ássanviesuid hábme, sáhtášiigo searvesaji daidda hukset? Sáhtášiigo leat eambbo go dušše okta latnja? Soaittášii leat latnja bargobájiide, ja programmeremis soaittášii galget eambbo heivehanmunni. Dákkár ságastallamiid doallan iešguđet servodagaiguin lea ávkkálaš designaprosessii, ja mun jáhkán ahte buot vuođđuduvvá oktavuođaide ja geatnegasvuođaide, maid atná prošektii.

EDE Go juo háleštetne oktavuođaid čatnamis, mo dahje makkár diehto- ja máhttohámit sáhttet juogaduvvot davvi- ja máttaservodagaid gaskkas, miehtá Turtle Island, Inuit Nunangat ja Sámi?

NL In máhte gal dárkilit dadjat makkár hámit ja vuogit dat livčče, muhto lean oaidnán ahte eallinvuohki sirdašuvvá Nunavutas Manitobai, nu ahte dán guovtti guovllu gaskkas lea diehto- ja máhttosirdašuvvan, mii vuođđuduvvá servodahkii. Mun lean oainnat ássan eanaš áiggi eallimisttán Winnipeg gávpogis, ja háliidin álelassii vuolgit davás. Bajáššattadettiin bessen álo gallestallat ja orostallat iehčan oappá dahje iehčan bearraša luhtte Kivalliq báikkis, muhto lean álelassii jurddašan, ahte livččii vuogas fitnat eará guovllus go Nunavut. Leaččai lean dal Northwest Territories dahje Yukon, de livččii suohtas juos livččii lean lonohallanprográmma davvi- ja máttaguovllu gaskkas, mii suovašii olbmo oahpásmuvvat iešguđege báikegoddái ja oahppat das. Dahjege arkitektuvrralaš oktavuođas, juos don leat bargamin prošeavttain, de dárbbašivččet báikki, gos beasašit orrut moadde vahku vai sáhtát hutkagoahtit prošeavtta, dan sajis go guovtti beaivvis hoahpus mátkkoštit muhtin báikegoddái ja de fas juo vuolgit doppe eret. Oaivvildan ahte lea oalle unohas, dannego muhtimin don galggašit hukset báikegotti ovddas, ja de liikká galggat hutkat buot visot gávcci diimmus dahje vel oanehet áiggis. Galggašii roahkka leat buoret proseassa go dát.

EDE Lea miellagiddevaš gullat, maid don dajat dáid gaskavuođaid birra, mat leat iešguđetge provinssaid ja territoriaid siste ja miehtá, ja dán dieđu ja máhtu juogadanjurdaga birra, vel dan siskkabealdenai man olbmot dán áigái dovdet Kanádan. Lea deaŧalaš dohkkehit buot dáid iešguđet kultuvrralaš erohusaid miehtá davi ja mátti, ja ovttaskas báikegottiid siskkabealde, mat gáibidit čiekŋalet servodatárjjalašvuođa. Boahtteáiggi einnosteami prošeakta geažida, ahte galbma dálkkádatdesigna ferte áddejuvvot guhkkelii ja viidáseappot go kolonisttalaš ja geopolitihkalaš ráját. Ja das dáhpáhuvvá muhtin lágan lonohallan dahje diehto- ja máhttojuogadeapmi Kanáda ja Sámi álgoálbmogiid oassálastiid gaskkas. Makkárin don áddet dán lágan rámmema?

NL In leat sihkar, áddejingo ollásit mii galgá dáhpáhuvvat prošeavtta ollodahkii. Mun lean álo beroštuvvan riikkaidgaskasaš, cirkumpolára, álgoálbmogiid arkitektuvrras dahje olbmuin, ja mun jáhkán olu ávkki leamen ságastallamis olbmuiguin, geat leat kolonisttalaš rájáid olggobealde ja politihkalaš gáržžidemiid olggobealde. Juohke riikkas lea iešguđesge iežas politihkka, iešguđetge juksanmearit maid dáhttot iežaset infrastruktuvrraide, ja nubbi riika soaitá ávkašuvvamin nuppi politihkas dan botta go nubbi riika fas ii ávkašuva das. Oahppan guđet guimmiin lea deaŧalaš, ja eambbo olbmuiguin deaivvadeapmi lea ávkkálaš ja mávssolaš ovttasbargamii du iežat báikegotti olggobealde.

EDE Mo don háliidivččet ovttastahttit árbevirolaš dieđu ja máhtu ja duodjeteknihkaid, dahjege vuorasolbmuid dahje diehttiid dieđu ja máhtu dálááiggi designaprosessii?

NL Liikon gohčodit iehčan duojárin. Mii guoská arkitektuvrii, de ábuha smávvát álgit go áigu stuorrát hukset, gávnnahit vissis lanjaid ja ulbmiliid mat leat huksehusas dahje prošeavttas. Aiddo dál válddahalašin arkitektuvrra riikkaidgaskasažžan. Juohke diŋga lea stálles ja lásas ráhkaduvvon, ja lea oalle industrialiserejuvvon, beroškeahttá gos don leaččat máilmmis. In jáhke dán doaibmat juohke sajis, earenoamážit goit ii Árktisis, gos arkitektuvra lea vuos ain gárggiideamen. Velá infrastruktuvrage ieš geahččala fihttet, mo sáhtášii bajásdoallat dáláš báikegottiid. Lea duššálaš gárgedit dakkár arkitektuvrra davvebáikegottiide, mii lea seammalágan go arkitektuvra mii lea máddin. Go heiveha árbevirolaš teknihkaid prosessii, de veahkeha báikegotti lahtuid ealáskahttit sin iežaset giela. Ovdamearkka dihtii, go ráhkadit, dadjat igloo dahjege teepee, de leat vissis sánit juohke struktuvrralaš elemeantta várás, main leat iešguđetge mearkkašumit ja maidda gullet iešguđetge oahpat. Daid huksen šaddá oahppaneavvun.

EDE Go dat leat jurdagiin, maid mearkkaša designet álgoálbmogiid eatnamii?

NL Mun jáhkán ahte go don julggaštat ja dohkkehat álgoálbmoga eatnama man alde don leat hábmemin ja huksemin, de lea dat vuoimmálaš buorredahku, dannego don leat dainna lágiin automáhtalaččat dohkkeheamen árbevirolaš kultuvrraid mat leat doppe. Jáhkán ahte ábuha áddet mii prošeavtta mearkkašumiid lea, maid dat gaskavuođat mearkkašit maid don sávat hukset, ja de don dovddat dárbbu dahkat vel buorebut. Jáhkán ahte álgoálbmogiid eatnama ala designen mearkkaša, ahte don galggat dahkat iežat ruovttuleavssuid, čájehit gudnevuollegašvuođa báikegottiide maiguin leat bargamin, ja guldalit ja geavahit dan maid das oahpat.

RR Mun jurddašalan, sáhtášitgo dadjat juoidá vejolašvuođain ásahit designaoahpu, earenoamážit Inuit Nunangatii, Nunavutii. Makkár vejolašvuohta livččii doppe boahtteáiggis?

NL Doaivvun doppe livčče olu vejolašvuođat. Doppe dárbbašuvvo eandalii vejolašvuohta, dannego go hálat designaoahpu birra, de oaivvildan ahte fertet vuos dábálaš oahpu birra hállat. Mun fihttejin dán easkka go joatkkaskuvllas ledjen geargamin, dannego dalle bargen Manitoba Inuit Association [Manitoba inuihtaid searvi] ovddas čohkket stipeandadáhtavuođu urbána inuihtaid várás Manitobas. Mun ipmirdin, ahte joatkkaskuvlla loahppageahččalemiid gaskamearálaš árvosátni ja fágat maid oahppit lohket Nunavutas eai sáhte buohtastahttojuvvot daiguin, mat leat Manitobas. Juos muhtimat čađahit loahppageahččaleami Nunavutas, ja háliidivčče lohkat universiteahtas máddin, de lea sidjiide juo issoras alla ceahkki, ii duššе go ohcat galget, muhto maiddái go galget nákcet oažžut doarvái alla gaskamearálaš árvosániid ja máhttit fágaid, mat sis gáibiduvvojit.

Dego dat ii livčče doarvái, de boahtá vel lassin dat, ahte lea oppanassii váddáset beassat designaohppui. Juos olbmot háliidivčče lohkagoahtit arkitektuvrra dahje maid nu eará dáidaga siskkabealde, de lea váttis. Sidjiide biddjojuvvojit liiggás olu geahččalusat álggedettiin. Oaivvildan ahte designaoahppu ferte leat juoga, masa olbmot nuorabužžan besset oahpásmuvvat ja guhkibuš áiggi vuollai hárjánit. Mun vázzen birasdesignaprográmmas, ja dál leat nu eatnat iešguđetlágan barggut, maid olmmoš sáhttá oažžut duššе dainna grádain, ja dat gal lea mu mielas hui buorre.

Vuođđoskuvllas dahje joatkkaskuvllas livččii deaŧalaš doallat eambbo bargobájiid ja dušše ságastallat vejolašvuođaid birra ohppiiguin. Oaivvildan ahte davvin dárbbašuvvojit buoret visttit, dannego orodettiin máddin lean beassan gazzat oahpu muhtin hui čáppa visttiin. Go olmmoš lea dakkár sajis masa duođaid liiko, de dahká dat ahte olmmoš návddaša bargat maid doppe lea bargamin, ja dat duođaid ovddida olbmo bargguid ja dan maid háliida bargat. Diehttalasat in hálit dadjat, ahte buot visttit davvin leat heittogat, muhto navddán ahte leat olu boasttoáddejumit davvin dan dáfus, mii visti galggašii leat. Jáhkán maid, ahte lea hui deaŧalaš čáhkket ja ovddidit buori saji dan ohppui.

ᓄᓇ ᐊᒻᒪ ᐃᒪᖅ ᑲᖕᒋᖅᓕᓂᐅᑉ ᖃᓂᒋᔮᓂᑦ, 2022. ᐊᔾᔨᓕᐅᖅᑕᐅᔪᖅ ᓂᑰᑦ ᓘᒃᑦ

Eatnamat ja čázit lahka Rankin Inlet, 2022. Govvejeaddji lea Nicole Luke

The land and waters near Rankin Inlet, 2022. Photograph by Nicole Luke

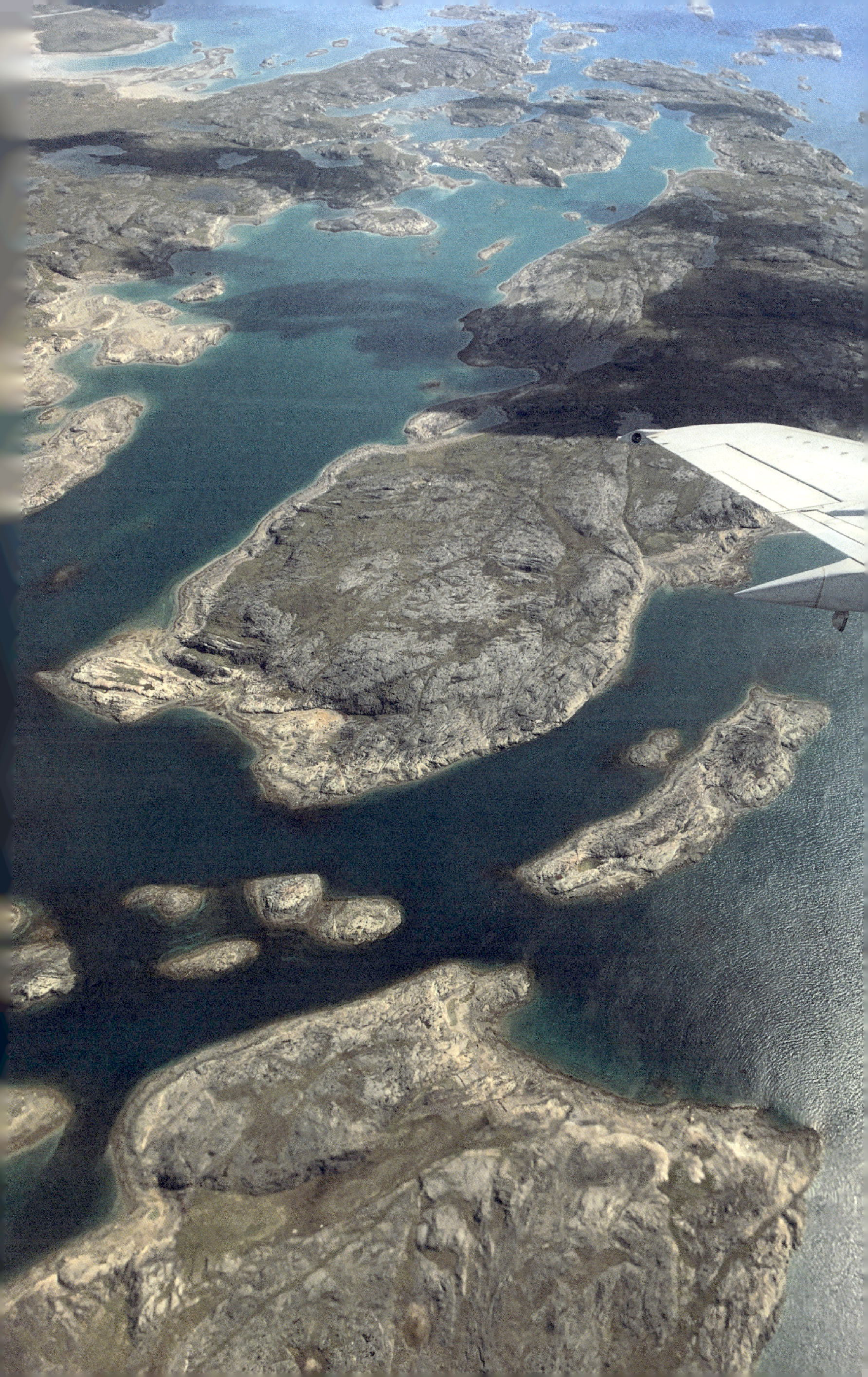

Rafico Ruiz
and Ella den Elzen
in conversation
with Nicole Luke

TOWARDS INDIGENOUS ARCHITECTURE

ᐃᓄᒃᑎᑐᑦ-300
Sámegiella-308

ᐃᖃᓗᒑᕐᔪᐊ ᓄᓇᖓ ᒥᕐᖑᐃᖅᓯᕐᕕᒃ, ᖃᓂᖏᔭᓂᑦ, 2022. ᐊᔾᔨᓕᐅᖅᑕᐅᔪᖅ ᓂᑰᓪ ᓘᒃᓗᑦ

Iqalugaarjuup Nunanga Territorial Park, Rankin Inlet, 2022. Govvejeaddji lea Nicole Luke

Iqalugaarjuup Nunanga Territorial Park, Rankin Inlet, 2022. Photograph by Nicole Luke

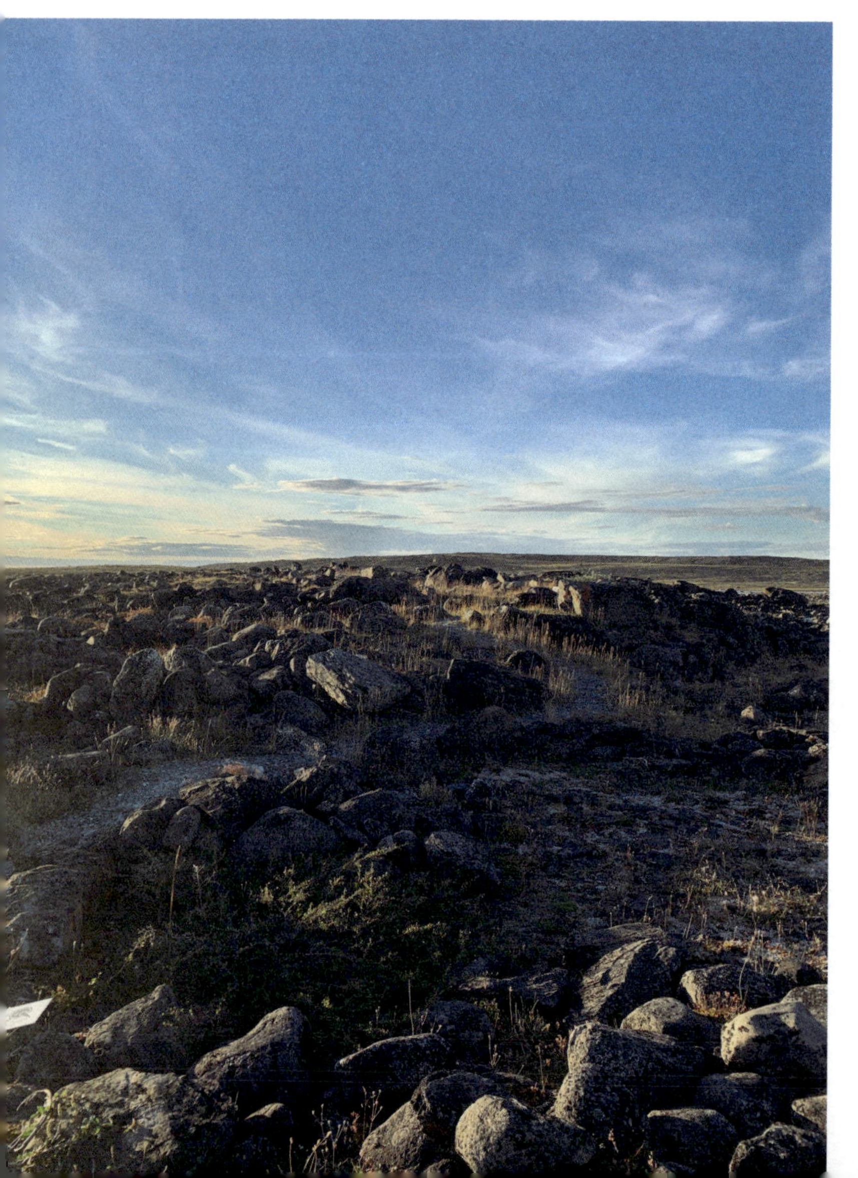

Rafico Ruiz: What does the title that we have given to this project—*angirramut, ruovttu guvlui*, or *Towards Home*—mean to you?

Nicole Luke: *Towards Home* is a really suitable name for the project. I think it's something that everyone can relate to, because everyone's concept of what home means is an individual experience. It is also a strong insight into northern Arctic Indigenous architecture and gives a good understanding of that culture and lifestyle, and yet it is still relatable. Everyone needs a home, everyone wants a home, so I think this idea of a safe space where people get to really show their characteristics and culture is key.

RR That's great, and I think it's something underexplored or maybe not highlighted enough. To create a safe space for different community members from the Arctic is an important ambition of the project. And with the title, there is this idea of movement *towards* something that maybe isn't here in the present, but is more in the future. We tried to encapsulate this with the three guiding questions we've been working with: *where is home*, *where do we go from here*, and *where does land begin*? How do you perceive this movement *towards* something?

NL I think everyone is curious about the future, but in going towards something it's also important to look back and acknowledge how you got to where you are. I think that this idea of process is important, and it's something we've been trying to highlight with the *Futurecasting* program by gathering Indigenous designers and *duojárs* to participate in various seminars and a design workshop in Sámi territory, in Kautokeino, Norway. Even though we didn't have an exact idea of what the work coming out of *Futurecasting* would be when developing its structure, the program is really about everyone's individual experience and ideas. It's about process over project and showing how all the participants' processes are different and experience-based.

Ella den Elzen: What have you learned through this process of prioritizing conversation and collectivity as a method during the *Futurecasting* workshop series?

NL I've been learning that listening is important because everyone has different directions and ideas that relate to *Towards Home*. I think it only adds to everyone's work and everyone's motivation, and it makes more of a community effort towards Indigenous architecture and sovereignty. That's always been something that I've been seeing out of this process.

EDE I am curious to hear your thoughts about the future of design in the Arctic and in northern regions, through an Indigenous-led approach, because the North has historically been considered this *tabula rasa* or this blank space that can just be freely designed upon by southern non-Indigenous architects. How would you like to see Indigenous architects in particular leading the conversation around design in Northern communities?

NL I think it's still going to take more time. There is always some lag, and we can see it with the lack of Inuit architects and even Indigenous architects in general. I think it's important for these types of conversations to happen in order to start or assist in that development. For the future, I hope to see architecture continue to develop in the Arctic in a way that is strategic.

For example, I hate the idea of suburbs in the Arctic. They don't make any sense. I recognize there are housing issues and buildings need to be built fairly quickly, but we need to think more broadly than just about housing being built: It's about having specialized workers who will have to be sent up North, alongside thinking about sustainable forms of eco-tourism. It's about having this economy of different things that benefit the community that are more than just a building. I think that whole process could be important because not only are you bringing people in to work on these building projects, but they're learning more and so they're more obligated to create a special project that they care about. I just like to imagine that people coming into the community are not only taken care of, but they also want to take care of the community beyond the project. Because when you care about a project, and you care about people and relationships you develop, the whole end goal benefits from it.

EDE What does a more compassionate form or way of designing look like?

NL I think the design process needs to be more strategic. I think budget and timeline are both important factors. You need them in some projects to answer questions and move forward, but I think there should be a more deliberate way of building that considers more than just the budget. For instance, when designing housing, can there be a community space built in? Can it be more than just a single space? Maybe there's workshop space involved, and the programming is more flexible. Having those conversations with people in different communities would be helpful during the design process, and I think that's all based on relationship building and commitment to the project.

EDE Speaking of relationship building, how or what forms of knowledge can be shared across North/South Indigenous communities across Turtle Island, Inuit Nunangat, and Sápmi?

NL I can't really say exactly what forms, but I've seen how there is a transition of way of life from Nunavut to Manitoba, so there is a knowledge transfer between the two that is community-based. Because I lived in Winnipeg for most of my life, I always wanted to go up North. Growing up, I have always been able to visit and stay with my sister or my family in Kivalliq, but I have always thought it would have been neat to go somewhere else outside of Nunavut. Even if it was Northwest Territories or Yukon, it would be great if there was some sort of exchange program between the North and the South that would allow you to get to know and learn from different communities. Or in the architectural context, if you're working on a project maybe there's a place where you can stay for a couple of weeks to start developing the project rather than just having a quick two-day fly-in to a community and then you're out. I think that is pretty unfortunate, because sometimes you are supposed to be building for the community and yet you must figure everything out in eight hours or less. There should be a better process than that.

EDE It's interesting what you're saying about these relationships within and across different provinces and territories and this idea of knowledge exchange, even within what is now known as Canada. It's important to acknowledge all these diverse cultural differences across the North and South, and in individual communities that require a stronger depth of community engagement. With *Futurecasting*, the project is suggesting that cold climate design needs to be understood beyond colonial or geopolitical borders, and there is a kind of exchange or knowledge sharing that is happening between the Indigenous participants from Canada and the Sámi participants. How did you understand that kind of framing?

NL I'm not sure I fully understood what would happen over the course of the project. I've always been interested in international, circumpolar, Indigenous architecture or peoples and I think that there's a lot of benefit to discussing with people beyond colonial borders and beyond the constraints of policy. Each country has different policies, different goals for what they want for their infrastructure, and maybe one country is really benefiting from one type of policy while another is not. Learning from each other is important, and meeting more people is useful and significant to collaborating beyond your own community.

EDE How do you want to incorporate traditional knowledge and craft techniques, or the knowledge of elders or knowledge-keepers, into a contemporary design process?

NL I like to also consider myself a craftsperson. In terms of architecture, even just starting small to build big helps to figure out certain spaces and meanings of a building or a project. I don't think this process should be lost. Right now, I would describe architecture as being international. Everything is steel and glass and it's pretty industrialized, regardless of where you find yourself in the world. I don't think that works everywhere, especially in the Arctic where architecture is still being developed. Even infrastructure itself is still trying to grasp how to maintain existing communities. To develop architecture in the North that just looks the same as in the South doesn't make sense. Having traditional techniques embedded in the process helps community members revitalize their language. For example, when you build, let's say, an igloo or even a teepee... there are certain words for each structural member that have different meanings and that have different teachings attached to them. Building then becomes a teaching tool.

EDE With that in mind, what does it mean to design on Indigenous land?

NL I think that stating and acknowledging the Indigenous land you are designing on is a powerful gesture, because you're automatically acknowledging the traditional cultures there. I think it helps to understand what the meaning of the project is, what the meaning of the relationships are that you wish to build; and you feel the need to do better. I think what it means to design on Indigenous land is to do your homework, to pay respect to the communities you're engaging with, and to listen and apply what you learned.

RR I wonder if you might reflect on the possibilities of design education, maybe specifically in Inuit Nunangat, in Nunavut. What sort of potential is there for the future?

NL I hope there's a lot of potential. There definitely needs to be potential, because if you talk about design education, I think you have to talk about general education first. I realized this right at the end of high school because I was working for Manitoba Inuit Association collecting a database of scholarships for urban Inuit in Manitoba. I realized that the high school graduation GPA and the subjects that students are learning in Nunavut are not comparable to those in Manitoba. If somebody graduates in Nunavut and they want to study at a university in the South, there's already a huge jump for them to not just apply, but to have the GPA and know the required subjects.

On top of that, there's the increased inaccessibility of design education: if people want to go into architecture or anything in the arts, it's difficult. There are just way too many hoops to jump through to begin with. I think the idea of design education needs to be something that is introduced at a younger age and that people are exposed to for a bit longer. I went through an environmental design program and there are so many types of jobs that you can get with just that degree, which I think is really great.

In grade school or high school, it would be important to do even more workshops and just discuss the possibilities with students. I think there needs to be better buildings up North, because being in the South I've had the chance to learn in some great buildings. When you're in a space that you really enjoy, it makes you enjoy what you're doing in there and it really fosters your actions and what you want to. Of course, I don't want to say every building in the North is bad, but I think that there is a lot of misunderstanding of what a building should be in the North. I think fostering a good space for that education is also very important.

Ella den Elzen
in conversation with
Jenni Hakovirta, Magnus Antaris Tuolja, Nicole Luke, Reanna Merasty, Naomi Ratte, Robyn Adams, Tiffany Shaw

COLLECTIVE GROUND: CARING FOR THE FUTURE OF INDIGE-NOUS-LED DESIGN

Futurecasting workshop participants in Guovdageaidnu, 2022. Photograph by Nils Ailo Utsi

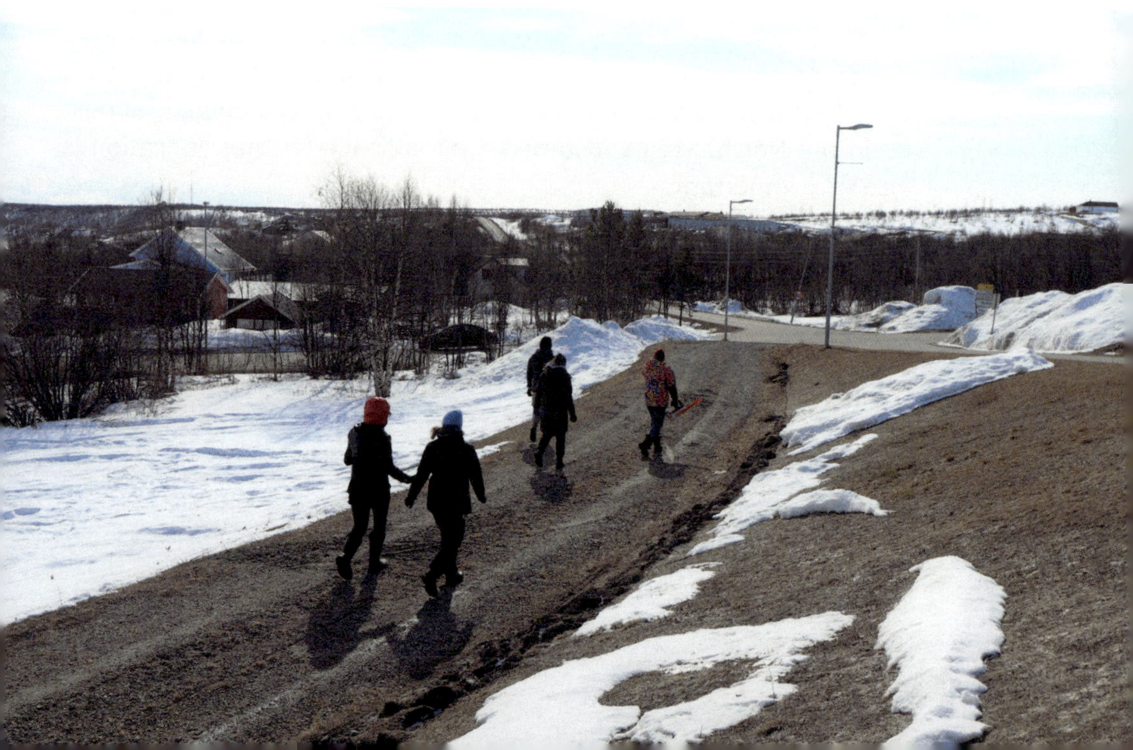

Futurecasting: Indigenous-led Architecture and Design in the Arctic was a seminar and workshop series, embedded within the ᐊᖏᕐᕋᒧᑦ / *Ruovttu Guvlui / Towards Home* project, that convened nine emerging Indigenous architecture and design practitioners from across Turtle Island and Sápmi.[1] The series centred land-based practices of architecture, taking place on the land and occupying institutional spaces like the museum and university. *Futurecasting* unfolded in three parts, the first of which was a series of virtual seminars in January and February 2022 led by Indigenous architects and knowledge-keepers from Turtle Island, Sápmi, and Kalaallit Nunaat.[2] The seminars were followed by a land-based workshop in April 2022 at the Sámi University of Applied Sciences in Guovdageaidnu/Kautokeino, Norway, in Sápmi. The final chapter reconvened the *Futurecasting* participants at the CCA in Tiohti:áke/Montréal to discuss the legacy of the work that was produced over the course of the series and how it may be made accessible to future generations of Indigenous architecture students, designers, and communities. Spanning multiple geographies and months, the project produced a year-long reflection on what it means to design from and with the land, and on how Indigenous epistemologies should be embraced within design processes.

I write this reflection from my position as the one settler that facilitated and co-curated the series with Nicole Luke, a Winnipeg-based Inuk architectural designer and advocate for design education for Indigenous youth from small communities. In my role as curatorial assistant at the CCA, and as a designer, I am interested in collective and relational ways of thinking, especially those that can offer space to underrepresented narratives within the discipline. As a curatorial team, our intention was for the series to provide space for the development of newly authored research and works for the exhibition, while serving as a platform rooted in dialogue. *Futurecasting* enabled the creation of an environment in which the participants could discuss common interests, passions, and frustrations, and how they would like to see Indigenous-led practices be emboldened to define spacemaking in the North and in their own communities.[3] The participants began to define what methodologies and knowledges are urgently needed

1. These practitioners include: Robyn Adams, University of British Columbia; Jenni Hakovirta, Oulu School of Architecture; Berit Kristine Andersen Guvsám, Sámi University of Applied Sciences; Laila Susanna Kuhmunen, Sámi University of Applied Sciences; Nicole Luke, University of Manitoba; Andrea McIntosh, Carleton University; Johanna Minde, Norwegian University of Science and Technology; Reanna Merasty, University of Manitoba; Naomi Ratte, University of Manitoba; Magnus Antaris Tuolja, University of Gothenburg

2. Seminar leaders include: Shawn Bailey, Assistant Professor, University of Manitoba; David Fortin, Professor, University of Waterloo; Gunvor Guttorm, Professor, Sámi University College; Helena Lennert, architect, tnt nuuk.

3. Most members of the group have relationships with community in remote or rural areas but are now studying or working in cities far away from their territories.

within and beyond disciplinary boundaries, asserting that ways of working with space can and should be defined by shared knowledge, oral history, and practices of making and doing. Within the group, it became clear that the creation of such a space—in which kinship and relation are premised over hyper-productivity—is essential yet rare within architectural discourse and education. They concluded that situating care at the centre of design processes is vital and allows for Indigenous designers to develop ways of making that are situated in community.

Many of the discussions that were had together took place on the land, cutting and scraping birch trees for the *luovvi* structure we were building outside the Sámi University, or in the cabin that we shared during our time in Guovdageaidnu, over meals of bannock and reindeer stew.[4] There was a distinct rhythm that emerged throughout the project; a timeline punctuated by both online and in-person gatherings allowed for the group to build trust and relationships with one another in a way that felt natural and unhurried. Though everyone was gathering from different territories, there were ways of thinking that felt familiar, and moments of shared affirmation about the roles that land, generational knowledge, and reciprocity played in how the group was developing their work. Conversations were had about how to bring what is learned on the land with community into institutional spaces that are not always welcoming to these ways of working. Some methods involved using materials from the land such as bark, animal fur, reindeer hide, or antler in model making and representation, to consulting with Elders about protocols in engaging with community, to defining architecture as broader than a building to the scale of territory, water, and other living beings.

Rarely are architectural exhibition projects formulated from a place of feeling, yet over the course of the year that the *Futurecasting* group gathered, the work was always created from an embodied place. Conversations and collaborations proved that research can be something innate and felt, amassed over time through listening. These methodologies can at times be read as opaque to outside communities, and this alone has value. As a design strategy, opacity—the idea that not everything needs to be legible

4. The workshop in Sápmi was convened by Gunvor Guttorm, Professor of duodji, at Sámi University College. Presentations by Professor Sunniva Skålnes, Professor Solveig Joks, and Professor Ante Mihkkal Gaup and co-curator Joar Nango were also made during the gathering.

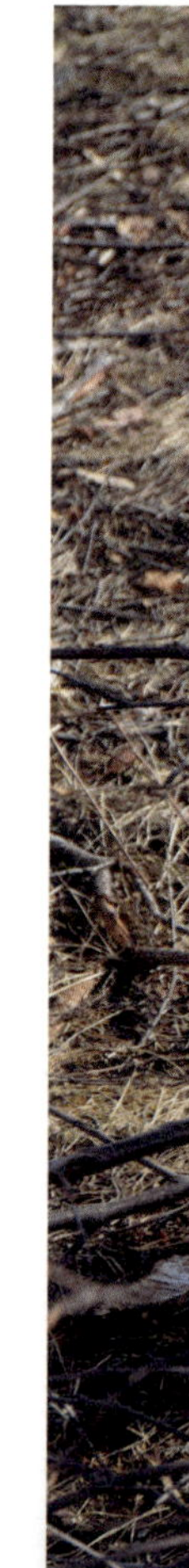

Harvesting wood to build a luovvi during the Futurecasting workshop in Guovdageaidnu, 2022. Photographs by Nils Ailo Utsi

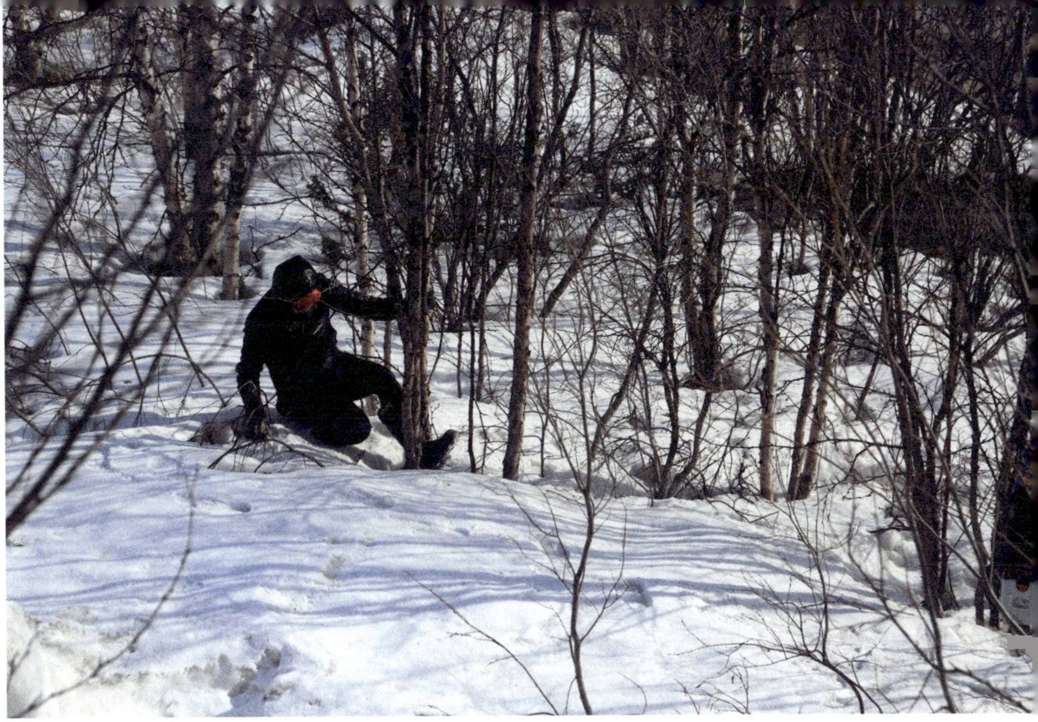

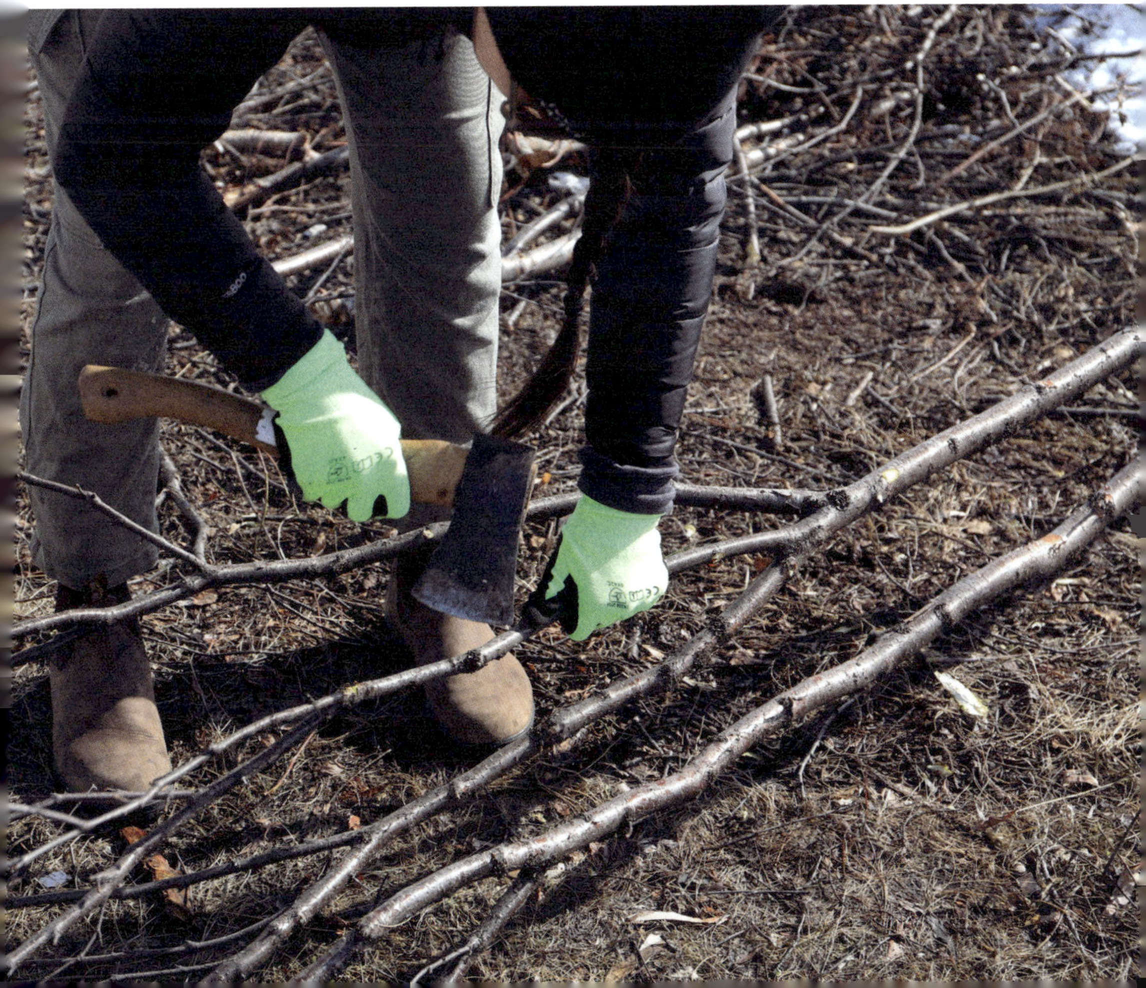

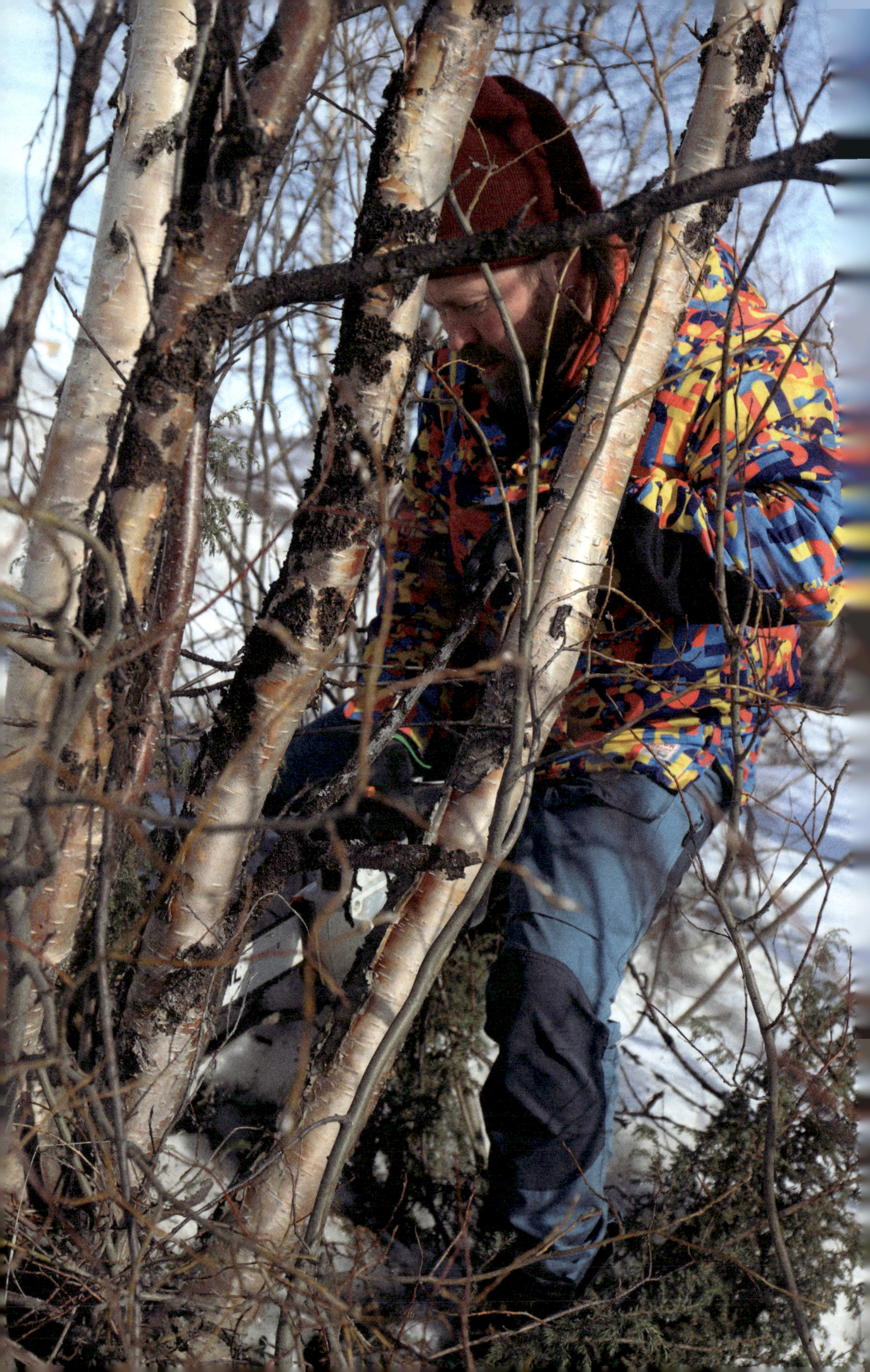

to non-Indigenous audiences—was at the core of the exhibition and *Futurecasting* project's goal of resisting many of architecture's colonial legacies and creating a space in which intelligibility of materials, spaces, and languages are learned. This is largely in contradiction with how architecture and architectural representation often operate: they have the tendency to diagram, to dissect, to draw, and to survey. Historically, these have been harmful ways of documenting, often employed for paternalistic and extractive uses against Indigenous communities. In pushing back against these concretizing methods, much of the work that was produced for the exhibition itself has an ephemeral counterpart in the form of conversation. Some of these exchanges were transcribed, producing records that will be accessible to other Indigenous scholars in the future, while other discussions will only exist in the space and time that we met.

The work that was created during the project will soon find itself in the archival spaces of the CCA. As a settler institution, the CCA will need to grapple with what it means to hold this material, and how to make it accessible to the communities that need to engage with it the most. Historically, the CCA has held almost no Indigenous-authored material, and the records that do depict Indigenous people often illustrate the ways in which architecture has been implicated in violent land dispossession. The ambition of the *Futurecasting* project was—and remains—not to undo or ignore this legacy, but to begin to write a new one in which spaces for Indigenous communities are shaped by values that are defined first and foremost by Indigenous designers and communities.

One of the last conversations we had as a group and with architect Tiffany Shaw focused on what impact the work produced throughout the workshop series may have on future generations of Indigenous architects and designers, and what space this work could take up within the CCA's collection and beyond. What follows is a transcript of some of these reflections, including what an Indigenous archival practice entails when considering the stewardship of the group's work in the collection.[5]

5. This conversation was edited for clarity. To request access to a full version of the transcript or recording, please search for the Futurecasting collection in the CCA's archival holdings.

Harvesting wood to build a luovvi during the *Futurecasting* workshop in Guovdageaidnu, 2022. Photograph by Nils Ailo Utsi

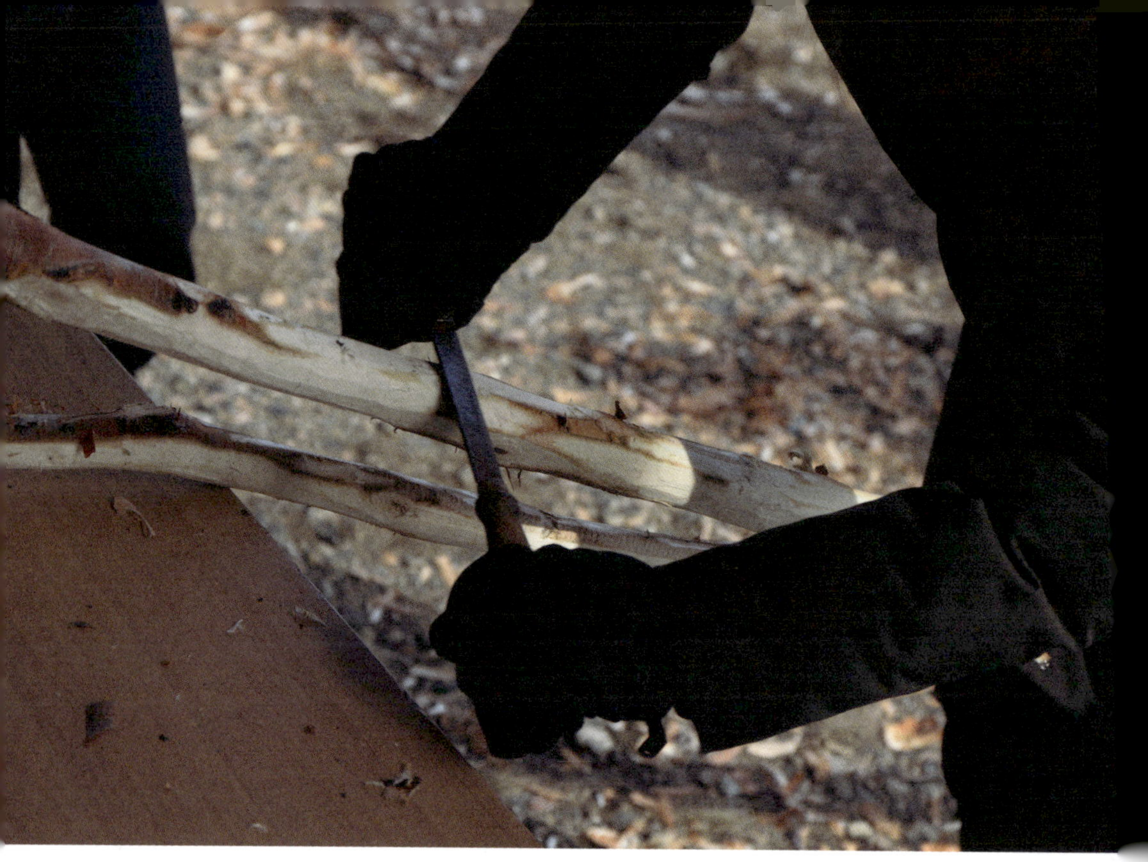

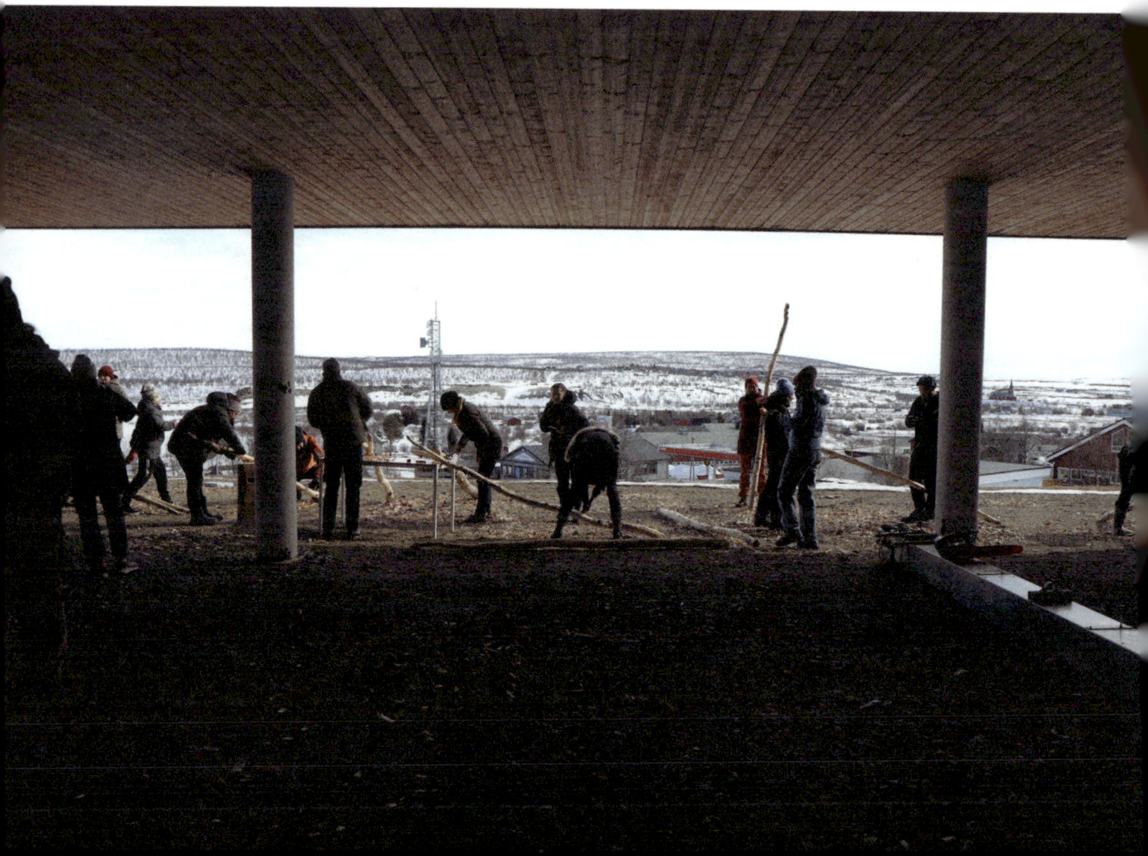

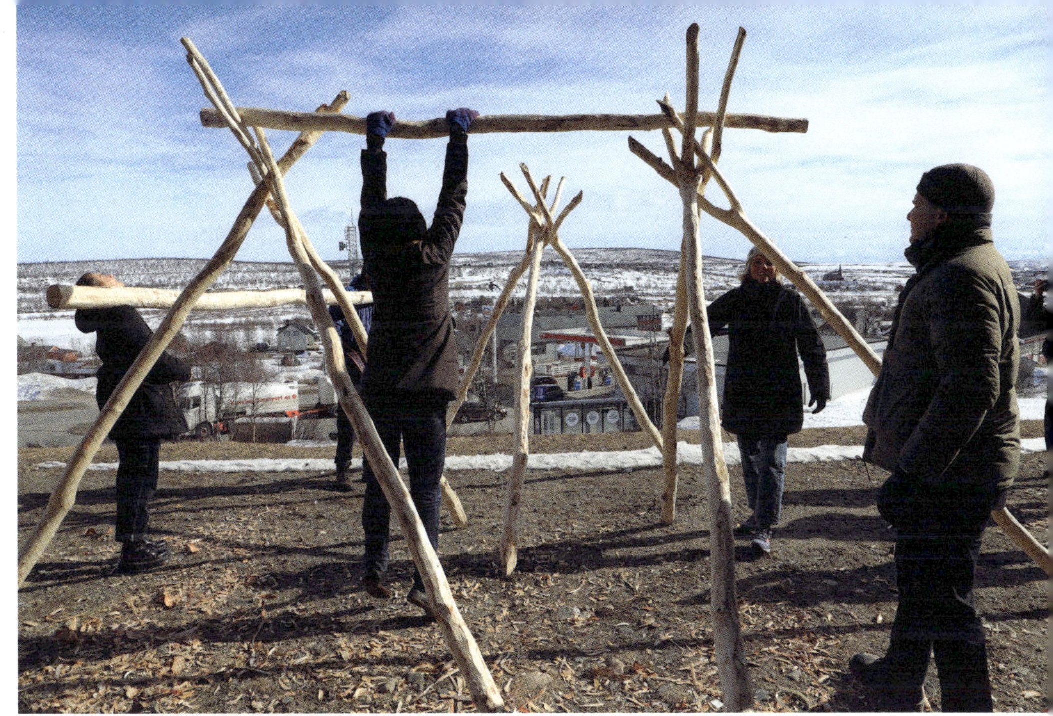

The process of building a luovvi outside of the Sámi University in Guovdageaidnu, 2022. Photographs by Nils Ailo Utsi

Ella den Elzen: How do you see your work shaping the future of Indigenous-led design, or impacting future generations of design students and researchers?

Jenni Hakovirta: I think the strength of our work is in collectivity, in this whole process of talking, spending time together, getting to know each other, asking these kinds of questions.

Magnus Antaris Tuolja: As a collective, each of our approaches to Indigenous architecture is so diverse and we all have very different ways of working. There is no specific way of making "Indigenous architecture." For me it's about relating myself to my community and bringing that into the work. That's something we can pass on to the next generation, to feel safe in these ways of thinking.

Nicole Luke: This idea of feeling safe is related to seeing yourself in institutional spaces. I think having other Indigenous designers engage with our work requires sustained outreach with Indigenous student groups. It requires opening up the institution to say that students are welcome to engage with the material and build upon it.

Reanna Merasty: It's also about assisting future Indigenous designers in making sure that they're comfortable to share, but also to move past colonial narratives and to speak about their homes and their passions.

Naomi Ratte: Sometimes these conversations about Indigenous-led design can get caught in "colonial violence," and it is so depressing. I think it's great that we're talking and acknowledging it now, but sometimes I think, let's just do something fun!

Robyn Adams: Right! None of our work is about Indigenous issues or Indigenous problems. It's all about joy, family, connection to the land, health, animals. During this process, before visiting the CCA archive, I typed "Indigenous Joy" into the search tool on the CCA website to browse the collection, and nothing came up. But it's so important, connecting to each other and our work and our traditions and our families and the land. Obviously you can't ignore the negative, but we're following the love and joy.

Jenni Hakovirta: I really like this idea of joy. But recently I was talking to non-Indigenous researchers who wanted to do a project up North, and they were voicing how difficult it is to be working in that context because everything becomes political. It was kind of a profound moment, because it really is how we always relate to things. We don't have any choice. It's like our breathing is political. So, there is an element of it that's exhausting.

Robyn Adams: I don't think any of us were intentionally making a project about Indigenous joy; it's just the whole narrative of not being clumped in with the "Indigenous problem" in an archival context and then finding our work, you know?

Ella den Elzen: It's interesting what you are saying about keywords, like searching in the collection and not finding what you're looking for. It brings about a question of specificity. That's something you would almost have to mandate for a cataloguer by saying, I don't want it to be found through searching "colonization." I want it to be found through searching "Indigenous Joy."

Naomi Ratte: Archival systems weren't designed for people like us and how we think and how we learn, and there is a level of privilege in knowing how to search through these systems. In how it relates to our work, we could brainstorm keywords so people like us could search for things. Maybe we're searching for "community," or for terms that already evoke connection.

I'm also thinking back to the difference between being at the archives we visited in Kahnawake [Kanien'kehá:ka Onkwawén:na Raotitióhkwa] compared to the archives at the CCA. Those experiences were very different from each other. How do you make space for both modes of researching? If I see something in the archive that I feel connected to, that's part of my heritage, I want to be able to connect with it in the usual ways. I might want to be able to touch or smell it, and not only look at it.

Tiffany Shaw: That makes me think about something I heard George Desjarlais (Frog Lake Cree Nation) say: that our children learn differently than we learned, and differently than our grandparents learned. So in thinking about your work and Indigenous presence in the archive, what do you want to continue? Do you want to hold your knowledge so close that it doesn't move on and that's okay? Or do you want this knowledge to transfer?

Robyn Adams: Not everything is meant to last forever. With our work, we want tactility and interaction. It's good when things decay and get fingerprints and evolve and change.

Nicole Luke: I don't mind if people use their hands to explore my work if it means they connect to it. Maybe the corner gets ripped a bit. That's fine! It doesn't need to be put away in a box in a back corner.

Tiffany Shaw: My aunt was recently speaking to me about knowledge transfer. She told me that we have the knowledge that we share with each other and with our families, and that non-Indigenous people typically don't know how to access that information. It's relational. Our knowledge is held together, but people outside don't experience it in the same way. That really speaks to me about stewardship and who can access your work, and the intention of understanding they need to have when they come to it as a non-Indigenous person. Maybe there is a note in the archive: that this work is made for the lens of Indigenous people and if you're going to reference it, you have to ask for permission, or you can only observe it and never cite it, things like that.

Magnus Antaris Tuolja: I think that's important. In Norway, there are a lot of Sámi artifacts in museums. On the one hand, you think the objects will be preserved and safe in those spaces. On the other, that specific knowledge is removed from the community, and the institution gains it. We need to define structures and keep those relationships and connections to that heritage.

Nicole Luke: Also, most if not all Indigenous cultures share their knowledge through storytelling and feasts. I think for the CCA and institutions in general, there needs to be space for storytelling, feasting, and discussion. By reclaiming the CCA collection through an Inuit-led process with Elders, having a different dedicated space for the work we have produced, it could feel welcoming, safe, authentic. It's the idea of creating a new home for specific material, and not accepting the institutional boundaries that exist.

Robyn Adams: *Towards Home* and the *Futurecasting* project feel like they are the beginning of a relationship between the CCA and Indigenous communities. I'm excited to see what other things will come from these relationships, and I hope they can continue to develop.

Nicole Luke: We should make sure there is a dedicated space for our work at the CCA where other students or other Indigenous designers can interact with it. We can let them know that we're looking to expand in whatever way possible.

Robyn Adams: And our work is so deeply personal to all of us. Throughout the whole process of making it, we were connected to each other and collaborating and learning. That energy is in all of our work individually and collectively. It's the idea of creating a spiritual and emotional environment.

Naomi Ratte: If Indigenous youth have our work to reference as a reflection of the past, maybe they can build on it for their dream of the future.

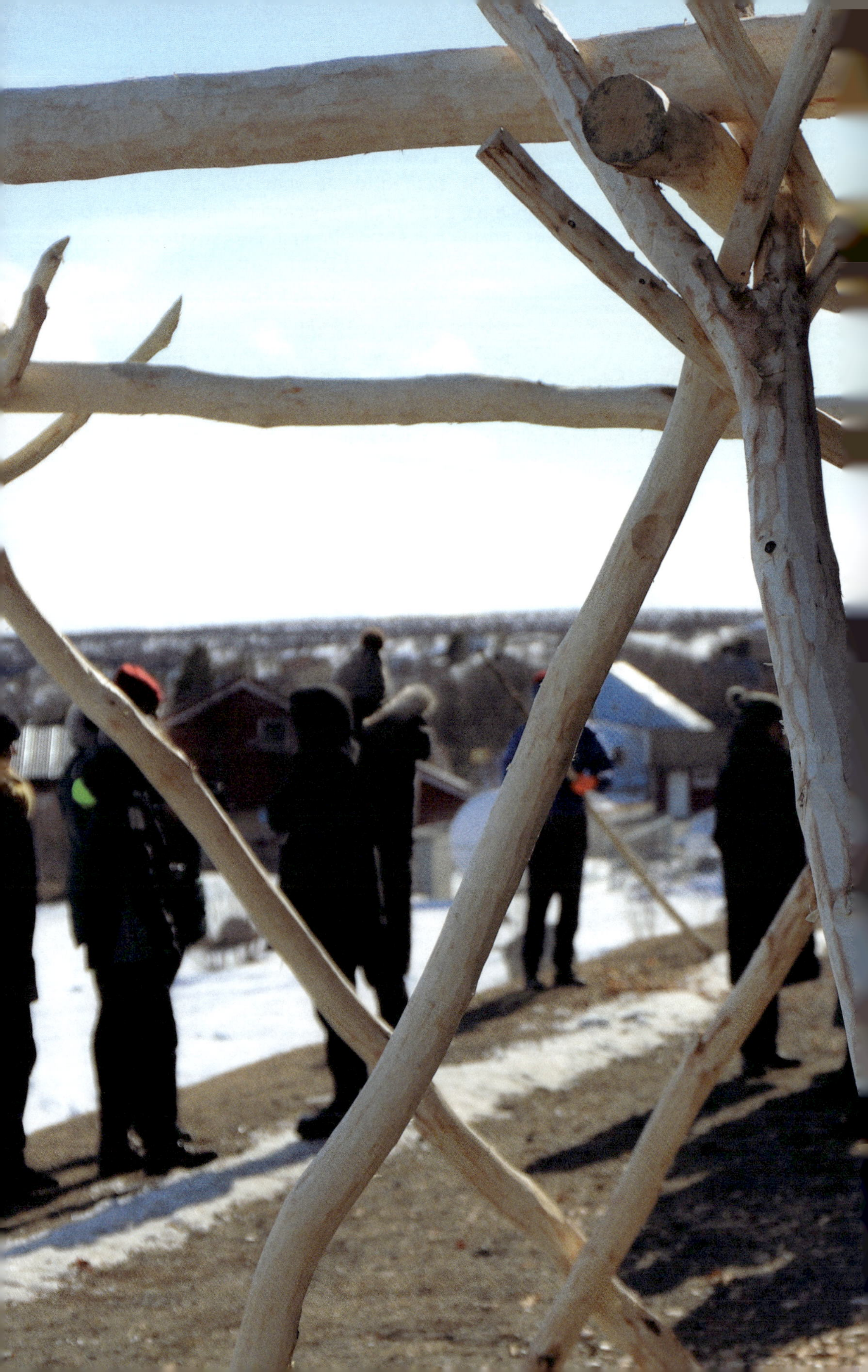

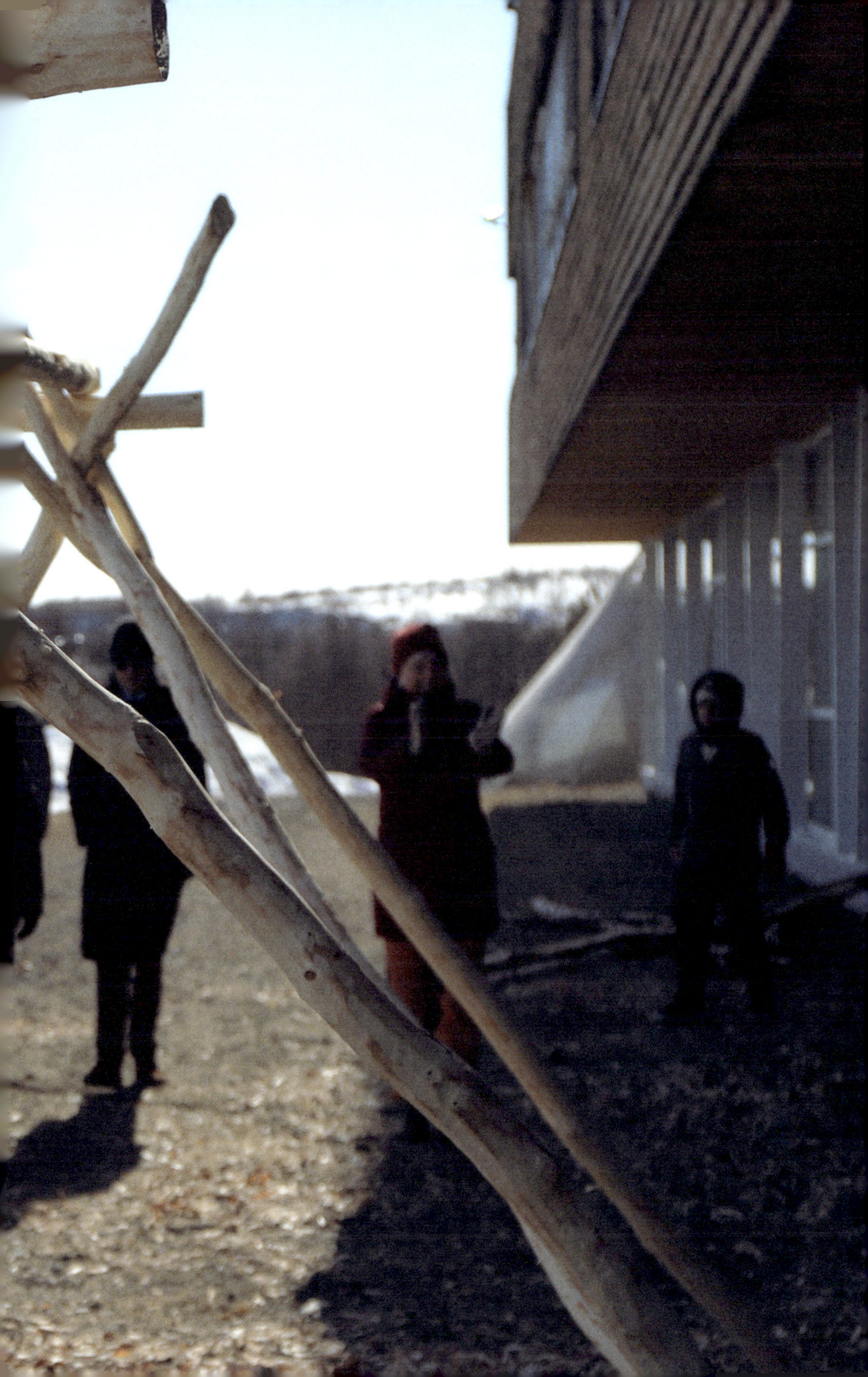

GLOSSARY

The definitions presented here are non-definitive and stem from understandings presented throughout this book. This collection of words reflects a larger effort to offer visibility to Inuktitut and North Sámi and thereby reassert the importance of Northern Indigenous knowledges in discourse about the built environment.

áiti [North Sámi] 175–77
A small traditional storehouse or outbuilding

angiraummigaq [Inuktitut] 147
Using an *irinaliuti* to make a person homesick

angirramut [Inuktitut] 35, 201, 231, 317
Towards home

árran [North Sámi] 94
The hearth

avvi [North Sámi] 54
A belt, either woven or made of cloth and skin, that is worn with *gákti*

Bassevárri [North Sámi] 53
The holy mountain

Beaivvi mánát [North Sámi] 53
The Sámi people

beallji [North Sámi] 106–9
plural: bealjit
Curved wooden beams used for the main construction in the traditional *goahti*

birgejupmi [North Sámi] 57–62
The good life

chalef changeant [Michif] 208
Wolf willow

ciqlluaq [Alutiiq/Sugpiaq] 288-89
Semi-subterranean Sugpiaq homes hand built into the earth, held up by driftwood planks and fortified by grass, sod, and clay
deavddagahpir [North Sámi] 54
A hat worn by women in certain *siidas*
dreamscape [English] 204
A space as if seen in a dream
duodji [North Sámi] 100, 184, 274
Traditional Sámi handicraft
duojár [North Sámi] 100, 273, 317
plural: duojárat
Someone who makes *duodji*, typically working in a way that follows the material and allows it to dictate the duodji's final form
Eana [North Sámi] 52–63
The Earth, the land
four-wheeler [English] 176
An all-terrain motor vehicle used for various outdoor activities, including by reindeer farmers for herding
gakinawaabi [Anishinaabemowin] 297
Learn by observing
gákti [North Sámi] 54, 106, 274
Traditional Sámi clothing/costume, which has been collectively developed over generations and which is deeply embedded in Sámi cultural values
gard [Norwegian] 171
A farm or yard
gárdi [North Sámi] 171
An enclosure/pen, usually in reference to pens where a reindeer herd is corralled for the purpose of separation and marking
gilvvagárdi [North Sámi] 171
A fenced in flower or kitchen garden
girji [North Sámi] 109
Books
goahti [North Sámi] 65–70, 94–110, 142
A Sámi hut or tent covered with either peat moss/turf, timber, or fabric. Though a traditional structure, the goahti is still present in Sámi culture. The fabric-covered goahti is bigger than the more mobile tent, the *lávvu*

gumpi [North Sámi] 109
A small movable hut on a ski-like device

hage [Norwegian] 171
The garden, also used to reference the entirety of the grounds around a house

holga [North Sámi] 177
A detachable, lightweight beam attached to a veranda ceiling, often used to hang meat to dry

ice floe [English] 204
A large slab of ice floating in the sea

iglu [Inuktitut] 103, 148, 157, 166, 204, 320
alternative: igloo [English]
A temporary Arctic shelter typically made of snow that incorporates, and is incorporated into, the land. The English loanword igloo more specifically denotes dome-shaped buildings constructed of snow blocks

Inuit Nunangat [Inuktitut] 10, 156–57, 321
The Inuit homeland, which encompasses land, water, and ice

ipuligaq [Inuktitut] 160
A spear

irinaliuti [Inuktitut] 147
A powerful word or shamanic formula

jávri [North Sámi] 56
A lake

Kalaallit Nunaat [Greenlandic] 232
The landmass known in English as Greenland

kanattuq [Inuktitut] 163
An expression meaning "it is extremely hot weather"

kookum [Cree] 115–21
Grandmother

lávvu [North Sámi] 106, 176–79
Norwegian loanword: lavvo
A Sámi tent, which is smaller and more portable than the *goahti*. Lávvus/lavvos can be used for smoking meat, as the hole at the top of the structure allows smoke to escape

leu shaaret [Michif] 209
A Red River cart

lii zannimoo faroosh [Michif] 210
Wild animals

listening [English] 142, 246, 297–98, 317, 324
A way to pay respect and facilitate community effort; a collaborative process of challenging the urge to have control over processes, the economy, and flows of resources

luondu [North Sámi] 56
Nature, where animals, plants, and humans live

matchbox house [English] 89–90
A model of house built on stilts that was deployed in the Arctic starting in the 1950s

luovvi [North Sámi] 176, 324
A framework constructed from lightweight wood that acts as a storage space elevated above the ground to protect materials from moisture, snow, and vermin

máinnas [North Sámi] 53
A fairy tale

meahcci [North Sámi] 57–63, 99, 169
Where the Sámi live; a creative collection of practical places and relations—a set of activity spaces[1]; the outback; the natural, uncultivated landscape that you enter when you leave home and the village

meahcce-ting [North Sámi/Norwegian] 169
The combination of two words, *meahcce* and *ting* [Norwegian], that denotes the tools required to carry out daily work such as reindeer husbandry, resource harvesting, and subsistence activities

muitaleaddjit [North Sámi] 55
Storytellers

muitalus [North Sámi] 53–61
A story, often one considered to be true

muitit [North Sámi] 53
The verb meaning to draw up a memory

muorraguhpa [North Sámi] 177
Wooden logs set up in the form of a *lávvu* in a way that is spatially efficient and aesthetically simple

Niehkomáilbmi [North Sámi] 53
The world of dreams

nihithaw iskwew [Cree] 115
A Woodlands Cree woman

ni paapaa [Michif] 208
Our father

1. Solveig Joks, Liv Østmo, and John Law, "Verbing 'Meahcci': Living Sámi Lands," The Sociology Review 68, no. 2 (2020): 307–8.

njalla [North Sámi] 97, 106
A Sámi storehouse
Norwegianization [English] 96
The Norwegian state's colonization and assimilation policy in place between ca. 1850s–1950s
opacity [English] 324
The idea that not everything needs to be legible to outside [non-Indigenous] audiences
paunnga [Inuktitut] 149
Tart berries, similar to huckleberries
poor maamaan [Michif] 208
For mother
Qallunaaq [Inuktitut] 149
A non-Inuit
reconciliation [English] 251–58
A winding path that involves educating, listening, engaging, and allowing opportunities for Indigenous communities to grow
reconstruction (era) [English] 95–97
The period of postwar reconstruction in Norway that in effect shifted the living patterns of the semi-nomadic reindeer Sámi population
reindeer husbandry [English] 169–80
The practice of reindeer herding, often semi-nomadic and active throughout the year
rievssatgárdi [North Sámi] 171
A trapping device in the form of a fence equipped with grouse snares
ruoktu [North Sámi] 93
alternatively: *ruovttu, ruoktu, ruovttọ-, ruovttọt, ruovttu-heapmẹ, ruovttūiduvvat*
Home, with reference to directional movement
ruovttu guvlui [North Sámi] 99, 141
Towards home, encompassing systems of respect, knowledge, languages, and behaviour towards the land
Sámi (languages) [North Sámi] 8, 241–48, 53
alternatively: Sami, Saami [English]
The languages spoken by Sámi people and communities across Sápmi. Though North Sámi (also referred to as Northern Sámi) is the most commonly spoken, there are nine or more Sámi languages, depending on

how they are distinguished

Sápmi [North Sámi] 50–53, 69, 95–111, 185, 278, 323

The Sámi traditional territory; the land called forth by the Creator

šillju [North Sámi] 180

The yard, within an understanding of the well-tended Norwegian garden and the lot/yard as two distinct elements of outdoor space around a dwelling

siida [North Sámi] 50–63, 99–100

plural: siiddat; locative case: siidii

A Sámi system of kinship and community; a collective home of shared work, land, and resources

siiddastallan [North Sámi] 57

Siida-making

skievvarčoalli [North Sámi] 288

Windows made of dried halibut stomachs stretched over wood frames

stabbur [Norwegian] 176

plural: stabbura

The Norwegian term for *áiti*, or small traditional storehouses

stálut [North Sámi] 61–63

singular: stállu

Colonizers that stole the living land; a name originally given to colonial tax collectors who brutally raided Sámi dwellings; figures of cruelty and disharmony

survivance [English] 284

The term coined by Anishinaabe literary theorist Gerald Vizenor to indicate "a sense of native presence over absence, nihility, and victimry."[2] Tanya Lukin Linklater contrasts Vizenor's definition by noting that "a relationship to the ongoingness or duration of dislocation, suspension, and unfreedom predicates tactics of survivance and insistence."[3]

throwaway space [English] 37–39

Spaces that are perceived to not be important enough to be kept to some level of beauty

tiida [North Sámi] 53

A spiritual ritual

tun [Norwegian] 178

A type of yard with a close connection to the natural

2. Gerald Vizenor, "Aesthetics of survivance," in Survivance, Narratives of Native Presence, ed. Gerald Vizenor (Lincoln: University of Nebraska Press, 2008), 1.

3. Page 284.

landscape and its resources

Turtle Island [English] 292, 323

The name used to denote the land that is now known as North America, originating from a First Nations story in which a turtle's shell serves as the base for the world

urban Inuit [English] 149–153, 235–36

Inuit who live outside of Inuit Nunangat

váimmoš [North Sámi] 94

A heart

varra [North Sámi] 51

Blood

verdde [North Sámi] 176

A guest friend, or the person one usually stays with when visiting a place

verddestabbur [North Sámi/Norwegian] 176

An *áiti*, or storehouse, kept on the property of relatives of friends, specifically for the storage of equipment for winter activities

Conversation between Carola Grahn
and Ingemar Israelsson
October 2021 to May 2022

What and where will home
be in the future?

Who will be a refugee?

What will we take
with us?

The things
– which? –
that I carry within me

The night sky within

Burning heavens and northern

All those who have gone before.

Children one has had, perhaps lost.

All the things that are merely lent to us, b

The reindeer, and the possessions of the w

What are cars, or snowmobiles, worth?

Gaetjoe
(thanks)
giving thanks
for what we receive
and take

We aren't
millionaires

We have
the woods

The burl has been w
I wanted to make

The birch burl comes from the forest next
to Björkvattnet and my home village of Vallenäs.
The birch it grew on was probably at least
a hundred years old. It was unusually large and beautiful.

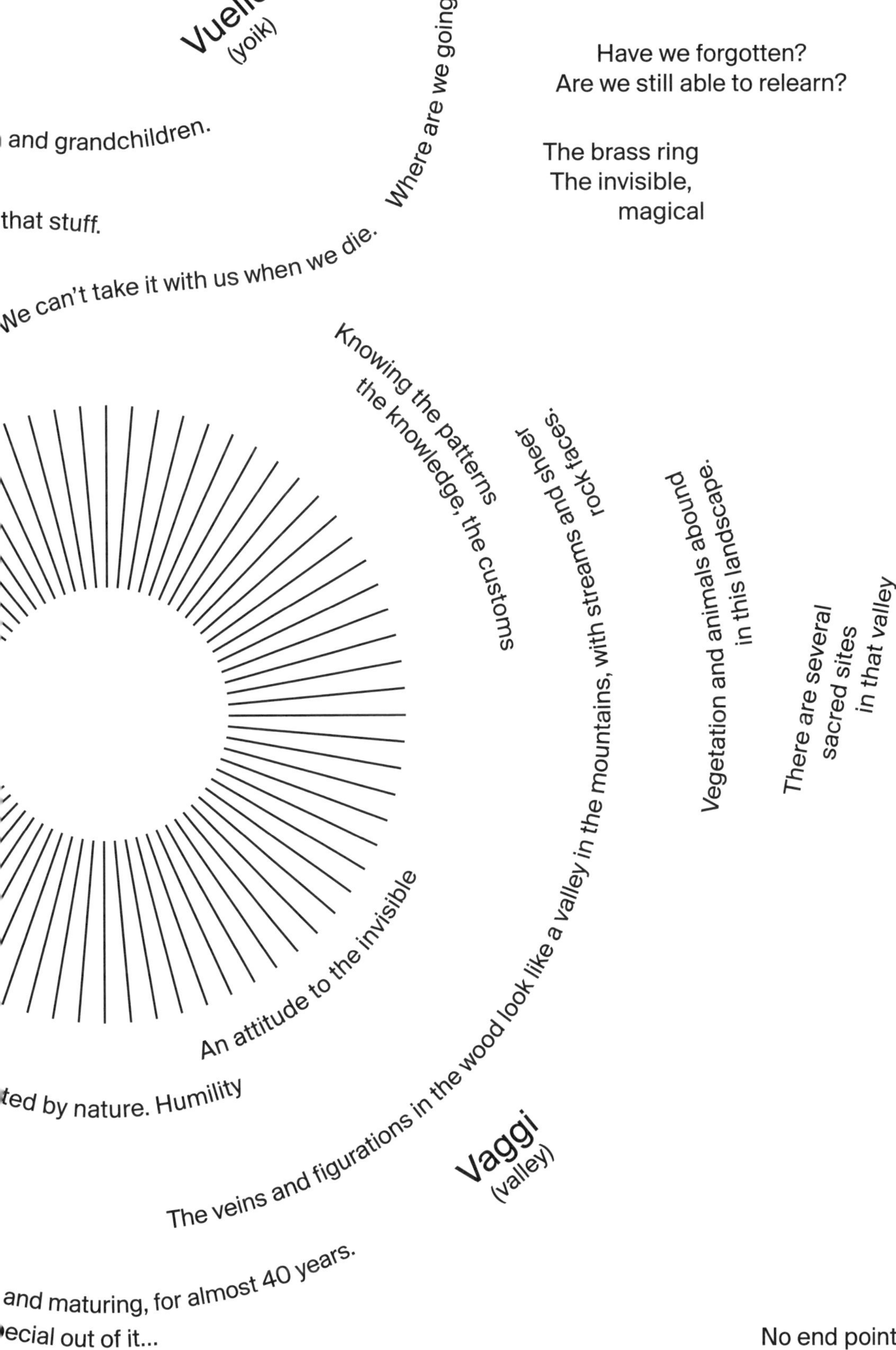

Vuelie
(yoik)
and grandchildren.
that stuff.
We can't take it with us when we die.
Where are we going?
Have we forgotten?
Are we still able to relearn?
The brass ring
The invisible,
magical
Knowing the patterns
the knowledge, the customs
rock faces.
with streams and sheer
Vegetation and animals abound
in this landscape.
There are several
sacred sites
in that valley
An attitude to the invisible
The veins and figurations in the wood look like a valley in the mountains,
ted by nature. Humility
Vaggi
(valley)
and maturing, for almost 40 years.
ecial out of it...

No end point

IMAGE CREDITS AND COPYRIGHT

Cover image courtesy of © Geronimo Inutiq

5: Poem © Niillas Holmberg
15: Photograph by Mathieu Gagnon © CCA
18–34: © Taqralik Partridge
39: © Sandra Larochelle
40–47: © Jen Rose Smith
50: © Elisabeth Stubberud
52: © Birger Nymo
54: © Linda Sandvik
56 (top): © Regina Bergman
56 (bottom): © Elisabeth Stubberud
59: © Marte Klausen Engan
64: © Ellen Marie Jensen
71: © Diane Jensen-Connel
72–91: © Geronimo Inutiq
92: © Joar Nango
94: © Valerie Stalder, The Arctic University Museum of Norway
96 (left): © Camilla Jensen
96 (right): © Byggekunst/Arkitektur N
98 (top): © Gunnar Stumo
98 (bottom): © Ingrid Fadnes
99: © Vidar Corn Jessen and Magda Eide Jessen
101: © Elin Haugdal
102: © Reproduced with permission by the Erskine Estate
104: © Reproduced with permission by the Erskine Estate
105: © Liselotte Wajstedt
107: © Ole Henrik Einejord
108: © Elin Haugdal
111: © Sámi Girl Gang
112–119: © Reanna Merasty
124: © Ingrid Fadnes
129: © National Gallery of Canada
131: © Joar Nango
132: © Laurian Ghinițoiu
138–140: Photograph by Mathieu Gagnon © CCA

146–151: © Napatsi Folger
154–167: © Avataq Cultural Institute, and Willie Thomassie Sr.
168–181: © Sunniva Skålnes
182–187: © Johanna Minde
188–205: Photograph by Mathieu Gagnon © CCA
206–211: © Robyn Adams
214: Collection of the Winnipeg Art Gallery, Gift of Marnie Schreiber, 2019-89 © Padloo Samayualie. Photo: Serge Gumenyuk, courtesy of the Winnipeg Art Gallery
220: Collection of the Winnipeg Art Gallery, Gift of Marnie Schreiber, 2019-56 © Kananginak Pootoogook
222: Collection of the Winnipeg Art Gallery, Acquired with funds from the Winnipeg Rh Foundation Inc, 2004-71 © Shuvinai Ashoona
228: Collection of the Winnipeg Art Gallery, Gift of Marnie Schreiber, 2019-116 © Shuvinai Ashoona. Photo: Serge Gumenyuk, courtesy of the Winnipeg Art Gallery
229: Collection of the Winnipeg Art Gallery, Gift of Marnie Schreiber, 2019-115 © Shuvinai Ashoona. Photo: Serge Gumenyuk, courtesy of the Winnipeg Art Gallery
230: Collection of the Winnipeg Art Gallery. Acquired with funds from the Estate of Mr. and Mrs. Bernard Naylor, funds administered by The Winnipeg Foundation, 2014-85 © Itee Pootoogook
232: Collection of the Winnipeg Art Gallery, Gift of Marnie Schreiber, 2019-89 © Padloo Samayualie. Photo: Serge Gumenyuk, courtesy of the Winnipeg Art Gallery
238: Government of Nunavut. Fine Art Collection. On long-term loan to the Winnipeg Art Gallery, 998-4.34 © Shuvinai Ashoona
240–249: Courtesy of Jenni Hakovirta
250–259: © Nicole Luke
260: Photograph by Mathieu Gagnon © CCA
266–272: Photograph by Matthieu Brouillard © CCA
274: © Carola Grahn and Ingemar Israelsson
280–288: © Oakville Galleries
294–299: © Naomi Ratte; NVision/Nunavut Parks and Special Places
300–316: © Nicole Luke
324–334: © Nils Ailo Utsi
344: © Carola Grahn and Ingemar Israelsson

COLOPHON

ᐊᖏᕐᕋᒧᑦ / Ruovttu Guvlui / Towards Home: Inuit and Sámi Placemaking

Editors: Joar Nango, Taqralik Partridge, Jocelyn Piirainen, Rafico Ruiz

This volume is published by the Canadian Centre for Architecture (CCA), in cooperation with Valiz and Mondo Books, as part of the wider research and exhibition project ᐊᖏᕐᕋᒧᑦ / *Ruovttu Guvlui / Towards Home*.

The CCA is situated on land that has never been ceded by its Indigenous inhabitants. We recognize and respect the longstanding connections of Indigenous peoples to Tiohtiá:ke/Mooniyang/Montréal, in particular those of the Kanien'kehá:ka people of Kahnawake, Kahnesatake, and Akwesasne, whose ancestors—along with those of Wendat and Anishinaabe communities—lived here long before the arrival of settlers. Still today, the city is home to many First Nations, Inuit, and Métis people. These communities continue to face challenges to their rights and the erosion of their traditional territories as a result of ongoing processes of settler colonialism. The CCA recognizes its status as a settler institution, and we are committed to fostering affirmative relationships with Indigenous peoples across Tiohtià:ke/Mooniyang/Montréal and beyond. To learn more about our commitments and our process of creating a living land acknowledgement, visit cca.qc.ca.

Publication
Managing Editor: Alexandra Pereira-Edwards
Research and editorial plan: Kate Yeh Chiu, Andrew Scheinman
Authors: Robyn Adams, Ella den Elzen, Liisa-Rávná Finbog, Napatsi Folger, Carola Grahn, Jenni Hakovirta, Elin Kristine Haugdal, Geronimo Inutiq, Ellen Marie Jensen, Tanya Lukin Linklater, Nicole Luke, Reanna Merasty, Johanna Minde, Joar Nango, Taqralik Partridge, Jocelyn Piirainen, Naomi Ratte, Tiffany Shaw, Sunniva Skålnes, Jen Rose Smith, Olivia Lya Thomassie
Graphic design: OTAMI- ᐅᑕᒥ (Tiohtià:ke/Montréal)
Inuktitut translation: Elizabeth Qulaut
North Sámi translation: Magne Ove Varsi
Inuktitut proofing: Raigelee Alorut
North Sámi proofing: Magne Ove Varsi
CCA photography and reproduction: Matthieu Brouillard, Mathieu Gagnon, Alan Reed
Rights and reproductions: Stéphane Aleixandre
Printing and binding: Graphius

Exhibition
ᐊᖏᕐᕋᒧᑦ / *Ruovttu Guvlui / Towards Home* exhibition dates: Canadian Centre for Architecture, 11 June 2022 to 26 March 2023; University of Toronto Daniels Faculty, 25 October 2023 to 22 March 2024

Co-curators: Joar Nango, Taqralik Partridge, Jocelyn Piirainen, Rafico Ruiz
Curatorial Assistant: Ella den Elzen
Curatorial Research: Kate Yeh Chiu, Marie Kordovska, Megan Marin, Andrew Scheinman
Contributors: asinnajaq, Laakkuluk Williamson Bathory, Carola Grahn and Ingemar Israelsson, Geronimo Inutiq, Joar Nango, Taqralik Partridge
Graphic design: Feed (Tiohtià:ke/Montréal)
Exhibition design: Tiffany Shaw (Edmonton)
Design development: Sébastien Larivière, Anh Truong

The ᐊᖏᕐᕋᒧᑦ / *Ruovttu Guvlui / Towards Home* project was made possible thanks in part to the support of the ministère de la Culture et des Communications du Québec, the Canada Council for the Arts, Canadian Heritage, the Conseil des arts de Montréal, National Bank, Nordic Culture Point, the Office for Contemporary Art Norway, and SAW.

Futurecasting: Indigenous-led Architecture and Design in the Arctic
Embedded within the ᐊᖏᕐᕋᒧᑦ / Ruovttu Guvlui / Towards Home project is the Futurecasting: Indigenous-led Architecture and Design workshop series, which gathered nine emerging Indigenous designers throughout 2022 to reflect on the future of Indigenous-led design.
Co-organizers: Ella den Elzen, Gunvor Guttorm, Nicole Luke
Workshop participants: Robyn Adams, Berit Kristine Andersen Guvsám, Jenni Hakovirta, Laila Susanna Kuhmunen, Andrea McIntosh, Reanna Merasty, Johanna Minde, Naomi Ratte, Magnus Antaris Tuolja

The Canadian Centre for Architecture is an international research centre and museum founded by Phyllis Lambert in 1979 on the conviction that architecture is a public concern. Through its collection, exhibitions, public programs, publications, and research opportunities the CCA advances knowledge, promotes public understanding, and widens thought and debate on architecture, its history, theory, practice, and its role in society today.

Legal deposit: April, 2024

Printed and bound in Belgium
First edition

978-1-927071-88-5
Canadian Centre for Architecture
1920 rue Baile
Montréal, Québec
Canada H3H 2S6
www.cca.qc.ca

978-94-93246-25-6
Valiz, books and projects
Gebouw Het Sieraad
Studio K34-K36
Postjesweg 1
1057 DT Amsterdam
The Netherlands
www.valiz.nl

978-82-692094-6-4
MONDO Books
c/o Tromsø Kunstforening
Muségata 2
9008 Tromsø
Norway
www.mondobooks.no

Bibliothèque et Archives nationales du Québec and Library and Archives Canada Cataloguing in Publication

Title: Angirramut = Ruovttu guvlui = Towards home: Inuit and Sámi placemaking / Joar Nango, Taqralik Partridge, Jocelyn Piirainen, Rafico Ruiz, eds.
Other titles: Ruovttu guvlui | Towards home | Angirramut | Angirramut. Northern Sami | Angirramut. English
Names: Nango, Joar, editor. | Partridge, Taqralik, editor. | Piirainen, Jocelyn, editor. | Ruiz, Rafico, 1981- editor. | Centre canadien d'architecture, issuing body.
Description: Issued also in French under the title: Angirramut = Ruovttu guvlui = Vers chez soi : conceptions inuites et samies du lieu. | Co-published by Valiz and Mondo Books. | Inuktitut title romanized. | Text in Inuktitut syllabics, Northern Sami, and English.
Identifiers: Canadiana 20230067611 | ISBN 9781927071885 (softcover)
Subjects: LCSH: Inuit—Habitations. | LCSH: Sami (European people)—Habitations. | LCSH: Human territoriality. | LCSH: Domestic space. | LCSH: Place attachment—Social aspects.
Classification: LCC E99.E7 A62 2023 | DDC 720.89/9712—dc23